国家新型城镇化报告 2018

国家发展和改革委员会
主　编：何立峰
副主编：胡祖才

中国计划出版社

图书在版编目（CIP）数据

国家新型城镇化报告. 2018 / 何立峰主编. -- 北京:中国计划出版社, 2019.7
ISBN 978-7-5182-1040-4

Ⅰ. ①国… Ⅱ. ①何… Ⅲ. ①城市化－研究报告－中国－2018 Ⅳ. ①F299.21

中国版本图书馆CIP数据核字(2019)第133734号

国家新型城镇化报告2018
主　编：何立峰
副主编：胡祖才

中国计划出版社出版
网址：www.jhpress.com
地址：北京市西城区木樨地北里甲 11 号国宏大厦 C 座 3 层
邮政编码：100038　电话：(010) 63906433（发行部）
新华书店经销
北京汇瑞嘉合文化发展有限公司印刷

889mm×1194mm　1/16　33.25 印张　587 千字
2019 年 7 月第 1 版　2019 年 7 月第 1 次印刷

ISBN 978-7-5182-1040-4
审图号：GS（2019）3380 号
定价：138.00 元

参编单位和人员名单

主　　编： 何立峰

副 主 编： 胡祖才

主编单位： 国家发展和改革委员会

编写人员：

陈亚军　明晓东　周　南　张建民　陈　雷　韩　云
刘春雨　陈迪宇　王大伟　黄　跃　王　政　叶　欠
张金萍　胡亚昆　段彦玮　缪乃强　李轶璠　蔡翼飞

序言

2018年是全面贯彻党的十九大精神的开局之年，是改革开放40周年，也是决胜全面建成小康社会承上启下的关键一年。各地区各有关部门认真贯彻落实党中央、国务院决策部署，统一思想、强化协同、狠抓落实，有力有序有效推进新型城镇化建设，稳步实施《推动1亿非户籍人口在城市落户方案》，城镇化发展质量持续提升。

第一，聚焦促进人的城镇化，农业转移人口市民化通道进一步拓宽。非户籍人口在城市落户和基本公共服务常住人口全覆盖这两个市民化主要任务，都取得较大进展。农业转移人口在城乡区域间有序流动的障碍进一步破除，城区常住人口1000万以下的各类城市基本放开了人才落户门槛，中西部地区除省会城市外基本实现了普通劳动者零门槛落户，2018年新进城落户1390万人，户籍人口和常住人口城镇化率分别提高到43.37%、59.58%。居住证制度全面落地生效，以居住证为载体、与居住年限等条件相挂钩的基本公共服务提供机制进一步健全，居住证含金量持续提高，对未落户城镇的常住人口基本公共服务保障持续改善。“人钱挂钩、钱随人走”“人地挂钩、以人定地”等配套政策不断完善、加快落地。

第二，聚焦增强整体协同性，城镇化空间格局进一步优化。城市群规划建设稳步推进，京津冀协同发展、长江三角洲区域一体化发展、粤港澳大湾区建设加快推进，跨省区城市群规划全部出台，省域内城市群规划全部编制完成，“19+2”的城市群格局基本建立。城镇规模结构持续优化，城市市辖区调整、新生中小城市设立、乡镇行政区调整等有序推进，经济发达镇扩权赋能等改革取得重要进展。特色小镇建设逐步回归理性，坚持产业建镇、特色兴镇，规范纠偏工作取得明显成效，淘汰整改427个“问题小镇”，并涌现出一批产业特色鲜明、要素集聚、环境优美、宜业宜居的特色小镇。

第三，聚焦补短板强弱项，城市功能和可持续发展能力稳步提高。城市增长动能不断优化，大城市尤其是东部沿海发达城市产业转型升级步伐加快，创新创业创造深入推进，新产业新业态新模式不断催生，经济质量和吸纳就业能力不断增强，新动能对城镇新增就业的贡献率超过2/3。城市综合承载能力持续提升，城市轨道交通运营总里程增至4900公里左右，地下综合管廊建设、棚户区改造、黑臭水体整治、老旧小区改造等补短板工作也取得较大进展。城市品质建设迈出新步伐，绿色、智慧、人文城市建设稳步推进，各具特色的城市魅力得以彰显。

第四，聚焦激发活力动力，城镇化关键体制机制改革有所突破。“地”“钱”“权”等改革都取得新进展。城乡土地制度改革持续深化，农村土地制度改革三项试点取得的有益经验纳入《土地管理法修正案（草案）》，拟以法律形式固化；城乡建设用地增减挂钩节余指标跨省域调剂机制初步建立，明确“三区三州”及其他深度贫困县增减挂钩节余指标由国家统筹跨省域调剂使用。农村产权制度改革步伐加快，农村承包地确权登记颁证工作基本完成，集体产权制度改革试点覆盖全国1/3左右的县级行政区。城镇化投融资机制逐步改进，开发性政策性商业性金融和保险资金的投入机制不断完善、规模持续扩大，农村金融体系有所改善。

第五，聚焦强化纵横联动，城镇化工作机制不断健全。推进新型城镇化工作部际联席会议制度有效运行，召开第五次会议，议定2018年新型城镇化建设重点事项和实施路径。召开第二批国家新型城镇化综合试点现场经验交流会，全面总结梳理可复制可推广的典型经验。城镇化培训指导工作大幅强化，举办新型城镇化市长培训班，中央领导同志对培训班作出重要批示，全国206个地级及以上城市市长、有关负责同志参加培训。

过去一年取得的成绩，是以习近平同志为核心的党中央坚强领导的结果，是习近平新时代中国特色社会主义思想科学指引的结果，是各地区各有关部门认真贯彻落实中央决策部署、勇于担当、协同推进的结果。

同时，我们也要清醒地看到，新型城镇化建设仍然存在不少难点问题。一是市民化进程不快与质量不高并存，不少中西部和东北地区城市的农业转移人口落户积极性不高，一些大城市吸纳落户的积极性也不高，还存在不少通过乡改镇和村改居将原农村户籍人口统计为城镇户籍人口的“统计落户”现象。二是“大城市病”突出与中小城市人口减少并存，部分大城市仍然存在交通拥堵和环境污染等“大城市病”；部分中小城市人口减少和经济衰退问题凸显，全国1/6城市的行政区常住人口减少、1/7城市的城区常住人口减少，基本都是中小城市，其中62%的城市位于东北或边境地区，其余的是部分三四线城市。三是城乡要素流动不畅与公共资源配置不合理并存，城市人才、资金、科技等要素下乡存在各种障碍，农村各类资源资产难以用好盘活；公共资源长期更多向城市配置，乡村基础设施和公共服务历史欠账较多。四是城镇化建设资金不足与地方政府债务风险并存，单纯依靠地方政府自有资金和发行债券融资推进城镇化建设的模式难以为继，地方实际财力与发展建设资金需求差距明显，部分城市政府债务水平居高不下、偿债压力较大，部分地区隐性债务风险较大且缺少有效化解途径。对这些问题要高度重视，力争制定更有效的政策措施，逐步加以解决。

2019年是新中国成立70周年，是全面建成小康社会、实现第一个百年奋斗目标的关键之年。习近平总书记在中央经济工作会议上指出，要推动城镇化发展，提升城市群功能，推动一些中心城市地区加快工业化城镇化，增强中心城市辐射带动力，形成高质量发展的重要助推力；抓好已在城镇就业的农业转移人口落户工作；加强城市规划和统筹协调，提高大城市精细化管理水平，排除各类风险隐患；特色小镇建设要突出特色、避免乱象。这为新型城镇化工作指明了方向、明确了重点，提出了新的要求。我们要认真学习领会，坚决贯彻落实。

从国内外形势看，我国发展仍处于并将长期处于重要战略机遇期，但外部环境更趋复杂严峻，中美经贸摩擦影响逐步显现，经济下行压力加大，结构调整阵痛凸显。在这个大背景下，做好新型城镇化工作意义重大。新型城镇化是最大的内需之所在，对培育形成强大国内市场具有重要作用。现阶段，我国仍处在城镇化较快发展的重要时期，任务仍然十分艰巨，要啃的硬骨头还有很多，要把重点转向进一步提高城镇化发展质量、破除关键体制机制障碍、加大精准补短板力度等方面。

2019年推进新型城镇化建设的总要求是：以习近平新时代中国特色社会主义思想为指导，全面贯彻党的十九大和十九届二中、三中全会以及中央经济工作会议精神，紧紧围绕统筹推进“五位一体”总体布局和协调推进“四个全面”战略布局，坚持和加强党的全面领导，坚持以人民为中心的发展思想，坚持稳中求进工作总基调，坚持新发展理念，坚持推进高质量发展，加快实施以促进人的城镇化为核心、提高质量为导向的新型城镇化战略，突出抓好在城镇就业的农业转移人口落户工作，推动1亿非户籍人口在城市落户目标取得决定性进展，培育发展现代化都市圈，推进大城市精细化管理，支持特色小镇有序发展，加快推动城乡融合发展，实现常住人口和户籍人口城镇化率均提高1个百分点以上，为保持经济持续健康发展和社会大局稳定提供有力支撑，为决胜全面建成小康社会提供有力保障。

第一，坚持以人的城镇化为核心，加快农业转移人口市民化。建立有利于劳动力在城乡之间有序流动的体制机制，推进农业转移人口市民化，是发挥市场配置资源决定性作用、顺应人口就业选择、提高全员劳动生产率的制度保障。一是，要积极推动已在城镇就业的农业转移人口落户，继续加大户籍制度改革力度，在此前城区常住人口100万以下的中小城市和小城镇已陆续取消落户限制的基础上，除个别超大城市外，放开放宽大城市落户条件。二是，要推进常住人口基本公共服务全覆盖，聚焦就业、教育、医疗、社保、住房等民生重点，让农业转移人口在城市也能实现劳有所得、学有所教、病有所医、老有所养、住有所居。三是，要深化“人地钱”挂钩等配套政策，进一步强化对各地区推进农业转移人口市民化的激励力度。四是，城市要更好发挥对脱贫攻坚的重要促进作用，大力推进有能力在城镇稳定就业生活的建档立卡农村贫困人口落户，优先为其提供基本公共服务。

第二，坚持以城市群为主体，完善大中小城市和小城镇协调发展的城镇化空间格局。城市群是我国城镇化空间格局的主体形态，是人口和经济的主要集聚地，是彰显综合国力和国际竞争力的主战场。一是，要有序实施城市群发展规划，加快京津冀协同发展、长江三角洲区域一体化发展、粤港澳大湾区建设，研究提出支持成渝城市群高质量发展的政策举措，坚持以中心城市引领城市群发展。都市圈是城市群的核心板块，要深入实施《关于培育发展现代化都市圈的指导意见》，构建空间结构清晰、城市功能互补、要素流动有序、产业分工协调、交通往来顺畅、公共服务均衡、环境和谐宜居的现代化都市圈。二是，要推动大中小城市协调发展，疏解超大特大城市非核心功能，释放大城市辐射带动作用；夯实中小城市和小城镇这个城镇化的基本盘，增加中小城市数量、提高中小城市质量；支持特色小镇健康有序发展，突出特色、避免乱象；高度重视边境城镇发展，结合兴边富民规划实施，研究出台针对性措施，提高宜居宜业水平，稳定边境城镇人口。三是，要综合考虑人口规模结构和流动变化趋势，构建有前瞻性的综合交通运输网络。

第三，坚持以提高竞争力为导向，建设现代化宜业宜居城市。城市是经济发展的主要载体，是创新活动的主要策源地。以提升城市产业竞争力和人口吸引力为导向，统筹优化城市国土空间规划、产业布局、公共资源配置和人口分布，提升城市发展质量，是推进高质量发展的内在要求。一是，要分类引导城市产业布局，健全有利于区域间制造业协同发展的体制机制，引导城市政府科学确定产业定位和城际经济合作模式，避免同质化竞争。二是，要优化城市空间布局，全面推进城市国土空间规划编制工作，强化“三区三线”管控，推进多规合一，促进城市精明增长；坚持生态优先、绿色发展，建设美丽宜居城市。三是，要改进城市公共资源配置，在优化大城市公共资源布局的同时，立足实际在中小城市适度增加教育、医疗、财政转移支付等公共资源供给。四是，还要加强城市基础设施建设，健全城市投融资机制，大力提升城市精细化管理服务水平，让城市更加宜居、更具特色、更富人文关怀。

第四，坚持城乡融合发展，协调推进乡村振兴战略和新型城镇化战略。城乡融合发展是破解新时代社会主要矛盾、解决发展不平衡不充分问题的关键抓手，是现代化的重要标志，也是拓展发展空间的强大动力。要坚决破除体制机制弊端，切实推进城乡要素双向自由流动、平等交换和公共资源合理配置，重塑新型城乡关系。一是，要促进各类要素更多向乡村流动，在乡村形成人才、土地、资金、技术、产业、信息汇聚的良性循环。二是，要缩小城乡基本公共服务差距，推动公共服务向农村延伸、社会事业向农村覆盖，推进城乡基本公共服务标准统一、制度并轨。三是，要提高城乡基础设施建管能力，坚持先建机制、后建工程，加快推动乡村基础设施提档升级，实现城乡基础设施统一规划、统一建设、统一管护。四是，要促进乡村经济多元化发展，培育发展现代农业和新产业新业态，建立生态产品价值实现机制，释放乡村发展活力。五是，要促进农民的工资性、经营性、财产性和转移性收入持续增长，缩小城乡居民生活水平差距。

高质量完成2019年新型城镇化建设重点任务，必须横向协同、纵向联动、共同发力。各地区各有关部门要按照任务分工，担负起具体落实的主体责任，改革创新、善谋善为、求真务实、扎实推进。一是强化横向协同，切实凝聚各方力量。新型城镇化是一项复杂的系统工程，需要各有关部门握指成拳、协力推进。要进一步完善推进新型城镇化工作部际联席会议制度，充分发挥部门协同工作平台的重要作用。各有关部门要抓实抓好所负责任务，细化实化政策举措，确保在任务时限内完成。发展改革委将建立《推动1亿非户籍人口在城市落户方案》双月调度督导机制，请有关部际联席会议成员单位定期报送工作进展，每两月召开联络员会议，协同研究针对性举措。二是强化纵向联动，确保任务落实落地。各有关部门要有效调动系统力量，将能够分解的任务逐级分解，将责任层层传导，做到一级抓一级、层层抓落实。加强对系统内的业务指导，引导其立足实际抓好落实性工作。择机开展重点任务落实情况的监测评估，强化现场调度和规范纠偏。三是强化总结推广，发挥示范带动效应。《国家新型城镇化规划（2014—2020年）》实施已有5年时间，很多地区探索出了好经验好做法。各有关部门要及时总结提炼推广，在更广范围内释放制度红利。发展改革委将总结梳理第二批、第三批国家新型城镇化综合试点的典型经验，挖掘分析城市经济高质量发展、特色小镇健康发展的先进做法，以举办现场会、印发政策性文件等形式进行推广，为其他地区发展提供有益借鉴。

2019年是我们党和国家发展进程中具有重要意义的一年。新型城镇化建设事关全局和长远，任务艰巨、责任重大。我们要紧密团结在以习近平同志为核心的党中央周围，切实增强“四个意识”，坚定“四个自信”，坚决做到“两个维护”，奋发有为、真抓实干、敢于担当，努力推动新型城镇化高质量发展取得新进展，以优异的成绩迎接新中国成立70周年！

胡祖才

国家发展和改革委委员会副主任

2019年4月

目　录

一

总报告

2018年推进新型城镇化建设进展分析

2018年是贯彻党的十九大精神的开局之年，是改革开放40周年，是实施“十三五”规划承上启下的关键一年。各地区各有关部门认真贯彻落实党中央、国务院决策部署，按照推进新型城镇化工作部际联席会议第五次会议审议通过的2018年新型城镇化建设任务，统一思想、深化改革、强化协同、狠抓落实，推动新型城镇化建设稳步迈向高质量发展阶段。现将有关情况报告如下：

一、2018年工作进展和成效

新型城镇化建设有力有序有效推进，1亿多非户籍人口在城市落户的行动稳步实施，城镇化领域改革红利和政策效应加快显现，发展质量持续提升。

（一）人口市民化稳步推进，户籍和常住人口城镇化率均提高1个百分点以上

一是户改红利惠及更多人口。户籍制度改革持续向纵深推进，2018年进城落户1390万人，户籍和常住人口城镇化率分别提高到43.37%、59.58%（见图1）。人才流动的户籍壁垒基本打破，南京、武汉、成都、郑州、西安等特大城市全面取消了高校和职业技术院校毕业生、技术工人、留学归国人员等群体落户限制。普通劳动者落户门槛也在不断降低，中西部地区除省会城市外基本实现零门槛落户；东部地区城市落户条件普遍降低，北京、上海、广州、深圳等超大城市积分落户制度不断完善，部分大城市取消了参加城镇社保年限要求，一些城市专门为公交、消防、环卫等艰苦行业从业人员下达落户指标。

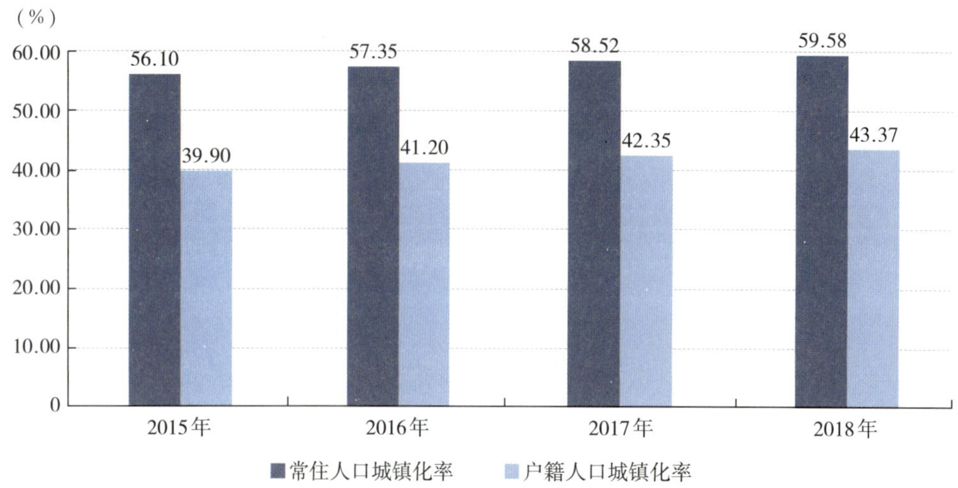

图 1　2015—2018 年我国城镇化率变化情况

二是居住证制度全面落地生效。《居住证暂行条例》和居住证制度稳步实施，截至2018年底，共发放居住证7800万张，以居住证为载体、与居住年限等条件相挂钩的基本公共服务提供机制进一步健全。大部分城市在6项城镇基本公共服务和7项办事便利的全国基准线上，进一步增加居住证附着的公共服务项目，持续提高居住证含金量。

三是常住人口公共服务扩面提质。对未落户城镇常住人口的基本公共服务保障持续改善。中央财政下达城乡义务教育经费保障机制资金1191亿元，进城务工人员义务教育阶段随迁子女进入公办学校就读的比例达79%，另有5%享受政府购买学位服务。城乡居民基本养老保险待遇确定和基础养老金正常调整机制初步建立。京津沪渝和85%的地市建立了城乡统一的居民基本医保制度，各级财政对城乡居民医保的补助标准增至每人每年490元，将农村贫困人口全部纳入基本医保和大病保险范围；制定了便利农民工等外来群体异地就医的办法，跨省异地就医结算平台覆盖所有县级行政区。中央财政安排城镇保障性安居工程补助资金2198亿元，用于支持城市棚户区改造、发放租赁补贴和公租房建设；引导各地区将符合条件的农业转移人口纳入公租房保障和住房公积金缴存范围，截至2018年底，817万稳定就业外来务工人员享受公租房保障。国务院印发《关于推行终身职业技能培训制度的意见》，中央财政安排就业补助专项资金477亿元。基本殡葬服务得到加强。

四是“人地钱”挂钩配套政策持续加力。“人钱挂钩、钱随人走”“人地挂钩、以人定地”配套政策框架不断完善。2018年中央财政农业转移人口市民化奖励资金增至300亿元，对落户人口较多地区的支持力度进一步加大。农业转移人口落户数量成为制定2018年全国土地利用计划、安排各地区城镇新增建设用地规模的重要依据，并在计划中单列城镇保障性安居工程用地，多数省份已制定“人地挂钩”实施细则或办法。

（二）城市群规划全面实施，大中小城市和小城镇协调发展的城镇化空间格局逐步优化

一是城市群规划建设稳步推进。经国务院批复同意，印发实施《关中平原城市群发展规划》《兰州—西宁城市群发展规划》《呼包鄂榆城市群发展规划》，跨省域城市群发展规划全部出台实施，省域内城市群发展规划全部编制完成。城市群发展规划实施成效初显，一些城市群在基础设施联通、公共服务共享、生态环境共治等方面积极创新探索，跨行政区的大气污染联防联控成果显著，长三角、珠三角城市群城际交通网基本建成，“轨道上的京津冀”正在加快形成。《关于培育发展现代化都市圈的指导意见》报国务院同意已印发实施（见图2）。

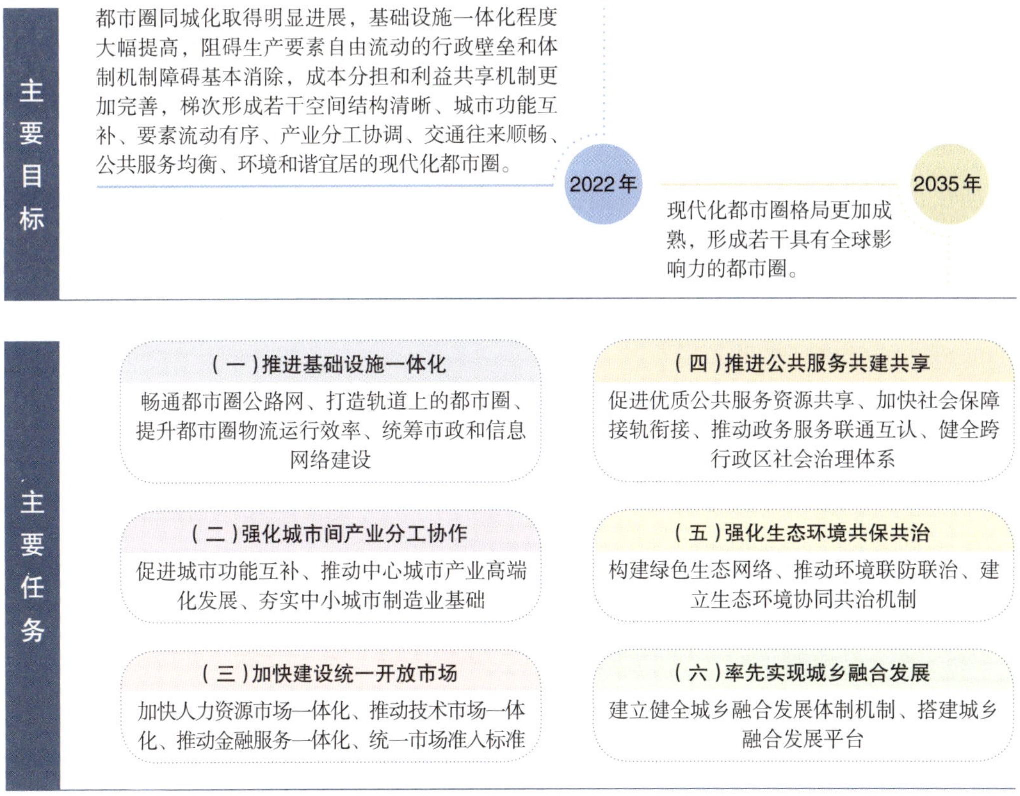

图2 《关于培育发展现代化都市圈的指导意见》文件图解

二是城镇规模结构持续调整优化。大城市中心城区非核心功能疏解与卫星城建设有机结合、统筹推进，北京城市副中心规划建设高质量推进，河北雄安新区管长远的

重大基础性工作基本完成，深汕合作区正式成立。城市市辖区持续优化，7个城市市辖区调整完成，广东深圳光明区由功能区转变为行政区。新生中小城市培育稳步推进，按照既定标准和程序设立了13个县级市。经济发达镇行政管理体制改革不断深化，一些特大镇扩权赋能取得进展。乡镇街道精简优化调整工作有序开展，完成乡改镇247例、乡改街道13例。

三是特色小镇规范发展机制初步建立。国家发展改革委印发实施《关于建立特色小镇和特色小城镇高质量发展机制的通知》，坚持产业建镇、特色兴镇，初步建立规范纠偏机制、典型引路机制、服务支撑机制，引导各地区各有关部门科学调整特色小镇政策，并持续淘汰错用概念的行政建制镇、滥用概念的虚假小镇、缺失投资主体的虚拟小镇。规范纠偏工作取得明显进展，在全国运动休闲特色小镇创建名单中淘汰整改34个，在省级和市县区级特色小镇创建培育名单中分别淘汰、整改70个和177个，在政府创建名单外市场主体自行命名特色小镇中淘汰146个，各地区特色小镇建设正逐步回归理性，涌现出一批产业特色鲜明、要素集聚、环境优美、宜居宜业的特色小镇。

（三）城市补短板力度加大，城市功能和可持续发展能力稳步提高

一是城市经济向高质量发展转变。大城市尤其是东部沿海发达地区经济转型升级步伐加快，传统产业改造提速，科技创新活力逐步释放，大众创业万众创新持续推进，新产业新业态新模式不断催生，经济质量和吸纳就业能力持续提升。全国规模以上高技术制造业增加值同比增长11.7%；城镇新增就业1361万人，比上年多10万人，其中新动能对新增就业贡献率超过2/3。

二是城市综合承载能力持续增强。城市轨道交通规范有序发展，国务院办公厅印发实施《关于进一步加强城市轨道交通规划建设管理的意见》，2018年新增运营里程超过600公里，运营总里程增至4900公里左右。市政设施建设取得新进展，新开工建设地下综合管廊788公里，形成廊体749公里，城市生活垃圾无害化处理率提高到97.8%。城镇棚户区和老旧小区改造有序推进，棚户区新改造开工626万套，15个老旧小区改造试点城市的试点小区改造开工率达96%、完工率达78%。城市排水防涝补短板和黑臭水体整治取得较大进展，排水防涝补短板重点城市1116个易涝点已开工整治980个，36个重点城市1062个黑臭水体中的1009个已消除或基本消除黑臭。城乡供水安全保障得到加强，应急备用水源建设加快推进。

三是城市品质建设迈出新步伐。绿色城市建设取得新成效，绿色建筑占城镇新建建筑比例提高到40%，23个城市新纳入中央财政支持北方地区清洁取暖试点城市范围，京津冀及周边地区、汾渭平原完成散煤替代任务480万户，94座水生态文明

城市试点完成验收。智慧城市建设落地生根，推动生产生活方式变革（参见图3），新型智慧城市评价指标体系更加健全，地级以上城市数字化管理平台建成率提高到75.5%。人文城市建设有序推进，累计划定历史文化街区875片、确定历史建筑2.5万处，城市人文底蕴和特色风貌得以彰显。

图3　城市智能垃圾分类回收点

（四）城镇化关键体制机制改革持续推进，重点领域和关键环节有所突破

一是城乡土地制度改革稳步推进。城乡建设用地增减挂钩节余指标跨省域调剂机制初步建立，明确“三区三州”及其他深度贫困县增减挂钩节余指标由国家统筹跨省域调剂使用，2018年397个深度贫困县所在19个省份调出指标20万亩，可获得脱贫攻坚资金461亿元。农村土地制度改革三项试点取得新成效，截至2018年底，农村集体经营性建设用地直接入市1.1万宗、10.6万亩、总价款290亿元，腾退零星闲置宅基地18万户、11.8万亩；经全国人大常委会决定，将试点法律调整实施的期限再延长一年至2019年底。利用集体建设用地建设租赁住房试点不断深化，在首批13个城市试点基础上，推动福州、南昌等5个城市纳入试点范围。加快闲置土地处置，土地利用更加节约集约，2018年处置闲置土地86万亩、批而未供土地350万亩。

二是农村产权制度改革步伐加快。农村承包地确权登记颁证工作基本完成，摸清了底数、稳定了承包关系，为土地适度规模经营和新型农业经营主体培育奠定了基础。农村承包土地的经营权和农民住房财产权抵押贷款试点继续深化，在当地农商行承担主体责任基础上，政策性银行、股份制银行也在积极探索，截至2018年9月，试点地区累计发放“两权”抵押贷款1480亿元、贷款余额812亿元。农村集体资产清产核资全面开展，已有196.5万个组、47.8万个村、6619个乡镇集体经济组织完成清产核资工作。农村集体产权制度改革试点扩面，2018年新确定3个整省试点、50个整市试点、150个整县试点，已覆盖全国1/3左右的县级行政区。

三是城镇化投融资机制逐步改善。开发性政策性商业性金融和保险资金对新型城镇化建设的投入机制不断改进、规模持续扩大，截至2018年底，国家开发银行和中国农业发展银行相关贷款余额超过1.4万亿元，中国工商银行和中国农业银行相关贷款余额超过3万亿元，保险资金以债权或股权形式投入超过2万亿元。农村金融体系有所改善，建立推动农村商业银行坚守定位的指标体系，引导其回归本源、强化“支农支小”；村镇银行培育稳步推进，在15个中西部省份和老少边穷地区开展“多县一行制”村镇银行试点，截至2018年11月，农村中小银行机构涉农贷款余额超过10万亿元。截至2018年11月，全国政府和社会资本合作（PPP）综合信息平台项目管理库项目共计8558个、投资额12.9万亿元，其中已签约项目投资额6.9万亿元、已开工项目投资额3万亿元。

四是城镇化工作机制更加完善。推进新型城镇化工作部际联席会议制度有效运行，召开第五次会议，议定2018年新型城镇化建设重点事项和实施路径；初步建立了统筹引导特色小镇规范发展的协同工作机制。召开第二批国家新型城镇化综合试点现场经验交流会，全面总结梳理可复制可推广的典型经验。城镇化培训指导工作大幅强化，举办新型城镇化市长培训班，中央领导同志对培训班作出重要批示，全国206个地级及以上城市市长、有关负责同志参加培训；分别开展特色小镇规范建设、城乡融合发展专题研修，全国200多个县级人民政府负责同志和项目负责人参加研修。

二、当前存在的主要问题

当前城镇化领域还有部分中长期问题没有得到根本性化解，一些新情况新问题也有所显现。

（一）市民化进程不快与质量不高并存

一方面，受农村土地承包权、宅基地使用权、集体收益分配权“三权”自愿有偿退出机制尚未有效建立等因素影响，不少中西部和东北地区城市农业转移人口落户积极性不高，落户人数增长乏力。另一方面，受“人地钱”挂钩等配套政策力度还不够大等因素影响，一些大城市吸纳落户积极性依然不高，大量已在城镇就业且有落户意愿的农业转移人口无法落户。同时却有不少落户是通过乡改镇和村改居，将原农村户籍人口统计为城镇户籍人口，但其生产生活方式并未改变，也未享受到与城市居民同等的公共服务。

（二）“大城市病”突出与中小城市人口流失并存

一方面，部分大城市交通拥堵和环境污染等“大城市病”依然突出。据有关机构测算，几十个主要城市高峰拥堵延时指数超过1.7，70%的地级及以上城市环境空气质量不达标。另一方面，部分中小城市人口流失和经济衰退等问题日益凸显。几十个中小城市城区人口持续减少，产业发展活力不足、营商环境欠佳，公共服务总量短缺、质量偏低，城市吸引力和承载力较差。

（三）城乡要素流动不畅与公共资源配置不合理并存

一方面，城市人才、资金、科技等要素下乡存在各种障碍，农村土地制度尤其是集体建设用地制度改革仍需深化，乡村金融体系和金融产品发展滞后，各类资源资产难以用好盘活、价值难以显化，制约了发展活力释放。另一方面，公共资源配置长期更多向城市配置，导致乡村基础设施和公共服务历史欠账较多，削弱了乡村对人才和产业的吸引力，也影响了农民幸福感获得感安全感提升。

（四）城镇化建设资金不足与地方政府债务风险并存

一方面，当前城镇化建设资金以地方政府自有资金和发行债券融资投入为主，地方实际财力与其发展建设资金需求差距明显，对社会资本和民间投资不敢用、不会用。另一方面，部分城市政府债务水平居高不下、偿债压力较大，2018年有200个左右设区市本级和县级政府综合债务率超过100%的风险预警线，政府举债融资投入城镇化建设的空间收窄。此外，部分市县政府隐性债务风险较大且缺少有效化解途径，处置不当可能产生“半拉子工程”，并带来“处置风险的风险”。

三、2019年工作考虑

2019年是新中国成立70周年，是全面建成小康社会关键之年。我们将以习近平新时代中国特色社会主义思想为指导，全面贯彻党的十九大和十九届二中、三中全会以及中央经济工作会议精神，紧紧围绕统筹推进“五位一体”总体布局和协调推进“四个全面”战略布局，坚持和加强党的全面领导，坚持以人民为中心的发展思想，坚持稳中求进工作总基调，坚持新发展理念，坚持推进高质量发展，加快实施以促进人的城镇化为核心、提高质量为导向的新型城镇化战略，突出抓好在城镇就业的农业转移人口落户工作，推动1亿非户籍人口在城市落户目标取得决定性进展，培育发展现代化都市圈，推进大城市精细化管理，加快推动城乡融合发展，为保持经济持续健康发展和社会大局稳定提供有力支撑，为决胜全面建成小康社会提供有力保障。

（一）实施2019年新型城镇化建设任务

一是尽快召开推进新型城镇化工作部际联席会议第六次会议，布置2019年新型城镇化建设任务，并会同各有关部门加快落实。二是督促各地区围绕加快农业转移人口市民化、优化城镇化布局形态、推动城市高质量发展、加快推动城乡融合发展等4大方面建设任务，抓紧开展各项工作。

（二）推动重要政策举措落实生效

一是加强跟踪分析和监测评估，聚焦1亿非户籍人口在城市落户、城乡融合发展、特色小镇规范建设等重要任务，分析评估实施效果，及时制定有效对策。二是抓好试点示范工作，聚焦国家新型城镇化综合试点、农村土地制度改革三项试点等，以点带面、顺次推进，率先探索体制机制改革路径，择机转化为全国性制度安排和政策设计。

（三）加强经验交流和培训指导

一是适时举办全国性或区域性专题现场经验交流会，以国家新型城镇化综合试点、特色小镇规范建设等为主题，及时有效总结推广典型案例和典型经验，并研究解决实践中出现的新情况新问题。二是针对舆论热点及时进行政策解读，加强对地方政府特别是基层同志的专题培训，建立面对面指导长效机制。

改革开放40年来城镇化的发展历程、经验与展望

两个重要时点将会被记入我国城镇化发展史：一是改革开放，开启了我国现代意义上的城镇化进程，城乡之间曾经坚固的藩篱开始松动，城镇化步伐加快；二是党的十八大，开启了中国特色新型城镇化的新征程，城镇化发展方式总体出现深层次、根本性的变革，城镇化红利惠及亿万城乡居民。改革开放40年来，我国城镇人口从1.7亿人增加到8.1亿人，城镇化率从17.9%上升到58.5%、超过世界平均水平。城镇化的快速发展带动了经济结构和生产效率的持续优化，带动7亿多人口摆脱贫困、城乡居民收入增长近百倍，极大提高了城乡居民福祉，成为国民经济持续发展的重要支撑。我国成为这一时期对全球城市化增速贡献最大的国家，是世界城市化最重要的引擎。

一、改革开放开启了我国城镇化快速发展进程

改革开放前较长一段时期，农民向城市流动受到严格限制。改革开放后，随着经济快速发展特别是工业化快速推进，城乡分割的政策体制开始松动，越来越多的农民进城务工，城镇化加速发展。

（一）改革开放到20世纪80年代中期，城镇化恢复发展

这一时期，随着人民公社逐步解体、农村家庭联产承包责任制全面推开，农业生产效率明显提高，乡镇企业异军突起，农村剩余劳动力开始向城镇转移。1978—1985年，城镇化率从17.9%提高到23.7%，年均增长0.83个百分点。一是流动人口大量出现。1984年，国务院印发《关于农民进入集镇落户问题的通知》，允许务工、经商、办服务业的农民自理口粮到集镇落户，打开了农村人口向城市流动的阀门。二是城镇数量显著增长。1982年印发《改革地区体制、实行市领导县体制的通知》，开始探索地改市、地市合并，实行市领导县体制，切块设市、设镇模式逐步向整县设市、整乡改镇模式转变，城市数量从193个增加至324个，建制镇数量从2173个增加至近1万个。三是城镇开发和公共服务提供模式在探索中改革。1979年《中外合资经营企业法》允许“三资”企业付费使用国有土地，打破了国有土地长期无偿、

无限期、无转让制度。1980年，城市开始征收土地使用费。住房制度按照“出售公房、调整租金、购房补贴”的总体设想开启改革，先后探索全价售房和按照政府、单位和个人各承担1/3房价的三三制原则补贴售房政策。

（二）20世纪80年代中期到90年代中后期，城镇化稳步推进

这一时期，计划经济体制逐步向社会主义市场经济体制过渡，乡镇企业蓬勃发展带动小城镇加快建设，沿海地区加快开放，“三来一补”渐成气候，大量农业转移人口由内陆至沿海务工。1986—1996年，城镇化率从23.7%稳步提高至30.5%，年均增长0.68个百分点。一是流动人口迅速增加。1988年后粮油及副食品价格逐步放开，以户口为依据发放的各类票证陆续取消。1993年，城镇粮油定量供应制度废除，户籍对人口流动的约束作用进一步削弱，全国流动人口从2000万左右激增至约8000万。二是城镇规模结构不断改善。1986年明确设市标准后，整县改市成为设市主导模式，到1997年暂停县改市，全国城市数量达668个，54%通过整县改市设立；建制镇数量突破1.8万个，83%通过乡改镇设立。深圳、厦门等经济特区，宁波、青岛等14个沿海开放城市，上海浦东新区等迅速崛起。三是新的城镇开发模式初步形成。1987年，深圳特区启动全国首次国有土地使用权拍卖。1988年，允许土地使用权转让写入《宪法》。1989年《城市规划法》出台，《城镇国有土地使用权出让和转让暂行条例》颁布，城市规划制度和土地出让金制度正式建立。四是新的城镇住房供给体系初步形成。1988年国务院确定住房实物分配向货币分配方式转变的改革思路。1994年国务院发布《关于深化城镇住房制度改革的决定》，住房供应管理逐步由单位化向社会化、专业化改变。

（三）20世纪90年代中后期到2012年，城镇化高速发展

这一时期，计划经济向社会主义市场经济转轨基本完成，“入世”后我国深度融入全球分工体系，经济快速增长为城镇化发展提供持续动力。1996年城镇化率达到30.5%，进入诺瑟姆曲线快速增长区间，城镇化率加快跃升，到2012年达52.6%，年均增长1.38个百分点，流动人口数量从8000万增至2.36亿。一是县级以下城镇落户逐步放开。1998年以后，国务院批转公安部《关于推进小城镇户籍管理制度改革意见的通知》等若干文件，进城落户政策有所放宽。2011年，国务院办公厅《关于积极稳妥推进户籍管理制度改革的通知》进一步放开放宽县级及以下城镇落户。二是大城市发展迅速，城市群初具形态。“十五”计划《纲要》提出“走符合我国国情、大中小城市和小城镇协调发展的多样化城镇化道路”并编制城镇化专项规划。撤县设市社区逐步成为区划调整主流，至2012年城市数量调整至657个（见图1）。各类要素加快向北上广深等大城市集聚，100万人口以上城市增至127个，增幅超过100%。东部沿海城市群逐渐兴起。三是新城新区建

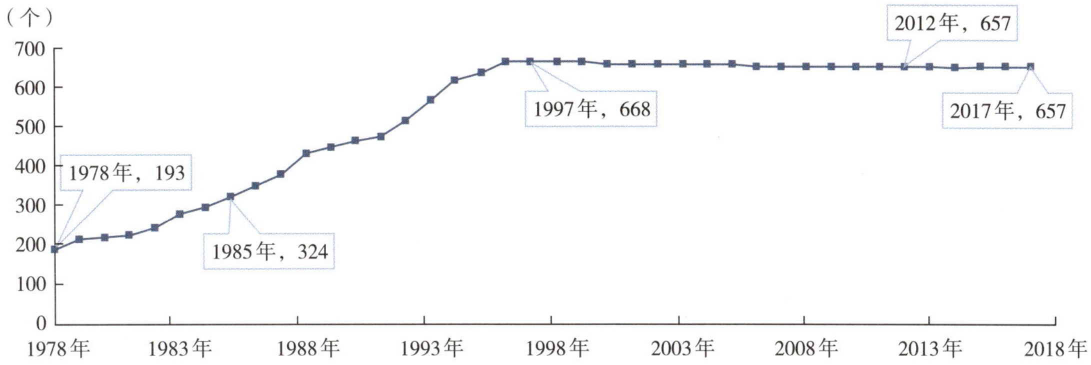

图 1　改革开放以来我国城市数量变化

数据来源：中国城乡建设统计年鉴。

设快速推进。由于老城区空间难以承载城镇化快速发展，各地纷纷开展新城建设和老城更新，国务院批复设立了重庆两江新区、浙江舟山群岛新区等国家级新区，各类新城新区拓展了城市发展空间。四是多层次城镇住房供给体系快速构建（见图2）。1998年，国务院发布《关于进一步深化城镇住房制度改革加快住房建设的通知》，福利分房全面停止。2004年起，城镇经营性建设用地出让全面实施“招拍挂”，《城市房屋拆迁管理条例》《国有土地上房屋征收与补偿条例》相继出台。伴随着住房市场化改革、土地出让

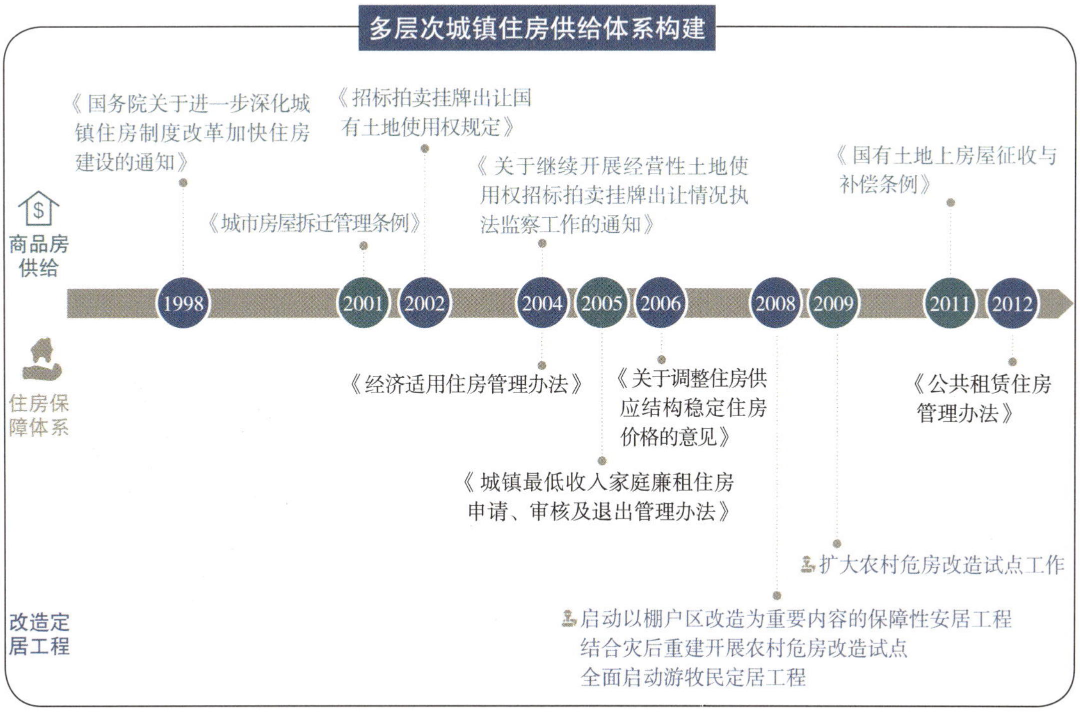

图 2　多层次城镇住房供给体系构建

制度改革以及央地分税制改革，房地产业快速发展，商品房年销售面积从不足0.5亿平方米增至超过11亿平方米，城镇居民人均住房面积由15平方米左右增至32.9平方米、居住条件明显改善。以廉租住房、公共租赁住房、经济适用住房、限价商品住房为主体的住房保障体系逐步形成，棚户区改造、农村危房改造、游牧民定居等工程有序实施。五是城镇功能不断完善。城镇建设日新月异，各类基础设施和公共服务设施建设持续加强，城市治安明显改善，城市管理水平大幅提升。

二、党的十八大开启了城镇化转型发展的新征程

党的十八大以来，以习近平同志为核心的党中央全面系统谋划，明确提出以促进人的城镇化为核心、提高质量为导向的新型城镇化战略。党中央、国务院出台一系列规划措施，逐步完善新型城镇化顶层设计。各地区各部门认真贯彻落实党中央、国务院决策部署，纵横联动、统筹推进，我国城镇化发展取得了一系列新的历史性成就。

（一）人口市民化有序推进，农业转移人口市民化更加便利

农业转移人口市民化制度性通道全面打开，配套性政策体系不断完善，人口管理向自愿落户、自由流动迈出坚实步伐。一是户籍制度改革全面落地，全国建立了城乡统一的户口登记制度。大多数城市放开放宽落户限制，许多中小城市基本实现落户零门槛（参见图3），8000多万农业转移人口成为城镇居民。二是居住证制度全面建立，所有城市和县均已发放居住证，以居住证为载体的城镇基本公共服务提供机制基本建立。2016—2017年，全国共发放居住证5400余万张。一些地区居住证附带的公共服务项目超过30项。三是城镇基本公共服务加快覆盖常住人口。随迁子女在流入地公办学校就读比例达到80%左右，实现城乡义务教育学校生均公用经费基准定额经费随学生流动可携带。2017年，30个省份15万名符合条件的随迁子女在流入地参加高考。城乡

图3 各类城市落户政策

居民基本养老保险制度实现“四统一”、基本医疗保险实现“六统一”。绝大多数市县将进城落户农民和稳定就业农民工纳入公租房保障。四是配套政策体系加快形成，“人地钱”挂钩政策框架已经建立，农村“三权”维护和退出机制加快建立，明确现阶段不得以退出农村“三权”作为农民进城落户的条件。

（二）城镇化空间格局持续优化，培育形成了一批新的增长点、增长极和增长带

“十三五”规划《纲要》明确了“19+2”城市群格局，城市群建设加快，集聚带动大中小城市和小城镇协调发展。一是城市群建设持续推进。京津冀协同发展、粤港澳大湾区建设扎实推进，国务院批复同意长三角、长江中游、成渝等跨省区城市群规划，省内城市群规划陆续编制出台。城市群一体化进程加快，对人口和经济的集聚能力显著增强，2016年，京津冀、长三角、珠三角、长江中游、成渝五大城市群，以10.4%的国土面积集聚了38.9%的人口，创造了54.5%的国内生产总值。二是城镇规模结构不断完善。广州、重庆、成都、武汉、郑州、西安等国家中心城市建设积极推进，城市发展活力和潜力大幅提升。设市工作重新启动，中小城市数量有所增加。经济发达镇行政管理体制改革深入推进，特色小镇和小城镇规范发展。三是综合交通运输网络助力城镇化格局优化。主要城市群间快速交通通道基本形成，城市群内部交通运输网络不断完善。2017年底，全国铁路基本覆盖20万以上人口城市，“八纵八横”的高铁骨架网络加快构建，高速铁路覆盖大部分50万以上人口城市；高速公路覆盖97%的20万以上人口城市及其他地级城市，二级及以上公路通达96.7%的县；民用运输机场覆盖全国88.5%的地市。

（三）城市功能不断提升，产业竞争力、空间结构、公共服务等多块短板加快补齐

遵循城市发展规律，瞄准防治“城市病”，加快转变城市发展方式，城市综合承载能力持续增强。一是城市产业就业支撑能力不断增强。2013—2017年，城镇新增就业人数年均超过1300万。以创业带动就业成效显著，截至2017年底形成创业就业岗位超过250万个。二是城镇棚户区、城中村改造持续推进。2014—2017年棚户区改造累计开工2322万套，将全国重点镇纳入棚户区改造政策支持范围，城中村改造稳步推进，推动1200多万农民就地转化为市民。三是城市公共服务供给能力稳步提升。2016年底，城市和县城公共供水普及率分别为93.9%和86.0%、燃气覆盖率分别为95.8%和78.2%，城市污水处理率93.4%、生活垃圾无害化处理率96.6%。2016年，全国轨道交通年客运量达到161.5亿人次，较2012年增长85.0%，网约车、分时租赁、共享单车等新交通出行方式蓬勃发展。以市场为主满足多层次需求、以政府为主提供基本保障的

住房供应体系基本建立。四是城市规划建设水平不断提升。统一衔接、功能互补、相互协调的空间规划体系加快建立，城市周边永久基本农田全面划定，生态红线划定工作加快推进，开发边界划定试点工作顺利完成，城乡建设用地增减挂钩规模和范围有序扩大。五是绿色、智慧、人文城市建设持续推进。2017年，京津冀、长三角、珠三角等重点区域细颗粒物年均浓度较2013年分别下降39.6%、34.3%、27.7%。大数据、云计算、“互联网+”等与城市建设管理融合，地级以上城市全部建成光网城市。截至2017年底，国家历史文化名城、名镇分别达133个、252个。

（四）城乡融合发展迈出新步伐，新型城镇化对乡村辐射带动作用增强

新型城镇化和乡村振兴协调推进，城乡融合发展取得新进展。一是城乡融合发展政策加快实施。农村集体经营性建设用地与国有建设用地同等入市、同权同价改革加快推进。截至2017年11月，试点地区共入市集体经营性建设用地1.6万亩。更多人才、技术、资金等要素投向农业农村，科技特派员总数达到84.6万人。二是农村一二三产业加快融合发展。农业科技进步贡献率、农作物耕种收综合机械化率分别达到57.5%和66%。家庭农场、农民合作社、农业产业化龙头企业等新型经营主体超过300万个，新型职业农民规模超过1400万人。农村电商服务点超过40万个，乡镇快递服务覆盖率达87.3%。三是农民幸福美好生活家园加快建设。建制村公路通畅率达到98.3%，农村自来水普及率达到76%，行政村通光纤比例达到95%。基本实现每个乡镇建好1所卫生院、80%的居民15分钟能够到达最近医疗点。2014—2017年完成贫困农户危房改造1203万套，完成易地扶贫搬迁772万人。4153个村落列入中国传统村落。

三、40年历程形成中国特色新型城镇化道路

改革开放40年来特别是党的十八大以来的城镇化实践，形成了中国特色新型城镇化的宝贵经验，探索出了一条中国特色新型城镇化道路。

（一）坚持党的领导，积极推进新型城镇化战略

党的十八大以来，以习近平同志为核心的党中央高度重视新型城镇化工作。2013年召开改革开放以来第一次中央城镇化工作会议，2015年召开中央城市工作会议，习近平总书记发表重要讲话，为新起点上的城镇化发展指明了战略方向、提供了基本遵循，李克强总理就开展新型城镇化各项工作作出具体部署。党中央、国务院相继出台一系列规划措施。2014年发布《国家新型城镇化规划（2014—2020年）》，明确了推进新型城镇化的发展路径、主要目标和战略任务。2016年印发《关于深入推进新型城镇化建设的若干意见》，进一步完善了推进新型城镇化战略的顶层设计。党的十九大提

出，以城市群为主体构建大中小城市和小城镇协调发展的城镇格局，加快农业转移人口市民化，对在新时代推进新型城镇化发展作出了重要部署。党中央、国务院领导同志还多次作出重要批示指示，进一步明确了推进新型城镇化工作的具体要求。

（二）坚持以人为本，不断促进人的全面发展

习近平总书记指出，城镇化是现代化的必由之路，现代化的本质是人的现代化，必须坚持以人民为中心的发展思想，不断促进人的全面发展、全体人民共同富裕。实践证明，以促进人的城镇化为核心，加快推进农业转移人口市民化，稳步推进城镇基本公共服务覆盖全部常住人口，使全体居民共享城镇化、现代化建设成果。

（三）坚持四化同步，推动信息化和城镇化深度融合、工业化和城镇化良性互动、城镇化和农业现代化相互协调

习近平总书记指出，我国工业化、信息化、城镇化、农业现代化是一个并联式叠加发展的过程，要同步推进新型工业化、信息化、城镇化、农业现代化。实践证明，我国工业化为城镇化注入了强劲动能，城镇化为信息化开拓了广阔的市场和应用空间，信息化为城镇化注入了新的元素和动力，农业现代化为城镇化健康发展提供了根本支撑。

（四）坚持优化布局，以城市群为主体促进大中小城市和小城镇协调发展

习近平总书记指出，城市群是人口大国城镇化的主要空间载体，像我们这样人多地少的国家，更要坚定不移，以城市群为主体形态推进城市化。实践证明，根据资源环境承载能力，依托综合交通网络和信息网络，科学规划布局城市群，推动城市群高质量发展，有利于促进人口、经济与资源环境承载力更加适应，有利于提高国土空间利用效率。

（五）坚持生态文明，实现人与自然和谐共生

习近平总书记指出，城镇化进程中要着力推进绿色发展、循环发展、低碳发展，尽可能减少对自然的干扰和损害，节约集约利用土地、水、能源等资源。实践证明，只有坚持生态文明的城镇化，加快形成节约资源和保护环境的空间格局、产业结构、生产方式、生活方式，解决好损害人民群众健康的突出环境问题，才是可持续的城镇化，才是群众认可和向往的城镇化。

（六）坚持传承文化，强化中华民族的精神支撑

习近平总书记指出，几千年的中华文明传承和积淀下来的优秀传统文化，是中华民族巨大的精神财富，更是中国特色社会主义现代化建设的重要精神源泉，要发展有历史记忆、地域特色、民族特点的美丽城镇，不能千城一面、万楼一貌。实践证明，文化是城市的生命力所在，城市是文化融合的平台，只有尊重不同城市的自然历史文化禀赋差异，创造性地保护和传承好历史文化，保留多样化城市风貌，才能在城镇化过程中保存文化记忆、延续历史文脉、散发文化温度。

（七）坚持改革创新，保持长久健康发展的内生活力

习近平总书记指出，改革是推动发展的制胜法宝，推进城镇化要注意处理好市场和政府的关系，既坚持使市场在资源配置中起决定性作用，又更好发挥政府在创造制度环境、编制发展规划、建设基础设施、提供公共服务、加强社会治理等方面的职能。实践证明，城镇化既是市场主导、自然发展的过程，也是政府引导、科学发展的过程，只有坚持改革创新，破除城乡二元体制，才能推动城镇化驶入健康可持续的发展轨道。

四、当前城镇化建设还存在一些矛盾和问题

尽管改革开放以来的城镇化建设成就举世瞩目，但也存在一些需要着力解决的突出矛盾和问题。国家新型城镇化规划实施后，这些矛盾和问题多数得到了缓解，但一些深层次和长期性的问题还没有从根本上解决，难点依然较多，任务仍然艰巨。

（一）农业转移人口市民化质量相对不高

城镇户籍人口近年来增长较快，但其中进城农民工转为城镇居民的数量相对不多，部分地区通过乡改镇、村改居等区划调整方式，增加了城镇户籍人口数量，却有部分新居民依然不能与老居民同等享受基本公共服务。一些外来人口比重较高且落户意愿较强的重点地区，对外来人口和普通劳动者落户设置的隐性门槛仍没有完全消除。一些地区在表面上降低落户门槛的同时，却将高门槛放在了进城落户人口的子女入学、社会保障等基本公共服务上，导致农业转移人口市民化质量不够高。

农业转移人口市民化质量不高，制约了消费潜力的释放和劳动生产率的提高，也不利于从根本上消除社会风险隐患。其原因仍然在于地方政府和农业转移人口“两个积极性不高”。一是部分地方政府过于关注农业转移人口市民化的短期成本，把外来人口当成负担而不是责任，甚至以成本分担机制没有完全建立为借口，阻止或延沓为外来人口提供基本公共服务。二是由于农村资产资本化和退出通道不畅，很多农民担心落户会失去农村土地相关权益，国家发展改革委和全国总工会联合开展的问卷调查显示，此因素导致不愿落户的比例高达58.4%。

（二）“城市病”严重与中小城市活力不足共存

部分大城市环境污染、交通拥堵、房价高企，公共安全事件频发，“城市病”问题依然突出。2017年，全国338个地级及以上城市中有239个环境空气质量不达标，占70.7%。根据高德地图大数据分析，2017年45个主要城市高峰拥堵延时指数超过1.7，部分城市拥堵正从中心城区向外围扩散。中小城市数量不足、质量不高，人口20万以下的城市仅占城市数量的18%左右，广大中小城市基础设施建设相对滞后，

2016年，县城供水和燃气普及率分别低于城市8个和17个百分点。

"城市病"直接影响到城镇居民的获得感、幸福感和安全感，中小城市活力不足影响到城镇体系优化和发展潜力释放。"城市病"的根源在于城市规划建设、公共服务、管理水平跟不上人口快速集聚，同时，城市群和都市圈发育相对不足，也难以切实分担中心城市人口过快增长。中小城市发展活力不足，既有设市步伐不快，也有设市模式创新不足的因素，镇区常住人口超过10万的322个镇、超过5万的1125个镇，大都已经具备城市规模和体量，但在传统设市模式下难以直接设市。

（三）城镇化资金保障机制仍不健全

新型城镇化资金需求量大，既有当期消费投入，也有跨世代的大规模、长周期投资，需要成本合理、期限匹配的资金投入，需要政府、金融机构、社会资本等多方力量参与。但目前我国城镇化融资渠道仍然比较单一，主要靠政府投入，主要靠土地出让收入、举债担保等方式。一些地方政府融资举债机制仍不完善，仍以各类"明股实债"和购买服务等方式加杠杆。一些地方把PPP模式简单理解为政府的投融资手段，存在风险分配不合理、政府变相兜底，重建设轻运营、绩效考核不完善等问题。

多元化可持续的资金保障机制还未建立，导致部分城市政府仍然重建设轻服务、重发展轻保护，影响到推进农业转移人口市民化的意愿，也影响到城镇化总体质量的提高。这还与周期性因素、结构性因素和体制性因素叠加共振，进一步加剧了地方政府性债务风险（参见图4），2016年，全国有90多个设区市本级和336个县级政府债务超过风险预警线。迫切需要在防范化解金融风险的攻坚战中，拓宽城镇化资金来源，创新城镇化资金保障机制。

图4　2017年末各省区市负债情况

数据来源：各地国民经济和社会发展统计公报及国家统计局公开数据。

（四）城乡融合发展体制机制有待建立

城乡间二元结构体制机制障碍仍然存在，户籍管理仅在形式上实现了城乡统一，但户籍附着的社会保障和公共服务仍有城乡区域差异，城乡统一的建设用地市场尚在探索推进过程中，城乡要素平等交换和公共资源均衡配置机制还不完善，城市资本等要素下乡还面临诸多限制。农村集体产权制度改革刚刚起步，一些法律法规还未调整到位。农村土地制度改革进展不快，宅基地使用权确权颁证等基础性工作尚未完成。

城乡分割的体制机制，影响到城镇化辐射带动作用的发挥，影响到城乡融合发展格局的形成。我国城乡发展差距依然较大，2017年，城乡居民收入倍差仍然达到2.71（见图5），城乡间基础设施和公共服务差距依然较大，对生活污水进行处理的行政村比例只有约20%、集中供水率低于70%。城乡教育质量差距明显，农村办学条件相对较差，薄弱环节依然较多。

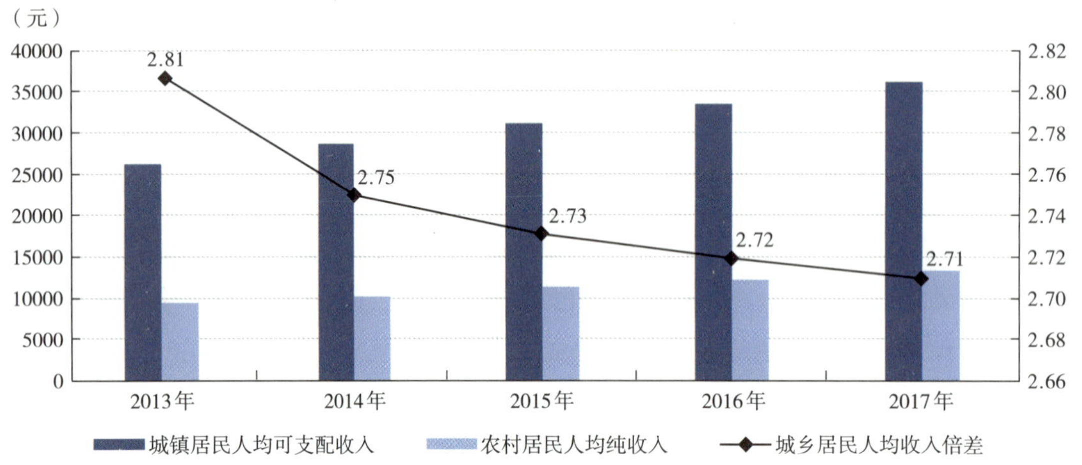

图5　2013—2017年我国城乡居民人均收入情况

数据来源：国家统计局。

五、高质量城镇化发展将有力助推现代化建设

推进新型城镇化工作已经站在新起点上，必须以习近平新时代中国特色社会主义思想为指导，坚持以人民为中心的发展思想，贯彻新发展理念，遵循城镇化发展规律，按照高质量发展要求，锐意进取、久久为功，持续深化中国特色新型城镇化实践，不断丰富中国特色新型城镇化理念，为全面建成社会主义现代化强国贡献力量。

（一）坚持以人民为中心，着力推进农业转移人口市民化取得实效

加快细化落实“人地钱”挂钩政策，持续强化对各地户改的监督检查，压实省级政府责任，确保户籍制度改革和居住证制度全面落地，确保农业转移人口落户渠道畅通、更加便利，落户居民同等享有城镇基本公共服务，着力提高农业转移人口市民化质量。加强统计监测，将享有城镇基本公共服务情况作为确定城镇户籍人口的重要依据，准确反映落户进程。加强政策跟踪评估，不断完善政策体系。促进新市民全面融入城市社会，使新老市民的生活更方便、更舒心、更美好。

（二）以城市群为主体形态，着力构建大中小城市和小城镇协调发展格局

全面实施城市群规划，提升城市群发展质量，促进大中小城市和小城镇网络化发展。强化都市圈建设，推进中心城市和周边中小城市的交通设施互联互通、公共服务共建共享、创新资源高效配置，密切中心城市和中小城市的功能联系，打造通勤高效、一体发展的都市圈。加快培育新生中小城市，增加中小城市数量，推动经济发达镇扩大经济社会管理权限，规范推进特色小镇健康有序发展。

（三）以防治“城市病”为重点，着力提高城市可持续发展能力

加快补齐城镇基础设施和公共服务短板，实施新的三年棚改攻坚计划，有针对性地提高城市供排水、供热、燃气普及率和公共交通出行分担率，持续提升教育、医疗卫生等公共服务水平，推动公共服务从按行政等级配置向按常住人口规模配置转变。提高城市绿色、智慧、人文发展水平，把生态文明理念全面融入城镇化进程，全方位、全地域、全过程推进绿色城镇化；以数据集中和共享为途径，推动技术融合、业务融合、数据融合，打通信息壁垒，建立健全大数据辅助科学决策和社会治理的机制，提高城市治理水平；强化文化传承创新，加强文化遗产保护与合理利用，打造历史底蕴厚重、时代特色鲜明的人文魅力空间，以文化繁荣推动城镇化进程。

（四）把实施乡村振兴战略摆在优先位置，着力健全城乡融合发展体制机制

推动《乡村振兴战略规划（2018—2022年）》实施落地，加快农业现代化步伐，发展壮大乡村产业，建设生态宜居的美丽乡村，繁荣发展乡村文化，健全现代乡村治理体系，保障和改善农村民生，推动乡村全面振兴。以完善产权制度和要素市场化配置为重点，以缩小城乡差距为目标，坚决破除城乡分割的体制机制障碍，促进城乡要素自由流动、平等交换和公共资源均衡配置，加快建立健全城乡融合发展体制机制和政策体系。

（五）以重点领域、关键环节、瓶颈因素为着力点，着力完善新型城镇化制度体系

要全面推进人口管理、土地管理、财税金融、公共服务、行政管理、生态环境等

重点领域和关键环节体制机制改革，形成有利于城镇化高质量发展的制度环境。加快建立多元可持续的城镇化资金保障机制，提高新型城镇化建设资金使用效率和水平。加快建立权责清晰、财力协调、区域均衡的中央和地方财政关系，深化税收制度改革，健全地方税体系。平衡好城镇化项目融资规模与地方债务承受能力之间的关系，健全地方政府债务管理制度，建立健全规范的地方政府举债融资机制。发挥好政府资金的撬动作用，推进政银企社结合，鼓励规范有序采用PPP模式，撬动社会资本参与城市公共服务领域和基础设施领域建设运营。进一步健全城镇住房制度体系，加快建立多主体供给、多渠道保障、租购并举的住房制度，实现住有所居。深化新型城镇化综合试点工作。

二

地方报告

北京市2018年推进新型城镇化建设总结报告

北京市发展改革委

一、2018年度新型城镇化建设进展情况

新型城镇化是现代化的必由之路，也是乡村振兴和区域协调发展的有力支撑。2018年，围绕落实新版北京城市总体规划要求和新型城镇化目标任务，北京市进一步深化户籍制度改革，提升城市综合承载能力，完善土地、财政、投融资等配套政策，充分释放新型城镇化内需潜力，促进新型城镇化健康有序发展。截至2018年底，北京市常住人口城镇化率为86.5%，与上年同期基本持平，户籍人口城镇化率为83.75%，较上年同期略有提高，城镇化水平进入质量提升的平稳发展阶段（见图1）。

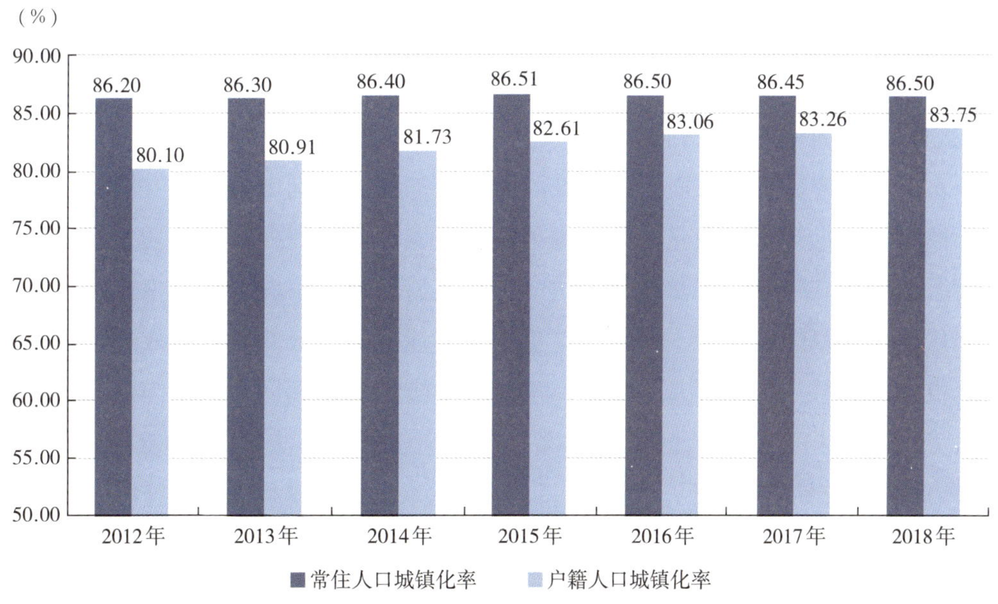

图1　北京市2012年以来城镇化率变化情况

（一）加快推进农业转移人口市民化

平稳实施积分落户政策。按照《国务院关于进一步推进户籍制度改革的意见》（国发〔2014〕25号）要求，结合北京市非首都功能疏解、“大城市病”治理等工作，在2016年《北京市积分落户管理办法（试行）》的基础上，于2018年4月研究出台《北京市积分落户操作管理细则（试行）》，逐步有序推进符合首都城市功能定位和经济社会发展需要、长期在京稳定就业和生活的常住人口落户工作。2018年，全市共有12.5万人参与积分落户申请，在统筹考虑城市人口调控目标、综合承载能力和政策关联影响等因素基础上，经市政府研究决定，2018年首批6019人实现积分落户。

全面实施居住证制度。一是逐步完善居住证公共服务提供机制，在全面落实国家《居住证暂行条例》相关要求的基础上，积极创造条件，扩大持居住证可享有的公共服务范围。二是依托互联网搭建北京市居住证服务平台，推出北京市居住证微信公众号，不断提高居住证办理的便利性。截至2018年底，全市已累计办理居住证398.6万件、居住登记卡425.2万件。

多方式推进农业转移人口市民化。通过棚户区改造、重大项目建设、整建制转居等方式，助力农转居工作。棚户区改造方面，全年先后实施东城区天坛东里北区1—8号楼、海淀区魏公村、顺义区原涤纶厂及维尼纶厂等项目，累计完成棚户区改造（征收、拆迁、腾退协议签订）34323户，涉及人口约15.2万人。市政府重点工程方面，2018年市政府重点工程计划共安排项目276个，其中涉及征用农民集体所有土地的项目，即按有关规定将相关村民转为非农业户口。在整建制转居方面，全年以整建制方式进行转居安置共涉及61个村，批准转居人口40310人。

（二）持续优化城镇布局和形态

深入推进京津冀协同发展（参见图2）。一是加快城市副中心建设发展步伐。城市副中心控制性详细规划已经党中央、国务院批复实施，行政办公区一期工程完工，第一批市级机关正式入驻。二是积极构建一体化交通网络。京沈客专、京张铁路、京唐城际加快建设，京昆、京台、京秦、首都地区环线等高速公路相继建成通车，北京大兴国际机场航站楼主体工程基本完工。三是全力支持雄安新区建设。与河北省联合印发《北京市支持河北雄安新区“交钥匙”项目实施暂行办法》，全额支持新建3所学校、1所医院“交钥匙”项目。对口支持的4所北京学校雄安校区正式挂牌，12家中关村企业正式入驻。四是推进产业转移和协调创新。“4+N”产业合作格局更加巩固，北京创新资源辐射外溢不断加速，输出到津冀的技术合同成交额达227.4亿元。

有序推动非首都功能疏解。持续推进“疏解整治促提升”专项行动。2018年，全市退出一般制造业企业656家，疏解提升市场和物流中心204个；整治“开墙打

图 2　京津冀协同发展空间示意图

洞”8622处，中心城区29个老旧小区综合整治试点进展顺利；完成1141条背街小巷环境整治提升，核心区80公里道路电力架空线已入地；拆违腾退土地6828公顷、还绿1683公顷，全市公园绿地500米服务半径覆盖率提高至80%。建设提升基本便民网点1529个，“一刻钟社区服务圈”城市社区覆盖率达到92%。北京工商大学、北京电影学院、北京城市学院等高校新校区加快建设，天坛医院老院区完成整体搬迁、新院区正式开诊，北京口腔医院和市疾控中心迁建积极推进，友谊医院通州院区开诊、顺义院区完成地基基础施工。

推动区域均衡发展。一是印发了《促进城市南部地区加快发展行动计划（2018—2020年）》（京发〔2018〕23号），通过优化城市服务功能组织，加快培育功能和产业，促进城乡融合发展和区域协同发展，构筑科技成果转化、改革创新、扩大开放新优势，推动南部地区高质量发展。二是出台了《关于推动生态涵养区生态保护和绿色发展的实施意见》（京发〔2018〕30号），从生态补偿、公共投入、结对协作、干部人才、绩效考评等5个方面提出16项具体政策，切实推动了生态涵养区功能定位，强化了守护好绿水青山是生态涵养区头等大事的功能导向。三是编制了《优化提升回龙观天通苑地区公共服务和基础设施三年行动计划（2018—2020年）》（京政办发〔2018〕28号），提出实施“三大攻坚工程一大示范”（公共服务提升攻坚工程、交通治理攻坚工程、市政基础设施完善攻坚工程和打造大型居住区治理示范）4个领域17项具体任务，对于新时代首都发展，特别是城市功能修补更新和大型社区民生改善具有十分重要的示范与引领作用。

（三）不断提高城市发展质量

提升经济发展质量。一是修订细化禁限目录。围绕落实首都城市战略定位，聚焦社会高度关注的高端制造配套类产业，对《北京市新增产业的禁止和限制目录（2015年版）》进行了修订细化，在保障城市运行和群众日常生活密切相关的生产、生活性服务业方面共作了73处修改。截至2018年底，不予办理的工商登记业务累计2.16万件，限制类行业新设市场主体数量明显下降，占全部新设市场主体比重已降至21.9%；符合首都城市功能定位的行业新设市场主体态势活跃，占全部新设市场主体比重已达到50.5%。二是构建高精尖产业体系。深入落实“10+3”高精尖产业发展系列政策，做准做深做透区域发展细分行业，促进资金、土地、人才等要素高效配置，加快实体经济提质升级。2018年1—11月全市高技术制造业和工业战略性新兴产业增加值分别增长15%和10.3%，电子设备和医药制造业增加值分别增长17.2%和17%。三是高标准开展“三城一区”规划编制。通过强化基础前沿布局、引入多元创新主体、加强科技成果转化对接，促进“三城一区”建设全面提速。

优化城市空间布局。一是印发了《北京市建立资源环境承载能力监测预警长效机制工作方案》，引导约束各区严格按照资源环境承载能力谋划经济社会发展。二是印发了《北京市生态文明建设目标评价考核实施细则（试行）》，建立相关部门协调沟通机制，组织开展各区生态文明建设目标评价考核中期评估。三是出台了《关于保护利用老旧厂房拓展文化空间的指导意见》，为北京市老旧厂房保护利用提供了规范指引，为深入推进疏解整治促提升提供有效支撑。四是制定了《关于2018年度商业便民服务设施项目投资补助的补充通知》，进一步加大基本便民商业网点建设提升工作力度。2018年全市共建设提升蔬菜零售、便利店等七项基本便民商业网点1529个，超额完成政府工作报告确定的建设提升1400个的任务。

推动城市绿色发展。一是出台《关于全面加强生态环境保护坚决打好北京市污染防治攻坚战的意见》和《北京市打赢蓝天保卫战三年行动计划》，围绕年度空气质量改善目标，突出打好重型柴油车、扬尘、挥发性有机物治理三大攻坚行动。2018年淘汰国Ⅲ标准柴油货车4.7万辆，重点工业行业减排挥发性有机物2000吨，完成450个村“煤改清洁能源”，平原地区基本实现无煤化。二是提升污水治理能力，加大黑臭水体治理力度，完善水源调配格局。完成非建成区84条段黑臭水体治理任务，全市污水处理率达到93%，平原地区地下水位回升近2米，密云水库蓄水总量超25亿立方米。三是扎实推进大尺度绿色空间建设，通过加快中心城和新城公园绿地、城市森林和休闲绿道建设，进一步完善城市生态功能。目前，全市人均公园绿地面积达16.3平方米，全年新增造林26.9万亩（见图3）。

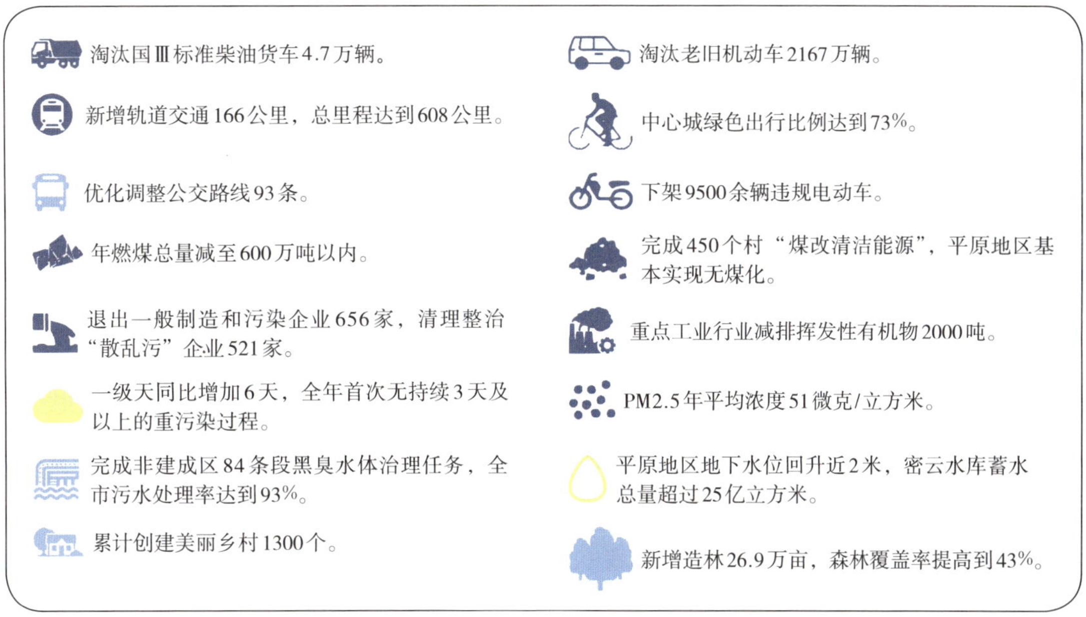

图3　北京市2018年“大城市病”治理情况

促进城市治理创新发展。全年优化调整公交路线93条，下架9500余辆违规电动车，174条无灯路段加装路灯，2700余处交通信号灯配时优化，中心城绿色出行比例提高到73%。东城区、西城区和通州区支路以上路侧停车已实现电子收费全覆盖。积极推进“街乡吹哨、部门报到”改革，在16个区169个街乡进行试点。

（四）大力推进城乡融合发展

全力贯彻实施乡村振兴战略。印发《北京市乡村振兴战略规划（2018—2022年）》，以加强党的领导、强化乡村振兴中党的建设为主线，突出以改革推进机制建立和机制转变，在规划、人才、土地、产业、治理等方面谋划了50余项重要改革举措。同时，将力促在乡村环境整治、绿色有机农业整体品牌打造和乡村旅游品质提档升级上重点突破，在集体经济组织发展水平、低收入脱低工作水平和基层治理水平上重点提升，为本市实施乡村振兴战略开好局、起好步，夯实基础。大力开展农村人居环境整治，累计清理各类积存垃圾29万余处，拆除违建3.5万余处，新增绿化面积800万平方米，治理污水溢流点6600余处。同时，大力推进农村“厕所革命”，全市新改建农村三类以上公厕500余座，5200余座三类以上公厕纳入统一管护范围。全市完成了450个村的“煤改清洁能源”改造，累计完成2963个村庄、约111万农户改造，实现平原地区村庄“无煤化”目标，供暖季减少散煤燃烧约330万吨。

加快推动美丽乡村建设。实施美丽乡村建设三年专项行动计划，开展71个试点村村庄规划编制工作，完成1081个村庄人居环境整治任务。出台了《关于推动生态涵养区生态保护和绿色发展的实施意见》，组织开展平原区与山区结对合作、市属国企高校与低收入村结对帮扶，低收入农户收入增速持续快于全市农民。

公共资源向乡村延伸。加快推进乡镇基层公共服务设施建设，围绕民生“七有”，实施第三期学前教育行动计划，支持9所乡镇幼儿园建设，建成后预计增加学位2800个。围绕保障“老有所养”，积极推动基层公办养老机构建设，起草《关于推动解决基层公办养老机构建设资助工作涉及街道（乡镇）敬老院历史遗留问题有关事项的意见》。围绕保障“文体有获”，安排固定资产投资1202万元，支持13个乡镇文化体育中心项目建设；建成181个乡镇综合文化中心，3518个行政村综合文化室，农村地区公共文化设施基本实现全覆盖。通过实施“四好农村路”建设三年行动计划，全年完成乡村公路大修450公里，乡村公路养护13231公里。

（五）深入推进城镇化机制改革

深化农村土地制度改革三项试点。研究制定大兴区统筹推进农村土地制度改革三项试点方案，推进集体经营性建设用地出让、租赁、自主开发等多种方式入市，完善土地征收制度改革试点政策意见，探索宅基地改革新模式。推动北京市乡镇统筹利用集体产业建设用地试点，研究制定集体产业用地规划和用地方式、利用闲置房屋和闲置宅基地发展产业等政策细则，不断完善农村发展的用地保障机制。

健全城镇化投融资机制。通州区建立起相对完善的投融资机制，已建立起千亿元规模的副中心建设发展基金，以及相对成熟的社会资本广泛参与的PPP模式和涉农政策性资金统筹利用机制。大兴区正着力构建金融全程参与改革新机制和城乡统一的建设用地市场，加快建立集体资产管理平台、财务监管平台、产（股）权交易平台，积极探索解决“大城市病”有效途径。

发挥试点地区牵引示范作用。按照国家发展改革委推进新型城镇化建设重点任务和推进新型城镇化高质量发展的相关要求，积极组织有关部门，指导北京市六个试点地区落实试点任务，总结试点经验。通州区、房山区、大兴区结合国家批复的试点任务，从健全农业转移人口市民化机制、探索农民权益自愿有偿退出机制、健全新型城镇化建设投融资机制、建立健全城市间协同发展机制、建立健全城市高质量发展机制、建立健全城乡融合发展体制机制六个方面进行了阶段性成果总结，提炼可复制、可推广的好经验好做法。完成了通州区国家新型城镇化标准化试点考核验收，并配合国家发展改革委完成了北京市第二批新型城镇化试点调研评估工作。

专栏 1

国家新型城镇化综合试点工作情况简述

2014年以来，北京市共有6个区和镇被纳入国家新型城镇化综合试点。其中，通州区作为第一批试点地区较好地完成了国家新型城镇化综合试点阶段性任务。截至2017年底，通州区累计完成农转非46134人（2015—2017年），户籍人口城镇化率已达65.36%，提前完成了2020年目标要求。目前，通州区已建立起相对完善的投融资机制，拥有千亿元规模的副中心建设发展基金，相对成熟的社会资本广泛参与的PPP模式和涉农政策性资金统筹利用机制。此外，通州区已建立“一会三函”投资审批制度和项目全过程统筹管理机制，正在积极构建新型城镇化标准化体系。

房山区作为第二批试点地区，已累计完成31个村7451户的棚改和老村改造工作，正在以高新技术产业为主导，加快推进窦店镇、长阳和拱辰地区统筹城乡示范区建设；通过棚户区改造、老旧小区改造、城乡接合部改造和山区搬迁，加快推进农村市民化工作；依托“智慧房山”建设，成立了城市管理指挥中心和乡镇分中心，正在全力构建集城乡治理、城市服务、综合执法、应急处置、技术保障为一体的城市管理体系；通过明确各小镇定位和发展思路，规范运行PPP建设项目，拓宽多元化投资渠道，正加快推动长沟北京基金小镇、阎村金融科技小镇发展。

大兴区是第二批试点地区，集体经营性建设用地入市工作初见成效，已探索出镇级统筹的全新模式和新型入市主体，已制订实施村集体经济组织利益分配办法。大兴通过重大项目带动共完成农转居13429人，正大力开展拆除腾退区域绿化美化工作，着力构建金融全程参与改革新机制和城乡统一的建设用地市场，建立健全集体资产管理平台、财务监管平台、产（股）权交易平台，积极探索解决“大城市病”有效途径。

第三批试点地区中延庆区和顺义区取得了一定成效。延庆区累计为3970人办理了户口农转非登记，正通过多种方式促进农业与其他业态相结合加快推动产业转型升级，从而实现农村产业融合发展；积极实施“网络瘦身、光进铜退”工程，加快推进智慧城市建设。目前，光纤宽带网络已覆盖所有城区和376个行政村及全区所有政企用户，4G网络已基本覆盖城区、乡镇、行政村、高速及主要道路。

顺义区编制完成《顺义区国家新型城镇化综合试点实施方案（2017—2020年）》，正全力发展智能新能源汽车、新材料、航空航天3大产业集群，依托顺义三高科技农业试验示范区和北京国际鲜花港全力推动产城融合发展；持续完善城镇化资金保障机制，出台了《顺义区重点镇项目资金管理办法（暂行）》；积极探索土地管理制度改革，全区304个村已全部完成权属调查；正全力激发农村资源资产活力，全区拥有合作社144家，社员1万户，带动非社员农户1.2万户。

二、新型城镇化发展的主要问题

（一）“大城市病”仍需较长时间治理

2018年以来，北京市进入减量发展时代，城市副中心建设和“疏解整治促提升”专项行动已初见成效，但解决人口过多、交通拥堵、房价高涨等“大城市病”问题，仍需保持战略定力，持之以恒、久久为功，不懈努力。

（二）多点支撑的城镇体系尚未形成

目前，北京市中心城、新城、镇的城镇化体系中，新城和镇发展水平与承载能力仍不能适应首都城市战略定位的要求，多点支撑的城镇体系尚未形成。全市按照新版北京城市总体规划构建“一核一主一副、两轴多点一区”的城市空间结构，正加快推进顺义、大兴、北京经济技术开发区、昌平、房山等平原新城建设。但是城镇空间发展格局不均衡，南北发展差异仍然较大，西部地区发展热点落后于东部。

（三）城乡融合发展机制有待完善

城市对农村、新城对镇村的带动作用未得到合理有效释放，城乡二元差距明显，城乡在土地、人才、资金、产权等方面要素双向流动仍不通畅，个别农村地区还比较落后。党的十九大提出的乡村振兴战略，对提升城乡规划建设和管理水平、加快乡村高质量发展提出了新要求。下一阶段，北京市将加快建立健全城乡融合发展体制机制和政策体系，促进城乡要素双向流动，构建城乡一体化发展机制。

三、2019年新型城镇化建设相关安排

（一）深入落实新版城市总体规划

严格审定落实分区规划，编制中心城区和新城控制性详细规划、专项规划和重点功能区规划，开展重点地区城市设计，建立规划引领、全域管控的空间规划体系。制定城乡建设用地减量实施方案，确保全年减量30平方公里以上，推出一批城市更新试点区域和试点项目，推动城市减量发展。中心城区严格实行用地和建筑规模增减挂钩，对照规划要求抓好腾退空间使用。有序释放平原新城规划建设指标，提升规划建设标准和资源配置水平，提高综合承载能力。统筹生态涵养区的分类管控，严控开发强度，维护生态安全。

（二）有序推进疏解整治促提升专项行动

注重疏解整治与优化提升同步推进、疏解与环境整治紧密结合，加强政策机制引导，进一步提升城市品质和改善人居环境。退出300家以上一般制造业企业，疏解提升市场和物流中心66家。持续深化违法建设用地治理，加大建筑垃圾资源化利用，按照“场清地净”标准拆违腾退土地4000公顷，引导鼓励各区争创无违建区、乡镇。深入推进街巷治理，完成中心城区和通州区739条背街小巷环境整治提升任务。按照街区生态补充社区菜店、早点、理发、维修、家政等服务，鼓励便利店拓展服务内容，建设提升基本便民服务网点1000个。新建一批城市休闲公园、口袋公园、小微绿地，拆后还绿1600公顷。

（三）高质量规划建设管理城市副中心

制定城市副中心控制性详细规划实施方案和行动计划，创新城市副中心管理体制，着力提高承载能力。以市级机关搬迁为契机，推动适宜的功能和产业向城市副中心转移。启动行政办公区二期工程。全面实施城市绿心绿化工程，开工建设城市副中心站综合交通枢纽，高品质抓好运河商务区建设。加快推进环球主题公园建设。抓好北京学校、安贞医院通州院区、综合体育场馆等一批公共服务项目建设。强化城市副中心与河北廊坊交界地区规划建设管控，推动产业、基础设施、公共服务等向北三县延伸布局。

（四）全力以赴打好三大攻坚战

持续抓好大气污染防治，突出移动源、分散源污染治理，坚定不移打赢蓝天保卫战。以“清河行动”和“清四乱”行动为抓手，加强重要河流综合治理和生态修复。完成污水治理和再生水利用第二个三年行动方案，全市污水处理率超过94%。注重提升森林质量，实施好新一轮百万亩造林绿化工程，新增造林绿化25万亩。大力促进

源头减量和垃圾分类，生活垃圾示范片区覆盖率提高至60%，生活垃圾资源化率达至59%。坚持精准扶贫脱贫方略，深化细化资金项目、干部人才、产业就业、医疗教育等帮扶工作，扎实做好扶贫协作和支援合作工作。

（五）抓好协同发展重点任务落实

深入对接支持雄安新区，开工建设4所“交钥匙”学校医院。确保北京大兴国际机场如期建成通航，启动临空经济区起步区和综合保税区建设，实现外围交通市政配套同步投入使用。加快建设京沈客专、京唐城际等一批重大工程，推动试点大宗货物运输“公转铁”。深化三地产业政策衔接与园区共建，在区域内延伸创新链、产业链布局。进一步加强与河北交界地区生态环境管控，推进实施京津风沙源治理二期、京冀生态水源保护林年度建设任务。

（六）持续深化体制机制改革

坚持依法行政，有序推进体制机制改革创新。不断提高城市精治共治法治水平，进一步深化“街乡吹哨、部门报到”改革。及时回应市民诉求、媒体曝光和市民服务热线反映的问题，切实做到民有所呼、我有所应。积极发挥街巷长、小巷管家等作用，推动执法力量进一步下沉。持续改善营商环境，深入落实优化营商环境三年行动计划，狠抓“9+N”政策2.0版落地，推动办理建筑许可、获得用水用气、纳税等领域明显改善。

天津市2018年推进新型城镇化建设总结报告

天津市发展改革委

一、2018年工作进展情况

按照国家推进新型城镇化建设的总体要求和部署，天津市统筹推动全市新型城镇化工作，市各部门立足自身职能、结合工作实际，紧紧抓住新型城镇化以人为本这一核心，以提高质量为关键，加强城镇内涵品质、城乡基本公共服务、生态宜居和历史文化传承等方面的提升建设，全市城镇布局不断优化、城镇体系日趋完善、综合承载能力大幅提升、公共服务配套更加健全、生态环境持续改善、城镇化水平稳步提升。2018年底，常住人口城镇化率达83%，户籍人口城镇化率达70.15%（见图1）。

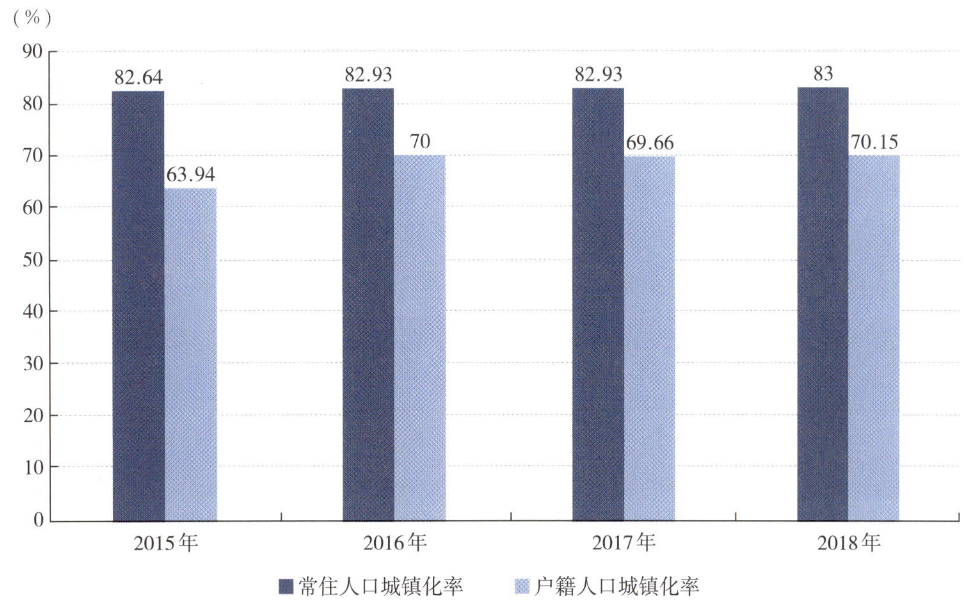

图1 天津市2015年以来城镇化率变化情况

（一）加快农业转移人口市民化

一是城市落户条件全面放宽。取消农业和非农业户口性质区分，统一登记为居民户口。全面放开本市范围内户口迁移限制，建立以合法稳定住所为落户条件的市内户口自由迁移制度。对外发布“海河英才”行动计划，不断放宽人才落户条件，2018年度引进各类人才13.3万人，其中，学历型人才、资格型人才、技能型人才分别占61.5%、16.4%和20.5%。优化积分落户指标体系，特别是将民警签注作为连续居住年限认定条件，提高了居住年限积分权重，拓宽了长期在津普通劳动者的落户通道。根据“居住证+积分入户+员额总量”的原则，2018年共有11748人获得积分入户资格，其中，35岁以下、大专以上学历、有职业技能人员分别占57.94%、45.18%、24.66%。

二是基本公共服务水平逐步提高。积极推动居住证持有人在天津市享有子女教育、就业、社会保险、住房保障、公共卫生等权利。97%以上居住证持有人随迁子女进入公办学校接受义务教育，居住证持有人可按天津市户籍居民相同标准缴费参加城乡居民医保，享受相同补助标准。将农民工及其随迁家属纳入社区卫生服务体系，免费提供基本公共卫生服务。落实农村教师支持计划，切实推动城镇优秀教师向乡村学校流动。推动外来人口较为集中的区域多渠道筹建宿舍型等公共租赁住房，按照“先试点，后推开”的办法，在试点区域落户的进城落户农民，可申请享受天津市现行的“三种住房，三种补贴”住房保障政策，与本市城镇居民享有同等的基本住房保障。2018年开工建设棚改安置房2万套，完成4041万平方米的老旧住房改造任务。

三是“人地钱”挂钩配套政策不断完善。制定了《天津市农业转移人口市民化奖励资金管理办法》，根据各区农业转移人口人数，以及各区人均基本公共服务支出水平、困难系数等因素，分解测算各区农业转移人口市民化奖励，2018年共拨付奖励资金3.16亿元。此外，拨付财政资金13.3亿元，用于促进特色小镇和农村基础设施提档升级。建立了城镇建设用地增加规模同吸纳农村转移人口落户数量挂钩机制，通过实行差别化用地标准、改进用地计划安排、优化土地供应结构、提高农村土地利用效率等主要措施，满足新型城镇化建设用地需求。积极引导全市各区统筹人口规模，合理布局城乡建设用地和划定城市开发边界，为农业转移人口用地需求预留弹性空间。

四是新市民融入城镇能力快速提升。健全城乡劳动者平等就业制度，逐步推动外来劳动者与本市户籍人口享有同等的就业扶持政策，公共就业服务机构为各类人员提供均等化的政策咨询、职业指导、职业介绍等公共就业服务。对农民工等人员返乡创业，可按规定享受小微企业扶持政策。引导新生代农民工到以“互联网+”为代表的新产业、新业态就业创业。实施普惠性的职业技能培训政策，以政府购买培训成果方式，对参加《市场紧缺职业需求程度目录》所列职业技能培训劳动力，给予培训相关补贴。

图2　天津滨海新区

（二）优化城镇化布局和形态

一是城镇空间布局持续优化。逐步形成了中心城区和滨海新区（参见图2）两个功能完备的城市核心，外围各区发展势头总体较好，小城镇发展迅猛，部分已初具规模，逐渐成为功能健全、生态宜居的农村区域性经济文化中心。城镇体系日趋完善，初步建立起“主城、辅城、功能组团、小城镇、新农村”五级城镇体系，形成协调发展的格局。推动沿京津发展轴地区加快发展，打造京津冀区域科技研发转化、现代服务业、高端制造业发展带和主要城镇聚集轴，推动宝坻区融入京唐秦发展轴，推动滨海新区成为东部沿海发展区的核心区，推动蓟州山区与北京山区、河北张承地区共同建设支撑京津冀协同发展的生态涵养区。

二是“1+16”承接格局初步形成。统筹优化承接布局，着力构建以滨海新区为综合承载平台、宝坻京津中关村科技城等专业承载平台为支撑的“1+16”承接格局。与北京市共建的天津滨海中关村科技园，2018年新增注册企业586家，中国知识产权保护中心等项目落户园区。京津合作示范区投资建设有序推进，储备了中南高科等一批优质产业项目。宝坻京津中关村科技城协同发展中心启动建设，签约落地项目12个。精准对接合作，中国核工业大学、中铁总公司数据中心等一批项目签约落地。2018年1—11月，北京企业在津投资到位1025.23亿元，占全市引进内资比重为42.7%。

（三）提高城镇发展质量

一是城市治理现代化水平显著提高。推进天津市“政务一网通”改革，完成统一身份认证和电子证照系统平台搭建，2018年发放数字证书近8000张。积极解决群众办事堵点问题，上线“天津政务”APP（参见图3），实现公共服务事项854项、行政许可事项646项与市网上办事大厅同步办理。开展信用信息库建设，汇聚包括资质许可、行政处罚、税务登记、信用评级、行政执法等16种基础信用信息2500万条。完善市区两级行政执法监督平台系统，构建完成审计监督“一张网”，开通城乡规划“一网通”

平台，搭建城市建设管理监管系统，部署智能生态监控平台建设。其中，“露天焚烧高架视频监控系统”实现全方位、全天候对涉农区域的露天焚烧情况进行监控。

二是智慧城市建设效果明显。优化升级宽带网络设施，光纤入户能力达到1143万户，光纤宽带用户达到320.1万，固定宽带平均可用下载速率达14.73Mb/s，在直辖市与省会城市中排名第4位，荣获“宽带中国”示范城市最佳实践奖。建成“统一认证、单点登陆、智能检索”的基础教育资源公共服务平台，建成职业教育数字图书馆、职业院校优质教育资源共享服务平台和教育基础数据库等。进一步深化智慧健康应用，建设智慧门诊、家庭医生服务平台等便民平台（参见图4）。建成社区管理服务平台，覆盖天津市每个区、街镇、社区，为社区管理提供便捷、高效的服务。建成景区视频监控平台、全域旅游大数据分析平台。

图3　天津政务客户端

图4　天津家庭医生签约中心

三是生态环境保护力度加大。全力推进大气污染防治行动和水污染防治行动，2018年完成25条建成区黑臭水体整治工程，生态修复河道20条163公里，新增植树造林38万亩，完成煤改电、煤改气和集中供热补建23.8万户，累计完成70.4万户。规划管控736平方公里“双城夹绿”生态屏障，完成起步区7400亩绿化任务。推动民用建筑100%执行绿色建筑标准，今年所有新建项目严格落实绿色建筑标准。推进可再生能源应用，积极推广应用“四节能一环保”新技术、新材料、新工艺、新产品。配备村庄垃圾处理设施，清洁村庄垃圾收运设施配套率达到100%。启动农村环境综合整治，实施新一轮农村生活污水处理工作，2018年全市共完成125个建制村环境综合整治任务，完成324个村生活污水处理设施建设任务。

（四）推动城乡融合发展

一是开展城乡融合发展顶层设计研究。委托南开大学开展课题研究，目前已经完成简稿。课题分析了天津市城乡融合发展的环境、现状与问题，以及国内外的经验借鉴，提出促进城乡要素自由流动和平等交换、城乡一体化公共服务体系、城乡基础设施提档升级、加快农业现代化发展、构建城乡融合发展体制机制等方面的战略思路，为天津市出台相关政策奠定了理论基础。

二是推进城乡一体化交通体系互联互通。积极打造“轨道上的京津冀”，加快城际铁路规划建设，建成津保铁路、京津城际延伸线。积极推进市郊铁路发展，已成功开通津蓟市郊客车、京蓟城际快速列车，京津城际延伸线实现公交化运营。全市轨道交通运营里程达220公里，2018年中心城区地铁累计在建7条线163公里，轨道交通网络化格局基本形成。通过公交线网的优化调整，解决了各新建居民区的出行问题，实现村村通客车。建成便捷通达区域的高速公路网，提升改造了一批普通公路省际接口路，“四好农村路”建设取得初步成效，安全水平明显提升。对接服务农村产业园区和农业生产基地，对接服务旅游村、困难帮扶村，精准实施农村公路建设改造。2018年全市328条500公里乡村公路维修改造工程已全部开工，完工项目里程393公里。

三是不断提升产业支撑水平。确立了一二三产业融合发展试点示范工程，按照“强二、促一、拓三”的思路，围绕天津市优势农业产业，完善产业链条，以企业带产业，多态并举，基本形成农村与城市交融、人与自然和谐发展的农村一二三产业融合发展格局。编制了田园综合体创建和现代农业园区创建导则，发展了武清京滨玫瑰庄园、西青花漾年华主题乐园等一批初具规模的新型田园综合体。打造完成宁河区潘庄镇齐心庄园产业链延伸项目和津南区小站镇迎新生态园建设项目，通过产业链延伸和农业功能拓展，效益作用和带动农户作用已经显现。

四是加快补齐公共服务基础设施短板。大力开展学前教育资源建设，落实普惠性民办幼儿园奖补项目，2018年完成新建改扩建112所幼儿园。积极推进居家、社区和机构三个层面养老服务的医疗保障工作，推动社区养老服务设施建设，2018年建成30个老年日间照料中心。建成覆盖城乡的基层医疗卫生服务网络，现有农村乡镇卫生院141所，城乡每个街道（乡镇）均有1所基层医疗卫生机构，农村1.5公里范围内有1所标准化村卫生室。加快城镇水、电、路、气、热等基础设施工程建设，供水设施实现了全覆盖，城镇公共供水普及率达到了100%，累计建成“村邮乐购”站点3000余个，实现建制村村村直接通邮。

（五）深化城镇化制度改革

一是行政管理体制改革不断深化。中塘镇、大寺镇、双街镇改革试点工作全面完成评估验收，津南区咸水沽镇等6个非试点镇改革工作于今年启动。进一步扩大经济社会管理权限，按照法定程序下放300余项经济社会管理权限。精简优化机构设置，组建综合执法局、综合便民服务中心，建立了一套以审批服务为核心、各项便民服务相配套的“一站式一条龙”便利化服务体系。实行新的用编用人制度，在编人员统筹使用、分类管理，加强了镇领导班子建设，落实了干部待遇政策。创新财政管理模式，合理界定区镇事权与支出责任。落实在土地、规划、建设、金融等方面的配套支持保障政策，同时在基层党建、社区治理等方面开展了有益探索。

二是城乡建设用地改革稳步推进。蓟州区农村土地制度改革试点确立了农民住宅小区、多户联建、一户一宅三种“户有所居”保障模式。加大确权登记发证工作力度，对无争议的实现全部确权登记发证。建立农村集体经济组织主导的宅基地有偿使用制度，建立了农户宅基地自愿有偿退出和流转机制，盘活利用空闲农房宅基地。统筹协调推进农村土地制度改革三项试点，建立兼顾国家、集体、个人的土地增值收益分配机制。11宗入市地块挂牌交易，夯实了集体经营性建设用地权能基础，实现同权同价、流转顺畅、农村建设用地财产性收入显化的目标。

三是城镇化投融资模式深入探索。支持采用PPP模式推动新型城镇化建设，加强重点项目推进。拓宽直接融资渠道，借助银行间市场优势，推动符合条件的企业发债融资，研究推广利用资产证券化工具，促进新型城镇化项目建设。积极推进宝坻、武清和蓟州区“两权”抵押贷款试点工作，为服务农村经济金融发展发挥了积极作用。截至2018年9月末，全市“两权”抵押贷款余额约为9300万元，其中，农村承包土地的经营权抵押贷款余额为775万元，农民住房财产权抵押贷款余额为8511万元。研究发挥海河基金在新型城镇化建设中的引导带动作用。

四是农村产权制度改革持续推动。采取多种方式全面加强对产权制度改革工作的组织推动，在2017年完成宝坻区第一批试点改革任务的基础上，2018年指导滨海新区完成全国第二批试点改革任务，已通过农业农村部验收评估，累计有1418个村完成改革。对符合条件的土地股份合作社给予财政扶持，目前共扶持土地股份合作社86家，带动22.3万亩土地实现了规模经营，全市承包土地流转面积占家庭承包地总面积的48%。

五是生态补偿机制加快创新。进一步完善天津市生态保护补偿机制，出台了《关于健全生态保护补偿机制的实施意见》，涉及湿地、林地、耕地、海洋与跨流域生态保护补偿等重点领域。在增加各级财政转移支付力度、深化生态补偿工作的同时，天津市积极开展碳排放权交易试点，加快构建绿色金融体系，规划引导生态产业化，努力变“输血”为“造血”，将生态补偿工作引入市场调节范围，探索建立市场化、多元化的生态补偿机制取得较大进展。

六是国家新型城镇化试点改革有序开展。今年完成第二批东丽区试点和西青区中北镇试点的阶段性成果评估工作。第一批蓟州区试点充分整合部门资源，为引入社会资本搭好平台，采取股权投资、信托融资、私募基金、公司债等方式多渠道融资，2018年融资121.8亿元，累计融资728.8亿元。第二批东丽区试点以宅基地换房方式建设示范小城镇，统筹推动农民居住社区、工业园区和农业产业园区农村三区联动发展。通过设立产城融合引导基金，发挥国有资本的引导作用，吸引带动社会资本参与产城融合领域项目。第二批西青区中北镇试点紧紧围绕农业转移人口市民化，将西青辅城落户中北镇，下放经济社会管理权限，提升基层政府公共服务能力。建成4座满足1万名外来人口需求的蓝领公寓和高级人才公寓，全镇幼儿园学位6000余个，基本满足外来务工人员和本地人员子女入托需求。第三批西青区张家窝镇，静海区大邱庄镇、团泊镇各试点按照市政府批准同意的实施方案推动落实各项试点任务。

二、下一步思路

按照国家关于新型城镇化建设的工作安排部署，谋划推动新型城镇化高质量发展，在新起点上努力开创城镇化新局面。

（一）聚焦“人的发展”

一是深化户籍制度改革。以居住证为载体，逐步完善积分落户制度，优化积分项目和分值设置，进一步放宽本市农业转移人口在城镇落户条件。二是强化常住人口基本公共服务。不断健全与户籍登记“一元化”相适应的社会服务管理制度，积极推动教育、医疗、住房等基本公共服务均等化。三是深化“人地钱”挂钩配套政策。建立市级财政转移支付规模、结构根据农业转移人口市民化情况动态调整机制，健全由政府、企业、个人共同参与的农业转移人口市民化成本分担机制。不断优化土地利用计划指标分配方法。

（二）聚焦“质量提升”

一是提高小城镇建设质量。以高质量推动一批宜居宜业的特色小镇和特色小城镇建设为抓手，充分发挥小城镇的载体作用，加速农村基础设施、公共服务设施、人居环境等方面全面提升。二是提升城镇综合承载功能。完善多式联运等技术标准，推动基础设施联通和公共服务共享。三是加强农村人居环境整治。健全完善农村生活垃圾分类和收运处置体系，加快农村生活垃圾、厕所、生活污水等综合治理进度。四是建设绿色人文城市。强化大气污染综合防治和水生态修复治理，厚植城市人文底蕴，建立内容丰富的公共文化活动品牌。

（三）聚焦“城乡融合”

一是做好城乡融合发展顶层设计。在开展战略研究的基础上，制定出台天津市建立健全城乡融合发展体制机制的政策意见。二是推进产业融合发展。探索盘活农村资产资源的方式方法，构建农村一二三产业融合发展体系。三是加快乡村基础设施提档升级。补齐农村基础设施短板，推动公共服务设施向乡村延伸、社会事业向乡村覆盖。四是促进城乡要素配置合理化。促进各类要素更多向农村流动，在乡村形成人才、土地、资金、产业汇聚的良性循环。

（四）聚焦“制度创新”

一是完善城乡用地制度。统筹推进城乡建设用地制度改革，深化城乡建设用地增减挂钩相关政策。二是健全城镇化投融资机制。强化财政资金和政府投资引导，充分吸纳和引导社会资本参与新型城镇化建设。三是推动小城镇行政管理体制改革。构建简约精干的组织框架，推进更加高效的审批服务和综合行政执法，探索适应经济发达镇实际的财政管理模式，创新基层服务管理方式。

河北省2018年推进新型城镇化建设总结报告

河北省发展改革委

一、2018年工作总结

河北省按照国家发展改革委《关于实施2018年推进新型城镇化建设重点任务的通知》要求，结合本省实际，研究印发了《关于落实国家发展改革委2018年推进新型城镇化建设重点任务的实施意见》，指导全省新型城镇化与城乡统筹示范区建设工作有序推进，全省城镇化质量和水平得到新的提高。2018年全省常住人口城镇化率为56.5%，较上年提高近1.5个百分点（见图1），实现农业转移人口和其他常住人口124.9万人在城镇落户。

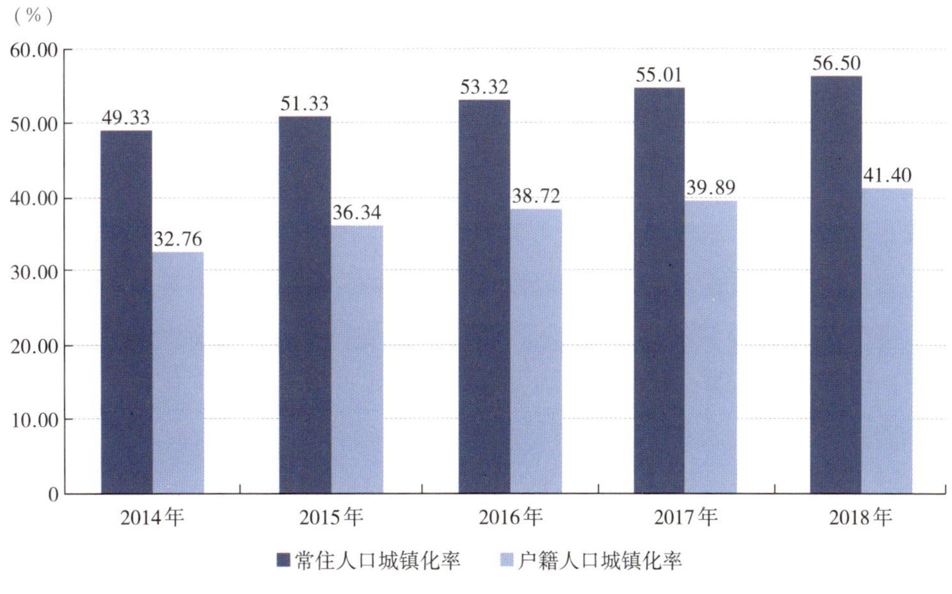

图1　河北省2014—2018年城镇化率变化情况

（一）加快农业转移人口市民化

一是积极推进农业转移人口落户。深入贯彻落实国务院推进非户籍人口在城市落户的要求，积极调整完善城镇落户政策，全面放开城镇落户条件，分类放开设区市市区的落户条件；着力解决重点群体落户问题，进一步放宽在城镇稳定就业和生活的农业转移人口、举家迁移的农业转移人口、新生代农民工的落户条件，全面放开高校毕业生、技术工人、职业院校毕业生、留学归国人员等人才的落户条件，简化办理程序、落户手续；积极创新户籍管理工作，普遍建立实行社区公共户口、省内户口迁移"一站式"办理、自择地址落户三项制度，城镇落户渠道更加多样，户口迁移更加便捷。

二是强化常住人口基本公共服务。积极推动居住证制度全覆盖，11个设区市政府先后出台本地居住证制度的实施意见，扩大对居住证持有人享有的公共服务范围并提高服务标准。全省累计办理居住证134.2万个。积极推进各市、县（市、区）将农业转移人口及其他常住人口随迁子女义务教育纳入公共财政保障范围。2018年秋季学期初，全省城市（含县镇）中小学接收进城务工人员随迁子女入学总人数达50.04万人，其中在公办学校就读的有44.39万人，占88.71%。制定落实促进灵活就业人员参加企业职工基本养老保险有关问题办法，明确用人单位对使用的农民工应按照企业职工基本养老保险缴费办法缴纳基本养老保险费，全省城乡居民养老保险参保人数达到3511.62万人。全面推进进城落户农民参加城镇基本医疗保险，各市对参加居民医保的按规定给予参保补助，截至2018年9月底，全省基本医疗保险参保人数达到6890.2万人。积极改善农民工居住条件，要求各地每年拿出不低于15%的可分配公租房房源，定向配租给以农民工为主的外来务工人员，截至2018年底，全省12万户农民工家庭享受到了住房保障服务。

三是深化"人地钱"挂钩配套政策。全面落实河北省关于实施支持农业转移人口市民化若干财政政策、城镇建设用地增加规模同吸纳农业转移人口落户数量相挂钩实施细则。省级财政安排城市基础设施建设、运行维护、保障性住房等相关专项资金时，对吸纳农业转移人口较多的县（市、区）给予重点支持。在防范政府债务风险的前提下，加大地方政府债券资金对城市基础设施建设支持力度。将市、县（市、区）更多符合条件的政府和社会资本合作项目纳入财政部PPP综合信息平台项目库。为提升农业转移人口公平基本公共服务水平，争取中央预算内投资20余亿元，加快农村中小学、医院等社会事业基础设施建设。

四是不断提升新市民融入城市能力，深入实施高校毕业生就业创业促进计划和基层成长计划，继续实施技能强省振兴工程和创业带动就业倍增工程，城镇新增就业87万人。积极开展就业技能培训、岗位技能培训、高级人才培训、创业培训和劳动预备制培训，全年培训农民工40万人次。实施农民工学历与能力提升“求学圆梦行动”计划，推动各地建立农民工继续教育新模式。

（二）提高城市群建设质量

一是加快城市群建设。推进城镇体系规划编制工作（参见表1），扎实推进“五级两规一导则”体系建设，各类规划修编取得积极进展，全省城乡规划设计水平得到提升。完成通州区与廊坊北三县地区协同规划、北京新机场临空经济区总体规划，建立京冀交界地区规划联合审查机制，探索雄安新区（参见图2）周边、沿海地区等区域规划统筹协调机制。推进雄安新区对外骨干交通路网以及京津冀交通一体化、冬奥会张家口赛区相关公路基础设施建设。深化京津冀医疗卫生协同发展，指导河北省12所医疗卫生机构与10所国家委属（管）医院落实医疗合作协议。在京津冀大气污染防治协作机制基础上，完善防护林建设、水资源保护、水环境治理、清洁能源使用等领域合作机制。

表1　河北省城市规模体系

<table>
<tr><th colspan="2">规　　模</th><th>数量</th><th>城 市 名 称</th></tr>
<tr><td rowspan="2">大城市</td><td>Ⅰ型大城市
（300万—500万人口）</td><td>3</td><td>石家庄市、唐山市、邯郸市</td></tr>
<tr><td>Ⅱ型大城市
（100万—300万人口）</td><td>3</td><td>保定市、秦皇岛市、张家口市</td></tr>
<tr><td colspan="2">中等城市（50万—100万人口）</td><td>7</td><td>衡水市、廊坊市、邢台市、承德市、沧州市、定州市、任丘市</td></tr>
<tr><td rowspan="2">小城市</td><td>Ⅰ型小城市
（20万—50万人口）</td><td>17</td><td>河间市、武安市、遵化市、迁安市、三河市、霸州市、辛集市、涿州市、泊头市、黄骅市、平泉市、深州市、晋州市、高碑店市、新乐市、南宫市、沙河市</td></tr>
<tr><td>Ⅱ型小城市
（20万以下人口）</td><td>1</td><td>安国市</td></tr>
</table>

二是积极发展中心城市。坚持全域规划，完善空间布局，强化调控引领，提高中心城市产业质量和公共服务水平，继续提升集聚和辐射带动能力。对照设区市主城区建设标准，加快提升新的市辖区建设水平，推进一体化发展，构建以主城区为中心的都市区。开展承德市战略环评试点，强化规划环评的约束和指导作用。完善公共交通主导的交通网络体系，推动中心城市与周边中小城市基础设施联通和公共服务共享。

三是加快培育新生中小城市。积极推进滦县完成撤县设市工作，认真做好撤乡设镇、撤镇设街道办事处验收审核工作，积极有序推进乡级行政区划调整工作。优化城

图 2 雄安新区

市市辖区规模结构，积极做好撤县（市）设区申报工作，审慎稳妥推进县级以上行政区划调整。

四是引导特色小城镇和特色小镇健康发展。按照产业特色鲜明、人文气息浓厚、生态环境优美、多功能叠加融合、体制机制灵活的要求，推进一批特色小城镇建设，制定了小城镇建设的标准，指导特色小城镇提高建设水平。制定印发特色小镇规划布局方案和规划设计导则，加强政策培训，指导特色小镇提高规划设计水平、加大项目推进力度、加快产业和人口聚集，基本建立起创建一批、培育一批、谋划储备一批的特色小镇建设梯次推进格局。

（三）提高城市发展质量

一是提升城市经济质量。发挥城市产业载体和创新高地作用，制定新一轮重点领域三年滚动计划方案，力促交通、生态环保、产业三个重点领域取得新突破。实施全省区域产业布局规划方案，支持各市发挥优势、找准定位、突出特色、错位发展。积极发展分享经济，打造经济发展新引擎。

二是优化城市空间布局。启动生态保护红线区域勘界定标，加强海洋、湿地保护和自然保护区管理，修订完善《河北省达标排污许可管理办法》，全面落实《河北省国土绿化三年行动实施方案（2018—2020年）》。

三是完善城市服务设施。大力推进老旧小区改造，制定老旧小区改造工作导则和技术规范，推进张家口市和秦皇岛市开展国家试点工作。加大对棚户区改造支持力度，鼓励和引导金融机构加强合作，全省棚户区改造开工23.5万套，列入国家计划的政府投资公租房分配率达到97.3%。改造设区市建成区老旧供水、燃气、供热管网363公里，全省累计开工地下综合管廊172公里，建成廊体53公里，石家庄市地下综合管廊试点项目全部建成并投入运营。城市生活垃圾无害化处理率和污水处理率分别达到96.6%、94%。

四是建设绿色人文城市。扎实推进海绵城市建设，迁安市完成国家海绵城市试点建设任务（参见图3）。大力实施公园绿地建设工程，2018年新建、提升公园游园299个，新增城市绿地4763.8公顷，创建省级园林式单位、小区、街道208个（条），设区市黑臭水体消除比例达到80%以上。加大石家庄、沧州创建国家节水城市指导力度。严格执行居住建筑75%节能标准，绿色建筑占城镇新建建筑比例达到57.84%，2018

年竣工超低能耗建筑面积13.37万平方米。

五是推进城市治理现代化。完成省级城管综合执法机构组建，推进“洁净城市”建设，全面落实“以克论净”考核制度，深化“一区三边”违法建设清零行动，严格落实建筑施工扬尘防治18条强化措施，分级分类开展新型智慧城市建设，强化信息基础设施先行，积极推进智慧交通、智慧旅游、智慧环保、智慧能源、智能建筑、智慧管网、BIM技术、数字城管等建设，健全城镇空间信息平台。实施交通秩序整治工程，持续开展道路交通秩序整治，主干公路机动车交通守法率达到85%。

图3 迁安市海绵城市建设

（四）加快推动城乡融合发展

一是做好城乡融合发展制度设计。以完善产权制度和要素市场化配置为重点，探索建立健全城乡融合发展体制机制和政策体系，积极推进村（社区）级人力资源社会保障公共服务平台标准化建设。依法依规做好流浪乞讨人员、困境儿童等弱势群体关爱保护工作，动员社会力量积极参与，提高服务管理水平。加大易地搬迁扶贫力度，开展“空心村”治理工作，实施推进深度贫困地区农村基础设施和基本公共服务提升工程行动计划。

二是清除要素下乡各种障碍。督导银行业金融机构结合产业发展和乡村发展规划，创新金融产品，继续推进农村承包土地经营权抵押贷款试点，全面建立职业农民制度，实施新型职业农民培训工程，围绕特色优势产业分类开展新型农业经营主体带头人轮训、现代青年农场主培养和农业产业脱贫带头人培育，完成新型职业农民培训2.5万人次以上。建立健全农村产权流转交易市场，逐步将集体经济组织的资产纳入产权交易范围。

三是推进城乡产业融合发展。构建农村一二三产业融合发展体系，创建认定一批国家和省农村产业融合发展示范园和先导区，实施“旅游+农业”发展战略，规范乡村旅游标识标牌的设置，丰富旅游公共交通网和自驾车服务体系，加快乡村游客服务中心、停车场等设施建设。实施乡村旅游品牌塑造工程，发掘打树花、皮影戏、拉花、杂技、太极拳等非物质文化遗产，挖掘地方特色餐饮和小吃，培育赏花节、采摘节、民俗庙会、户外音乐节等乡村节庆产品。加大对农民合作社、龙头企业等新型农业经营主体的培育力度，发展股份合作制等新型农村集体经济。

四是推动公共资源向农村延伸。加快农村公路延伸联网，开展农村公路安全生命防护工程、危桥改造、窄路基路面拓宽改造。实施深度贫困地区无害化卫生厕所改造专项行动，全省农村改厕完成126.42万座。推进农村饮水安全巩固提升工程建设，实现农村饮水受益人口266万人，集中供水率达到89%，城镇自来水管网覆盖行政村比例达到23.3%。实施中小学校舍提升工程，新建、改扩建贫困地区中小学校舍100万平方米。持续推进美丽乡村建设，开展农村人居环境整治三年行动。

（五）深化城镇化制度改革

一是深化城乡土地制度改革。全面实行城镇建设用地增加与农村建设用地减少相挂钩政策。允许存量土地使用权人在不违反法律法规、符合相关规划的前提下，按照有关规定经批准后对土地进行再开发。充分维护承包农户使用、流转、抵押、退出承包地的各项权能，进城农民有权通过转让、出租（转包）、入股或其他方式流转承包地并获得收益，有权依法依规就承包土地经营权设定抵押、自愿有偿退出承包地。全面完成农村土地承包经营权确权登记试点任务，全省完善土地承包合同1193万份，涉及承包地面积8209万亩。建立154个农村产权流转交易中心，基本实现涉农县（市）全覆盖，全省交易额累计达20.2亿元，抵押贷款总额3.4亿元。定州市“三块地”改革试点和16个省级以上农村集体产权制度改革试点有序推进。

二是健全城镇化投融资机制。积极争取中央新增政府债务限额，组织发行政府债券，支持城市基础设施建设。在公共服务领域大力推广政府和社会资本合作（PPP）模式，做好方案编制、物有所值评价和财政承受能力论证工作，加强项目监管。完成省级信用信息共享平台主体工程建设，“信用中国（河北）”网站上线运行。

三是推进行政管理体制改革。积极深化行政审批制度改革，做好国家取消下放行政审批等事项的衔接工作，取消下放一批省级行政许可事项，在市县实现行政审批局全覆盖的基础上，进一步优化完善运行机制，按照中央深化地方机构改革工作要求，研究深入推进河北省重点领域综合行政执法改革的举措。

四是放大试点地区改革平台作用。在指导9个国家新型城镇化综合试点地区全面总结试点工作成效的基础上，推进41个省级新型城镇化与城乡统筹示范区建设试点城镇试点任务进程，在建立农业转移人口市民化分担机制等方面积极探索，努力实现以点带面的城镇化发展态势。发挥新型城镇化与城乡统筹示范样板县（市）示范效果。确定了香河县、迁安市、涉县、怀来县4个县（市）为全省新型城镇化与城乡统筹示范样板（参见图4），

图4　香河县城乡统筹建设

省城镇化工作领导小组成员单位和相关设区市政府加大工作指导和培养力度，协同推进示范样板县（市）探索形成以工促农、以城带乡、工农互惠、城乡一体的新型工农城乡发展格局。

二、存在的问题

一是农民进城落户意愿减弱。为解决农民工市民化问题，河北省不断完善居住证政策，进城务工人员及其随迁家属在劳动就业、教育医疗等方面的待遇已与同城市民无明显差别，进城务工人员及其家属即便不在城市落户，也能享受到与市民同样的、便利化的公共服务。同时，随着乡村振兴战略的深入实施，农业农村正发生深刻变化，农民在农业补贴、农村土地征收、集体建设用地入市、宅基地制度改革等方面享有的权益不断提高，农村户口含金量越来越高，强化了农民对农村未来发展和收益的预期，农村户口城市就业，两全其美，导致农民进城落户动力不足，甚至有大量农村大学生在入学、就业时不迁户口。

二是产业吸纳就业能力不强。近两年河北省去产能、治污染、促转型力度不断加大，大批高耗能高污染企业关停转产，大批传统产业企业退城搬迁，造成城镇吸纳就业能力下降，据调查，2018年1—10月，河北省电子信息、机械、汽车、化工、纺织、冶金六大主要行业中，除汽车制造业用工略有增长外，其他行业平均用工人数均存在不同程度减少，其中纺织行业减少近10%、电子信息行业减少20%以上。

三是京津虹吸效应仍然明显。虽然京津冀协同发展步伐不断加快，雄安新区建设全面展开，河北承接北京非首都功能取得较大成果，但河北与京津在经济实力、公共服务等方面的差距依然较大，高端人才向京津单向流动、各种优质要素向京津聚集的局面仍未改变，在一定程度上阻碍了城镇化进程。

三、2019年工作安排

河北省将深入落实京津冀协同发展规划纲要，以加快推进新型城镇化与城乡统筹示范区建设为抓手，抓好《河北省新型城镇化与城乡统筹示范区建设规划（2016—2020年）》确定的各项重点任务落实，力争到2019年底，城镇化率增幅1.2个百分点，全省常住人口城镇化率达到57.6%左右。

（一）加快农业转移人口市民化进程

多渠道推进农业转移人口落户城镇。搭建劳务对接平台，发挥农民合作社、种养大户、家庭农场等新型生产经营主体作用，组织和带动农村劳动力转移就业。有针对性地开展就业技能培训、创业培训、劳动预备制培训等职业培训，全面落实培训补贴政策。加大创业带动就业扶持力度，优先安排返乡下乡创业人员和自主创业贫困劳动力入驻创业孵化园区，落实租金物业水电费等补贴政策。

推进农业转移人口享有城镇基本公共服务。将符合条件的流动人口纳入健康档案、健康教育，加强预防接种工作规范管理，强化传染病监测报告、有效处置暴发疫情，优化孕产妇和儿童保健管理、计划生育等基本公共服务，健全农业转移人口国家基本公共服务项目保障体系。

建立健全农业转移人口市民化推进机制。省直有关部门围绕“三挂钩”，贯彻落实推动农村人口向城镇转移的各项配套政策，定期开展政策落实情况督导，适时细化和完善政策措施，鼓励各地结合实际开展创新和试点，总结推广创新经验。加强统计测算工作，组织相关厅局共同研究建立全省常住人口城镇化率变动监测机制。

（二）优化城乡空间布局和形态

推进京津冀城市群协同发展。围绕打造京津冀世界级城市群，落实京津冀协同发展战略，按照“核心引领、多点支撑、轴带拓展、区域协同”的思路，构筑“两翼、四区、五带、多点”的城镇空间布局。全面落实中央批复精神和《河北雄安新区规划纲要》及《河北雄安新区总体规划（2018—2035年）》，推动廊坊北三县与北京市通州区协同发展。借势冬奥会，加快推进张北地区建设，重点加强冬奥项目的建设管理和质量监管。加强京冀交界地区房地产市场管控和建设管控。

高标准推进雄安新区建设。完善规划体系，推进起步区控制性规划、启动区控制性详规、容东片区控制性详规完善报审工作，高标准编制启动区、起步区、容城组团、安新组团等片区城市设计工作。强化政策创新，落实支持雄安新区全面深化改革扩大开放指导意见，积极推进新区金融扩大开放，推进各项政策措施落地实施。推进重点工程建设，开展雄商高铁、石雄城际、京雄高速等项目前期工作，实施白洋淀流域污染综合治理示范工程，大规模开展植树造林和国土绿化。

做大做强中心城市。发挥区域中心城市、重要节点城市在城镇化格局中的引领作用，明确功能定位、突出城市特色，完善城市功能，壮大城市经济、做优城市环境，彰显空间品质、推动组团发展，构建都市区格局，增强对区域发展的辐射带动能力，为构筑京津冀世界级城市群提供有力支撑。

加快发展中小城市。全面提升县城规划建设水平，支持县城发挥比较优势，精准定位、错位发展，不断提升县城综合承载能力，充分发挥县城作为农村人口转移的重要平台作用，高标准打造一批特色风貌、宜居宜业、充满活力的新生中小城市。

培育创建特色小（城）镇。继续重点培育一批特色小城镇，以基础设施建设、公共服务设施建设为重点，推进项目建设，突出特色发展，提升城镇功能。加强特色小镇动态管理，研究确定2019年特色小镇培育创建名单，以打造产业特色、推进三生融合、创新运行机制为重点，加快形成一批创新创业新平台。

实施乡村振兴战略。积极调整农业种植结构，大力实施“四个一百”工程，创建一批农业领军品牌和地理标志产品。培育创新型农业企业，支持省级农业产业化龙头企业、助力一体化种业企业和农业科技“小巨人”企业发展，支持休闲农业和乡村旅游加快发展。加强村综合服务站建设，支持建设新型职业农民实习实训基地。优化村庄布局。严格落实省政府关于农村生活垃圾管理的要求，开展26项制度落地情况监督检查。

（三）提高城乡规划建设管理水平

强化规划引领。推进空间规划体系建设，在现有“五级两规一导则”体系基础上，全面开展规划期限至2035年的国土空间规划编制工作，科学安排生产、生活、生态三大空间，划定“三区三线”。严格规划实施监督管理，严守永久基本农田、生态保护线和城镇开发边界，严格城市水体保护蓝线、绿地绿线、基础设施黄线、历史文化保护紫线和道路红线管理。

加强城市基础设施建设。统筹推进城市供水、燃气、供热、市政消防给水设施等市政基础设施建设，补齐基础设施短板，确保与城市人口规模要求相适应。因地制宜推进地下综合管廊建设。加快供水设施改造与建设，扩大公共供水管网覆盖范围，及时关停实现水源切换的城镇自备井，提高引江水使用比例。

提升城市管理效能。推动城市治理向多主体参与转变，建立健全市、区、街道、社区各层级网格单元，全面实行城管网格化管理，及时发现和快速处置问题。创新社区自治组织建设，建立平等协商机制，完善便民服务网络，支持社区社会组织发展，实现政府治理和社会调节、居民自治的良性互动。新增城市绿地3000公顷以上，建成区违规设置的广告牌匾得到有效整治，80%以上设区市达到国家节水型城市标准。

强化城市污染治理。加快建设垃圾焚烧处理设施，提升现有垃圾处理场处理能力。积极推动项目建设进度，加快审批和核准等前期手续，着力建设一批技术先进、资源集约共享、环境友好的生活垃圾焚烧发电项目，力争生活垃圾无害化处理率达到97%以上，切实提高全省垃圾处理能力及水平，推动全省环境持续改善。开展生活垃圾分类和资源化利用试点，逐步实现分类投放、分类收集，分类运输、分类处理。全面完成城市易涝点整治和黑臭水体治理，扎实推进扬尘治理，实施城市深度保洁，机械化清扫率达到83%以上，新增洁净城市30个左右。

加快推进美丽乡村建设。认真贯彻落实《河北省农村人居环境整治三年行动实施方案（2018—2020年）》，深入开展农村人居环境整治村庄清洁行动，推动垃圾收集、转运和处理体系建设，推动农村垃圾分类试点，全面实施农村厕所革命、农村生活污水治理、村容村貌提升行动。积极推进2018—2019年度4.9万户农村危房改造任务，对存量4类重点对象危房开工改造。积极稳妥推进农村“双代”工程建设，完善农村燃气管理机制，做好燃气安全隐患分级管控。

（四）强化产业发展支撑

发展壮大城市经济。大力发展生产性服务业，加快推进制造业服务化进程。开展物流标准化城市试点，推动智能物流港建设。大力发展生活性服务业，降低行业准入门槛，支持社会力量加大对现代旅游、健康养老等幸福产业投入力度。进一步压缩企业开办时间，扎实推进“证照分离”改革，落实国务院关于在全国推开第一批106项改革部署。

推动县域经济增比进位突破。实施产业结构升级工程，支持各县（市）立足各自功能定位、发挥比较优势，促进工业强素质提水平、农业优结构提质量、服务业扩规模提能级，加强一二三产业联动，推进产业体系向中高端迈进。实施产业集群打造工程，围绕打造龙头企业带动、骨干企业支撑和中小企业配套协作的产业集群发展梯队，构建优势明显、布局合理、配套完备、链式发展的产业集群发展新格局。高标准推进产城融合发展，推动符合城镇布局调整规划的新增工业项目、新建的高中和职业教育逐步集中到县城或产业园区（参见图5）。

图5　河北省某生物产业园

实施脱贫攻坚工程。切实落实贫困人口各项参保优惠及代缴补贴政策，为符合参加城乡居民基本养老保险条件的贫困人员代缴养老保险费，为60周岁及以上符合条件的贫困人员办理待遇领取手续。

（五）弥补公共服务短板

全面提高教育水平。开展幼儿园建设工程，支持民办普惠园建设。推进城乡义务教育一体化优质发展、高中阶段教育特色多样规范发展，努力消除普通高中大班额现象。以质量为导向，优化学科布局，加强高校“双一流”建设。

增强医疗卫生保障能力。加快“健康河北”建设，全面总结和推广“罗湖模式”城市医疗集团和县域医共体建设，促进优质医疗资源有效下沉。推进“互联网+医疗健康”，依托实体医院建立互联网医院，为患者提供互联网诊疗、家庭医生签约服务。健全城乡医疗卫生服务体系，优化医疗卫生服务布局，进一步提高基本公共卫生服务项目补助标准，开展“优质服务基层行”，深化乡村一体化管理。推进京津冀医疗卫生协同发展，深化“10+12”委省医疗机构合作。

推动社会保险扩面提标。建立城乡居民基本养老保险待遇确定和基础养老金正常调整机制，抓好社会养老保险扩面征缴，以小微企业、灵活就业人员、农民工等为重点，扩大企业养老保险征缴范围。推进全面参保登记计划，加强部门协作、业务指导，完善全民参保登记库信息。

构建现代公共文化服务体系。推进大运河文化带规划建设，推动公共文化机构免费开放，支持文化产业示范园和文化创意企业发展。推进市、县级公共图书馆、文化馆和乡镇（街道）综合文化站等公共文化设施建设，推进行政村（社区）综合文化服务中心建设。

推进体育事业发展。支持10个深度贫困县在县城或重点乡镇易地扶贫搬迁集中安置区建设社区健身中心。支持部分市开展新时代城市社区体育健身示范提升工程、街角体育便民设施建设和健身器材维护更新。实施《河北省全民健身实施计划（2016—2020年）》，广泛开展全民健身活动。

加强养老服务体系建设。提升养老院服务质量，修改和完善《河北省养老机构星级评定管理办法》和《河北省养老服务机构星级评定细则》，继续组织开展养老机构星级评定工作。指导石家庄市、唐山市抓好“中央财政支持开展居家和社区养老服务改革试点”。建立农村留守老年人定期探访制度，探索农村养老服务体系建设新路径。

（六）保障水资源供给

强化水资源保障。开展水资源供需形势分析研究，统筹地表水、地下水、外调水、非常规水的配置调度。完善南水北调中线配套工程，抓好水厂及管网工程建设。促进水资源承载能力与经济社会发展相适应。

严格水资源管理。强化水资源刚性约束，严格水资源消耗总量和强度双控制度，健全水资源节约利用管理体制机制。加强水资源管理基础能力建设，推进取用水监测计量设施安装，加快完善省级水资源管理平台建设。

加强水环境治理。加大地表水保护力度，加强水源涵养区、河流源头区生态保护。强化水资源刚性约束，严格地下水取水许可审批，优先保障生态环境安全和群众生活用水安全。

（七）强化综合交通运输网络支撑

加快轨道交通网建设。完善国家高速铁路通道，建设省内城际铁路网络，建成京张、崇礼、大张铁路，加快京雄、京唐、石衡沧港等城际铁路建设，加快石家庄城市轨道交通项目和邢和、水曹等货运铁路工程建设进度。

完善公路交通网络。推进高速公路、国省干线和农村公路建设，力争建成延崇高速河北段主线工程、新元高速扩建、张石高速蔚县支线等5条高速公路项目，普通干线公路建成450公里，农村公路新改建6000公里。

完善运输机场布局。全力支持大兴国际机场建设，开工建设邢台军民合用机场，改扩建张家口、邯郸机场，力争建成围场、平乡通用机场。

（八）创新体制机制

推进城乡统一要素市场建设。建立覆盖城乡的公共就业服务体系，推进县级农村产权交易市场建设，发展农业科技成果托管中心和交易市场，建立健全有利于农业科技人员下乡、农业科技成果转化、先进农业技术推广的激励和利益分享机制。创新面向三农的金融服务，支持银行业金融机构到农村增设网点，继续做好创业担保贷款工作，积极推动农业保险工作。鼓励社会资本投向农村建设，引导产业链条向农村延伸，推动城乡要素互动融合。

深化土地管理制度改革。建立城镇用地规模结构调控机制，严格执行城市用地分类与规划建设用地标准，提高城镇建设使用存量用地比例。健全节约集约用地制度，适当提高工业项目容积率、土地产出率门槛，鼓励建设多层标准厂房。建设节地型城镇，开展城镇低效建设用地再开发利用，盘活闲置土地，用好地下地上空间。

推进农村集体产权制度改革。加快完成农村土地确权登记颁证工作，依法维护农民土地承包经营权，加快建立健全土地经营权流转市场。分类推进农村集体产权确权到户和股份合作制改革，探索对非经营性资产集体统一运营管理的有效机制，发展多种形式的经营性资产股份合作模式。

创新资金保障机制。认真贯彻落实国家和省关于实施支持农业转移人口市民化若干财政政策的文件精神，使农业转移人口同户籍人口享有同等的基本公共服务。积极争取并合理分配中央农业转移人口奖励资金，加强奖励资金监管。规范有序推进PPP模式，加强项目督导，抓好项目推进和融资对接。引导银行业机构加大对县域经济、民营企业和“三农”产业信贷支持力度。

推进住房保障工作。合理安排国家下达的保障性安居工程目标任务，提请省政府与各市政府、雄安新区签订责任状，采取月通报、定期调度、派驻督导核查员等方式，加大对各地工作的推进力度。积极争取中央财政城镇保障性安居工程专项资金，足额安排省级补助资金，做好棚改专项债券融资工作。编制2019—2021年公租房发展规划。试行政府购买公租房运营服务。明确老旧小区改造清单。稳妥推进城中村改造项目350个。

优化行政区划。积极稳妥推进区划调整，优化行政区划设置，合理有序推进人口流动，提升从事非农产业人口比重，促进人口与经济社会发展和资源环境禀赋相协调。推动调整地方经济由高速增长转向高质量发展，提高第二产业、第三产业增加值比重，提高城乡居民可支配收入水平，进一步完善基础设施和公共服务。

（九）强化工作领导

加强机构建设。按照省委、省政府领导关于“三区一基地”建设有关工作批示，成立新型城镇化与城乡统筹示范区建设工作推进小组，省直相关部门作为工作小组主要成员，参照省委、省政府加快新型城镇化与城乡统筹示范区建设的意见任务分工，加强工作协调，统筹推进工作落实。

推进试点示范。各相关省直单位加大对香河、迁安、涉县、怀来4个新型城镇化与城乡统筹示范区样板县（市）的支持力度。组织石家庄市等9个国家新型城镇化综合试点和41个省级新型城镇化与城乡统筹示范区试点城镇，按照试点方案推进试点任务落实，开展试点督导调研和经验交流。

实施监测评估。加强新型城镇化与城乡统筹示范区建设规划落实情况督导调研，适时掌握和了解重点任务工作进展情况。建立工作推进交流机制，定期组织开展规划推进工作座谈会，推动省直相关部门交流任务进展和工作经验。建立规划实施监测评估机制和动态调整机制，开展规划落实情况第三方评估。

山西省2018年推进新型城镇化建设总结报告

山西省发展改革委

一、2018年新型城镇化建设进展情况

2018年，山西省以新发展理念为引领，紧扣供给侧结构性改革主线，紧紧围绕“人的城镇化”这个核心，大力实施城市群发展规划，着力提升城市发展质量。按照国家2018年推进新型城镇化建设重点任务，结合本省实际，制定了《山西省2018年推进新型城镇化建设重点任务》，各部门按照职责分工，积极推进相关工作，各项任务进展顺利，基本完成年度计划任务。

（一）农业转移人口市民化有序推进

放宽城市落户条件，调整完善户口迁移政策。进一步放宽太原市落户条件，2018年太原市共办理各类人才迁入4万余人。进一步拓宽高校毕业生户口迁移渠道，本省高校、职业院校学生集体户毕业生可将户口由学校学生集体户迁往单位集体户、合法稳定住所或投靠直系亲属。进一步精简户口迁移流程，实现各市内户口迁移“一地办结”。

2018年山西省常住人口城镇化率和户籍人口城镇化率分别达到58.41%及40.85%，完成年度目标任务（见图1）。

强化常住人口基本公共服务。全面实施居住证制度，切实做好流动人口服务管理工作，截至2018年底，全省累计已登记发放248万余个居住证，其中2018年发放11万余张居住证。深化流动人口服务管理“放管服”改革，优化营商环境。部署开展港澳台居民居住证申领发放工作，全省共设立150个港澳台居民居住证申领受理点，截至目前，全省公安机关累计受理签发港澳台居民居住证110张。整合城乡居民基本医保制度，城乡居民享受同等的医保待遇，保障水平显著提高。实现了城乡居民异地就医直接结算，截至2018年9月底，山西省累计与除西藏自治区外的30个省（区、市）进行跨省异地住院直接结算5.55万人次，总费用15.5亿元；省内异地就医住院直接结算26.38万人次，总费用47.8亿元。加强基本医保、大病保险和医疗救助

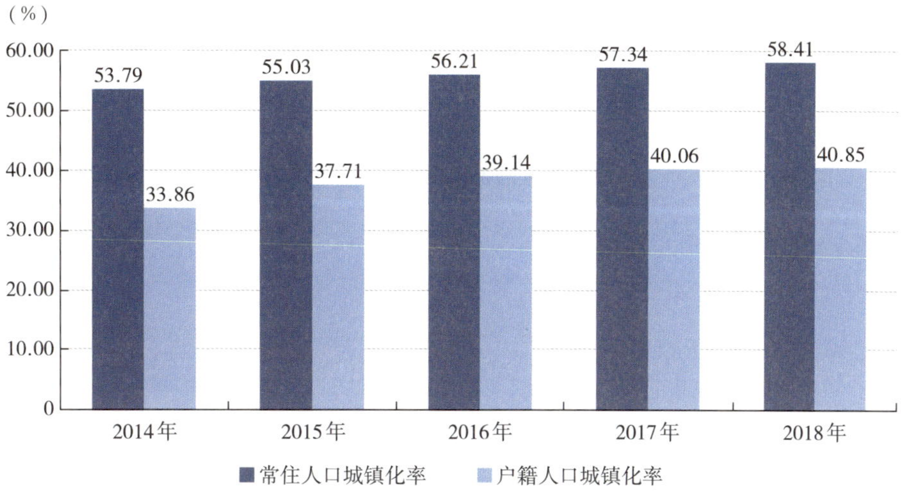

图1　山西省2014—2018年城镇化率变化情况

制度的衔接，省市县基本实现了基本医保、大病保险、补充医疗保险和医疗救助的“一站式”结算。公租房保障能力稳步提高，全省政府投资公租房累计分配25.32万套，分配率达92%，年度发放住房保障家庭租赁补贴8.36万户，约百万中低收入住房困难家庭改善了住房条件。实施农村老年人日间照料中心幸福工程，截至2018年10月底，建成600个农村老年人日间照料中心。

深化“人地钱”挂钩配套政策。2018年5月，全省省、市、县三级土地利用总体规划调整完善工作全部完成。本次规划调整全省新增建设用地规划指标74.55万亩，流量指标63万亩，为新型城镇化提供充足用地保障。建立了财政转移支付同农业转移人口市民化奖励机制。

不断提升新市民融入城市能力。推进公共就业服务体系建设，2018年全省累计转移农村劳动力就业40.9万人，完成全年目标任务的124.0%。实施全民技能提升工程、农民工等人员返乡创业培训五年行动计划，制定推行终身职业技能培训政策，截至2018年11月底，全省共有550个培训机构承担全民技能提升工程培训任务，举办培训班次近10000个，累计培训109.16万人，超额完成年初100万人的培训目标任务。促进贫困地区劳动力转移就业，2018年全省共培训建档立卡贫困劳动力9.2万人，实现农村贫困劳动力转移就业10.1万人，完成全年任务的126.2%。加强随迁子女就学保障，加大对贫困家庭学生资助力度，优先将建档立卡的贫困户家庭学生纳入资助范围，提高家庭经济困难寄宿学生生活费补助标准，保障随迁子女在流入地平等接受教育。

（二）城镇化布局和形态进一步优化

围绕“一核一圈三群”总体布局，太原晋中同城化速度明显加快，太原都市区对阳泉、忻州、吕梁的辐射能力明显增强，晋北、晋南和晋东南三大城镇群快速推进（参见表1）。

表1 山西省城市规模体系

规模等级		数量	城市名称
大城市	Ⅰ型大城市（300万—500万人口）	1	太原市
	Ⅱ型大城市（100万—300万人口）	2	大同市、长治市
中等城市（50万—100万人口）		4	晋中市、临汾市、阳泉市、运城市
小城市	Ⅰ型小城市（20万—50万人口）	11	朔州市、忻州市、晋城市、吕梁市、高平市、介休市、永济市、河津市、孝义市、汾阳市、原平市
	Ⅱ型小城市（20万以下人口）	4	古交市、怀仁市、侯马市、霍州市

专栏1

“一核一圈三群”规划范围

“一核”：太原都市区是太原都市圈的核心区域，范围涉及太原市迎泽区、万柏林区、小店区、尖草坪区、晋源区、阳曲县、清徐县，晋中市的榆次区行政管辖范围。

“一圈”：太原都市圈范围涉及太原、晋中、阳泉、忻州及吕梁5个地级市，具体包括太原市区、清徐县、阳曲县、古交市、晋中市区、寿阳县、太谷县、祁县、平遥县、介休市、灵石县、忻州市区、定襄县、原平市、阳泉市区、平定县、盂县、吕梁市区、交城县、文水县、汾阳市、孝义市、柳林县、中阳县。

“三群”：晋北城镇群范围包括大同市、朔州市的10个县市区、86个乡镇。晋南城镇群范围包括临汾市、运城市的16个县市区。晋东南城镇群范围包括长治市、晋城市的12个县市区以及3个乡镇。

大力实施都市区和城市群规划。太原都市区规划加快实施，通过整合太原都市区内的太原高新技术开发区、太原经济技术开发区等园区，建立了山西转型综改示范区，加快推进转型综改，太原市的首位度和辐射能力不断提升。印发《山西省贯彻落实〈关中平原城市群发展规划〉实施方案》（以下简称《实施方案》）。《实施方案》紧扣《关中平原城市群发展规划》所明确的重点任务和战略定位等，着眼于推进运城、临汾两市空间格局、现代产业、基础设施、生态环保、开放合作、协同发展等六大体系建设，明确了6个方面28项具体任务和保障措施。

加快培育中小城市发展。优化行政区划设置。大同市和长治市部分行政区划调整、朔州市怀仁县撤县设市、晋城市泽州县驻地迁移等行政区划调整事项获国务院批准，并已全部组织实施。大同和长治市城区、郊区、矿区设置的历史性问题得到了解决，全省市辖区行政区域面积增加24%，市辖区规模进一步扩大，怀仁县撤县设市调整填补了山西省雁门关以北没有县级市的空白，实现了山西省县级以上行政区划调整近15年来的重大突破。

引导特色小镇健康发展。按照《关于规范推进特色小镇和特色小城镇建设的若干意见》《国家发展改革委办公厅关于建立特色小镇和特色小城镇高质量发展机制的通知》《国家发展改革委办公厅关于进一步深化落实特色小镇和特色小城镇工作的通知》要求，组织开展了山西省特色小镇的案例推荐、规范纠偏和搭建政银对接服务平台等相关工作。同时对省级特色小镇创建、市县特色小镇创建和企业自我冠名特色小镇等情况进行了进一步清理整顿，引导特色小镇健康发展。目前，山西省特色小镇正在立足各自区位条件、资源禀赋、产业积淀和地域特征有序发展。

（三）城市发展质量持续提升

优化城市空间布局。积极推进山西省生态保护红线划定工作，2018年上半年编制完成《山西省生态保护红线划定方案》，并通过省政府常务会议审议和生态环境部和自然资源部组织的技术审核，目前已报国家待批。完成永久基本农田划定工作，全省共划定永久基本农田4892万亩。稳步推进棚户区住房改造，全省棚户区住房改造开工12.8万套（其中，城中村改造开工5.2万套），建成17.21万套，圆满完成了国家下达的目标任务，约50万棚户区居民出棚入楼，城镇保障性安居工程年度投资537亿元，有效发挥了对投资的拉动作用。加快推动综合交通运输体系建设，加快推进规划编制，安排专项规划编制费支持太原、大同两市规划全国性综合交通枢纽建设有关工作。全省全年新增更新公交车624辆，新能源车572辆占91.7%。推进创建太原、临汾国家“公交都市”示范试点城市。推进三大板块旅游公路为重点的“四好农村路”运营和城乡交通运输服务一体化示范县建设试点，服务全省脱贫攻坚、乡村振兴。2018年，全省26797个建制村中具备通客车条件的有25749个，其中已通客车的25710个，通车率达到99.8%。2018年全省计划新增通客车建制村200个，实际新增1514个，完成全年目标。探索构建多层次的住房供应体系，制定了《山西省发展住房租赁市场的实施方案》；已培育4家国有、8家民营和混合所有制住房租赁企业，鼓励16家房地产开发企业、经纪机构和物业企业开展租赁经营；已完成租赁住房项目试点6个；全省及11个地级市住房租赁综合服务平台都已建成运行，已整合9万余套房源。

建设绿色人文城市。积极推进生态修复与治理工程建设，加快推进汾河流域生态保护与修复工作（见图2），实施汾河、桑干河河道生态补水工作，扎实推进河流划界确权工作，开展河湖管理保护专项行动，加强入河排污口排查和整治工作。实施山西节水行动，严格水资源消耗强度控制，推动县域节水型社会达标建设，大力开展节水宣传活动。积极推进海绵城市建设，印发《关于进一步加快海绵城市建设工作的通知》，组织召开了全省海绵城市建设工作推进会议。截至目前，全省已累计建设海绵城市面积72.3平方公里。大力发展绿色建筑与建筑节能，2018年全省节能专项验收2537.42万平方米，节能标准执行率达到100%；全省新建建筑节能设计阶段执行绿色建筑标准面积3720.70万平方米，绿色建筑标准执行率达到83.50%，超额完成年度目标任务的40%。加快城镇污水处理厂和配套管网建设，开展了污水管网建设奖补工作，将2018年改善城市人居环境奖补资金1亿元全部用于重点支持全省生活污水配套管网建设，截至目前，新建污水管网928.1公里，为年度计划700公里的132.6%。加强城乡垃圾分类处置。组织开展了全省生活垃圾分类培训，对各地主管部门约130人进行了培训。指导各市开展了生活垃圾分类，在50个县初步建立了农村生活垃圾收运体系，设立了3.46亿元的乡村环境治理补助资金。建立了非正规生活垃圾堆放点整治滚动销号制度，整治非正规垃圾堆放点6500余处。

推进城市治理现代化。积极推进智慧城市建设，加强政务信息系统建设的统筹管理，积极推荐企业参加国家级智慧城市优秀项目申报，其中，太原罗克佳华工业有限公司的“智慧环保解决方案”入选智慧城市之“城市治理类”优秀解决方案。全面推进健康城市建设，全省119个县（市、区）全面开展了健康教育服务、传染病及突发公共卫生事件报告和处理服务、卫生计生监督协管服务、避孕药具免费提供服务、健康素养

图2　汾河流域生态保护与修复工程

促进行动服务。

（四）城乡融合发展进一步加快

做好城乡融合发展顶层设计。制定出台《关于推进乡村振兴战略的实施意见》和《山西省乡村振兴战略总体规划（2018—2022年）》，对城乡融合发展作了安排部署。基于城乡统筹的理念，出台《山西省县（市）城乡总体规划编制导则（试行）》，制定《山西省设区市城市总体规划编制导则（试行）》，指导全省开展规划期至2035年的城乡总体规划编制，在编制中融入新时期城市发展的新思想，强化城乡全域规划，合理配置城乡基础设施、公共服务设施和防灾设施，推进城乡一体化发展和城镇基本公共服务常住人口全覆盖。

推进城乡产业融合发展。深化城乡文旅融合发展，推进文物活化开放利用，选择沁河古堡等文物、文化资源密集区开展文物改革利用试点工作。积极开展“文化进景区、演艺进景区”活动，把“演艺和非遗节目进4A级及以上景区展演覆盖率”作为市级文化工作年度评价业务性指标。积极推动文化创意产品开发与旅游业融合发展，故宫博物院文化创意落户平遥古城（见图3），省社科院同大槐树景区开展合作，国家级文化文物单位文创产品开发试点单位山西博物院入选“百馆百企对接计划”，引领文化旅游商品的专业化、高端化开发。强化产业协作联动。大力发展“旅游+”和“+旅游”，推动旅游业与工业、体育、健康等产业的融合发展。大力实施康养旅游，以养心、养生、养老为主要内涵，开发全生命周期康养产品，打造“康养山西、夏养山西”品牌。

推动公共资源向农村延伸。深入实施公共文化服务提升工程，为175个公共数字文化建设示范村和17个贫困县88个乡镇110个村（社区）数字驿站配送设备，协调省体育彩票公益基金用于贫困村戏台新建（改造）及文化活动中心功能提升，为县乡村配送公共数字文化设备，争取中央专项资金资助全省38个基层（村级）综合文化服务中心建设。大力发展乡村旅游助力脱贫攻坚，启动了用3年时间建设300个旅游扶贫示范村的任务，并配套实施规划帮扶、培训帮扶、项目帮扶、宣传营销帮扶等十项工作措施。争取国家旅游基金补助地方项目资金3916万元，用于山西省旅游扶贫公共服务项目。开展“工信部电信普遍服务试点工作”，启动2018年度第三批电信普遍服务试点工作。工信部批复确认山西省第三批电信普遍服务试点行政村数量为3284个。预计

图3 山西平遥古城

于2020年实现山西省98%以上的行政村4G无线网络覆盖。提高城乡居民基本养老保险基础养老金最低标准和人均基本公共卫生经费，全省城乡居民基本养老保险基础养老金最低标准提高至每人每月103元，人均基本公共卫生经费从50元提高到55元。统筹推进城乡义务教育一体化发展，在全省全面推行教育联盟、集团化办学、大学区制管理等办学模式改革，推动优质中小学校和其他学校在教师配备、教学管理、教研培训、学校文化等方面，实现资源共享和一体化管理，目前义务教育办学模式改革已覆盖全省118个县（市、区），各类办学模式改革体共1005个，覆盖学校6000余所。优先发展农村教育事业，全面加强乡村小规模学校和乡镇寄宿制学校建设，截至2018年底，“全面改薄”项目累计投入资金88.1亿元，98个县（市、区）校舍建设项目开工率达99.6%，竣工率达93.2%，设施设备采购完成率达98.1%，如期完成校舍建设和设施设备采购整体任务“过九成”的目标。加大农村“厕所革命”推进力度。2018年，全省共新建改造农户厕所15.9154万座，其中完成历年改厕任务5.2839万座，完成2018年改厕任务10.6315万座。

（五）城镇化制度和改革不断深化

深化城乡土地制度改革。审慎稳妥推进重大改革试点工作，加快推进闲置废弃低效宅基地试点工作，通过5个试点地区（晋源区、右玉县、长子县、代县、泽州县）一年的先行先试，各县区均不同程度地对凋敝宅基地进行了退出、拆迁和复垦工作，部分县区开展了就地建设工作，总体上达到了预期目标。抓好承包地确权登记颁证扫尾完善，推进14个中央和省级农村集体产权制度改革试点，召开推进农村集体产权制度改革暨承包地确权工作电视电话会议，全面启动农村集体资产清产核资工作，扎实推进农垦改革。

健全城镇化投融资机制。创新城镇化建设融资机制，各银行保险业金融机构丰富融资产品，多元化支持企业、项目融资。不断扩大金融服务覆盖面，截至2018年末，全省行政村金融服务覆盖率为99.27%，较年初增加0.07个百分点，8个地市行政村基础金融服务实现全覆盖。深化“两权”抵押贷款的试点工作，截至2018年9月末，全省“两权”抵押贷款余额为85585万元，同比增长305.75%。推进地方融资平台公司市场化转型，积极推进地方融资平台公司市场化转型工作，引导金融机构逐步降低平台贷款规模，逐渐剥离平台政府融资职能。2015年以来，平台贷款呈逐年下降趋势，平台贷款占银行贷款与非银机构贷款总额的比例由2015年末的87.62%下降到2018年5月末的38.48%。

推进行政管理体制改革。深入推进经济发达镇行政管理体制改革。积极推进清徐县徐沟镇、大同市新荣区古店镇等11个经济发达镇改革。公布了《山西省赋予经济发达镇部分县级经济社会管理权限指导目录》，为经济发达镇下放县级经济社会管理权限381项。

专栏 2

山西省部分经济发达镇行政管理体制改革试点经验

义安镇重点抓好“便民服务中心”的建设，将下放、委托的行政审批、行政许可和公共服务事项一律进入便民服务中心，实现了“进一个门，办千件事”。同时，镇政府通过专人上门服务、负责同志现场办公、召开联席会议等方式及时解决群众生活、企业发展过程中遇到的困难和问题。

深化试点地区改革。认真组织学习第一批国家新型城镇化综合试点成果典型经验，逐步探索在全省范围内有序推开。组织第二批新型城镇化试点地区孝义市、泽州县、泽州县巴公镇梳理总结试点经验。积极推进第三批新型城镇化试点地区建设。

专栏 3

山西省部分国家新型城镇化综合试点经验

孝义市在优化布局、提升品质上下功夫，在统筹城乡、创新管理上出实招，在深化改革、先行先试上创范式。特别是在推进农村集体产权制度改革过程中，探索出了经济开发区梧桐模式、城郊留义模式、山区无资源的碾头模式和整体搬迁后的偏城模式等四种类型模式。

侯马市积极实施城乡清洁取暖、天然气、生活垃圾治理、自来水、生活污水综合利用和改厕等城乡“六个全覆盖”工程，目前，78个农村的垃圾集中处理、自来水已基本实现了全覆盖；已有47个农村群众享受到供暖，城乡集中供热覆盖率达到58%；天然气进农村累计达到30个村；农村生活污水综合利用已有18个农村接入城市污水处理管网，实现了集中处理，采取“EPC+O”模式，17个农村和社区污水处理站开工建设。

泽州县加快构建“主中心（新县城）—副中心—重点镇—特色镇”的城镇体

系，形成“一主三副二重点N特色”的城镇化格局。培育“一主”的龙头作用，以金村新区作为泽州县行政、文化中心，发挥对全县的辐射带动作用。强化“三副”与“一主”的分工协作，将巴公镇、周村镇和晋庙铺镇作为带动北部、西部和南部片区发展的县域副中心。加大对南村镇、高都镇两个重点镇的支持力度，将其建设成为支撑泽州县域经济发展和承接晋城市区功能扩散的重要载体。

泽州县巴公镇对镇域行政园区管理体制进行重组再造，巴公镇人民政府和巴公工业园区，一套人马两块牌子，实行了“园镇一体”管理体制。在机构设置上，将原有32个内设机构重组为“五部一办两中心”，减少了管理层次，有效承接起了市县下放权限，扁平化管理运行模式取得阶段性成果。

二、主要问题和突出短板

2018年，山西省在推进新型城镇化过程中，主要存在以下问题：

一是农业转移人口进城落户积极性不足，实际工作与预期目标存在一定差距。目前山西省已全面放开建制镇和中小城市落户限制，但由于中小城市特别是小城镇基本公共服务水平不高、城市吸引力不强、社会保障能力不足、城市生活压力大、无稳定就业等因素，部分农业转移人口不愿进城落户（见图4）。

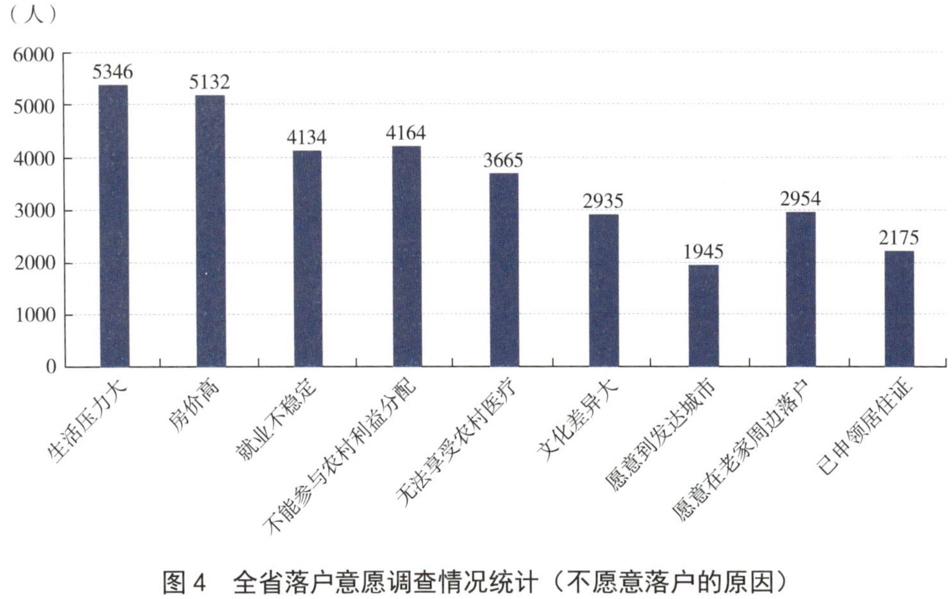

图4　全省落户意愿调查情况统计（不愿意落户的原因）

二是农民工参加职业培训的积极性不高。部分年轻劳动力常年在省外务工，省内劳动力年龄偏大，部分劳动力在县城的主要目的是陪孩子读书，参加培训的积极性不高，组织培训比较困难。

三是人地矛盾依然存在。山西省农村人口虽逐步减少，但由于种种原因农民不愿意退出宅基地，旧村复垦难度大，导致集体建设用地和宅基地面积反而略有增加，而城市人口的不断增加，造成城市人地矛盾依然存在。

三、2019年重点任务

2019年，山西省将紧紧围绕“人的城镇化”这一核心，以实施国家新型城镇化综合试点为抓手，积极推进新型城镇化工作取得新进展。

一是以人的城镇化为核心，加快农业转移人口市民化。进一步放宽山西省落户政策，拓宽落户通道，努力让进城时间长、就业能力强的农业转移人口落户城镇。在全省范围内全面放开各类人才落户条件，推广太原市人才户口迁入的做法和经验，对各类人才实行“先落户、后就业”，进一步促进人口有序流动。实现省内户口迁移网上办理，在市内户口迁移网上办理的基础上，在山西省部署开展省内户口迁移“一地办结”，进一步方便群众办理省内户口迁移手续。

二是提高城市群建设和发展质量，推动新型城镇化高质量发展。继续大力实施《太原都市区规划》，加快研究推进山西中部盆地城市群一体化发展，建立城市群协同发展机制及配套政策，着力提升中心城市的功能。继续加快培育中小城市发展，有序稳妥优化行政区划设置，规范推进特色小镇高质量发展。进一步改善农村人居环境，优化城乡结构与布局，着力提高城乡基础设施和公共服务，推进创新、绿色、人文城市建设，促进城镇化质量和城乡宜居水平的提升。

专栏 4

构建区域协调发展新格局

按照“一核一圈三群”总体布局，合理规划城镇群生产、生活、生态空间，打造特色鲜明、竞相发展的区域板块。

强力推进中部盆地城镇群一体化发展战略，突出太原都市区龙头作用，打造具有全国影响力的城镇群。

做强晋北城镇群，壮大晋南城镇群，优化晋东南城镇群，促进“两山”与平川地区协调发展。

三是以乡村振兴战略带动实现城乡融合发展，加快形成城乡融合发展的新型关系。进一步破解城乡二元结构，协同推进新型城镇化和乡村振兴，促进城乡生产要素自由流动、公共资源均衡配置、产业协同联动发展。统筹协调乡村振兴战略规划编制，加强对市、县规划编制工作的指导，加快构建有机衔接、互为支撑、系统完备的山西省乡村振兴战略规划体系。加快促进农村一二三产业融合发展，进一步推动基础设施、教育、医疗卫生等公共资源向农村延伸，持续引导社会资本参与农村基础设施和公共服务设施建设。

四是深化城镇化制度改革。进一步统筹推动人口、土地、住房等关键制度改革。实施城镇建设用地增加规模与吸纳农业转移人口落户挂钩机制，加快推进农村改革，有效推动生产要素“上山下乡”，鼓励人才、政策、资金等要素向乡村流动，促进更多工商资本、社会资本投资农业农村。继续深化林权、水权制度等改革。建立健全房地产市场调控长效机制，夯实城市政府主体责任，保持房地产市场稳定。扎实推进国家新型城镇化综合试点建设。

内蒙古自治区2018年推进新型城镇化建设总结报告

内蒙古自治区发展改革委

一、2018年新型城镇化重点任务完成情况

2018年，内蒙古自治区牢固树立新发展理念，以促进人的城镇化为核心、提高质量为导向，推动全区新型城镇化高质量发展。按照国家发展改革委《关于实施2018年推进新型城镇化建设重点任务的通知》（发改规划〔2018〕406号）的要求，及时出台《内蒙古自治区推进新型城镇化建设重点任务实施方案》（内发改规划字〔2018〕605号），提出五大领域14项重点工作任务，并分解落实到各有关部门，确保全年各项任务顺利完成。2018年全区常住人口城镇化率达到62.7%，较2017年提高0.7个百分点；户籍人口城镇化率达到44.2%，与上年基本持平（见图1）。

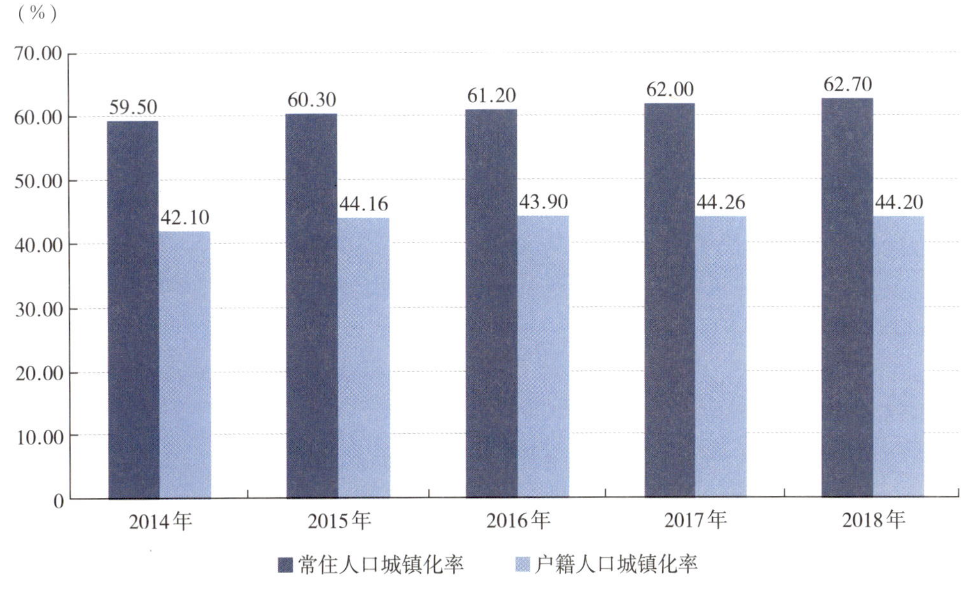

图1　内蒙古自治区2014—2018年城镇化率变化情况

(一)农牧业转移人口市民化取得新突破

全面放开城镇落户限制。本着能放则放、应落尽落的原则，制定出台《关于全面放开城镇落户限制深化户籍制度改革的实施意见》，全面放开城镇落户限制，深化户籍制度改革，促进农牧业转移人口和其他常住人口落户城镇，逐步建立以经常居住地登记户口为基本形式的户口登记制度。进入城市、建制镇居住生活的农村牧区籍人员凭合法稳定住所(含租赁)或合法稳定就业条件，本人及其共同居住生活的配偶、子女、孙子女(外孙子女)和夫妻双方父母，不受参加城镇社会保险、居住年限等其他条件的限制，均可落户城镇；农村牧区学生升学和参军进入城镇的人口、高校毕业生、技术工人、职业院校毕业生、留学归国人员、投靠类落户以及在同一城市、建制镇连续居住6个月以上的农村牧区籍和其他常住人口8类人口落户全面放开。畅通落户通道，优化户口迁移办理程序，适时推行盟市内户口迁移实现无须迁证和迁移证的一站式办理模式；切实解决落户地址问题，无自有房屋或无法在实际居住地址登记户口的，可以在单位集体户或现住地社区集体户登记户口。实现居住证全覆盖，出台《关于全面做好我区居住证制度实施工作的意见》《全区公安机关流动人口居住登记和居住证办理工作规范(试行)》等文件，全年制发居住证260785张。

专栏1

内蒙古全面放开落户限制政策梳理

1. 2019年1月10日，内蒙古自治区关于全面放开城镇落户限制深化户籍制度改革的实施意见(内政办发〔2019〕2号)

2. 2018年10月15日，内蒙古自治区公安“放管服”改革便民利民九十二条措施(内公改字〔2018〕4号)

3. 2018年2月9日，内蒙古自治区“十三五”推进基本公共服务均等化规划(内政办发〔2018〕18号)

4. 2017年7月31日，内蒙古自治区“十三五”人口发展规划(内政发〔2017〕109号)

5. 2017年7月28日，内蒙古自治区公安机关流动人口居住登记和居住证办理工作规范(试行)

6. 2017年4月13日，内蒙古人民政府关于促进城乡居民增收的若干意见(内政发〔2017〕49号)

7. 2017年3月2日，内蒙古自治区支持农牧业转移人口市民化若干财政政策的实施意见（内财预〔2017〕225号）

8. 2016年12月15日，内蒙古自治区“十三五”新型城镇化规划（内政发〔2016〕141号）

9. 2016年9月15日，内蒙古自治区人民政府办公厅关于解决无户口人员登记户口问题的实施意见（内政办发〔2016〕131号）

10. 2016年5月19日，内蒙古自治区人民政府办公厅关于全面做好居住证制度实施工作的意见》（内政办发〔2016〕60号）

11. 2016年4月19日，内蒙古自治区人民政府办公厅关于进一步调整户口迁移政策加快户籍制度改革的实施意见（内政办发〔2016〕36号）

12. 2015年9月8日，内蒙古自治区人民政府关于进一步推进户籍制度改革的实施意见（内政发〔2015〕104号）

13. 2015年8月7日，内蒙古自治区人民政府关于进一步做好为农牧民工服务工作的实施意见（内政办发〔2015〕51号）

增强基本公共服务供给能力。随迁子女就学工作进一步加强，全区普惠性幼儿园资源覆盖率达到66.2%，包括随迁子女在内的适龄幼儿基本普及学前教育；将民办学校纳入义务教育经费保障范围，实现教育经费可携带，在公办小学和初中就读随迁子女占随迁子女总数的比例均达到95%，高于全国平均水平16.81和10.48个百分点。实施全区统一城乡居民医保制度，建立基本医保、大病保险、医疗救助衔接机制，实现贫困人口基本信息共享，推进医保和各类救助政策在县域内定点医院“一站式”结算。建立租购并举制度，公租保障范围扩大到青年医生和教师等各类专业人才、低保和低收入家庭、新就业人员、职业稳定外来务工人员及中等偏下收入住房困难家庭，全区41.62万户住房困难家庭享受到公租房保障。

深化“人地钱”挂钩配套政策。建立农牧业转移人口市民化奖励机制，累计下达各盟市奖励资金3.81亿元。实行差别化进城落户人口城镇新增建设用地标准，对现人均城镇建设用地在100—150平方米之间和超过150平方米的城镇，分别按照人均80和50平方米标准安排新增城镇建设用地规模。

提升农牧民转移就业能力。逐步构建农牧民终身培训体系，落实农牧民工职业技能提升计划、农牧民工等人员返乡创业培训5年行动计划，完成新兴职业农民培育2.6万人、农牧民工转移技能培训5.9万人，实现就业2.5万人。

（二）提高城市群建设质量

推进呼包鄂协同发展。印发《〈呼包鄂榆城市群发展规划〉内蒙古实施方案》。加快呼包鄂城市群协同发展，建立呼包鄂协同发展章程和联席会议制度，编制完成和林格尔新区总体规划和产业规划。积极推进呼包鄂国家自主创新示范区建设，全面启动呼包鄂沿黄生态走廊建设，启用呼包鄂区域急救联盟指挥调度系统，推进包头—鄂尔多斯（蒙西）产业转型升级示范区建设。在呼包鄂城市群实行户口通迁制度，逐步统一城市群户籍准入标准，促进城市间人口自由流动（见图2）。

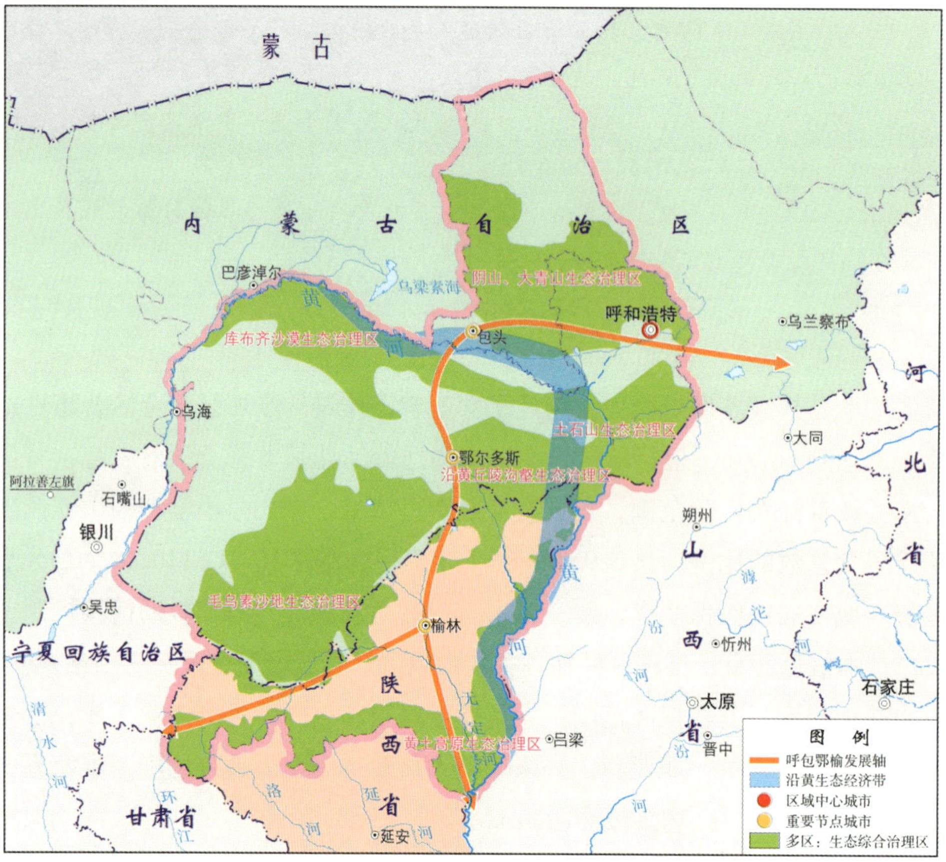

图2　呼包鄂榆城市群发展空间格局图

引导特色小镇健康发展。为贯彻落实习近平总书记重要批示精神，按照国家发展改革委具体工作要求，集中优势培育和创建特色小镇，内蒙古重点开展三项工作：一是建立创建机制。印发《内蒙古自治区特色小镇高质量创建方案》，提出特色小镇宽进严定、动态调整、有进有出的创建原则，确保特色小镇沿正确轨道健康发展。二是引导培育创建。通过建设主体自愿申报、专家评审，2018年12月公布内蒙古首批特色小镇高质量发展培育名单，有力有序有效地创建一批典型性特色小镇，以少带多示范引领全区特色小镇高质量发展。三是研究支持政策。起草《内蒙古自治区特色小镇高质量创建支持政策》（征求意见稿），初步提出土地、财政、融资、税费、产业、人才等方面的具体政策。

（三）提高城市发展质量

优化城市空间布局。一是加强城市生态建设。推进城市生态保护修复，塑造城市特色风貌。积极推进通辽市、乌兰察布市申报国家森林城市，启动自治区级森林城市、森林旗县创建活动。二是促进城镇职住平衡发展。有序推进城镇棚户区、城中村改造、危房和非成套住房改造，并将棚改与“城市双修”相结合，2018年完成棚户区改造14.1万套（参见图3）。三是提高交通运输服务能力。不断完善城市基础设施功能，完成城镇基础设施建设投资278.76亿元。呼和浩特公交都市创建工作进展顺利，万人拥有公交车14.13标台，公共交通机动化出行分担率达到49%，公共交通站点500米覆盖率达到95%。客货运站场枢纽建设步伐加快。

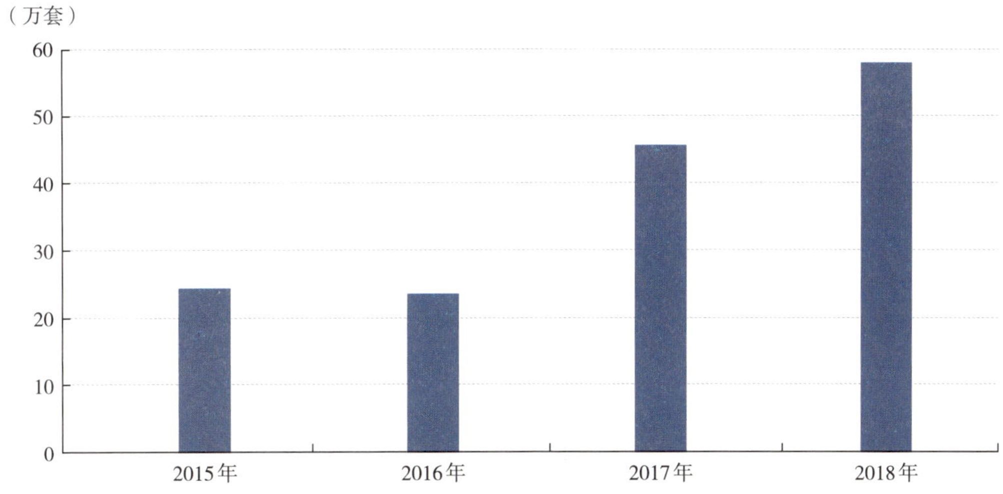

图3　内蒙古各类棚户区改造累计完成情况

推进城市治理现代化。围绕新型智慧城市建设，开展政务资源整合共享工作，实现政务信息系统“网络通”，有效提升政务服务水平。完成“智慧公安”建设工作，累计投资2.3亿元，形成以综治中心为平台、信息化为支撑、网格化为基础，公共安全视频联网监控为重点的智慧化治安防控体系（见图4、图5）。

图 4 内蒙古智慧公安

图 5 内蒙古智慧公安建设总体构架

（四）加快推动城乡融合发展

促进城乡要素融合互动。深化农村牧区承包土地的经营权和农牧民住房财产权抵押贷款试点，阿荣旗等6个试点旗县2018年完成贷款36.66亿元，缓解了农牧业经营主体抵押物不足、融资难等问题。全面开展农村牧区集体资产清产核资、集体成员身份确认。推进集体经营性资产股份合作制改革试点，完成苏尼特左旗等3个国家试点任务，有序推进和林格尔县等4个国家试点，莫力达瓦达斡尔族自治旗等43个自治区试点落实改革任务。

推进一二三产业融合发展。认真组织实施“百县、千乡、万村”产业融合示范工程，全面推进和林格尔县等4个旗县级融合试点，40个苏木乡镇试点和381个嘎查村试点建设，支持巴彦淖尔市乌兰图克镇等8个乡镇示范建设农业产业强镇；成功创建突泉县等5个国家农村产业发展示范园，在产业融合模式、主体培育和投融资机制等方面进行了积极探索。和林格尔县支持企业设立融资担保公司、开发养殖商业险与食品安全责任险，打造百万只养殖规模的肉羊产业联合体。宁城县发挥专业合作组织联企带农的桥梁作用，培育各类合作组织2708家、农产品专业服务协会21个，通过“龙头企业+合作组织+农户”的产业化经营模式，形成稳定的购销关系。五原县大力发展“互联网+农牧业”模式，建成河套电子商务产业园，通过引导入住电商与种植户、专业合作社、涉农企业建立利益分享机制，确保农牧民获得合理收入。内蒙古阜信源肉食品有限公司、阿荣旗肉业产业、五原县现代农业产业等龙头企业带动产业融合案例已在全国进行交流推广。

加大农村牧区公共资源补短板力度。推进农村牧区人居环境整治工作，出台《自治区农村牧区人居环境整治三年行动方案（2018—2020年）》，明确加强以旗县域乡村建设规划、垃圾污水治理专项规划为主的村庄规划编制、生活垃圾及污水治理、改厕等七项重点任务。改善乡村学校办学条件，农村牧区不足100人的规模较小学校和教学点按100人核定公用经费补助；累计投资6.24亿元，实施农村边远地区教师周转宿舍、解决义务教育阶段学校“大通铺”等项目，消除学校明火取暖和厨房土灶台问题，基本完成学生宿舍卫生设施和寄宿生淋浴项目。推进健康乡村建设，编制完成自治区《健康乡村建设实施方案》，继续加强农村牧区三级医疗卫生服务网络建设，强化苏木乡镇卫生院基础设施达标准能力建设，提升中心卫生院辐射能力。加强嘎查村卫生室能力建设，继续完善固定与流动相结合的农村牧区卫生计生服务体系。

（五）深化城镇化制度改革

推进城乡土地制度改革。全面完成土地确权工作，基本完成土地承包经营权确权工作；在和林格尔县开展农村土地征收、集体经营性建设用地入市、宅基地制度改革三项改革试点。推进房地一体的农村牧区集体建设用地和宅基地确权登记颁证。印发《自治区不动产权籍调查数据库标准》。

推进行政管理体制改革。一是推动经济发达镇行政管理体制改革。印发《关于深入推进经济发达镇行政管理体制改革的实施意见》，赋予九原区哈林格尔镇等5个经济发达镇部分县级经济社会管理权限。二是推动行政审批集成化服务。集中确认

40多万项权力事项，公布各级政府通用权责清单，实现自治区、盟市、旗县行政权力“三级五同”。开展“减证便民”行动，完成“证照分离”改革试点，符合条件的6个国家级开发区挂牌成立行政审批服务局，实现“一枚印章管审批”。

放大试点地区改革平台作用。组织指导第三批国家新型城镇化综合试点地区在建立健全城乡融合发展体制机制和政策体系方面大胆探索，及时组织在包头市、准格尔旗、和林格尔县等第二批试点地区总结典型经验。

专栏 2

国家新型城镇化综合试点主要经验

包头市推进产业发展与城市建设深度融合，规划“两城四区”总体格局，着力打通主城区南北生态通道，有序转移原材料工业，加快提升产业层次，有效破解“工业围城”难题。准格尔旗严格按照城市新区的标准，同步推进旗属两个园区基础设施和公共配套建设，打造混合型城市功能区。努力完善城乡公共服务体系。实施“基层社会治理服务体制创新工程”，重构街道社区管理体制，255个社区全部建立了“一委一站一居”的工作组织架构，全面承接政府延伸到社区的公共管理和服务职能，构建服务多元普惠的社区工作新格局，并获得全国十大社区治理创新成果提名奖。

准格尔旗“多规合一”试点工作取得阶段性成果。统筹构建“4+1+N”规划体系和“5+1+N”“多规合一”控制线体系，形成《准格尔旗多规融合总体发展规划》、技术报告、项目指导书、规划成果数据标准、图册、数据库（GIS）等成果，准格尔旗“多规合一”智慧政务平台上线运行。

和林格尔县完善城镇土地管理制度。通过空间置换，盘活存量集体建设用地，解决新建项目用地；建立被征地农民“一户一档、一人一卡”档案，出台《和林格尔县征地补偿安置争议协调裁决办法（试行）》，实行土地征收转用同步，被征地农民参与征地全过程。

二、存在的主要问题

（一）户籍人口城镇化率增长缓慢

虽然全面放开城镇落户限制，但城镇落户人口数量并未大幅提高。究其原因，一是统计口径变化，实行统一居民户口制度后，公安系统取消农业和非农业户口统计，户籍人口城镇化率改按以户口所在行政区划划分城乡，统计方法需规范；二是随着农村土地政策的调整，土地确权基本完成，更多的权利和利益附着在农村土地和集体经济上，农村地区户口增值快，导致农民进城务工、甚至举家搬迁到城镇而户口仍留在农村，这给采用户籍城镇化率衡量城镇化水平带来偏差；三是目前自治区相关部门陆续出台了一些配套政策，但这些改革政策都出台时间不长，推进落实还需时日，一些农民担心进城落户后“三权”得不到保障，享受不到城镇公共服务。四是内蒙古人口出生率和自然增长率低于全国平均水平，一定程度上也影响城镇化率的提升。

（二）人口集中集约程度不高

一是人口、产业区域布局分散。内蒙古仍属于经济欠发达地区，发展质量不高，各盟市所在地城市人口少，经济规模小，人口集聚度低，年轻知识技能型人口净流出，高层次人才留不住、引不进问题突出，不利于推进经济高质量发展。二是大城市综合竞争力和吸纳人口能力有待提高。2017年，呼和浩特市、包头市和鄂尔多斯市GDP占全区比例分别为17.0%、17.1%和22.2%，但常住人口占全区比例分别仅为12.3%、11.4%和8.2%，人口占比和GDP占比不相称，大中城市的辐射带动作用还不强。

（三）城乡融合发展推进缓慢

城乡产业融合发展层次较低，一二三产业融合链条较短，附加值偏低。农村基础设施和公共服务发展滞后，对二三产业的配套支撑不足。城乡综合交通运输的叠加优势未充分发挥，城市公交、农村客运等交通方式之间的衔接不够紧密，综合交通运输网络还未形成。

（四）城镇化建设资金保障不足

城镇化建设资金需求量大面广，既有当期投入，又有远期代际投资，需要政府、金融机构和社会资本多方力量给予成本合理、期限匹配的资金投入。当前建设资金以政府财政资金和举债投入为主，以社会资本通过PPP等模式投入为辅，但部分地方政府债务率超过风险预警线，偿债压力使财政资金投入和继续举债空间收窄，迫切需要在去杠杆的同时开拓新的资金来源。

（五）土地等资源要素配置体制机制与人口流动趋势不匹配

土地城镇化快于人口城镇化，导致人口净流入地区基础设施和公共服务设施用地供给不足，人口净流出地区土地浪费严重。目前扩大“人地”挂钩指标流转范围的做法仅限于脱贫攻坚这一渠道，需要进一步扩大。

（六）特色小镇和小城镇建设推进缓慢

和广大西部地区一样，内蒙古特色小镇建设处于起步阶段，还存在发展基础弱、产业同质化、市场化不足等问题。小城镇建设重视程度不够，在政策、资金、资源的支持上，仍习惯于向城市倾斜。部分小城镇没有形成特色支柱产业，很大程度上影响小城镇的可持续发展。

三、2019年工作重点

（一）提升新型城镇化质量

促进城乡融合发展。将新型城镇化发展与乡村振兴有机结合起来，以城乡接合部为切入点，引导一二三产业深度融合，鼓励城镇人才、资本下乡，发展规模化、机械化、集约化农牧业，形成城乡产业融合发展态势，有力推动乡村产业发展，实现大中小城市和乡村产业资源要素的流动、交换和融合。

推动特色小镇建设。特色小镇建设是推进乡村振兴的重要抓手，是推进新型城镇化的重要路径选择，综合考虑产业优势、资源优势和市场需求，明确特色产业发展方向，寻找产业关联和介入点，在有限的空间内聚集特色产业上下游及相关产业，做强细分行业，增强特色小镇市场竞争力。在大城市近郊与远郊、中小城市近郊等打造若干分担城市功能、共享城市服务、与城市协同发展的各类示范特色小镇，增强城市的辐射带动作用。

培育小城市和小城镇。强化城市空间链接和功能传导，将土默特左旗、土默特右旗、准格尔旗等旗县人民政府驻地培育成功能完善、产业和人口集聚的城市，支持符合条件的地区“撤县（旗）设市”。引导呼和浩特市区－和林格尔新区、包头市区－土默特右旗－达拉特旗、托克托县－清水河县－准格尔旗等地在基础设施建设、产业协作等方面协同发展。重点建设一批文化旅游型、现代农业型、生产加工型、商贸物流型、智慧型小城镇，带动农业现代化和农民就近城镇化。

（二）推进城乡基本公共服务均等化

推进城镇基础设施向乡村延伸。加快推动城镇基础设施向农村延伸，逐步消除城乡间基础设施差异，补齐乡村发展短板。在保持乡村文化和风情的基础上，推动乡村生活品质提升，实现乡村高质量发展。完善小城镇基础设施和公共服务，引导支持农牧业转移人口在城镇定居。

提升落户人口的福利待遇。完善城镇配套基础设施建设，增强城镇公共服务能力和承载能力，通过推行户籍、教育、医疗、养老、住房、就业等制度的改革，实现进城农牧民享受同城化待遇。

（三）健全城乡融合发展体制机制

深化农村土地制度改革，建立健全土地要素城乡平等交换机制，加快释放农村土地制度改革的红利。健全投入保障制度，创新投融资机制，加快形成财政优先保障、金融重点倾斜、社会积极参与的多元投入格局。鼓励和引导社会资本到农村投资兴业，积极扶持农民返乡创业，提高城乡资源要素配置效率。

（四）提高发展协同性

加大呼包鄂协同发展力度。适应人口由乡到城（镇）、由小城市（镇）向大中城市流动、人口集聚水平不断提高的趋势，加快呼包鄂城市群发展，吸引人口向呼包鄂集聚。强化顶层设计，进一步完善协同发展推进机制和政策资金支撑体系，优化区域生产力布局，推进产业分工协作、基础设施互联互通、生态环境共建共保、公共服务共建共享，培育新动能、新经济，形成新型城镇化高质量发展新优势。

建立数据共享平台。解决新型城镇化建设中不同区域、部门之间信息互联互通不畅，打破各部门间的行政壁垒，实现部门间联动与数据资源的共享与多规合一。

辽宁省2018年推进新型城镇化建设总结报告

辽宁省发展改革委

一、工作进展情况

2018年，辽宁省积极贯彻落实国家发展改革委《关于实施2018年推进新型城镇化建设重点任务的通知》部署，以省城镇化工作领导小组文件印发了《辽宁省2018年推进新型城镇化建设重点任务的通知》，全面落实各项任务。经过全省上下共同努力，2018年新型城镇化工作取得显著成效，常住人口城镇化率达到68.1%（见图1）。

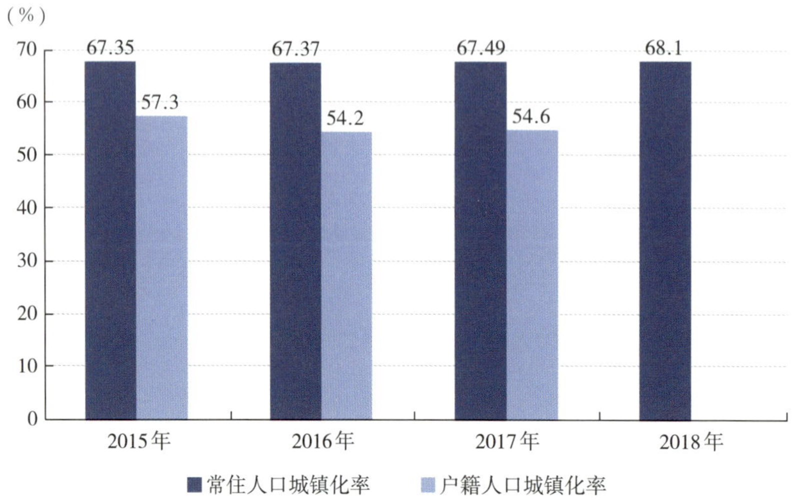

图1　辽宁省2015年以来城镇化率变化情况

注：2018年户籍人口城镇化率尚未统计。

（一）不断推进农业转移人口市民化

大力促进新型城镇化居民劳动力转移就业。一是在全省开展促进农村劳动力就业“春风行动”，开设转移就业绿色通道，举办劳务引进、劳务对接、专场招聘、送岗位到基层等系列活动扎实有效地做好促进农村劳动力转移就业工作。全省组织专场招聘会525次，发放春风卡等各种宣传材料272万份，帮助126.6万名农村劳动力实现转移就业。二是强化就业信息服务，搭建农村劳动力和用工企业对接平台，面向全省广泛征集适合农村富余劳动力就业的岗位信息，通过远程培训系统定向、定时对外发布。三是通过全省城市劳务协作联席会议开展城市结对帮扶工作，组织沈阳、大连、鞍山、营口、盘锦市分别与阜新、朝阳、铁岭、葫芦岛、锦州市签署劳务协作框架协议，建立了常态化就业帮扶工作机制。

持续开展新型城镇居民职业技能培训。一是深入实施农民工职业技能提升计划“春潮行动”，针对农村劳动者开展有效、实用的就业技能培训，帮助受训农村劳动力适应就业岗位要求。二是积极推进农民工、贫困人口等人员返乡创业培训，将有创业意愿的农村返乡大学生纳入青年创业计划，为其提供创业服务，落实创业扶持政策。三是开展农村劳动者技能培训和引导性培训，根据新型城镇居民劳动力的培训意愿和用工需求，有计划地开展技能培训，提升其就业能力。

积极完善居民社会保障体系建设。一是积极做好进城落户农民等人员参加职工养老保险工作，把进城落户农民、进城务工人员、取得居住证的其他人员纳入城镇职工基本养老保险参保范围，与城镇居民享有同等的社会保障权益。二是提高全省城乡居民基本养老保险基础养老金最低标准，从2018年1月1日起，全省城乡居民基本养老保险基础养老金最低标准提高至108元，增幅为23元，比国家确定的提高标准高5元。三是实施农民工“平安计划”，加快推进农民工参加工伤保险，全省农民工参保人数达到64.6万人。

切实保障随迁子女平等接受义务教育的权利。为贯彻落实《教育部办公厅关于做好2018年普通中小学招生入学工作的通知》，省教育厅制定印发《关于深入贯彻落实〈关于规范中小学校办学行为和教师教育教学行为的意见〉的通知》《关于进一步加强普通中小学择校问题治理工作的通知》等系列重要文件，对加强义务教育学校管理工作进行重点部署，统筹优化教育资源配置，扎实推进中小学招生入学工作。进一步健全以居住地学龄人口为基准的义务教育管理和公共服务机制，完善以居住证为主要依据的随迁子女入学政策，坚持以流入地公办中小学为主，简化优化入学流程和证明要求，切实保障24万名随迁子女平等接受义务教育，不断加强留守儿童接受义务教育全程管理。

出台户籍管理新政。省公安厅出台了12项户籍管理新举措，包括大中专院校毕业生、职业院校毕业生以及留学归国人员，取得初级工及以上职业资格或初级以上专业技术职业资格的人员，凭毕业证或资格证、居民身份证，可以在除大连以外的各市城镇地区办理落户。发布辽宁新版居住证，持有居住证的外地来辽群众可以与户籍居民享受同等的社会保险、公租房、公共卫生、法律援助、子女就学和证照办理等公共服务。公安机关还为居住证持有人提供申领机动车驾驶证，办理机动车和非机动车登记，因私出入境证件（登记备案的国家工作人员除外），换领、补领居民身份证等方面便利服务。

（二）城镇化空间布局不断优化

根据全国新型城镇化空间布局，辽宁省不断完善“一群、一带、一轴”的城镇空间布局结构，逐步形成以城市群为主体形态，以都市区建设为带动，以重点县城、新城新区为突破口，以节点城市、重点镇和特色镇建设为补充，以交通基础设施网络和生态网络为依托的结构优化、等级分明、科学协调的新型城镇化发展格局（见图2）。

全省城镇空间结构、功能结构、规模结构不断的优化，加快形成空间分布合理、不同等级城市功能互补、大中小城市和小城镇协调发展的城镇体系结构。

图2 辽宁省城镇化格局示意图

全面实施辽中南城市群规划。制定实施辽中南城市群发展规划，统筹安排城市群内生态、农业、城镇三类空间，构建生态安全空间格局。对接融入国家区域发展战略，优化城市群空间结构。引导人口优化布局，形成集约高效、布局合理、功能完善的城市群空间发展格局（见图3）。

图3 辽中南城市群总体空间结构图

稳步开展都市圈建设。加快中国（辽宁）自由贸易试验区沈阳片区、中德（沈阳）高端装备制造产业园等重点开放窗口建设，打造东北亚国际化中心城市。加快实施建设东北亚科技创新中心规划，推动组建沈阳材料科学国家研究中心、国家机器人技术创新中心，打造东北创新中心。提升辽宁股权交易中心、沈阳联合产权所功能和服务能力，协同搭建沈阳经济区融资信息服务共享平台，打造区域金融中心。加快建设沈阳港，联动区域重要城市物流节点，打造东北亚物流中心。实施“盛京人才”战略，落实各项人才政策，打造东北人才中心。重点推进交通、公共服务、资源共享一体化，大力推进沈抚新区建设。

引导产业特色小镇健康发展。组织开展了产业特色小镇创建申报评选工作，组织省直相关部门联合公布了全省第一批产业特色小镇创建名单。通过安排省本级基本建设资金支持公共和公益性基础设施项目建设，引导规划编制等，积极助推小镇发展。

严格按照《关于规范推进特色小镇和特色小城镇建设的若干意见》（发改规划〔2017〕2084号）和《国家发展改革委办公厅关于建立特色小镇和特色小城镇高质量发展机制的通知》（发改办规划〔2018〕1041号）的要求，规范产业特色小镇创建，及时纠正不良倾向，开展创建名单动态管理，实施退出机制。

（三）全面提升城市发展质量

创新完善人才政策。制定实施《辽宁省人才服务全面振兴三年行动计划》（辽委发〔2018〕25号），以及12个配套政策和方案。印发了《关于营造企业家健康成长环境弘扬优秀企业家精神更好发挥企业家作用的实施意见》（辽委发〔2018〕29号）、《关于分类推进人才评价机制改革的实施意见》（辽委办发〔2018〕58号）、《关于进一步提高技术工人待遇的实施意见》（辽委办发〔2018〕98号）和《关于推进人才集聚的若干政策》（辽委办发〔2018〕76号）等相关政策文件，针对引进培养人才、奖励人才及其团队、激励用好人才、减轻企业负担、建设平台载体、保障人才发展、鼓励招才引智等方面提出了9条人才新政，明确了全省引进各类人才的层次和标准，制定出台了具体操作细则，确保9条人才新政落到实处。

优化城市空间布局。一是按照抓住重点、量力而行、统筹安排的原则，审核棚改项目，组织签订责任书；督促各地抓紧房屋征收补偿、政府购买服务等前期工作；争取国家补助资金27.5亿元。二是落实公租房精准保障政策。全年棚改新开工6.34万套，完成国家下达任务的101%（见图4）；公租房分配率94%，超额完成国家要求的分配率90%的年度任务。三是推进城市道路等基础设施建设，增强道路交通综合承载能力、改善道路交通环境。继续推进城市轨道交通建设，沈阳市地铁9号、10号、4号线

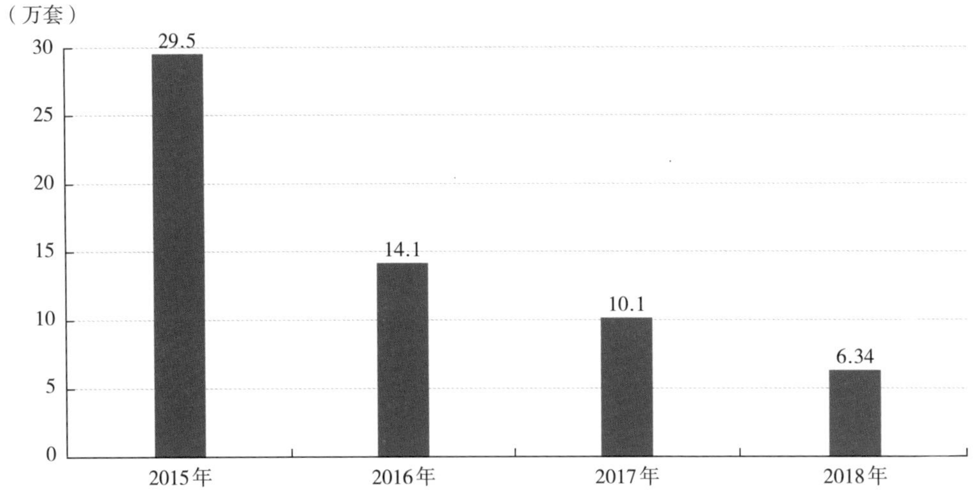

图4 辽宁省棚户区改造情况

在建，里程90公里。大连市地铁2号线北段、4号、5号、13号线在建，里程102.3公里。

建设绿色人文城市。强化城镇化过程中节能理念，大力发展绿色建筑，全面落实《辽宁省绿色建筑行动实施方案》，构建低碳、便捷的交通体系，推进绿色生态城区建设。组织做好相关历史文化遗存申报全国重点文物保护单位和申报世界文化遗产工作，开展辽宁地域历史文化研究，为大力发展特色人文城市提供科学依据。

积极推进城市数字化管理。一是在全省城市建成区内划定城市管理执法区域6989个，其中核心区824个、二类地区2347个、三类地区3808个。二是推动各地加强数字化城市管理平台建设。已有12个市、20个县（市）整合形成了数字化城市管理平台。三是加强城市管理数字化培训。组织全省14个市城市管理执法部门分管领导赴城市数字化管理平台、行政执法监督系统建设先进地区调研，以城市管理执法电子信息化建设为抓手，开展城市管理执法队伍"强基础、转作风、树形象"活动。四是治理城市交通拥堵，做到有调研、有部署、有指导、有措施、有检查。

（四）加快推动城乡融合发展

建立新型的城乡协调发展模式。坚持以工补农、以城带乡，以完善产权制度和要素市场化配置为重点，健全完善城乡融合发展体制机制和政策体系，制定了《辽宁省乡村振兴战略规划》。制定实施村庄布局规划、建设发展规划和美丽乡村建设实施方案，初步形成工农互促、城乡互补、全面融合、共同繁荣的新型工农城乡关系。

加快美丽宜居乡村建设。一是推动开展"一事一议"村内道路建设，各级财政投入奖补资金16.5亿元，带动农民筹资筹劳等6593万元，完成"一事一议"村内道路6294公里，超额完成年初确定的目标任务；完成村内桥梁170座，桥梁长度4024米，为农民群众出行提供良好便利的交通条件。二是支持全省推进美丽乡村项目建设，各级财政投入奖补资金4.5亿元，带动农民筹资筹劳等1211万元，在448个行政村开展村庄亮化、卫生净化、环境美化、村庄绿化和管理优化等项目建设，安装太阳能路灯2万盏、垃圾箱等设备3804个、修建村内道路边沟249公里、修建村内水渠29公里、修建文化墙59万平方米、修建文体活动广场43万平方米、植树39万株，有效改善了示范村的村容村貌，提升了示范村的整体形象。

（五）深化城镇化制度改革

推进市县乡机构改革和放管服改革。制定实施《中共辽宁省委关于乡镇、街道机构改革的意见》和调剂省、市两级行政编制补充乡镇的意见，深入推进乡镇行政管理体制改革。推动机构精简和职能相近部门合并，进一步缩减审批事项、优化审批流程、推动行政审批集成化服务和综合行政执法，按照应放尽放的原则，再次对省直部门行政职权提出调整规范意见。

积极建立住房市场“租购并举”新制度。有序推进住房租赁工作。2018年，全省租赁住房供应5.67万套，是年度租赁住房供应计划的176%。沈阳市已经成立2家国有住房租赁企业，大连、鞍山、抚顺、本溪、丹东、朝阳、葫芦岛市各成立1家国有住房租赁企业。各市租赁住房信息服务平台都已搭建开通。

深化城乡土地制度改革。完善农村承包地“三权分置”制度，召开全省确权登记颁证工作会议，下发了工作考核要点，部署了具体工作任务，持续推进登记确权工作。深入推进海城市集体经营性建设用地入市试点、土地征收制度改革试点和宅基地改革试点3项改革试验任务。

推进新型城镇化建设过程中，还存在一些问题，这些问题既有全国普遍存在的共性问题，也有辽宁省自身的特殊性问题。主要表现：一是县城和重点镇发育不足；二是新区（新城）建设需要规范；三是老城基础设施配套和环境需要提质；四是老旧小区和棚户区改造任务较重；五是区域协调机制亟待完善；六是与城镇化发展相配套的政策需要改革。

二、2019年重点任务

（一）精准施策推动新型城镇居民创业就业

开展就业援助月、“春风行动”等活动，强化岗位开发、劳务协作、就业服务等措施，有序引导农村劳动力转移就业。采取市场化运作方式推进就业创业载体建设，有针对性组织开展各类创业骨干培育活动，着力培育一批新型城镇居民创业带头人，鼓励农民工返乡创业。面向城乡全体劳动者，全面推行劳动者终身职业技能培训制度，制定修订培训项目实施细则，实施农民工职业技能提升计划“春潮行动”、返乡农民工创业培训行动，多渠道、多方式提供职业培训。

（二）完善社会保险体系

完善社会保险体系。落实失业保险金标准与物价上涨挂钩联动调整机制，建立工伤待遇正常调整机制。建立行政监督和社会监督、现场监督和非现场监督相结合的监督体系，统筹推进社会保险基金和企业年金、职业年金等资金管理和监督工作。加强社会保险基金精算分析、预测分析和运行分析，健全社会保险信息披露制度。优化经办管理模式，完善各项社会保险关系转移接续措施。加快建立统一的社会保险公共服务平台，拓展社会保障卡服务功能。

（三）推进教育均衡化发展

进一步缩小义务教育区域、城乡及校际差距，推进基本公共教育服务均衡化。适应新型城镇化需要，积极做好教育资源规划和配置工作。均衡配置教师资源，推进实施“县管校聘”师资队伍管理体制改革，实现教师资源在区域内统一调配。逐步缩小校际和城乡的教育差距，完善义务教育学区制，探索学校联盟、名校办分校、教育集团等多种学区组织、管理和运行方式。落实相关政策，保障随迁子女接受义务教育的权利。

（四）推进县域经济发展

统筹考虑县（市、区）产业基础、资源禀赋、区位优势、环境容量等实际条件，推动建设一批重点工业项目。积极承接京津冀、长三角产业转移。培育特色产业集群，大力发展农产品深加工产业，因地制宜发展原材料精深加工、装备制造业等配套产业，积极发展旅游、电商、医疗、养老等现代服务业。发展壮大产业园区，深化园区管理体制改革。发展“飞地经济”，推动建设一批跨县（市、区）、乡镇的“飞地经济”园区。

（五）加强棚户区和危房改造

重点改造老城区内脏乱差棚户区和国有工矿区、林区、垦区棚户区，加强农村危房改造。严格控制棚改范围和标准。按照房屋改造不低于城市普通住宅建设标准、环境整治不低于城市普通物业小区标准，实施2009年前已建成棚改小区配套设施维修改造工程，建立维修管护长效机制。

（六）加强城市公共基础设施建设

优化城市路网结构，推进支路建设，提高步行和自行车道配置率，新建、改扩建城市道路同步建设非机动车道和人行道。加快城市停车设施建设。推进城市综合交通枢纽建设，努力实现公共交通零距离换乘。推动城际间轨道交通设施建设，因地制宜推进地下综合管廊建设。

（七）继续推进产业特色小镇建设工作

科学推进产业特色小镇建设布局，组织开展第二批产业特色小镇创建申报工作。同时，对已经列入创建名单的小镇开展年度考核，将小镇建设情况、项目投资进展情况纳入年度考评，并在此基础上对名单进行动态管理，实现特色小镇有序发展，培育新的经济增长点。

吉林省2018年推进新型城镇化建设总结报告

吉林省发展改革委

一、2018年工作进展情况

吉林省深入贯彻落实国家发展改革委《关于实施2018年推进新型城镇化建设重点任务的通知》，结合实际出台了《关于落实国家发展改革委2018年推进新型城镇化建设重点任务的实施方案》。一年来，全省上下加大工作力度，统筹协调，各项工作扎实开展，新型城镇化工作成效显著。2018年常住人口城镇化率和户籍人口城镇化率分别达到57.53%和49.22%（见图1）。

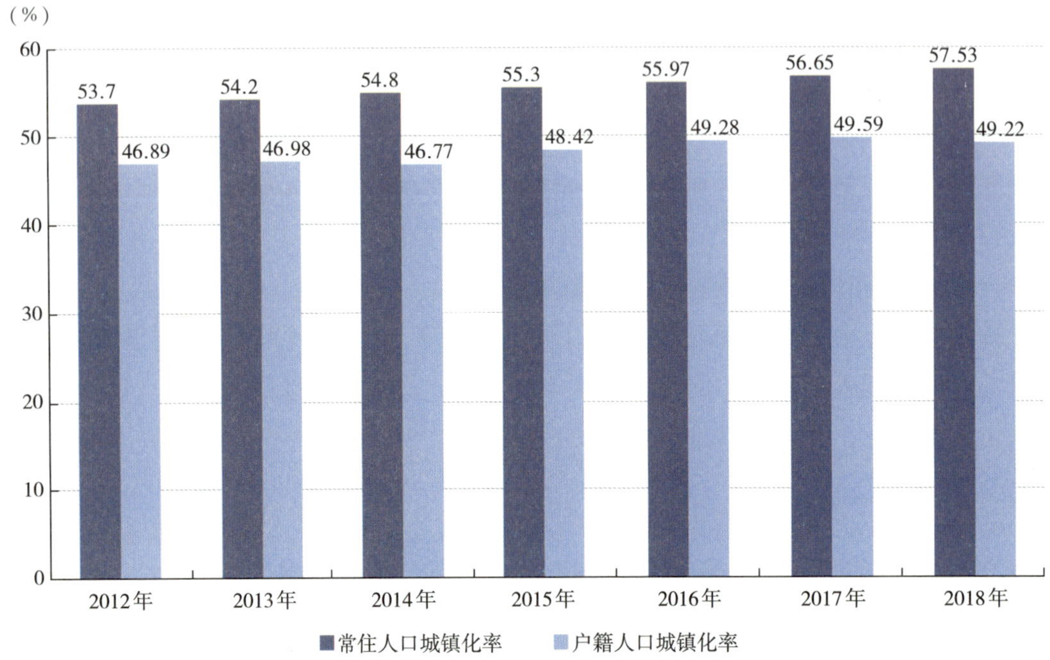

图1　吉林省2012年以来城镇化率变化情况

（一）农业转移人口市民化更加便利

一是积极引导农业转移人口和其他外来人口落户城镇。有序放开四平市等中等城市落户限制、全面放开辽源市、延吉市等小城市和建制镇落户条件，突出抓好农民工、农村籍学生等5类重点群体落户。2018年，共有9.1万外来人口落户城镇，其中农业转移人口进城落户3.1万人；全面推进居住证制度建设，全省累计制发居住证14.2万张。

二是推进城镇基本公共服务覆盖常住人口。落实随迁子女平等接受义务教育“两为主”和“两纳入”政策，全省17.3万随迁子女在公办学校入学率达到95.6%；加快推进城乡居民基本医疗保险制度整合工作，新农合参保率达到98.78%；积极推进异地就医即时结算工作，实现省内异地就医和跨省异地就医直接结算；扩大住房保障范围，将符合条件的稳定就业的外来务工人员、进城落户农民、居住证持有人等纳入住房保障范围，累计筹集房源33.62万套，分配31.99万套，分配率达95.15%。

三是完善“人地钱”挂钩政策体系。设立省对下农业转移人口市民化奖补资金，2018年省财政安排农业转移人口市民化奖补资金4.17亿元，比2017年增加1.14亿元，有效调动了市县政府推进农业转移人口市民化的积极性；将农业转移进城落户人口所需城镇建设用地增加规模纳入土地利用总体规划总量管控和年度土地利用计划管理，2018年共计向各市（州）、县（市）安排新增建设用地计划指标3290亩。

四是提升新市民融入城市能力。多渠道推进农村劳动力转移就业，全省实现农村劳动力转移就业408.27万人；加大农村劳务经纪人培育力度，累计培育农村劳务经纪人6887人，培育返乡创业带头人2500余人；突出抓好省级农民工返乡创业基地建设和返乡创业示范县建设，新建省级农民工返乡创业基地35个、省级农民工返乡创业示范县12个；持续实施农民工职业技能提升计划，组织开展农村劳动力职业技能培训10.3万人。

（二）城镇体系布局不断优化

一是加快推进哈长城市群建设。建立了吉林和黑龙江两省工作协调机制，促进两省在基础设施建设、产业发展等方面的合作，梳理完善了《哈长一体化发展示范区建设工作实施方案》。

二是着力打造长吉大都市区。长春市加快发展长春新区等重点产业发展平台和集聚区，以长春新区为核心的长吉图国家科技成果转移转化示范区获批，成为国家在东北地区唯一布局；吉林市着力提升中心城区功能品质，加快推进重大基础设施和公共服务设施建设，成功创建公共文化服务体系示范区；加快推进长吉一体化重要功能区建设，净月潭风景区与天津开展两地旅游资源互换促销等推介活动，发展“冬季冰雪”和“夏季休闲”两大产业，极大提升了净月旅游品牌的知名度和整体竞争力，中新（吉林）食品区编制完成食品安全保障体系（IFSS）建设标准和操作规范，开放水平全面提升。

三是加快发展区域中心城市。推进四（平）梨（树）同城化，调整优化老城区功能空间，综合承载能力不断增强；推进辽（源）白（泉）一体化，大力实施老城改造和新城开发，城市发展格局不断优化；推进松（原）前（郭）同城化，加强重大城市基础设施建设，中心城区功能不断提升；推进白（城）洮（南）一体化，白城生态新城建设步伐不断加快（参见表1）。

表1　吉林省城市规模体系

规　模		数量	城 市 名 称
大城市	Ⅰ型大城市（300万—500万人口）	1	长春市
	Ⅱ型大城市（100万—300万人口）	1	吉林市
中等城市（50万—100万人口）		1	白山市
小城市	Ⅰ型小城市（20万—50万人口）	8	四平市、辽源市、松原市、白城市、通化市、延吉市、梅河口市、公主岭市
	Ⅱ型小城市（20万以下人口）	17	榆树市、德惠市、蛟河市、桦甸市、磐石市、双辽市、扶余市、大安市、洮南市、临江市、集安市、敦化市、珲春市、龙井市、和龙市、舒兰市、图们市

专栏 1

区域中心城市建设

辽白一体化：建成东裕路，实现基础设施联通；取消固话区间费，实现通信同城化；开通公交线路，实现交通一体化。

松前同城化：通过新建、改造供热管网实现统一供暖；江南新水厂建成投入使用，实现统一供水；铺设天然气管网，实现统一供气。

四梨同城化：全力打造38平方公里“四梨同城化”核心起步区，户籍、机动车号牌、义务教育、医疗保险和通信业务已实现同城管理。

四是加快发展重要节点城市。公主岭、梅河口等重要节点城市立足区位优势，加快新城新区、开发区（工业集中区）和特色产业园区建设，城区面貌焕然一新，城市品位不断提升，集聚产业、吸纳人口的承载功能进一步提高，一批区位条件好、人口和经济规模大、发展潜力突出的小城市迅速发展壮大。

专栏 2

重要节点城市建设

公主岭市拓展优化空间布局，加快建设岭西新城，城市规模不断壮大。

扶余市进一步优化城镇布局，着力建设南部生态旅游和绿色农业产业经济带，中部特色农产品和新型工业经济带，北部石油化工、智慧农业和文化旅游经济带。

敦化市加快产业升级步伐，以全域旅游为龙头的服务业发展提速，成功入选“2018中国最美县域榜单”和“中国十佳避暑康养小城”。

五是开展特色产业小镇创建工作。研究制定了《吉林省加快特色产业小镇创建的实施方案》和《关于支持特色小镇和特色小城镇建设的若干政策》，按照有鲜明的聚焦产业、有高水平的规划、有明确的建设主体、有一定的投资规模、有创新的管理体制等创建标准，初步遴选出了一批特色产业小镇开展创建工作（见图2）。

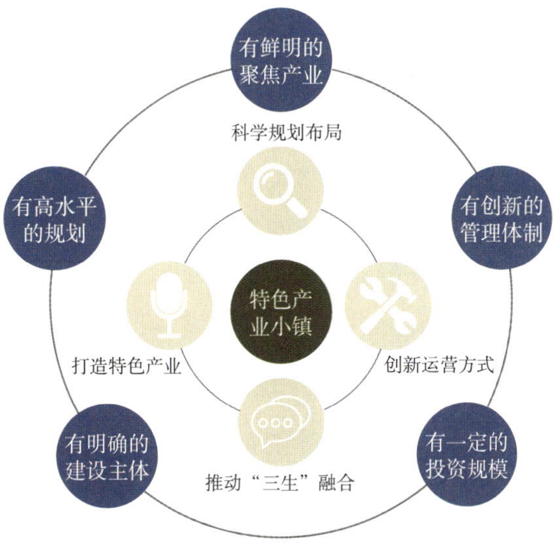

图2 吉林省特色产业小镇“五有”创建标准

（三）城市发展质量不断提升

一是优化城市空间布局。深入推进棚户区改造，2018年，全省各类棚户区开工9.57万套，建成7.79万套（见图3）；加快地下综合管廊建设，累计开工396.43公里，形成廊体222.74公里；加大网络提速降费力度，基本实现城镇地区百兆以上宽带接入能力覆盖。制定了《关于推动第五代移动通信网络建设的实施意见》，积极推进5G网络基础设施建设与应用；提高公共交通运营质量，全省共新增、更新公交车1363台。

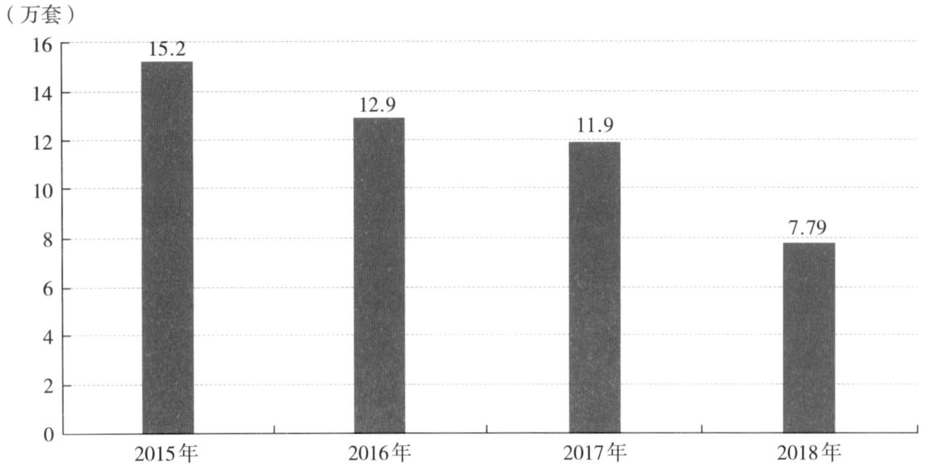

图3　吉林省棚户区改造情况

二是大力推进绿色城市建设。开展海绵城市建设，白城市完成全部279个项目及22平方公里示范区建设；整治城市黑臭水体，全省99处黑臭水体基本消除90处；推进城市（县城）生活污水处理及再生利用设施设备和配套管网的建设及运营，建成城市生活污水处理厂65座，51座达到一级A排放标准；推广电能清洁供暖，新增电能清洁供暖面积808万平方米；大力治理雾霾，全省优良天数比例达到90.3%。

（四）城乡发展不断融合

一是着力清除要素下乡各种障碍。深入推进“两权”抵押贷款试点，榆树市、农安县等15个农地抵押贷款试点县（市）基本完成土地确权工作，九台农房抵押贷款试点区住房所有权确权率和颁证率达65.6%，宅基地使用权确权率和颁证率达91.19%；加快“三支柱一市场”农村新型普惠融资服务体系建设，在近1600个村铺设基础金融服务站；大力开展新型职业农民培训培育，2018年培训培育新型职业农民3万多人次。

二是推进城乡产业融合发展。大力开展农村一二三产业融合发展推进行动，农安县春江堰家庭农场国家农村产业融合发展示范园和乾安县国家农村产业融合发展示范园被认定为首批国家农村产业融合发展示范园；积极推进休闲农业发展，在13个国家级休闲农业示范县开展休闲农业融合体示范项目建设，2018年全省休闲农业实现营业收入约90亿元，接待人数约4500万人。

三是推动公共资源向农村延伸。全面加强乡镇卫生院基础设施建设，为740家乡卫生院配齐所需各类医疗设备。启东实施基层卫生人才能力提升培训项目，共培训基层人员5646人；实施“农村半小时就业服务圈”计划，建设基层服务平台5801个；全面推进“四好农村路”建设，新改建农村公路2097公里，改造危桥169座，自然屯通硬化路率达79.2%；推动城乡信息通信水平均衡发展，新增444个行政村4G网络覆盖，全省行政村4G网络覆盖率达到98.4%。

（五）重点领域改革不断深化

一是深化城乡土地制度改革。出台了《吉林省城乡建设用地增减挂钩节余指标调剂使用管理办法》，允许国家扶贫开发工作重点县和省定片区县的增减挂钩节余指标在省域范围内流转使用，已调剂使用增减挂钩节余指标1.4万亩；加快推进农村土地确权登记颁证，全省已在8906个涉农村完成了农村土地确权工作，占开展确权村总数的98.7%；农村土地经营权抵押贷款试点范围和规模不断扩大，基本实现县市全覆盖，抵押土地经营权面积91万亩，累计贷款18.98亿元。

二是健全城镇化投融资机制。利用省级新型城镇化建设资金，加大对城镇基础设施建设项目支持力度，2018年共切块下达资金6600万元；充分发挥政策性银行政策性金融优势，加大对城镇化建设的金融支持，2018年国家开发银行吉林省分行和中国农业发展银行吉林省分行分别发放新型城镇化贷款310亿元和206.03亿元；有针对性地开展项目融资服务，稳步推进项目融资综合服务平台建设，现已入库399个重大项目。

（六）试点示范效应不断显现

一是着力推进国家新型城镇化综合试点。长春市、吉林市、延吉市、二道白河镇4个第一批试点经验向全国推广；围绕农业大县就近城镇化、生态城镇化、新城新区和镇区联动发展等，全面梳理梨树县、抚松县、林海镇3个第二批试点经验；围绕中心城市建设、生态城镇化建设、中小城市培育、边境小镇开放等，加快推进梅河口市、敦化市、公主岭市范家屯镇、珲春市敬信镇4个第三批试点建设。

专栏 3

国家新型城镇化综合试点经验

长春市双阳区奢岭镇、九台区卡伦镇、农安县合隆镇建立一套机构、两块牌

子、镇区一体的行政管理新模式，有效破解了开发区与镇政府分立产生的财权事权不匹配、规划建设不协调等突出问题，提高了工作效率。

吉林市昌邑区孤店子镇大荒地村依托东福公司流转土地13平方公里，利用500台套大型农业机械实行全程机械化耕种，建设31栋农民新居，吸纳全村95%的劳动力在企业就业。

延吉市以授权或委托的方式，将50多项行政审批许可和处罚权下放朝阳川镇，并设立24个工作窗口承办。

二道白河镇将原来分散在各部门相同、相似和相近的职能进行合并重组，机关和事业单位由24个精简为15个，党委政府机构数量减少了30%，管理人员编制减少了10%，行政成本降低了20%。

二是加快推进特色示范城镇建设（见图4）。立足于农业大省，农业人口众多的省

图4　吉林省22个特色示范城镇分布情况

情，2013年开始在合隆镇、孤店子镇等22个建制镇开展特色示范城镇建设。经过五年的探索实践，22个示范城镇经济实力、产业支撑能力、城镇综合承载能力不断增强，初步形成了城乡双向一体化、特色资源带动、产城互动等一批可供推广的经验模式。

专栏4

特色示范城镇建设经验模式

城乡双向一体化模式。范家屯镇在范家屯新城建成70万平方米的6个小区，吸纳汽车零部件、汽车物流、一汽产业工人2万余人入住，带动了范家屯镇的日常消费。镇区个体工商户7000余人在长春从事个体经营，4000多名农村剩余劳动力有组织地到一汽从事保洁、绿化、家政服务等，人口的双向流动带动了要素的双向流动，同城化进程不断加速。

特色资源开发带动模式。二道白河镇依托长白山生态旅游资源，紧紧围绕“建设世界名山，打造文化名城，繁荣带动周边，服务全省发展”工作目标，以旅游作为龙头产业，积极开展“宝马古城”“十八坊产业园”“长白山文化创意产业园”等项目建设，实现四季旅游均衡化，旅游人数、收入均实现翻番增长，已建成中国最具有生态特色的“世界级旅游目的地”。

产城互动发展模式。合隆镇不断优化产业结构，引导企业集聚发展，镇内现有旺旺乳品、富士康、中车集团等知名企业582家，首个百亿级的北斗科技小镇项目已经落户建设，2018年先后签约投资67亿元的吉浙高新智能产业园、投资30亿元的中欧友谊食品药品物流园；全面实施道路、供水、供电、供热等各类项目，实现道路铺装总面积82万平方米，集中供热面积310万平方米，各类中小学34所，卫生院、所37个，城镇综合承载能力全面改善。

三是深入推进18个重点城镇扩权试点。围绕“强镇”目标，通过纵向重新分配公共权力资源和再配置，加快行政管理体制改革，推动城镇转型升级，着力提升经济社会管理服务能力和经济社会发展综合水平。18个试点镇所属县（市、区）共计下放行政管理权限742项，13个试点镇设立了一级国库，有效提升了试点镇经济、社会发展能力。

专栏 5

重点城镇扩权试点经验

奢岭镇承接双阳区下放的行政审批、行政执法、社会管理权力208项，区财政局等18个区级机关在奢岭镇设有派出机构，接受上级业务部门和奢岭镇的双重领导。

合隆镇实施“一门式”办公，将镇政务中心改造升级为合隆镇公共服务中心，受理业务涵盖74项，达到与县政务中心实时受理、同步运行，极大方便了群众和企业办理各项业务。

龙嘉镇实现财政计划单列，九台区将龙嘉镇域内实现的地方级税收全部留给龙嘉镇，其缴纳的土地出让金收入根据财政形势按比例返还，专项用于试点镇开发建设。

明城镇创新人员配置方式，探索灵活的用人制度，将计生服务站、劳动保障所、文化站3个镇直事业单位整合为政务服务中心，对专业性较强的职位探索实行雇员制，设立特殊技术岗位，实行“以岗定薪”。

四是扎实推进省级生态城镇化试点。敦化市、临江市、通化县、东丰县、镇赉县5个试点县市将生态文明理念全面融入城镇化建设，初步形成了以敦化市、通化县为代表的东部生态型城市“绿色发展”示范模式，以东丰县为代表的中部农业型城市“综合创新”示范模式，以镇赉县为代表的西部生态恢复型城市“保护开发”示范模式。

专栏 6

省级生态城镇化试点经验

敦化市大力发展现代服务业，积极推进六鼎山温泉公园、雁鸣湖温泉公寓等重点旅游产业。

东丰县建立“政府投资、专业维护、村民参与”三级联动的村屯卫生保洁长效机制，成功申报省农村生活垃圾治理推进试点县。

镇赉县依托湿地资源，大力实施“清水工程”，加快推进嫩江、洮儿河等重点流域水污染防治，严格控制污染物排放。

通化县建立合理的生活垃圾回收制度，建立和完善了“组分类、村收集、镇转运、县处理”的四级处理处置体系。

临江市建立协调发展与生态保护的长效机制，制定了《临江市生态建设专项补偿实施细则》和《临江市资源补偿的市场化补偿指导意见》。

二、存在的问题

2018年，全省户籍人口城镇化率下降0.37个百分点，主要原因：

一是农民进城落户意愿不强。随着居住证制度的逐步完善，进城务工人员及其随迁家属无须落户就能享受到便利的公共服务，再加上粮食直补政策，农村土地征收、集体建设用地入市、宅基地制度改革等举措，也提高了农民对未来土地收益的预期，与农村户籍相比，城镇户籍吸引力较低，农民进城落户动力不足。

二是中心城市人口吸纳能力弱。受经济社会发展水平制约，长春、吉林等中心城市人口聚集能力与北上广和沿海一些发达城市存在一定差距。汽车、石化、农产品加工三大支柱产业主要集中在大中城市，产业链条难以延伸到中小城市。白山市、辽源市等7个城市资源逐渐枯竭，接续替代产业发展不足，集聚和吸纳人口的能力不强。大部分县（市）民营经济发展不充分，多集中在资源初加工等领域，技术水平低，难以创造更多的就业岗位。省内向省外迁出人口逐年增加，城市人口总量呈低增长甚至负增长态势。

三、2019年重点工作

深入贯彻落实习近平总书记在深入推进东北振兴座谈会上讲话精神，主动对接哈长城市群发展规划，紧紧围绕“人的城镇化”这一核心，以实施国家新型城镇化综合试点为抓手，以特色产业小镇建设为载体，着力破解新型城镇化发展瓶颈，全面推进新型城镇化工作取得新突破。

（一）加快农业转移人口市民化

一是深入推进户籍制度改革。进一步放宽长春、吉林等城市租房落户限制，引导外来人口有序进城落户。积极引导农村籍学生、在城镇居住5年以上的农业转移人口、新生代农民工、农村籍军人等群体有序到城镇落户；鼓励有条件的地区和部门逐步扩大居住证持有人在就业扶持、住房保障、社会救助等方面享受的福利和便利范围，提高服务标准。

二是强化常住人口基本公共服务。落实“两为主”“两纳入”政策，保障随迁子女“阳光入学”，平等接受义务教育；扩大住房保障范围，加大对重点群体、引进人才等的精准保障力度；加快城乡居民医保制度整合，推进城乡医疗保险关系合理转移接续。

三是提升农民工就业技能。多渠道推进农村劳动力转移就业，培育壮大农村劳务经纪人队伍，实施农民工职业技能提升计划，大力开展农民工职业技能培训，推进农民工返乡创业基地建设。

（二）优化城镇体系

一是加快哈长城市群建设。落实《哈长城市群发展规划》，加强与黑龙江省的合作，建立两省政府间的合作机制，共同推动城市群建设，推进建立哈长一体化发展示范区相关工作。

二是着力推动长吉都市区建设。加快发展长春新区等重点产业发展平台和集聚区，强化长春市核心交通枢纽和经济、金融、科教等综合服务功能，扎实推进长吉两市在产业发展、基础设施、生态环保、公共服务和社会管理等五个方面一体化协同发展，加快推进长春公主岭同城化协同发展，构建长吉都市区。

三是大力推动特色产业小镇建设。按照成长类、培育类、规划类滚动推进特色产业小镇建设，以产业集聚带动人口集聚，着力培育供给侧小镇经济，形成新的经济增长点（见图5）。

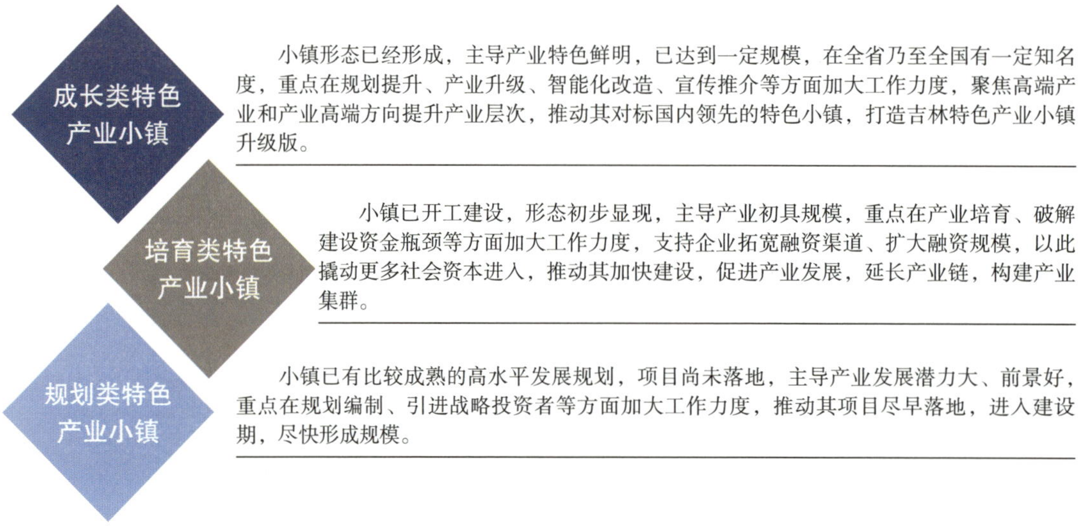

图5　吉林省特色产业小镇滚动推进图

（三）全面提升城市功能

一是加快城镇基础设施建设。深入推进棚户区改造，计划改造各类棚户区3.47万套，基本建成2.26万套，发放公租房租赁补贴8.67万户；加快地下综合管廊建设，调整管廊规划，形成干、支、缆线三种管廊级配合理的布局；继续深入开展网络提速降费专项行动，加快宽带网络演进升级，加大网络降费优惠力度，进一步完善4G网络覆盖的深度和广度。

二是增强城市可持续发展能力。在新城建设和老城改造、道路大中修、内涝积水点改造等项目中积极落实海绵城市建设；大力整治城市黑臭水体，全面完成99条黑臭水体消除任务；推进全省城市（县城）生活污水处理及再生利用设施设备和配套管网的建设及运营，长春市建成区生活污水基本实现全收集、全处理，其他地、县两级城市污水处理率分别达到93%和83%以上；继续做好“便民交通”工程，新增、更新城市公交车500辆，其中新能源车辆比例不低于35%。

（四）加快推进城乡融合发展

一是推进城乡产业融合发展。开展农村一二三产业融合发展示范行动，创建第二批国家农村产业融合发展示范园；推进休闲农业提档升级，加快发展田园综合体、农村电商等新业态，培育农村经济新的增长点。

二是推动公共资源向农村延伸。整合县、乡医疗资源，加强乡村医生队伍建设，加快提升基层医疗服务水平；优先发展农村教育事业，着力办好农民家门口的好学校，稳定农村学校生源；深入开展电信普遍服务工作，2019年在农村偏远地区及边境地区新建4G基站200个。继续实施农村人居环境改善，重点整治垃圾山、垃圾围村、工业污染“上山下乡”问题；全面推进“四好农村路”建设，新改建农村公路1000公里，改造危桥100座，通屯率达到80.5%。

三是推进资本要素加快下乡。深入推进农村承包土地经营权和农民住房财产权抵押贷款试点工作，不断加大“两权”信贷投放力度，盘活乡村资源资产；深入推进三支柱一市场农村新型普惠融资服务体系建设，研究制定《深化农村金融综合改革试验，助推乡村振兴发展的实施意见》，加快基础金融服务站建设，2019年建设500个村级服务站。

（五）深化城镇化制度改革

一是深化城乡土地制度改革。积极谋划实施增减挂钩项目，落实增减挂钩节余指标跨省域调剂政策，推进跨省域调剂项目落地；做好《吉林省土地管理条例》耕地开垦费方面的部分条款修改工作；完善承包地“三权分置”制度，落实集体所有权，稳定农户承包权，放活土地经营权。

二是健全城镇化投融资机制。利用省级新型城镇化建设专项资金，加大对新型城镇化建设项目的支持力度；引导省内政策性银行加大对城镇化建设领域的金融支持力度；有序推进吉林省项目融资综合服务平台工程建设，打造项目融资信息网上对接平台。

（六）加快推动各级各类城镇化试点示范

一是扎实推进国家新型城镇化综合试点。继续抓好长春市、吉林市、延吉市、二道白河镇4个第一批试点建设；推广梨树县农业大县就近城镇化、抚松县生态城镇化、林海镇新城新区和镇区联动发展3个第二批试点建设经验；围绕中小城市培育、生态城镇化建设、特色小城镇建设等，总结梅河口市、敦化市、范家屯镇、敬信镇等4个第三批试点经验。

二是统筹推动省级城镇化试点示范。深入推进22个特色示范城镇建设，及时总结经验做法和模式；全面总结重点城镇扩权和省级生态城镇化试点经验，将可复制、可推广的发展模式向全省推广。

表2对上述重点工作的要点进行了总结提炼。

表2　吉林省2019年新型城镇化工作要点

加快农业转移人口市民化	进一步放宽长春、吉林等城市租房落户限制，引导外来人口有序进城落户
	积极引导在城镇居住5年以上的农业转移人口、新生代农民工等重点群体到城镇落户
	扩大居住证持有人享受的福利和便利范围
	强化常住人口在就业、住房、医疗、社会救助、子女教育等方面的基本公共服务
	实施农民工职业技能提升计划，大力开展农民工职业技能培训
加快优化城镇体系	推进建立哈长一体化发展示范区相关工作
	扎实推进长吉一体化和长春公主岭同城化协同发展
	滚动推进特色产业小镇建设
全面提升城市功能	深入推进棚户区改造，计划改造各类棚户区3.47万套，基本建成2.26万套
	加快地下综合管廊建设，调整管廊规划
	深入开展网络提速降费专项行动，加大网络降费优惠力度
	加快推进全省海绵城市专项规划编制工作
	大力整治城市黑臭水体，全面完成99条黑臭水体消除任务

续表

全面提升城市功能	长春市建成区生活污水基本实现全收集、全处理，其他地、县两级城市污水处理率分别达到93%和83%以上
	力争将长春市纳入首批城市地质调查工作成果示范城市
	开展城市管理效能提升三年行动，印发《吉林省城市绿化提升三年行动计划》《吉林省城市环境综合整治行动方案》等专项行动方案 继续做好“便民交通”工程，新增、更新城市公交车500辆
加快推进城乡融合发展	开展农村一二三产业融合发展示范行动，创建第二批国家农村产业融合发展示范园
	整合县、乡医疗资源，加强乡村医生队伍建设
	办好农民家门口的好学校，稳定农村学校生源
	深入开展电信普遍服务工作，在农村偏远地区及边境地区新建4G基站200个
	继续实施农村人居环境改善
	新改建农村公路1000公里，改造危桥100座，实施安防工程1000公里，通屯率达到80.5%
	深入推进“两权”抵押贷款试点工作
	深入推进三支柱一市场农村新型普惠融资服务体系建设，建设500个村级服务站
	组织实施1231工程，抓好新型职业农民工作
深化城镇化制度改革	落实增减挂钩节余指标跨省域调剂政策，推进跨省域调剂项目落地
	做好《吉林省土地管理条例》耕地开垦费方面部分条款修改工作
	有序推进吉林省项目融资综合服务平台工程建设
加快推动各级各类城镇化试点示范	推广梨树县、抚松县、林海镇3个第二批国家新型城镇化综合试点建设经验，总结梅河口市、敦化市、范家屯镇、敬信镇4个第三批试点经验
	深入推进22个特色示范城镇建设，总结推广重点城镇扩权试点和省级生态城镇化试点经验

黑龙江省2018年推进新型城镇化建设总结报告

黑龙江省发展改革委

一、2018年推进新型城镇化建设进展情况

黑龙江省委、省政府高度重视新型城镇化建设工作，制定印发了《黑龙江省2018年推进新型城镇化建设重点任务》，多次召开新型城镇化工作联席会议协调推进重点工作，基本完成年初确定的各项目标任务。2018年，黑龙江省户籍人口城镇化率达到50.05%，比上年提高0.15个百分点。常住人口城镇化率达到60.1%，比上年提高0.7个百分点（见图1）。

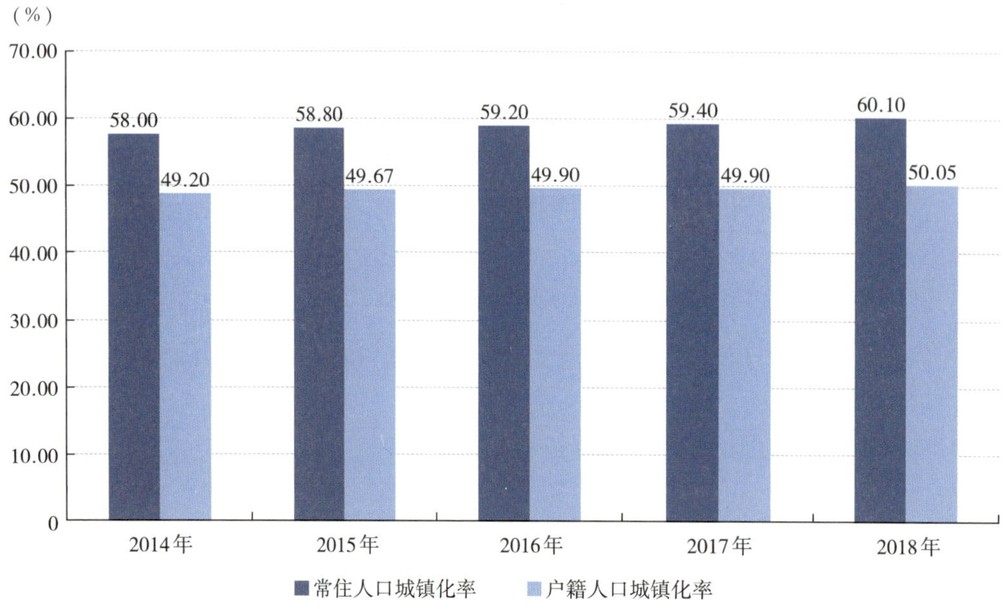

图1　黑龙江省2014—2018年城镇化率变化情况

（一）农业转移人口市民化进程不断加快

城镇落户条件全面放宽。制定出台《黑龙江省关于深化户籍制度改革进一步推进非户籍人口落户工作的通知》，进一步放宽了哈尔滨市主城区落户限制，放开普通大中专院校学生等重点人群落户条件，放宽设立单位集体户口条件，在特定条件下允许户口合理“空挂”，其他地区均无落户限制。全面开展“电子居住证”业务，建立了省、市、县三级流动人口居住证服务管理信息系统，实现了居住证快速办理。截至2018年底，已发放居住证66.4万张。

常住人口基本公共服务水平进一步提高。有效保障随迁子女在当地接受教育，落实“两为主、两纳入”要求，统一城乡义务教育学生“两免一补”政策，实现义务教育经费“可携带、全覆盖”。优化卫生计生服务资源配置，流动人口目标人群基本公共卫生计生服务覆盖率达到90%。完善城乡居民基本医疗保险和大病保险政策，持居住证可参加当地基本医疗保险。启动省内异地就医门诊费用直接结算工作，将农民工、双创人员纳入异地直接结算范围。符合“城镇新就业职工和在城镇稳定就业的外来务工人员家庭”条件的居住证持有人全部纳入住房保障范围，将农业转移人口纳入住房公积金制度覆盖范围。

“人地钱”挂钩配套政策全面落实。落实农业转移人口市民化奖励机制，将中央财政下达黑龙江省农业转移人口市民化奖励资金2.94亿元全部下达市县。在制定年用地计划时充分考虑上一年度农业转移人口落户数量和流向，合理安排年度城镇新增建设用地规模，有力保障了吸纳农业转移人口用地需求。

新市民融入城市能力不断提升。以高校毕业生、就业困难人员、转移就业的农村劳动力、去产能中失业人员等重点群体为主要服务对象，组织开展了就业援助月、春风行动、民营企业招聘周、高校毕业生就业服务月等专项活动。深入实施农民工职业技能提升“春潮行动”，积极推进农民工“求学圆梦行动”，统筹做好各类就业困难人员的就业援助工作。

（二）城镇格局进一步优化

哈长城市群建设稳步推进。制定出台了《黑龙江省落实哈长城市群发展规划实施方案》《哈长城市群一体化发展示范区规划》等政策文件。与吉林省签署战略合作框架协议，哈尔滨市政府与长春市政府签订了《哈尔滨—长春两市协同发展合作框架协议》，先期开展旅游、文化、体育等方面的交流活动，携手推动全方位合作。

哈尔滨经济圈建设正式启动。完成打造“哈尔滨一小时、两小时”经济圈专题调研，编制了经济圈建设行动方案。实施“省会城市建设提档升级三年行动”，哈佳快速、哈牡客专通车运营（见图2），哈尔滨火车站、哈尔滨机场新航站楼、哈尔滨地铁1

号线三期投入运行，启动了哈尔滨都市圈环线高速公路、哈尔滨至肇源高速公路、京哈高速拉林河（吉黑省界）至哈尔滨段改扩建工程等一系列经济圈基础设施互联互通项目建设工作。

图 2　哈佳快速与哈牡客专

行政区划进一步优化。漠河县撤县设市、抚远市设立黑瞎子岛镇项目获国务院批准，黑河市嫩江县撤县设市、绥化市增设宝华区行政区划调整项目已上报国务院。伊春市正在开展行政区划优化设置工作。

特色小镇建设有序推进。制定印发《关于做好〈关于规范推进特色小镇和特色小城镇建设的若干意见〉贯彻落实工作的通知》，规范建设特色小镇和特色小城镇。拉网式梳理了全省特色小镇和小城镇创建工作情况。与国家开发银行黑龙江省分行、中国农业发展银行和中国光大银行共同搭建了政银对接平台，向银行推介了一批符合国家要求的特色小镇建设项目。

（三）城镇综合承载能力稳步提高

城市经济质量稳步提升。持续做好“三篇大文章”，2018年1—11月，全省141户“老字号”规模以上企业主营业务收入同比增长7.5%；1807户“原字号”规模以上企业主营业务收入增长12.1%。新动能加速聚集生成，转化落地高新技术成果432项，高新技术企业总数达1120家，高技术制造业增加值增长11%左右。

城市空间布局持续优化。全省生态保护红线划定面积153478.64平方公里（不含加格达奇区、松岭区），占总面积的33.9%。完成了永久基本农田16772.22万亩的划定任务。城市基础设施建设进一步完善，完成老旧小区改造978万平方米，棚户区改造新开工13.02万套，新建改造城市道路689.89公里，打通41条断头路，渠化了37条道路。综合客货运枢纽建设持续推进，大庆西城公路客运枢纽站、佳木斯公铁联运枢纽站2个综合客运枢纽开工建设，哈尔滨传化公路港、乾龙电商物流信息产业园等6个货运枢纽物流园区项目建设稳步推进。

绿色人文智慧城市建设取得积极进展。海绵城市建设稳步推进，航天公园等一批海绵城市试点项目开工建设。完成地市级地表型水源地环境问题整治，已开工黑臭水体整治项目38个。推进超低能耗建筑示范项目建设，已完成绿色建筑560万平方米。哈尔滨市冬季清洁取暖试点工作积极推进，实施了一批“煤改电”“煤改气”项目。城市排涝管网、地下综合管廊建设稳步推进，新建改造排水管网188公里，哈尔滨市累计完成管廊主体施工25.7公里。推进严禁秸秆露天焚烧，推进秸秆综合利用，淘汰各类燃煤小锅炉2185台，全省空气优良天数比率达93.5%，为2012年新空气标准实施以来最优。呼玛县新型智慧城市试点建设稳步推进。加快智慧社区建设，指导各地逐步建立完善居民信息大数据系统。推进数字化城管平台建设，截至2018年11月，已有29个城市建成数字化城管平台。

（四）加快推动城乡融合发展

农村生产要素进一步激活。积极推动“两权”抵押贷款试点工作，截至2018年10月，试点地区“两权”抵押贷款余额82.2亿元，同比增长1.7%；活体畜禽抵押贷款余额3.35亿元，同比增长13.4%；集体林权抵押贷款余额1.4亿元，同比增长32%。农村产权流转交易平台建设持续推动，截至2018年底，已有56个县（市）建立了多种形式的农村产权交易流转服务平台。深入实施新型职业农民培育计划，全年共培育新型职业农民2万人。

城乡产业融合发展进一步推进。制定出台《黑龙江省乡村振兴一二三产业融合发展三年行动计划（2018年—2020年）》。非转基因、寒地黑土、绿色有机农产品品牌逐步叫响，“粮头食尾”“农头工尾”量级和层级同步提升，农业产业化龙头企业发展到2050家，规模以上企业达到1731家。实施产业兴村强县示范行动，新增省级现代农业产业园26个，国家和省级产业园达到45个。农业供给侧结构性改革持续深化，鲜食玉米、蔬菜、食用菌等高效作物面积近2000万亩，绿色有机食品认证面积达到8046万亩。编制出台《黑龙江省农业综合开发资金扶持农产品电子商务经营主体发展资金管理工作的指导意见》，电子商务交易额、网络零售额分别增长25%和40%。旅游产业加速升温，冰雪品牌影响力不断增强，全年共接待国内外游客1.84亿人次，同比增长12%，实现旅游收入2253亿元，同比增长18%。

农村基础设施和公共服务设施进一步完善。建设农村公路6705公里，改造农村公路危桥358座，实施农村公路安全生命防护工程4782公里，通村公路畅通率达99.96%。改造农村危房8.1万户，解决了322万人的饮水安全问题。补齐农村物流短板，乡镇物流节点覆盖率超过80%。启动实施新时代教师队伍建设改革，补充乡村教师2382名。全面落实“健康乡村”计划，乡、村医疗卫生机构标准化建设达标率分别为87.6%和96%。建立乡镇卫生院大学生动态补充机制，新招聘医学毕业生197人，保持乡镇卫生院在岗大学生不少于3000人。

农村人居环境整治工作扎实推进。制定出台《黑龙江省农村人居环境整治三年行动实施方案（2018—2020年）》。积极推进农村垃圾处理，将方正县等10个县、尚志市元宝镇等59个乡镇、新发镇红旗村等189个村确定为农村生活垃圾治理试点，建立村级保洁队伍7000多支。大力实施黑土地保护工程，农业“三减”高标准示范面积3500万亩，秸秆还田面积9771万亩，回收处置农药废弃包装物750.9吨。推进“厕所革命”，完成6.58万户农村室内改厕。粪污资源化利用步伐加快，畜禽粪污资源化利用率和畜禽规模养殖场粪污设施装备配套率均达到70%以上。推进村容村貌整治，绿化村屯1453个，绿化道路1110.9公里，建成省级美丽乡村示范村666个。

（五）深化城镇化制度改革

城乡土地制度改革持续推进。完成海伦市、安达市10个行政村土地利用规划编制试点工作。严格执行耕地占补平衡管理制度。继续推进全国农村土地确权登记颁证工作整省推进试点，实测农村集体耕地15228万亩，确认家庭承包面积9914.3万亩，确权率达到了96.3%。推进安达市农村土地改革试点，新增15宗集体经营性建设用地入市，建立健全农村土地征收制度，推进了宅基地三权分置改革。

健全城镇化投融资机制。引导地方政府在新型城镇化建设中量力而行，制定出台《关于进一步加强隐性债务风险防控工作的紧急通知》《关于落实〈中共中央　国务院关于防范化解地方政府隐性债务风险的意见〉的通知》等文件，规范地方政府举债融资行为，防范化解地方政府债务风险。积极协调在黑龙江省设立“南北特色小城镇产业投资基金”。加强项目储备和推介，利用财政部PPP综合信息平台，推介全省公共服务领域PPP项目136个、总投资1545.2亿元。

“放管服”改革持续深化。落实省委深化作风整顿优化营商环境部署要求，积极打造法治化营商环境，国务院取消下放事项全部有效落实，省级清理行政权力1419项，累计取消和下放行政权力2402项，清理规范行政权力中介服务事项322项，全部取消非行政许可审批和省级涉企行政事业性收费。出台了省本级第一批“不见面、跑一次、网上办、马上办、就近办”政务服务事项清单。成立省营商环境建设监督局，建立统一政务服务公开平台。

二、推进新型城镇化建设中存在的问题

尽管黑龙江省推进新型城镇化建设工作取得明显成效，但也存在一些问题急需解决：

（一）农民进城落户的积极性不高

一方面农村合作医疗、农民基本养老保险等政策制度逐渐完善，"三免一补"及多项惠农政策的相继出台，导致农业户口优势更加明显；另一方面城镇生活成本高、农民进城就业渠道窄、固定住所短时间较难解决等因素成为影响农民工进城落户的主要障碍。

（二）城镇基础设施建设滞后

综合交通对城镇化发展的支撑作用不足，综合交通运输通道和区际交通骨干网络不完善，城市公交覆盖率不高。城市用水、燃气、垃圾污水处理等城镇基础设施还有待完善。城市环境污染、出行难、停车难等"城市病"依然突出。

（三）县域经济拉动能力不强

乡镇集聚产业、集聚人口能力不强，缺少立县强镇的特色主导产业。县级财力弱，63个县（市）中有57个享受均衡性转移支付。2017年，全省县（市）平均一般公共预算收入3.5亿元，缺乏支柱财源和后续财源。县域吸纳和承载农业转移人口就近就地就业能力有待加强。

三、2019年新型城镇化建设工作考虑

（一）进一步促进农业转移人口市民化

针对农村户口相关权益进行可携带、可转移化的研究。鼓励引导灵活性、季节性进城就业农民工在城镇稳定就业、生活和落户。保障居住证持有人在居住地享受基本公共服务。全面落实支持农业转移人口市民化财政政策，实施农业转移人口市民化与财力性转移支付挂钩，提高农业转移人口基本公共服务保障水平。

（二）提升城镇公共服务水平

加强社会保障制度衔接，继续落实城乡居民养老保险制度和城镇职工基本养老保险关系转移接续政策。巩固农民工随迁子女义务教育就近入学成果。配合居住证制度实施，提升流动人口基本公共医疗卫生服务水平，进一步提高基本医疗保险异地就医医疗费用结算制度覆盖面。强化农民工就业服务，提高农民工就业能力。进一步完善市场配置和政府保障相结合的住房制度。积极培育专业化房屋租赁市场。积极推行棚

户区改造货币化安置。稳步推进住房公积金制度扩面工作。

（三）加快城镇基础设施建设

加大哈尔滨都市圈环线等高速公路项目前期工作推进力度。推进普通国省道改造工程，计划续建和新开工里程2000公里以上，着力解决全省11个县（市）不通高速和一级公路问题。抓好“三供三治”等城市基础设施项目建设。继续推进哈尔滨市国家城市地下综合管廊试点建设，大力推进公交优先战略，加快城镇客运站改造升级，提升居民出行便利化程度。继续加大四好农村路建设力度，建成农村公路4000公里。

（四）促进区域协调发展

推动哈长城市群建设，推进基础设施互联互通、公共资源共享，发挥省会城市龙头带动作用，推动“打造以哈尔滨为中心的一小时、两小时经济圈”行动方案实施，促进人口省内流动集聚，增强外来人口吸引力。构建县城和小城镇协调发展格局，增强城镇对乡村的带动能力。完善城镇综合服务功能，推动农业转移人口就近城镇化。

上海市2018年推进新型城镇化建设总结报告

上海市发展改革委

一、进展情况和主要经验

（一）加快农业转移人口市民化

制定差别化落户条件，完善人才住房保障体系。一是在居住证转户籍方面，对上海市居住证持证人在临港地区工作并居住的，可予以专项加分，即每满1年积2分，满5年后开始计入总积分，最高分值为20分。对在临港地区教育、卫生、农业等岗位工作满5年的人员办理居转户，持证及参保年限可缩短至5年。此外，对于临港地区教育、卫生、农业等社会公益事业单位录用非上海生源应届普通高校毕业生落户，给予政策倾斜。这些人才政策有效促进了人口导入，2013年至2018年，临港主城区常住人口年均增长率超过13%。二是住房保障方面，临港地区为吸引各类人才集聚，满足人才多样化居住需求，不断完善住房保障制度，建立以限价商品房、人才公寓、"先租后售"公共租赁房、配建保障房"四位一体"的人才住房保障体系。人才公寓已供应1000多套，分配约500套，保障了700多位人才的居住需求。

强化常住人口基本公共服务。一是以义务教育资源配置标准化、均等化为目标，全市统一的城乡义务教育一体化（学校建设、教育装备配置、信息化环境、教师队伍配置、生均经费）基本达标（见图1）。出台义务教育"城乡学校携手共进计划"，每3年实施一轮，包括郊区义务教育学校精准委托管理和城乡学校互助成长项目两项核心内容，首轮精准委托管理42所、城乡互助成长项目34所，覆盖所有郊区。2018年秋季开学全市共有90所中小学、幼儿园新开办，其中76所位于城郊结合地区和郊区集镇。二是加快实施本市区域卫生规划和医疗机构设置规划，按照新型城镇化要求，坚持促进公平和提高效率相结合，优先保障基本医疗卫生服务的可及性，促进医疗资源按人口、地域、专业合理配置，实现平均每1.5平方公里范围内就有

1所医疗机构，居民步行15分钟可到达医疗机构。三是基本建成覆盖区、区域、街镇、村居的四级公共文化设施网络，远郊地区优质公共文化服务资源配送力度逐年加大。四是不断提高郊区养老服务能力，制定实施《关于加强本市农村养老服务工作的实施意见》，健全养老服务补贴制度，推广示范性睦邻点建设，鼓励和引导郊区农村推广睦邻点互助模式。五是健全专业人才到郊区农村工作的激励机制，明确公益性事业单位绩效工资向农村倾斜，增加的额度重点向农村和边远地区的教师、医生、农业技术推广服务人员等专业技术人员倾斜，优化增加农村地区专业技术岗位比例。

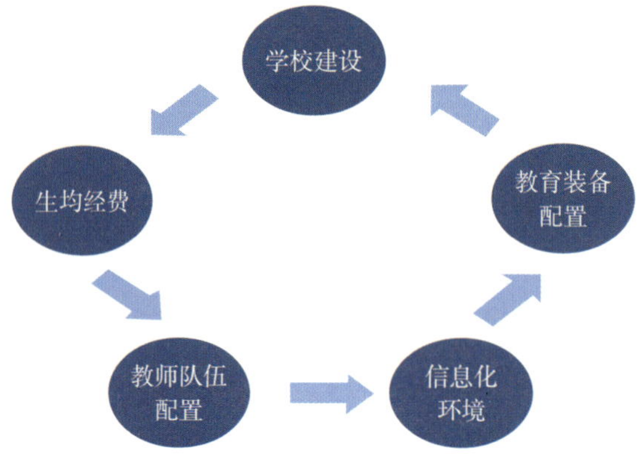

图1　上海市城乡义务教育一体化“五项标准”

积极促进离土农民就业。深入推进“离土农民就业促进专项计划”，做实做细离土农民就业促进政策宣传和工作落实，建立离土农民信息库及动态跟踪机制，对有就业意愿的未就业离土农民就业服务覆盖率达100%。同时，各区结合自身实际开展有针对性的农民就业促进工作。例如，松江区在大力推进环境整治和环保清拆的同时，积极推进相关分流农民的非农就业工作，既通过政府购买岗位的方式，对非农就业困难对象实施托底安置，保障其基本生活有着落，同时利用传统优势，进一步壮大家政服务项目，拓宽浦南农村妇女的非农就业。

（二）优化城镇化布局和形态

加强区域规划协同，大力推进区域规划编制。将抓好区域规划协同作为落实“上海2035”的重要任务，形成《上海大都市圈空间协同规划编制的工作方案》和《长江三角洲区域规划协同机制》，完成上海大都市圈土地开发强度的情况报告。推进跨省城镇圈规划编制，会同江苏方面，按照“共同编制、共同认定、共同指导下位规划编制、共同监督实施管理”的工作原则，启动并完成了崇明东平—南通海永—南通启隆的跨省城镇圈协同规划编制工作。会同浙江省，启动了金山枫泾—松江新浜—嘉兴嘉善—嘉兴平湖城镇圈规划编制工作，规划成果已获批准。

优化城市空间布局，积极推进总体规划编制。一是加快编制区总体规划暨土地利用总体规划。目前，崇明区、宝山区、闵行区总体规划已经市政府审批通过，嘉定区总体规划已上报市政府审批，奉贤区、松江区、金山区、青浦区总体规划已通过市政府常务会议审议，浦东新区总体规划已报请市规委全会审议。二是新市镇总体规划暨土地利用总体规划是统筹城乡的关键环节。2018年上海加快推进14个新市镇总体规划的研究、编制、审批工作，已按计划完成12个新市镇总体规划的上报成果和2个新市镇总体规划的规划草案。三是加快城乡融合发展，有序推进专项规划编制。进一步落实全市新一轮总体规划工作要求，按照“面向全球，对标国际最高标准、最好水平”的要求，稳步推进17个专项规划研究，涵盖生态环境、综合交通、产业发展、民生保障、文化品质、安全运行、广域资源等多个领域，推进一二三产业融合，推动基础设施和教育、卫生、文化等公共资源向农村延伸，促进城乡融合发展。

（三）提升城市发展质量

提升城市经济质量。松江区科学谋划城市与产业的深度融合，G60科创走廊开辟城镇发展新空间。2018年共同开启覆盖长三角三省一市九城市的G60科创走廊3.0版，形成“一廊一核多城”总体空间布局，打造长三角更高质量一体化发展的重要引擎，以车墩影视城和仓城影视园为基础，着力推动建设影视产业集聚、产业链完整、具有全国知名度的科技影都。临港地区产业能级进一步提升，重大产业项目加速落地，特斯拉新能源汽车研发与整车制造项目正式落户临港，进一步推进“2+3+4”产业体系建设，引进新松机器人、中国移动IDC、华大半导体积塔项目、寒武纪、商汤科技、博郡汽车、中科院微小卫星创新中心、中船瓦锡兰、奔驰再制造、中科云谷等一大批重点项目。

优化城市空间布局。崇明区研究制定开展长江经济带绿色发展示范实施方案，推动落实崇明生态岛建设第三轮三年行动计划，有序推进花博园规划工作。奉贤区创新打造“东方美谷园中园”，以对存量低效产业用地进行改造提升为主，加大“腾笼换鸟”力度，打造“产城文生”有机融合、土地复合高效利用的集聚集群型产业社区，启动推进首批17个项目。松江区构建“四网融合”综合交通体系。超前谋划、系统规划建设好高铁、轨道交通、有轨电车、地面道路融合联通的网络。临港地区以铁路、公路、快速轨道交通线为主的对外综合交通体系建设有序推进，形成了S2、临港大道、两港大道、申港大道、轨交16号线等对外衔接的主要通道。

推动绿色城市建设。制定《上海市生活垃圾分类管理条例》，按照源头减量、全程分类、大幅提升末端垃圾资源化利用、无害化处理的思路，开展垃圾分类工作。松江区南部新城海绵城市及地下综合管廊建设作为国家级试点、新型城镇化建设重大项目，总投资31亿元，力争获得全国市政金杯示范工程。奉贤区整区域推进生活垃圾全程分类。创新推行生活垃圾分类桶长制，实现绿色账户全覆盖，创建分类达标居住区146个，新增“两网融合”回收服务点176个、回收中转站6个，农村生活垃圾分类工作走在郊区前列。

（四）加快推进城乡融合发展

推进产业融合发展。重点聚焦本市农村一二三产业融合发展试点示范县、示范镇和示范村，结合当地实际，以地产优质农产品或特色农业为基础，以农产品产销对接、休闲农业和乡村旅游为重要载体，延伸农业产业链、提升价值链，拓展农业多功能性，培育新产业、新业态、新模式。一是做大做强优势特色产业。以农业设施化、机械化水平提升为抓手，推进蔬菜瓜果、花卉苗木、食用菌和特色养殖等产业提档升级。依托市场优势，开发具有地方特色的名特优新品种，支持整合特色农产品品牌。以品牌为纽带，促进新型农业经营主体融合发展。二是大力发展休闲农业和乡村旅游。充分发挥农业、农村、农民及特色乡村等各类物质与非物质资源富集的独特优势，利用“旅游+”、“生态+”等模式，推进农业、乡村、林业（湿地）与旅游、教育、文化、康养等产业深度融合。

推动基础设施资源配置向郊区农村地区延伸。把公共基础设施建设的重点放在农村，着力推进“四好农村路”建设、生活垃圾治理、生物污水处理、水环境整治、绿化造林、村容村貌提升、长效管理等11项重点任务。一是郊区农村水环境不断改善，中小河道整治和轮疏有序实施，农村生活污水有效处理户数累计超过50万。二是调整轨道交通、国道、市管省道、区区对接道路等基础设施市区投资分工政策，大幅减少郊区资金压力，城乡一体的交通网络格局基本形成。三是全力推进“两江并举、多源互补”格局下的饮水源地建设和保护，持续推进郊区供水基础设施建设，至2018年6月底，已完成黄浦江上游水源地工程和闵奉、青浦、金山、松江原水支线工程，实现南汇南水厂、泰和水厂扩建工程和松江新车墩水厂新建工程的并网通水。四是加快农村信息基础设施建设，城乡一体部署千兆宽带网络，提升移动通信网络质量，推进下一代广播电视网建设及有线电视数字化整体转换，先后实施两批共14家智慧村庄建设。

（五）深化城乡土地制度改革

落实中央改革任务，推进农村土地制度改革。一是集体建设用地入市方面，对2015年版“1+5”配套政策文件进行了修订和延期。同时，增加了入市试点样本，在已入市2幅商服地块的基础上，2018年又完成6幅集体建设用地地块入市。二是土地征收制度改革方面，进一步规范完善合理补偿和多元化保障，提高了征地补偿标准。新补偿标准较原有标准平均提高41%，在试点期间已有122个征收项目执行新补偿标准。三是宅基地制度改革方面，聚焦农民进城进镇集中居住、宅基地归并平移、宅基地自愿退出、宅基地资格权和建房用地标准等方面内容，研究制定实施《上海市松江区关于加强农民宅基地管理的指导意见》和试点实施方案。四是全面总结提炼松江区三项改革试点的做法、成效和经验并提出工作建议，目前已形成“1+5”总结报告，经市领导小组审定后上报自然资源部。

以减定增、“控增逼存”，促进人地关系和谐发展。按照市委、市政府总体工作要求，加快推进低效建设用地减量化，淘汰低效产能，逐步优化人口、用地结构和布局，促进土地高质量利用。一是按照“以减定增”原则，逐年加大新增建设用地计划与现状低效建设用地“减量化”的关联力度。除国家和本市重大战略性项目等以外，其余各类建设项目用地均需使用减量化腾挪空间。二是建立“市区协同”机制，通过减量化腾挪的空间，优先保障市、区各级基础设施、公益民生、乡村振兴等领域项目落地。三是制定产业结构调整负面清单，对限制、淘汰范围内的装备、产品、工艺实施差别化电价，促进“三高一低”等低效产业用地减量或转型。四是按照“控增逼存”的要求，逐步建立起以城乡建设用地增减挂钩政策为抓手，以土地综合整治为平台的城乡统筹发展新模式，在改善农村生产生活条件的同时，逐步促进农民向城镇集中居住，逐步优化城乡用地结构和布局（见图2）。

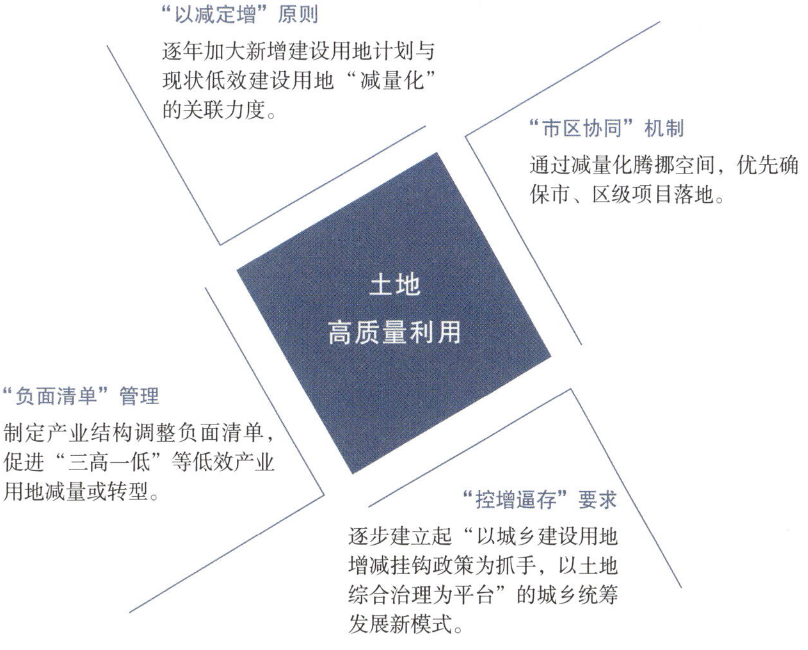

图2　上海市促进土地高质量利用“四项抓手”

近年来，上海市加快推进相关领域改革，建立完善城乡一体化体制机制，以转变农村生产生活方式为主要目标，推进建立城乡一体的资源配置、优势互补的发展机制，进一步推动各项资源要素向郊区倾斜，不断提高新型城镇化建设的质量和效益，并取得了显著成效。同时，上海作为超大城市，在守住人口、土地、环境、安全底线的条件下，在如何实施精细化管理、实现精明增长、实现转型发展等方面还有待更加深入地探索。对标国际最高标准、最好水平，以及上海建设卓越全球城市的自身定位和经济发展阶段性诉求，上海新型城镇化建设和城乡发展一体化工作任重道远，一些方面还存在制约和短板。一是土地要素制约明显。当前上海建设用地总规模已接近《上海市城市总体规划（2017—2035年）》规划用地天花板，可新增建设用地空间非常有限，土地空间资源紧张对于推进新型城镇化建设制约明显。二是远郊农村基本公共服务水平有待进一步提高，养老、医疗等公共服务资源配置仍有不足，非农就业面临压力。郊区农村义务教育空心化问题与部分人口导入地区教育资源结构性短缺问题并存。三是郊区农村基础设施和管养能力有待进一步加强，部分农村道路有待提档升级，村村通公交的服务运营水平距村民期待尚有差距，部分管网设施区域性覆盖不足与长效管护缺失问题并存。四是农村生态环境和镇村面貌有待进一步改善。农村生活污水处置尚有盲点，农业面源污染程度高于全国平均水平。

二、2019年工作思路和重点工作

下一步，上海市将继续贯彻落实国家新型城镇化规划和若干意见，结合本地实际有序推进新型城镇化建设。

一是大力推进各类镇和新城发展。持续推进新城功能提升，加快完善新城商业和生活配套设施。根据人口规模和区域特点，加快编制完成新市镇总体规划和村庄规划，进一步完善镇村规划体系。

二是继续推进城乡基本公共服务均等化。推进实施义务教育学校建设和管理标准，优化学校教育装备配置，加强学校信息化环境建设。加紧制定全市医疗机构布局规划，开展相关医疗机构的补点建设。以社区卫生服务中心改革为抓手，提高郊区基层卫生组织的服务水平和质量。加快基本管理单元等区域的老年日间服务中心和老年活动室建设。

三是切实改善农村生态环境和基础设施环境。加强郊区生态环境治理，持续开展村庄改造、河道生态治理、中小河道轮疏等工作。加快建设市郊快速轨道交通、区区对接道路，加大对镇村道路建设资金的投入，提高郊区公共交通服务水平。引导农民相对集中居住，系统解决农民居住、公共服务、就业和农村环境等问题，加大政策支持力度，整体改善农民居住质量。

四是加快转变农村生产生活方式。积极构建新型农村经营体系，发展壮大家庭农场、农民合作社等新型农业经营主体。加快发展体现上海全球城市特色的现代都市农业，促进农村产业融合发展，加快镇级产业园区提质增效，加强产城融合和郊区现代服务业引导。

江苏省2018年推进新型城镇化建设总结报告

江苏省发展改革委

一、积极有序、全面推进，新型城镇化建设取得重要进展

2018年，江苏省深入贯彻落实党中央、国务院及省委、省政府新型城镇化战略部署，统筹谋划、精心部署，聚焦重点、改革创新，凝心聚力、全面推进，圆满完成各项任务目标，在推进新型城镇化高质量发展征程中迈出重要步伐。

（一）农业转移人口市民化推进有力

一是深入推进户籍制度改革。省委、省政府将推进户籍制度改革列为年度重点工作，全省13个设区市政府均制定实施进一步推进户籍制度改革意见。目前，城区常住人口超过500万的南京、苏州两市采用“准入+积分”的方式制定落户政策体系，其余各市均通过实施准入制方式放宽户口迁移政策。2018年，南京、苏州分别有7500余人和2.1万余人通过积分政策在当地落户，南京自2018年3月进一步放开学历和技术技能型人才落户政策以来办理落户6万余人。2018年10月省公安厅制定出台《江苏公安机关深化人口服务管理“放管服”十项措施》，在苏北五市范围内率先实施户口通迁制度，并进一步放宽子女父母投靠、退休人员回原籍、农村户口等迁移条件。截至2018年底，全省常住人口城镇化率达69.6%，户籍人口城镇化率达64.9%，农业人口落户城镇104万人，超额完成年度目标（见图1）。

二是深入实施居住证制度。江苏省早在2013年全面部署实施居住证制度，根据国务院《居住证暂行条例》对江苏省实施办法进行修订，进一步规范居住证申领审核等工作。目前，全省已实现流动人口居住证制度全覆盖，累计制发居住证2798万余张，占全国发放总量的一半左右。同时，开发并升级了全省统一的信息管理系统，居住证在全省范围“一证通用”，申领、换领、补领居住证均免费。

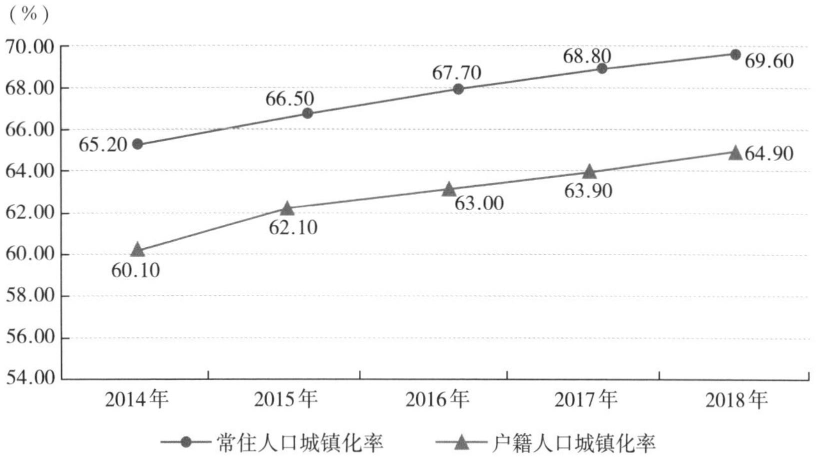

图1 江苏省2014—2018年城镇化率变化情况

专栏1

外来人口市民化

宿迁市：进一步放宽落户条件，全面消除农村学生升学、退伍转业、投靠等重点群体落户障碍。允许在城镇无合法固定住所人员登记城镇社区家庭户、本市农村地区户口就地转移落户城镇不受居住年限限制、大专以上学历或具有专业技术职称或国家职业资格证书人员可先落户后就业，允许城镇地区父母与子女（女婿、儿媳）、祖父母（外祖父母）与孙子女（外孙子女）之间相互投靠，不受投靠人户口市内市外限制。

苏州市：深入实施居住证制度。苏州市自2011年颁布实施《苏州市居住证管理暂行办法》，在全省率先启动流动人口居住证制度，实现流动人口居住证动态发放全覆盖。持证流动人口可以享受教育、卫生等24项均等化公共服务和市民化待遇，与本地居民同等或基本同等享受基本公共服务，居住证已成为苏州流动人口享受均等化服务的平台和载体。

常州市：金坛区滨湖新城以房招才。扩大安置房保障范围，把登记为城镇户口和已动迁安置的农民纳入滨湖新城住房保障体系；创新居住需求保障方式，采用货币和实物相结合的安置形式；加大高层次人才招引，满足要求的各类人才在滨湖新城范围内购买的首套住房将获得区财政补贴。

三是有力保障常住人口基本公共服务。依托基本公共服务省级清单和基层配置标准，深入推进基本公共服务均等化和标准化，进一步健全基本公共服务提供机制。截至2018年，全省保障省外随迁子女义务教育100万余人次、省内跨市随迁子女义务教育46万余人次，义务教育阶段外来务工人员随迁子女入学率99%以上，随迁子女在公办学校就读125万余人，就读比例达86%。全省参加城乡居民基本医疗保险近5000万人，2018年省内异地就医直接结算139万人次，结算医疗费用34亿元；跨省异地就医直接结算近14万人次，结算医疗费用33亿元，大大缓解参保人员异地就医“跑腿、垫资”负担。全省城乡基本养老保险和医疗保险参保率达97.8%，异地就业企业职工养老保险转移接续64万人次，其中省内跨市转移45万人次、跨省转移19万人次。

专栏 2

基本公共服务均等化

昆山市：保障外来流动人口的基本公共服务。实施义务教育“两为主”政策；为外来务工人员提供就业服务和职业培训服务；为外来流动妇女提供卫生计生服务；将外来务工者纳入公共文化服务体系。

海门市：探索教育优质均衡、融合发展的“海门样本”。在全市范围内系统推进集团化办学改革，实现城乡教育一体化；积极推动职业教育办学模式改革；以集团化办学体制改革解决企业务工人员子女就学问题；以集团为单位加强开放性办学，积极开展合作办学。

南京市：玄武区建设新南京人服务中心。全区建成新南京人服务中心6家，服务对象由外来务工人员扩大到外地来宁就读的大中专毕业生，将居家养老、社区照料、幼儿托管等家庭服务内容融入服务中心平台，积极吸纳农民工就业。成立区农民工法律援助中心，为农民工开辟法律援助绿色通道。

四是积极落实“人地钱”挂钩政策。实施“人钱”挂钩机制，初步建立财政转移支付同农业转移人口市民化挂钩机制，落实农业转移人口财政奖励政策，2018年省财政下达农业转移人口市民化奖励资金19.18亿元。制定出台“人地”挂钩实施细则，新增用地计划分配与规划空间使用情况、户籍人口城镇化率等挂钩，在计划分配的测算指标体系中优化设置户籍人口城镇化变化率指标，同步推进城乡建设用地增减挂钩工作，全年批复城乡建设用地增减挂钩实施规划190件，建新用地总体规划模89356

亩，完成省内节余指标调剂8700亩，为贫困地区提供收益资金82.65亿元，协调省内规划建设用地规模约9000亩，涉及资金约27亿元。

（二）城市群建设取得积极成效

一是调整优化功能区布局。为适应和服务经济社会发展战略，江苏省积极研究调整优化区域功能战略布局，主要考虑是“1+3”的功能布局，“1”就是扬子江城市群，作为全省经济的最主要增长极；“3”分别是连云港、盐城、南通东部一线的沿海经济带，以宿迁、淮安、苏中北部地区为主的“三湖”生态经济区，淮海经济区中心城市徐州。围绕这一功能战略布局，重点开展扬子江城市群、江淮生态经济区、沿海经济发展带等规划的研究编制，制定支持徐州建设淮海经济区中心城市的意见，出台南通建设上海大都市区北翼门户城市总体方案。

专栏3

城镇群功能布局优化

城镇群空间布局和形态优化策略的制定来源于对现状的科学分析与研读。在信息化水平持续提高的今天，人、货、信息等要素在地区之间大量流动，一些在人口、经济规模方面并不占优势的地区脱颖而出，在城市网络化格局中发挥着重要的节点作用。因此，划分省级功能区、制定区域协同发展策略、确立城市功能及分工需要利用新的规划研究手段对城市之间相互联系水平进行分析，进而识别区域已有空间开发格局、存在问题，并对区域未来格局提出建议。

采用城市之间的经济联系（基于GDP相对差异的城市间经济吸引力）、信息联系（百度搜索城市间的关注度）、交通联系（火车与汽车互发时刻班次）、金融联系（银行金融网点分支机构）等多源大数据方法分别分析2016年长江经济带和江苏省内部两个层面城市之间要素流联系网络（具体分析方法和模型省略）。

1. 江苏省城市群与长江经济带空间联系分析

长江经济带各城市间的综合联系网络呈现由下游向中、上游地区逐渐减弱的态势，形成了“T”字形的联系空间结构，且城市间的相互联系存在“距离主要中心城市越近、联系越紧密”的现象。江苏城市群在长江经济带城镇联系中处于核心地位（以扬子江城市群为主），是长江经济带沿线城市响应国家“一带一路”倡议的领头羊、桥头堡，但还需改变“省内联系强、对外联系弱”的现状格局。

2. 江苏省城镇空间格局分析

江苏省域内部，扬子江城市群是全省要素的集散地、核心发展区，淮海经济区中心城市徐州逐渐成为省域北部的核心城市、带动辐射能力增强。然而，省域中西部的江淮生态经济区和省域东部的沿海经济区内部联系较弱、未能形成连片集聚态势，是未来江苏省打造“1+3”功能区需要重点推进的区域。

二是深入推进长三角城市群建设。合力编制实施长江三角洲一体化发展三年行动计划，建立健全长三角一体化机制。研究编制扬子江城市群发展规划，在协同创新、产业转型升级、现代综合交通运输体系、特色城镇体系、生态环境、旅游风光带、岸线开发与保护、合作园区等领域制定专项规划和行动计划，谋划实施一批重大工程、重点项目。

三是创新推进南京都市圈一体化发展。都市圈八市共同建章立制，完善协同发展“决策—执行—协调”三级运作机制，定期召开南京都市圈党政领导联席会议，共同制定《南京都市圈一体化高质量发展行动计划》，签署《南京都市圈打通城际“断头路”合作协议》《宁镇扬城市群住房联动发展合作框架协议》等一系列合作协议。围绕打通断头路、打造同城化出行方式，圈内所有城市建设城市候机楼，实现了航班查询、机票销售、异地候机服务的无缝对接，开通南京—马鞍山、南京—镇江句容、南京—扬州仪征等城际公交，在宝华等毗邻地区实现了供水、供气、电力、通信等市政设施的全覆盖。发挥南京中心城市辐射功能，逐步形成都市圈产业协同和产业配套体系，与滁州加强制造业产业链分工协作，与扬州共同打造“宁扬绿色新材料产业带”，与淮安共建现代服务业集聚区，在芜湖成立都市圈智能制造产业联盟，与宣城强化文化旅游方面的合作。释放南京中心城市的优质服务和公共资源，南京高校与都市圈内其他城市合作办学，都市圈内设立公共卫生服务平台，方便居民到南京就医，目前都市圈非南京居民通过平台进行预约挂号累积已有104万人次。

四是推进大中小城市协调发展。南京发挥特大城市、省会城市龙头作用，高标准建设江北新区，大力提升区域性经济文化、科技创新、金融商务中心地位，放大资源要素集聚效应，提升公共服务和城市环境的国际化水平，辐射带动南京都市圈融合发展。苏州巩固提升经济中心地位和改革开放前沿阵地，加快产业转型升级，建设成为高新技术产业的集聚高地、创新驱动与经济转型的先行区、国际文化旅游胜地。无锡加快构建国家先进制造业基地、现代商贸物流基地、长三角国际化生态型区域中心城市。南通加快提升发展能级，强化海港、航空港、信息港联动发展，建设成为上海大都市北翼门户城市和重要区域性综合交通枢纽。常州、泰州推进中部崛起，强化南北传导纽带作用，集聚创新优质资源，打造国家智能制造名城、先进制造业强市、城市群中部崛起重要战略支点。镇江、扬州发挥生态环境和历史文化优势，强化城市功能和品质塑造，打造国际知名的文化旅游名城和人文宜居城市。推进培育中小城市与经济发达镇行政管理体制改革试点工作相结合，通过完善镇政府功能、开展集中行政审批、综合行政执法、建立“前台+后台”运行机制等创新举措，加大民生工程的公共财政投入，推进村改居和老住宅小区改造，促进农民向城镇集中，投资创业、民生服务更加便利，激发城镇发展活力，努力建成发展实力强、创新创业广、生态环境美、依法治理好、体制机制优的现代新型小城市。

专栏 4

城市间协同发展机制

南京都市圈：探索一体化发展系统路径。都市圈八市共同建章立制，完善协同发展“决策—执行—协调”三级运作机制；基础设施共建共通，统筹协调部署市政设施；产业体系共谋共赢，逐步形成都市圈产业协同和产业配套体系；生态环境共治共保，探索建立市场化生态补偿机制和生态产品价值实现机制；民生服务共享共用，推进宁镇扬一体化进程。

江阴—靖江跨江融合发展实验区：江阴、靖江两市共同实施江阴—靖江创建高质量跨江融合发展实验区行动计划，以生态绿色为标识，以产业发展协同化、空间规划一体化、公共服务同城化为重点，加快优势产业协同升级，建立企业常态化沟通机制，打造创新创业生态系统，促进现代产业高端发展。

常州溧阳市接轨南京都市圈：主动对接南京都市圈发展，制定《溧阳市接轨南京实施意见》，启动《溧阳接轨南京建设最美副中心城市发展规划》编制，完善顶层设计；探索教育合作，与省教科院幼特教所合作共建幼儿教育教科研基地，建设南航天目湖校区；深化医疗合作，积极对接南京一流医院。

（三）城市可持续发展能力不断提升

一是提高城市规划水平。加快实施《江苏省域城镇体系规划（2015—2030年）》，推进宁镇扬一体化空间协调规划、徐州都市圈规划等编制。依法加强城市总体规划编制，9个设区市已经国务院批准实施，34个设市城市全部完成新一轮城市总体规划编修，2个城市被住房城乡建设部确定为总体规划编制改革试点省份之一，南京、苏州、南通3市被列入全国15个试点城市。

二是建设新型城市。建设绿色城市，制定《江苏省城市绿色照明评价标准》，绿色建筑标识项目规模和发展水平继续保持全国领先，率先实施夏热冬冷地区居住建筑节能65%强制性标准，13个设区市制定城市空间和地域建筑特色规划设计指引，南京、徐州、苏州、南通、扬州、镇江6市加快“城市双修”试点。加快智慧城市建设，出台《智慧江苏建设行动方案》，深入开展国家智慧城市建设试点，扬州、淮安、南通3市列入首批中欧智慧城市合作试点，南京创建中新合作建设智慧城市试点城市。以南京、南通等历史文化名城为示范城市，推进历史建筑保护利用试点，持续推进历史文化保护规划的编制与实施，推进历史文化街区划定和历史建筑确定工作，全省共有中国历史文化街区5处、省级历史文化街区56处、历史建筑1470处，其中2018年新确定的历史建筑共662处。全面启动14个省级海绵城市建设试点，累计建成300余个海绵项目，完成投资400亿元以上。启动建设地下综合管廊，建成102公里，在建110公里，2018年度新开工地下综合管廊62公里，超额完成年度任务。

专栏 5

智慧城市建设

苏州市：苏州工业园是住建部首批国家智慧城市试点。对于苏州工业园来说，建立面向企业和政府的智慧政务服务平台是推动园区智慧建设的核心目标。首先是建立园区企业的统一办事入口，服务企业政务应用门户、为企业分配合理的租户空间、采集和共享企业信息；其次是与企业的应用系统无缝对接，实现企业应用与政务服务集成、开放政企应用开发接口、提供企业可在平台上定制符合企业开发需求的应用；再者是通过检测、感知、预测和预警进行政府监管。

南京市：“我的南京”APP是智慧南京建设中的一项重要成果。它是由南京市政府统一组织搭建，各部门、各公用企事业单位、社会第三方服务机构共同参与的城市公共信息服务平台。社会公众可通过移动智能终端、电脑、数字电视、电话、自助服务终端、广告大屏等全媒体渠道的方式，无处不在的享受全方位、一站式、个性化、方便快捷的政务、事务、商务服务。

专栏 6

南京市创新能力评价

南京市的创新活动涉及两大创新主体，创新活动空间差异显著。在专利申请及授权行业上，工矿企业是申请及授权主体，其次是大专院校，“两落地一融合”工程推进基础深厚。市区空间分布上，江宁区绝对量均占优，但授权申请比方面，鼓楼区、秦淮区效率较高。规模以上工业企业新产品产值方面江宁、浦口、栖霞占优，但在新产品产值占工业总产值占比、企业研发（R&D）支出占主营业务收入比重方面鼓楼、秦淮、雨花台等区则更高。因此，授权申请比较低的地区应加强提升有效专利数，规模以上企业应加快创新驱动产业升级，提升企业R&D投入及新产品产值占比。

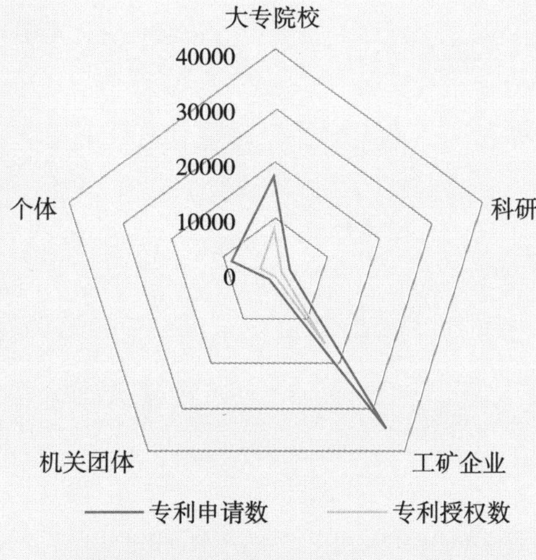

不同申请方的专利申请、授权情况

人才薪资是吸引人才的关键因素之一，南京市的高薪职业占比较低。比较不同城市间高层人才薪资待遇水平，结果显示：整体而言，人才薪资待遇方面，南京占比最低，可能会对人才吸引力方面产生负向影响；分行业而言，南京与其他地区的行业薪资标准大体类似，在专业服务/教育/培训行业占比稍低。

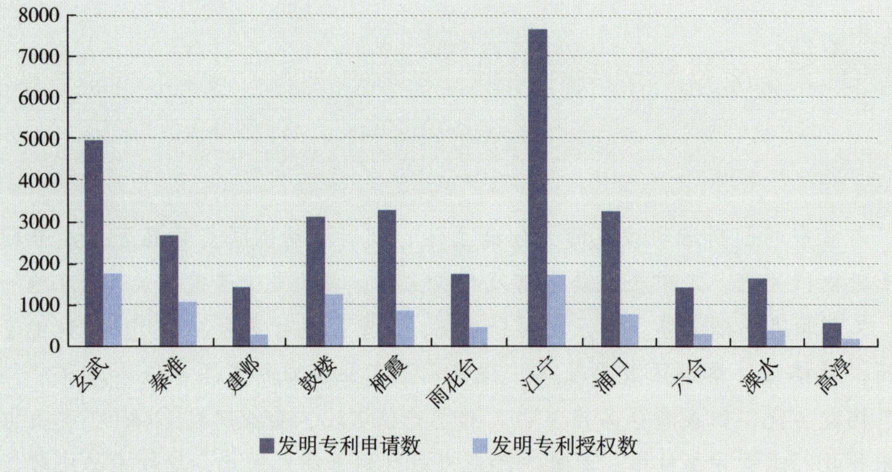

各区专利申请、授权情况

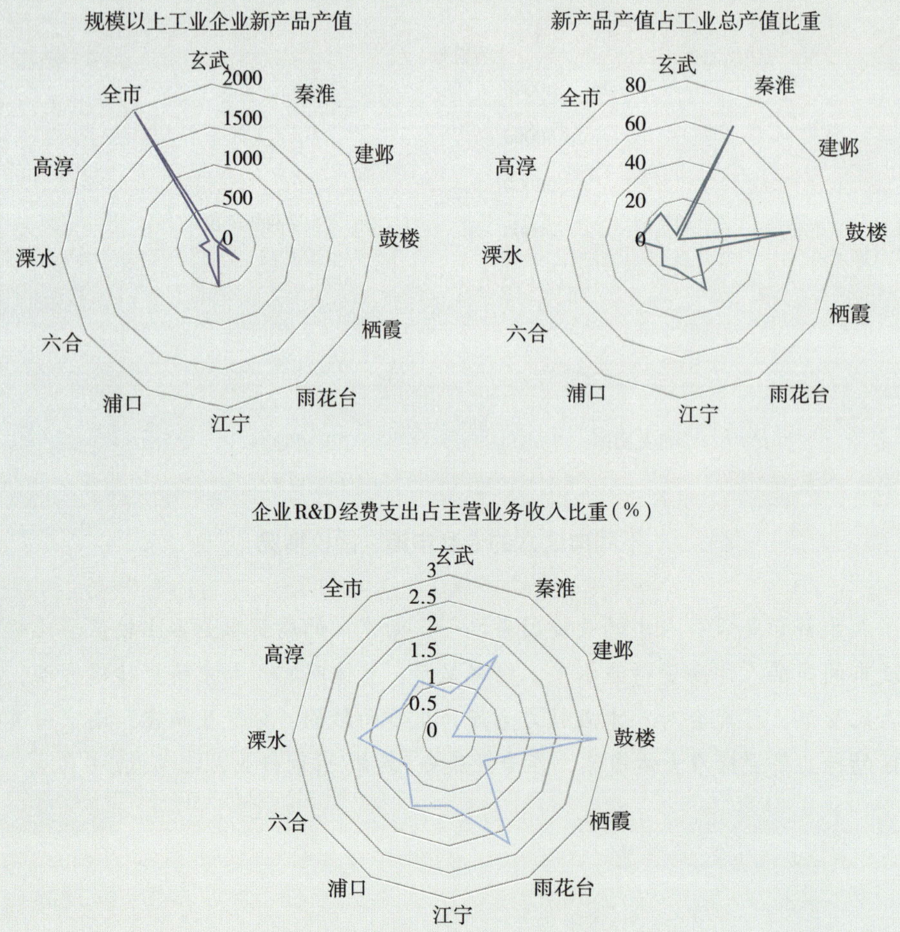

各区规模以上工业企业发展

在研发投入相近时，高新技术产业数和每万人发明专利拥有量是衡量城市创新效率的重要指标。在全社会研发经费支出占GDP比重、高新技术产业数、每万人发明专利拥有量方面南京与“北上广深”末位城市相比差距不大甚至有一定优势，但与领军城市相比差距明显。其中，全社会研发经费支出占GDP比重上，南京稍高于广州，低于北京、上海、深圳，高新技术产业数方面与北上广深差距明显；在每万人发明专利拥有量方面，南京有一定优势，高于上海、广州。因此，南京在进一步提升全社会研发经费支出占GDP比重及每万人发明专利拥有量的同时，应更加注重增加高新技术产业数。

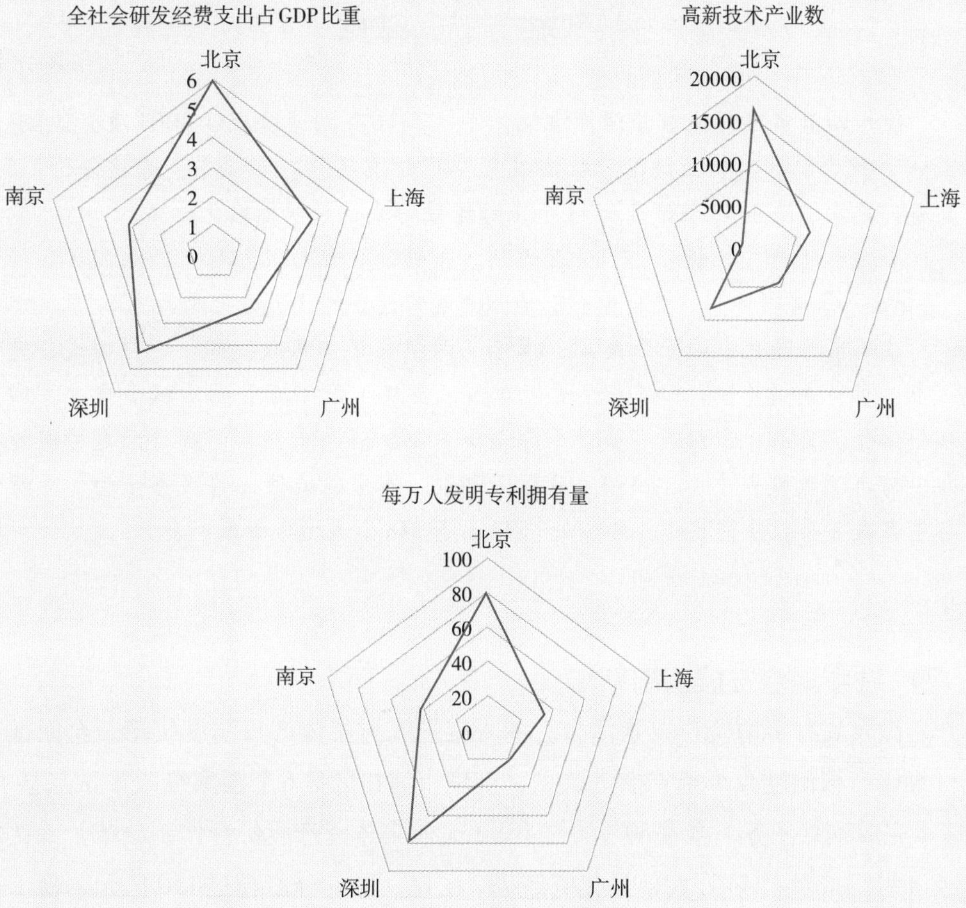

城市间创新效率对比

三是提升城市治理水平。推动城市管理标准化、智慧化、精细化，编制《江苏省城市管理标准体系》，研究建立城市管理标准框架，建立城市基础设施微小破损、缺失问题和城市管理轻微违法行为的城市管理“双微”快速处置机制，实现县以上城市数字化城管系统规范化建设，积极推动数字化城管系统规范化运行和向智慧化升级，全省数字化城管系统各项指标综合达标率达到93%。扎实推进城乡生活垃圾分类和治理，建立“一市一策、一厂（场）一档”的工作机制，下达省级奖补资金2亿元，新增垃圾分类小区3400个，新增分类单位9000个，新增生活垃圾焚烧处理能力8000吨/日、餐厨废弃物处理能力400吨/日、建筑垃圾资源化利用能力150万吨/年。

专栏 7

新型城市管理模式

徐州新沂市建立城市管理标准化体系，2016年初通过ISO 9001质量认证。区分“综合目标、作业规范、执法流程、行为规范、内部政务、考核评价”6大类，建立了涵盖83个标准和41个工作流程的城市管理标准化体系。

南通市创新“区镇合一”管理体制。推动试点镇与毗邻特色产业园区实行“区镇合一”管理体制，整合原有职能归并到新设置的“一办七局两中心”。

苏州市推进数字城管全覆盖。推行“两级监督、两级指挥”运行模式，建立市、区、街道（镇）三级平台运行体系，实现了数字城管的区域全覆盖、城乡一体化。目前，市级数字城管平台与6个区和34个市级部门进行问题协同处办，与市便民服务中心、公安110指挥中心、苏州微城管公共服务平台、文明志愿者服务平台紧密联动，协调处理11大类218小类城市管理问题。

（四）城乡融合发展迈出新步伐

一是激发农村资源资产要素活力。深入推进农村集体产权制度改革。全面推进全国农村集体产权制度改革整省推进试点，南京市浦口区等6个国家级改革试点县（市、区）基本完成试点任务，全省50%的村（居）完成集体资产股份合作制改革，确认农村集体经济组织成员1944万人，量化资产792亿元，累计分红超过110亿元。稳步推进农村土地制度改革。开展农村土地承包经营权确权登记颁证工作“回头看”，推进农村承包地确权登记颁证数据的入库、汇交、更新与应用，全省数据库汇交完成率90%，土地流转总面积3160万亩，占承包地面积的60%，流转面积和比例均居全国前列。

二是推进城乡产业融合发展（参见图2）。坚持农业全产业链开发，向一二三产业融合发展要效益，实施26个国家一二三产业融合发展试点项目。印发《关于开展农村一二三产业融合发展先导区建设的通知》，集中打造一批省级农村三产融合先导区，成功创建5家全国农村一二三产业融合发展先导区。申报20家省级农村一二三产业融合先导区，新增3个省级农产品加工集中区，百亿级加工集中区有3家，50亿—100亿的15家，预计农产品加工业产值与农业总产值比将提高到3∶1。

三是促进农村科技创新（参见图3）。推行科技特派员制度，累计选派科技特派员52864名，认定法人科技特派员582名，建设科技特派员工作站425家。实施“三区”科技人员专项，2018年向苏北12个县选派“三区”科技特派员195名，为“三区”提供农村科技创新创业服务。建设高水平星创天地，确认备案省级“星创天地”61家，国家级备案“星创天地”24家。开发省创意休闲农业互联网平台，加快实施南京、泰州、宿迁等国家农业物联网区域试验示范工程全省农产品网络销售额达470亿元，农业信息化覆盖率达62.4%，新增创建省级“一村一品一店”示范村400个。

图2 句容市丁庄葡萄合作联社社员大会

图3 江苏省农科院科技产业支撑项目——六合竹镇设施农业产业示范基地

四是实施“百园千村万点”休闲农业精品行动。编制完成《千亿级休闲农业发展规划（2018—2022）》，系统布局全省休闲农业发展重点，实施“百园千村万点”休闲农业精品行动，培育创建99个江苏省休闲农业精品村和100个省级主题创意农园，全年新增设施农业50万亩以上。

专栏 8

乡村振兴的地方经验

产业带动：常熟市蒋巷村经济总量连续多年保持在10亿元以上，1200多亩土地生态种植连年高产，一二三产业协调并进，2017年村级可用财力达2200多万元，是江苏省乡村产业兴旺的典型。蒋巷村有着优越的农产品种植条件与技术基础，1979年，蒋巷秋季水稻平均亩产超千斤，最高亩产达到1300多斤。在靠农业起家后，蒋巷大力发展以彩钢复合板生产为核心的村办企业，村里建起常熟第一家村级工业园。2004年，蒋巷村在苏州率先打出“发展乡村游”的旗号，在其后几年间成功打造国家4A级景区。

环境整治：连云港先后投入资金219亿元，建设重点项目1754个，建成省级美丽乡村55个，农村环境明显改善，广大农民群众幸福感显著提升。巩固提升“整洁村”，提升村域、路域、水域环境和城乡接合部等重点部位的硬化、净化、亮化、绿化和美化整治水平。重点培育“特色村”，按照“一村一品、一村一业、一村一韵、一村一景”的理念，统筹规划和打造村庄个性。着力打造“示范村”，以完善村庄规划、整治村庄环境为前提，以清洁家园、清洁田园、清洁水源为突破口，着力打造规划布局好、产业特色好、配套服务好、村容环境好、精神生活好的“五好”美丽乡村示范村。

体制机制创新：苏州2014年成为国家发展改革委批准的首个“城乡发展一体化综合改革试点城市”。苏州模式的成功得益于“发展权下移”与“资金来源扩充”两大创新机制，从而构建了高水平土地收益和高品质公共服务的良性循环模式，即“通过厂房租金、土地出让金、税收等收入获得启动资金—改善人居环境、提供更好的公共服务和基础设施建设—吸引社会资本和获得税收及融资—更多的现金流，对人居环境和公共服务等再投入”。

（五）城镇化体制机制改革取得新突破

一是健全城镇化投融资机制。规范新型城镇化建设融资行为，加强政府投资项目融资行为源头管控，推动落实财政承受能力论证制度，严格审查在建、拟建项目资金渠道的合法合规性，建立对13个设区市的债务管理督导联系制度，运用财政部全口径债务监测平台，督促各地切实防范化解政府债务风险。依法依规拓宽城镇建设融资渠道，有效发挥政府债券资金稳投资、扩内需、补短板的重要作用，降低地方政府融资成本，不断优化新增政府债券使用方向，2018年全省发行政府债券2681.9亿元，提高了地方政府融资效率，缓解了地方政府偿债压力。高质量运用PPP模式支持江苏省城镇化发展，全省PPP入库项目563个，总投资1.12万亿元，涉及市政工程、环境保护、水利、社会保障等17个领域；307个项目落地实施，总投资6324.64亿元，吸引社会资本5339.31亿元，项目落地率54.53%，项目平均合作年限17年，社会资本股份平均占比84.42%，化解存量债务145.77亿元。

专栏 9

健全新型城镇化建设投融资机制

盐城市滨海县大力推进PPP模式助推新型城镇化建设。滨海县抢抓国家大力推广政府和社会资本合作的利好政策机遇，出台《滨海县政府和社会资本合作（PPP）项目实施流程》，明确项目识别、准备、采购、执行、移交5个阶段20个环节的工作任务和具体操作流程，将推广运用PPP模式作为新常态下加强城乡公共基础设施建设、提高公共服务水平的创新举措，为全县重大公益性、民生类基础设施建设提供了有力支持。

扬州市江都区实施企业上市“513”行动计划打造资本市场“江都板块”。发布《江都区资本市场建设五年行动计划》，确立资本市场建设“513”上市行动：争取用5年左右时间，上市公司新增13家，“新三板”挂牌企业新增20家，加快塑造资本市场的“江都板块”。

南通如皋市创新农地抵押贷款模式。如皋市对农村土地承包经营权抵押贷款实施优惠利率，承包经营权利确认、承包经营权利抵押登记和使用网银进行交易结算的相关手续费实行免费政策。

二是深化土地管理制度改革。农村土地“三权分置”改革积极稳妥推进，印发《江苏省农村土地经营权流转市场交易实施细则》，全面推行“实物计租、货币兑现”的土地流转定价机制。深化统筹推进武进区农村土地制度改革三项试点，健全多样化的农房保障制度和精细化的管理服务体系，建立差别化的有偿使用制度，制定宅基地有偿退出的补偿标准和收回程序，建立了政府回购机制，形成了多渠道的权能实现途径。目前已确权登记宅基地为15.85万宗，面积3.07万亩，登记发证率达到94%；宅基地有偿使用218宗、10253平方米，有偿使用费近161.5万元；自愿有偿退出1512户，面积319亩。有序推进城乡用地增减挂钩，宿迁国家扶贫改革试验区可将增减挂钩节余指标在省域范围内流转使用，这是江苏省土地节约集约利用制度改革的一次重大突破。

专栏 10

泗阳县推进“人地钱”挂钩

泗阳县在推进“人地钱”挂钩政策中，面对政策推进中遇到的具体问题，灵活地做了相应调整。为了解决整村推进财力不足的问题，泗阳县通过“破图斑”的方式，即农户搬迁进城时，由国土部门对整块图斑进行分割，打破了以往的限制，农户可以间隔搬迁，加快了项目推进。在解决城市工业用地难题方面，通过同一乡镇集体建设用地布局调整，把农村富余、闲置的土地经过复垦所产生的用地指标“漂移”到城镇和开发区，用于城市建设和工业项目，同时也可以“漂移”到新型社区建设和农业产业园建设。在农业人口城镇化资金奖励方面，泗阳县对农户主动搬迁、复垦后与村集体经济组织签订退回宅基地协议、进城购买商品房的农户，在享受1万元搬迁奖励的基础上，县财政一次性给予购房总价8%的补贴；搬迁、复垦退还宅基地后，不进城购房的给予1.6万元/亩的宅基地补偿；搬迁后复垦不退还宅基地的，由农户自行种植。

三是深化经济发达镇行政管理体制改革。围绕打造“简约便民、阳光高效”基层政府目标，聚焦乡村振兴战略重点任务，探索形成了“加强党的全面领导、便民服务一窗口、综合执法一队伍、镇村治理一张网、指挥调度一中心”的“1+4”改革经验，并在首批20个经济发达镇全面复制推广。全面启动新一轮经济发达镇改革，遴选了29个行政管理体制改革镇，在全面推广复制“1+4”改革经验基础上，紧紧围绕中央关于审批服务便民化的要求，充分挖掘各镇自然禀赋和历史文化底蕴，不断深化经济发达镇改革内涵，形成具有江苏特色的改革亮点，计划用3年左右时间建成现代新型城镇。

专栏 11

经济发达镇行政管理体制改革主要经验

加强党的全面领导：将镇党委和政府机构统筹设置，人员编制统一管理，强化了党委的核心作用，推动党的组织全覆盖、党的监督全覆盖。

便民服务一窗口：围绕审批服务便民化要求，推动审批服务理念、制度、作风全方位深层次变革，在全省49个经济发达镇全面推进相对集中许可权改革，打造“乡镇版行政审批局”。全面升级“互联网+政务服务”，积极推行“一窗办理”、“网上办理”和“不见面审批”。

实现“综合执法一队伍”：按照权责统一、精简高效原则，充分整合镇域各类执法队伍，实现了“综合执法一队伍”，有效解决以往多头多层执法、任意扰民执法等问题。

镇村治理一张网：按照全镇“一盘棋”的改革思路，横向将20多个条线部门的管理网格整合为1个综合网格，纵向自上而下划分为三级网格，平均嵌入20多个部门的150多项信息采集类事项和巡查管理类事项，真正实现了部门事项“一网打尽”和基层事务“基层处理”，既完善了基层政府管理功能，又提升了基层治理水平。

指挥调度一中心：坚持与时俱进的发展理念，组建了集网格化管理指挥平台、行政服务平台、综合执法平台和应急管理平台于一体的综合管理服务指挥中心，通过对网格上报问题的协调调度，对政务平台、执法平台、部门数据的分析研判，对镇域交通、水电、企业工况的实时监测，为城镇运行和应急事件管理提供决策辅助，构建了事前事中事后日常监管新模式。

专栏 12

江阴县级集成改革主要做法

江阴市着力构建了以党建统领为根本保障、以“四大体系”为重要支撑的“1+4”县域治理总架构。

“1”，就是全面夯实党建统领这一根本保障。始终遵循中央、省市委关于全面深化改革工作的总体部署、各项要求，不断强化党建统领，确保改革沿着正确轨道前进。突出聚共识、强组织、优方案、立机制、集民智。

“4”，就是积极构建县域治理“四大体系”。

便捷高效的政务服务体系：针对基层政府责权利不匹配、行政审批服务效率不高、政府数据资产亟待盘活等问题，着力打破利益藩篱，突出资源整合，加快体制重构，全力营造简约便民、阳光高效的政务环境。一是编制市镇权责大清单。二是实现行政审批大提速。三是建成政务信息大数据。

沉底到边的基层治理体系：针对基层治理中长期存在的“看得见的管不着、

管得着的看不见”的体制痼疾，推动治理方式从粗放向精细、被动向主动、单边向多元转变，全力打造“管理在网格、执法在中队、指挥在中心”的运行体系。一是织密基层治理一网格。二是组建综合执法一队伍。三是建成指挥调度一中心。

精准有力的社会救助体系：针对社会群体“因病致贫、因病返贫”的现状，全力打造以城乡低保为基础、专项救助为辅助、深度救助为兜底、慈善救助为补充、村级互助为拓展的社会救助体系。一是实施一站式集中救助。二是实施定向式社会救助。三是实施互助式深度救助。

温馨周到的生活服务体系：针对城乡生活服务主体多元化、平台分散化、标准随意化等问题，坚持政府主导，鼓励市场参与，全力推动服务向智能化、便捷化转变。一是服务平台一体化。二是服务资源集成化。三是服务监督常态化。

二、存在的主要矛盾和问题

一是体制机制不顺，部门协作有待优化。新型城镇化工作涉及众多部门，部分相关部门职能相互交叉，协同工作受制于条块化的分割式工作方式，资源、信息、政策共享平台尚未建立，相关领域的改革存在“碎片化”和“各自唱戏”的问题，形成新的工作机制还有一个过程，一些关键领域改革仍需顶层设计和政策推动。

二是农业转移人口市民化进程变缓，难度增大。近年来，随着全省各地落实放宽户口迁移政策，乡村人口数逐年减少，农业转移人口进城落户速度明显放缓。同时，居住证制度的全面实施淡化了户籍因素，随着居住证持有人享受的城镇基本公共服务和便利的逐步扩大，公共服务的范围和标准越来越接近城镇户籍人口，落户城镇的意愿明显弱化，如何引导农业转移人口和其他常住人口进城落户成为当前迫切需要解决的现实问题。

三是土地供需矛盾突出，村镇建设不够集约有序。江苏省人多地少，人均耕地仅0.86亩，远低于全国1.51亩左右的人均水平，资源约束和环境承载力等方面挑战严峻，江苏省已成为中国东部经济发展最活跃、人地矛盾最突出的省份之一。村镇作为缓解土地供需问题的重要空间，没有得到合理的引导与规划，低水平同质化竞争较为普遍，部分地区没有专门制定村庄规划，村庄产业特色不够鲜明，镇村建设规划与土地利用、现代农业发展、历史文化村落保护等规划之间相互衔接不够，缺少一县、一镇的总体规划整合。

四是新型城镇化资金压力巨大。根据世界银行的调查，发展中国家城市基础设施投资占GDP的比例平均为4%，我国城市基础设施投资占GDP的比例按3%计算，资金需求高达20多万亿元，仅靠地方政府财政积累无法支撑如此巨大的资金需求。同时，各级政府对于政府负债口径不一、含糊不清，既影响了投融资规划的科学编制，也降低了金融机构对项目支持的效率与积极性，政府融资平台融资功能普遍受限，“三农”的弱质属性导致涉农金融服务存在较大风险，构建多元化可持续的城镇化投融资机制仍需时日。

五是基本公共服务资源配置急需优化。一些领域的公共服务供给不足的问题依然突出，基础教育由于受制于财政经费、用地政策等因素，各地建设压力较大。城乡、区域、群体间公共服务资源配置不均衡，镇村公交苏南地区开通率达100%，而苏中、苏北地区部分县（市、区）开通率仍低于50%。财政收入增速放缓给基本公共服务供给能力带来挑战，进城务工人员随迁子女逐年增加，苏南地区不少市县外来学生数已超过本地学生数，新建学校、新添设备、新增教师的投入压力巨大。

三、2019年工作计划

继续贯彻落实新型城镇化各项重点任务，围绕城乡建设高质量发展目标，深入推进新型城镇化和城乡发展一体化建设。

一是持续推进农业转移人口市民化，进一步放宽户口迁移条件，深入实施居住证制度，不断提升基本公共服务水平，深入探索实施“人地、人钱”挂钩等政策创新，推行苏北五市户口通迁，力争2020年户籍人口城镇化率达到67%。

二是全面推进城市群建设和都市圈创新发展，加快扬子江城市群规划建设，推动南京都市圈发展体制机制创新，着力提升南京省会城市功能和中心城市首位度，加快宁镇扬一体化步伐，研究制定苏锡常一体化行动方案，推进宁杭生态经济带建设，提升城市功能品质，积极培育新生中小城市和特色小镇，构建大中小城市和小城镇协调发展格局。

三是建立城乡融合发展体制机制和政策体系，深入实施乡村振兴战略，推进农村土地制度改革，建立城乡统一的资源要素市场，推进城乡产业融合发展，推动公共资源向农村延伸，完善农业农村创新发展政策措施和推进机制。

四是深化城镇化制度改革。深化城乡土地制度改革，建立高标准农田建设等新增耕地指标和城乡建设用地增减挂钩节余指标跨省域调剂机制，推进房地一体的农村集体建设用地和宅基地确权登记颁证，探索宅基地所有权、资格权、使用权“三权分置”。强化财政资金和政府投资引导，分类稳步推进融资平台公司市场化转型，鼓励金融机构加强与城镇化项目规划和运营机构的合作。推进行政管理体制改革，探索市辖经济功能区和行政区合署办公，深入推进经济发达镇行政管理体制改革，加快江阴县域综合集成改革。

浙江省2018年推进新型城镇化建设总结报告

浙江省发展改革委

一、2018年工作开展情况

2018年，浙江省委、省政府坚持以促进人的城镇化为核心、提高质量为导向的新型城镇化战略，根据国务院决策部署和国家发展改革委工作安排，按照由点到面、由慢到快的原则，蹄疾步稳有序推进新型城镇化工作。

（一）以人为核心的城镇化水平稳步提升

2018年全省户籍人口4999.86万人，城镇人口2420.1万人，户籍人口城镇化率48.4%，常住人口城镇化率68.9%，同比上升0.9个百分点（见图1）。

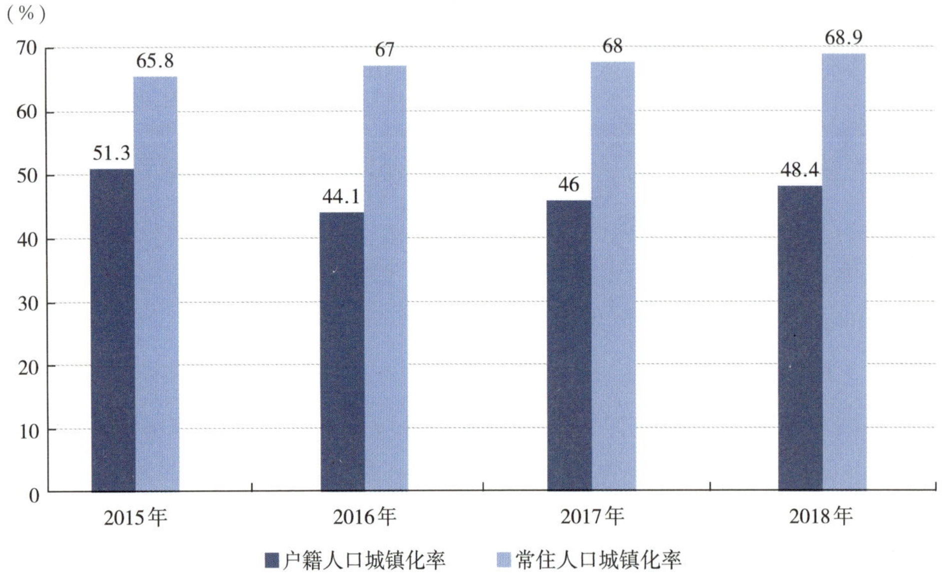

图1　2015—2018年浙江省城镇化率变化情况

（二）相对统一宽松的户口迁移政策体系基本形成

2017年8月，省政府办公厅印发《关于调整完善户口迁移政策的通知》，建立全省相对统一和宽松的户口迁移制度。各设区市、县（市）根据省政府文件要求，均以政府名义出台具体实施细则。目前，除杭州市区等少数地方略有限制外，全省户口迁移政策已较为宽松。据统计，2015—2018年全省累计办理省内人员进城落户316.2万人、省外人员进城落户53.9万人，机械增长67.5万人，年均机械增长16.9万人，2018年机械增长达22.0万人，创历史新高；累计办理华侨回国定居10.4万人，办理出国人员所生子女落户近9万人。

（三）城乡统一的户口登记制度全面建立

全省通过确户解决了一批户口历史遗留问题，化解了一批社会矛盾和不安定因素，为实施户籍制度改革、摸清人口底数奠定了坚实基础。户口性质取消后，城乡人口身份差异标识被打破，城乡一体化进程明显加快。目前，省级相关部门已出台配套政策，对就业失业登记管理、失业保险、基本养老保险、医疗保险、生育登记服务、抚恤补助待遇、城乡低保标准、医疗救助标准、临时救助标准、社会养老服务等方面实施了城乡统一。11个设区市先后梳理调整了相关政策19至42项不等，各县（市、区）梳理调整的与户籍挂钩的城乡差异政策9至33项不等，有的已经废止，有的已经实现了城乡统一。

（四）升级版居住证制度深入实施

省人大审议通过新修订的《浙江省流动人口居住登记条例》，确立“全员登记、依规领证、凭证服务、量化供给”的升级版居住证制度，明确居住证持有人享有四项权利、六项基本公共服务和七项便利，这是国内出台的首部以省人大立法形式贯彻落实国务院《居住证暂行条例》的地方性法规。省政府办公厅印发《关于推行新型居住证制度的通知》，全省建成以居住证为载体、与居住年限等条件相挂钩的基本公共服务和便利提供机制。在此基础上，全面推广IC卡式居住证，不断拓展行政管理、金融服务、商业应用、公共服务、企业管理等方面的功能应用，并以实体证为前提，依托微信、支付宝等平台推广使用电子居住证，实现居住证证件类型从本子式、IC卡式到电子化的转变，为推进居住证制度全覆盖和居住证跨区域、跨部门互认共享提供了保障。目前，全省共计720万人申领了居住证。

（五）相关领域配套改革有序开展

一是“人地钱”挂钩机制初步建立。省政府制定出台《关于支持农业转移人口市民化若干财政政策的实施意见》，建立财政转移支付与农业转移人口市民化挂钩机制和省对下农业转移人口市民化奖补机制。2018年浙江省安排13.08亿元农业转移人口市民化奖励资金。各市结合本地实际，均配套下达各县（市、区）农业转移人口奖励资金。省里“人地挂钩”相关文件将于近期出台。二是“三权”确权工作加快推进。农村集体资产股份合作制改革方面，全省28860个村集体经济组织完成股份经济合作社改革，村股份经济合作社占总村社数的99.5%，共界定社员股东3684.29万人，量化资产1282.14亿元。土地承包经营权确权登记颁证方面，全省22817个行政村开展了土地承包经营权确权登记颁证，占需确权行政村总数的100%，涉及家庭经营承包农户686.72万户；实测承包经营耕地1677.14万亩，完善承包合同668.57万份，承包合同完成率为97.36%；共颁发权证654.82万本，完成率95.35%。宅基地及住房确权登记发证方面，全省已有746.9万户农户取得了宅基地使用权证书，农村符合条件的宅基地确权登记发证率达94.1%；327万户农户取得了农房所有权证书。此外，集体经营性建设用地入市、宅基地审批制度改革、土地征收等国家级改革试点在浙江省德清县、义乌市等地稳步推进中。三是城镇基本公共服务覆盖面持续扩大。在流入地公办学校就读的流动人口随迁子女比例逐年增加，2018年省财政投入11.51亿元用于支持各地解决随迁子女入学问题。农业转移人口职业技能培训常态化，全省年均完成农业转移人口职业技能培训150万人（次）以上。保险覆盖面不断扩大，全省农业转移人口参加企业职工养老保险、工伤保险人数分别达902万人、1084万人。在统一城乡居民医疗保险制度基础上，推进医疗保险关系转移接续，目前全省所有地区均已实现无障碍转移接续。公租房准入门槛进一步降低，更多符合条件的农业转移人口纳入公租房补贴保障范围，2016年以来全省累计发放公租房租赁补贴金额约5.4亿元。

（六）特色小镇建设扎实推进

创新发布全国首个《浙江省特色小镇创建规划指南（试行）》和地方标准《特色小镇评定规范》，形成了规划有指南、创建有导则、扶持有政策、考核有办法、验收有标准的特色小镇“五有”标准化工作体系。目前，全省已形成由命名小镇、创建小镇和培育小镇构成的省级特色小镇梯度建设格局。截至2018年9月底，省级创建、命名小镇已累计完成固定资产投资3843亿元，其中特色产业投资2754亿元。入驻企业6万多户，国家级高新技术企业592家，科技型中小企业1773家。建成创业创新基地421个，其中众创空间187个。入驻创新团队1.1万个，集聚了“新四军”创业人才2.2万人。

（七）龙港新型城镇化综合试点工作稳步推进

龙港镇被列为第一批国家新型城镇化综合试点地区，且作为仅有的2个镇级试点，承担着探索新型设市模式的试点任务。通过3年试点工作，龙港镇基本完成了横向大部门制、纵向扁平化的行政管理体制改革，且宁波市撤销江东区留出县级编制指标，龙港撤镇设市条件已经成熟。2018年5月以来，龙港国家新型城镇化综合试点转入了撤镇设市报批阶段，制定了试点工作任务清单、责任分工和时间表，主动对接国家部委、省级部门和温州市，协调推进试点工作。

专栏 1

龙港镇新型城镇化综合试点主要做法

1. 积极争取县级管理权限下沉，初步具有县级管理能力

争取27个县直部门共计1575项行政管理权限下放到龙港镇，并将各派驻部门的300多名行政事业人员成建制地划归给龙港镇进行管理。

2. 架构大社区组织形式，推动街道化社会管理

在传统社区基础上组建大社区，提升大社区为镇政府派出机构性质的新型社区，将政府行政审批和公共服务通过电子网络平台延伸至社区。

3. 公共服务设施高配置，奠定了设市的硬件基础

作为具有区域集聚力的特大镇，龙港镇在教育、医疗、文体等公共服务设施配置方面超过一般镇配套标准。

4. 以高品质城市为基本导向推动城镇建设

大力发展龙港新城，建设生态、智慧的鳌江入海口新核心。同时，加快旧城综合改革治理，融入智慧城市建设，积极开展地下空间利用，加大原有产业园区的更新改造。

（八）大都市区建设有序开展

加快推进新型城市化，聚力建设创新、开放、便捷、宜居、花园、智慧、人文的大都市区，全面构建以“四核、四带、四圈”为框架、大中小城市协调发展的网络型城市群，打造我国参与全球竞争主阵地、长三角高质量发展示范区、浙江现代化发展引领极。争取至2022年，四大都市区核心区常住人口总量全省占比72%以上，城市化率高于80%，经济总量全省占比78%以上（见表1、图2）。

表1　大都市区（核心区）近期建设指标体系

序号	指 标 名 称	属性	2017年	2022年
1	GDP总量全省占比（%）	引导型	74.8	>78
2	常住人口总量占比（%）	引导型	68.3	>72
3	第三产业增加值占GDP比重（%）	引导型	55.2	60
4	城市化水平（%）	引导型	78	>80
5	人均生产总值（万元/人）	引导型	10.02	14
6	单位建设用地产出（亿元/平方公里）	约束型	4.8	>6.0
7	R&D投入占GDP比重（%）	引导型	2.45	>3

续表

序号	指 标 名 称	属性	2017年	2022年
8	高新技术产业增加值占规模以上工业增加值比重（%）	引导型	42.3	>50
9	各类人才总量（万人）	引导型	750	1000
10	入驻世界500强企业数（家）	引导型	179	190
11	外贸进出口总额（万亿元）	引导型	2.56	3.0
12	年接待入境旅游者（万人次/年）	引导型	960	1400
13	沿海港口货物年吞吐量（亿吨/年）	引导型	13	15
14	跨境电商网络零售出口额（亿元）	引导型	438.1	1000
15	城市公共交通出行分担率（%）	引导型	26.8	30
16	城市轨道交通总里程（公里）	引导型	452.4	850
17	新增人才住房总量（万套）	引导型	—	10
18	城市智慧大脑服务面积覆盖率（%）	引导型	—	>30
19	中心城区公园绿地服务半径覆盖率（%）	引导型	—	>80
20	PM2.5年均浓度（微克/立方米）	约束型	39	35
21	水（环境）功能区达标率（%）	约束型	82.4	85

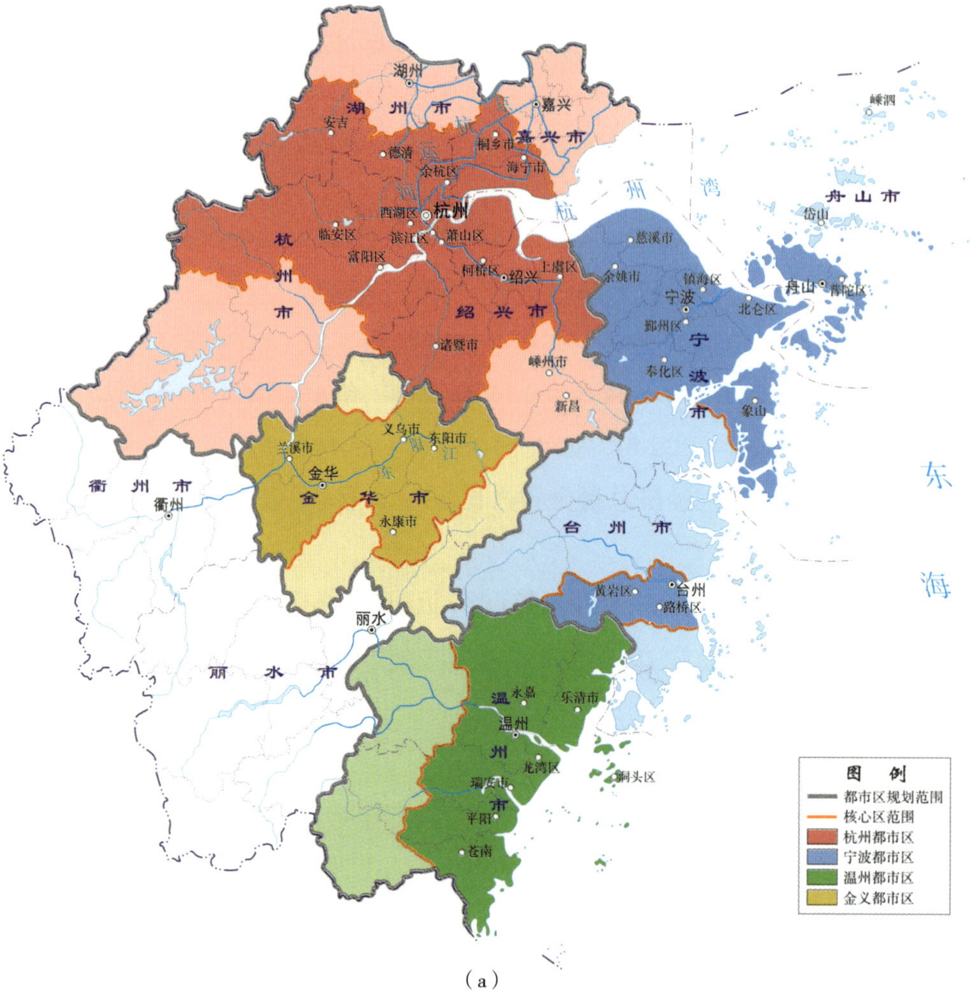

（a）

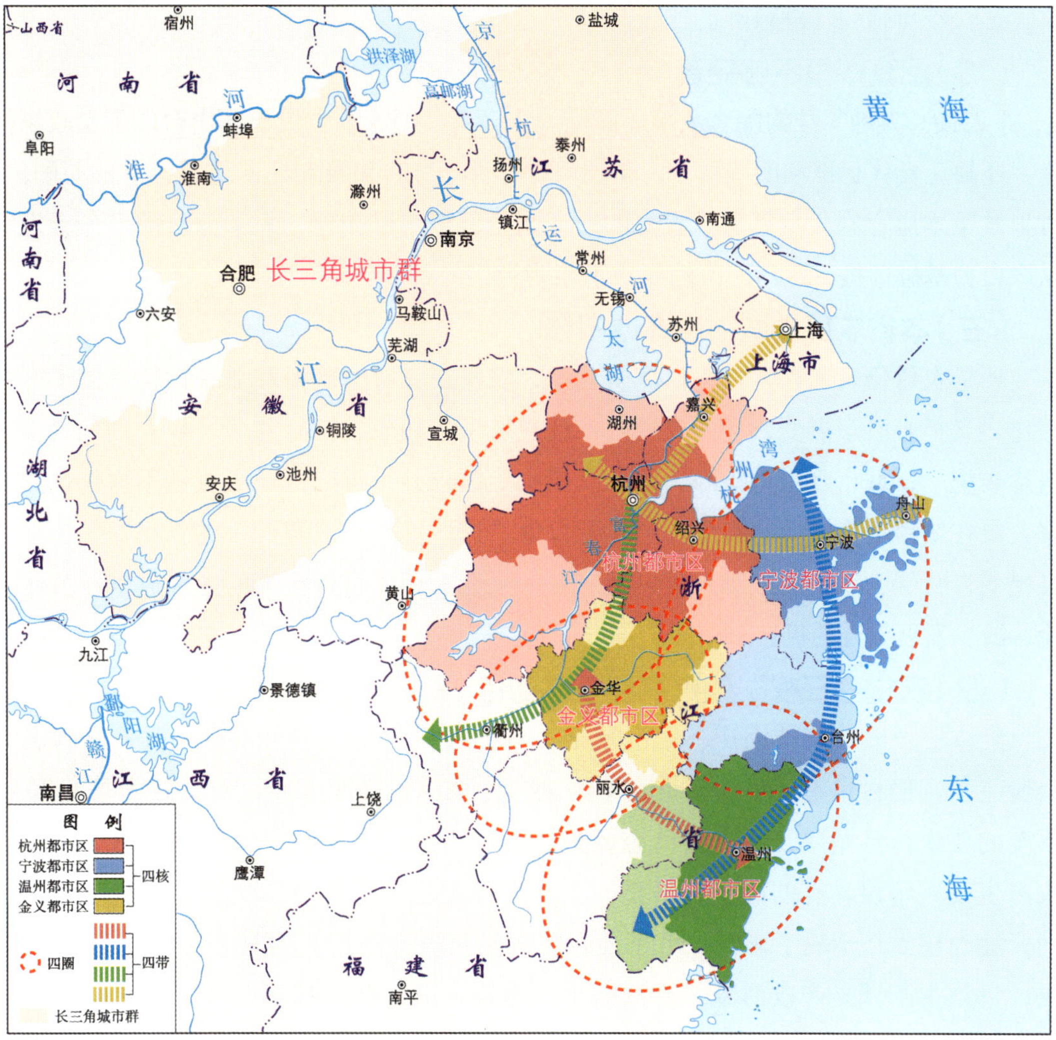

（b）

图2 浙江省四大都市区空间范围和总体格局

二、新型城镇化建设中的主要问题

（一）工作进展不平衡

户籍制度改革是一项复杂的系统工程。对这项工作，各地重视程度差异很大，有些市县工作开展较早，成效较为明显。有的是“推一步、动一步”甚至“推两步、动一步”，存在“上热下冷”现象，做起来难度大。有些地区改革宣传引导不够，基层干部、群众对户籍制度改革有关政策不了解、不理解、不支持，对相关工作知晓度不大，体验感、参与感和获得感不足。

（二）配套政策不够完善

"人钱、人地"挂钩配套政策还需进一步完善。国家和省级层面出台的配套政策措施，还缺乏具体标准和明确要求，基层可操作性不强；市县制定的政策，有的与国家、省里政策本意存在一定差异。农村的管理制度调整不够完善，大部分村的事务管理均以户口为基础前提，这与户改的要求不相吻合。

（三）本省农民进城落户意愿不强

一是农村仍普遍存在按户口享受利益，农民在农村的既得利益和预期利益未完全固化，又担心政策多变，导致农村户口迁往城镇有顾虑。二是随着城乡差别化政策待遇逐步统一，城市吸引力下降，除子女读书等需求外，将户口迁入城镇不再是农业转移人口在城镇工作生活的刚需，出现了大量"进城"但不"落户"的农民。三是部分农民受自身能力水平的限制，难以适应城市生活，相比农村更高的生活成本和就业风险，缺少发展提升的机会和空间。

（四）农村"三权"确权赋利不够到位

集体资产股改牵涉面广、情况复杂，有的农村因利益之争不愿股改，有的表面上股改了，但村民不认可、权证发不下去。土地承包确权方面，有的村未落实30年不变的要求，还是隔几年进行动态调整，有的因原先土地面积填报较随意、后续确权产生较大争议，有的因土地平整、土地面积无法进行测绘、丈量，这些问题对顺利开展确权工作造成了影响。宅基地及住房确权方面，按照国家要求应在2019年完成，目前主基调是产权清晰、合法的予以确权，但有些产权不清晰、不合法的则难以确权。农村产权流转方面，交易市场大多限于行政推动，市场化程度较弱，交易内容较单一。国家鼓励农村"三权"实行有偿退出，但目前仅限于探索试点当中，效果只有在实施以后才能显现。由于农村"三权"确权赋利存在诸多问题，农民权益未完全"固化起来"、"活起来"、"流动起来"，对解决农业转移人口有序市民化带来一定影响。

（五）地方承载压力较大

目前登记在册的流动人口总数2600余万人，其中外省流动人口占86%左右。浙江省是资源小省，承载流动人口市民化的能力有限、成本巨大，短期内接纳大量省外流动人口落户难度很大，一定程度上给浙江省经济转型以及公共服务、资源环境带来不小的压力。目前上位政策对"人地钱"挂钩仍以户籍人口为主要考虑因素，这也是造成个别地方出台政策与上位文件存在偏差的主要原因之一。必须通过科学制度设计，实现农业转移人口的有序市民化。

三、2019年浙江省推进新型城镇化工作思路

（一）加快农业转移人口市民化

全面放宽城市落户条件。继续落实非户籍人口在城市落户方案，加快户籍制度改革落地步伐，促进有能力在城镇稳定就业生活的新生代农民工、在城镇就业居住5年以上和举家迁徙的农业转移人口、农村学生升学和参军进入城镇人口在城市举家落户，鼓励对高校和职业院校毕业生、留学归国人员及技术工人实行零门槛落户。

强化常住人口基本公共服务。实现居住证制度覆盖城镇全部未落户常住人口，以居住证为载体向未落户人口提供城镇基本公共服务及办事便利，鼓励城市群及都市圈内居住证互认。落实“两为主、两纳入”要求，实现公办学校普遍向随迁子女开放。深入推进城乡居民异地就医直接结算，强化基本医保、大病保险和医疗救助等制度的衔接，发展远程医疗服务。

深化“人地钱”挂钩配套政策。建立健全支持农业转移人口市民化的财政政策、城镇建设用地增加规模同吸纳农业人口落户数量挂钩机制。深化“人钱挂钩、钱随人走”，在安排中央和省级财政转移支付时综合考虑农业转移人口落户数量等因素，完善对落户较多地区的中央财政资金奖励政策。

不断提升新市民融入城市能力。落实农民工职业技能提升计划、农民工等人员返乡创业培训5年行动计划，制定推行终身职业技能培训政策。实施“求学圆梦行动”，重点依托职业院校广泛支持农民工接受学历继续教育与非学历培训。推进职业教育东西协作行动计划，促进贫困地区劳动力转移就业。

（二）提高城市群建设质量

全面实施城市群规划和“四大”行动计划。加快实施长三角城市群规划。统筹推进大湾区大花园大通道大都市区建设行动计划。加强城市群协同发展，强化规划编制、产业布局、基础设施、公共服务、生态环保等重点领域合作，促进城市群内大中小城市和小城镇网络化发展。

加快培育新生中小城市。稳妥有序增设中小城市，有序开展撤县设市，推动城市群及国家新型城镇化综合试点地区范围内符合条件的县和非县级政府驻地特大镇率先设市。优化城市市辖区规模结构，稳步推进撤县（市）设区，增强设区市辐射带动作用。

引导小城镇和特色小镇健康发展。积极培育中心镇，打造农业创业就业的节点和平台。围绕产业定位更加高端、文化功能更加丰富、社区建设更加美好、旅游功能更

加多样，强化特色小镇体制机制创新，建立特色小镇质量标准体系，突出特色小镇在推进新型城镇化建设中的独特作用。

（三）提高城市发展质量

提升城市经济质量。在大湾区范围率先推动高质量发展，加快培育世界级先进制造业集群。构建城市间尤其是城市群内横向错位发展、纵向分工协作的产业格局，探索户籍转换、城乡建设用地增减挂钩节余指标调剂、税收分享等机制。发挥杭州、宁波两大极核在产业选择和人才吸引上的优势，集中发展高端产业和产业高端。

优化城市空间布局。加快划定生态保护红线、永久基本农田、城镇开发边界三条控制线，以及生态、农业、城镇空间，作为城市空间布局基本框架。以资源环境承载能力为硬约束，建设精明增长的紧凑城市。促进城市产城融合、职住平衡，实现住宅、办公、商业、休闲等功能区相互交织，有序推进“城中村”、老旧小区改造，继续推进棚户区改造。高标准建设城市基础设施，优先发展公共交通，深入创建公交都市。

建设绿色人文城市。推进城市绿色低碳发展，开展城市水生态修复治理，实施国家节水行动，全面建设海绵城市，推进城市污水处理提质增效；推广绿色建筑与建筑节能；出台资源循环利用基地建设实施方案，推进生活垃圾分类立法。进一步提高历史文化名城名镇名村和风景名胜区保护利用水平，厚植城市人文底蕴，提高文化软实力，提炼文化经典元素和标志性符号，合理应用于城市建设运营及公共空间。

（四）深化城镇化制度改革

深化城乡土地制度改革。改进耕地占补平衡管理办法，用好高标准农田建设等新增耕地指标和城乡建设用地增减挂钩节余指标跨省域调剂机制。深入推进城镇低效用地再开发，加快推进闲置土地处置。全面完成土地承包经营权确权登记颁证，扎实推进房地一体的农村集体建设用地和宅基地确权登记颁证。完善农村承包地“三权分置”制度。探索宅基地所有权、资格权、使用权“三权分置”。

健全城镇化投融资机制。加快推进地方政府融资平台公司实体化、市场化转型，剥离并取消其政府融资职能；支持融资平台公司转型后依法合规承接政府公益类项目建设。推动地方国企提高收益上缴比例，用于新型城镇化建设。鼓励金融机构加强与城镇化项目规划和运营机构的合作。完善PPP模式，提高民间资本收益预期。

推进行政管理体制改革。探索市辖经济功能区和行政区合署办公。按照设镇设街道标准，顺应人口流动趋势精简乡镇街道。深入推进经济发达镇行政管理体制改革，推动特大镇扩权赋能。推动机构精简和职能相近部门合并，鼓励探索大部门制改革。进一步缩减审批事项、优化审批流程，推动行政审批集成化服务和综合行政执法。

安徽省2018年推进新型城镇化建设总结报告

安徽省发展改革委

一、2018年主要工作成效

2018年，安徽省坚持以人的城镇化为核心，以加快提高户籍人口城镇化率为主要目标，按照“五个聚焦”的工作部署，着力增强农业转移人口进城落户意愿和能力，着力提升城市吸引力和承载力，着力探索可复制、可推广的试点经验，全省城镇化发展取得积极成效。

（一）农业转移人口市民化有序推进

农业转移人口落户通道逐步拓宽。全面放开除合肥以外其他所有城市落户限制。督促合肥市进一步完善人才落户政策，凡自愿到合肥工作的高校应届毕业生、职业院校应届毕业生、留学归国人员，年龄在40周岁以下本科学历人才、中级及以上专业技术人才、高级工及以上高技能人才，高层次创新创业人才、硕士研究生以上学历人才，暂未落实工作单位的，均可先行落户。逐步拓宽农业转移人口落户通道，2018年，全省新增农业转移人口落户城镇100万人，户籍人口城镇化率为32.7%，常住人口城镇化率为54.6%（见图1）。

农业转移人口城镇归属感切实增强。建立与居住年限等条件相挂钩的基本公共服务提供机制，不断拓宽居住证的服务管理功能，使流动人口在劳动就业、子女教育、医疗卫生、证照办理、社会保障等多领域享受市民化待遇，2018年全省共制发居住证21.9万张。落实“两为主、两纳入”要求，实现公办学校普遍向随迁子女开放，截至2018年底，全省各地随迁子女接受义务教育人数已达53.8万人。深入推进城乡居民异地就医直接结算，强化基本医保、大病保险和医疗救助等制度的衔接，2018年通过国家和安徽省城镇参保人员异地就医结算平台直接结算19.84万人次，总体报销比例达64.5%。持续开展“惠农安居贷”工程，支持农民进城购房，2018年累计投放贷款174.33亿元。支持有关市县加快在建公租房工程建设，加大有效供给力度，截至2018

年底，安徽省公租房已累计竣工80.3万套，约有31.82万套公租房配租给农民工等城镇外来务工人员。

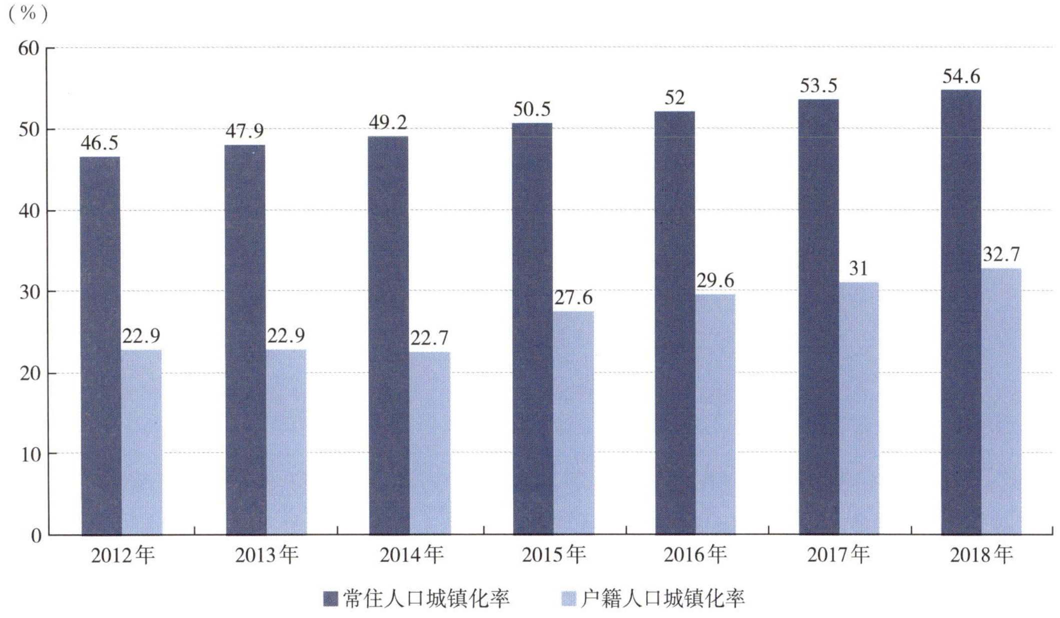

图1　安徽省2012年以来城镇化率变化情况

农业转移人口融入城市能力稳步提升。实施农民工等人员返乡创业三年行动计划，开展创业培训、整合发展创业园等7个专项计划。建成“阳光就业”网上办事系统、安徽省创业服务云平台、安徽公共招聘网，为农民工提供方便快捷的网上就业创业服务。结合产业转型升级及劳动者培训需求，适当提高补贴标准，引导农业转移人口参加就业技能培训。鼓励各地围绕当地农业资源、特色产业等开发相应工种，允许采取“插班或混班培训”“师带徒式或跨区域委培”等方式，提高培训针对性和培训后就业质量。

农业转移人口市民化激励机制进一步健全。深化“人钱挂钩、钱随人走”，在安排相关财政转移支付时综合考虑农业转移人口落户数量等因素，增强市县政府落实农业转移人口市民化政策的财政保障能力。深化“人地挂钩、以人定地”，将城镇化增长潜力作为测算各地新增建设用地计划指标的重要因素。支持各地开展城乡建设用地增减挂钩，下达25万亩城乡建设用地增减挂钩计划，将腾退出来的建设用地指标用于城乡建设。

专栏 1

国家新型城镇化综合试点经验

合肥市降低城市落户门槛：合肥市将主城区落户条件放宽为在城区有合法稳定就业连续满2年、合法稳定住所（含租赁）、参加城镇社保满1年。

合肥市设立城市公共集体户口：允许租赁房屋的常住人口在城市公共户口落户，解决有落户意愿但无住所人群的落户问题。

滁州市深化“人地”挂钩改革：滁州市依据各辖区土地利用计划和上年度落户人口净增数量，安排各类城镇新增建设用地。

芜湖市允许农业转移人口缴存住房公积金：芜湖市允许2000多名农业转移人口缴存住房公积金，发放公积金贷款超过2亿元。

天长市推进农村股份合作制改革：天长市全部完成151个村股份合作制改革，以户为单位发放集体资产股权证书11.3万份，42.6万名农民成为股东，实行股权“生不增死不减、进不增出不减”，并成立股份经济合作社，统一分配经营性收益。

金寨县探索宅基地复垦腾退建设用地指标在省内有偿使用：已完成交易4个批次，10857亩宅基地腾退节余建设用地指标，每亩成交均价为45.6万元。

金寨县建立宅基地节约集约利用激励机制：金寨县对超标准占用的宅基地按累进方式收取有偿使用费，对节约集约使用宅基地的农户给予奖励，低于宅基地面积标准（160平方米）的，每减少1平方米给予100元奖励，自愿放弃申请宅基地的，每户奖励2万元。

金寨县捆绑叠加宅基地退出与易地扶贫搬迁政策：金寨县引导贫困户、移民户和居住在土坯房、砖瓦房、转木房的农户，自愿有偿退出宅基地并异地搬迁，已有超过2万户农民腾退宅基地3.5万亩，受益贫困户超过8000户、2.5万人。

（二）城镇化布局和形态进一步优化

城镇空间格局进一步优化（参见图2）。加快合肥都市圈基础设施一体化建设，推动圈内城市合作加强与全球知名企业和城市的联系与合作，召开合肥都市圈城市党政领导第九次会商会议。《加快城镇体系建设、促进城乡区域协调发展的意见》已制定送审稿，并呈报省政府。蚌淮（南）、宿淮（北）、安池铜城市组群城镇体系规划已完成编制，并报省政府。

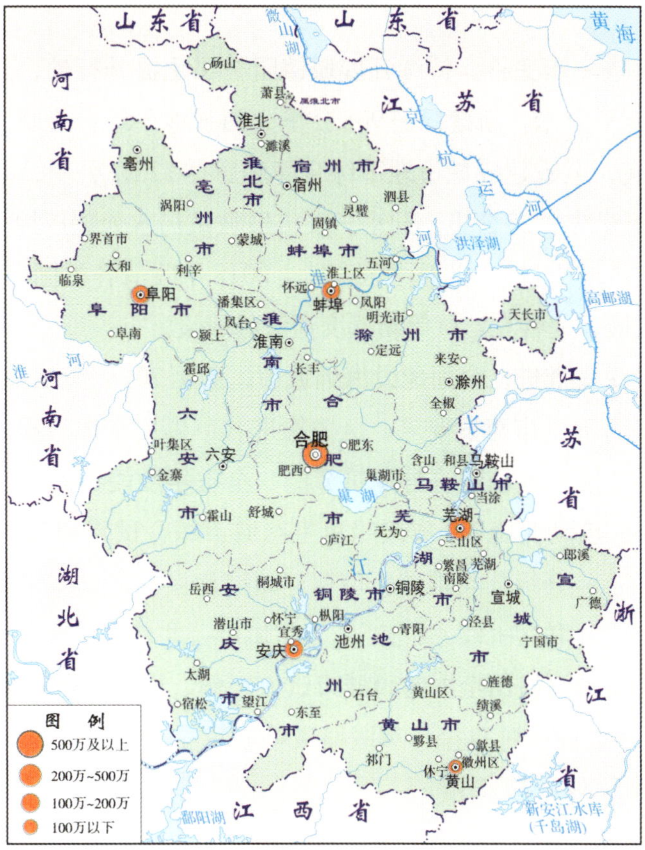

图 2　安徽省区域性中心城市市区常住人口规模示意图

新生中小城市培育步伐加快。有序启动设市工作，争取有条件的县改为市，潜山撤县设市成功获批。积极推动县城完善功能、提升品质，选择芜湖县、怀宁县开展宜居县城建设试点。探索宜居县城规划建设的技术管理体系，突出中小城市特点，科学合理确定县城的风貌类型、街道尺度、建设强度和建筑体量，彰显县城整体形象和地方特色。

特色小（城）镇发展态势良好。继续把特色小镇作为新型城镇化的有效载体，出台《关于规范推进特色小镇和特色小城镇建设的意见》，推动省级特色小镇高质量发展。加快建设具有徽风皖韵、凸显专精美活的生态宜居型特色小城镇，指导编制特色小城镇规划，推进产业和服务同步发展。

城乡规划体制改革有序开展。制定《推进“多规合一”改革完善空间规划体系施工方案》，划定并优化了“三区三线”，市县空间规划全部编制完成。建立省、市、县空间规划数据库。指导设区市完成了特色风貌规划、公共服务设施综合规划等编制，推进合肥、马鞍山、宣城、蚌埠、界首城市设计全国试点及淮北、黄山市城市双修全国试点。

城镇功能布局进一步完善。持续开展城镇园林绿化提升行动，新增、改造城市园林绿地面积9376万平方米，新建绿道908公里。加强地下综合管廊、污水处理设施建设，截至2018年底，全省建成城市地下综合管廊廊体123.3公里，基本建成污水处理厂14个，新增污水管网1228公里。启动长江流域城镇污水处理厂提标改造，已累计建成5个。有序推进“城中村”、老旧小区改造，2018年改造各类棚户区29.42万套。深化城市公共交通发展，完善充电桩等新兴交通设施建设。

新型城市建设深入推进。全面建设海绵城市，截至2018年底，全省累计10%以上的城市建成区达到海绵城市建设要求。全力推进城市黑臭水体治理，城市黑臭水体消除比例达到87.6%。推广绿色建筑与建筑节能，全省年度竣工民用建筑中绿色建筑面积比例达到43.1%。启动实施2个省级绿色生态城市综合试点和72个省级绿色建筑及装配式建筑项目示范。分级分类推进新型智慧城市建设，建设城市空间基础地理信息数据库，加快推进“互联网＋政务服务”、智慧城市公共信息平台和应用体系、数字城管平台建设。高位推动马鞍山全国健康城市试点工作，已命名市级健康社区10个、市级健康学校4个、市级健康村11个、市级健康单位12个。

（三）城乡融合发展趋势良好

要素下乡障碍逐步缩小。鼓励龙头企业牵头成立农业产业化联合体，支持生产大户和家庭农场以土地入股。组织开展示范农业产业化联合体创建工作，2018年全省农业产业化联合体总数达到1941家。深入推动农村承包土地的经营权和农民住房财产权抵押贷款试点工作，截至2018年底，试点地区办理“两权”抵押贷款业务的金融机构已达65家，“两权”抵押贷款余额18.79亿元。实施新型职业农民培育民生工程，2018年累计培训新型职业农民4.73万人。加快推进农村产权交易市场交易建设，截至2018年底，全省有12个市、87个县（市、区）建成农村产权流转交易市场，交易额达22亿元。

城乡产业融合趋势明显。积极开展国家农村产业融合发展先导区创建，潜山市、石台县、濉溪县、舒城县纳入农业农村部创建计划。大力发展休闲特色农业，2018年全省新增休闲农业和乡村旅游经营主体1.7万余家，综合营业收入787.05亿元。大力实施“互联网+现代农业”，积极支持1个大田物联网技术应用示范区、2个农业物联网示范县、19个示范点建设。加快推进资源变资产、资金变股金、农民变股东改革，全省共有3752个村开展“三变”改革，占总村数的22.8%，参与“三变”改革的村集体平均增收约4万元。积极促进新型农业经营主体高质量发展，全省现有注册登记的农民合作社100723个、家庭农场96229个。

公共资源加快向农村延伸。把公共基础设施建设的重点放在农村，加快农村公路、供水、供气、环保、电网、物流、信息、广播电视建设。优先发展农村教育事业，鼓励和动员城镇优质教育资源下乡，全面加强乡村小规模学校和乡镇寄宿制学校建设。加快构建“互联网+健康”，推进优质医疗资源下基层，推动各级医疗卫生机构与省级医学影像云的互联互通。深入城乡居保实施全民参保计划，引导广大城乡居民自觉变档缴费，2018年新增参保人数84.29万。

（四）城镇化体制改革持续深化

城乡土地制度改革有序推进。支持贫困县增减挂钩和工矿废弃地复垦利用建新挂钩节余指标，在省域范围内有偿调剂，全年共调剂节余指标21个批次、2.38万亩。加大批而未供和闲置土地清理处置力度，全年消化利用批而未供和闲置土地21.6万亩。农村土地制度改革三项试点全面统筹推进，探索形成“科学规划、依法认定、户有所居、制约超标、有偿退出、保障权益”的农村宅基地制度改革路径，“缩小范围、完善程序、风险评估、探索预征、多元保障”的土地征收制度改革路径，“规划管制、同权同价、主体明晰、秩序规范、收益调节”的集体经营性建设用地入市改革路径。积极推进合肥市利用集体建设用地建设租赁住房试点工作，计划安排集体建设用地建设租赁住房用地238.76亩，首个集体建设用地租赁房项目建设租赁房514套。进一步完善农村承包地“三权分置”制度，充分发挥农村土地各项权能作用，承包地确权成果在土地经营权抵押、农业补贴、征地补偿、土地流转、互换并地、有偿退出等方面得到广泛应用。

城镇化投融资机制逐步健全。以省委、省政府名义出台防范化解地方政府隐性债务风险的实施意见，分类稳步推进融资平台公司市场化转型，支持转型中的融资平台公司及转型后的公益性国企依法合规承接政府公益性项目。鼓励金融机构加强与城镇化项目规划和运营机构合作，2018年家国家开发银行开行安徽分行累计向全省新型城镇化领域发放中长期贷款225亿元，截至当年末新型城镇化贷款余额2000亿元。吸引社会资本积极参与安徽省公共服务领域PPP项目建设运营，截至2018年底，纳入财政部PPP项目库项目436个，总投资4779亿元。

行政管理体制改革稳步推进。鼓励设有开发区的经济发达镇探索镇区管理机构合一体制，促进开发区与经济发达镇融合发展。深入推进经济发达镇行政管理体制改革，制定出经济发达镇160余项许可、处罚等承接下放权力事项目录，构建符合基层政权定位、适应城镇化发展需求的新型行政管理体制。进一步缩减审批事项、优化审批流程，推动行政审批集成化服务和综合行政执法。

二、存在的问题

一方面，农业转移人口市民化工作依然存在改善的空间。农业转移人口在城居住成本依然较高，农业转移人口因承担不了购房成本而不愿落户的现象较为普遍。由于住房租赁市场尚不健全，许多农业转移人口在租赁房屋时也面临租金贵、租期不稳定等问题。农业转移人口基本医保、大病保险、医疗救助等医保制度衔接缺乏统筹设计。同时，随着户籍制度改革的进一步深入和扶贫搬迁、农业转移人口、非户籍人口在城市落户等因素影响，城镇市民数量逐步增加，而城镇教育资源供给不足，造成部分城市“大班额”问题突出。

另一方面，城镇布局和功能依然有待进一步优化。城市之间的连通依然较为薄弱，尤其是城乡接合部和城市边界地区基础设施和公共服务设施建设存在许多薄弱环节，造成城市发展较为分散，难以形成有机整体。中心城市规模总体偏小的现状没有得到根本改变，城市能级需要进一步提升。城乡公共设施和公共服务水平不高，交通拥堵、停车难、城市内涝、热岛效应等“城市病”比较突出，重地上、轻地下建设现象仍较明显。

三、2019年新型城镇化主要工作安排

（一）深入推进农业转移人口市民化工作

继续促进农业转移人口在城镇安居乐业。加大对进城购房农民的金融和财税支持力度。总结合肥市住房租赁试点经验，大力推动蚌埠、芜湖省级住房租赁试点工作。积极促进农业转移人口就业创业，开展省级农民工返乡创业示范园建设，扎实开展新生代农民工职业技能培训。继续支持农民工以灵活就业人员身份参加企业职工基本养老保险，依法将与用人单位建立劳动关系的农民工纳入企业职工基本养老保险。逐步实现全省职工医保、居民医保和新型农村合作医疗“三保合一”，积极稳妥整合城乡医保结算信息系统。合理规划义务教育学校布局，加快城镇义务教育学校建设，努力扩大城镇义务教育资源，进一步完善进城人口随迁子女就学政策，切实保障好进城人口随迁子女平等接受教育的权利。

（二）进一步优化城镇布局和功能

进一步加快合肥都市圈基础设施一体化建设。支持芜马城市组群城镇体系建设。推进新型城市建设，实施《海绵城市建设评价标准》，系统推进海绵城市建设；推进餐厨废弃物、建筑垃圾资源化利用全国试点工作；推广绿色建筑与建筑节能，加快提升

本地区新建民用建筑中绿色建筑比例；基本建成运行省级智慧城管平台，加快推进市县数字城管功能拓展和智慧化升级。

（三）继续推进城乡土地制度改革

进一步做好城乡建设用地增减挂钩工作，支持城乡统筹发展。认真落实建设用地“增减挂钩”机制，促进土地节约集约利用。支持贫困县增减挂钩和工矿废弃地复垦利用建新挂钩节余指标，在省域范围内有偿调剂。继续推进合肥市利用集体建设用地建设租赁住房试点工作。推进土地经营权规范有序流转。

（四）持续推进城乡融合发展

以农业产业化联合体为抓手，强化利益联接，提升联合体的生产、经营和管理水平，力争2019年联合体总数达到2500家。继续开展土地经营权抵押贷款以及入股农业产业化经营试点。培育新型职业农民4万人，为推进乡村振兴提供人才支撑。强化交易市场建设运营，完善交易管理办法和交易规则，推动农村产权依法、公开、公平、公平流转交易。突出“美丽田园，休闲安徽”和“特色产业绿色增效”主题，推动休闲农业健康发展。

福建省2018年推进新型城镇化建设总结报告

福建省发展改革委

一、2018年推进新型城镇化工作情况

2018年，按照省委关于新型城镇化建设的决策部署和省政府年初批复实施的新型城镇化年度工作要点，扎实推进新型城镇化建设，城镇化水平和质量稳步提升。初步统计，2018年全省常住人口3941万人，其中城镇常住人口2593万人，常住人口城镇化率达65.8%，比上年提高1个百分点；全省户籍人口3861.32万人，户籍人口城镇化率达49.2%，比上年提高1.42个百分点；户籍和常住人口城镇化率差距为16.6个百分点，较上年缩小0.4个百分点（见图1）。

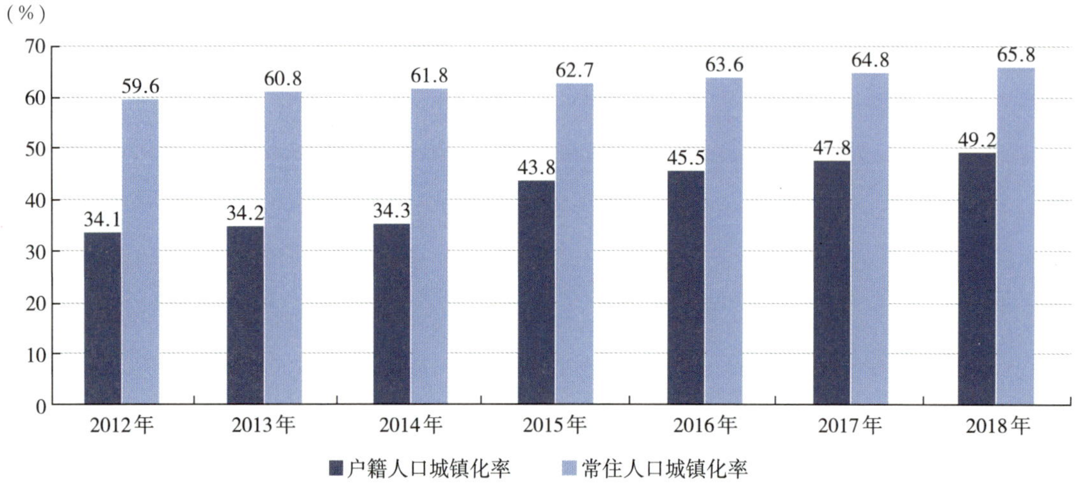

图1　福建省2012年以来城镇化率变化情况

（一）农业转移人口市民化工作稳步推进

市民化制度改革不断深化。加快户籍制度改革政策落地，农业转移人口市民化

制度性通道全面打通，配套性政策体系不断完善。积极推进非户籍人口在城市落户，调整完善重点城市落户政策，福州市进一步放宽对引进人才和高校毕业生落户要求，泉州市全面放开放宽重点群体落户限制。全年农业转移人口落户城镇63.3万人。居住证制度全面落地，通过不断优化“福建省居住证管理信息系统”办理流程、用好“福建治安便民”微信客户端、政务外网居住证受理点等方式，覆盖全部未落户常住人口，优化办理程序，缩减等候时间，全年共发放签注居住证184.14万张。

城镇基本公共服务加快覆盖常住人口。农业转移人口重点关注的基本公共服务供给不断扩面提质。坚持随迁子女升学全面放开政策，全年义务教育阶段随迁子女达到100万人，公办学校就读比例达92%。持续推进“春潮行动”农民工职业技能培训，全年完成培训21.92万人次。全面实施全民参保计划，将居住证持有人纳入城镇居住地企业职工基本养老保险参保范围，进城落户并符合条件的人员纳入新户籍地城乡养老保险参保范围。将符合条件的农民工纳入公租房保障范围，扩大分类保障定向分配范围，全年为外来务工人员新增分配公租房约2400套。稳妥推进流动人口卫生计生服务管理改革，完成流动人口卫生计生信息共享国家试点项目。

市民化配套政策合力初现。落实“人钱挂钩”政策，全年省财政下达农业转移人口市民化奖励资金10.73亿元，比上年增长70.9%，推动市、县（区）政府落实农业转移人口与当地户籍人口享受同等基本公共服务，促进基本公共服务均等化。落实“人地挂钩”政策，新增建设用地指标向人口净流入量大的地区倾斜，全年单列奖励安排人地挂钩指标2.03万亩。完成省、市、县、乡四级土地利用总体规划调整完善，确定全省到2020年规划城乡建设用地达985万亩，为新型城镇化建设预留空间。

（二）城镇布局和形态不断优化

两大协同发展区引领行动加快实施。强化全省一盘棋思想，以福州都市区和厦漳泉都市区建设为引擎，以沿海城镇发展带和山区绿色发展带为载体，建设闽东北、闽西南协同发展区，推动区域协调发展向更高水平和更高质量迈进。加快编制协同发展区发展规划，促进重大基础设施互联互通、产业协同发展、基本公共服务共建共享、生态环境联防联治，推动闽东北、闽西南两大协同发展区在新的起点上形成双轮驱动、南北互动、协同推进、统筹发展的格局。梳理、谋划协同发展区重大项目149个，强化重大项目对协同发展区建设的带动支撑作用。

中小城市和特色城镇加快培育。深化国家级和省级新型城镇化试点，注重新型城镇化体制机制创新，继续探索各具特色的新型城镇化路径，组织完成15个新型城镇化试点地区监测评估和15个小城市培育试点镇考核，及时总结推广试点经验，发挥引领示范作用。不断增强中小城市和小城镇基础设施和公共服务功能，省级小城市培育试点镇加快向小城市升级发展，全省7个县列入2017年全国百强县，45个镇列入2017年“全国综合实力千强镇”。稳妥推进行政区划调整，全年完成宁化县城郊乡等12件撤乡设镇、龙文区蓝田镇等3件撤镇设街。推进省级特色小镇高质量发展，高水平编制特色小镇创建规划，推动产业、社区、生态、文化功能融合，助推创业创新和产业转型升级；积极争取政策性金融支持小镇建设，协调推进特色小镇投资工程包建设，全年累计完成投资411.6亿元。

综合交通网络支撑作用不断提升。南三龙铁路建成通车，与合福高铁和杭深、龙厦铁路构成高等级快速铁路环状通道，省内连接设区市快速铁路环线封“口”成形（见图2），开通厦门往返厦门、福州南往返福州南两条“环闽”动车路线，省内主要城市形成“一体化”生活圈。全省高速公路“六纵十横”骨架网进一步完善，路网密度位居全国前列。福州机场扩能工程竣工投入使用，福州机场二期扩建工程、厦门新机场前期工作加快推进。核心港区建设已初具规模，具备了停靠世界集装箱船、油轮和散货船最大主力船型的条件。

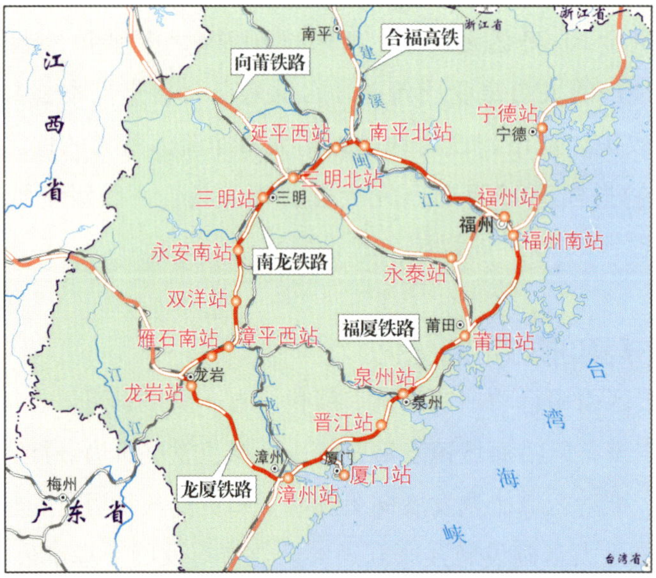

图2　福建省快速铁路环线封“口”成形

（三）城市功能不断提升

城镇基础设施不断完善。加快城市规划建设，厦门成为全国“城市设计”试点城市，福州、厦门、泉州、三明等列入全国“城市双修”试点。深入实施交通畅通、景观提升等九大工程，城市轨道交通和快速路网建设得到重点强化，城市次干道、支路建设加快，城市路网密度有效提高，路网结构不断完善。全年新建城市道路1200公里，新建雨水管网1528公里、污水管网1787公里、供水管网1511公里、燃气管网1124公里、绿道1150公里、公共停车泊位5.7万个。基本完成87条城市内河黑臭水体整治任务，福州、漳州市获评2018年黑臭水体治理示范城市。

新型城市建设取得初步成效。绿色城市建设扎实推进，全年城市空气平均优良天数比例97.2%，实现园林城市（县城）全覆盖（参见图3）。福州、厦门国家海绵城市试点建设持续推进，福州成为全国5个海绵城市建设典型之一。智慧城市建设不断推进，8个设区市、平潭和29个县（市）已建成投用数字化城市管理平台，宁德市和13个县（市）项目正在加快建设。

图3 国家森林城市福州、厦门

（四）城乡发展统筹能力不断增强

基础设施和公共服务向农村延伸。全年建成和改造农村公路2609公里，实施安保提升工程3006公里，改造危桥242座，“四好农村路”建设成效显著。推进农村人居环境整治，完成投资256.8亿元，累计建成约1.9万座农村公厕，乡镇生活垃圾转运系统实现全覆盖，98%行政村建立生活垃圾常态化治理机制，超过80%的乡镇和50%的行政村覆盖生活污水处理设施。着力改善农村学校办学条件，超过70%全省中小学校舍安全保障长效机制省级以上资金投向农村学校。着力完善社会保障服务设施，完成700个乡镇（街道）就业和社会保障服务设施建设任务。

专栏 1

2018年福建省实施城乡民生基础设施提升工程

（一）城乡民生基础设施九大工程

1.交通畅通工程
2.水环境治理工程
3.供水安全工程
4.防洪防涝工程
5.城乡洁净工程
6.管网建设工程
7.景观提升工程
8.配套服务工程
9.智慧城市工程

（二）农村人居环境整治工程

1.村庄环境整治
2.农房建设
3.农村危房改造
4.改善提升历史文化名镇名村和传统村落
5.福厦客专沿线环境整治提升
6.公路沿线整治

农村一二三产业融合稳步推进。建成121个农产品产地初加工中心，组建10个果业产销联盟及蔬菜供应链协会，农村网络零售额居全国前列。福安市社口镇等9个乡镇入选首批农业产业强镇示范建设项目。“百县千乡万村”试点示范工程加快实施，同安等5个国家农村产业融合发展试点示范县和同安汀溪镇等51个试点示范乡镇推进建设，漳浦县、建宁县、武夷山市创建国家农村产业融合发展示范园，福清市、尤溪县、古田县创建国家农村一二三产业融合发展先导区。

（五）新型城镇化体制机制逐步完善

农村土地制度改革有序推进。推动农村土地“三权分置”改革，土地经营权规范有序流转，全省已流转耕地面积546.3万亩。深化农村集体产权制度改革，全省91个县（市、区，含开发区）有集体资产15362个村（居）全面完成清产核资工作。实施存量土地盘活与新增用地审批联动制度，建立土地利用计划“增存挂钩”机制，批而未供与闲置土地处置机制逐步完善。晋江农村土地制度改革三项试点成效显著，宅基地制度改革下放宅基地审批权限到镇级，探索形成了“指标置换、资产置换、货币补偿、借地退出”4种宅基地退出方式；探索推进集体经营性建设用地入市，已完成23宗集体经营性建设用地入市，面积126.28亩、成交金额4081万元。

城镇化资金保障机制不断创新。创新推出抵押补充贷款（PSL），重点用于棚户区改造、城市地下综合管廊建设、重大水利工程建设、农村公路等新型城镇化建设领域。

成立PPP引导基金，推动政府与社会资本合作。发展农地金融，农村土地承包经营权和农民住房财产权的抵押贷款试点深入推进。

城镇住房制度不断完善。不动产统一登记工作加快推进，实现不动产统一登记全省覆盖。棚户区改造工作列入省委、省政府为民办实事项目，全年新开工棚改项目4.5万套，基本建成5.79万套，均已提前超额完成国家下达任务（见图4）。建立健全租购并举住房制度，推动住房租赁市场发展，加快推广租赁补贴制度，采取市场提供房源、政府发放补贴的方式，支持符合条件的农业转移人口通过住房租赁市场租房居住。

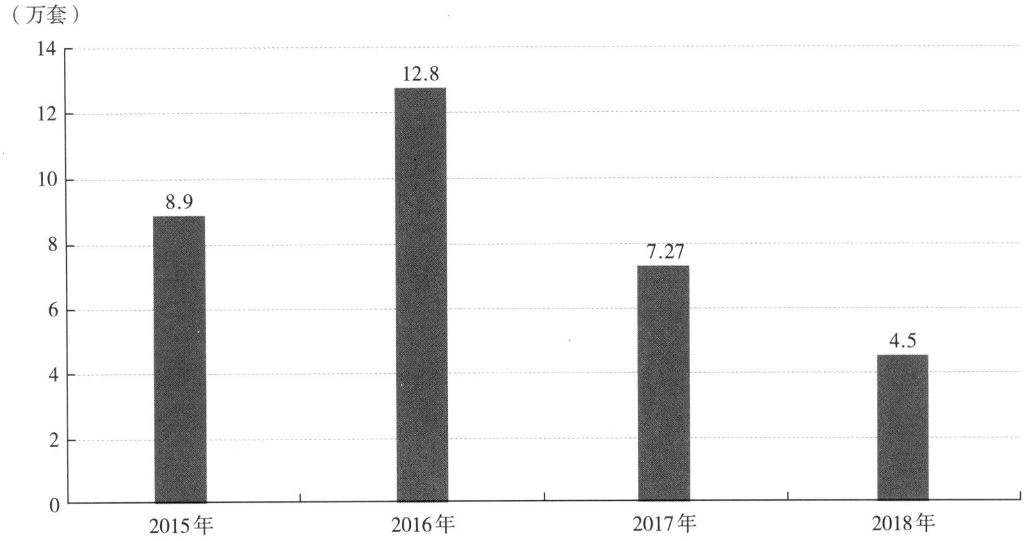

图4　福建省2015年以来棚户区改造套数

推动构建简约高效的基层管理体制。结合市县机构改革，进一步强化基层政府社会管理和公共服务职能，按照“面向人民群众，符合基层事务特点”的要求设置基层机构、调配人力资源，推动治理重心下移。

二、推进新型城镇化建设中存在的困难和问题

（一）农业转移人口市民化质量有待进一步提高

农业转移人口担心户口迁出后会失去农村相关权益，同时由于全面推行居住证制度后，可不迁移户口而在户籍地、流入地享有双重权益，落户意愿总体上不高。农业转移人口还面临着购买住房成本过高、随迁子女就读优质学校较难，以及技术替代加快、大中专毕业生竞争等就业压力，市民化质量有待提升。

（二）城乡区域发展还不平衡

全省沿海与山区市县的经济社会发展水平差距依然较大，与城市相比，乡镇特别是农村污水垃圾处理等基础设施以及医疗、教育、文化等公共服务水平短板比较明显，城市之间、城乡之间功能分工、产业协作水平还不够高，城乡区域协调发展有待进一步增强。

（三）城市功能和分工不够完善

中心城市人口和经济规模逐年扩大、城市综合服务功能不断完善，但综合承载能力还不够强。大中小城市间尚未形成合理的功能分工，中心城市出现交通拥堵、房价高企等“城市病”，小城市缺少高水平教育、医疗等公共服务资源。

（四）城镇化体制机制有待进一步健全

新型城镇化资金需求量大、投资周期长，需要成本合理、期限匹配的资金投入，但目前多元化可持续的资金保障机制还未建立。城乡要素平等交换和公共资源均衡配置机制还不完善，农村集体产权制度改革刚刚起步，城乡融合发展机制不健全。

三、2019年推进新型城镇化建设工作计划

（一）积极推进农业转移人口市民化

坚持以人的城镇化为核心，持续推进户籍制度改革，在中小城市和建制镇探索放开私有出租房屋落户限制，不断提升居住证制度含金量。进一步加大对农业转移人口市民化奖励支持力度，全力保障新型城镇化发展用地。持续扩大普惠性学前教育资源，统筹推进城乡义务教育一体化建设。积极推行终身职业技能培训制度，继续实施全民参保计划。

（二）优化城镇化空间布局和形态

以闽东北、闽西南两大协同发展区建设为契机，推进福州都市区、厦漳泉都市区一体化、同城化发展，加快空间布局优化、基础设施对接、产业协同发展、港口资源整合、公共服务共享。提升中心城市对周边城市辐射带动作用，引导中小城市主动对接、找准定位、配套服务，形成错位发展、合理分工的发展格局。推进县域改造提升，分类发展小城镇，高质量推进特色小镇创建。稳妥有序推进行政区划优化设置与管理模式改革。

（三）进一步提升城市功能和宜居水平

提升城乡规划建设和精细化管理水平。深化城乡民生基础设施补短板行动，加快推进大城市轨道交通和快速路网建设，强化城市次干道、支路建设，提高城市路网密

度，完善路网结构。推进城市环境治理，持续推进厕所革命，推进老旧小区改造。提升城市执法管理效率。推动市、县加快建成投用数字化城市管理平台。积极推进城市社区管理工作。

（四）推动城乡融合发展

推动城乡基础设施一体化规划、互联互通，促进农村基础设施和公共服务提档升级，深入推进“四好农村路”建设。实施农村生活垃圾处理行动，健全城乡一体化处理体系。实施特色现代农业“五千工程”，大力发展农村电商、休闲农业，促进一二三产业深度融合，做大做优做强十大优势特色产业。鼓励工商资本、各类人才参与乡村振兴，促进资源要素向乡村流动。

（五）着力创新体制机制

持续推进新型城镇化试点，总结推广试点成熟经验。深化农村土地制度改革，健全完善土地流转体系。进一步推进经济发达镇行政管理体制改革工作，推进相对集中行政许可权改革试点。稳步开展金融支持城镇化工作，拓展直接融资渠道。完善住房供应和保障体系，建立健全租购住房制度，加快培育和发展住房租赁特别是长期租赁市场，深化开展住房租赁试点和利用集体建设用地建设租赁住房试点。

江西省2018年推进新型城镇化建设总结报告

江西省发展改革委

一、2018年工作进展情况

（一）农业转移人口市民化通道不断拓宽

一是户籍制度改革深入推进。2018年底，全省户籍和常住人口城镇化率分别为39.84%、55.9%，较上年末分别提高了1.93和1.3个百分点，户籍和常住人口城镇化率差距进一步缩小（见图1）。二是居住证制度全面覆盖。江西省居住证制度已覆盖至所有县（市、区），各地各部门流动人口服务管理能力进一步提升，增强了流动人口的归属感和融入感。2018年底，全省登记流动人口252.5万余人，办理居住证158.7万张。三是不断放宽城镇落户条件。按照应放尽快、全面放开的要求，省公安厅印发了《做好2018年全省户籍制度改革工作的通知》，并发布了深化户政管理“放管服”改革便民利民八项措施，有效提升户政服务管理能力和水平，推进人口管理向自愿落户和自由流动转变。

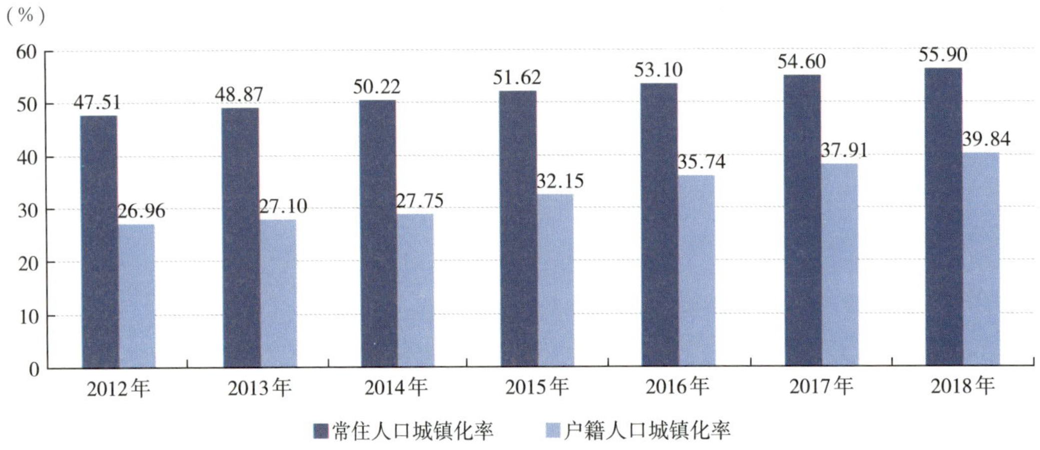

图1　江西省2012年以来城镇化率变化情况

（二）城市发展质量全面提高

一是城市产业集群发展加快。扎实推进新兴产业倍增、传统产业优化升级、服务业发展提速等行动计划，电子信息、锂电、新能源汽车等新兴产业和有色、石化、钢铁等传统产业主营业务收入均实现两位数增长，产业结构进一步优化。二是城市创新能力持续提升。新增共青城和丰城2个国家级高新区，中国科学院江西产业技术创新与育成中心、南昌大学和南昌航空大学国际创新研究院等挂牌成立，众创空间数量达到125家左右，城镇新增就业55.32万人、新增转移农村劳动力62.25万人。三是城市治理水平逐步改善。11个设区市建成区黑臭水体整治开工率达到100%，基本整合形成了数字化城市管理平台。启动了城市功能与品质提升行动，多规合一、城市“双修”、城市设计等试点有序开展。四是市政设施水平提高。大力提高管道天然气覆盖率，完善停车场、电动汽车充电、智能快件箱、二次供水、排污管道等基础设施，配套建设便利店、综合性文化服务中心、健身休闲、日间照料中心等社区服务设施。2018年底中心城区道路机扫率达到80%以上，城市主要道路树池100%绿化或软覆盖。全省开工建设地下综合管廊115余公里，棚户区保障性住房改造开工建设27.79万套、基本建成22.35万套。五是人文城市建设取得进展。打造了滕王阁等一批在全国有影响的历史文化街区，实施了文创产品“馆企”对接计划、数字文化产业项目扶持计划和“赣鄱文化生态云”建设，开展了南昌汉代海昏侯国、景德镇御窑厂、鹰潭大上清宫等遗址类博物馆建设和展陈工作。景德镇国家陶瓷文化传承创新试验区获批建设。

（三）城乡融合发展成效明显

一是促进城乡基础设施共建共享。城镇供水、排水、管网建设、城市主干道“白改黑”、乡村道路硬化、村庄绿化亮化等基础设施向城中村、城郊村进一步延伸，镇村公路等级率和硬化率100%达标，行政村公交班车通村率达100%，村庄入户道路全部水泥硬化，逐步实现城乡交通一体化。二是城镇基本公共服务向农村延伸。99%以上的城乡居民已喝上安全达标的饮用水，基本建成农村垃圾房和垃圾中转站，农村生活垃圾无害化处理率达到了99%。镇村有线电视、广播和电话网络基本实现全覆盖，基本实行城乡电气一体化。乡镇、建制村公厕覆盖率达到100%，农村卫生厕所普及率达到90%。大力完善农村文化体育设施，行政村基本都建成了符合标准的综合文化站（室）、篮球场和文体活动场所。三是清除要素下乡障碍。加快构建了城乡统一的用地、就业、社保等制度。大力推进城市资本、技术、人才下乡。全面推进农村产业融合“百县千乡万村”试点示范工程。

（四）城镇化体制机制不断完善

一是土地制度改革持续推进。农村承包地“三权”分置、农村集体产权制度等改革统筹推进，农村集体资产清产核资工作完成，余江宅基地制度改革走在全国前列。二是城镇化投融资机制逐步完善。投融资渠道不断拓宽，政府和社会资本合作（PPP）模式加快推进，开发性金融积极参与新型城镇化项目规划和运营机构合作。三是新型城镇化综合试点成效明显。积极推广第一批国家新型城镇化综合试点成果，完成第二批试点地区阶段性总结评估，加快推动第三批试点地区改革步伐。

专栏 1

国家新型城镇化综合试点经验

鹰潭市开展国家智慧城市、信息惠民城市双试点，已在全省率先建成全光网城市，行政村4G网络覆盖率99%以上。全面建成了涵盖市、县、乡三级的全市统一电子政务综合办公平台，261个服务事项入驻市民服务中心，实行“网上预约、一窗受理、联审联批、一单缴费、限时办结”。

南昌高新区取消农业户口与非农业户口性质区分，出台了多项鼓励落户政策，区内所辖两镇一处均建立了劳动保障工作平台。

樟树市着力推进农业“两区”（农村综合改革试验区和现代农业科技示范园区）建设，对农村产权进行确权登记颁证，并在此基础上搭建农村产权信息管理服务平台，使农村“资产”变为“资本”进入市场。

余江县稳步推进农村宅基地制度改革试点，探索制定了宅基地自愿退出、流转、综合利用和有偿使用阶梯式收费制度，新增宅基地以择位竞价有偿方式分配，构建了县、乡、村宅基地管理制度体系。

二、2019年重点工作

（一）深化市民化制度及配套政策

一是全面放宽城市落户条件，加大“人地钱”挂钩配套政策力度，促进有能力在城镇稳定就业生活的重点群体举家落户，江西省成为全国户籍门槛最低的省份之一。二是对已经在城镇就业但就业不稳定、难以适应城镇要求或暂时不愿落户的人口，以居住证为载体强化基本公共服务，向其提供教育、医疗、就业、培训、住房等城镇基本公共服务及办事便利。鼓励各地居住证互认，提升新居民融入城市能力。

（二）提高城市发展质量

一是加快打造大南昌都市圈。按照省委、省政府部署，编制大南昌都市圈“1+5”发展规划，制定出台支持大南昌都市圈发展的若干政策措施，以及产业、科技、财税、金融、国土、人力资源等配套政策措施。推进南昌综合交通枢纽、九江江海直达区域性航运中心等建设，提高大南昌都市圈能源供给能力和教育、医疗等公共服务同城化水平（见图2）。

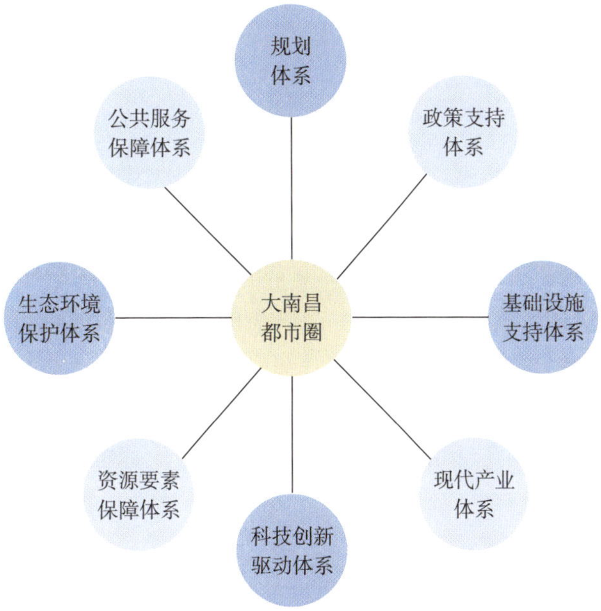

图 2　大南昌都市圈建设主要任务

二是创新城市建设。争创鄱阳湖国家自主创新示范区，着力抓好科创城建设，争取一批国内外知名大学、科研院所、国家实验室、大型科学装置和研究中心落户江西。推进“双创”孵化器建设，打造“众创空间—孵化器—加速器—创业园区”科技新创业孵化链条。力争全年新增15家国家级众创空间、20家科技协同创新体。

三是加快打造产业集群。聚焦航空制造、电子信息、中医药、新能源、新材料等优势产业，集中力量、集聚资源、集成政策，全力打造一批具有爆发力的产业集群。将新技术融入传统制造业，大力推进汽车及零部件、有色、石化、钢铁、建材、食品、纺织等产业提档升级，推动传统制造业向精细化、高品质化发展。加快发展大数据、云计算、人工智能、共享经济等新兴产业，以及工业设计、电子商务、现代物流、文化创意等现代服务业。

四是规范培育特色小镇。落实国家发展改革委《关于建立特色小镇和特色小城镇高质量发展机制的通知》等相关文件要求，加强对全省特色小镇动态监测和规范纠偏，引导特色小镇健康发展。

五是深入推进经济发达镇行政管理体制改革。根据省委办公厅、省政府办公厅印发《关于深入推进经济发达镇行政管理体制改革的实施意见》的通知要求，在南昌县向塘镇等30个镇以加强基层政权建设为核心，以扩大经济社会管理权限为重点，有序推进经济发达镇行政管理体制改革。

专栏 2

经济发达镇行政管理体制改革的目标和任务

目标：以加强基层政权建设、巩固党的执政基础为核心，以扩大经济社会管理权限、完善基层政府功能为重点，以探索建立简约精干的组织架构、务实高效的用编用人制度和适应经济发达镇实际的财政管理模式为保障，用3年左右时间，基本构建符合基层政权定位、适应城镇化发展需求的新型行政管理体制，支持经济发达镇成为实施乡村振兴战略、推动城乡融合发展、决胜全面建成小康社会的重要阵地，着力培育一批特色鲜明、产城融合、充满魅力的新型城镇。

任务：一是扩大经济社会管理权限。重点强化经济发达镇发展产业经济、提供公共服务、加强社会管理和城镇规划建设等职能，完善基层政府功能。二是构建简约精干的组织架构。遵循精简、统一、效能原则，统筹镇党委和政府机构设置，建立健全工作机制，强化镇党委领导核心作用。三是推进集中审批服务和综合行政执法。整合基层公共服务和行政审批职责，打造综合、便民、高效的政务服务平台，实行“一门式办理”、“一站式服务”。四是建立务实高效的用编用人制度。在地方机构编制限额内赋予经济发达镇灵活用人自主权。五是探索适应经济发达镇实际的财政管理模式。按照事权和支出责任相适应的原则，逐步明确经济发达镇政府事权和支出责任。六是创新基层服务管理方式。落实党建工作责任制，强化城乡社区党组织建设，加大非公有制经济组织、社会组织及经营网点、工程项目、服务窗口党建工作力度，加强和改进党员队伍教育管理，健全党员立足岗位创先争优长效机制，充分发挥基层党组织的战斗堡垒作用。

（三）提高城市功能和品质

一是增强城市功能。加强市政基础设施建设，提高管道天然气覆盖率和管线安全水平及防灾能力，确保城市道路完好率95%以上。推进污水管网全覆盖，2019年城市污水处理率达90%以上。加强体育健身设施建设，构建社会15分钟健身圈，合理利用城市公园、公共绿地、广场及空置场所建设健身设施。二是提升城市品质。加强城市总体规划、功能分区规划和城市设计，使城市规划布局更加现代前瞻、功能分区更加科学合理、城市设计更加彰显特色、城市发展更加健康有序。加快城镇绿道绿廊建设，每平方公里城市建成区绿道里程达1公里以上。加快完善城市公共交通、地下综合管廊、停车场等基础设施，优化布局教育、医疗、文化、体育等公共服务设施，整体提升城市的综合承载能力。三是加强城市治理。广泛开展创建文明城市等共建共享活动，着力解决拉链马路、交通拥堵、乱搭乱建、管理粗糙、空气污染、黑臭水体等一批群众反映强烈的老大难问题。大力推进新型智慧城市、海绵城市建设和“无废城市”试点，加快推进数字化城市管理平台建设，开通数字城管APP，提高城市管理执法水平。

（四）推动城乡融合发展

一是加快构建城乡要素合理流动的机制，改变乡村人才、资金等要素单向流往城市的趋势，促进农民工、大学生、科技人员等各类人才投身乡村振兴。二是把土地增值收益更多用于“三农”事业，加快推动城市水电路气讯等基础设施向农村延伸、教文卫体养老等基本公共服务向农村覆盖，推进城乡基础设施和公共服务共建共享。三是完善农民进城、农业转移人口市民化的各项配套政策与制度设计，实现城镇与乡村融合发展、相得益彰，使城市文明和乡村文明共存共荣。

（五）深化城镇化制度改革

一是充分发挥新型城镇化综合试点的作用，挖掘推广可复制的经验和模式。二是深化城乡土地制度改革，盘活存量土地资源，改进耕地占补平衡管理办法，完善农村承包地“三权分置”制度，探索宅基地所有权、资格权、使用权“三权分置”。三是积极拓宽资金投入渠道，推动政银企等方面进行成本合理、期限匹配的资金投入，平衡好城镇化项目融资规模与地方债务承受能力之间的关系，提高新型城镇化建设资金使用效率和水平，防范化解隐性债务风险。

山东省2018年推进新型城镇化建设总结报告

山东省城镇化工作领导小组办公室

一、工作成效

城镇化是现代化的必由之路，是扩大内需和促进产业升级的重要抓手，是实现乡村振兴的重要途径，是推动区域协调发展的有力支撑。2018年，山东省锐意进取，多措并举，城镇化工作取得明显成效，城镇化发展质量稳步提升，约100万农业转移人口成为城镇居民，拉动基础设施投资和生活消费近2000亿元，全省常住人口城镇化率达到61.18%，2012年以来年均提高1.46个百分点，增速居全国前列（见图1）。

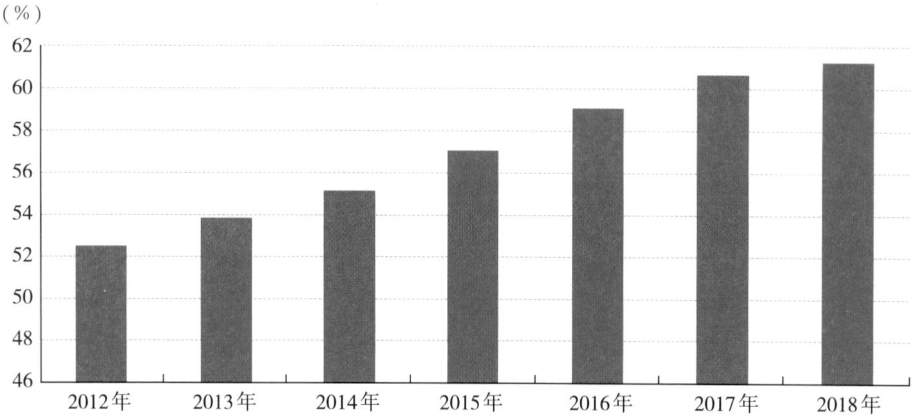

图1　山东省2012年以来全省常住人口城镇化率

（一）农业转移人口市民化持续推进

强化规划引领，推进农业转移人口市民化，在全国率先实现省、设区市和试点县市市民化规划全覆盖。保障“学有所教”，全面取消义务教育阶段农民工随迁子女杂费和借读费，截至2018年底，全省新建、改扩建普通中小学3609所，新增中小学学位304万个，基本消除66人以上超大班额。保障“病有所医”，全省60家县级医院基本达到综合能力推荐标准，居全国第一。2191家乡镇卫生院和社区卫生服务中心全部纳入省级远程医疗网络，累计组建各种模式的医联体800余个。保障“老有所养”，加快推进医养结合示范省创建，2018年，全省已建成示范性社区养老服务中心332处，建设日间照料中心近5000处，青岛、烟台、威海被列为国家级医养结合试点。保障“住有所居”，全省棚改新开工85.17万套，开工率101%。保障“弱有所扶”，以农民工和灵活就业人员为重点，扩大社会保险覆盖面，居民养老保险基础养老金最低标准提高到118元，高出国家标准30元。

（二）城镇化格局持续优化

以城市群为主体形态，以中小城市为突破点，以特色小镇为新兴载体，优化全省城镇化布局形态。济南、青岛城市建成区人口超过500万，成为特大城市，全省形成了2个特大城市、8个大城市、7个中等城市、80个小城市、1092个建制镇协调发展的城镇格局（见表1）。

表1　山东省城市等级规模

城 市 规 模	数量	城 市 名 称
特大城市（500万人以上）	2	青岛市、济南市
大城市（100万—500万人）	8	临沂市、烟台市、淄博市、济宁市、潍坊市、德州市、泰安市、枣庄市
中等城市（50万—100万人）	7	威海市、东营市、滨州市、菏泽市、聊城市、日照市、新泰市
小城市（20万—50万人）	80	诸城市、平度市、胶州市、荣成市等

编制完成济南都市圈和四个都市区发展规划，启动青岛都市圈发展战略研究，推动构建“两圈四区”格局（见图2）。积极培育中小城市，龙口、荣成等15县市入选2018年度全国综合实力百强县市，数量居全国第三位；10个新生小城市公共财政收入全部超5亿元，镇区常住人口全部超过5万人；112个镇入选“2018全国综合实力千镇”。

图 2 山东半岛城市群“两圈四区”空间格局

（三）城镇承载能力持续增强

完善城市交通体系，全省在建轨道交通线路9条、331.65公里，青岛3号线、11号线通车长度83.15公里，济南R1线运行成功。加快管廊海绵建设，全省累计开工综合管廊742公里，形成廊体631公里；累计建成海绵城市920平方公里；全省省级及以上园林城市（县城）95个，其中国家级园林城市（县城）57个（见表2），数量居全国第一。推进污水垃圾处理，截至2018年底，全省建成城市污水处理厂310座，形成污水处理能力1540万吨/日；生活垃圾处理场（厂）投产运行127座，总设计处理规模约6.49万吨/日。推进城市清洁取暖工程建设，全省城市（县城）清洁取暖项目完成9320万平方米。扎实推进城管执法体制改革，15个设区市、90个县（市）实现城市管理机构综合设置，城市（县城）全部完成数字城管系统平台建设。加大城市拆违力度，2018年全省共查处违法建设1亿平方米，依法拆除9000万平方米，整改790万平方米，是全国通报表扬的五个省市之一。

表2　山东省国家级园林城市（县城）名单

名称	数量	城市（县城）名单
国家生态园林城市	1	寿光
国家园林城市	31	济南、青岛、淄博、烟台、潍坊、泰安、威海、日照、莱芜、临沂、东营、济宁、聊城、德州、滨州、菏泽、枣庄、胶州、青州、新泰、肥城、荣成、乳山、龙口、海阳、莱州、诸城、高密、滕州、安丘、曲阜
国家园林县城	25	沂源、临朐、广饶、长岛、平邑、邹平、沂水、宁阳、东平、费县、莒南、临沭、高青、昌乐、沂南、东阿、泗水、单县、巨野、高唐、兰陵、金乡、五莲、莒县、郯城

（四）城乡发展差距持续缩小

印发了《山东省城镇化地区设施向农村延伸导则》，努力使更多农村地区群众共享城镇化发展成果。各地统筹推进城乡协调发展，威海的全域城市化、莱芜的城乡一体化、诸城的城乡融合互动发展、桓台的城乡均衡等值发展等成效显著。加快补齐农村设施短板，全省乡镇污水处理能力达到419万吨/日。深入推进农村“厕所革命”，全年完成农村无害化卫生厕所改造174.9万户，乡（镇）农村改厕任务基本完成，全国农村改厕推进现场会在淄博举行。开展了农村危房改造“回头看”行动，完成改造3.81万户，竣工率111.31%。启动实施了“美丽村居”建设工程，省政府确定了首批56个试点村庄，着力打造具有山东特色的现代版“富春山居图”。

专栏 1

《山东省美丽村居建设“四一三”行动推进方案》解读

1. 出台背景

党的十九大提出实施乡村振兴战略，并对乡村建设提出了“产业兴旺、生态宜居、乡风文明、治理有效、生活富裕”的总要求。中共中央办公厅、国务院办公厅印发《农村人居环境整治三年行动方案》，提出大力提升农村建筑风貌，突出乡土特色和地域特点。2018年3月8日，习近平总书记参加山东代表团审议时指出，以多样化美打造各具特色的现代版“富春山居图”；要科学把握各地差异和特点，注重地域特色，体现乡土风情，打造乡村振兴齐鲁样板。省委一号文件提出要打造特色山东民居。为此，省政府组成联合调研组赴省内外深入调研，在此基础上制定了《山东省美丽村居建设“四一三”行动推进方案》。

2．目标任务

开展美丽村居建设“四一三”行动，集中打造胶东、鲁中、鲁西南、鲁西北四大风貌区，布局建设胶东海滨、沂蒙山区、黄河沿岸、大运河沿线等10条风貌带。到2020年，300个省级试点村，4大风貌区和10条风貌带初步打造形成；到2025年，形成多片立足乡土社会、体现现代文明、宜居宜业宜游的“鲁派民居”建筑群落，山东特色的现代版“富春山居图”基本绘就。

3．主要措施

《推进方案》围绕如何启动好、推进好、建设好美丽村居，从规划设计、建设管控、试点示范、要素保障、组织领导等方面提出了17条政策措施。

(1) 规划设计方面。编制全省和市域乡村风貌规划，推进村庄规划全覆盖，美丽村居建设试点村和有条件的村庄要开展村庄设计。开展泰山奖·美丽村居建筑设计大赛，每年推出一批优秀设计成果。全面推行村居项目“带图审批”规划许可制度。

(2) 建设管控方面。因地制宜、因村施策，对不同村选择不同的美丽村居建设模式。推进绿色节能村居建设，鼓励使用绿色建材。实施建筑放样、基槽验收、施工过程、竣工验收监管人员“四到场”制度。以农村垃圾、污水治理和村容村貌提升为主攻方开展农村人居环境整治三年行动。

(3) 试点示范方面。坚持“政府主导、村民主体、市场参与”的原则，政府加强引导和服务，突出村民主体地位，引入社会资本，采用“综合营建”模式分三批开展省级试点，2018、2019、2020年分别选择50个、100个、150个村庄。市、县也要结合实际开展试点工作。

(4) 要素保障方面。从乡村振兴重大专项资金中按标准对省级试点村给予奖补。增减挂钩节余土地指标优先保障美丽村居建设用地需要。引导规划、建筑等优秀技术人员下乡，发布美丽村居设计师名录、村庄设计导则、建设导则和案例手册。加强农村建筑工匠管理培训。

(5) 组织领导方面。省级建立美丽村居建设工作推进机制，将美丽村居建设工作纳入各级政府目标责任考核范围，将评估考核结果与省级支持政策和奖补资金直接挂钩。将美丽村居建设纳入村务公开制度，保障村民知情权、参与权和监督权。

（五）城镇化试点持续深化

按照适当向鲁中、鲁西南等地区倾斜、向产业基础相对薄弱县倾斜的原则，确定了7个省级第三批新型城镇化综合试点地区，省试点数量达27个；国家级试点14个，居全国首位（见表3）。各试点地区勇于探索，积极创新，形成了一批可复制、可推广的城镇化发展模式。2018年4月，国家发展改革委印发第一批国家试点经验，山东省青岛、德州等试点在加快农业转移人口市民化、深化农村产权制度改革、健全城镇化投融资机制、改革创新行政管理体制4个方面9条经验被全国推广。12月，国家发展改革委相继在威海、章丘、诸城召开城镇化经验交流会，推广山东省试点经验做法。

表3　山东省城镇化综合试点地区名单

试点批次		数量	试点地区
国家级城镇化综合试点（14个）	第一批	4	青岛市、威海市、德州市、郓城县
	第二批	4	章丘区、龙口市、邹城市、兰山区义堂镇
	第三批	6	济南市、淄博市、烟台市、聊城市、潍坊诸城市、临沂经济技术开发区
省级城镇化综合试点（27个）	第一批	16	莱芜市、桓台县、滕州市、广饶县、寿光市、新泰市、沂水县、茌平县、邹平县、胶州李哥庄镇、滕州西岗镇、广饶大王镇、莱州沙河镇、肥城石横镇、日照涛雒镇、邹平魏桥镇
	第二批	4	肥城市、曲阜市、平邑县、博兴县
	第三批	7	青州市、莒县、宁阳县、无棣县、莒南县、单县、鄄城县

（六）城镇化体制机制持续完善

围绕推进农业转移人口市民化，协调相关部门制定出台了10余项配套政策，市民化“1+N”政策体系逐步完善。印发了《加快推进新型城镇化建设行动实施方案》《全省新型城镇化建设近期工作要点》《山东省新型城镇化数据监测共享报表制度》等政策文件，明确了城镇化的思路目标和重点任务。制定市民化奖励资金管理办法，省财政拨付奖励资金17.4亿元。在莒县召开了全省新型城镇化现场推进会，推广莒县“两证同权”、产城融合等经验做法。省政府对连续3年城镇化考核优秀的威海、青岛等8个设区市授予“山东省适宜人居环境奖”。

专栏 2

山东省人民政府关于授予威海等8市“山东省适宜人居环境奖”的通报

鲁政字〔2018〕211号

各市人民政府，省政府各部门、各直属机构：

2015年以来，按照《中共山东省委、山东省人民政府关于推进新型城镇化发展的意见》和《山东省人民政府办公厅关于印发〈山东省推进新型城镇化工作考核办法〉的通知》（鲁政办字〔2015〕171号）要求，省城镇化工作领导小组办公室牵头对全省设区的市组织开展了年度新型城镇化工作综合考核。根据考核结果，省政府决定授予威海、潍坊、青岛、泰安、烟台、济南、淄博、临沂市“山东省适宜人居环境奖”称号。

希望威海等8市再接再厉，进一步加大工作力度，让新型城镇化发展成果更好惠及广大人民群众。各市要深入学习贯彻习近平新时代中国特色社会主义思想和党的十九大精神，坚决落实习近平总书记视察山东重要讲话、重要指示批示精神，以人的城镇化为核心，围绕全面实施乡村振兴战略和全省新旧动能转换重大工程，认真学习先进经验，解放思想，务实创新，扎实推动新型城镇化高质量发展，为全面开创新时代现代化强省建设新局面作出新贡献。

山东省人民政府

2018年9月20日

二、存在问题

山东省城镇化工作取得了一定的进展和成效，但也存在一些困难和问题。

（一）城镇化发展质量不够高

山东省常住人口城镇化率与广东、江苏、浙江相比，仍有较大差距，而且，与前几年年均近2个百分点的增速相比，城镇化率呈现增速放缓趋势。目前来看，要完成“十三五”规划确定的常住和户籍人口城镇化率分别达到65%、55%的目标，面临较大困难。户籍人口城镇化率与常住人口城镇化率相差10多个百分点，有近千万外来人口未能在城镇落户，无法享受与城镇户籍人口同等的公共服务，农业转移人口上学难、看病难、住房难等问题仍普遍存在。

（二）城市群协调发展机制不完善

山东半岛城市群城镇化水平低于珠三角、长三角、京津冀等国家级主要城市群，与粤港澳大湾区、广佛同城化等相比，城市群内部协调发展力度不够，缺少统一的管理协调平台，地方政府协同发展处于起步阶段。济南、青岛“两核”辐射带动能力不强，首位度不高。中小城市和小城镇活力不足，2017年全国综合实力百强镇排名，江苏、广东、浙江三省分别占据30、29、20个，山东省仅有2个镇入围。

（三）城乡融合发展机制不健全

从基础设施看，全省农村市政公用设施投资仅为城市的27%，人均镇村市政公用设施投资仅有400元，城乡基础设施互联互通程度不高。从公共服务看，目前仍有20万义务教育阶段农村留守儿童无法享受与城镇同质的义务教育，小城镇教育、医疗、就业培训等优质公共服务资源严重缺乏，全省42家三甲医院90%以上集中在城市市区。从城乡要素流动看，城市人才、科技、资金等要素下乡存在障碍，农村土地等资源资产难以激活，削弱了农民进城积极性。

三、工作打算

全省新型城镇化工作总体思路是：认真落实习近平总书记视察山东重要讲话和重要指示精神，充分发挥新型城镇化在稳就业、稳投资、稳预期等方面的重要作用，坚持新型城镇化和乡村振兴双轮驱动，与新旧动能转换互促共进，以人的城镇化为核心，以城市群为主体形态，以城乡融合发展为导向，以体制机制改革为动力，以城镇化试点为引领，加快城乡基础设施互联互通，推动人才、土地、资本等要素在城乡间双向流动，促进全省新型城镇化高质量发展。

（一）聚力内涵发展，加快农业转移人口市民化

开展城镇化质量提升3年行动，将加快农业转移人口市民化作为首要任务，加快建立健全城乡基本公共服务均等化体制机制。教育部门围绕农业转移人口随迁子女就近入学、卫生部门围绕加强城乡居民基本医保及大病保险同医疗救助有效衔接、人社部门围绕外来务工人员社会保险关系转移接续和农民工职业技能培训、民政部门围绕养老服务体系建设等方面，出台相关政策措施，全面提高保障服务水平，消除农民进城后顾之忧。

（二）聚力融合发展，推进城乡一体化

开展城乡融合发展调研，创新城乡融合发展机制，推动城乡要素合理配置、产业

融合发展、设施互联互通、服务均等同质。深入实施《城镇化地区设施向农村延伸导则》，推动城镇设施向农村延伸。深化农村产权制度改革，建立城乡统一的产权和要素市场，提高农民带资进城能力，激活乡村沉睡资源。加快实施美丽村居建设“四一三”行动，打造齐鲁乡村特色风貌区带，彰显“鲁派民居”新范式。

（三）聚力协调发展，推进城市群一体化

强化山东半岛城市群对外辐射能力，推进跨省域发展，研究探索将河北、河南、江苏等周边省的相邻城市（如沧州、衡水、濮阳、商丘、徐州、连云港）纳入半岛城市群辐射范围。以济南、青岛双核为重点，加快发展战略研究，调整优化行政区划，做大做强济南、青岛都市圈。研究制定促进城市群、都市圈协调发展的政策文件，搭建综合议事平台，建立协调推进机制。研究制定支持新生中小城市发展的政策措施，强化土地、金融等方面支持，充分发挥中小城市在承接大城市功能和带动周边乡村地区发展中的作用。

（四）聚力绿色发展，推进城镇建设生态化

践行绿水青山就是金山银山理念，统筹山水林田湖草系统治理。科学划定生态保护红线、永久基本农田、城镇开发边界三条控制线，明确生产、生活、生态“三生”空间，建设精明增长的紧凑城市。以城市设计为手段，加强城市空间特色和建筑风貌塑造，彰显城市魅力。加快海绵城市、综合管廊、轨道交通等重大基础设施建设，大力发展绿色建筑，加快创建一批公交都市。更多运用互联网、大数据等现代信息技术手段，分级分类推进新型智慧城市建设，提高城市科学化、精细化、智能化管理水平。

（五）聚力创新发展，推进要素市场一体化

围绕人、地、钱等要素，继续深化城镇化体制机制改革，加快构建有利于城镇化高质量发展的制度体系。深化户籍制度改革，全面取消城镇落户限制，加速破除城乡区域间户籍迁移壁垒，加快提高户籍城镇化率。根据进城落户人口数量，合理安排城镇新增建设用地规模。推进城镇低效用地再开发，保障城镇化用地需求。建立完善省级财政转移支付规模、结构动态调整机制，加大转移人口落户较多地区资金奖励力度。

（六）聚力特色发展，推进试点经验扩大化

推动国家和省城镇化综合试点地区加快步伐，因地制宜，突出特色，大胆创新，确保完成试点任务。更好发挥试点牵引作用，加强试点地区经验的提炼，探索一批可复制、可借鉴、可推广的成功经验和典型做法，争取在全省乃至全国范围推广。优化城镇化综合考核，建立科学、规范、系统的考核体系，更好发挥考核指挥棒作用，科学评价各市城镇化工作实绩，着力解决新型城镇化工作中发展不平衡不充分问题。

河南省2018年推进新型城镇化建设总结报告

河南省发展改革委

一、2018年新型城镇化建设情况

2018年以来，河南省认真贯彻党中央、国务院关于加快新型城镇化工作的总体部署，深入贯彻落实习近平总书记调研指导河南工作时“打好四张牌”的指示精神，坚持以人的城镇化为核心，以提高质量为关键，加快推进新型城镇化各项工作，全省新型城镇化取得积极进展。2018年底，河南省户籍人口城镇化率达到33.3%，常住人口城镇化率达到51.71%（见图1）。

图1　河南省2014—2018年常住人口和户籍人口城镇化率

（一）农业转移人口市民化加速推进

以人的城镇化为核心，进一步深化户籍制度改革，加快推行居住证制度，扩大基本公共服务覆盖面，市民化机制进一步完善。

一是全面放宽户籍门槛和落实居住证制度。对大中专院校毕业生、技术工人、职业院校毕业生、农村升学学生、留学归国人员和护理人员等各类技能人才，仅凭毕业证或国家职业资格证书（职称证书）即可申请在城镇落户，实现人才落户城镇零门槛；以乡（镇、街道）或者社区、村（居）委会为单位设立社区集体户口，全省基本实现以实际居住为原则的户口登记制度。全面落实居住证制度，2018年以来制发居住证38万张（参见图2）。以居住证为主要载体，加快推动外来人口平等享受城镇基本公共服务，对城镇住房保障对象彻底放开户籍限制，居住证持有人与户籍人口同等享有公租房申请权利。

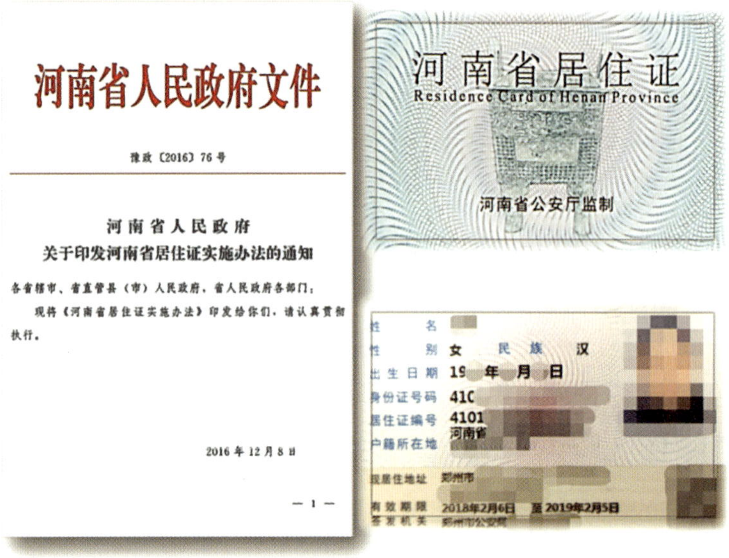

图2　河南省印发居住证实施办法及居住证样证

二是推动基本公共服务向常住人口覆盖。加大外来人口住房保障，将符合条件的国有企业青年人才以及其他新就业无房职工、外来务工人员等城镇新市民纳入住房公积金制度覆盖范围，全省新开户缴存人数74.48万人；彻底放开申请公租房户籍限制，户籍信息不作为公租房申请条件，全省已累计分配使用公租房94.6万套，有效解决了部分城镇住房困难居民、新就业职工和外来务工人口的基本住房需求。落实国家“两为主、两纳入”政策，将进城务工农民工随迁子女义务教育纳入公共教育体系并享受同等待遇，2018年，全省义务教育阶段随迁子女在校生80.43万人，比上年增长6.18%，随迁子女占义务教育阶段在校生总数的5.56%，基本实现应入尽入。持续开展农村劳动力转移就业技能培训，2018年全省培训农村劳动力57.25万人，实现农村劳动力新增转移就业56.14万人，为全年目标的112%。农村居民与城镇居民平等享受城乡居民医疗保险待遇，城乡居民参保率达到96%以上，基本实现全民医保；打通了进城农民工在城乡居民基本养老保险和企业职工养老保险两个制度之间的转移接续通道，到

2018年底城乡居民基本养老保险参保人数达到5082.5万人。

三是深入推进农民“三权”落实。不断完善农村土地“三权分置”办法，积极开展“三权分置”的改革实践，土地流转型、服务集中型土地适度规模经营形式稳健发展。全省基本实现新版农村土地承包经营权证书应发尽发，184个县（市、区）完成数据汇交，省级信息平台建设有序推进。基本完成农村承包地确权登记颁证，农村集体产权制度改革进展顺利，新型农业经营主体发展到28万家。

（二）城镇化布局和形态进一步优化

贯彻落实《河南省建设中原城市群实施方案》，以中心城市、重点区域、重点领域为突破口，加快推进中原城市群一体化发展，城市群集聚力、辐射力和影响力不断提升。一是制定印发了《2018年中原城市群一体化发展工作要点》，明确了中心城市、重点区域、重点领域建设任务。二是出台了郑州国家中心城市行动纲要，制定了关于支持郑州建设国家中心城市若干政策措施的意见，加快提升国家中心城市核心功能（见图3）。三是编制完成了《郑州大都市区空间规划》，全面启动郑开双创走廊、开港、许港等重点产业带和沿黄河南北两岸生态带建设。四是加快提升洛阳副中心城市功能，开展洛阳都市圈规划研究，召开了西部城镇协同区联席会议第一次会议。五是推进安阳、南阳、商丘等区域中心城市建设，以交通、生态等为突破口促进各城镇协同区内部联动发展。六是编制完成了《中原城市群城际轨道交通网规划修编方案》，与相邻省份联合印发了共同推进省际通道建设行动计划，持续实施太行山绿化等工程，推动重点领域一体化发展，全年新打通和提升省际出口两个以上。

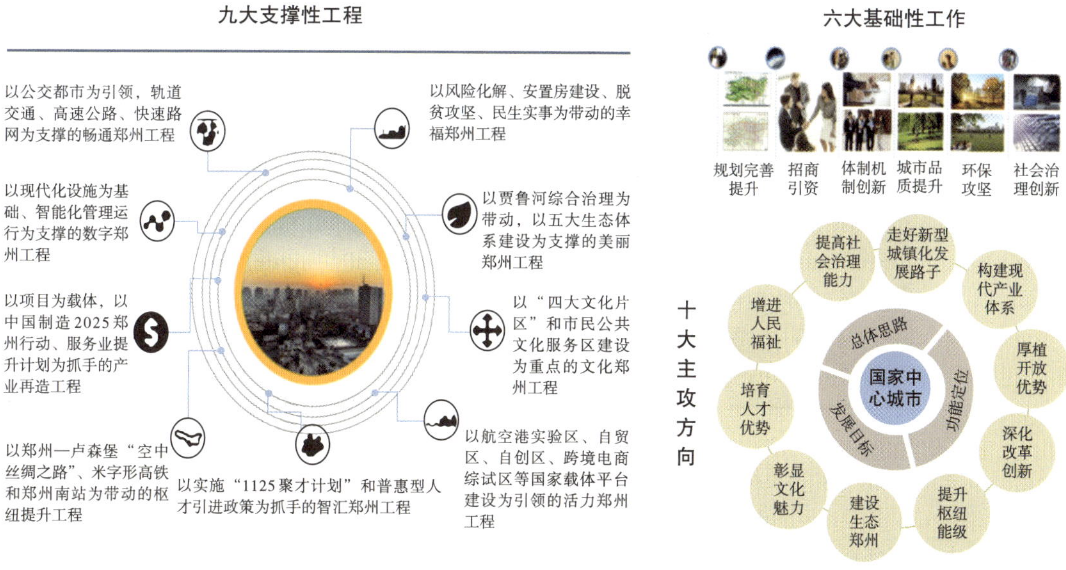

图3　郑州建设国家中心城市的总体战略

（三）城市发展质量明显提高

为加快推进城市高质量发展，省委、省政府于2016年印发《关于推进百城建设提质工程的意见》，提出加快城市基础设施和公共服务设施建设，通过3—5年的努力，显著提高省辖市和106个县级城市综合承载能力。两年来，全省上下把百城建设提质工程和文明城市创建活动有机结合、统筹推进，城市品质和发展质量明显提升，城市发展活力不断增强。一是规划引领作用增强。2018年纳入百城建设提质试点的79个市县已全面完成城市总体设计修编。完成专项规划编制1605项，完成专项规划审批683项。二是项目支撑作用凸显。围绕海绵城市、城市综合管廊、教育医疗等补短板领域推进实施一批重大项目，实施百城建设提质工程的79个市县2018年新建、续建项目7749个，年累计完成投资6150亿元；开工棚改安置房66.33万套，完成年度目标132.66%，城市功能品质和综合承载能力明显提升。三是民生公共服务不断完善。在实施百城建设提质过程中，狠抓城市“四治”，狠抓民生实事落实，完成城市和县城黑臭水体治理78处，78%的村庄生活垃圾得到有效处理，新建改造供热管网289公里、新增供热面积2839万平方米，改造城市和乡镇公厕6940座，所有试点城市4G网络和光纤接入实现全覆盖，全省审批服务事项99%已实现网上可办。四是城市文明程度进一步提升。百城建设提质工程开展以来，全省新增全国文明城市6座，又有22个市县入选全国文明城市提名城市，文明城市数量居全国第四位，文明城市创建覆盖面达到81.3%（参见图4）。

图4　河南省“百城建设提质工程”的“四篇文章”

（四）城乡融合加快发展

加快城乡一体化示范区建设，规范引导特色小镇和特色小城镇规划布局，深入推进城乡融合发展。一是稳步推进国家产城融合示范区和城乡一体化示范区建设。通过实施城乡一体化示范区重点功能区开发、跨区域重大基础设施建设等专项行动，明显提升了区域基础设施建设和公共服务能力，发展活力持续迸发，示范区已成为各市高质量发展的典范区域（参见图5）。建立国家产城融合示范区信息报送制度，及时全面掌握洛阳、开封、济源国家产城融合示范区的建设进展情况，指导修改完善总体方案和发展规划，推动各示范区健康有序发展。

图5　许昌市城乡一体化示范区

二是加强对特色小（城）镇发展的统筹规范引导。建立特色小镇和特色小城镇高质量发展厅际联席会议制度，统筹推动特色小（城）镇工作。对全省特色小镇和特色小城镇全面摸底排查整改，梳理汇总特色小镇名单。研究起草河南省特色小镇和特色小城镇高质量发展机制的实施意见，规范创建机制和程序，对全省特色小镇和特色小城镇建设进行总体安排部署和科学引导。

（五）积极推进城镇化关键领域制度改革

加大改革探索力度，积极创新有利于新型城镇化发展的体制机制。一是加快新型城镇化综合试点改革探索。以10个国家级、20个省级新型城镇化综合试点为重点，积极探索有利于新型城镇化发展的体制机制，新郑市改善农业转移人口随迁子女教育、禹州市保障农业转移人口住房需求、兰考县拓展农村融资渠道等3项试点经验被国家发展改革委纳入《关于印发第一批国家新型城镇化综合试点经验的通知》（发改办规划〔2018〕496号）。配合完成了第二批国家新型城镇化综合试点的综合评估，指导第二、三批试点梳理总结一批典型经验（见图6）。二是深化“人地钱”挂钩配套改革。按照

“人钱挂钩、钱随人走”的原则，研究制定新型城镇化转移支付分配方案，对30亿元新型城镇化转移支付资金进行了分配；下达市县农业转移人口市民化奖励资金25.82亿元，重点用于农业转移人口基本公共服务、城市基础设施运行维护等方面。深化“人地挂钩、以人定地”，在编制土地利用计划分配方案时，将城镇新增农业转移人口作为重要因素（占比40%）统筹考虑；制定《土地利用总体规划新增城镇工矿规模指标调剂办法》，城镇建设用地规模向吸纳城镇新增农业转移人口较多、发展较快的地区倾斜，实现土地和人口要素的有效挂钩。

洛阳市

- 积极推进农业转移人口市民化，在全省率先建立以居住证为载体的公共服务政策体系。
- 积极拓宽投融资渠道。由市财政与省豫资公司合作成立河洛新业投资公司，依托省级投融资平台，整合重组债务压力较大的县级平台公司，增强县级平台融资能力。

新郑市

- 建立多元化融资平台。综合运用城投债、银行贷款、信托、融资租赁等多种融资方式，为城镇化建设提供资金保障。
- 改善农业转移人口随迁子女教育。外来人员随迁子女在义务教育阶段享受“同城待遇、同班就读、同步发展”的待遇，在普通高中教育阶段实行免费。

禹州市

- 保障农业转移人口住房需求。出台促进房地产市场持续健康发展的22项政策措施和7条补充奖励意见，对农民进城买房提供奖励补贴，同时市政府购买符合条件的存量商品房作为公租房。

兰考县

- 拓展农村融资渠道。为农户提供小额扶贫贴息贷款、产业发展信用贷款和新型农业经营主体贷款，已发放3000笔、4亿多元贷款，带动8700名贫困人口脱贫。

图6　河南省国家新型城镇化综合试点系列经验

二、当前新型城镇化存在的主要问题

河南省在推进新型城镇化发展工作中取得了初步成效，但也存在一些突出的问题：一是城镇化水平低。虽然近年来河南省城镇化增速位居全国前列，2017年底全省常住人口城镇化率达到50.16%，实现了城镇人口超农村人口的历史性转变，但是仍低于全国平均水平8.36个百分点，位居全国倒数第7位，全省仍有5000万人生活在农村，严重制约了工业化和农业现代化发展，影响了全社会劳动生产率和城乡收入水平的提高。二是城镇化质量不高。随着户籍制度改革红利全面释放，城乡政策差异不断缩小，城镇吸引力相对不足，导致农业转移人口落户和城市吸纳落户“两个积极性”都不高，虽然从2014年深化户籍制度改革以来，河南省户籍人口城镇化率快速提升，年均增长2.95个百分点，但是2017年河南省户籍人口城镇化率仅为31.3%，仍低于常住人口城镇化率近19个百分点，全省有近2000万城镇常住人口没有真正融入城市。三是中原城市群集合效应仍需放大。与长三角、京津冀、粤港澳大湾区等城市群相比，郑州、洛阳等中心城市增长极作用不突出，郑州大都市区融合发展正处于起步阶段，城市间相互呼应、协同融合不足，重大基础设施、生态环保、市场标准等领域协调对接不够，产业结构趋同、过度竞争现象较为明显。四是中小城市建设欠账较多、活力不足。中小城市特别是县级城市无论是道路、生态等“硬设施”，还是文化、教育等“软设施”，需要建设和提升的短板还有很多，城市精细化管理水平普遍不高，城市发展活力不强，城市建设中引进社会资金积极性不高，与社会资本的合作仍待真正“破题”。五是城乡二元体制障碍依然存在。虽然近年来河南省在农村“三块地”制度改革上取得了积极进展，但土地、资金等要素在城乡之间合理流动和平等交换的机制尚未建立，新型城镇化与乡村振兴之间没有做到有机融合。

三、2019年新型城镇化建设安排

2019年是新中国成立70周年，是全面建成小康社会关键之年。河南省将围绕打好推进新型城镇化这张牌，坚持走具有中国特色、符合河南特点的生态、融合、适度、集约、高效的城镇化之路，以人为核心，以中心城市建设为引领，加快中原城市群一体化，优化城市空间布局，加快形成以郑州为中心、洛阳为副中心、多极支撑发展的大格局，强力推进百城建设提质工程，深入推进户籍制度改革和农村产权制度改革，吸引农业人口加快向城镇转移落户，推动全省新型城镇化高质量发展。

（一）持续推进非户籍人口向城镇转移落户

以体制机制改革创新为牵引，统筹推进户籍制度、基本公共服务均等化和农村综合配套改革，促进更多农业人口向城镇转移落户。一是继续深化户籍制度改革，落实重点群体零门槛落户政策，抓好已经在城镇就业的农业转移人口落户工作，推动全省户口跨省辖市迁移“一站式”办理，把提高户籍人口城镇化率作为推动新型城镇化高质量发展的重要举措。二是全面推行居住证制度，进一步提高居住证发放量和含金量，实现基本公共服务人口全覆盖、区域全覆盖、领域全覆盖。三是建立完善城镇常住人口统计制度和信息服务平台，完善转移支付资金、建设用地指标与城镇人口相挂钩机制，加大“人地钱”挂钩配套政策落实力度，加快撤县设市、撤乡建镇等行政区划调整工作。四是深化农村集体产权制度改革，完善农村承包地“三权分置”制度，推进农村土地征收、集体经营性建设用地入市、宅基地制度等“三块地”改革。

（二）增强中心城市辐射带动能力

充分发挥郑州国家中心城市龙头作用，加快郑州大都市区建设，提升其他节点城市支撑能力。一是加快郑州国家中心城市建设，出台关于支持郑州建设国家中心城市若干政策措施的意见，加快提升郑州国际综合交通物流中枢、全国新的经济中心、全国创新创业中心、内陆地区对外开放门户、华夏历史文明传承创新中心“三中心一中枢一门户”功能。二是研究制定2019年郑州大都市区建设行动计划，建立健全郑州大都市区建设协调机制，谋划梳理三年重大项目库，构建郑州大都市区空间大数据及可视化规划管理系统和大都市区空间规划展示系统，组织编制大都市区交通、生态专项规划，开展郑开双创走廊、许港、开港等产业带和沿黄生态带建设行动，深化郑州大都市区旅游、标准等联盟合作。三是制定实施洛阳副中心城市建设行动，重点实施综合交通枢纽建设、产业创新发展、城市品质提升等重点工程，启动编制洛阳都市圈发展规划。推进区域中心城市建设，以产业转型、重点功能区开发、综合服务功能提升等为重点，强化安阳、商丘、南阳等市辐射带动能力。

专栏 1

郑州大都市区“一核四轴三带多点”空间布局

一核，即郑（州）汴（开封）港（航空港区）核心引擎区，是由郑州主城区、郑州航空港区、开封主城区共同组成的三角区域。

四轴，即南北向区域发展主轴（沿京广通道）、东西向区域发展主轴（沿陆桥通道）、郑（州）焦（作）功能联系廊道、开（封）港（航空港区）登（封）功能联系廊道。

三带，即黄河文化生态带、嵩山—太行山区生态文化带、农区田园生态文化带。

多点，主要包括次级中心城市（开封、新乡、焦作、许昌四市中心城区）、新兴增长中心（巩义市区、新郑市区、荥阳市区、长葛市区、新乡平原城乡一体化示范区、新密市区、登封市区、中牟县城、尉氏县城、武陟县城、原阳县城）、重点镇、特色小镇和特色小城镇等。

（三）着力加快中原城市群一体化发展

以交通、生态为重点，加快实施重点领域重大一体化工程建设，推动中原城市群高质量一体化发展。一是启动实施高速公路“双千工程”，继续实施省际通道建设行动，新增和改造一批省际通道出口。二是启动伏牛山世界植物大观园、中华生物园建设，推进南水北调沿线、京港澳高速、黄河等主要河流和高速公路沿线绿化，构建“三纵五横”的城市群生态廊道网络。三是组织西部城镇协同区召开年度联席会议，编制完成并实施豫西北特色产业带规划，带动西部城镇协同区一体化发展。推动其他城镇协同区进一步建立健全合作机制，深化交通、环保、旅游、医疗教育等领域城际合作。

（四）深入开展百城建设提质工程

将百城建设提质试点扩大到全省所有市县，着力推进高质量城市规划、城市建设、城市管理和城市经营，突出抓好生态环境治“污”、交通秩序治“堵”、市容卫生治“脏”、公共服务治“差”，提升城市整体形象，促进城市由注重外延扩张向注重内涵提质转变。一是完善城市规划体系，2019年所有城市完成总体规划修编，有条件的县市加快开展老城区建设提质市政基础设施和公共服务设施专项规划、生态修复专项规划等规划编制。二是科学谋划项目，加快智慧城市建设，合理布局城市基础设施和公共服务设施，全面增强城市综合承载能力，形成完善的服务配套体系，力争2019年城镇基础设施建设完成投资2000亿元以上。三是重点推进中心城区脏乱差棚户区改造，适度推进城中村改造，同步搞好配套基础设施和公共服务设施建设，争取全年新开工21.3万套左右。四是在防范化解财政金融风险的基础上，探索市场主导的城市建设投融资模式，加快推进政府融资平台市场化转型，引导民间资本进入市政设施领域，大力盘活存量资产项目。

（五）着力推进城乡融合发展

加快建立健全城乡融合发展体制机制和政策体系，构建城乡互补、全面融合、共同繁荣的城乡发展新格局。一是以市县为单元，探索建立城乡基础设施统一规划、统一建设、统一管护机制，推动城乡路网对接和公交运行一体化，因地制宜处理城乡垃圾污水。探索建立城乡教育资源均衡配置机制，完善城乡跨区域医联体布局和分级诊疗制度，健全城乡统一的基本养老制度，促进城乡基本公共服务均等化。二是加快推进城乡一体化示范区和国家产城融合示范区建设。推动各城乡一体化示范区进一步优化城市、乡镇、居民点空间布局，积极推进各项改革任务，打造全省城乡一体化发展体制机制创新先行区。发挥洛阳、开封、济源国家产城融合示范区的先行先试和带动作用，推动各示范区的城镇产业发展、人口集聚和功能完善，指导各示范区进一步修改完善总体方案和发展规划，有序开展各项建设。三是发挥厅际联席会议作用，统筹全省特色小镇和特色小城镇创建工作，建立规范纠偏、典型引路和服务支撑机制，积极搭建政银对接服务平台，引导特色小镇和特色小城镇高质量发展。

湖北省2018年推进新型城镇化建设总结报告

湖北省发展改革委

一、2018年新型城镇化建设主要情况

2018年，湖北省深入落实习近平总书记视察湖北时的重要讲话精神，按照国家发展改革委《关于实施2018年推进新型城镇化建设重点任务的通知》要求和省委、省政府统一部署，将统筹推进新型城镇化作为做好“六稳”工作的重要抓手，作为实现高质量发展的重要动力，坚持新发展理念，坚持以人的城镇化为核心、以提高质量为导向，围绕加快农业转移人口市民化、优化城镇化布局和形态、提高城市发展质量、推动城乡融合发展、深化城镇化制度改革，扎实推进全省新型城镇化水平。2018年湖北省有效解决103万农业转移人口城镇落户，为0.68万余名无户口人员办理了落户，免费办理74.5万余张居住证。2018年湖北省户籍人口城镇化率为42%，提高1.5个百分点，常住人口城镇化率为60.3%，提高1.2个百分点，户籍人口城镇化率与常住人口城镇化率的差距比2017年缩小0.3个百分点（见图1）。

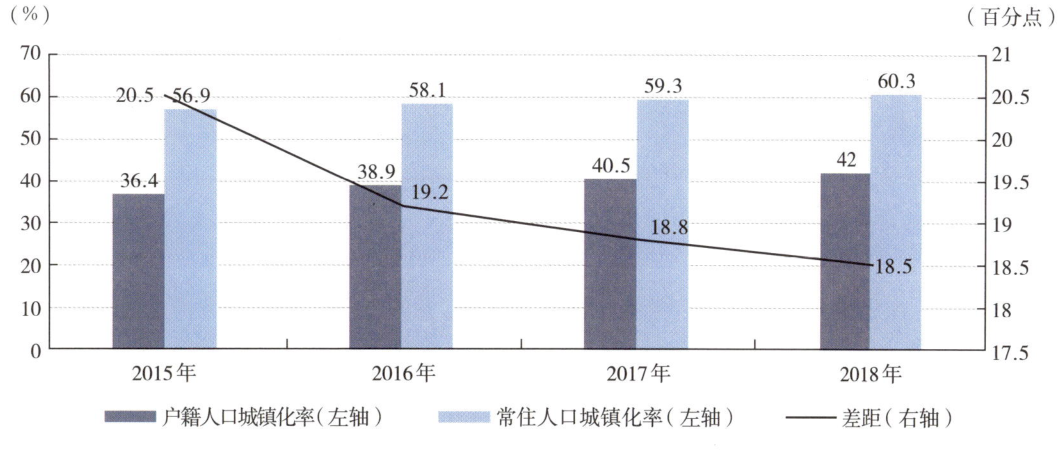

图1 湖北省2015年以来城镇化率变化情况

（一）围绕群众期盼，加快农业转移人口市民化

全面放宽城市落户条件。推进落实省人大《湖北省流动人口服务和管理条例》和省政府关于户籍制度改革、居住证服务管理及无户口人员落户等系列实施意见，省直18个部门出台了配套措施，各市州均出台了户籍制度改革具体实施意见，全面推行以合法固定住所（含租赁）、合法稳定职业为基本准入条件的落户政策，大幅降低落户门槛。武汉市推行差别化户籍制度改革措施，出台《积分入户管理办法（试行）》，大幅放宽非本市户籍人员在本市落户和新城区户籍人员在城镇落户限制。截至2018年11月30日，武汉市户籍人口883.68万人，户籍人口城镇化率73.09%，比2017年提高0.51个百分点。

推行居住证管理制度全覆盖。推动基本公共服务向常住人口全覆盖，通过政府购买服务的方式，为城乡居民免费提供14大类55项基本公共卫生服务。出台《关于做好2018年普通中小学招生入学工作的指导意见》，按照“免试就近”和机会均等的原则，简化、优化随迁子女入学流程，做到应入尽入，现有52.5万适龄随迁子女在流入地接受义务教育，其中97%在公办学校就读。出台《湖北省城镇保障性住房管理办法》，从省级法规层面将在城镇稳定就业的外来务工人员（含农民工）纳入城镇住房保障范围。

专栏 1

武汉市居住证公共服务覆盖范围

1．基本公共就业服务，居住证持有人可以按照有关规定享受就业信息咨询、求职登记、职业介绍、职业指导等服务；

2．社会保险服务，居住证持有人可以按照国家、省和市有关规定参加社会保险，享受社会保险待遇；

3．教育服务，居住证持有人可以为其共同居住生活的子女在居住地申请接受义务教育，由居住地区级教育行政部门统筹安排就读；与居住证持有人共同居住生活的子女，符合国家、省和市有关规定条件的，可以在居住地报名参加高中阶段学校和普通高等学校招生考试；

4．基本公共卫生服务，居住证持有人及其共同居住生活的子女享有免费建立健康档案、健康教育、孕产妇和儿童保健、传染病防控、儿童接种国家免疫规划疫苗等基本公共卫生服务；

5．计划生育服务，居住证持有人免费享受婚前医学检查、孕前优生健康检

查和计划生育免费技术服务项目及避孕节育等计划生育服务；

6. 住房保障服务，居住证持有人享有在居住地缴存、提取和使用住房公积金，以及按照本市住房保障有关规定，申请保障性住房的权利；

7. 公共文化体育服务，居住证持有人免费享受公共图书馆、博物馆、文化馆、美术馆、科技馆提供的公共文化服务，以及公共体育健身等公共体育服务；

8. 公共交通和旅游服务，符合规定条件的居住证持有人可以享受公共乘车、旅游优惠服务；

9. 法律援助和其他法律服务，居住证持有人可以在本市申请法律援助、人民调解等公共法律服务事项；

10. 国家和本省、市规定的其他基本公共服务。

深化“人地钱”挂钩配套政策。制定出台《湖北省关于建立城镇建设用地增加规模同吸纳农业转移人口落户数量挂钩机制的实施细则》，建立差别化用地标准，根据城镇规模和人均占用土地的状况，合理确定进城落户人口新增建设用地标准。2018年，批准增减挂钩项目实施方案184个，批准挂钩周转指标14154公顷，共验收备案增减挂钩项目119个，归还指标5511公顷，已建新使用增减挂钩指标2115公顷，工矿废弃地复垦利用建新使用115公顷，有力拓展用地空间。

不断提升新市民融入城市能力。制定实施“湖北就业提升计划”，提高大学生在鄂就业、创业带动就业、市场配置就业、技能就业“四个比重”。深入实施“我选湖北”计划，以“就业促进、创业引领、基层成长”为指导，安排省级奖补资金，引导大学生到经济建设主战场和基层一线就业创业。制定出台《湖北省就业创业培训补贴管理办法》，印发《全省农民工等人员返乡创业三年行动计划（2018—2020年）》，支持农民工接受学历继续教育与非学历培训。2018年，全省城镇新增就业91.96万人，完成全年目标任务的131.37%；城镇登记失业率2.55%，低于4.5%的年度控制目标，低于全国平均水平。

（二）围绕高质量发展，优化城镇化布局和形态

推动长江中游城市群高质量一体化发展。召开湘鄂赣三省“长江中游地区省际协商合作会商会”，签署《长江中游地区省际协商合作行动宣言》，深化省际协商交流，促进长江中游地区协调协同发展。召开长江中游城市群省会城市第六届会商会，签署《长江中游城市群建设近期合作重点事项》，共同推进长江经济带绿色发展示范区建设，推进省会城市新区发展合作，组建境外航空联盟、设计联盟、协同创新联盟，探索实

行工伤保险互认，开展公共资源交易远程评标。

推进武汉建设国家中心城市。发布实施《武汉建设国家中心城市实施方案》，以信息技术、生命健康、智能制造为基础，围绕芯片、基因工程、金融等新技术革命要素，加快产业转型升级。坚持实施“百万大学生留汉创业就业工程”和“百万校友资智回汉工程”，优化人才结构。推进实施招商引资“一号工程”，围绕全产业链、创新链、城市功能链招商，招商引资实际到位资金年均增长15%左右。

出台“一芯两带三区”区域和产业战略。按照高质量发展要求，坚持区域平衡、城乡融合、产业协同、特色分工四大原则，通过产业的科学布局，着重解决区域发展不平衡、不充分、不融合、不协调、不互补问题。按照全要素、全产业链、全地域思路，瞄准“国之重器”，以武汉国家中心城市为引领，打造产业之“芯”、区域之“心”、动能之“新”。以长江经济带和汉江生态经济带为依托，构建长江绿色经济和创新驱动发展带、汉孝随襄十制造业高质量发展带，形成湖北高质量发展的“两翼”骨干支撑。围绕区域主体功能定位，打造鄂西绿色发展示范区、江汉平原振兴发展示范区、鄂东转型发展示范区，推动全省错位发展、协同发展（见图2）。

集成电路产业
芯片设计
区域布局：武汉
芯片制造
区域布局：武汉
封装测试与材料业
区域布局：武汉、襄阳、宜昌等

地球空间信息产业
地球空间信息平台建设
区域布局：武汉
地球空间信息产品开发
区域布局：武汉
地球空间信息应用服务
区域布局：武汉

新一代信息技术产业
光通信
区域布局：武汉、潜江
新型显示
区域布局：武汉
智能终端
区域布局：武汉、襄阳、黄石、孝感
5G通信
区域布局：武汉
网络安全
区域布局：武汉
量子通信
区域布局：武汉

智能制造产业
激光
区域布局：武汉、孝感、咸宁
人工智能
区域布局：武汉、襄阳
机器人
区域布局：武汉、宜昌、襄阳等
智能装备
区域布局：武汉、襄阳、宜昌等
高技术船舶与海洋工程装备
区域布局：武汉、荆州、宜昌
轨道交通装备
区域布局：武汉、襄阳

汽车产业
汽车及零部件
区域布局：武汉、襄阳、十堰
新能源汽车
区域布局：武汉、襄阳、十堰等
智能网联汽车（无人驾驶汽车）
区域布局：武汉、襄阳、十堰

数字产业
数字基础设施
区域布局：武汉、襄阳、宜昌
数字共享
区域布局：武汉、宜昌
数字应用示范
区域布局：武汉、襄阳、宜昌等

生物产业
生物制药
区域布局：武汉、宜昌等
生物农业
区域布局：武汉、鄂州、恩施等
生物医学工程
区域布局：武汉、宜昌
精准诊疗
区域布局：武汉、鄂州
脑科学
区域布局：武汉
高性能医疗器械
区域布局：武汉、宜昌

康养产业
健康
区域布局：武汉、宜昌、襄阳等
医养
区域布局：宜昌、十堰、恩施等
文化创意
区域布局：武汉、宜昌、襄阳
体育
区域布局：武汉、宜昌、荆门等
旅游
区域布局：武汉、宜昌、恩施等
食品
区域布局：江汉平原、两江流域

新能源和新材料产业
新能源利用
区域布局：武汉、宜昌、恩施等
海洋核能
区域布局：武汉
先进电力装备和智能电网
区域布局：武汉、襄阳、鄂州等
石墨烯
区域布局：武汉、襄阳、宜昌等
新型功能材料
区域布局：武汉、襄阳、宜昌等
高性能复合材料
区域布局：武汉、荆门、襄阳等

航空航天产业
航空装备
区域布局：武汉、荆门、襄阳等
航天装备
区域布局：武汉

图2　湖北十大重点产业发展布局

（三）围绕补齐短板，提高城市发展质量

补齐绿色城镇短板。强力实施“三水”共治，打好湖北长江大保护十大标志性战役、实施湖北长江经济带绿色发展十大战略性举措，做好生态修复、环境保护、绿色发展“三篇文章”，115家沿江化工企业已完成“关改搬转”的清单任务。“厕所革命”、精准灭荒、乡镇生活污水治理和城乡垃圾无害化处理“四个三”重大生态工程稳步推进，647个新建乡镇生活污水治理项目全面开工，建成农户无害化厕所34.5万座，农村公厕2782座、乡镇公厕375座、城市公厕517座。污染防治成效明显，国家地表水考核断面水质优良比例达到86%，城市PM2.5累计浓度均值下降9.6%。

推进城市治理现代化。加快武汉、襄阳、宜昌海绵城市建设，全省开工建设的海绵城市面积已超过200平方公里。武汉市总投资20亿元、规划总长度13.5公里的地下综合管廊建设取得实质性进展，1.4公里启动段基本建成。推进武汉智慧城市建设改革，高标准实施“一窗式”联合办公模式，打造出“网上办公一条街”。全省政务服务“一张网”基本实现五级联通，“鄂汇办”APP上线。

（四）围绕融合发展，推动城乡协调发展

做好城乡融合发展顶层设计。全面实施乡村振兴战略，在全国率先出台《湖北省乡村振兴战略规划（2018—2022年）》，积极推进高标准农田建设，着力优化种养殖业结构，推进33个省级特色农产品示范区建设，继续开展畜禽养殖标准化示范创建活动，提高特优水产品比重，推动湖北特色优势农产品做大做强。

清除要素下乡各种障碍。支持各地立足农业资源优势和产业基础，拓展农业多种功能，大力发展休闲农业、乡村旅游等新兴业态，形成了市民农庄等模式。建设农村产权流转交易平台，市、县两级建立农村产权流转交易机构70个，“湖北农村资产交易管理信息平台”覆盖14个市、州、直管市。武汉市利用农村综合产权交易所网站发布闲置农房，引导工商资本以租赁或合作等方式发展农家乐等休闲旅游农业。

推进城乡产业融合发展。落实藏粮于地、藏粮于技战略，推进高标准农田和水利设施建设，提升农业综合生产能力。大力发展“大数据+现代农业”、“互联网+现代农业”、“旅游+现代农业”，培育农村新产业新业态。推进农业精品名牌培育和整合，提升“三品一标”认证覆盖率。支持襄阳建设中国有机谷，支持咸宁建设国家农业可持续发展试验示范区，支持“潜江龙虾”等打造区域公用品牌。加快构建现代农业产业体系、生产体系、经营体系，促进农村一二三产业深度融合。

推动公共资源向农村延伸。推动城市优质教育、医疗、文化等资源向农村延伸。推进道路、能源、信息、防洪排涝、污废处理等基础设施城乡联网。加快建设美丽宜居乡村，开展农村人居环境三年整治行动。解决农村350万人安全饮水问题，完成棚户区住房改造24万套，新建改建农村公路1万公里，建设1000个绿色示范乡村，完成1000个村环境综合整治。

（五）围绕体制机制创新，深化城镇化制度改革

深化城乡土地制度改革。建立进城落户农民“三权”维护和自愿有偿退出机制，全省农村承包地确权登记颁证工作基本完成，实测农村耕地7243.2万亩，颁发农村土地承包经营权证839.3万份，92个县（市、区）向农业农村部汇交了数据库成果。深入推进农村集体产权制度改革，截至2018年9月底，全省纳入集体产权制度改革范围的有24839个村组，涉及111个县（市、区）、1171个乡（镇、街）。

健全城镇化投融资机制。发挥政策性银行政策性优势，积极参与湖北新型城镇化重点领域建设投融资，国家开发银行湖北省分行形成了土地指标交易和农业产业化经营结合的市场化收入反哺农村基础设施的乡村振兴“仙桃模式”和“潜江模式”，合计授信130亿元，2018年实现贷款发放11.5亿元。国有大型银行在基础设施建设、棚户区改造、拆迁安置房、美丽乡村等方面发挥金融支柱作用，支持特色小镇、地下综合管廊建设等项目，推动区域发展和产业转型升级。

推进行政管理体制改革。成立湖北省经济发达镇行政管理体制改革工作领导小组，建立“二上二下”的实施方案沟通审核机制。印发《关于做好经济发达镇行政管理体制改革有关工作的通知》，扩大经济社会管理权限，构建精干高效的组织体系和运行机制，建立务实高效的用编用人制度。截至2018年底，40个经济发达镇改革实施方案全

部以领导小组办公室文件备案通过，各地改革正式进入组织实施阶段。推进武汉经济技术开发区与汉南区融合发展，发展空间由202.7平方公里扩展为489平方公里。

（六）围绕突出特色，深化国家新型城镇化综合试点

总结推广第一批试点经验。认真落实国家发展改革委办公厅《关于印发第一批国家新型城镇化综合试点经验的通知》，印发《湖北省第一批国家新型城镇化综合试点经验的通知》，对第一批试点经验进行提炼总结，在全省复制推广。

专栏 2

湖北省第一批国家新型城镇化综合试点经验

武汉市探索大学生在特大城市和超大城市零门槛落户，将大学生落户年龄限制从35周岁分别放宽到45周岁和40周岁；利用农村综合产权交易所网站发布11万户闲置农房，引导工商资本以租赁或合作等方式发展农家乐等休闲旅游农业；推进武汉经济技术开发区和汉南区融合发展，将54个党政部门融合为22个。

孝感市以社区为载体缩小城乡公共服务差距，统筹城乡“三类社区”建设，开工建设271个社区，吸纳10万余人入住；推进云梦县土地承包经营权抵押贷款、孝昌县城基础设施投融资体制改革以及马口镇投融资模式创新特色小镇3个国家级试点建设，拓宽城市建设融资渠道。

仙桃市改善农业转移人口随迁子女教育，探索校企合作办学，吸引社会资本新建5所公办学校，对公办教育形成有益补充；优化经济发达镇行政管理体制，在彭场镇建立镇级独立财政体制，以2014年为基数的新增税收地方留成部分全额返还，比上年新增部分按50%进行奖补。

宜城市保障农业转移人口住房需求，为326户农业转移人口及其他外来务工人员、新就业职工提供公租房；明晰农村各类资产权属，建立农村集体经济组织成员备案制度，允许进城农民保留集体经济组织成员身份，继续享受农村“三权”，并将农房所有权和宅基地使用权合二为一，发放“房地一体”不动产证书1.7万本；完善农民宅基地和农房政策，按宅基地等级划分收费标准，对超出标准部分征收有偿使用费。

综合试点特色推进。对第二、第三批试点开展交叉调研、现场指导，第二批试点地区工作受到第三方评估机构的高度好评，宜都市在全国经验交流会上发言。组织召开试点地区经验交流会，对试点工作经验进行总结提炼。

专栏 3

湖北省国家新型城镇化综合试点特色

武汉市："三乡工程"、农村产权制度改革、宅基地有偿退出和转移人口市民化成本分担机制探索。

孝感市：城镇化投融资探索、重大民生项目建设、转移人口市民化成本分担机制探索。

仙桃市：产业支撑、产城融合。

宜城市：农村"三权"制度改革。

宜都市：生态产业、生态环境、生态宜居、生态文化、生态制度。

松滋市：增加公共服务供给、引导农业人口就近转移落户。

荆门市：产城融合、城乡融合。

随州市：文化旅游产业和新型城镇化融合发展。

老河口：绿色智慧城市。

大冶市：公共服务均等化。

长阳县：非物质文化遗产、优良民俗民风与产业融合发展。

二、存在的问题

一年来，湖北省新型城镇化建设虽然取得了不少成绩，但也存在许多不足：城镇化率总体水平不高，集聚经济、人口和要素能力不强，特别是与粤港澳、京津冀、长三角等地区差距较大，城乡区域发展不平衡、不协调。

农民进城落户积极性不高。由于农村保障体系逐步健全，城乡福利差距缩小，居住证持有人能享受绝大部分城镇基本公共服务。部分农民担心进城落户后农村权益得不到保障，在未缴纳任何城市保险的情况下，在城市一旦工作不稳定将没有生活保障，因而不愿进城落户。一些城镇经济发展、就业形势、居住环境还不能满足居民需求，部分居民持观望态度。

配套改革不平衡。城镇化是一个系统工程，涉及经济、社会、文化和环境等多个方面。在推进城镇化建设过程中，虽然建立了部门间协作机制，但由于受部门法规政策的限制，与户口关联的就业、住房、医疗、教育、社保和农民"三权"等方面配套改革进展不平衡，部门间信息资源共享不够，城镇化建设效果不理想。

地方城镇化建设资金短缺。推进新型城镇化发展涉及大量基础设施和公共服务设施建设，需投入巨量建设资金。湖北省地方财力明显不足，特别是县乡两级建设资金筹措十分困难，在财力上很难保障。同时由于金融机构主要分布在大城市，中小城市、小城镇、农村地区金融机构则相对稀少，难以提供有针对性、高质量的金融服务支持。民间资本进入城镇化建设领域也在起步阶段，只能作为有限的补充。

三、2019年重点任务

2019年是新中国成立70周年，是全面建成小康社会关键之年，也是推进新型城镇化高质量发展的重要一年。湖北省将牢记习近平总书记“四个着力”“四个切实”殷殷嘱托，坚持稳中求进工作总基调，以人的城镇化为核心以提高城镇化质量为导向，更加注重提高户籍人口城镇化率、更加注重城乡基本公共服务均等化、更加注重环境宜居和历史文脉传承、更加注重提升人民群众获得感、幸福感、安全感，加快补齐基础设施和制造业两个短板，力争实现100万农业转移人口落户城镇，常住人口城镇化率达到61.5%，户籍人口城镇化率达到43.5%，户籍人口城镇化率与常住人口城镇化率的差距缩小0.5个百分点，为进一步做好“六稳”夯实基础，奋力谱写新时代湖北新型城镇化高质量发展新篇章，以优异成绩庆祝中华人民共和国成立70周年。

（一）加快推进农业转移人口市民化

深入贯彻落实《国务院办公厅关于印发推动1亿非户籍人口在城市落户方案的通知》精神，全面实行居住证制度，提高居住证含金量。加快建立完善政府、企业和个人三位一体的农业转移人口市民化成本分担机制，推进财政转移支付、城镇建设用地增加规模、中央基建投资安排与农业转移人口市民化“三挂钩”机制的细化落实。推动城市户籍制度改革与农村土地流转制度改革相互配合，帮助农民工返乡创业、推动乡村振兴、实现“就地城镇化”。

（二）推进城镇基本公共服务覆盖常住人口

建立健全以居住证为主要依据的随迁子女入学办法，完善进城务工人员随迁子女在流入地参加升学考试的政策措施。落实城乡医疗保险制度整合实施方案，逐步推进制度整合、管理体制整合，建立城乡一体、待遇公平的医疗保险制度体系。加快建立健全城乡基本医疗保险异地就医直接结算机制。

（三）推进实施“一芯驱动、两带支撑、三区协同”区域和产业发展战略

强化武汉主中心和襄阳、宜昌省域副中心作用，加快建设综合性国家产业创新中

心、“芯”产业智能创造中心、制造业高质量发展国家级示范区。以长江绿色经济和创新驱动发展带、汉孝随襄十制造业高质量发展带为纽带，以沿线重要城镇为节点，打造高质量发展产业走廊。推动鄂西绿色发展示范区、江汉平原振兴发展示范区、鄂东转型发展示范区协同并进。

（四）加快武汉国家中心城市建设

深入实施《武汉建设国家中心城市实施方案》，加快规划建设长江主轴，引领武汉大都市区由“组团结构”向“中轴结构”发展。加快推进湖北自贸区武汉片区、中法武汉生态示范城等对外贸易和文化交流的优质平台建设，增强开放型经济竞争力。建设国家全面开放的战略联接点、推动长江经济带与“一带一路”联动发展的战略枢纽，提高武汉国际竞争力和影响力。

（五）规范引导特色小镇高质量发展

对现有特色小镇的建设情况进行全面摸排，总结提炼特色产业发展、产镇人文融合和机制政策创新等典型经验，在全省推广。调整优化特色小镇与特色小城镇创建机制，持续开展评估督导和优胜劣汰，健全特色小镇与特色小城镇淘汰机制。搭建政银对接服务平台，引导金融机构在债务风险可控前提下提供长周期低成本融资服务，支持产业发展及基础设施、公共服务设施、智慧化设施等建设。

（六）推进城乡融合发展

推进实施《湖北省乡村振兴战略规划（2018—2022年）》，深入推进农业供给侧结构性改革，加快构建现代农业产业体系、生产体系、经营体系，提高农业创新力、竞争力和全要素生产率。着力推进农村改革，完善产权制度和要素市场化配置，激发乡村振兴的内生动力。坚持以工补农、以城带乡，推动形成工农互促、城乡互补、全面融合、共同繁荣的新型城乡关系。

（七）推进绿色宜居城镇建设

按照城市居民出行“300米见绿，500米见园”的要求，加快各类公园绿地建设，对城市边角地、弃置地实施绿化。着力加强城市道路交通系统建设，推广绿色出行，大力整治城市黑臭水体，加快海绵城市和地下管廊建设，有效改善城市环境质量。

（八）深化体制机制改革探索

探索建立农业转移人口市民化成本分担机制；深化农村土地制度改革，稳步推进和完善农村土地“三权分置”制度，形成宅基地有偿退出机制；建立多元化可持续的城镇化投融资机制，引导和支持社会资本参与新型城镇化建设；加快发展专业化住房租赁市场，推动建立租售并举住房长效机制，构建多元化城镇住房保障体系；坚决打好“三大攻坚战”，探索“农业+文化+生态旅游”发展机制，实现绿色经济新发展，塑造生态环保新形象。

（九）深化国家新型城镇化试点

充分发挥第一批试点的表率作用，巩固试点成果；总结推广第二批试点经验，在全省复制推广；做好第三批试点的跟踪指导，及时总结典型经验，做好评估验收工作；并以试点地区为先导，组织带动省内其他地区加快推进新型城镇化建设。

（十）建立健全新型城镇化推进机制

按照“省级统筹、市州主导、市县落实”的原则，强化新型城镇化推进落实机制。建立评比机制，年底对各市州新型城镇化建设情况进行综合评分和排名。建立淘汰机制，对创建不利、不符合要求的特色小镇，及时通报整改，达不到要求的坚决淘汰。建立激励机制，争取安排专项资金支持新型城镇化推进力度大、成效明显的地区。

湖南省2018年推进新型城镇化建设总结报告

湖南省发展改革委

一、2018年工作进展情况

湖南省按照国家发展改革委《关于实施2018年推进新型城镇化建设重点任务的通知》文件精神，立足省情，遵循城镇化发展规律，贯彻新发展理念，坚持以人的城镇化为核心、以提高城镇化质量为关键，围绕农业转移人口市民化、城市群建设、城乡融合发展等内容，建立机制、协调联动、统筹推进，新型城镇化建设不断取得进展。2018年，湖南省两个城镇化率稳步提升，与全国平均水平相比，差距进一步缩小。常住人口城镇化率为56.02%，同比增长1.4个百分点；户籍人口城镇化率为34.54%，同比增长0.99个百分点（见表1）。

表1　2015—2018年湖南省两个城镇化率进展及与全国比较情况

项目	2015年		2016年		2017年		2018年	
	常住人口城镇化	户籍人口城镇化	常住人口城镇化	户籍人口城镇化	常住人口城镇化	户籍人口城镇化	常住人口城镇化	户籍人口城镇化
全国（%）	56.1	39.9	57.35	41.2	58.52	42.35	59.58	43.37
湖南（%）	50.89	28.13	52.75	29.86	54.62	33.55	56.02	34.54
湖南与全国的差距（百分点）	5.21	11.77	4.6	11.34	3.9	8.8	3.56	8.83

（一）农业转移人口市民化加速推进

完善人口管理政策。按照《湖南省推动农业转移人口和其他常住人口在城市落户实施方案》（湘政办发〔2017〕44号），全面放开高校和职业院校毕业生、技术工人、留学归国人员等重点群体在城镇落户限制。建立户籍制度改革联席会议制度，研究完善户籍人口城镇化率统计项目口径，规范人口统计工作。不断提高居住证含金量，身份证异地办理、出入境证件跨省异地办理等十余项服务与居住证挂钩。2018年，全省共办理农业转移人口落户城镇27.43万人，发放居住证57.6万张。

加快建立农业转移人口市民化推进机制。落实《关于实施支持农业转移人口市民化若干财政政策的通知》(湘政发〔2017〕9号)，建立农业转移人口市民化奖励机制，分配市县市民化奖励资金18.06亿元。按照《湖南省城镇建设用地增加规模同吸纳农业转移人口落户数量挂钩机制实施细则》(湘国土资发〔2017〕49号)，优先保障进城落户人口用地需求，依据市县实际需要及时追加指标。完善农业转移人口退出机制，省委农村改革专项小组批复《浏阳市农村宅基地"三权分置"改革试点实施方案》，积极探索在进城落户农民自愿的前提下有偿退出"三权"试点。

推进基本公共服务常住人口全覆盖。一是保障农业转移人口随迁子女平等受教育权利。2018年安排中央和省级资金39.5亿元，用于普惠性民办幼儿园建设、义务教育保障、化解大班额等重点工作，确保农业转移人口及其他常住人口随迁子女在城市平等接受教育。二是采取综合措施稳就业。出台促进就业工作二十条措施，抓好高校毕业生、贫困劳动力等重点群体就业创业。安排中央和省预算内资金3700万元，支持19个返乡创业试点、16个公共服务平台和8个公共实训基地项目建设。2018年以来全省新增城镇就业79.45万人，新增农村劳动力转移就业44.62万人。三是扩大农民工保障覆盖面。依法将与用人单位建立劳动关系的农民工纳入城镇职工基本养老保险和基本医疗保险，2018年，全省城乡居民医疗保险参保率达到99%，参加城乡居民基本养老保险人数达到3370万人。四是拓宽农民工住房保障渠道。逐步将稳定劳动关系的农民工纳入住房公积金制度覆盖范围，完成28.8万套棚户区改造任务。

(二)城镇化布局和形态不断优化

以城市群为主体形态推进新型城镇化。一是大力发展长株潭城市群。召开首届长株潭城市群一体化发展联席会议，长沙市、株洲市、湘潭市共同签署《长株潭城市群一体化发展合作机制》《长株潭城市群一体化发展行动计划(2018—2019年)》《长株潭城市群一体化发展联席会议制度》等3个文件，启动新一轮合作机制。2018年，长株潭城市群以占全省1/7的土地面积和1/5的人口总量，实现地区生产总值占全省GDP总量超过40%，成为中部地区最重要的城镇群之一。二是因地制宜发展特色城镇群，批复益阳益沅桃、郴州大十字等城镇群规划，指导衡阳西南云大、怀化鹤中洪芷、邵阳东部城镇群等区域城镇群加速成长，成为支撑全省新型城镇化的核心力量。

专栏 1

湖南省区域性城镇群

衡阳西南云大城镇群：中心城区扩容到160平方公里，西渡、南岳、云集、大浦等镇成为衡阳市卫星城，形成半小时经济圈，推动城镇群成为湘南地区医疗、教育资源中心。2020年，城镇人口规模达到145万左右，常住人口城镇化率达到61%左右。

益阳益沅桃城镇群：推动“核心集聚、廊轴带动、功能互补、区域融合”，基本形成以中心城区为核心，沅江市、桃江县和东部新区为次中心，长益常经济发展带、益沅发展轴、益桃发展轴联合支撑的“一核三心、一带两轴”空间发展格局。到2020年，城镇人口达到139万人，城镇化率达到69%以上。

怀化鹤中洪芷城镇群：通过推进基础设施、公共服务、社会治理三个一体化，扩大中心城区规模，基本形成“一极两带”发展格局。到2020年，城镇群城镇常住人口接近160万人，常住人口城镇化率达到60%。

常德临澧一轴双核城镇群：以新安、合口、修梅、安福四镇为南北向城镇轴，探索具有湖乡特色的新型城镇化发展方式，建设湘西北最具活力、最具影响的产镇融合示范群。到2020年，城镇群城镇常住人口达到16.5万人，常住人口城镇化率达60%以上。

构建相互协调、共同发展的城镇体系。一是城镇体系不断完善。初步形成了以长沙为龙头，长株潭城市群为核心，区域中心城市为依托，县城和中心镇为基础的大中小城市与小城镇相互协调、共同发展的城镇体系。二是城镇规模等级结构不断优化（见表2）。新增城镇人口向大中型城市集聚，大中城市城镇常住人口占全省城镇人口比例为36.01%。培育发展新生中小城市，株洲县撤县设区得到国务院批复。完成乡镇区划调整改革，累计减少乡镇524个，撤并行政村17442个。

表2　湖南省城镇规模体系（2017年）

类　型	规模（万人）	数　量
Ⅰ型大城市	300—500	1
Ⅱ型大城市	100—300	2

续表

类　型	规模（万人）	数　量
中等城市	50—100	11
Ⅰ型小城市	20—50	19
Ⅱ型小城市	＜20	70
县以下建制镇	—	1134

综合交通运输网络支撑进一步加强。一是航空方面，航线数和直达城市数稳步提升。2018年，湖南省有长沙黄花国际机场和张家界荷花、常德桃花源、怀化芷江、永州零陵、衡阳南岳、邵阳武冈6个支线机场，拥有直达国内外136个城市（机场）的330条航线。长沙黄花机场客运吞吐量位居中部第一，跻身全球百强。二是轨道交通方面，各类轨道交通多点发力。全省铁路营运里程达到4745公里，其中高铁营运里程1397公里、全国排名第四，怀邵衡铁路 全线通车。三是公路交通方面，高速公路覆盖率稳步提升。高速公路通车里程达到6582公里，跻身全国前五，14个市州全部通高速，122个县市区中有114个实现县城30分钟上高速公路。四是水运方面，通航里程不断增加。通航里程达11968公里，位居全国第3，基本形成了以洞庭湖为中心，长江、湘江、沅水干流为依托，岳阳港、长沙港等重要港口为节点的水路交通运输体系（见图1）。

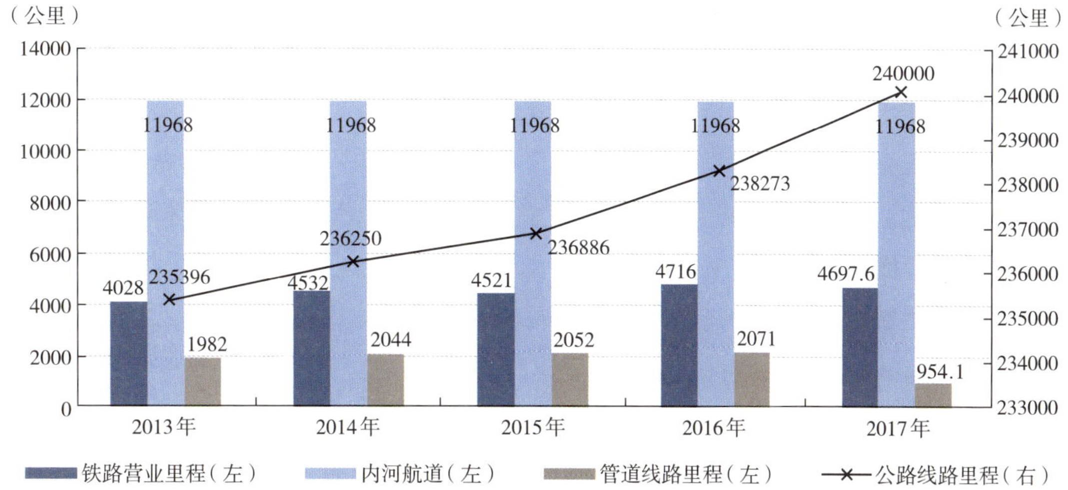

图1　湖南省各类运输线路情况

（三）城市发展质量稳步提高

推进产城融合，强化产业就业支撑。一是推进重大项目建设。开展产业项目建设年活动，着力抓好100个重大产业项目、科技创新项目、产品创新等“5个100”，累计完成投资1300亿元以上，规模以上工业企业、“四上”企业分别新增898家、2891家。二是优化经济结构。2018年，全省三次产业结构调整为8.5∶39.7∶51.8。最终消费对经济增长贡献率达到56.9%，“三新”经济占地区生产总值的比重达到16.9%。民间投资、装备制造业投资、高新技术产业投资分别增长25.2%、31.8%和51.1%，经济健康增长的活力和动能不断积累。三是调整优化产业空间布局。实施2018年县域产城（镇）融合发展专项，安排1亿元支持27个示范县镇产城（镇）融合，具备条件的开发区向城市综合功能区转型。

规范城镇建设，提升综合承载能力。一是完善城市综合交通体系。全力打造“公交都市”，全面推进城市综合交通一体化建设，长沙市中心城区公交站点500米覆盖率达98%，株洲市中心城区公交站点500米覆盖率达到100%。二是加快地下综合管廊建设。推动长沙市国家级试点，郴州、永州、湘潭省级综合管廊试点城市开展建设，全省已开工40个综合管廊项目。三是完善城市生活设施。出台城市双修和农村双改三年行动计划（2018—2020年），实施城市污水治理、垃圾治理、城市公共空间提质、数字城管等十大工程，城市社区综合服务设施覆盖率达96.5%，城市污水处理率达95.7%，城市生活垃圾无害化处理率达99.6%。

推进生态文明建设，提升环境可持续能力。一是划定生态保护红线。印发《湖南省生态保护红线》（湘政发〔2018〕20号），划定面积为4.28万平方公里，占全省土地面积的20.23%，构建“一湖三山四水”生态红线整体格局。二是强化主体功能区管控。组织新增19个国家重点生态功能区编制产业准入负面清单。开展122个县市区资源环境承载能力监测预警评价工作并形成成果，为深入落实主体功能区空间管控提供基础支撑。三是加强环境治理和污染控制。开展蓝天碧水净土三大保卫战，湘江流域水质总体为优，国家考核60个断面水质优良比例为90%，洞庭湖生态环境逐步好转，城市空气质量优良率为86.8%。

聚焦新型城市理念，促进城市转型发展。一是创新城市成效显著。大力实施创新引领开放崛起战略，成功获批创新型省份建设。株洲、衡阳获批国家创新型城市试点，科技进步贡献率提高到55.9%，创新综合实力上升到全国第12位。二是智慧城市稳步推进。2018年，全省光纤入户小区占比96%以上，移动宽带用户超4700万户，48.1%宽带用户上网速率达到100Mbps以上。株洲市、常德市、长沙县等19个地区被列入国家智慧城市试点。三是绿色城市蓬勃发展。2018年，全省万元GDP能耗下降3%以上，能耗增量控制在500万吨标准煤以内。5个国家园林城市（县城）和9个省级园林城市（县城）被正式授牌。中心城区绿化覆盖面积为745.35平方千米，绿化覆盖率为31.66%。四是人文城市特色鲜明。文化产业蓬勃发展，规模以上娱乐业、文化艺术业等新兴行业营业收入分别增长40.2%和24.7%。实施文化惠民工程，基本公共文化服务均等化程度不断提高，全省公共图书馆、文化馆、博物馆等文化设施超过420个。

（四）城乡融合发展态势良好

推进城乡规划建设一体化。统筹城乡发展规划编制，87.5%的乡镇已编制总体规划，全面推进临湘市国家级“多规合一”试点和长沙县、浏阳市、宁乡市等省级“多规合一”试点建设。促进城市道路、管网、供水、供电、垃圾污水处理设施向农村延伸，农村安全饮水、农村危房改造超额完成年度任务。新建改建“四好农村路”超过2.7万公里，实现了所有乡镇与所有具备条件的建制村通水泥（沥青）路，99%的建制村通客班车。

推动城乡基本公共服务均等化。教育方面，实施城乡学校标准化建设、乡村教育提质、城乡师资统筹配置等十大计划，推进义务教育城乡一体化建设。医疗卫生方面，2018年湖南省乡镇卫生院数量超过2200个，床位超10万张，技术人员达到7.3万人。社会保障方面，实施“全民参保登记计划”，城镇常住人口基本养老保险覆盖率、城镇常住人口基本医疗保险覆盖率分别达到84%、100%，全省社保卡持卡人数达到5410万人，覆盖全省79%的常住人口。

推动精准扶贫与新型城镇化结合。实施特色产业扶贫、易地扶贫搬迁等七大扶贫行动，2018年实现131万农村贫困人口脱贫，2491个贫困村退出，18个县如期摘帽，贫困发生率下降到1.5%以下。2018年，湖南省城镇居民人均可支配收入和农民人均纯收入分别为36660元和14070元，城乡居民收入绝对差额为22590元，收入比由2014年的2.64∶1下降至2.60∶1。

（五）城镇化制度改革继续深化

深化土地管理制度改革。一是规范城乡建设用地增减挂钩。盘活农用闲置、低效利用存量土地，累计批复增减挂钩项目123个，复垦农用地11.80万亩，新增耕地2.86万亩。二是完善农村“三块地”改革。指导浏阳市推进“三块地”改革试点，形成了农村房屋县域内交易、集体经营性建设用地网上挂牌出让、返乡人员和当地农民合作改建自住房、建设用地增减挂钩指标跨市流转、工矿废弃地复垦等试点经验。三是逐步建立城乡统一的建设用地市场。对耕地等资源性资产确权到户，对非经营性资产建立集体统一经营的运行管护机制。累计颁发不动产登记证书285万本，不动产登记证明236.7万份。

专栏 2

浏阳市“城乡合作建房”探索

2018年5月，浏阳市选取了6个村（社区），启动城乡合作建房试点探索。为此，浏阳市成立了专门工作班子，由市委书记任组长，市长任常务副组长，分管副市长任副组长，住建、财政、国土、规划等部门及试点村（社区）为成员。各试点地区在完成宅基地资格权认定和存量宅基地确权工作基础上，开展选址、办理规划用地许可和报建手续、施工、验收、发证等工作，并逐步总结试点成效和问题，完善相关制度并推广。

定义：城乡合作建房是指依法不享有农村宅基地资格权的城镇居民、法人或其他组织，在符合土地利用规划和城乡规划的前提下，与享有农村宅基地资格权的农户联合新建、改建自有住房，或直接租用农户自有住房，用于返乡、下乡自住或发展农村一二三产业。

原则：农民自愿、村组引导、市场配置、合作共享。

模式：农户与城镇居民、法人或其他组织可以以“1+1”“1+N”“N+1或“N+N”的模式进行联合建房，总用地面积不得超过参与建房的农户依法可批准的用地面积总数，合作期限由合作协议进行约定，不得超过50年。

权益：宅基地使用权及房屋所有权归参与合作建房的农户，农户可依法申请领取不动产权证，并根据合作建房的协议，对约定部分的房屋享有使用权。城镇居民、法人或其他组织根据合作建房的协议，对约定部分的房屋享有使用权，只可以对登记的房屋使用权进行流转。集体经济组织通过宅基地有偿使用费实现收益分成，用于基础设施建设和日常维护。

构建多元化可持续的城镇化投融资机制。一是加大财政资金支持力度。2018年拿出专项资金3500万元，奖励推进新型城镇化和“双修”“双改”等工作成效明显的13个市县区。安排各类资金共计3.57亿元支持省级试点建设、县域产城（镇）融合发展等工作。二是推进政府和社会资本合作创新投融资。落实财政部以奖代补政策，成功申报并获批PPP以奖代补资金的项目23个，涉及奖补金额1.6亿元，推动PPP项目的加快实施。三是建立规范政府举债机制规范投融资。出台关于严控政府性债务增长切实防范债务风险的若干意见、金融机构金融市场创新产品监测办法等政策文件，加强政府债务管理。2018年新增发行政府债券834亿元，其中专项债券407亿元，用于保障城市基础设施等重点领域建设。

推进行政制度和商事制度创新。一是深入推进“放管服”改革。2018年，取消省级行政许可事项32项，清理各类证明材料3400余项。省本级“互联网+政务”平台实现116个事项一网通办，基本建成升级数据共享交换平台，初步建成全省自然人信息资源库。二是简化商事登记。全面实施企业简易注销登记改革，在全国率先实施“五证合一、一照一码、先照后证”，实现全程电子化登记、电子营业执照和简易注销登记，134项工商登记前置审批改为后置审批，企业开办时间压缩至8.5个工作日以内，2018年新增市场主体79.48万户。三是积极探索县城管理体制改革。扩大了54个县市的县（市）政府驻地镇（街道）的行政区域和管辖范围，对7个县政府驻地镇进行了改设街道区划调整，优化了乡级行政区划设置。

（六）深入推进各类城镇化试点建设

一是积极争取国家试点。长沙市、湘潭市、常德市被评为第三批“城市双修”试点城市，长沙县金井镇、宁乡市双江口镇等11个镇入选全国农业产业强镇，平江县、桃源县等8个县市获批第三批国家农民工返乡创业试点，永安镇等9个镇获批第二批全国经济发达镇行政管理体制改革试点。二是指导推动试点建设。指导第二、三批国家新型城镇化试点深入推进改革探索，形成了“津澧融城”、“绿色存折”等试点工作经验，顺利完成第二批国家试点总结评估。完成省级试点第一阶段工作任务，启动部署第二阶段试点任务。指导4个城镇群试点建设，在规划一体化、公共服务一体化等方面形成了一批经验成果。

专栏 3

津澧新城“两城同规、三规协同”试点经验

在不动行政区前提下，探索出“两城同规”新路径和“三规协同”新模式，实现“规划一张图”、“管理一张网”、“建设一盘棋”格局，为全国同类地区提供借鉴。

一、规划共绘“一张图”

实行津市和澧县两地联动、多规联动编规划，提出了“一主两副三轴四板块”的空间布局，编制了《津澧新城经济社会发展规划》《津澧新城城市总体规划纲要》《津澧新城城市总体规划（2016—2030）》《津澧新城土地利用总体规划》。

二、管理协同“一张网”

1.规模控制。以2020年建成澧水流域60万人口中等城市为目标，科学预测和规划了人口规模、建设用地规模、产业发展趋势，合理确定城市功能定位和基

础设施布局。

2.底线划定。在“一张图”上划定建设用地规模控制线、建设用地增长边界控制线、生态控制线、基本农田控制线、产业区块控制线、基础设施空间廊道控制线“六条红线”，强化空间管控指标约束。

3.科学预留。一方面，给津澧联合经济开发区预留足够发展空间。另一方面，对津澧大道两侧500米范围内土地进行规划收储，确保建设用地需求。

4.项目落地。共同组建重大项目库，明确各项目建设规模、功能、投资预估、用地预选等基础资料，并作为两地协同推进项目落地的基础依据。

三、建设同步“一盘棋”

1.坚持总体规划统领。以新编制的三个总体规划为指引，对原有规划布局进行了调整和优化。

2.坚持建设同向。打破以行政区划为单位的交通基础设施配置方式，按照“对内通达、对外畅通”的要求，共同拉通“五横两纵”路网骨架。

3.坚持城乡统筹。打造津澧新城融城发展先行区，推动津市、澧县老城区旧城改造，建设工业发展轴、融城发展轴、特色乡镇发展轴，建成若干特色小镇。

二、存在的主要问题和困难

（一）转移人口市民化压力大

一是农业转移人口进城落户的积极性不高。由于乡村振兴战略和居住证政策实施等原因，农业转移人口进城落户意愿不高，2018年户籍人口城镇化率与常住人口城镇化率仍然相差21个百分点左右。二是农业转移人口市民化成本分担压力大。参照长沙市测算的市民化成本11.6万元/人标准，要达到2020年常住人口城镇化率58%目标，湖南省460万农业转移人口市民化成本约为1554亿，个人和地方政府需承担的资金压力较大。

（二）城镇综合承载能力不强

一是城市经济产业支撑偏弱。第三产业仍处于层次低、经济效益不高的低水平发展阶段，产业投入产出目标难以实现。二是基层公共基础设施薄弱。建制镇用水普及率、燃气普及率、污水处理率、生活垃圾无害化处理率分别为75.95%、36.30%、24.48%、33.06%（见图2），普遍低于城市和县城。大多数城市公共交通对城市交通的出行分担率均低于20%。三是资源利用率偏低。土地城镇化快于人口城镇化，人均城市建设用地约115平方米，城镇建设用地利用均较为粗放。

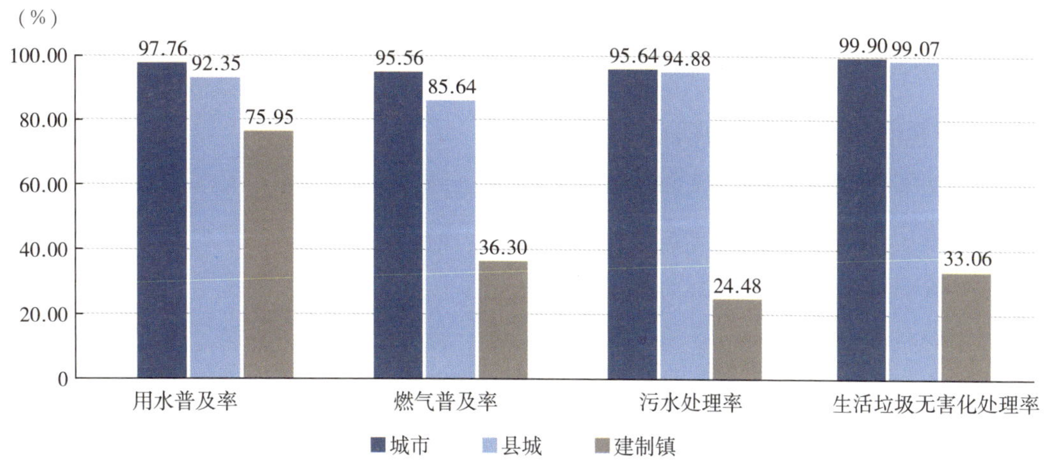

图 2 湖南省城市、县城与建制镇市政公用设施水平对比

（三）区域城乡发展不均衡

一是区域发展水平差距较大。市州和四大板块差距依然较大，2018年长沙市常住人口城镇化率比湘西州高出32.58个百分点，长株潭地区常住人口城镇化率比大湘西地区高出25.16个百分点，GDP超过大湘西地区9775亿元。长株潭城市群人口集聚能力不强，长株潭三市总人口仅占全省人口的21.8%，低于上海大都市圈、广佛肇、深莞惠三大成熟都市圈占全省人口1/3的水平。中心城区吸引力不足，除长株潭三市中心城区城镇人口占市域人口比重超过40%以外，其余11个市州都在30%左右。二是城乡差距依然明显。城乡居民收入比连续3年保持在2.6∶1左右，农村人口增收渠道狭窄。建制镇功能不全、公共基础设施薄弱（见图3）、公共服务欠账、产业支撑能力不强等问题较为普遍，土地资源利用方式粗放。

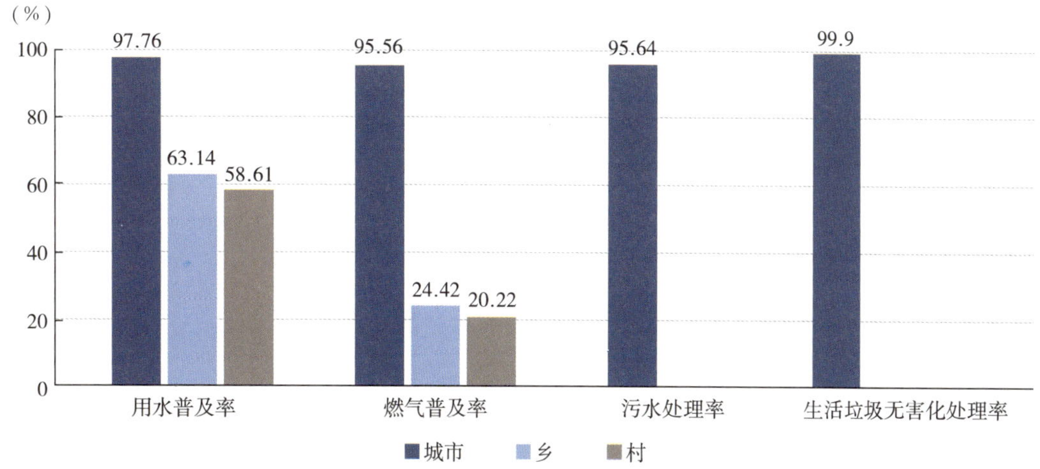

图 3 湖南省城市、乡村市政公用设施水平比较

三、下一步工作思路

（一）加速推进以人为核心的城镇化

一是切实落实各项落户政策。进一步落实已经明确的省级各项落户政策，鼓励各市州简化落户办理程序，引导长期在本地居住生活的农业转移人口和其他常住人口落户。二是推进居住证制度覆盖全部未落户城镇常住人口。切实保障居住证持有人享有国家规定的各项基本公共服务和办事便利，进一步完善教育、医疗、就业、养老和住房保障等相应配套政策，提高居住证含金量，促进农业转移人口加快融入城镇。三是加强农业转移人口就业服务。统筹推进农村转移劳动力、城镇困难人员等群体就业，对返乡回流人员有针对性地开展职业指导、技能提升、职业介绍等跟踪服务。

（二）加快构建新型城镇体系

一是全力推进长株潭一体化。落实《长株潭城市群一体化发展行动计划（2018—2019年）》，推进规划对接、“三干两轨四连线”城际交通建设、教育医疗文化旅游等公共服务共建共享等重点工作，细化责任和措施，定期考核评估。二是加快培育新生中小城市。指导做好澧县和津市市、冷水江市和新化县合并设市工作，推动区域性城镇群产镇融合，增强县城人口吸纳能力。三是抓好特色（产业）小镇建设。做好特色小镇的监测和规范工作，启动省级特色产业小镇建设专项，支持一批条件成熟小镇建设，培育县域经济新增长点。

（三）加强提升城镇可持续发展能力

一是推动产城融合。加快国家和省级产城融合示范区建设，推动园区从单一生产型园区向综合型城市经济转型。二是深入推进城市“双修”三年行动计划。继续实施山体修复、水生态环境修复等十大工程，着力补齐基础设施、公共服务和生态环境三块短板，推动绿色城市、智慧城市、人文城市建设。三是推进城市治理现代化。以智慧城市为抓手，引导各地利用互联网、大数据、人工智能推进城市治理和公共服务智慧化。

（四）积极推动城乡融合发展

一是推动公共资源向农村延伸。开展“村村通客车”、“快递下乡”、农村电网升级改造、信息进村入户整省示范工程等项目建设，促进城乡公路、供水、供气、环保、电网、物流、信息联通。二是搭建城乡产业融合发展平台。实施农业强镇行动，支持11个示范镇打造农业特色优势产业体系。建设一批功能配套齐全的农业公园、休闲观光农业园区、星级乡村旅游区等。三是清除要素下乡障碍。健全农业转移人口市民化机制，加快推进城乡基本公共服务均等化，健全覆盖城乡的教育、医疗卫生、社会保险和社会救助体系。

广东省2018年推进新型城镇化建设总结报告

广东省发展改革委

一、2018年工作进展情况

广东省深入落实党中央、国务院和省委、省政府高质量推进新型城镇化发展的部署要求，围绕国家发展改革委《关于实施2018年推进新型城镇化建设重点任务的通知》，印发实施《广东省加快推进新型城镇化建设行动方案》，稳妥推进国家新型城镇化综合试点，各项工作进展顺利，推进新型城镇化建设取得新成效。2018年全省户籍人口城镇化率和常住人口城镇化率分别为46.94%和70.7%，比2017年分别增加1.1个百分点和0.8个百分点，常住和户籍人口城镇化率差较2017年下降0.3个百分点（见图1）。

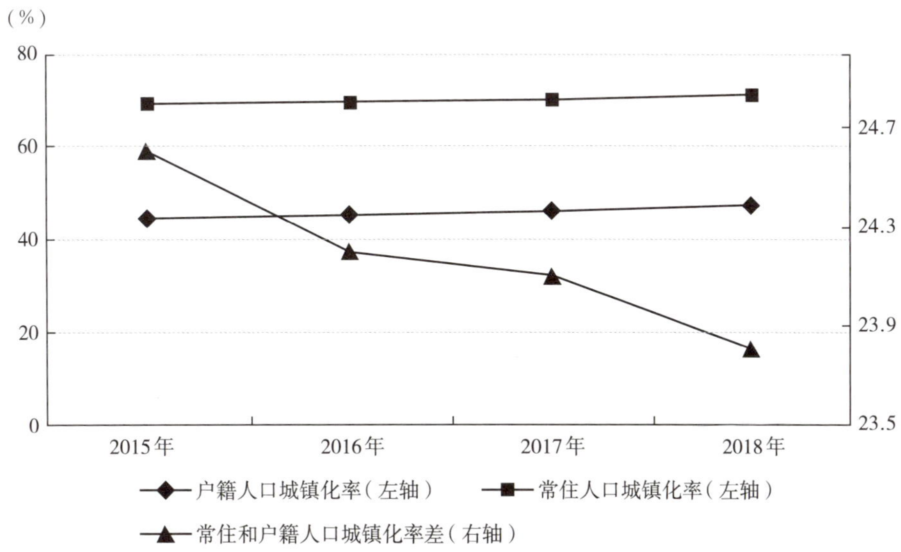

图1　广东省2015—2018年城镇化率情况

(一)农业转移人口市民化机制不断健全，户籍人口城镇化率提高1.1个百分点

城市落户条件全面放宽。21个地级市均出台推动非户籍人口在城市落户实施方案，进一步细化8类重点落户群体，全面放开高校毕业生、技术工人、职业院校毕业生和留学归国人员落户要求；对农村籍高校学生，实行来去自由政策。因城施策落实差异化落户，广州市构建“以引进人才为入户主体，积分制入户和政策性入户为有效补充”的全方位落户政策体系。深圳市将纯学历型人才入户条件降至大专，将技术技能型人才入户条件降到“中专+中级职称”，将技能型人才入户条件降至紧缺工种高级工，2018年共落户50.87万人，同比上升11.31%。东莞市从2018年10月15日起正式实行“两个五年”入户政策①，2018年户籍人口增长18万人，同比增长78.2%；城区常住人口300万以下的城市均已全部取消积分落户。除广州、深圳外，省内大城市的落户条件中，对参加城镇社会保险的年限要求不得超过5年，其他城市不得超过3年。肇庆、云浮市实现了“零门槛”入户目标。“人地钱”挂钩配套政策不断健全，2018年省财政（含中央资金）下达市民化奖励资金22.64亿元，比2017年增加3.88亿元；全省城镇建设用地计划指标中安排5000亩专项用于吸纳农业转移人口新增建设用地。

居住证制度深入实施。以居住证为载体向未落户常住人口提供城镇基本公共服务及办事便利，持有广东省居住证的流动人口除享有省定义务教育等5项基本公共服务及6项政府部门便利服务外，还享有所在市人民政府确定的其他公共服务，比如广州市共有23项，深圳市共有61项。2018年全省共发放居住证375万张、签注居住证577万张。积极开展港澳台居民居住证受理制发工作，自2018年9月1日国务院《港澳台居民居住证申领发放办法》实施以来，广东省共受理港澳台居民居住证88829张（其中香港61027张，澳门15370张，台湾12432张），制发证87866张，受理制证量位居全国第一。

常住人口基本公共服务不断健全。出台《广东省完善基本公共服务均等化推进机制的实施方案》，推进基本公共服务不断扩面提质。保障进城落户农民子女受教育与城镇居民同城同待遇，2018年广东省现有义务教育随迁子女入读公办学校约占55%，符合报考条件的外省户籍随迁子女考生共2.54万人，比上年增长49.4%。推动进城落户农民在农村参加的基本医疗保险可规范接入城镇基本医疗保险，全面实现省内省外异地就医直接结算，2018年广东省跨省上线医疗机构数量居全国第一。全省已实现所有地市、县区、街镇和有条件的社区平台就业信息联网，鼓励外来务工人员参加职业技能培训，2018年广东省农村籍共有16万人次成功领取技能晋升培训补贴，省技工院校

① 东莞“两个五年”入户政策是指参加城镇社会保险满5年，且办理居住证满5年，就能落户东莞。

共招收农村籍新生约15.2万人（含全日制和非全日制）。建立全省统一的城乡居民基本养老保险制度，养老待遇标准提高，2018年全省基础养老金最低标准提高到每人每月148元，比上年增加28元，增幅为23.3%。加快培育和发展住房租赁市场，广州、佛山开展集体建设用地建设租赁住房试点取得较大进展，深圳探索住房制度改革得到住房城乡建设部的高度认可。全面接入全国住房公积金转移接续平台，住房保障加快覆盖全部常住人口。

（二）城市群一体化建设深入推进，以城市群为主体的城镇格局持续优化

城市群深度融合发展。粤港澳大湾区建设上升为国家战略，编制完成《关于贯彻落实〈粤港澳大湾区发展规划纲要〉的实施意见》，港珠澳大桥建成通车，推动大湾区体制机制创新，不断深化科技创新合作，北部湾城市群与粤港澳大湾区对接合作加快推进。印发实施《关于构建“一核一带一区”区域发展新格局促进全省区域协调发展的意见》，推进珠三角城市群、汕潮揭城市群、湛茂阳都市区和粤北生态型经济区建设，差异化交通基础设施布局加快建设，城市群内要素自由流动通道不断畅通。广佛同城深入推进，政务同城成效明显，共有85个事项可在广州荔湾和佛山南海实体窗口实现跨城通办。

城镇体系不断完善。广州国家中心城市和深圳全国经济中心城市地位和作用逐步凸显，对珠三角地区和全省的辐射带动作用不断增强。佛山、东莞等特大城市做大做强主城区，强化城市中心的经济功能和服务功能。稳步推进经济发达镇行政管理体制改革，出台《关于深入推进经济发达镇行政管理体制改革试点的实施方案》，广东省佛山市顺德区北滘镇等10个经济发达镇纳入改革试点。

特色小镇规范推进。省特色小镇建设工作联席会议制度不断健全，印发《广东省特色小镇创建导则》《关于建立省级特色小镇培育库的通知》，做好广东省特色小镇创建引导工作。按照国家要求做好特色小镇建设规范纠偏，梳理了省市县特色小镇创建名单、企业自我冠名小镇名单，监督整改4个区级特色小镇。与建设银行、中国银行广东分行等6家金融机构签署协议，设立广东特色小镇建设发展基金，为特色小镇提供4500亿元综合金融支持；成立广东特色小镇发展联盟，组织召开特色小镇研讨会、现场会和交流对洽会。

（三）城市发展质量不断提升，城市基础设施和生态环境建设成效明显

绿色智慧新型城市加快建设。城市绿色化发展步伐加快，珠三角9市全部建成国家森林城市；全省41个设市城市均已完成海绵城市专项规划编制工作，成功推进深圳、珠海2市入选国家海绵城市试点，其中深圳市绩效评价全国排名第一；广州市获批国家黑臭水体治理示范市，将获得中央财政每年6亿元的资金支持。智慧城市建设加快推进，深圳龙岗区建成全国首个区级智慧中心，获评“2018中国领军智慧城区

奖”。出台实施“数字政府”建设总体规划，在全国率先推出首个集成民生服务小程序及民生服务公众号“粤省事”，实现501项高频民生服务事项“指尖”办理。

棚改和紧凑城市共同推进。2018年广东省新开工棚户区改造安置住房34500套、实施发放租赁补贴24781户、基本建成棚户区改造住房36459套，任务完成率分别为133.2%、143%和206.4%。全省13个新开工棚改项目争取国家开发性金融贷款共计121.4亿元，投放贷款53.57亿元，新增分配政府投资公共租赁住房37402套。出台《关于深入推进“三旧”改造工作的实施意见》，全面落实“三旧”改造面积与奖励新增建设用地指标相挂钩，2018年广东省奖励新增建设用地指标约2.5万亩。

城市基础设施水平显著提高。推动广东省大中小城市、新城新区交通基础设施加速成网，2018年全省交通基本建设完成投资1586亿元，创历史新高；新建高速公路769公里、新增通车里程655公里；开通运营城市轨道交通26条，合计825公里，年度新增运营里程114公里，广州白云机场二期扩建工程投入使用。市政设施有序推进，2018年全省新增城市（县城）污水处理设施24座、日处理能力159.2万吨，配套管网近8000公里，为历年最多；全省新建成18座生活垃圾处理设施，日处理量达2.7万吨，新建垃圾处理设施为近年来最快和规模最大；全省生活垃圾处理能力首次超过生活垃圾产生量，城市生活垃圾无害化处理率达到98%。全面推动广东省数字化城市管理平台建设，有效推动省市县三级城市管理数据互联互通，实现全省数字化城市管理“一张网”。

（四）城乡融合体制机制逐步建立，城镇化带动农村发展能力

城乡要素自由流动取得实效。清远连州市和梅州五华县农民住房财产权抵押贷款试点任务有序推进，截至2018年底，两市共办理农房住房抵押登记600件，放贷金额约4.6亿元；2018年1—11月，广东省“两权”抵押贷款新增贷款余额31.41亿元，为上年同期新增额的3.5倍；印发实施《广东省2018年新型职业农民培育项目实施方案》，大力培育新型职业农民；农村建设用地拆旧复垦大力推进，2018年全省完成拆旧复垦指标交易面积1108.40亩，交易总价款达5.65亿元；农村集体“三资”交易平台建立健全，截至2018年底，全省共建有市级平台12个、县级平台133个、镇（街）级平台1372个，通过平台累计交易528386宗，资产平均溢价10%以上，承包地流转面积1161.03万亩，占家庭承包耕地面积的37.41%。

城乡产业融合蓬勃发展。组织实施2018年中央农村一二三产业融合发展产业兴村强县示范项目，确定建设14个产业兴村强县示范区，每个补助资金1000万元，组织制定项目实施方案，加快推进实施工作。加工示范园区加快建设，截至2018年底，广东省已设立3个省级农产品加工示范园区。休闲农业与乡村旅游发展迅速，承办全国休闲农业工作现场交流活动，推荐50个经营主体成员加入全国休闲农业和乡村旅游发展

评价体系，省内3个村落被农业农村部推介为2018中国美丽休闲乡村。

农村公共资源加快覆盖。新一轮农村电网改造升级工程进展顺利，完成农村电网投资105亿元；村村通自来水工程建设任务全部完成；2018年1—11月，全省农村新增光纤接入用户663.3万户，全省农村新增4G基站4.3万座。县域乡村建设规划全面启动，76.9%的自然村启动农村环境基础整治，完成旧村庄改造2.9万亩；2277个省定贫困村中自然村村容村貌整治完成率达97.4%，绿化美化乡村1.29万个，认定“广东省森林小镇”70个；全面完成承包地确权登记颁证，推进5个地级市、18个县（市、区）农村集体经营性资产股份合作制改革试点；全面落实山区和农村边远地区学校教师生活补助，2018年共有32.6万农村教师享受生活补助，省财政安排补助资金24.6亿元。

（五）城镇化制度改革不断深化，重点领域有所突破

城镇化综合试点取得积极进展。以国家新型城镇化综合试点作为推进广东省新型城镇化建设的重要改革平台，广东省第一批试点地区在市民化、行政管理体制改革等方面形成的经验得到国家认可并推广；全面总结梳理广东省第二批国家新型城镇化综合试点成果，按要求上报国家发展改革委。

专栏 1

国家新型城镇化综合试点经验

广州市构建以“引进人才为入户主体，积分制入户和政策性入户为有效补充”的全方位落户政策体系，设立城市公共集体户口，解决有落户意愿但无住所人群的落户问题。

惠州市建立基本公共服务专项统筹资金，市财政出资不少于1亿元，各辖区按上年度一般预算收入的3%参缴，对因落户数量大而承担较多基本公共服务支出的辖区，安排更多的财政转移支付。

东莞市取消实施8年的积分落户制度，将落户条件放宽为参加城镇社保满5年、办理居住证满5年，并将新生代农民工、技术工人、在城镇就业居住5年以上人口列为落户重点人群；设立民办教育专项资金，通过每年安排超过1亿元资金、评等定级等支持民办中小学发展。

深圳市光明新区将行政管理部门缩减为15个主要职能部门，推行一部多责、一人多用的行政管理新模式。

城乡土地制度改革稳步推进。印发《广东省城乡建设用地增减挂钩节余指标跨省域调剂实施细则》，全额落实国家下达广东省增减挂钩节余指标跨省域调剂任务，经自然资源部确认调入节余指标2.51万亩。农村土地制度改革三项试点取得新成效，2018年佛山市南海区农村集体经营性建设用地入市地块111宗、土地面积2811亩，成交总金额达86.4亿元，实现抵押融资金额达33亿元。

城镇化投融资机制不断健全。出台深化投融资体制改革的实施意见，推进地方政府融资结构持续优化，防范化解风险意识增强，社会资本更多参与新型城镇化建设，成立总体规划模500亿元珠三角优化发展基金，支持珠三角建设世界级城市群和重大平台；获批及发行企业债券规模853.6亿元，成功发行全国首支PPP专项债、新三板公司绿色债券；国家开发银行广东分行率先探索结构化融资模式在交通和乡村振兴领域的创新应用，2018年累计投放426亿元支持省内新型城镇化综合试点。

二、存在的主要问题

虽然广东省新型城镇化工作取得一定成效，部分地区做法已推广成为全国经验，但面对新形势、新任务和新要求，仍遇到一些困难和问题，主要有：

（一）农村籍流动人口入户意愿不强，“人地钱”挂钩配套政策还需进一步完善

随着非户籍人口可通过以居住证为载体享受越来越多的基本公共服务以及农村土地确权不断推进，农村户口居民可享受土地承包经营权、宅基地使用权、集体收益分配权，大部分农村居民进入城镇后，面对城市高房价、高生活成本，都不大愿意进城落户，呈现“流而不入”的态势。同时，农村土地承包权、宅基地使用权、集体收益分配权等合法权益资本化和退出通道不畅，“人地钱”配套政策还需进一步完善，特别是土地激励缺乏精准“挂钩”。

（二）教育事业发展仍不均衡，生均教育经费偏低

农村义务教育资源闲置与城镇义务教育资源不足矛盾并存，越来越多的随迁子女在城镇上学，农村生源不足，学校、师资闲置问题开始出现，而城镇义务教育学校、幼儿园学位、公共教育资源供给不足矛盾比较突出。义务教育区域学校不平衡，广东省80%以上随迁子女集中在珠三角地区，对珠三角各地的中小学教育资源（尤其是土地、财政等资源）形成巨大压力。近年来各级各类教育的生均一般公共预算教育事业费支出和生均一般公共预算公用经费支出虽然实现较快增长、逐年靠前，但除普通高等学校外，其他学校生均一般公共预算公用经费支出仍低于全国平均水平。

（三）城镇格局发展还存在短板，行政管理制度有待提升

粤东西北地区与珠三角地区城市发展差距偏大的格局尚未根本转变，城市群发展协同性仍需加强，珠三角地区现有镇级行政架构和管理权限与庞大的人口规模、繁重的社会管理任务、较高的经济发展水平等不相称。目前广东省有特大镇104个，主要分布在珠三角地区，这些特大镇常住人口数量大，经济总量大，开发强度大，社会管理和公共服务压力大，但在行政区划体制上，特大镇仍是镇级行政级别，机构编制设置有限，难以匹配经济社会发展的需要。

（四）城乡融合发展推进较慢，缺乏顶层设计及落地配套政策

城乡融合发展体制机制和政策体系亟待建立健全，城乡生产要素流动、要素下乡存在制度障碍，城乡土地管理制度改革有待突破。农村集体经营性建设用地入市的实施主体、入市交易规则、入市的集体决策程序、入市与规划关系等问题有待解决。土地征收制度改革中公众利益的确定、增值收益分配机制以及多元保障机制等有待探索创新。宅基地制度改革中的所有权、资格权、使用权“三权分置”的载体、形式、外延界定以及历史遗留问题处置等有待进一步明确。

三、2019年重点工作

2019年，广东省继续落实国家和省推进新型城镇化建设工作部署，高质量推进新型城镇化建设，重点做好以下几项工作。

（一）以优化公共服务供给为重点，提升农业转移人口市民化质量

一是全面放宽城市落户条件。继续落实国务院关于1亿非户籍人口在城市落户方案，加快户籍制度改革落地，全面放宽大专以上纯学历人才落户，推动调整海外归国高层次人才、华侨回国定居政策，争取海外归国人员落户不受年龄、学历及定居时间限制。探索和制定差异化的落户政策，珠三角地区着重加快解决存量人口在本地落户问题；非珠三角地区进一步放开放宽户口迁移条件，吸纳承接更多的非户籍人口落户。

二是强化常住人口基本公共服务。放宽居住证发放条件，通过推进居住证制度覆盖全部未落户城镇常住人口，健全以居住证为主要依据的随迁子女入学政策，增加普惠性学前教育资源供给。深入整合职工基本医疗保险和城乡居民基本医疗保险制度，推动各地符合条件的农民工纳入公租房保障范围。深化“人地钱”挂钩配套政策，按照农业转移人口落户数量，合理安排中央和省级财政转移支付，不断增加对落户较多地区的资金奖励规模和新增建设用地规模指标。

三是提高转移人口融入城市新生活的能力。以创建现代职业教育综合改革试点省

为统领，不断提高农民工职业技能培训质量。增强新市民融入城市的服务供给，鼓励和引导新市民积极参与社区活动，提升市民群众的获得感和幸福感。

（二）以粤港澳大湾区建设为总牵引，提高城市群建设水平

一是全力推进粤港澳大湾区建设。举全省之力推进粤港澳大湾区建设（见图2），携手港澳共同打造国际一流湾区和世界级城市群，深化粤港澳科技合作，共同打造国际科技创新中心；强化广州、深圳“双核”驱动，以广佛同城化、广清一体化为示范，推进环珠三角地区与珠三角地区一体化融合发展，推进深汕特别合作区建设。

二是建设沿海经济带发展主战场。全面建设海洋强省，推动粤东粤西沿海地区内生发展、向海发展、加快发展，积极融入粤港澳大湾区建设，与珠三角核心区沿海地区串珠成链建设沿海经济带。加快推进汕潮揭城市群同城化、湛茂都市区一体化建设，充分发挥湛江作为北部湾地区中心城市作用，继续落实《北部湾城市群发展规划》。

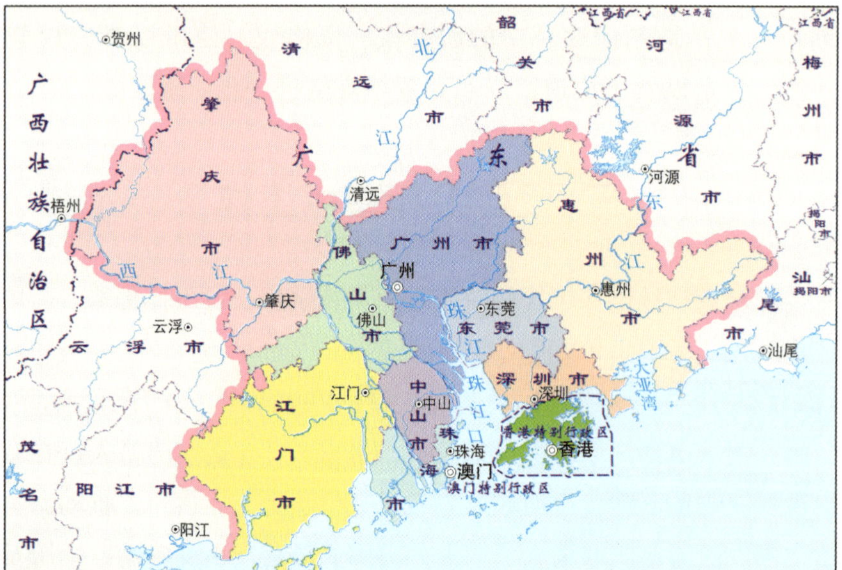

图2 粤港澳大湾区范围示意图

三是推动北部生态发展区绿色发展。以北部山区市县和其他地市山区县为主体，加快构建和巩固北部生态保护屏障，大力推进发展方式向绿色发展转型，打造粤港澳大湾区的后花园。强化基础设施和配套服务设施建设，推进北部生态发展区城市中心城区适度扩容并提升品质，提高人口承载和公共服务能力。

（三）以补齐城市功能短板为着力点，提高城市可持续发展能力

一是要着力推动城市产业升级，以产兴城、以城促产、产城融合。要充分发挥珠

三角和粤东西北地区资源禀赋、比较优势，以特色产业的加快发展提升区域特色产业集群，形成经济新增长极，提升区域整体竞争力；科学规划产业园区，统筹安排各项建设用地布局，合理确定产业、居住、公共服务和生态用地比例，保证产业发展与居住环境、生活配套设施同步建设。

二是加快构建现代城市基础设施体系。不断提高城市规划建设管理水平，着力完善给排水、供热、燃气、污水垃圾处理等市政基础设施，完善交通运输体系，加强城市道路、停车场、交通安全等公共服务设施建设，推进老城区及老旧小区停车泊位扩容。

三是推进新型城市建设。大力提升城市品质，不断提高城市发展可持续性和宜居性，加快推进海绵城市建设，推进珠三角国家森林城市群建设；打造新岭南城乡，传承和创新优秀传统文化，建设人文城市；推进智慧城市时空信息云平台建设与应用，加强智慧城市试点。

四是全面推进城市治理现代化。以社区为主体，统筹政府、群众、社会组织、市场主体，推广“共同缔造”治理模式，形成“多元共治”的治理体系；充分运用物联网、云计算、大数据、人工智能等现代技术，建设完善省级数字化城市管理平台，建立城市治理综合数据库，加快实现全省数字化城市管理“一张网”。稳妥推进经济发达镇扩大经济社会管理权限，探索开展深化镇街行政管理体制改革。

（四）以健全城乡融合体制机制为突破口，提高城镇化带动农村发展能力

一是大力促进城乡间要素融合互动。积极引导生产要素在城乡之间合理流动，建立城市人才下乡激励机制，制定财税、金融及土地等激励性政策，吸引各类城市人才下乡创新创业和外出农民工返乡创业；完善乡村金融服务体系，改革村镇银行培育发展模式，创新中小银行和地方银行金融产品提供机制，实现集体土地与国有土地在资本市场同地同权；建立工商资本下乡引导机制，优化乡村营商环境，完善融资贷款、配套设施建设补助、税费减免、用地等政策，激发工商资本下乡动力。

二是建立城乡产业融合发展机制和新平台。促进农村一二三产业融合发展，鼓励北部生态发展区利用乡村特色农副产品、田园风光、诗意山水和民俗文化，大力发展乡村民宿、休闲旅游、文化体验和养老养生，推动乡村自然资本加快增值；建立新平台新载体培育发展机制，打造城乡产业融合先行区，推动城乡要素跨界配置和产业有机融合；健全特色小镇和小城镇建设机制，强化监督检查评估和规范纠偏，完善省级特色小镇监测评估体系，实施省级特色小镇创建单位动态淘汰调整机制，利用广东特色小镇建设发展基金支持一批特色小镇高质量发展。

三是进一步健全城乡融合的体制机制。建立健全城乡融合发展体制机制和政策体

系意见，全面深化综合配套改革，构建土地管理制度、就业管理制度、社会保障制度以及公共服务体系和社会治理体系；深化农村产权制度改革，全面激活农村各种资源，尽快打通“资源变资产、资产变资本”渠道，实现农村资源的资产化、资本化、财富化，为农民持续稳定增收开辟新的渠道和来源。

四是加快推动新型城镇化试点。推广茂名市、佛山市南海区和佛山市南海区狮山镇等3个第二批国家新型城镇化综合试点建设经验，总结韶关市、潮州市、肇庆四会市、梅州丰顺县留隍镇等4个第三批试点经验。

专栏 2

2019年新型城镇化工作要点

提升农业转移人口市民化质量	•全面放宽城市落户条件，探索和制定差异化的落户政策。
	•放宽居住证发放条件，通过推进居住证制度覆盖全部未落户城镇常住人口。
	•深化“人地钱”挂钩配套政策，合理安排中央和省级财政转移支付，不断增加对落户较多地区的资金奖励规模和新增建设用地规模指标。
	•以创建现代职业教育综合改革试点省为统领，不断提高农民工职业技能培训质量。
	•增强新市民融入城市的服务供给，提高转移人口融入城市新生活的能力。
提高城市群建设水平	•以粤港澳大湾区建设为总牵引，携手港澳共同打造国际一流湾区和世界级城市群。
	•全面建设海洋强省，推动粤东粤西沿海地区内生发展、向海发展、加快发展，与珠三角核心区沿海地区串珠成链建设沿海经济带。
	•以北部山区市县和其他地市山区县为主体，推动北部生态发展区绿色发展。
提高城市可持续发展能力	•充分发挥珠三角和粤东西北地区资源禀赋、比较优势，以产兴城、以城促产、产城融合。
	•科学规划产业园区，统筹安排各项建设用地布局，合理确定产业、居住、公共服务和生态用地比例。
	•不断提高城市规划建设管理水平，推进老城区及老旧小区停车泊位扩容。

提高城市可持续发展能力	•加快推进海绵城市建设，推进珠三角国家森林城市群建设。
	•全面推进城市治理现代化，以社区为主体，统筹政府、群众、社会组织、市场主体，推广“共同缔造”治理模式，形成“多元共治”的治理体系。
	•建设完善省级数字化城市管理平台，建立城市治理综合数据库，加快实现全省数字化城市管理“一张网”。
	•稳妥推进广东省经济发达镇扩大经济社会管理权限，探索开展深化镇街行政管理体制改革。
加快推进城乡融合发展	•积极引导生产要素在城乡之间合理流动，建立城市人才下乡激励机制。
	•创新中小银行和地方银行金融产品提供机制，实现集体土地与国有土地在资本市场同地同权。
	•促进农村一二三产业融合发展，鼓励北部生态发展区利用乡村特色农副产品、田园风光、诗意山水和民俗文化，大力发展乡村民宿、休闲旅游、文化体验和养老养生，推动乡村自然资本加快增值。
	•健全特色小镇和小城镇建设机制，利用广东特色小镇建设发展基金支持一批特色小镇高质量发展。
	•建立健全城乡融合发展体制机制和政策体系意见，构建土地管理制度、就业管理制度、社会保障制度以及公共服务体系和社会治理体系。
	•深化农村土地制度改革和农村产权制度改革，实现农村资源的资产化、资本化、财富化。
	•推广茂名市、佛山市南海区和佛山市南海区狮山镇等3个第二批国家新型城镇化综合试点建设经验，总结韶关市、潮州市、肇庆四会市、梅州丰顺县留隍镇4个第三批试点经验。

广西壮族自治区2018年推进新型城镇化建设总结报告

广西壮族自治区发展改革委

一、2018年新型城镇化工作情况

全区各级部门按照自治区党委、政府关于推进新型城镇化工作部署，紧紧围绕2018年重点工作目标任务，狠抓落实，推动新型城镇化高质量发展。2018年，全区常住人口城镇化率为50.22%，比2017年增长1.01个百分点；户籍人口城镇化率为31.72%，比2017年增长0.49个百分点（见图1）。全区新增农业转移人口落户城镇37.4万人，累计532万人左右落户，为完成到2020年600万人落户城镇目标进一步夯实基础。

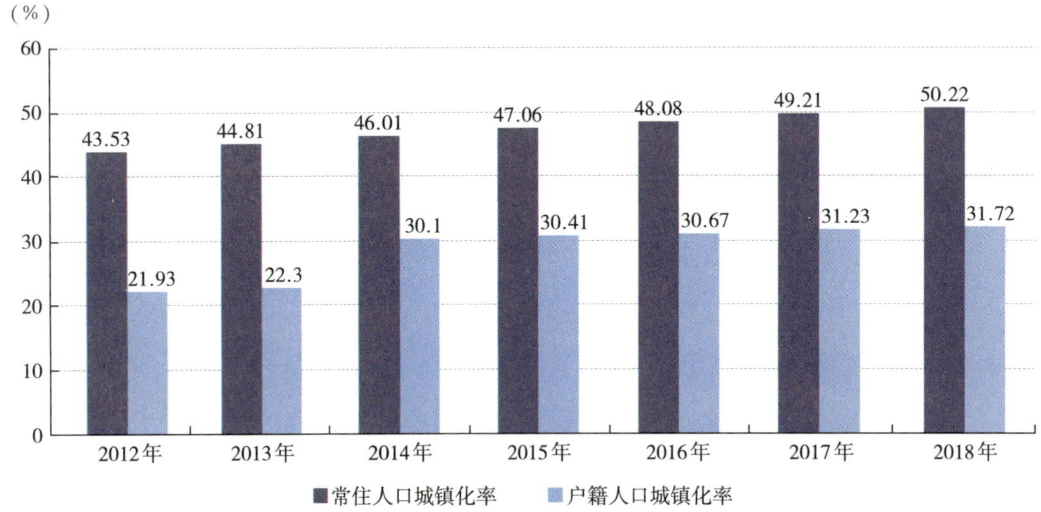

图1 广西2012年以来城镇化率变化情况

（一）农业转移人口市民化扎实推进

深入推进户籍制度改革。全区14个设区市已全部出台了本地推进户籍制度改革实施意见和细则。全区除南宁市、柳州市以外，其他设区市及所有的县级市、县城和建制镇已全面放开落户限制，基本实现城镇落户“零门槛”。公安机关户政部门推行十项便民利民措施，进一步规范公安机关户政部门执法服务行为。推动居住证制度全覆盖，进一步深化居民身份证异地受理、挂失申报和丢失招领“三项制度”建设，全面推开居民身份证跨省异地换（补）领工作。

提高农民工随迁子女平等接受教育保障水平。继续实施以居住证为主要依据、以流入地政府管理为主、以入读公办学校为主的随迁子女入学政策。大力实施教育提升三年行动计划，着力扩增城镇教育资源，鼓励引导公办义务教育资源不足的地方通过向民办学校购买学位等形式安排随迁子女入学，提高随迁子女入学保障水平。2018年春秋两季学期，全区分别保障了67.1万和57.5万随迁子女入读公办学校，随迁子女入读公办学校的比例均超过80%。

提升农业转移人口医疗卫生服务能力。继续将农业转移人口纳入基本公共卫生服务范围，明确各级财政基本公共卫生服务项目补助资金筹措比例。城镇职工基本医疗保险和城乡居民基本医疗保险已覆盖所有城乡居民。基本公共卫生服务人均补助标准从2017年的人均50元提高到55元。组织开展“全区流动人口信息数据核查采集录入”专项行动。

不断完善农民工社会保险各项政策。继续推进城乡居民养老保险制度建设，城乡养老保险关系转移接续已不存在政策障碍。2018年，农村低保平均标准提高到年人均3812元，城市低保平均标准提高到月人均590元，城乡低保标准实现了同步提高，差距不断缩小。

提高农民工就业创业服务水平。印发《关于开展农民工创业就业补贴工作的通知》，明确对农民工新创办的各类市场主体给予一次性创业奖补，并对农民工新创办的各类市场主体吸纳就业的，按实际吸纳就业人数给予带动就业奖补。

提高农业转移人口住房保障水平。继续将农业转移人口纳入城镇住房保障体系，符合条件的农民工可承租公共租赁住房或购买限价普通商品住房。提前3个月完成国家下达广西的棚户区改造任务，政府投资公共租赁住房分配完成91.7%，已发放住房保障家庭租赁补贴2.93万户，超过国家下达任务数5个百分点，城镇居民住房保障覆盖面达25.3%。

（二）城镇质量和水平不断提高

推进城市群和城镇带建设。制定印发北部湾城市群发展规划广西实施方案、北部湾城市群发展规划近期重大工程表。联合广东省、海南省，共同签订了粤桂琼三省区2018—2019年推进《北部湾城市群发展规划》实施重点工作方案，印发广西广东海南推进实施《北部湾城市群发展规划》合作机制，加强协同进一步推进北部湾城市群建设。印发《广西沿边城镇带规划（2015—2035年）》。不断强化城市群综合交通网络支撑。

专栏 1

北部湾城市群发展规划广西实施方案近期重大工程

1. 产业类：中新南宁国际物流园、湛江—北海粤桂北部湾经济合作区、中国东兴—越南芒街跨境经济合作区、中国凭祥—越南同登跨境经济合作区、北部湾港多式联运基地、钦州石化产业基地、北海海洋产业科技园。

2. 基础设施类：南宁—贵阳、南宁—崇左、防城港—东兴、合浦—湛江高铁，南宁—玉林城际铁路，玉林—湛江、松旺至铁山港东岸、大塘至浦北、隆安至硕龙、浦北至北流、吴圩机场至大塘、崇左至水口高速公路，南宁城市轨道交通工程、广西滨海公路、南宁全国性综合交通枢纽。

3. 生态环保类：广西海洋生物多样性保护重大项目、钦州红树林国家湿地公园、三娘湾生态湿地恢复工程、邕江水环境综合整治、广西独流入海河流南流江治理工程、九洲江—鹤地水库水环境综合整治工程。

4. 公共服务类：中国—东盟人力资源服务产业园、中国东盟联合大学、北部湾大学、广西海上紧急医学救援中心、中国—东盟医疗保健合作中心（广西）、北海国家海洋局第四研究所。

推进中小城市和特色小（城）镇建设。全州、平果、北流第二批试点已完成国家阶段性评估，北流市在全国试点交流会上作了经验介绍，第三批试点任务扎实推进。自治区人民政府公布第一批广西特色小镇培育名单。印发《关于进一步规范推进广西特色小镇培育工作的通知》，规范推动特色小（城）镇培育工作，开展了小镇产业策划和核心区规划审查，部分小镇通过培育阶段评估验收，进入建设阶段。经国务院批准，民政部批复同意撤销荔浦县设立县级荔浦市，填补了桂北地区无县级市的空白。完成平果撤县设市和百色市部分行政区划调整的调研论证及审核上报。完成南宁市邕宁区中和乡等7个乡改镇。

加强城乡规划管理。自治区人民政府批复实施河池、崇左、贺州、百色、凭祥市城市总体规划和藤县、容县、宁明县城总体规划；指导南宁市、柳州市两个国务院审批总体规划的城市开展新一轮城市总体规划编制的前期准备工作。深入推进乡村规划建设管理制度改革，完成26个县域乡村建设规划。完成了历史文化街区普查工作，全区普查出符合条件的历史文化街区34条、历史建筑464幢。

不断提升城镇基础设施服务水平。一是加快城市交通设施建设，南宁市轨道交通按“四线同建”的规模继续稳步推进。二是稳步提升城镇公共供水设施能力。完成新（扩）建供水规模约20万立方米/日，新建管网长度约500公里，全区公共供水综合生产能力为792.15万立方米/日，城市用水普及率达95%以上、县城用水普及率达85%以上。三是推进环卫及生活垃圾处理设施建设。已建成生活垃圾无害化处理场85座，生活垃圾无害化处理率超过98%；建成城镇（城市及县城）污水处理设施111座、镇级污水处理设施456座，建成污水管网约2050公里，镇级污水处理设施覆盖率超过60%。四是14个设区市已实现市政天然气管道供气。

加快新型城市建设。一是推进海绵城市建设（参见图2）。全区海绵城市建成区域面积达到122平方公里，累计消除城市黑臭水体47段。二是推进地下综合管廊建设。全区在建城市地下综合管廊项目37个，建成管廊86公里。三是深入开展“城市双修”。南宁、桂林、梧州、北海等市积极推动“城市双修”工程与生态环境修复、基础设施提升相结合。四是推进产城融合发展，柳州、贺州国家产城融合示范区建设不断推进（参见图3、图4），全年安排1.07亿元支持产城互动试点园区建设，承载和服务能力进一步提升。

生态环境进一步改善。蒙山县和凌云县被生态环境部授予“国家生态文明建设示范”称号，南宁市邕宁区被生态环境部授予“绿水青山就是金山银山”实践创建基地。命名了16个自治区级生态县和88个生态乡镇。完成246个市级水源地环境问题清理整

图2 南宁海绵城市建设那考河整治工程

图3 柳州市柳东新区

治任务，水源达标率为92.5%，水量达标率为94.9%。114个入海排污口已整治完成105个，广西近岸海域水质状况级别为优，水质优良率为90.9%。全年广西环境空气质量优良天数比率为91.9%。完成广西生态保护红线划定方案编制，扎实推进报批工作。

图4　贺州市黄姚古镇

（三）城乡融合发展深入推进

推进乡村振兴战略实施。根据《中共广西壮族自治区委员会关于实施乡村振兴战略的决定》（桂发〔2018〕7号）精神，出台了《广西乡村振兴战略规划（2018—2020年）》和《乡村振兴产业发展基础设施公共服务能力提升三年行动计划（2018—2020年）》，逐步形成乡村振兴发展的规划体系。

农村土地制度和集体产权制度改革不断深化。一是基本完成农村土地确权登记发证工作。农村土地确权率达98.2%，颁证率达93.34%，并建成自治区、市、县三级确权数据库和管理信息平台。二是加快推进农村土地经营权流转。农户承包地经营权流转面积1019万亩，占全区承包地总面积的30.5%。新型农业经营主体成为承包土地流转的主要力量。三是稳步推进农村集体产权制度改革。顺利完成河池市金城江区、合山市2个全国改革试点工作。全面开展农村集体产权制度改革清产核资工作，27个乡镇、637个行政村、8558个村民小组完成清产核资数据清查。

现代特色农业示范区进一步扩大规模。印发《全区现代特色农业示范区建设增点扩面提质升级动员部署会任务分工方案》、《广西现代特色农业示范区建设增点扩面提质升级（2018—2020）三年行动方案》。2018年，新创建自治区级核心示范区99个，县级示范区321个、乡级示范园1268个、村级示范点5120个。

农村一二三产业融合发展。一是大力发展农产品加工业，落实3亿多元贴息扶持农产品加工产地初加工设施建设。二是大力发展休闲农业。累计创建国家级休闲农业与乡村旅游示范县17个、中国美丽休闲乡村21个（见图5）、自治区级休闲农业与乡村旅游示范点163个。三是大力实施信息进村入户工程。推进57个县（市、区）信息进村入户项目，覆盖率达50%以上。四是继续推进宾阳县等5个国家农村产业融合发展试点示范建设。

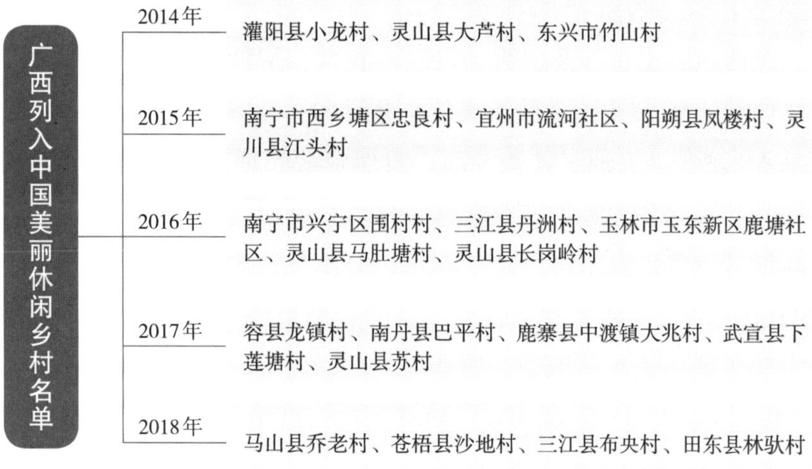

图5 广西列入中国美丽休闲乡村名单

持续深入推进“美丽广西”乡村建设。全年安排自治区财政资金9.5亿元对全区农村厕所、厨房各100万户进行改造，完工率均已达到100%。农村生活垃圾处理率保持在96%以上，经过整治的村庄生活污水处理率达到70%以上，全区乡村面貌进一步向好。

持续加强和完善城乡社区治理。出台《关于加强和完善城乡社区治理的实施意见》，提出到2020年，全区基本努力构建形成基层党组织领导、基层政府主导的多方参与、共同治理的城乡社区治理体系。继续实施“十百千”工程，确认第二批5个自治区级试点县（市、区）、40个自治区级试点乡镇和400个自治区级试点社区。

专栏 2

国家新型城镇化综合试点经验

柳州模式：围绕提升城市综合承载能力，大力推广政府和社会资本合作模式，市政府出资4亿元设立引导基金，带动金融机构和社会资本投入超过50亿元。同时，建立债务风险预警机制，严格实行债务限额管理，控制政府债务风险。

来宾经验：统筹规划城镇中小学校布局，推进民办教育和集团办学，通过优化教育资源布局促进人口集聚，创新“以购代建”模式保障农业转移人口住有所居。

（四）城镇化各项政策措施持续落实

近年来，广西相继出台涉及户籍、财政、教育、卫计、社保、土地等领域“人地钱”挂钩改革创新的50多个配套政策文件（见图6），全区推进农业转移人口市民化的政策框架已基本形成。“人地”挂钩方面，自然资源管理部门在编制广西2018年年度土地利用计划时，根据各地吸纳农业转移人口数量和土地节约集约利用情况，对农业转移人口的新增城镇用地需求进行单独测算，分解下达农业转移人口新增城镇建设用地指标超过1100公顷，保障了农业转移人口的新增用地需求。“人钱”挂钩方面，遵循“基本公共服务随人走”的原则，健全完善广西农业转移人口市民化奖励机制，将持有居住证（暂住证）人口一并纳入农业转移人口市民化奖励资金测算分配范围，推进农业转移人口市民化各项工作稳步推进。

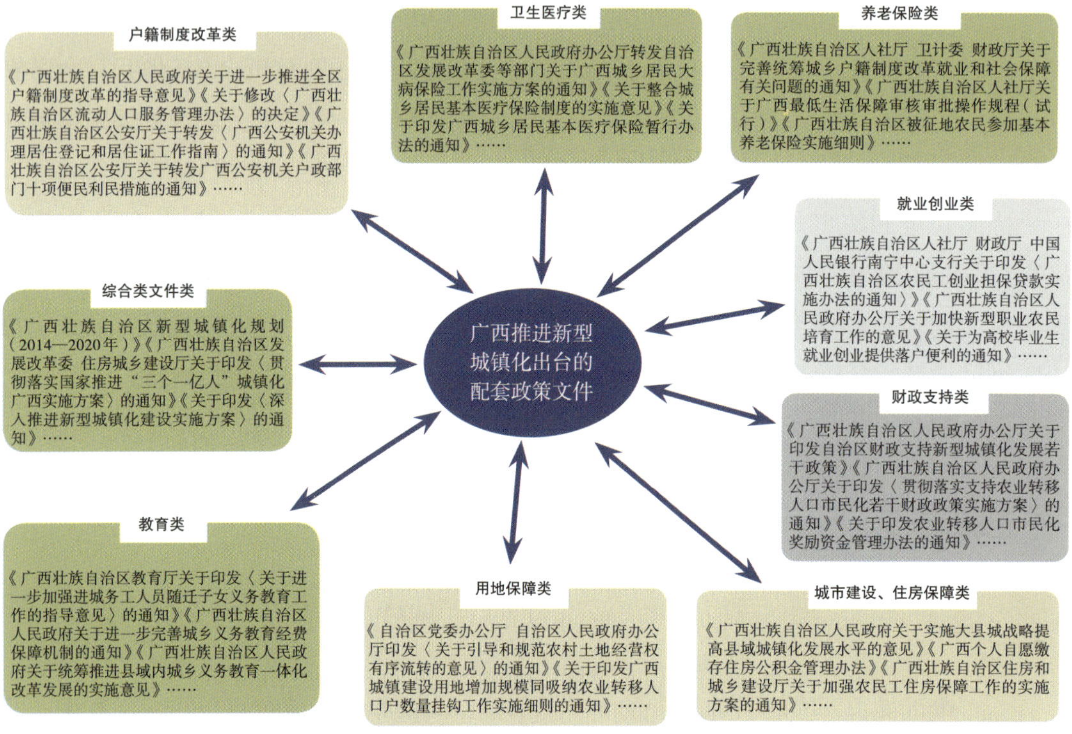

图6 广西推进新型城镇化出台的配套政策文件

二、存在问题及原因

（一）农业转移人口进城落户意愿不强

据调研，广西尚有一半以上符合条件的流动人口和人户分离人员不愿进城落户。

一是农民担心失去农村土地收益及集体组织福利待遇等权益；二是加上现阶段农业转移人口在城镇凭居住证就可以享受子女教育、卫生健康、社会保障、就业服务等城镇基本公共服务，不需要办理进城落户手续；三是社会上普遍认为城市生活成本较高、城镇户籍比农村户籍含金量低，对农民工进城落户没有太大吸引力，削弱了农业转移人口落户城镇的意愿。

（二）基本公共服务供给水平低且滞后，城镇承载能力和吸引力不足

广西各城镇基础设施和产业发展存在不少短板，教育、住房、就业、文化、卫生等基本公共服务供给水平与全国平均水平及相邻省份差距较大。如义务教育均衡发展“国检”通过率仅为46%，低于全国平均过检率33个百分点；万人中全日制在校研究生人数仅5人，在全国排名靠后；企业职工基本养老保险金每人每月2318元，低于全国平均水平182元。发展不平衡矛盾突出，城镇承载能力、吸引力不足。

（三）基本公共服务成本增加，社会稳定保障压力较大

广西有大量农村劳动人口向中东部地区流动并在当地企业缴纳社会保障费用，但在返乡后相关费用及待遇未能带回。由于农村养老保险、城乡医疗保险等社会保障支出责任未实现“随人走”，相关保障责任仍由广西负担，增加了社会保障服务负担。

三、2019年工作计划

2019年，计划实现全区常住人口城镇化率达到51.3%、户籍人口城镇化率达到32.2%的目标，并着力抓好以下几项工作：

（一）深入推进户籍制度改革及相关配套政策的落实

加快推进户籍制度改革落地生根，重点推动住房、就业、教育、医疗、养老等保障机制，努力实现城镇基本公共服务覆盖常住人口。加大农业转移人口落户政策的宣传力度，进一步简化落户办理手续，强化流动人口服务管理，分类分批次有序推进农业转移人口落户城镇。进一步深化城乡土地制度改革，创新城镇化投融资机制，推进农村集体产权制度改革

（二）推进城市建设补短板和转方式，提升基本公共服务水平

务实推进着力强化城市规划引领，提升城市承载力和城市管理水平，推进智慧城市、海绵城市、地下综合管廊建设，主动转方式、提品质，提升增强城市对人的吸引力。提高城镇基础设施和公共服务设施建设质量和水平，提升城镇吸引力和承载力，规范推进特色小镇培育建设，吸引更多的农业转移人口落户城镇。

（三）深入实施乡村振兴发展战略

巩固和完善农村基本经营制度，深化农村土地制度和集体产权制度改革，解决农民工的后顾之忧。加快推进现代特色农业示范区提档升级，促进农村一二三产业融合发展。壮大县域经济，统筹城乡融合发展。

（四）加强政策宣传

进一步扩大积极主动宣传广西推进农业转移人口市民化的各项政策措施、典型案例和成效经验，扩大社会影响，营造良好氛围。

海南省2018年推进新型城镇化建设总结报告

海南省发展改革委

海南省坚持以人民为中心，围绕2018年推进新型城镇化建设重点任务，结合海南实际情况，统一思想、提高认识，明确分工、合力推进，突出改革创新，狠抓政策落地，新型城镇化展现新作为、取得新进展。

一、2018年工作进展及成效

2018年，海南省认真落实党中央、国务院决策部署，坚持新发展理念，以人的城镇化为核心，以提高城镇化质量为关键，新型城镇化建设取得积极进展。年末全省常住总人口934.32万人，城镇化率为59.06%、同比提高1.02个百分点；户籍人口925.1万人，城镇户籍人口占比39.34%。

（一）农业转移人口市民化更加便利，户籍人口城镇化率继续提高

户改红利进一步释放。户籍制度改革在重点人群取得新突破，实施《百万人才进海南行动计划（2018—2025年）》，具有全日制大专以上学历、中级以上专业技术职称、技师以上职业资格或执业资格的人才，可在海南工作地或实际居住地落户，全年办理引进人才落户25734件。2018年海南省农业转移人口落户10691人，办理省外来琼普通劳动者积分落户1739件。

居住证制度全面落地。以居住证为载体向未落户常住人口提供城镇基本公共服务，海南省市县均已出台居住证制度具体实施办法，实现全覆盖，并保障了居住证含金量。全年发放居住证53万张，其中发给省外户籍人员42万张。

“人地”挂钩深入实施。海南省已于2017年出台《关于建立城镇建设用地增加规模同吸纳农业转移人口落户数量挂钩机制的实施意见》（琼国土资用字〔2017〕112号）。2018年，海南省优化了年度新增建设用地计划指标分配测算模型，将各市县常住人口及其增量、年度农业转移人口和非农业转移人口预测数据作为分解指标的重要测算因子，权重为0.1。对人口基数大、非农户籍人口增长快的市县给予明显的倾斜保

障，保障城市新落户人口的用地需求。

“人钱”挂钩继续推进。海南省已于2017年出台《海南省人民政府关于贯彻落实国务院支持农业转移人口市民化财政政策的实施意见》（琼府〔2017〕37号）和《海南省农业转移人口市民化财政奖励资金管理办法》（琼财预〔2017〕850号）。2018年，省财政下达市县农业转移人口市民化财政奖励资金11800万元，较上年增加3700万元，增长45.6%，其中中央财政资金10800万元、省级财政资金1000万元。

常住人口公共服务保障更加健全。非户籍人口重点关心的基本公共服务供给不断扩面提质。推进基本公共服务均等化。继续推进城乡居民基本医保制度整合。扎实推进城乡居民异地就医直接计算，人员备案、出入院及结算、资金划拨等各项工作有序推进，已实现“五个全覆盖”（地域、人群、备案范围、三级医院、异地就医监管），2018年海南省通过国家异地就医结算系统进行实际医疗费用直接结算共22921人次，其中外省人员在海南省发生6208人次、医保基金支付8529.48万元。修订实施《海南省城镇从业人员基本养老保险条例实施细则》，取消了对本省农业户籍灵活就业人员参保的限制。落实“两为主”“两纳人”要求，推进公办学校普遍向随迁子女开放，加强指导监督，实行统一编班、统一管理，利用全国中小学生学籍信息管理系统，进一步简化转学流程，让数据多跑路、群众少跑腿，为随迁人员子女接转学籍提供便利。截至2018年6月，全省义务教育阶段共接收15万进城务工人员随迁子女就读（小学11.09万人、初中3.91万人）、占全部在校生的13.16%，其中在公办学校就读12.78万人、占85.2%，在民办学校就读2.22万人、占14.8%。将符合条件的常住人口纳入公租房保障范围和住房公积金制度覆盖范围。

大力提高农民素质，做好为农民工服务工作。组织中等职业学校实施“村官班”学历教育，送教上门，培养农村基层党组织和农民致富“双带头人”，提升村委会干部组织管理能力，目前在校学生10733人。积极推进农民继续教育，充分利用职业院校资源开展职业教育和培训，组织实施新型职业农民培养计划、农民工职业技能提升行动，创新农学结合模式。开展农民工学历提升行动，继续实施农民工“求学圆梦行动”，2018年，共资助1997名农民工提升大专学历，其中就读开放教育专科模式1000人，就读自考专科模式997人；共组织开展职业技能培训929次，培训工种138个，参加培训6.9万人、其中贫困劳动力2.4万人。在五指山等10个市县开展家政服务培训试点，共培训家政服务人员1480人。印发实施《海南省人民政府关于推行终身职业技能培训制度的实施意见》（琼府〔2018〕57号），推动建立覆盖所有城乡劳动者、贯穿劳动者职业生涯全过程、适应就业创业和人才成长需要以及经济社会发展需求的终身职业技能培训制度。2018年，海南省农村劳动力转移就业14万人，其中省内转移就业

12.7万人、省外转移就业1.3万人。

（二）持续优化以城市群为主体的城镇格局

跨省域城市群合作持续深化。一是《北部湾城市群发展规划》实施向纵深推进。海南、广东、广西三省区人民政府在海口正式签署，并印发实施了《广西壮族自治区人民政府　广东省人民政府　海南省人民政府2018—2019年推进〈北部湾城市群发展规划〉实施合作重点工作》（桂政函〔2018〕105号），明确了切实推进交通基础设施等先导性合作项目，构筑互联互通的城市群交通网络；完善城市群生态环境治理联动机制，加强生态环境联防联控；推进重大开放通道和平台建设，深化城市群海陆双向开放合作；积极推进产业对接融合等基础性合作项目，促进城市群产业联动发展；加强沟通对接，积极推进北部湾城市群对接粤港澳大湾区等五方面重点工作，海南省及时将这些重点工作进行了分工。成功在海口举办北部湾经济合作组织第十次成员大会暨北部湾城市组织第二次大会。二是琼州海峡两岸合作继续深化。实现琼湛高空管制一体化。与广东有关方面密切合作，编制了《琼州海峡经济带和琼州海峡南北两岸发展规划分报告合集（2019—2030年）》，起草了《琼州海峡经济带和琼州海峡南北两岸发展规划（2019—2030年）》，正在报两省人民政府审批。该规划围绕空间布局、深化港航一体化发展、推进基础设施一体化、共建区域绿色产业链、聚力建设生态绿色新长廊、共筑开放新格局、推动公共服务协同发展等方面进行了系统谋划部署。三是加强琼港合作。会同香港特区政府内地及政制事务局等有关职能部门，研究起草了琼港旅游、经贸、金融、会展、文化体育、青年交流和教育、医疗、科技创新、治安管理、气象等十方面合作任务，报双方行政首长审定后执行。四是积极参与泛珠合作。组织代表团赴广东参加第二届泛珠三角区域合作论坛，积极落实合作事项。

省内区域一体化继续推进。积极推进“海澄文”“大三亚”一体化发展，密切两个区域内部的合作，加强各方面对接交流，加快落实既有规划及议定事项，谋划编制“大三亚”一体化发展规划。推进东西两翼中心城市（儋州、琼海）发展，目前正在编制有关方案。印发屯昌产城融合实施方案。

（三）全面提升城镇功能

全面推进生态修复城市修补，积极创建生态园林城市。扎实开展三亚、海口全国“双修”试点。印发《海南省生态修复城市修补工作方案（2018—2020年）》，部署在全省城市（包括县城）进一步开展“城市双修”，争取到2020年，全省生态环境质量持续保持全国领先水平，城乡人居环境明显改善，自然生态系统得到全面修复，资源节约型和环境友好型社会建设取得重大进展。完成29个城市黑臭水体消除任务，海口美舍河、鸭尾溪、大同沟治理进入生态环境部光荣榜。海口市荣获全球首批国际湿地城市称号。文昌市、乐东县获评省级园林城市。在海南省全域开展创建卫生城市工作。

加强保障性住房供给，扎实推进棚户区改造。出台实施《关于进一步完善我省住房保障和供应体系的意见》（琼建房〔2018〕80号），推动通过发展公共租赁住房、共有产权住房以及实施棚户区改造，满足本地困难群众基本住房需求。各市县积极完善配套基础设施建设，加快现有公共租赁住房分配，截至2018年底，政府投资公租房累计分配入住6.38万套，分配入住率达92.4%，完成国家下达任务。健全公共租赁住房实物配租和租赁补贴机制，市县加大租赁补贴力度，海口将租赁补贴发放范围扩大到公租房轮候对象。截至2018年底，完成发放租赁补贴5686户。2018年，海南省棚户区改造开工15295套、开工率112.7%，其中城镇棚户区改造开工13213套、国有垦区危房改造开工2082套，全面完成国家下达计划任务。

加强综合管廊建设。海口、三亚、儋州等3个地级市及乐东县扎实开展城市地下综合管廊建设工作，截至2018年底，已累计开工综合管廊69.23公里，累计形成廊体58.05公里，累计完成投资62.35亿元。

大力建设海绵城市。8个设市城市积极开展海绵城市建设。海口、三亚已编制完成海绵城市专项规划，海口建成海绵城市面积22.12平方公里、在建面积8.43平方公里，三亚建成海绵城市面积4.4平方公里、在建面积4.33平方公里，儋州、万宁、琼海、东方、文昌已完成海绵城市专项规划初稿。

推广绿色建筑与建筑节能。出台实施《海南省绿色生态小区技术标准》。2018年，全省新增执行绿色建筑标准项目290个、建筑面积1271.04万平方公里，新增11个一星级、7个二星级、1个三星级绿色建筑设计标识项目，1个二星级运行标识项目，共涉及建筑面积213.67万平方公里。

整合形成数字化城市管理平台。印发实施《关于进一步推进数字化城市管理工作的通知》，加快全省各地数字化城市管理平台建设工作。目前已有3个市县建成数字化城市管理平台，1个市县正在实施数字化城市管理平台项目建设，12个市县正在进行数字化城市管理平台建设方案制定、立项审批等前期工作。

（四）全面推进百镇千村建设

扎实推进特色小镇建设。海南省基本建成一批特色产业小镇和566个美丽乡村。召开全省推进百镇千村建设现场会，省委书记刘赐贵发表重要讲话，对全省推进百镇千村建设作出总体部署、提出明确要求。产业培育初显成效，打造出一批农业、旅游业的特色品牌；探索出一些新的运营模式，实现产业融合发展。海南省组织北京、厦门、海口、香港等5场特色产业小镇专题招商活动和基金路演，对部分重点小镇进行专题推介，招商签约5个项目，签约额共计385亿元。

深入建设美丽乡村。深入推进美丽乡村建设，累计创建566个美丽乡村，其中星级美丽乡村384个（五星级27个、三星级163个、一星级194个），47个村庄列入中国传统村落保护名录，全国休闲农业和乡村旅游示范县3个、示范点12个，中国乡村旅游模范村35个，椰级乡村旅游点59个，14个村寨获评“中国少数民族特色村寨”，创建文明生态村18598个。修订《海南省城乡规划条例》，明确农村新建住房不得超过3层，高度一般不超过12米。开展环岛高铁沿线美丽乡村景观带整治建设。建设首批61家共享农庄试点。

扎实推进农村人居环境整治。加强农村人居环境整治政策总体设计、统筹协调，印发实施《海南省农村人居环境整治三年实施方案（2018—2020年）》《海南省农村人居环境整治考核验收办法》《海南省农村生活垃圾分类和资源化利用指导意见（2018—2020年）》，创建省级卫生村272个。继续开展农村生活垃圾治理，深入开展“农村清洁家园”行动。建成村庄垃圾收集点1.25万个，覆盖全省100%的行政村和95%以上的自然村。建成垃圾无害化处理设施23座，垃圾无害化处理率达90%以上。深入开展“厕所革命”，累计完成800座公厕新改建。有序推进全省非正规垃圾堆放点整治，已完成年度28处历史存量垃圾堆放点整治任务。

农村基础设施和公共服务稳步改善。农村公路建管养运水平继续提升。自然村光纤宽带网络覆盖率达81%，4G网络信号覆盖率达98%。10个乡镇新开通管道天然气。农村电网升级改造扎实推进。截至2018年12月底，已建成2300个行政村文体活动室、2556个文化服务点、2695家农家书屋，2310个行政村有篮（排）球场，国定贫困村全民健身设施全覆盖，公办幼儿园覆盖所有乡镇，卫生室覆盖所有行政村，建成农村饮水安全工程2955处、受益人口逾476万人，行政审批便民服务站、村邮站覆盖所有行政村，行政村通客车率达85%。农村危房改造4类重点对象开工2.63万户、竣工2.6万户。

（五）城镇化体制机制改革协同推进，重点领域有所突破

城镇化综合试点取得新进展。以三批国家新型城镇化综合试点地区为改革平台，叠加农村土地制度改革试点、农村集体产权制度改革试点等，充分释放改革协同共振效应，在市民化、投融资、行政管理体制改革、城乡融合发展、农村土地制度改革等方面取得新进展。全面总结梳理第二批国家新型城镇化综合试点成果，提炼形成可复制、可推广的典型经验，配合完成国家发展改革委安排的第三方评估相关工作。

专栏 1

文昌农村土地制度改革试点案例

文昌市作为全国33个试点市县之一，已全面启动了农村集体经营性建设用地入市试点、农村土地征收制度改革试点和农村宅基地制度改革试点，共颁布实施18项配套政策。截至2018年底，已完成土地征收制度改革试点项目8个，面积800.923亩；成功入市15宗农村集体经营性建设用地，面积135.866亩，收取土地增值收益调节金达1733.69万元，用于建设旅馆、商业街、超市、商场、共享农庄等经营性项目；流转9宗宅基地，用于建设农家乐及共享农庄。

基本完成承包地确权颁证。截至2018年底，海南省基本完成农村土地承包经营权确权登记颁证工作，涉及202个乡镇2554个村（居）委会，共确权耕地面积786万亩，确权承包农户98.3万户、确权率96%，制作土地承包经营权证书93.9万本、制证率96.1%，颁发证书88.2万本、颁证率90.2%。

稳步开展农村集体产权改革。截至2018年底，共完成1193个村组级集体经济组织产权制度改革，量化改革时点资产总额4673万元，账面资产总额8.0亿元，核实资产总额14.6亿元，完成清产核资单位数2249个，确认成员身份数533757人。积极推进海口市琼山区、东方市国家试点改革县的改革工作，已完成股金分红总额129万元。其他市县选择一定数量的行政村开展试点，共完成清产核资集体经济组织数1984个。

“两权”抵押贷款试点稳步推进。文昌市、东方市和屯昌县开展了农村承包土地经营权抵押贷款试点，文昌市和琼中县开展了农民住房财产权抵押贷款试点。农地流转平台实现了全覆盖。农地价值评估取得突破，东方市制定了农村土地承包流转指导价，为金融机构合理评估农村土地流转承包流转价格和确定贷款金额提供了依据。4市县风险补偿金（共1500万元）全部落实到位，并明确了风险补偿比例。抵押物处置机制建设取得新进展。文昌市、屯昌县开展“支农再贷款+农地”贷款模式。琼中县积极探索“确权后置”农房抵押贷款模式（金融机构先发放贷款给农户建房，建好后再办理抵押登记），已累计发放贷款1.43亿元，受益农户3459户、约占全县农户总数的14%。截至2018年10月底，农地抵押贷款累计发放26028万元，农房抵押贷款累计发放15255万元。

二、2019年重点任务

深化户籍制度改革，大幅降低省外普通劳动者来琼落户门槛，显著缩短本省居民在海口、三亚落户所需社保缴纳年限。系统推进基本公共服务均等化。出台实施《海南省城乡居民基本医疗保险实施办法》，实质性整合城镇居民医保和新农合两项制度，建立全省统一的城乡居民基本医疗保险制度。做好跨地区就医结算服务，对异地转诊人员，简化手续、精简审核材料，实现每个县（市）至少有一家医院纳入全国跨省异地就医直接结算系统。扩大城市公办学校学位，改善公立中小学办学条件，扩大招生容量，确保“两为主”。积极推进农民工接受学历教育与非学历培训，大力培育新型职业农民。

持续推进城镇低效用地再开发，推动出台《关于加强规划引领促进商品住宅用地转型利用的若干规定》。进一步优化城镇用地结构，完善特色小镇和小城镇规划和用地政策措施。在全省铺开城市“双修”工作。持续推进园林城市评价工作。加强保障性住房供给，继续实施棚户区改造，计划实施9121套（城镇棚户区7539套、垦区危房1582套）。继续做好地下综合管廊有关工作。加快推进海绵城市建设。大力发展装配式建筑。加快城镇污水处理配套管网建设，实施老旧城区雨污分流管网改造，建设一批建制镇污水处理设施，制定实施加强运营管理的有效措施。加快8座垃圾焚烧发电厂建设，推动生活垃圾转运更好实现城乡全覆盖。编制“大三亚”一体化发展规划。

开展城乡融合发展体制机制改革顶层设计。逐步推开农村土地制度改革三项试点。安排11.3亿元，用于332个美丽乡村的环境整治、基础设施改善和特色产业小镇建设。加快农村公路六大工程建设，完成自然村通硬化路1000公里，实现具备条件的自然村100%通硬化路，拓宽1000公里农村公路，完成160个行政村通客车、通快递年度任务。完成20个乡镇管道燃气项目，全面启动“气代柴薪”工程。扎实推进基层医疗卫生机构标准化建设三年行动计划，今年实现基础建设投入使用、设备购置全部到位、信息化建设基本完成。在五指山等5个市县试点实行基层卫生人才编制“县属乡用、乡属村用”和优秀教育人才公开竞聘，调整提高基层教育卫生人员工作补贴。

重庆市2018年推进新型城镇化建设总结报告

重庆市发展改革委

一、2018年新型城镇化建设情况

2018年，重庆市认真落实《国家新型城镇化规划（2014—2020年）》和国家发展改革委《关于实施2018年推进新型城镇化建设重点任务的通知》等文件精神及国家有关决策部署，制定《2018年重庆市推进新型城镇化工作要点》，重点加快农业转移人口市民化、推进成渝城市群建设、提高新型城市发展质量、加快推动城乡融合发展、完善新型城镇化体制机制等5个方面、59项具体工作。新型城镇化工作成效显著，2018年全市常住人口和户籍人口城镇化率分别达到65.5%和48.7%（见图1），两者差距比2012年缩小了1个百分点。

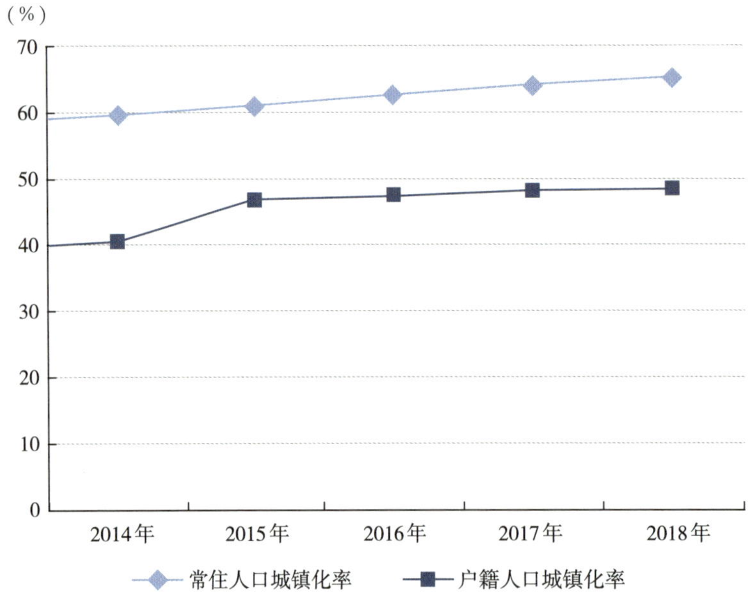

图1　重庆市 2014—2018 年常住人口和户籍人口城镇化率

（一）农业转移人口市民化有序推进

着力引导人口合理布局，做好农业转移人口进城保障，从户籍、土地、财政等方面体制机制着手，促进农业转移人口市民化。一是继续推动非户籍人口落户城镇。修订重庆市户口迁移登记办法，着力推动有能力有意愿在城镇稳定就业和生活的农业转移人口等非户籍常住人口落户城市，新增城镇人口23.3万人。二是保障进城落户居民同城待遇。切实保障进城落户居民合法权益，确保平等享有城市居民就业、教育、住房等政策待遇。将进城落户居民纳入城镇就业服务体系，分类开展就业培训，其中，培训农村劳动力30万人，城镇新增就业75万人以上。坚持“两为主”（以输入地政府管理为主，以公办全日制中小学为主）、“两纳入”（纳入区域教育发展规划，纳入教育经费保障范围）原则，保障随迁子女平等接受教育，妥善安排29.6万随迁子女入学，占全市义务教育阶段学生人数的9.22%。将农民工等常住人口纳入住房保障体系，完成城市棚户区5.43万户，新建成公租房0.99万套。三是“人地钱”挂钩机制进一步完善。贯彻落实自然资源部《关于下达〈2018年全国土地利用计划〉的通知》和《重庆市城镇建设用地增加规模同吸纳农业转移人口落户数量挂钩机制实施细则》（渝国土房管〔2017〕414号）的相关要求，安排“人地”挂钩专项指标380公顷。完善财政转移支付同农业转移人口市民化挂钩机制，依据常住人口测算教育、养老、医疗等基本公共服务支出，并按照基本支出需求缺口予以适当补助，将城镇化率变动情况等指标作为测算激励引导转移支付的重要因素，中央下达重庆市农业转移人口市民化奖励资金全部补助到区县。

（二）成渝城市群建设全面推进

以重庆都市圈建设为抓手，加强与四川合作，积极推动成渝城市群建设（见图2）。

一是完善合作机制。两省市政府签署《深化川渝合作深入推动长江经济带发展行动计划（2018—2022年）》和12个专项合作协议，统筹推进九大领域、400余项具体合作事项和项目。潼南、广安川渝合作示范区建设加快推进，重点合作项目和重大合作事项取得积极进展。川渝次区域合作组织加快发展，成立了成渝轴线区（市）县经济协同发展联盟，并组织召开了联盟2018年年会。二是推动生态环境联防联控联治。两省市签订《共同推进长江上游生态环境保护合作协议》，就加强交界的自然保护区管理达成共识，共同建立跨界河流联合巡查制度和跨界河流名录。三是推动基础设施互联互通。已成功争取国家将渝昆高铁列为西部开发重点项目；铁路总公司已召集会议听取川渝两省市对渝西高铁走向方案的意见建议；江津经习水至古蔺已建成通车；渝广支线、潼南至安岳、永川至泸州、南充至潼南至荣昌至泸州（重庆段）等高速公路项目已开工建设；重庆骨干直联点互联带宽已从年初的230G扩容至290G。四是推动创新

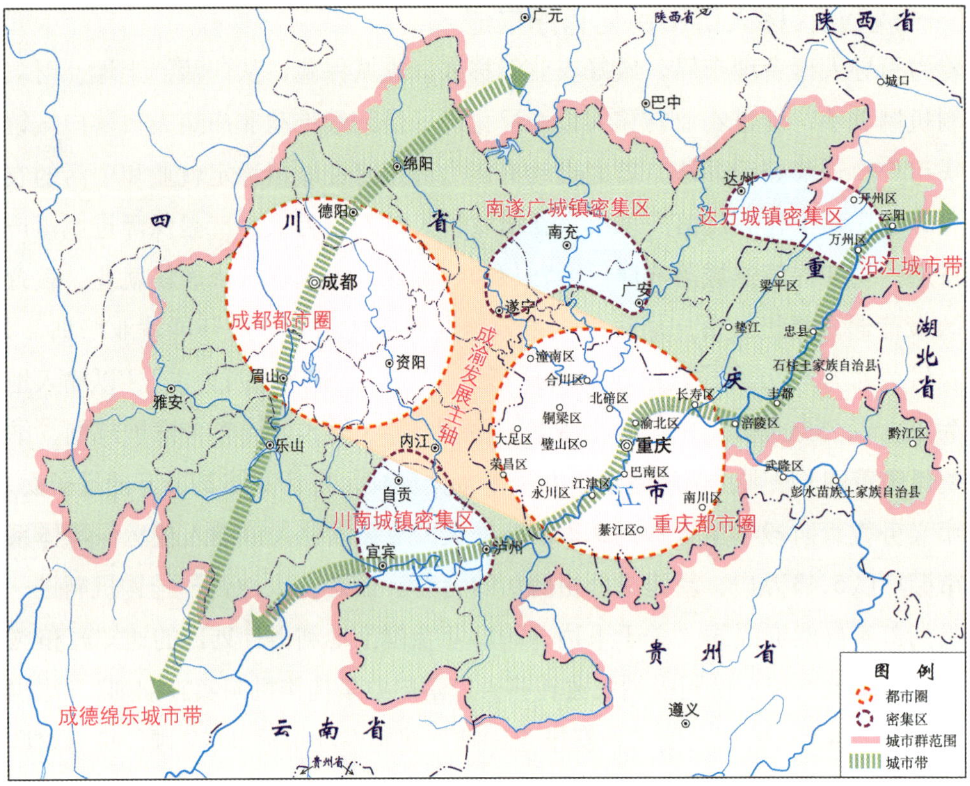

图 2　成渝城市群空间布局

协同和产业协作。共同研究《关于联合打造国际文化旅游目的地的行动方案（2018—2020 年）》，建立旅游合作工作机制；合作推进“巴蜀美丽乡村示范带建设”，就《巴蜀美丽乡村示范带建设方案》达成初步共识。五是推动市场有机融合。两省市签署了《关于开展川渝信用合作的备忘录》；双方在电子商务领域知识产权保护、专利信息等领域加强合作，重庆市知识产权局已支持四川三家知识产权服务机构在渝成立办事处。六是推动公共服务对接共享。嘉陵江流域大型水库实时雨情水情监测信息实现共享；重庆医科大学附属第一医院与附属儿童医院分别建立西南眼科联盟和西部儿科联盟，将四川省人民医院、遂宁市中心医院、成都市航天医院、成都市第二人民医院及绵阳市中心医院等纳入医联体成员单位。

（三）城市发展质量进一步提升

按照“干五年、看十年、谋划三十年”的总体思路，系统谋划推进城市提升。一是优化城镇空间布局。启动编制《重庆市国土空间规划（2019—2035 年）》，坚持城镇发展“抱团串珠”，构建特大城市引领发展、大中小城市协调联动的网络城市群格局。研究编制《主城区功能疏解与完善专项行动方案》，有序推进内环以内地区功能完善提升和疏解延伸，推进内环以外地区功能承接和服务功能完善。规范特色小镇创建。贯彻落实国家要求，印发规范推进特色小镇健康发展的通知，推进重庆市特色小镇高质量健康发展。探索与国家开发银行、中国农业发展银行、光大银行等金融机构合作，积极搭建政银支持平台，引导金融机构支持特色小镇发展。二是加快交通基础设施提档升级。强化以轨道交通引领城市发展，加快轨道交通建设，建成通车轨道环线东北环和四号线一期共计49公里轨道线路，总里程达到313公里。着力推进重大桥隧项目建设，建成投用渝广高速进城通道、照母山隧道等项目，曾家岩大桥、龙洲湾隧道等7桥4隧项目加快建设。新增停车泊位2.2万个，停车难问题得到一定程度缓解。三是加强市政设施建设。建成主城区人行天桥15座和地下通道8座。着力加强生活垃圾、污水处理设施建设，城镇生活垃圾无害化处理率达到95%以上，城市生活污水处理率达到93%以上。稳步推进地下综合管廊建设，新开工39.1公里、建成廊体29.12公里，完成投资22.4亿元。启动实施水源工程建设三年行动，渝西水资源配置工程开工建设。四是推进绿色城市建设。倡导绿色建筑，推动城镇新建公共建筑和主城区居住建筑强制执行绿色建筑标准，大力发展高星级绿色建筑和具有重庆特色的绿色生态住宅小区，全年新增绿色建筑5705万平方米，新建城镇建筑执行绿色建筑标准的比例达到67.16%。积极推动悦来新城和万州、璧山、秀山建设“海绵城市”。主城区空气质量优良天数316天，PM2.5浓度同比下降11%。五是加强人文城市建设。研究制定《重庆市主城区历史文化保护传承行动方案》，开展《城乡总体规划历史文化名城保护专项规划》编制，与渝中区共同研究推进渝中半岛人文中心建设。六是提升智慧城市水平。持续提升重庆骨干直联点功能，骨干直联点网间互联带宽达到300G，重庆市互联网直联城市达到30个。成功争取将重庆纳入国家首批5G应用示范城市，建设5G基站54个。智慧政务、智慧交通、智慧教育、智慧医疗等取得积极进展，以应用促产业、以产业带应用的态势初步形成。

（四）城乡融合发展全面推进

努力推进资源要素和公共服务均衡配置，促进城乡基本公共服务均等化。一是着力推动乡村振兴。编制实施《重庆市乡村振兴战略规划（2018—2022年）》，安排部署全市乡村振兴战略。启动一系列重点项目建设，稳妥推进“三变”改革试点，38个试点村7万多农民变股东，全面完成“大棚房”清理整治，实施农网改造升级工程，扎实推进农村人居环境整治，加快建设“大美乡村”。二是完善城乡教育公共服务体系。抓好学前教育这一薄弱环节，大力实施幼有所育专项行动计划，采取“新建一批、移交一批、回收一批、回购一批、改建一批、登记一批”等措施，增加公办幼儿园数量，新增公办幼儿园538所，引导更多的民办幼儿园主动提供普惠性服务，全市普惠性民办幼儿园新增153所，带动各类教育全面发展，义务教育发展基本均衡区县覆盖率达到95%。三是切实缩小城乡居民就医差异。印发《重庆市卫生和计划生育委员会办公室进一步改善医疗服务行动计划（2018—2020年）实施方案的通知》（渝卫办发〔2018〕51号），推进分级诊疗，建立预约诊疗、远程医疗、临床路径管理、检查检验结果互认、医务社工和志愿者服务5项制度。提升县级医院服务能力，遴选21家县级医疗机构申报第二批县级医院综合服务能力提升建设单位。印发《重庆市乡镇卫生院等级评审标准（试行）》《基层医疗卫生机构等级评审办法》文件等，启动全市乡镇卫生院等级评审工作。家庭医生签约1030.54万人，签约服务覆盖率33.81%。

（五）新型城镇化体制机制进一步完善

完善体制机制，强化用地、资金等要素保障，破解新型城镇化发展瓶颈制约。一是深入推进国家新型城镇化综合试点。积极推动主城九区、綦江区、大足区、永川区、璧山区、潼南区等试点地区在有序推进农业转移人口市民化、改革创新城镇化投融资机制、健全城乡一体化发展机制、健全城市生态环境保护机制、推动新型城市建设等方面深入开展试点。其中，綦江区、大足区通过了国家发展改革委组织的国家新型城镇化综合试点评估，綦江区试点经验在全国经验交流会上作典型发言。永川、璧山、潼南等试点扩面地区在农业转移人口市民化、城镇化投融资、农村集体产权改革等方面深入开展试点工作（见表1）。二是完善用地保障机制。积极拓展地票功能，印发《关于拓展地票生态功能　促进生态修复的意见》（渝国土房管规发〔2018〕4号），全年共成交地票4.06万亩、75亿元。三是拓展新型城镇化资金多元化渠道。出台《2018年重庆市信贷投向指引》，引导金融机构对接新型城镇化建设，积极支持城市功能提升和智慧城市、绿色城市、特色小镇建设。积极探索以PPP模式吸引社会资本参与城市建设。印发《关于积极稳妥推进全市政府和社会资本合作工作的函》（渝发改投函〔2018〕200号），按照国家要求开展PPP项目库清理核查工作，批复江北区嘉陵公园全自动立体停车楼等8个项目PPP实施方案，项目总投资约217亿元。

表1　重庆国家新型城镇化综合试点主要经验

批次	试点范围	试点主要经验
第一批	主城九区	主城九区以下经验被国家发展改革委印发全国学习：一是加快农业转移市民化，持续降低落户门槛，不设落户指标控制、不搞积分排队、外来人口达到一定就业年限（最长5年）即可直接办理落户。二是深化“人地挂钩、以人定地”，以人定地编规划、地随人走调规划、人口落户下计划，根据户籍人口数量变化来调整建设用地规模，合理保障产业项目用地需求，推动人口向优势地区转移落户。三是在保障农业转移人口住房需求，将符合条件的常住人口纳入公租房保障范围。

续表

批次	试点范围	试点主要经验
第二批	綦江区、大足区	1.綦江区在国家发展改革委第二批新型城镇化综合试点工作经验交流会上作了典型发言，介绍了扩权强镇、采煤沉陷区综合治理、老工业基地振兴、大众创业等方面的经验。2.大足区在农村集体经营性建设用地入市方面的经验被国家发展改革委印发全国推广。
第三批	永川区、璧山区、潼南区	永川区、璧山区、潼南区正在推进农业转移人口市民化、产城融合发展、大众创业万众创新、城市智能化绿色化发展、统筹城乡发展、新型城市建设等重点领域创新体制机制，尽快取得可复制的经验。

二、存在的问题

一是农民落户积极性不高。农村户籍价值上升，部分农业人口对农村权益价值预期较高，担心进城落户后失去相关农村权益。同时城市基本公共服务覆盖范围已经逐步扩大到所有常住人口，加之前期户籍制度改革中，在城镇相对容易入户人员已经完成转移入户，剩余人员教育程度相对较低，就业稳定性较差，对能否在城市长期生活存有后顾之忧，因此农业转移人口转移落户意愿整体呈减退趋势。

二是农村资源闲置。农村产权实现方式以及农村资源盘活利用有待进一步探索，农民不能带着财产进城，导致农村资源闲置，城乡公共服务重复配置，客观上造成了“两头占”的现象。同时，城市资源下乡流转的土地、投资形成的资产存在抵押融资等困难，客观上影响了城市资源下乡的积极性，加剧了农村资源闲置问题。

三是城市建设成本相对较高。受山地城市特殊地形地貌影响，建设成本比平原地区城市更高，城市建设需要更多的资金投入。比如，交通基础设施建设，重庆市在建铁路平均每公里需投资1.4亿元、高速公路1亿元，均高于全国大多数地区、加剧重庆在交通基础设施建设方面较大资金缺口问题。

三、2019年重点工作

紧紧围绕习近平总书记对重庆提出的“两点”定位、“两地”“两高”目标和营造良好政治生态、做到“四个扎实”的重要指示要求，紧紧围绕人的城镇化这一核心，以深入实施成渝城市群发展规划为重点，以实施国家新型城镇化综合试点为抓手，以重庆都市圈建设为载体，着力破解新型城镇化发展瓶颈，全面推进新型城镇化工作取得新突破。

(一)加快农业转移人口市民化

一是继续推进户籍制度改革。进一步修订重庆市户口迁移登记办法，按照主城、渝西、渝东北、渝东南四个片区以及城镇层级，分类制定落户条件，坚持就业前提，进一步放宽务工经商年限。积极做好农民工就业信息动态监测和发布，大力开发就业岗位，推动农业转移人口和其他非户籍常住人口落户城镇，力争全年新增落户进城20万人以上。

二是强化常住人口基本公共服务。实施更加积极的就业政策，多渠道提供职业培训和就业服务。继续坚持“两为主、两纳入”义务教育随迁子女入学政策，统筹安排随迁子女入学工作。深化医药卫生体制改革，健全现代医院管理制度，建设紧密型医共体，完善基层医疗卫生服务体系，继续实施国家基本公共卫生服务项目。多渠道保障住房需求，推动建立多主体供应、多渠道保障、租购并举的住房制度。

三是继续完善“人地钱”挂钩机制。将进一步完善财政转移支付同农业转移人口市民化挂钩机制，加大对农业转移人口市民化的财政支持力度。进一步完善城镇建设用地增加规模同吸纳农业转移人口落户数量挂钩机制，根据上年度吸纳外来转移进城落户人口数量，合理确定新增城镇建设用地规模。

(二)推进成渝城市群建设

一是推进交通基础设施互联互通。完善铁路网络，新开工渝昆高铁、渝万高铁等高速铁路项目，加快推进渝西、贵等高铁前期工作。完善公路网，建成通车潼南至荣昌等高速公路，加快建设合川至长寿等项目，新开工建设渝湘扩能。

二是推动产业创新协同发展。鼓励川渝汽摩企业深化合作，打造川渝汽摩产业集群。深化轨道交通、智能制造、节能环保等高端装备领域协同合作。协同推进核心器件、集成电路、信息安全等领域关键技术攻关与高端产品制造应用，共同建设西部人工智能产业高地。

三是深化对内对外开放合作。联合扩大中欧班列品牌影响力，探索陆上贸易规则，推广多式联运“一单制”，科学统筹国际货运站点布局。支持两地企业共同拓展国际市场，积极谋划重大国际产能合作项目，联合打造国际产业合作园区。优化提升对外开放平台，发挥两地保税区、自由贸易试验区、口岸作用，依托水铁空开放口岸，推进市场一体化、信息一体化及单证一体化交流合作。

四是推进生态环境联防联控。加强跨界河流联防联控联治，加强跨省市水体监测网络建设。加强大气污染联防联控联治，开展重污染天气联合预警预报，协同实施工业源、移动源、生活源、农业污染源综合治理。

五是强化公共服务共建共享。支持川渝学校合作办学，互相增投普通高校招生来源计划，推动两地中职学校与高职院校、本科院校纵向衔接。推动两地养老保险关系转移接续合作，进一步扩大跨省市异地就医直接结算联网医院覆盖面。加强应急管理合作，建立社会治安综合治理联动机制。

六是推进毗邻区域合作。推动达州—万州、内江—荣昌、遂宁—潼南、资阳—大足、泸州—江津等毗邻地区协同发展。积极发挥成渝轴线区县经济协同发展联盟、渝西川东经济社会发展协作会、川渝合作两地四方联席会等合作机制和平台作用。

（三）提升城市发展质量

一是强化规划引领。完成国土空间规划编制。制定建立区域协调发展新机制的实施方案，出台加快推动现代化都市圈建设意见，完善分片区协同发展机制和政策，促进产业协同发展、基础设施互联互通、公共服务共建共享。

二是加快城市基础设施建设。完善交通网络，坚持以轨道交通引领城市发展格局，推动高铁、市域铁路、城市轨道交通“三铁”融合，畅通交通大动脉，加快建设“米”字型高铁网，推进市域轨道加速成网。加快建设国家公路运输枢纽。加快完善城市路网。同步完善市政、信息、能源、水利等基础设施，提升城市功能。

三是持续提升城市品质。贯彻“一尊重五统筹”要求，推进城市国际化、绿色化、智能化、人文化。建设绿色城市。实施主城区“清水绿岸”工程，强化“四山”保护利用。推行绿色建筑，发展装配式建筑。实施生活垃圾分类处理。建设人文城市。创建国家级文化产业园区，培育新型文化业态。强化重点文物保护，启动非遗博览园建设，提升工业博物馆品质。挖掘巴渝文化、抗战文化、统战文化和红岩精神内涵，延续城市文脉，讲好重庆故事。建设智慧城市，制定新型智慧城市建设方案，出台大数据管理规定，加快建设市级数据中心和“数字重庆”云平台，实施一批智能化应用示范项目。

（四）加快推进城乡融合发展

一是大力推进农业“接二连三”。着力调结构，稳定粮食产能，重点发展柑橘、榨菜、柠檬、中药材、茶叶等特色高效产业，建设一批现代农业产业园区，加强品种品质品牌建设，培育以“巴味渝珍”为重点的特色农业品牌。着力促融合，做大做强农产品加工，做优做精乡村旅游，大力发展农村电商，扩大农产品外贸，推动农业全产业链升级。

二是加快建设美丽宜居乡村。实施“五沿带动、全域整治”行动，扎实推进农村人居环境整治，建设2.4万公里“四好农村路”，改造3万户农村危房、37.5万户卫生厕所，强化农村垃圾污水、面源污染治理和农业生产废弃物资源化利用，探索建立长效管护机制。

三是着力深化农村改革。深化农村集体产权制度改革，推进农村承包地、宅基地“三权”分置改革，完善“地票”“林票”制度，扩大农村“三变”改革试点，减少2500个村级集体经济“空壳村”。完善“引进”和“留住”人才机制，鼓励企业家、技能人才、农民工返乡投资兴业，加快培育农业龙头企业和新型职业农民。鼓励和规范工商资本参与乡村振兴，深化农业项目财政补助资金股权化改革，推进“三社”融合发展试点，完善利益联结机制，让农民分享产业发展收益。

（五）完善新型城镇化体制机制

一是继续推动国家新型城镇化综合试点。继续抓好主城九区等第一批试点建设；推广綦江区、大足区在农业转移人口市民化、产城融合发展、集体经营性建设用地入市等方面的经验；围绕就近城镇化、城镇化投融资、农村集体产权改革等重点领域，总结评估永川区、璧山区和潼南区等第三批试点地区经验。

二是健全城镇化投融资机制。鼓励金融机构加强与城镇化项目规划和运营机构的合作。强化财政资金和政府投资引导，提高资金使用效率，采用PPP、基础设施基金等多种模式，带动社会资本参与基础设施建设。

四川省2018年推进新型城镇化建设总结报告

四川省发展改革委

一、2018年工作进展

一年来，四川省上下加大工作力度，扎实开展各项工作，新型城镇化工作成效显著。2018年全省常住人口城镇化率提高至52.29%，户籍人口城镇化率达到35.87%，较2017年分别提高1.5个和1.67个百分点（见表1）。

（一）农业转移人口市民化步伐加快

完善户口迁移政策。实行两级分类、全面放开、区域调控的落户政策，引导农业转移人口向全省大中小城市均衡落户。持续深入推行省内大、中、小城市和建制镇进城落户“零门槛”，2018年推动约150万农业转移人口落户城镇。成都市实施设置差别化、阶梯式的落户标准，泸州市通过设立“公共集体户”，有效解决大量在城市暂无住房、无亲属的农业转移人口落户难题。

全面实施居住证制度。开展新版居住证办理系统开发工作，搭建统一的居住证信息管理系统，推进居住证持证人享受基本公共服务和便利全覆盖，已推出12项凭证享受的基本公共服务和便利。全省已累计发放居住证1000余万张。

强化城市人口监测。深入实施“一标三实”信息采集、户籍和实有人口信息清理登记、违规“非转农”核查纠错等工作，2018年全省清理注销重错假和死亡人员户籍35万余人。积极探索大数据在城镇化统计监测中的应用。目前成都市已完成试点任务，安州区正加快推进。

建立健全“人地钱”挂钩机制。建立了城镇建设用地增加规模同吸纳农业转移人口落户数量挂钩机制，采取实行差别化用地标准、实施规划统筹管控、改进用地计划安排、优化土地供应结构等措施，逐步实现“人地”挂钩。实施农业转移人口市民化奖励资金政策，2018年省级财政下达市县农业转移人口市民化奖励资金24.47亿元，较上年增长43.9%。

表1　四川省2008—2018年户籍人口变化情况

年　份	户籍人口（万人）	城镇户籍人口（万人）	农业转移人口（人）
2008	8908	2203	511664
2009	8985	2286	752862
2010	9001	2355	598018
2011	9058	2462	954476
2012	9097	2512	480117
2013	9132	2632	713926
2014	9159	2693	540511
2015	9102	2785	760711
2016	9137	2997	1742735
2017	9113	3116	1398994
2018	9121	3272	1165725

（二）城镇布局和形态不断优化

深入贯彻落实《成渝城市群发展规划》和“一干多支”发展战略，协同联动、竞相发展的区域协调发展态势正加快形成（参见表2），2018年成渝城市群四川15市实现地区生产总值36811.09亿元，增速8.29%。电子信息、装备制造、食品饮料、先进材料、能源化工和数字经济“5+1”产业体系加快构建，2018年规模以上工业增加值同比增长8.3%，五大支柱产业营业收入超过3万亿元。以轨道交通为骨干的综合交通运输网络加快建设，2018年全省运营和在建铁路里程超过6600公里。环境质量明显改善，87个国考断面地表水水质优良比例提升至88.5%，10个出川断面水质全部达到国家考核标准，全省PM10下降7.5%、PM2.5下降10.6%，优良天数率为84.8%。开放合作成效明显，中欧班列（成都）累计开行超2900列、连续三年保持全国第一，驻川领事机构达到17个。

表2　四川省四大区域主要社会经济指标（2018年）

指　标	地区生产总值		城镇人口（万人）	常住人口（万人）	城镇化率（%）
	绝对量（亿元）	同比增长（%）			
四川省	40678.1	8	4361.5	8341	52.3

续表

指 标	地区生产总值		城镇人口（万人）	常住人口（万人）	城镇化率（%）
	绝对量（亿元）	同比增长（%）			
成都平原城市群	25665.6	8.2	2281.8	3823.7	59.7
川南城市群	6539.8	8.4	779.6	1549.9	50.37
川东北城市群	6394.2	8.4	966.8	2139	45.2
攀西城市群	2706.7	5.5	257.6	614.4	41.9

（三）城市综合承载力进一步提高

大力实施基础设施“补短板”行动。泸州机场迁建通航，全省建成高速公路达7238公里，新开工地下综合管廊项目27个、97.3公里。成都城市轨道线网规模快速增长，运营里程226公里、在建289公里。创新推动公园城市建设试点，出台《四川省公园城市建设指导意见》，成都先行先试成效显著。

深化住房制度改革。在全国率先高标准编制《四川省城镇住房发展五年规划（2018—2022年）》，引领城镇住房健康发展。棚改三年攻坚起步良好，开工25.9万套。公租房坚持实物和货币保障并举，全年新增分配6.4万套，发放租赁补贴6.4万户。成都、攀枝花、绵阳等地更新改造老旧小区991个。既有住宅增设电梯1597部，惠及2.5万余个家庭。全省房地产市场总体保持平稳健康运行，完成房地产开发投资约5600亿元，同比增长9%。

专栏 1

四川省城市（县城）市政公用设施水平（2017年）

主 要 指 标	2017年
人口密度（人/平方公里）	2495
供水普及率（%）	93
燃气普及率（%）	87.6
人均城市道路面积（平方米）	12.9

主 要 指 标	2017年
建成区路网密度（公里/平方公里）	4.53
污水处理率（%）	88.45
人均公园绿地面积（平方米）	11.95
建成区绿化覆盖率（%）	37.93
建成区绿地率（%）	33.68
生活垃圾无害化处理率（%）	95.4

（四）产城融合发展更加协调

加快产业转型升级。打造电子信息、装备制造、食品饮料、先进材料和能源化工五大支柱产业，推动数字经济与实体经济融合发展。2018年全省规模以上工业增加值增长8.3%，比全国平均水平高2.1个百分点。出台20条政策措施支持民营经济健康发展。落户世界500强企业达347家。

深入实施服务业“三百工程”。服务业增加值超过2万亿元、占全省地区生产总值比重首次超过50%。组织9.7万余家企业开展市场拓展活动，网络零售额增长25%。新增世界地质公园1处，新创AAAA景区35家，旅游总收入突破万亿元。

推动建筑业转型发展。出台《关于促进建筑业持续健康发展的实施意见》，制定高质量发展评价指标体系和考核体系，完成建筑业总产值1.36万亿元。启动装配式建筑发展三年行动计划，新开工装配式建筑3010万平方米。开展培育新时期建筑产业工人队伍试点。

（五）城乡人居环境明显改善

加大环保基础设施建设力度。大力实施污水垃圾“三年推进方案”，累计完成投资403亿元。生活垃圾分类试点成效初显。全省新改建公厕4640座，8个排水防涝“补短板”重点城市完成整治项目59个，地级及以上城市建成区100个黑臭水体整治工程已竣工81个，16个试点城市建成海绵城市141平方公里（参见图1），全省新建各类公园230个，实施“双百工程”项目135个、建设规模1.9万公顷、总投资430亿元。

“河长制”“湖长制”全面落实。设立湖长280多名，深入开展“清河、护岸、净水、保水”行动。编制长江经济带战略环评“三线一单”，推进沿江5家危险化学品生

图1　遂宁市海绵城市建设

产企业搬迁，取缔非法码头82座，有力整治河砂违法乱采。

深入推进“平安四川”建设。开展扫黑除恶专项斗争，全省刑事案件下降9.4%。落实安全生产责任制，事故起数下降14.9%、死亡人数下降11.1%。妥善应对近40年来最大汛情，累计安全避险转移群众55万人。全省18个市数字化城管平台已建成投运。

（六）公共服务体系不断完善

文化事业繁荣发展。成都城市音乐厅建成投用，四川大剧院、艺术博览园等加快建设，又有一批公共文化设施错时延时开放，农村公益电影放映、送戏下乡服务群众3800多万人次。新建各类体育健身设施2600多处、健身绿道2700多公里。

健全教育、医疗、社会保障体系。启动实施中等职业教育质量提升工程，完善校企合作育人机制。新增高职院校10所。全面实施全民参保计划，开通省内异地就医直接结算医院1229家。近500万人纳入最低生活保障和特困人员救助供养范围，为150万名农村妇女进行“两癌”免费检查，337万残疾人享受到“量体裁衣”式服务。

（七）城乡一体化发展迈出坚实步伐

大力实施乡村振兴建设。出台乡村振兴战略规划，发展现代农业园区，开展创建农业强县（见表3）。深入推进农业供给侧结构性改革，新创建认定5个国家特色农产品优势区，累计建成国家农业产业化示范基地13个。积极培育新型农业经营主体，省级重点龙头企业达851家，农民专业合作社近10万户，培育新型职业农民4万人。

表3　四川省城乡一体化发展水平

主要指标	2018年
城乡居民收入比	2.49：1
公路通村率（%）	99.95
农村自来水普及率（%）	76
九年义务教育巩固率（%）	94.6
学前教育三年毛入学率（%）	82.5

推进农村现代化建设。新（改）建农村公路2.6万公里。农村危房改造完工20.1万户。农村土坯房改造开工62万户。

抓好人居环境整治和农业农村污染治理（参见图2）。农村土地承包经营权确权颁证工作基本完成，农村集体产权制度改革全面启动，4.3万个村完成清产核资。

图2 成都市温江区万村镇幸福村

二、存在的主要问题

总体上看，四川省新型城镇化发展稳步向前，人民群众幸福指数不断提高，但必须深刻认识到存在的不足：一是城乡发展方式亟待转变。一些地方还未找到落实新发展理念相应的工作思路和方法，还依赖传统路径、习惯思维开展工作，许多配套政策尚不完善。二是城乡基础设施短板依然明显。垃圾污水处理设施、地下管网等市政公用设施不足的问题仍十分突出，交通拥堵、逢大雨必涝等“城市病”还未得到有效解决。三是产业转型发展仍需加力。高端产业不足，核心竞争力不强，对外开拓力度不够等问题依然存在。四是精细化管理水平还需大力提升，还普遍存在管理体制不顺、管理制度不健全、队伍能力跟不上等问题。

三、2019年工作重点

（一）加快农业转移人口市民化进程

贯彻落实“人地”挂钩的相关要求，科学分解、下达2019年土地利用年度计划，强化土地要素保障；持续实施更加积极的就业创业政策，加快建立终身职业技能培训制度，加大创新创业支持力度，完善覆盖城乡的公共就业服务体系，重点做好高校毕业生、返乡农民工等困难群体就业创业工作；推进社会保险、救助、福利保障制度改革，提高退休人员基本养老金水平，健全完善企业职工基本养老保险省级统筹制度，提高城乡居民医保财政补助和个人缴费标准，完善社会救助相关制度；支持市县通过新增一般债券和收益能够覆盖融资本息的专项债券用于新型城镇化重点项目建设，指导符合条件的项目运用资产证券化等方式拓宽融资渠道。

（二）落实“一干多支”发展战略，优化城镇化空间格局

一是以促进都市圈建设和次级城市培育为目标，优化城市群空间格局，大力推进以人为核心的新型城镇化建设，培育区域性中心城市，加快构建“一干多支、五区协同”区域发展新格局。二是以扩大开放合作为路径，深度融入“一带一路”建设和长江经济带发展，加快构建“四向拓展、全域开放”新态势。三是围绕建设世界一流基础设施的目标，加快构建完善综合交通运输网络，全力打造国际航空枢纽，加快推进成南达万、成自高铁等干线铁路建设，形成城市群高质量发展的重要支撑。四是以推动制造业高质量发展为主线，重点培育电子信息、装备制造、食品饮料、先进材料、能源化工和数字经济“5+1”产业体系，打造一批具有国际领先水平和区域辐射带动力的现代产业集群。五是以解决生态环境突出问题为基础，强化环境突出问题治理，加快建立健全生态文明制度，发展绿色低碳循环经济，构建生态文明体系。六是以深化川渝合作为重点，完善区域协调合作机制，推进建立区域一体化市场体系机制，提高城市群一体化水平。

（三）坚持生态优先绿色发展，建设“美丽四川”

加强生态保护与修复。落实“河长制”和“湖长制”，完善“一河（湖）一策”管理保护方案。推进长江廊道等重点区域造林绿化，完成营造林900万亩。突出抓好公园城市建设试点，大力支持成都建设美丽宜居公园城市，统筹推动10个城市（县城）开展公园城市建设试点。深入推进海绵城市建设。持续推进城市生态修复“双百工程”。继续开展17个“城市双修”试点工作。

推动形成绿色生产生活方式。严守长江经济带战略环评“三线一单”，促进产业布局与资源环境承载能力相适应。发展节能环保、清洁生产等产业。推动建立市场化、多元化生态保护补偿机制。推广新能源汽车，开展公共机构节约能源资源和绿色家庭、绿色学校、绿色社区等示范创建。

打好污水垃圾《三年推进方案》收官之战。加快完成污水处理设施及配套管网、垃圾收转运设施和焚烧发电等项目建设。强化项目管理信息系统运行管理。完善生活污水和垃圾处理收费制度。推动生活垃圾分类。加强垃圾治理研究和技术指导，因地制宜优化“收运处”体系。

（四）突出宜居环境提升城镇发展质量

全面启动实施城市建设高质量发展行动。统筹推进、分类实施城市基础设施“补短板”和“提品质”计划。大力实施“厕所革命”行动，新改建城乡公厕4321座。因地制宜推进地下综合管廊建设，全年新开工地下综合管廊建设100公里。实施老旧小区改造更新三年行动。开展既有住宅增设电梯新三年计划，支持有条件的小区加装电梯。

提升公共服务均等化水平。深入实施全民参保计划，促进法定人员全覆盖。巩固提升民族地区“一村一幼”、“9+3”免费教育和15年免费教。实施高中阶段教育普及攻坚，稳妥有序推进高考综合改革，推进“双一流”建设。实施健康四川建设，加强重大疾病防控，深化公立医院综合改革，完善分级诊疗制度。进一步完善体育场馆和全民健身场地设施。

深化平安四川建设。强化社会治安防控体系建设，持续开展扫黑除恶专项斗争。加强重点行业领域安全生产监管，坚决遏制重特大安全事故。健全应急管理机制，加强应急救援队伍建设，运用科技手段提升自然灾害防治能力。提升社会治理社会化法治化智能化专业化水平。全面实施“七五”普法规划。坚持发展新时代“枫桥经验”，强化源头治理和网格化服务管理。

（五）坚持产城融合发展，加快构建现代产业体系

推动“5+1”现代产业发展。抓好产业规划、产业链招商、要素保障等工作。聚焦16个重点领域和数字经济，优化产业结构和区域布局，着力强链补链延链，促进集群发展。加强人工智能、工业互联网、物联网等新型基础设施建设。

做强做优现代服务业。支持成都和乐山开展国家服务业综合改革试点示范，推进7个区域性服务业中心城市建设。抓好现代服务业集聚区规划建设。推动电子商务创新发展，实施“网络百企百品提升”行动，建设区域服务平台。

发展文化旅游经济。启动文化旅游资源普查，规划建设文化旅游融合发展示范园区。加强巴蜀文化资源转化，推进旅游演艺和非遗等文创产品开发。开展成都文化旅游名城和天府旅游名县建设，发展乡村、红色、康养、生态等旅游。

（六）坚持城乡一体化发展，实施乡村振兴战略

推进“美丽四川·宜居乡村”建设。开展农村人居环境整治“五大行动”，打造幸福美丽新村升级版。加强路、水、电、气、宽带“五网”建设。建设“四好农村路”，新（改）建农村公路2万公里。提升农村公共服务能力。推进村庄规划编制。

大力推动农村产业振兴。以发展现代农业园区为重点、创建农业强县为载体，建设优质农产品生产基地，增加优质绿色农产品供给。加强农业科技研发和推广运用。积极发展现代种业、农业装备，完善农产品烘干、仓储、冷链物流等社会化服务体系，做大做强农产品加工业。

（七）继续推进各领域改革创新

强化土地要素保障。强化规划对城镇发展空间的整体管控，全面开展省、市、县国土空间规划编制工作。继续抓好建设用地市场完善保障工作，指导各地制定土地供应计划，并督促各地进一步完善和健全自然资源保障供应体制机制。

推进社会保险、救助、福利保障制度改革。继续提高退休人员基本养老金水平。进一步提高城乡居民医保财政补助和个人缴费标准，推动建立可持续筹资机制。完善社会救助相关制度。支持基层医疗卫生机构卫生人才队伍建设和医疗服务能力提升。全面实施健康扶贫专项方案。

健全新型城镇化投融资机制。继续支持市县通过新增一般债券和收益能够覆盖融资本息的专项债券用于新型城镇化重点项目建设。完善财政金融互动奖补资金管理办法。推动新型城镇化建设相关领域项目运用资产证券化等方式拓宽融资渠道。

深化新型城镇化综合试点。成都、泸州、绵阳等7个国家新型城镇化综合城市全面总结试点成果，形成可复制可推广的典型经验在全省范围内推开。

贵州省2018年推进新型城镇化建设总结报告

贵州省新型城镇化工作领导小组办公室

一、重点任务推进情况

根据国家发展改革委《关于实施2018年推进新型城镇化建设重点任务的通知》要求，贵州省印发了《贵州新型城镇化建设2018年工作要点》，紧紧抓住加快农业转移人口市民化、提高城市群建设质量、提升城市发展质量、加快推动城乡融合发展、深化城镇化制度改革等重点任务，细化贵州省工作任务，强化责任分解抓好贯彻落实。

（一）加快农业转移人口市民化

一是深入推进户籍制度改革。全面放开城镇落户限制，实现户口迁移“零门槛”。全省户籍人口城镇化率为39.4%，完成农业转移人口和其他常住人口落户城镇60万人以上（不含出生登记、城中村改造、城乡属性调整）。截至2018年12月底，全省2017年计划实施的263个易地扶贫搬迁城镇化集中安置项目全部建成，实际搬迁入住76.2万人，其中75.2万人实现城镇化集中安置。二是强化常住人口基本公共服务。贯彻落实《居住证暂行条例》，实现城镇未落户常住人口居住证制度全部覆盖，以居住证为载体向未落户人口提供城镇基本公共服务及办事便利。三是深化完善“人地钱”挂钩机制。出台《省人民政府办公厅关于实施支持农业转移人口市民化若干财政政策的意见》，建立农业转移人口市民化挂钩奖励机制。2018年在中央下达农业转移人口市民化奖励资金12.32亿元基础上，省级配套2亿元共计14.32亿元下达市县。资金分配统筹考虑县（区）开展农业人口转移市民化的努力程度和困难程度等因素，选取“农业转移人口数”和“人均财力”因素进行分配下达，重点支持对农业转移人口进城落户较多、努力程度高的县（区）以及财政困难地区给予倾斜。印发实施《贵州省城乡建设用地增减挂钩助力脱贫攻坚三年行动方案》《贵州省易地扶贫搬迁增减挂钩复垦项目验收细则》及贵州省增减挂钩节余指标跨省域调剂的实施细则和项目技术细则。下达“人地”挂钩城镇新增建设用地指标10万亩。四是不断提升新市民融入能力。全力开展易地扶贫搬迁劳动力培训，实现搬迁劳动力家庭至少“一户一人”实现稳定就业，确保搬迁群众“搬得出、留得住、能致富”。围绕搬迁劳动力就业培训意愿，结合安置点就业岗位和省内外用工需求，对易地扶贫搬迁劳动力开展全员培训15.47万人，培训后实现就业、创业10.53万人，初次就业率为68.07%。

（二）提高城市群建设质量

一是全面实施《黔中城市群发展规划》，加快推进黔中城市群建设，加快贵阳—贵安—安顺、毕节—大方等同城化和凯里—麻江等一体化步伐，黔中城市群城镇常住人口突破1000万人。环贵阳中心城区1小时605公里的高速公路圈已建成340公里，开阳至瓮安段、都匀至安顺段加快推进。对黔中城市群工程包实施情况进行月调度和动态更新，2018年工程包166个重点项目新开工32个，建成11个，在建122个（含2018年新开工项目），完成投资1040亿元。二是推动小城镇建设提质发展。认真总结贵州省特色小城镇建设好的经验做法，向国家发展改革委推送两个典型案例。搭建特色小城镇政银对接平台，推送一批特色小镇建设项目与国家开发银行、中国农业发展银行、光大银行开展融资合作（参见图1）。三是强化交通干道建设。全省全年完成高速公路固定资产投资871.5亿元、建成高速公路617公里，全省高速公路通车里程达6452公里，排名全国第7位，全省在建高速公路2075公里，已建和在建高速公路总体规划模达8527公里。

图1　贵州省丹寨县万达小镇建设实景

（三）提高城市发展质量

一是推动城市集约紧凑发展。积极开展城镇低效用地再开发研究，启动低效用地摸底调查工作。明确机构改革期间“多规融合”工作任务，完成《贵州省空间规划体制机制改革课题研究》。二是大力实施城市棚户区改造。全年全省棚户区改造开工39.81万套（任务数为38.54万套）、开工率103.3%，基本建成35.78万套、完成率142.32%；发放城镇住房保障家庭租赁补贴7.71万户、完成率103.91%；分配政府投资公租房56.37万套、占应分配总量59.85万套的94.19%；棚户区建设年度完成投资785.84亿元，占年度任务的109.14%（见图2）。三是加强城市基础设施建设。开工建设城市地下综合管廊107公里，积极推进“海绵型道路、海绵型公园绿地、海绵型小区、生态景观河道”示范项目建设，建成海绵型项目144个。加大生活污水和垃圾处理设施建设力度，新增城市（县城）生活污水处理能力29万立方米/日，新增污水管道1048公里，新增生活垃圾无害化处理能力1300吨/日，新增垃圾收运能力5200吨/日，县城污水处理率、生活垃圾无害化处理率完成82%、83%的既定目标。安顺市作为西南地区首个“城市双修”国家试点，完成“城市双修”专项规划编制，试点项目建成14个、在建14个。四是建设绿色人文城市。开展绿色建筑评价标识工作，全年发布3批省级生态城区、4批省级绿色生态小区和6批绿色建筑标识项目。新增绿色建筑面积4136.94万平方米，其中获得绿色评价标识项目1178.10万平方米，省级绿色生态城区、绿色生态小区在建项目3243.90万平方米。完成地方标准《绿色建筑评价标准》修编和印发，完成省级装配式建筑示范项目评选工作，确定贵州省第一批装配式建筑示范项目36个，示范面积727.49万平方米。五是推进城市治理现代化。开展数字设施提升行动，统筹推进“光网贵州、满格贵州、宽带贵州、数聚贵州、提速降费、三网融合”等工作，持续提升光纤固定宽带和4G移动网络覆盖范围，全省数字设施水平由29位提升至15位，贵阳、遵义入选全国信息基础设施水平领先城市。

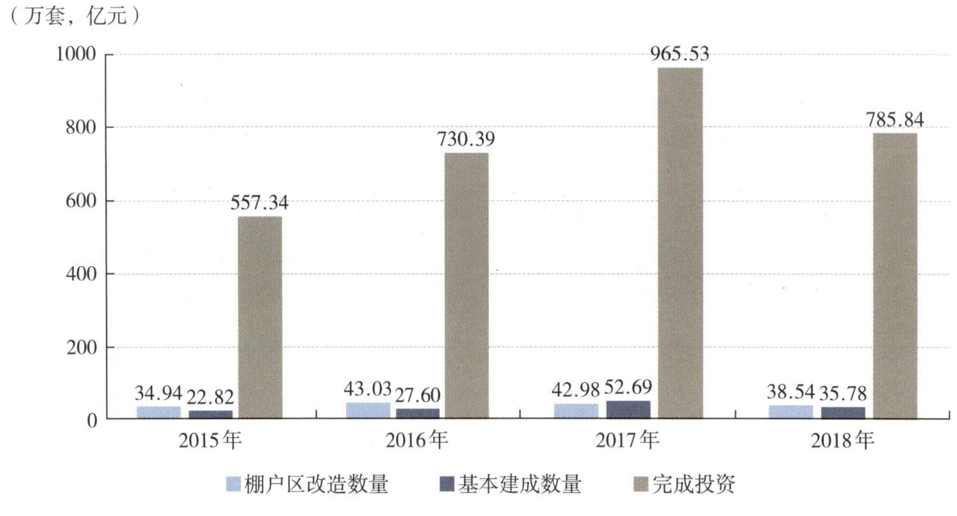

图2 贵州省2015年以来各类棚户区改造情况

（四）加快城乡融合发展

一是推进城乡产业融合发展。兴仁市、长顺县、麻江县通过国家评估，成为首批国家农村产业融合发展示范园创建单位。安排省预算内投资2000万元支持农村一二三产业融合发展项目8个，将直接和间接带动农户及贫困户1.6万余户5.8万余人增收。二是加强农村改革创新。农村承包地确权全面完成，土地承包经营权业务办理系统上线试运行，“三权分置”有序推进。推进农村集体产权制度改革，开展集体资产清产核资的村占行政村总数的比例超过60%。深入推进农村“三变”改革，试点村7241个占行政村总数的43%，整合各级财政资金66.83亿元投入试点村，参与经营主体12141个，目前实现农民变股东518.4万人、人均增收623.3元，其中贫困人口142.86万人、人均增收1038.4元。“贵州省三变改革优化利益联结分享机制”案例入选全国产业扶贫十大机制创新典型。三是促进城乡基础设施和公共服务联接。都匀市、湄潭县2017年列为国家城乡交通一体化示范县第一批创建城市。继续实施人口较大乡镇、城乡接合部、城市社区公办幼儿园建设。实施农村电网建设“四大工程”，全面实现城乡居民生活用电“同网同价”。

（五）深化城镇化制度改革

一是深化城乡土地制度改革。2018年下达深度贫困地区、集中连片特困地区、国家扶贫开发工作重点县新增建设用地计划3.96万亩；下达增减挂钩周转指标7.75万亩；安排使用新增建设用地计划22.8万亩，有效保障了全省产业大招商和重大项目落地，有力支撑了全省经济社会发展、山地特色新型城镇化、脱贫攻坚和乡村振兴。指导湄潭县推进农村土地制度改革三项试点（集体经营性建设用地入市、土地征收、宅基地）工作。全面加快推进并完成农村集体建设用地、宅基地使用权确权颁证工作。推动各地制定农村不动产权籍调查三年计划，为农村房地一体登记做好权籍调查工作。二是健全新型城镇化投融资机制。依托省发展改革委门户网站“PPP专栏”，按季度向社会公开发布了4批次省级PPP项目库，取得较好效果。截至2018年四季度，省级PPP项目库共储备项目637个。开展国家发展改革委PPP项目库核查工作，纳入规范核查项目共2642个。规范核查后，继续以PPP模式推进的项目801个。积极推动“险资入黔”工作，2018年收集、整理、汇总全省拟融资项目689个，拟融资额2878.49亿元，联合贵州银保监局开展“险资入黔”融资项目推介，通过上载中国保险资产管理业协会“资产管理信息交互系统”贵州旗舰店等方式，重点向各保险资管公司推介项目47个，涉及交通、能源、产业扶贫、城市建设、工业制造等多个领域。通过下发年度保险业助推脱贫攻坚工作要点、开展工作督导等方式，推动人保财险“保险资金支农融资业务”扩大试点规模。人保财险贵州省分公司共计有26个投资项目落地，支持贫困农户和小微企业共计5897万元。三是推进行政管理体制改革。推进经济发达镇管理创新，起草完成《贵州省经济发达镇行政管理体制改革工作实施方案（代拟稿）》。经济发达镇体制改革迈出关键步伐。支持贵州省区域中心城市优化市辖区结构，开展撤县设区申报工作，加强对符合条件县份的撤县设市申报指导。加快培育新生中小城市，2018年7月，经国务院批准，民政部批复同意撤销兴仁县设立县级兴仁市。

二、成效与亮点做法

贵州省推进山地特色新型城镇化工作，坚持按照完善顶层设计、强化重点工作部署、突出培训宣传、强化督导考评、落实问责问效的“五步工作法”，有力有序有度推进，成效明显、亮点纷呈。

(一)工作成效

一是城镇化水平保持较快提升，贵州省2018年常住人口城镇化率达47.52%，比上年提升1.5个百分点，与全国差距进一步缩小(见图3)。二是城镇人口保持较快增长，全省“十三五”前三年增加城镇人口228万人左右，平均每年新增76万人，其中2018年增加63.2万人(见图4)。易地扶贫搬迁人口城镇化集中安置，成为贵州省新增城镇人口的主要因素，构成城镇化发展新动力。三是城镇化质量大幅提高，以国家新型城镇化综合试点为抓手，推进新型城镇化与区域协调、乡村振兴三大战略协同发展，全省户籍人口城镇化率与常住人口城镇化率差距进一步缩小，农业转移人口市民化进程加快。四是城镇化布局逐渐优化，黔中城市群城镇人口突破1000万人，城镇化主体形态的作用有所增强(见图5)。贵阳都市圈、遵义都市圈加快发展，贵阳市中心城区人口接近330万人，遵义市中心城区达到160万人左右，六盘水、毕节、安顺等中心城市

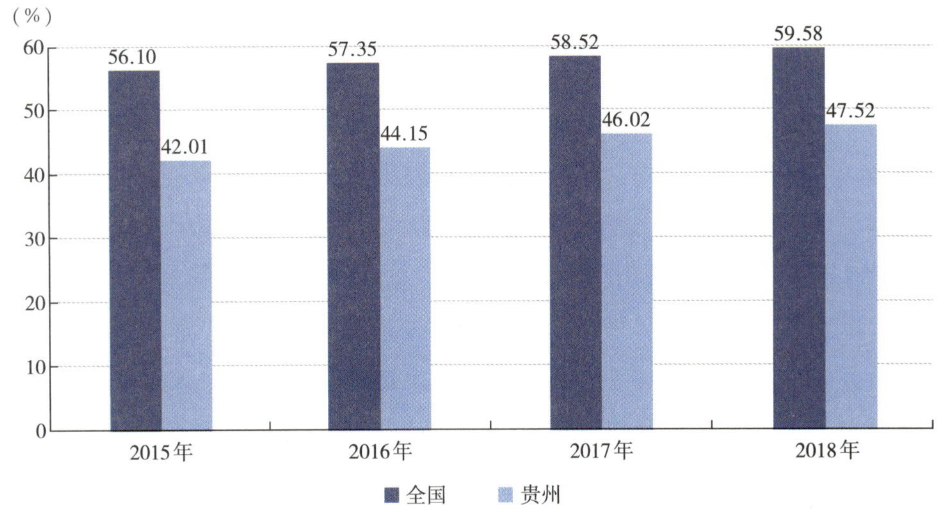

图3 贵州省2015年以来常住人口城镇化率与全国水平对照

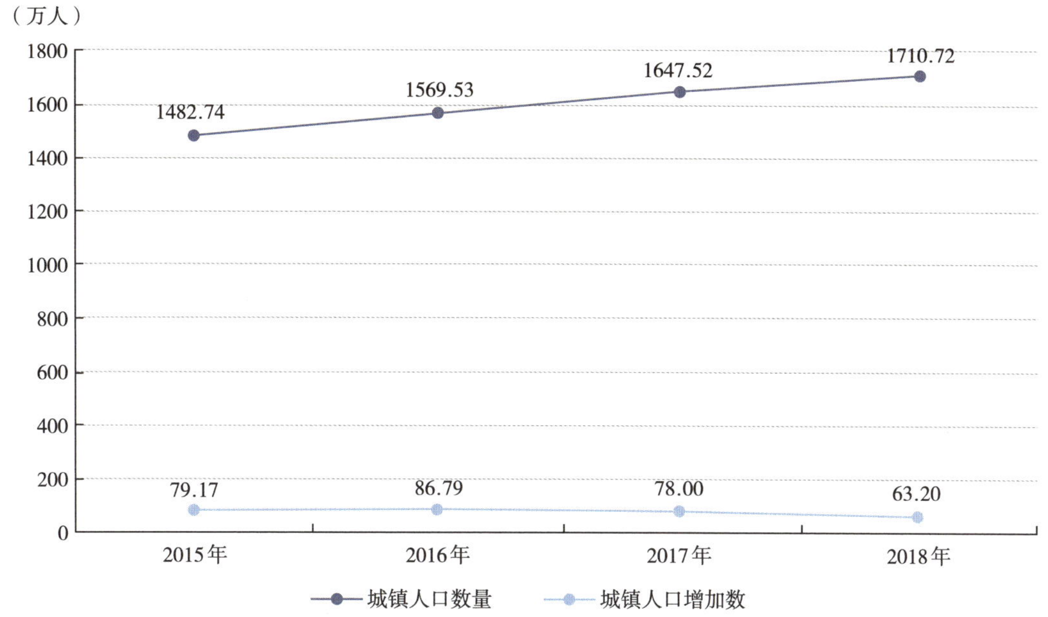

图 4　贵州省 2015 年以来城镇人口变化情况

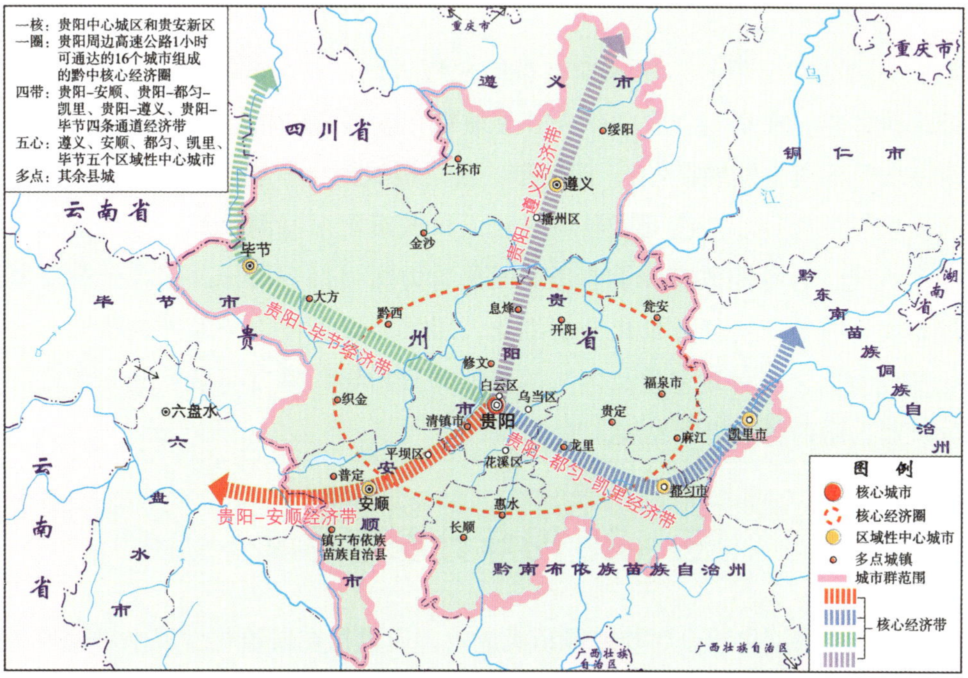

图 5　黔中城市群空间结构示意图

越过50万人关口，涌现了盘州、兴仁、黔西、瓮安等一批新兴小城市。五是城镇功能不断配套，将城市基础设施配套、城市功能完善与生态文明建设结合，不断加大城市环境治理力度，2018年，贵州省县城以上生活垃圾无害化处理率和生活污水处理率将分别达到90.8%和91.5%，较上年分别提高0.51个和0.74个百分点，较“十二五”末分别提高6.11个和1.51个百分点。六是城镇特色不断彰显，遵义、镇远国家级历史文化名城保护规划批复实施，确定公布历史建筑588处。遴选出15个传统村落开展省级示范打造，开展21个整县推进传统村落公共传统建筑加固修缮示范县工作，全力打造中国传统村落品牌。梵净山列入《世界遗产名录》，成为贵州省第4处世界遗产，贵州也成为全国世界自然遗产最多的省份。

（二）亮点做法

一是着力抓试点示范，贵州省11个国家新型城镇化综合试点中，有6个试点位于少数民族自治地区，一些试点叠加农村集体经营性建设用地试点、中小城市改革试点、城镇化投融资体制改革等任务，典型性、代表性突出。安顺市、都匀市、湄潭县、玉屏县等试点经验得到充分肯定并通过公开出版的《国家新型城镇化报告》推广（参见图6）。二是建立城镇化质量评价体系。在全国省区中率先开展城镇化发展评价指标体系研究，编制《贵州省新型城镇化质量发展报告》，评估市、县两级城镇化发展质量，探索贵州新型城镇化高质量发展路径。持续开展县域常住人口城镇化率监测核算，分析常住人口城镇化变动情况，为各地政府决策参考。三是着力加强督查指导。完善全省新型城镇化考评制度，将城镇化任务量化分解细化，层层传导责任，统筹推进落实。加强对城镇化试点地区、脱贫攻坚重点区域的督察调研指导，建立与试点之间的点对点帮扶指导机制，帮助各地提升发展。

图6　湄潭县茶海实景

三、2019年计划与建议

贵州省新型城镇化建设尽管取得积极成效，但也存在城镇化发展水平偏低、质量不高、动力不足、体制机制创新不够等问题和挑战，一些重点领域和重点任务推进还不理想，需要保持战略定力，深入实施新型城镇化带动主战略，系统研究、谋划做好2019年工作，加大探索创新，协同推进新型城镇化与乡村振兴、区域协调战略实施，提高发展质量，走出一条不同于东部、有别于西部其他省区的贵州路径，提供更多的“贵州经验”。围绕2019年贵州省常住人口城镇化率达到49%、增加1.5个百分点左右的年度目标，着力推进以下重点工作。

一是深入推进农业转移人口市民化。深化户籍制度改革，进一步拓宽非户籍人口落户通道，落实国家1亿非户籍人口在城市落户方案。推进易地扶贫搬迁人口落户城镇和平等享有基本公共服务。推进城镇基本公共服务覆盖常住人口。

二是深入推进城镇化布局优化。加快黔中城市群建设，推进贵阳、贵安同城化，促进与遵义、安顺等城市更加紧密联动发展。完善市州中心城市和县城功能，提升市（州）中心城市综合承载能力和辐射带动作用。加快培育提升一批县城和特色小城镇，推广“1+N”镇村联动模式。分类培育特色鲜明的工业小镇、农产品集散小镇、旅游小镇，促进特色小镇和特色小城镇高质量发展。提高城镇化布局质量，加快发展县域经济，培育更多全国百强县。推动产城互动，坚持因地制宜、突出特色，加快形成分工明确、优势互补的城镇产业发展格局，增强贵州省融入长江经济带、“一带一路”的能力。

三是深化提升城镇品质。高标准建设城市基础设施，实施一批海绵城市、地下综合管廊、排水防涝、垃圾污水处理、停车场、基本公共服务等项目，提高国土空间开发利用水平。大力推进老旧小区、棚户区改造，加大配套基础设施建设。加大房地产市场监管力度，着力建立和完善房地产市场平稳健康发展长效机制。加强城镇安全设施与生态绿化建设。推广绿色建筑和建筑节能，促进节能降耗。

四是全面提升国家试点成效。实施和维护试点工作方案，制定年度工作要点，分解落实任务要求。继续推进第一、二批国家新型城镇化综合试点加强城乡融合发展等关键制度探索创新。开展第三批试点工作自评，提炼总结阶段性成果，放大试点效应。

五是进一步加强历史文化保护和传承。科学划定具有地方特色或历史文化记忆的地区，创建城市标识“脸谱”。加大历史文化名城名镇名村保护力度，推进历史建筑确定和历史文化街区核定工作，延续城市历史文脉。加强传统村落保护，实施1000个传统村落和少数民族特色村寨保护与建设，构建城—镇—村多层次的人文保护体系。

六是持续推进城镇化体制机制创新。持续推进完善城镇化“人地钱”挂钩体制机制。加快配套城乡融合发展体制机制和政策。推进行政管理体制改革创新，增强新型城镇化发展动力，激发活力。

云南省2018年推进新型城镇化建设总结报告

云南省发展改革委

一、2018年工作推进情况

2018年，云南省制定印发了《云南省发展和改革委员会关于2018年新型城镇化建设重点任务的通知》，明确了2018年推进新型城镇化建设的重点任务20项，并将各项工作进行了责任分工，加快推进云南省新型城镇化建设步伐。2018年云南省常住人口城镇化率达47.81%，比上年提高1.12个百分点；户籍人口城镇化率达到34.4%，比上年提高1.34个百分点（见图1）。

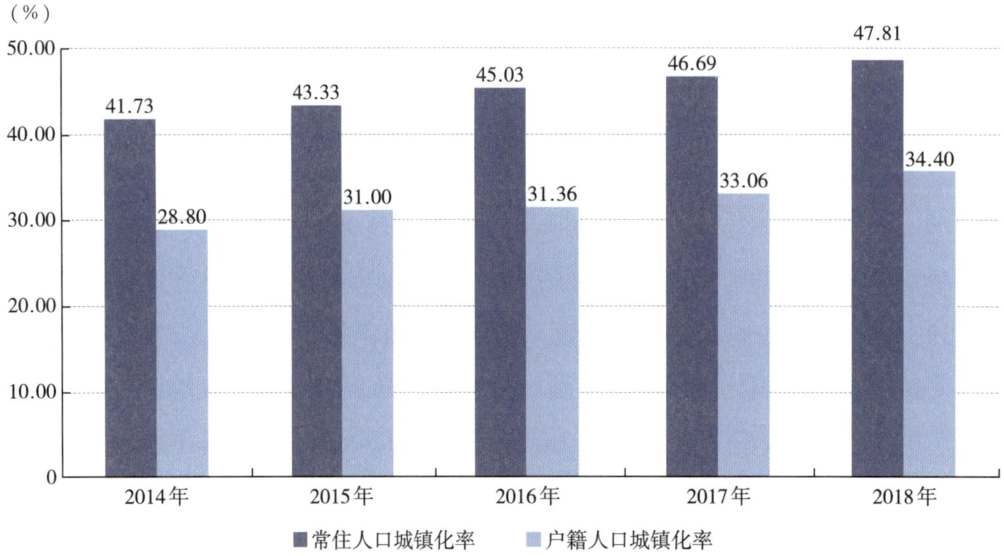

图1　云南省2014年以来城镇化率变化情况

（一）持续深化户籍制度改革

一是贯彻落实户籍制度，陆续出台了《关于进一步推进户籍制度改革实施细则》

《关于全面深化户籍制度改革推动农业转移人口和其他常住人口在城镇落户的通知》等文件，提出“全面放开人才、学生等重点群体落户限制”、“全面放开中小城市和建制镇落户限制”、“调整放宽昆明市主城区落户限制”等措施，进一步畅通落户通道，2018年全省农业转移人口落户城镇73.44万人，发放居住证79.1万份。二是创新人口管理服务，全省公安机关1700个户政窗口全面开展居民身份证异地受理挂失申报和丢失招领制度建设，受理全国30个省市区群众异地居民身份证申请14.8万张，受理省内异地居民身份证申请40.2万张。深化放管服、积极推进“最多跑一次”改革，通过推进“互联网+户政业务”，在全国率先开通云南省“网上户籍室”，推出了13类户籍业务微信平台网上办理。全省户籍制度政策体系进一步完善，落户障碍基本消除，农业转移人口和其他常住人口可以根据居住或就业等情况，自愿选择在城镇落户时间、途径和方式。

（二）充分保障农业转移人口权益

云南省进城落户农业转移人口除保留农村各项权益外，还与城市原有居民同等享有就业、养老、医疗、住房、教育以及就业帮扶、创业资助等各种待遇（见表1）。特别是大理市以农村宅基地制度改革试点为契机，研究出台了《农村宅基地流转管理办法（试行）》《农村宅基地退出管理办法（试行）》《农村宅基地有偿使用指导意见（试行）》等制度，建立了宅基地自愿有偿退出机制，探索转户群众权益保障的新办法。

表1　保障农业转移人口权益相关情况

权益类型	数量（万人、万个）
保留土地承包经营权	550
保留宅基地使用权及农房所有权	553
保留林地承包经营权及林木所有权	518
继续享受农村集体经济组织资产收益分配权	438
转户群众办理城镇养老保险	111.7
办理城镇低保	11.6
提供就业岗位	58.6

（三）建立完善“人地钱”挂钩机制

一是出台《关于贯彻落实建立城镇建设用地增加规模同吸纳农业转移人口落户数量挂钩机制的意见》，明确各地进城落户人口新增城镇建设用地标准。人均城镇建设用地低于100平方米的城镇，最高可按110平方米/人配置用地指标；在100—150平方米的城镇，最高可按88平方米/人配置用地指标；超过150平方米的城镇，最高可按照55平方米/人配置用地指标。二是完善年度土地利用计划指标分配机制，在制定三年滚动用地计划和分解下达新增建设用地年度计划时，把上年度进城落户人口规模作为安排本年度新增建设用地计划的重要依据。三是优先保障农业转移人口基本公共服务保障体系建设用地需求，合理安排必要的产业用地计划指标。进城落户人口新增建设用地计划指标实行单列下达，对进城落户人口增量较大且计划指标不足的地区，由省级安排预留新增建设用地计划指标予以保障。四是建立省以下农业转移人口市民化奖励机制，根据各地农业转移人口实际进城落户人数、基本公共服务提供水平、各地财政实际以及农业转移人口市民化工作推进考核情况等因素，测算和分配2018年市民化奖励资金4亿元。

（四）完善常住人口基本公共服务

一是将农业转移人口全面纳入公共租赁住房保障范围，明确每年将可分配公租房房源的1/3用于解决省内农业转移进城人口住房困难问题。二是充分保障农业转移人口随迁子女受教育权利，2018年共下达义务教育保障机制资金69.69亿元，其中：中央资金52.09亿元，省级资金17.6亿元，切实推动解决农业转移人口随迁子女在当地接受义务教育、学前教育、高中教育、职业教育等。三是完善城乡基本公共卫生服务体制机制，实施统一的城乡医疗救助制度。引入第三方服务机构启动远程医疗服务站点建设，实现全省182个医疗机构远程医疗全覆盖。稳步推进基本公共卫生服务延伸，以城乡常住居民、居住满6个月的流动人口为对象，组织实施国家基本公共卫生服务项目。四是印发《关于做好城乡养老保险制度衔接工作的通知》（云人社发〔2018〕58号），明确细化城乡居民养老保险和城镇职工养老保险制度衔接的具体办法、基本程序等，使两项基本养老保险制度可以顺利衔接。

（五）完善城乡规划和城镇布局

编制完成《云南省空间规划暨国土规划》等省级重大规划，印发《云南省生态保护红线》《云南省生态保护红线勘界定标试点工作方案》等。开展滇中城市群规划编制和一体化建设，组织开展《滇中城市群发展规划》的编制工作。全面推进4个国家级、23个省级“城市双修”和昆明城市总体规划住房城乡建设部试点工作，积极推进全省历史文化街区新划定和历史建筑新确定工作。

（六）高标准高质量推进特色小镇建设工作

省政府每半年召开一次全省特色小镇现场推进会，建立了特色小镇奖补和退出机制，成立基金支持特色小镇，构建政银对接平台，引导国家开发银行省分行、中国农业发展银行省分行、光大银行省分行和建设银行省分行等金融机构为符合高质量发展要求的特色小镇，加大融资支持力度。特色小镇创建工作初见成效，截至2018年11月，全省特色小镇新开工项目730个，累计完成投资670亿元，特色小镇实现新增就业6.9万人，新增税收9.8亿元，新入驻企业2677家，集聚国家级大师和国家级非遗传承人34人，特色小镇共接待游客人数1.9亿人次，其中过夜游客3049万人，实现旅游收入1090亿元。部分特色小镇已基本成型，特色产业支撑正在形成。各地聚焦产业这个重点，深度挖掘民族文化、古城古镇、生态环境、特色产业等方面的优势，资源优势不断转化为发展优势，大力助推了新型城镇化建设。

专栏 1

云南省出台支持特色小镇发展的政策文件

1. 2017年，《云南省人民政府关于加快特色小镇发展的意见》（云政发〔2017〕20号）。

2. 2018年，《云南省人民政府关于加快推进全省特色小镇创建工作的指导意见》（云政发〔2018〕59号）。

3. 2018年，《云南省人民政府办公厅关于印发云南省示范特色小镇评选办法（试行）的通知》（云政办发〔2018〕97号）。

（七）推进口岸城镇建设

一是编制完成中老磨憨—磨丁经济合作区第一期围网方案，推进中越河口—老街跨境经济合作区建设，指导推进瑞丽、磨憨、河口等省级国际物流产业园建设，完善跨境节点物流基础设施，提升跨境物流支撑服务能力。二是支持省级龙头企业实施跨境物流体系建设项目，推动能投物流、建投物流、宝象物流等国家5A级物流企业分别牵头，在中越、中缅、中老三个经济合作区建设跨境物流园区，以物流业优先发展带动经济合作区发展。三是不断完善边境口岸金融服务体系。云南省25个边境县（市）共有银行业法人机构36个，营业性网点741个，金融服务边境地区的能力大幅提升。支持推动沿边地区跨境人民币业务创新，瑞丽国家重点开发开放试验区在全国首获特许机构人民币与缅币经常项目兑换试点政策，并成立全国首个中缅货币兑换中心、全省首个外籍人员金融消费权益保护投诉站。

（八）推进易地扶贫搬迁与新型城镇化相结合

2018年7月25日，云南省委办公厅正式印发《中共云南省委　云南省人民政府关于坚决打赢新增易地扶贫搬迁攻坚战的实施意见》（云发〔2018〕17号），明确鼓励城镇集中安置，原则上各县（市、区）安置到州（市）政府所在城市和县城的比例不低于75%。以城镇集中安置为主，增加了城镇人口，扩大了城镇规模。2018年全省共计划安置建档立卡贫困人口19万人（含新增任务4万人），集中安置比例94.2%；依托城镇、产业园区建设安置点127个，安置98679人，安置比例69.8%。

（九）加快城镇交通网络建设

一是全力推进综合交通基础设施建设。加快县域高速公路“能通全通”工程建设，全省有82个县通高速公路，通车总里程达5198公里。铁路运营里程达到3856公里（其中高铁1026公里），全省有9个州市通铁路，7个州市通高铁。目前，全省正在加快玉溪至磨憨等8个在建项目进度，抓紧开展渝昆高铁、攀大（丽）铁路、蒙文铁路3个项目前期工作。通航运营机场达到15个，航线总数达434条。二是“四好农村路”建设取得新成效。建成27个深度贫困县50户以上不搬迁自然村通硬化路7313公里。全年新改建农村公路2.3万公里，全省建制村通客车、通邮率分别达92.2%、99.55%。怒江美丽公路（G219丙中洛至六库段改扩建工程）正在抓紧实施，预计2019年建成通车。三是抓服务优环境。围绕建设中国最美丽省份的部署，投入62亿元新建、改扩建106个服务区，全面整治提升高速公路服务区。

（十）清除要素下乡各种障碍

印发《农村承包土地的经营权和农民住房财产权抵押贷款试点实施方案的通知》，稳妥有序推进农村承包土地的经营权和农民住房财产权抵押贷款试点，进一步释放农村资源的抵押担保权能。截至2018年12月末，云南省6个试点县（市）农村承包土地的经营权抵押贷款余额6.06亿元，比年初增加2.02亿元，增长率为50%，其中2018年发放贷款4526笔、金额5.86亿元；3个试点县（市）农民住房财产权抵押贷款余额为18.67亿元，比年初增加2.44亿元，增长率为15%，2018年以来累计发放贷款13596笔，金额23亿元。

（十一）加快推进国家新型城镇化综合试点

组织开展云南省新型城镇化综合试点工作，红河州全力实施“融入滇中、联动南北、开放发展”三大战略，坚持以人的城镇化为核心，加快行政体制、城乡统筹、市场体系、开发开放、产业转型、民生改善、生态环保改革步伐，以特色小镇助推新型城镇化高质量发展，以城镇群发展促进城镇化水平提升，着力破解新型城镇化发展体制机制障碍和深层次矛盾。板桥镇通过创新“51+49”的股权模式支持民营企业发展，创新园区政策机制助推企业做大做强，以“一产接二连三”模式助力产镇融合，产业发展保障“能致富”，机制政策保障“留得住”，新型城镇化综合试点在机制政策创新、资源集约保护遗产、人口聚集引导增效、生态绿色创造效益、完善设施改进休闲、吸引人才传承精神等方面做了较有意义、有创新的尝试，综合解决城镇化过程中人地矛盾突出的问题。

二、存在的问题

（一）农业转移人口落户城镇的意愿不强

一是进城农民对农村既有权益的保留尚存疑虑。土地、宅基地确权登记颁证工作正积极推进，但由于目前的各项确权颁证还未全部完成，部分农民担心在城镇安家落户后，不能继续享受相关惠农政策甚至丧失土地、宅基地等权益，落户城镇的意愿不强。二是城乡差距的缩小在一定程度上降低了农业转移人口落户城镇的需求。随着社会主义新农村建设及美丽乡村建设的相继实施，全省农村人居环境、基础设施、公共服务等大幅改善，城乡差距越来越小，农业转移人口落户城镇的需求减少。三是居住证制度的实施，客观上分流了部分进城落户人群。2016年1月居住证制度实施以来，进城农民及其亲属的就学、就业、就医等诉求可通过办理居住证达成，这使很多农业转移人口不愿再迁移户口到城镇。截至目前，云南省户籍人口城镇化率达34.44%，较2015年底的31.3%提升了3.13个百分点。距2020年仅2年时间，按照《云南省国民经济和社会发展第十三个五年规划纲要》提出的完成户籍人口城镇化率40%的任务目标，需要提升5.56个百分点，如期完成任务十分困难。

（二）城镇对农业转移人口的吸引力不强

一是综合承载能力不强。云南是集边疆、民族、山区、贫困为一体的欠发达省份，既没有特大城市也没有超大城市，全省城市规模结构仅有1个大城市（昆明）、1个中等城市（曲靖）和18个小城市，大城市和中等城市的比重较低，城市承载力不足，对农业转移人口的吸纳力有限。二是公共服务投入不足。随着全省城镇人口的增长，城镇教育、公共卫生、社会保障等公共服务需求剧增，但受经济社会发展制约，各地普遍存在投入不足问题，公共服务保障水平与农业转移人口进城落户的需求还有一定差距。三是产业支撑不够。云南产业发展总体较为落后，产业结构不合理，二、三产业占比低于全国平均水平，吸纳非农就业能力明显不足；加之产业空间分布不均衡，除昆明、曲靖、玉溪等少数城市外，产城融合发展水平不高，对城镇化发展的支撑不够。

（三）农业转移人口市民化体制机制还不完善

目前，云南省已初步建立了农业转移人口市民化“人地钱”挂钩机制，但是还需加强落实，进城务工农民及其随迁家属、城中村居民、失地农民等尚未在教育、就业、医疗卫生、养老、保障性住房等方面完全享受与城镇居民同等的基本公共服务。特别是财政转移支付同农业转移人口市民化挂钩机制、城镇建设用地增加规模同吸纳农业转移人口落户数量挂钩机制等还需要各地结合实际进一步细化和完善。

三、2019年重点任务

（一）突出重点，加快推进农业转移人口市民化工作

一是突出重点人群。紧紧盯住城镇非户籍人口这一重点目标人群开展工作，优先解决存量，有序引导增量，重点解决好进城时间长、就业能力强、能适应城镇产业转型升级和市场竞争环境的农民工、农村籍大中专学生、农村籍退役士兵、符合条件的新生代农民工和失地农民等群众在城镇落户问题。二是突出重点区域。把昆明、曲靖、玉溪等经济社会发展水平相对较高的地区和城中村、城边村、棚户区、集镇建成区、工业园区、大型工矿企业所在地等作为重点，优先优质服务，引导鼓励农业转移人口有序向城镇转移。

（二）补齐短板，努力提升城镇对农业转移人口的吸引力

一是优化城镇空间布局。全面贯彻落实《国家新型城镇化规划（2014—2020年）》，推进《云南省新型城镇化规划（2014—2020年）》实施，统筹考虑全省产业布局、生态环境、城镇空间格局和人口迁移趋势，加快推进滇中、滇西和滇东南城市群建设，形成高原山地型、沿边口岸型、民族文化型、生态自然型等多样化、网络型的小城镇体系，完成《滇中城市群发展规划》编制工作，以昆明为核心、以滇中城市群为主题、以沿边口岸城市为支撑、塑造“四廊三带”对外开放通道，打造“一核、多中心、网络化、开放型”的新型城市体系。二是提升城镇功能。根据城镇和周边村庄空间布局、人口分布特点，加快建设道路、交通、供水、排水、电力、燃气、照明、环卫、通讯、广电等基础设施和各类产业园区等生产设施，配套建设医疗、教育、治安、文化、体育等各类公共服务设施，完善城镇公共服务功能。三是强化产业支撑。围绕全力打造世界一流的“绿色能源”“绿色食品”“健康生活目的地”三张牌，结合产业结构调整推进产城融合。加强就业指导培训力度，继续做好贷免扶补等个人或微小企业创业帮扶工作，为农业转移人口进城提供更多的就创业机会。

（三）发挥优势，加快特色小镇创建和“美丽县城”建设

以特色小镇和“美丽县城”为重要载体，聚焦民生福祉，将特色优势转化为发展优势，形成资源、产业、人气的聚集地。一是加快推进特色小镇创建工作。要紧扣“特色、产业、生态、易达、宜居、智慧、成网”七大要素，加快推进各项工作，评选一批特色鲜明、成效明显、产业带动效应强的高质量示范特色小镇，推动形成百花齐放的发展局面，助推全省新型城镇化建设步伐。二是全面开展“美丽县城”建设工作。围绕“干净、宜居、特色”三大要素，对云南省县城改造提升，重点聚焦已有建成区的改造提升，科学设定指标体系，强化考核评比，形成最美丽省份重要载体、全域旅游重要目的地、县域经济发展重要支撑。

（四）强化保障，切实增强农业转移人口落户城镇的意愿

一是完善农村产权制度。加快农村土地、宅基地、林地确权登记颁证，切实消除农民进城落户顾虑；推进农村集体经济组织产权制度改革，保护成员的集体财产权和收益分配权；坚持“依法、自愿、有偿”原则，引导农业转移人口土地承包经营权有序流转，推动农村产权流转交易公开、公正、规范运行。二是扩大基本公共服务覆盖面。进一步细化、完善农业转移人口市民化各项政策措施，保障农业转移人口及其他常住人口随迁家属在教育、就业、医疗卫生、养老、住房保障等方面享受与城镇居民同等的基本公共服务。三是全面落实“人地钱”挂钩机制。建立和完善转移支付办法，完善财政转移支付同农业转移人口市民化挂钩机制和成本分担机制，实行农业转移人口市民化“人地钱”挂钩政策的落地效果跟踪和定期审计，最大限度调动各地推进农业转移人口市民化的积极性。

（五）优化服务，全面保障农业转移人口在城镇落户

一是畅通落户渠道。通过深入推进“放管服”，全面实施“减证便民”、“异地办证”和“网上户籍室”等便民措施，为农业转移人口落户城镇提供高效、便捷、优质服务，让农业转移人口可以通过多种渠道、有房无房均可在城镇落户政策落到实处。二是强化政策宣传。深入学校、单位、居民小区和进城农民集中地区，采取多种方式、通过多种渠道广泛宣传农业转移人口市民化的各项政策，提高政策的群众知晓率和社会影响力。同时，把全省1700个户政窗口作为宣传阵地，重点对居住证申办人、持有人宣传落户城镇的政策措施。

西藏自治区2018年推进新型城镇化建设总结报告

西藏自治区发展改革委

一、2018年工作开展情况

2015年1月，自治区党委、政府召开了全区新型城镇化工作会议，印发实施了《西藏自治区新型城镇化规划（2014—2020年）》（藏党发〔2015〕3号），全区新型城镇化建设进入快速发展期。2018年底，全区常住人口城镇化率达到31.14%（见表1、图1），全年重点开展了以下工作。

表1 西藏自治区2010—2018年常住人口城镇化率

指　标	2010年	2011年	2012年	2013年	2014年	2015年	2016年	2017年	2018年
城镇人口数（万人）	68.06	68.88	69.98	73.99	81.77	89.87	97.71	104.15	—
常住人口城镇化率（%）	22.67	22.71	22.75	23.71	25.75	27.74	29.56	30.89	31.14

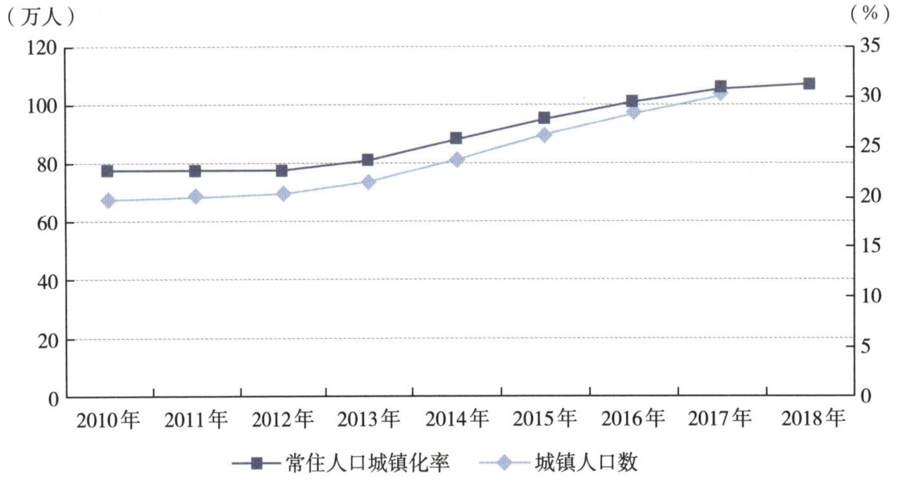

图1 西藏自治区2010—2018年常住人口城镇化率变化情况

（一）新型城镇化政策体系不断完善

深入贯彻落实党中央、国务院关于推进新型城镇化建设的战略部署，按照自治区新型城镇化工作会议要求，结合自治区实际，出台《西藏自治区关于加快推进新型城镇化建设行动方案的实施办法》（藏发改规划〔2018〕18号）、《关于印发〈西藏自治区推进新型城镇化建设2017年工作总结和2018年工作要点〉的通知》（藏发改规划〔2018〕440号）。按照《关于全面贯彻落实推动1亿非户籍人口在城市落户方案的通知》（藏政办发〔2017〕122号），进一步放宽落户条件、拓宽落户通道。

专栏 1

"一圈两翼三点两线"的城镇化空间格局

一圈：

以拉萨市为中心、乃东区泽当镇为重要支撑、其他小城镇为组成部分，以拉萨至墨竹工卡、拉萨至泽当为两轴线的拉萨—泽当城镇圈。

两翼：

西翼，以日喀则市桑珠孜区为区域中心、拉孜县曲下镇和江孜县江孜镇为重要节点、其他小城镇为组成部分，拉日铁路、国道318和国道562为轴线的雅鲁藏布江中上游城镇。

东翼，以林芝市巴宜区八一镇为区域中心、波密县扎木镇为重要节点、其他小城镇为组成部分，国道318为轴线的尼洋河中下游城镇。

三点：

藏东，强化昌都市卡若区城关镇区域中心地位，发挥藏东门户、连接西南、融入成渝的纽带作用。

藏北，强化那曲市色尼区那曲镇区域中心地位，发挥交通便利、服务牧业、连接西北的作用。

藏西，强化阿里地区噶尔县狮泉河镇区域中心地位，发挥守土固边战略作用。

两线：

边境沿线重点乡镇和交通沿线重要小城镇。

“一圈两翼三点两线”城镇空间格局和国道骨架示意图

（二）以人为核心的新型城镇化扎实推进

完善政策环境，促进更多农牧业转移人口成为城镇居民。一是重点群体落户限制全面放宽。优先解决进城时间长、就业能力强、能够适应城镇产业转型升级和市场竞争环境的非户籍人口在城镇落户，确保落户后的农牧民在城镇住房保障、城镇基本医疗保险、城镇基本养老保险、义务教育等方面同城同待遇。目前，拉萨市户籍制度改革实施意见已印发实施，拉萨、日喀则、林芝、山南、那曲和阿里将农业和非农业户口统一登记为居民户口。二是居住证暂行条例全面落实。加大居住证及居住登记卡的申办条件、管理使用机制、权益与法律责任等方面的宣传力度，杜绝居住证领取门槛高于国家及自治区标准的情况。自治区有关部门积极制定配套政策，保障居住证持有人享有与当地户籍人口同等的劳动就业、基本公共教育、基本医疗卫生和优生优育服务、公共文化服务、证照办理服务等权利，确保居住证持有人享受的各项基本公共服务和办事便利不低于国家标准。2018年共办理居住证21034张。三是农牧民职业技能培训质量和转移就业水平不断提高。开展农牧民职业技能培训和转移就业服务，继续实施职业教育富民行动计划，开展农牧民职业技能培训、劳动力转移就业培训、农牧民实用技术培训。2018年，农牧民转移就业56万人、102万人次，实现劳务收入27亿元，农牧民转移就业培训6.2万人（其中培训建档立卡贫困人口3.6万人），贫困人口转移就业6.67万人，实现劳务收入7.3亿元。

（三）基本公共服务均等化水平逐步提升

坚持以人民为中心的发展思想，加大对常住人口基本公共服务保障力度。一是城乡教育均等化不断推进。着力解决城镇新增人口受教育问题，在城区新建双语幼儿园4所、小学4所、初级中学1所、普通高中2所、中等职业技术学校1所，新增学前到高中阶段学位1.16万个，小学超大班额占比小于0.4%，初中超大班额占比小于0.1%，全区义务教育学校超大班额基本消除。保障随迁子女平等接受义务教育，将义务教育全面纳入西藏公共财政保障范围，落实15年公费教育和15年“三包”政策，“三包”标准达到年生均3720元，招收进城务工随迁子女6923人，全区义务教育学校进城务工随迁子女在校生达到了28605人，在公办学校就读的学生达到99%以上，进城务工随迁子女就学得到有效保障。为农牧民市民化提供职业技能培训服务，全年开展各类农牧民职业教育培训13940人次，培训“两后生”1874人。二是城乡医疗服务水平显著提升。推进跨省异地就医住院费用直接结算，出台《西藏自治区农牧民跨省异地就医联网结报工作实施方案》，推进过渡期新农合异地就医联网，缓解农牧民群众现金垫付医疗费用报销难的问题。继续实施农牧民大病保险，2018年农牧民大病保险受益约2504人次、9772.18万元，人均赔付3.9万元。全面建立家庭医生签约服务制度，制定《西藏自治区推进家庭医生签约服务实施意见》，2018年全区家庭医生团队9705个、签约人数达170.5万人次，家庭医生签约服务覆盖率达52.6%，重点人群签约率达68.2%，建档立卡贫困人群签约率达95.2%。三是住房保障水平进一步提升。按照国家户籍制度改革要求，西藏对住房保障对象户籍条件进行了调整，确保住房保障覆盖到符合条件的城镇居民、新就业无房职工、稳定就业外来务工人员（农牧民工），同等享受政府提供的基本住房保障。目前，西藏住房保障已覆盖全区所有县（区）和乡镇，初步构建了以周转房、公租房（廉租房）和棚户区改造为重点的城镇保障性住房供应体系，城镇低收入（低保）家庭住房困难基本实现应保尽保。

专栏 2

农牧民转移人口保障性住房安居工程

1. 加大公共租赁住房建设力度。统筹安排区、地、县、镇各级公共租赁住房等保障性住房建设，对农牧业转移人口中符合条件的人员，通过公共租赁住房解决其住房困难问题，同时通过个人租房、政府补贴的方式解决租房难问题。

2. 加大对城中村改造力度。通过"城中村"治理和老城区改造，改善农牧业转移人口居住条件，解决住房困难问题。

3. 吸引社会资本参与保障性住房建设。综合运用土地供应、资本金注入、投资补助、财政贴息、税费优惠等措施，鼓励社会资本和其他机构参与保障性住房和政策性商品房建设。

4. 加大保障性住房财政投入力度。争取国家对西藏保障性住房资金投入力度，建立自治区财政投入保障机制，有效扩大保障性住房的供给规模。

（四）城镇综合承载能力显著增强

统筹考虑各地（市）自然资源环境承载能力，促进城镇健康有序发展。一是拉萨—泽当城镇圈一体化发展态势明显。印发实施《推进拉萨山南经济一体化发展规划》，2018年继续推进S5拉萨（达孜）至山南（桑耶）快速通道建设，开工建设拉萨市东嘎镇、东城区客运场站项目。截至2018年底，拉萨市乡镇、建制村通畅率均达到100%；山南市乡镇、建制村通畅率分别达到95%和63%。二是大力推进城市交通发展。大力发展城市公共交通，拉萨、日喀则、山南等市制定了城市公交发展规划，那曲、昌都等市（地）公交车辆从无到有，稳步发展。截至2018年底，全区共有城市公交企业8家，公交车辆703辆，公交出行比例逐年增高。此外，城市绿色低碳慢行交通体系有序发展，共享单车在全区投放1万余辆。三是努力推进城乡客运一体化发展。不断扩大城市公交辐射范围，促进城乡交通公共服务水平均等化的实现。积极推进农村客运线路公交优化改造，出台《关于加快农村客运发展的意见》，制定《关于2018—2020年新增建制村通客车工作方案》，加快未通客车乡（镇）、建制村通客车工作进度，保障已开通农村客运稳定运行。四是城镇棚户区改造成效明显。2018年全区实施城镇棚户区改造项目78个、35122套，基本建成18038套，建成率51.36%。五是城镇基础设施建设得到全面加强。实施了城镇道路、污水、垃圾、给排水、供暖等一大批基础设施建设项目。截至2018年底，全区共建成生活垃圾填埋场107座、污水处理设施17座，3个地（市）、9个县城、68个乡镇建成了供暖工程。推进拉萨市、那曲镇、狮泉河镇等城市地下综合管廊建设，在建地下综合管廊38.45公里，完成36.54公里主体建设。六是新型智慧城市建设取得新进展。信息化基础工程扎实推进，全面启动西藏统一基础云平台、"互联网+政务服务"平台、政务信息系统整合共享平台建设，提高数据共享能力。七是扎实推进全区"厕所革命"。截至2018年底，全区"厕所革命"建设项目累计开工建设1765座，完工1617座。

（五）国家新型城镇化综合试点和西藏特色小（城）镇建设成效明显

新型城镇化综合试点、特色小（城）镇建设是推进供给侧结构性改革的重要平台，是深入推进新型城镇化、贯彻落实乡村振兴战略、辐射带动新农村建设的重要抓手。一是国家新型城镇化综合试点深入推进。按照国家发展改革委对西藏新型城镇化综合试点方案的批复要求，组织实施好第一批日喀则市桑珠孜区，第二批林芝市巴宜区八一镇、山南市乃东区泽当镇、拉萨市曲水县，第三批林芝市巴宜区鲁朗镇、山南市扎囊县桑耶镇、日喀则市拉孜县城镇化试点工作，指导试点地区完成试点评估报告。二是狠抓特色小城镇建设，部分特色小城镇示范点基本建成。三是积极推进边境地区小康村建设。认真贯彻落实自治区党委政府关于加快推进边境地区小康村建设的要求。截至2018年底，545个边境小康村已开工建设，其中59个边境小康村竣工，完成住房建设任务27713户，建筑面积175.87万平方米。

（六）新型城镇化重点领域改革稳步推进

经济发达镇行政管理体制改革起步探索，农村集体产权制度改革试点稳步推进，进一步规范完善了农村征地定价机制，进城落户农牧民农村“三权”维护和自愿有偿退出机制逐步完善，“两权”抵押贷款逐步开展。

总体来看，西藏新型城镇化建设各项工作成效显著，推进新型城镇化建设的政策顶层设计得到明显加强，越来越多的农牧民转移到城镇就业，城镇基础设施和基本公共服务水平显著提升，新型城镇化配套改革有力推进。同时，在推进新型城镇化建设的过程中也存在城镇基础设施欠账多、农牧民转移就业能力有待于进一步提高、城镇就业吸纳能力有待加强等困难和不足。

二、2019年重点任务

（一）加快农牧业转移人口市民化

按照政府引导、尊重意愿，因地制宜、分步推进，提高增量、解决存量的原则，突出农牧区人口转移和城镇务工人员市民化两个重点，稳步推进以人为核心的城镇化进程。一是全面放宽城镇落户条件。以易地扶贫搬迁和高海拔等特殊区域农牧民搬迁、农牧区升学和参军、在城镇就业居住5年以上和举家迁徙的农牧业转移人口以及新生代农牧民工为重点，促进有能力在城镇稳定就业和生活的农牧业转移人口举家进城落户。二是强化常住人口基本公共服务。实现居住证制度覆盖城镇全部未落户常住人口，确保居住证领取门槛不高于国家标准、享受的各项基本公共服务和办事便利不低于国家标准。进一步完善进城务工人员随迁子女在流入地参加升学考试政策措施，优化城区学校布局，落实好教育惠民政策。加快建立和完善自治区级医疗保险信息平台、跨省异地就医结算平台网。三是建立进城落户农牧民农村“三权”维护和自愿有偿退出机制。维护进城落户农牧民农村土地承包权、草场承包权、宅基地使用权、集体收益分配权等合法权益，鼓励引导其依法自愿有偿退出。四是提高农牧民职业技能培训质量和转移就业水平。根据农牧民意愿和市场需求，充分发挥企业作用，通过定向式、订单式等培训方式，提高培训的实效性和就业率。用好用足各项政策，多渠道促进农牧民转移就业。

（二）培育发展城镇圈和特色小城镇

坚持以城镇圈为主体构建大中小城镇协调发展的城镇格局，优化城镇空间分布和规模结构，形成城镇发展空间新格局。一是继续推进拉萨—泽当城镇圈一体化发展（见图2）。大力培育和发展符合拉萨、山南两市特色的优势产业和新兴产业集群，提高城镇圈人口承载能力。二是加快培育发展特色小城镇。深化拉萨曲水县、日喀则桑珠孜区和拉孜县、山南泽当镇和桑耶镇、林芝八一镇和鲁朗镇等国家新型城镇化综合试点地区建设。继续推进特色小镇和特色小城镇示范点建设。

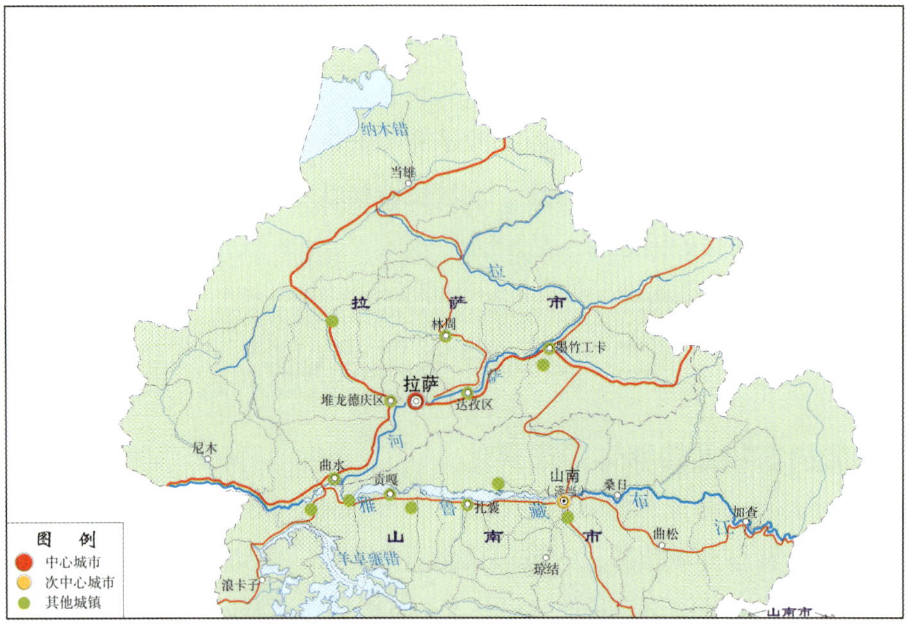

图 2　“拉萨—泽当城镇圈”示意图

（三）提高城镇发展质量

加快转变城镇发展方式，强化城镇产业支撑，加强城镇基础设施建设，提高城镇建设管理水平，建设和谐宜居、富有特色、充满活力、生态文明的现代城镇。一是优化城镇空间布局。加快划定并完善生态保护红线、永久基本农田、城镇开发边界三条控制线，以及生态、农业、城镇空间，作为城镇空间布局基本框架。以资源环境承 载能力为硬约束，建设紧凑城镇。二是推动城镇集约紧凑发展。实施增量供给与存量挖潜相结合的供地、用地政策，鼓励盘活存量建设用地，合理促进空中和地下空间开发，统筹地上地下建设，实现紧凑性发展，进一步优化空间功能配置。优化现有城区土地利用模式，提高已开发土地和基础设施利用率。三是推进城镇治理现代化。提升城镇开放度和包容性，吸纳多元化人群参与城镇治理，加强精细化管理、人性化服务。

（四）加快推动城乡融合发展

贯彻落实乡村振兴战略，顺应城乡融合发展大趋势，推动城乡要素配置合理化、产业发展融合化、公共服务均等化、基础设施联通化、居民收入均衡化，加快形成工农互促、城乡互补、全面融合、共同繁荣的新型工农城乡关系。一是清除要素下乡各种障碍。研究完善农民闲置宅基地和闲置农房政策，允许农村承包土地经营权依法向金融机构融资担保、入股从事农业产业化经营，深化农村承包土地经营权和农民住房财产权抵押贷款试点，探索县级土地储备公司和平台公司参与“两权”抵押，激活乡村沉睡资源。二是推进城乡产业融合发展。构建农牧区一二三产业融合发展体系，加快拉萨市曲水县、林芝市巴宜区、昌都市新区等农村产业融合发展示范园发展，充分发挥示范引领作用。三是推动公共资源向农牧区延伸。优先发展农牧区教育事业，全面加强乡村小规模学校和乡镇寄宿制学校建设；完善农牧区社会保障体系，建设健康乡村；广泛开展群众文化活动和“文化下乡”，保障广大人民群众特别是农牧民群众的基本文化权益。继续推进电信普遍服务试点项目，逐步推进行政村4G网络覆盖。

（五）深化重点领域改革

按照国家推进新型城镇化建设制度顶层设计，推进重点领域和关键环节配套政策改革，明确城镇化改革方向和要求。继续深化城乡土地制度、城镇化投融资机制、行政管理体制等方面的改革，放大试点地区改革平台作用。

陕西省2018年推进新型城镇化建设总结报告

陕西省发展改革委

一、工作进展情况

2018年，陕西省坚持以人的城镇化为核心、以关中平原城市群建设为重点，积极落实国家相关工作部署，编制印发《陕西省2018年新型城镇化工作要点》，着力增强城镇化发展的质量和水平，全省城镇化进程明显加快，与全国城镇化率差距不断缩小，年末常住人口城镇化率达57.50%，户籍人口城镇化率达47.14%，两者差距进一步缩小（见图1、图2）。

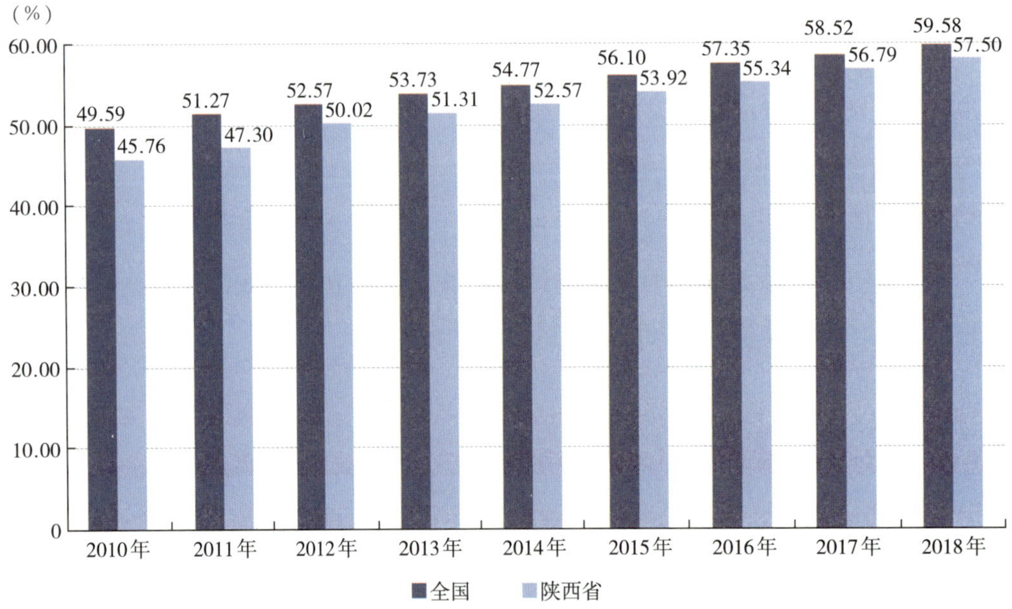

图1　2010年以来陕西省与全国城镇化率对比

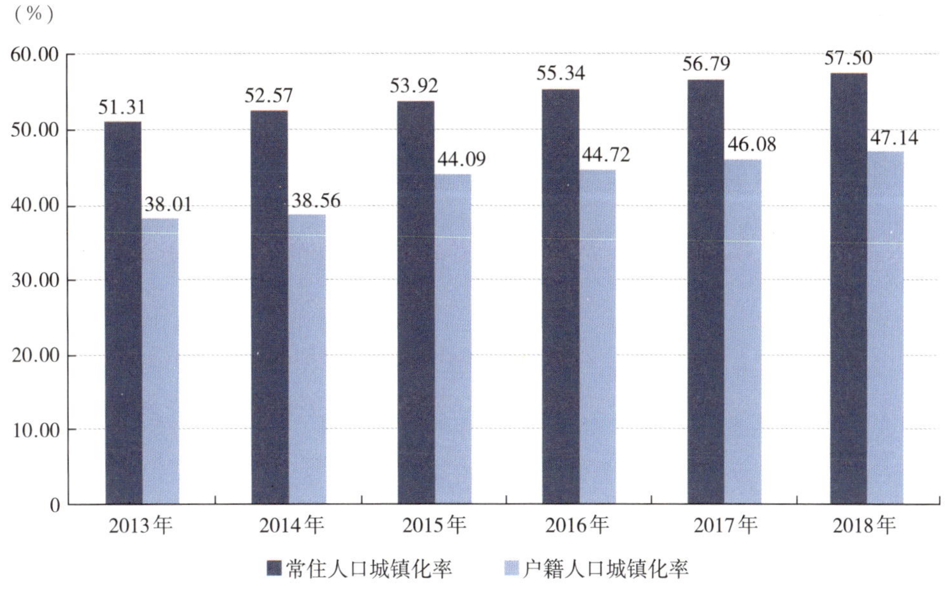

图2 陕西省户籍与常住人口城镇化率对比

(一)加快户籍政策改革，全面放宽城市落户条件

西安市在2017年发布《关于进一步吸引人才放宽我市部分户籍准入条件意见的通知》的基础上，2018年继续深化户籍新政（见表1），落户程序更加简便，推出“掌上户籍室”、微信办证等便民举措，群众能够足不出户仅用手机登录就可申请办理西安户口，还进一步将落户学历放宽到全日制普通高等院校、中等职业学校（含技校）毕业生，在校大学生仅凭学生证、身份证就可办理落户。2018年西安市共迁入79.5万人，人才引进3.2万人，为城市长远发展提供了人口红利。2018年6月，省公安厅出台了《户口办理工作流程（试行）》，在多个方面简化落户手续，放宽落户条件，特别是推行省内迁移实行网上“一站式”办理，三代之内可互相投靠，大中专毕业生全面放宽，人才落户继续优化等举措颇受欢迎。

表1 西安市户籍新政

三放	放开普通大中专院校毕业生的落户限制、放宽设立单位集体户口条件、放宽对“用人单位”的概念界定。
四降	降低技能人才落户条件、降低买房入户条件、降低社保缴纳年限、降低投资纳税落户条件。
一兼顾	兼顾户籍政策的连续性和稳定性。

（二）推动《关中平原城市群发展规划》落地实施，促进区域一体化发展

经国务院批复，国家发展改革委和住房城乡建设部联合印发《关中平原城市群发展规划》（以下简称《规划》），标志着关中平原城市群的发展上升到国家层面，明确了西安国家中心城市定位，是陕西省落实“五新”战略、加快追赶超越的重大机遇，也是推动高质量发展、构建现代化经济体系的战略机遇。2018年，陕西省围绕推进《规划》落地实施，主要做了以下工作：一是结合省情实际，编制《陕西省〈关中平原城市群发展规划〉实施方案》，将《规划》中构建城市群空间格局、建设创新引领的现代产业体系、推进基础设施互联互通、生态共建环境共治、携手扩大对外开放等重点工作细化为42条具体举措，并明确部门和地市责任。《实施方案》在省政府层面进行了多次研究和审议，12月3日由省政府办公厅印发实施。二是推进建立规划实施机制。建立了陕西省推动落实《关中平原城市群发展规划》领导小组，组长由常务副省长担任，有关部门和市（区）政府主要负责同志为成员，领导小组办公室设在省发展改革委，7月召开了第一次领导小组会议，研究城市群实施方案编制情况，会后印发了《2018年关中平原城市群工作要点》。三是推动建立跨省协作机制，积极对接甘肃省和山西省发展改革委，起草了三省合作协议，并提议建立部省联席会议制度，为规划实施提供机制保障。四是制定落实规划的重点项目清单。围绕交通、产业、资源环境等领域，梳理近期建设项目7大类152个（新型城镇化发展、创新引领现代产业培育、现代服务业发展、基础设施能力提升、生态环境、文化传承创新、民生改善与服务共享），总投资1.09万亿元；远期建设项目72个，总投资7090亿元。五是发布《关中宣言》。在第三届丝绸之路国际博览会“新型城镇化高峰论坛”上，城市群范围内三省12市2区的政府领导共同签署《关中宣言》，着重加强区域合作、创新产业发展、共促科教融合、基础设施联通、生态环境共治、“一带一路”共建等，推进以各种形式增强横向联合，实现共同发展。六是支持西安国家中心城市建设，启动制定支持西安建设国家中心城市意见工作，初步提出支持西安建设“三中心两高地一枢纽”的政策框架。西安市委研究制定了《关于加快国家中心城市建设　推动高质量发展的决定》，市政府组织编制了《西安国家中心城市建设实施方案》。

（三）大力发展门户经济、枢纽经济、流动经济，推动城市群高质量发展

一是加速推进“米”字形高铁、轨道交通、机场等一批交通基础设施建设（见图3），西安地铁4号线、山阳至柞水高速公路等重大项目建成投运，西安至延安高铁正式启动建设，西安至十堰、西安至安康高铁可研报告通过审查，西安咸阳国际机场三期工程启动，西安临空经济示范区建设加快实施。二是加快推进“一带一路”五大中心建设，构建全面开放新格局。“长安号”国际货运班列开行量、重载率、货运量达

到全国第一，国际（地区）航线达到64条，其中包括14个“一带一路”国家的26个城市，“第二国际商事法庭”在西安设立，成功举办丝路国际旅游博览会、“一带一路”国际艺术节、世界文化旅游大会等。三是全面实行准入前国民待遇加负面清单管理制度，陕西自贸区国际贸易“单一窗口”“多证合一、多项联办”改革顺利推进，流动经济活力进一步提升。西安“三网三港”（空网、路网、信息网；空港、陆港、自贸港）核心物流体系逐步完善，城市群人才、产业和创新要素加速聚集。

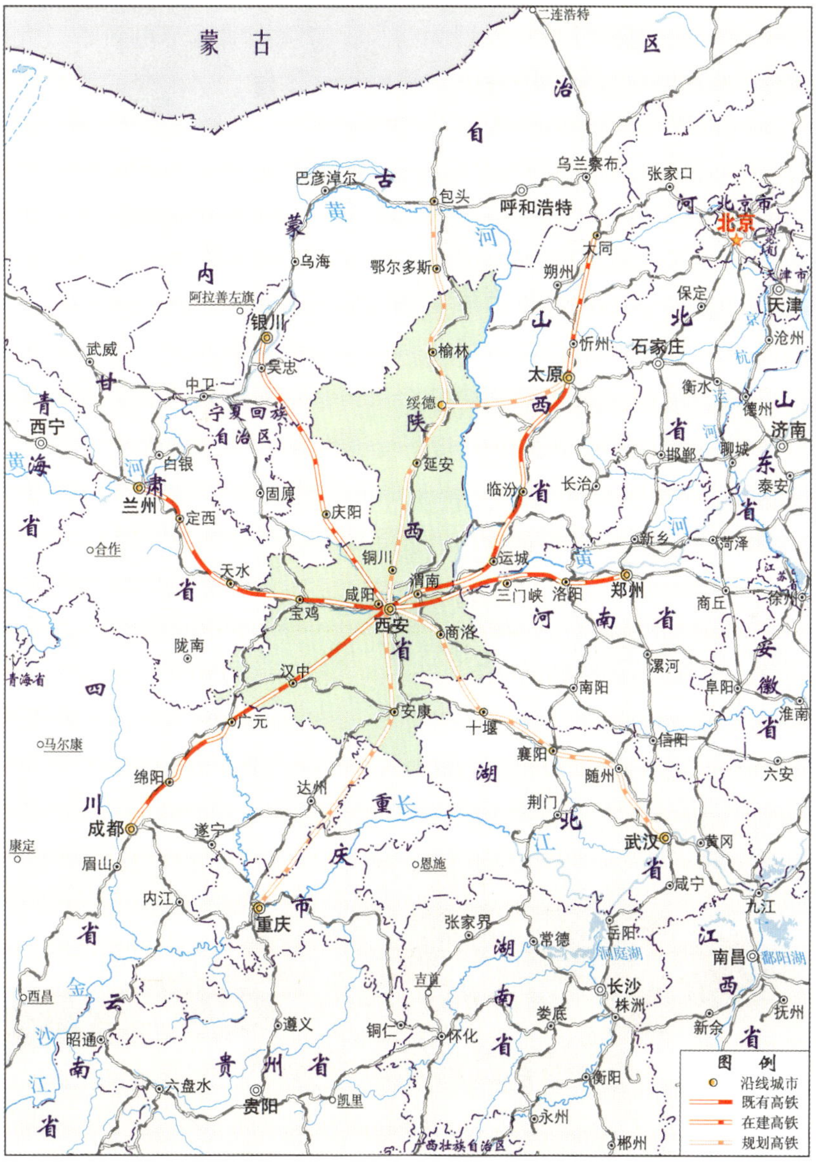

图3 陕西省“米字形”高铁规划图

（四）加强政策支撑，推动重点板块加快发展

一是支持杨凌建设世界知名农科城，按照省委、省政府安排部署，起草了支持杨凌高质量发展的《意见》。二是推动西咸一体化和富阎一体化发展。推动西安市代管托管西咸新区各项工作落地，形成《关于促进西咸新区进一步加快发展工作进展情况报告》。制定支持富阎一体化发展的指导意见，以军民融合发展战略为重点，推动西安产业、军工、科教等优势资源向富阎板块布局。三是省发展改革委编制并印发了《陕西省〈呼包鄂榆城市群发展规划〉实施方案》。四是编制《沿汉江生态城镇带发展规划（2019—2025年）》，提出以协同发展为路径，持续推动城市更新，做大做强特色产业，建设生态环境优良、经济绿色发展、人民生活小康、文化特色彰显的沿汉江生态城镇带。

（五）统筹核心要素，激发内在发展活力

为了探索破解城镇化建设的资金瓶颈，2017年，陕西省发展改革委联合陕西金资、陕西建工集团共同发起设立了陕西省新型城镇化发展基金，基金以提升县级平台投融资能力为重点，重点投向新型城镇化建设项目和县域基础设施、特色小镇、产业园区等（见图4）。2018年省发展改革委联合陕金资产创新投融资方式，在不增加地方政府债务的前提下，推进投保联动，加强项目对接，发挥新型城镇化基金效用。2018年10月，基金首期10亿元全部投放完毕，直接放大效应达到7.35倍，撬动银行信贷资金64.7亿元，综合放大效应达到了30余倍。省自然资源厅牵头，全面改革增减挂钩运作模式，研究制定了《关于加快推进城乡建设用地增减挂钩助推脱贫攻坚有关工作的通知》，明确在陕西省增减挂钩实行"先垦后用"模式，即"先拆旧复垦，后建新流转"，统筹解决好脱贫攻坚与增减挂钩周转指标归还问题，全年流转结余指标42宗、20666.6亩，流转收益是2017年的11.8倍。

图4 陕西省新型城镇化基金支持项目

（六）发挥试点效应，推动多领域改革创新

一是西安市高陵区发挥国家新型城镇化试点作用，在农村土地征收、集体经营性建设用地入市和宅基地制度改革等方面做出积极探索。建立城乡基准地价体系、交易规则、登记管理的“三统一”，初步形成城乡统一的建设用地市场。在宅基地改革实践中，通过农民自愿退出进社区和“共享村落”两条途径盘活闲置宅基地和闲置农房。二是深入推进经济发达镇行政管理体制改革，2018年4月出台了《陕西省深入推进经济发达镇行政管理体制改革实施意见》，在全省选定15个镇开展经济发达镇行政管理体制改革，从扩大经济社会管理权限、构建简约精干组织架构、推进集中审批服务和综合行政执法、改革财政管理模式、创新基层服务管理方式等7个方面实施改革。三是加快推进生态环境领域改革。启动区域空间生态环境评价，加快推进“三线一单”编制工作，印发贯彻落实深化环境监测改革的实施方案，强化环境监测数据质量控制，启动生态环境损害赔偿制度改革，制定环境保护失信“黑名单”。

（七）依托高校智库，加强理论研究

充分发挥陕西高校智力资源的积极作用，2016年省发展改革委联合省住建厅和西安建筑科技大学，共同组建了陕西省新型城镇化和人居环境研究院，为探索具有陕西地方特色的新型城镇化发展模式提供理论和技术支撑，2018年该智库入选全省软科学研究基地。省发展改革委与研究院注重理论借鉴、建立评价体系和案例分析研究等，连续两年发布《陕西省新型城镇化发展报告》（蓝皮书）（见图5）。研究院还开展了特色小镇指标评价体系、华夏文明核心建设轴带建设等一系列新型城镇化关联的课题研究，更好地支撑了陕西省新型城镇化工作。

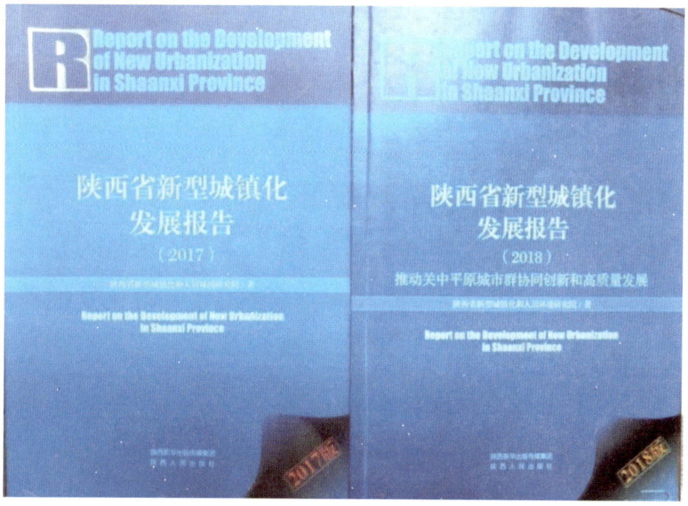

图5　陕西省新型城镇化发展报告

（八）结合陕西实际，推进特色小镇建设

承接新发展理念，立足特色小镇发展现状，出台了陕西省《关于加快发展特色小镇的实施意见》。由于陕西省特色小镇建设起步晚、基础弱，陕西省更加注重结合陕西实际研究特色小镇发展对策，编制了5大类共22小类的评估指标体系，结合关中、陕南、陕北资源禀赋提出了陕西省特色小镇规划布局构想。2018年积极配合国家工作节奏，做好推进发展和规范创建工作。发改、住建、国土、环保部门联合印发了规范推进全省特色小镇和特色小城镇建设的意见，梳理陕西省特色小镇清单，整改淘汰不符合特色小镇理念的不实小镇。

（九）各市（区）工作亮点纷呈

2018年各市（区）结合自身实际，以产业发展为支撑，以健全机制为保障，不断推进城镇化建设高质量发展。咸阳市入选全国公交都市创建名单。铜川市深入推广“贫困劳动力+就业扶贫信息员+社会人力资源服务机构+公共就业实训基地+就业”模式，有效提升农民工就业质量。渭南市在富平县创设驻村规划师制度，确保村庄规划落地实施。榆林市推行增减挂钩与旧宅腾退、实际入住“双挂钩”模式，提高集体建设土地利用效率。汉中市充分运用城乡增减挂钩、移民（脱贫）搬迁、土地整治等一系列政策，盘活建设用地，为新型城镇化建设提供资金。安康市充分利用苏陕合作机遇，承接东部产业梯度转移，建设新型社区工厂，帮助农业人口就地城镇化。商洛市依托秦岭的优美自然风光和独特的生态资源，启动建设秦岭特色小镇，推动产业转型，统筹城乡一体化发展。

二、存在的问题

陕西省城镇化进程虽近年来有所加快，但总体发展水平不高，主要面临以下突出问题。

（一）城镇体系发展不均衡，中间层级缺弱

从区域发展角度看，关中地区城镇化率为59.45%；陕北地区为59.01%，但陕南地区仅为47.64%，低于关中11.81个百分点，与其他区域城镇化发展差距较大。从城市规模角度看，按照新的城市规模划分标准，陕西省只有西安一个特大城市，首位度过高，而其他设区市均处于中等城市阶段且规模偏小，小城市数量少且发展水平低，一定程度上制约新型城镇化建设（见表2）。

表2 陕西省城市规模体系

规模		数量	城市名称
类型	城区常住人口数量		
超大城市	1000万以上	—	—
特大城市	500万—1000万	1	西安市
Ⅰ型大城市	300万—500万	—	—
Ⅱ型大城市	100万—300万	—	—
中等城市	50万—100万	8	宝鸡市、咸阳市、铜川市、渭南市、汉中市、安康市、榆林市、延安市
小城市	50万以下	1	商洛市

（二）农业人口就地转化动力减弱

西安作为核心城市，就业和创业机会多，对农业转移人口吸引力大，但城市空间和承载能力有限。其他设区市、县城和重点镇等对农业转移人口的吸引力不足，形成了大城市容纳力小、小城镇吸引力弱的结构性错配。随着居住证制度的不断完善，居住人口在常住地能够享受到的公共服务项目越来越多，仅凭居住证就可享受到与户籍人口大致相当的公共服务，因此部分非户籍人口的落户热情随之降低。加之近年来惠农政策日见成效，农村地区尤其是城市近郊，其生活水平、公共服务待遇等都有了很大提高，直接影响了农业转移人口进城落户的意愿。

（三）中小城市人口承载能力不强

县域产业层级普遍偏低，一二三产融合不够，对县域人口集聚和功能提升形成较大制约。从城镇建设层面看，县城建设普遍存在总体规模偏小、基础设施落后、城市管理粗放、建设资金短缺等问题。从公共服务看，公共资源配置主要集中于大城市，县城及以下学校的师资力量薄弱，医疗卫生机构数量不足，文化体育设施建设滞后。

三、2019年工作思路

2019年，陕西省将紧盯追赶超越目标，践行“五个扎实”要求，认真落实“五新”战略任务，加快发展枢纽经济、门户经济、流动经济，深度融入“一带一路”建设，以关中平原城市群建设为重点，加快建设西安国家中心城市，推进城市群高质量发展，主要做好以下几方面工作。

（一）持续牵头推进新型城镇化发展

一是聚焦关中平原城市群协同发展、大西安都市圈建设、城乡融合发展等重点领域，结合国家2019年新型城镇化工作重点，制定陕西省2019年新型城镇化工作要点。二是创新办好2019年城镇化论坛，积极吸引更多具有城镇化领域实践经验和高水平的研究机构共同举办论坛。三是进一步加强城镇化的智库建设，建设新型城镇化大数据库，联合开展面向2035年的城镇化战略研究。四是按照国家建立健全城乡融合发展的体制机制要求，做好省级层面政策的衔接、制定和落实。

（二）继续推进农业转移人口进城落户

降低落户门槛，提升服务水平，引导人员合理流动。充分发挥居住证功能作用，逐步将流动人口居住生活、社会保障、医疗卫生、计生服务、子女就学、职业介绍、法律援助、城市公共服务等方面的内容纳入居住证管理范畴，逐步实现“一证通”。不断研究制定出台针对流动人口公共服务均等化的政策措施，逐步缩小城乡差距，逐步使流动人口与户籍人口在居住地享受同等待遇。

（三）推进城市群发展规划落地实施

一是积极建立省际主要领导联席会议制度，重点研究制定一体化发展路径和目标，统筹推进城市群区域经济、社会、文化等发展中的重大事项。二是推进省际重点合作项目，协调三省发展改革部门，联合交通、农业、国土等职能部门，围绕产业协同发展、基础设施共建、生态环境共治、公共服务一体化等领域，择优筛选一批省际重点合作项目。三是在省内加快形成“1+N”实施方案体系，积极推进编制军民融合创新高地、临空经济示范区、系统性融资规划、国际一流文化旅游中心等专项实施方案。

（四）深入推进重点区域板块协同发展

一是支持西安建设国家中心城市，以支持西安建设“三中心两高地一枢纽”为重点，加强与西安市和相关厅局对接，稳步推进各项支持政策落地实施，增强大西安对周边城市辐射带动。谋划研究大西安都市圈建设思路和政策框架。二是推进西安周边重点区域协同发展，继续加大对西咸一体化、富阎一体化的指导，谋划西渭、西铜、西商协同发展，出台落实国务院批复杨凌示范区发展的具体举措。三是指导西咸新区创新发展，支持西咸新区聚焦国家战略，实现由基础设施建设为主向发展实体经济为主转变，由投资拉动型发展向创新驱动发展转变，由主要发展经济向经济社会协同发展转变。

（五）进一步规范特色小镇发展建设

一是建立典型引路机制，依托陕西省关中、陕南、陕北不同的资源禀赋、产业基础和生态环境等，探索形成符合当地实际的特色小镇发展路径，按照“少而精”的原则，支持树立一批产业独特、功能叠加、生态优美、机制灵活的特色小镇典型。二是建立规范纠偏机制，定期开展特色小镇项目拉网式排查统计，实时更新全省市县创建和企业自我冠名小镇清单，确保摸清陕西省特色小镇底数，及时对滥用概念的不实小镇及特色不鲜明、质量不高的问题小镇进行整改或淘汰。

甘肃省2018年推进新型城镇化建设总结报告

甘肃省发展改革委

一、新型城镇化建设进展情况和主要经验

2018年以来，甘肃省委按照国家发展改革委《关于实施2018年新型城镇化建设重点任务的通知》以及《2018年甘肃省推进新型城镇化建设重点任务和工作要点》明确的重点工作任务，扎实推进城镇化高质量发展。在各地区各部门共同努力下，全省农业转移人口市民化进程不断推进、城镇化布局和形态进一步优化、城市发展质量显著提升、城乡发展有效融合、城镇化制度改革持续深化。2018年全省新增城镇人口230961人，其中农业转移人口155018人，常住人口和户籍人口城镇化率分别达到47.69%和36.30%，较2017年分别增长1.3个百分点和0.67个百分点；新型城镇化规划实施五年以来（2014—2018年），全省常住人口和户籍人口城镇化率年均提高1.5个百分点和2.1个百分点（见图1、图2）。

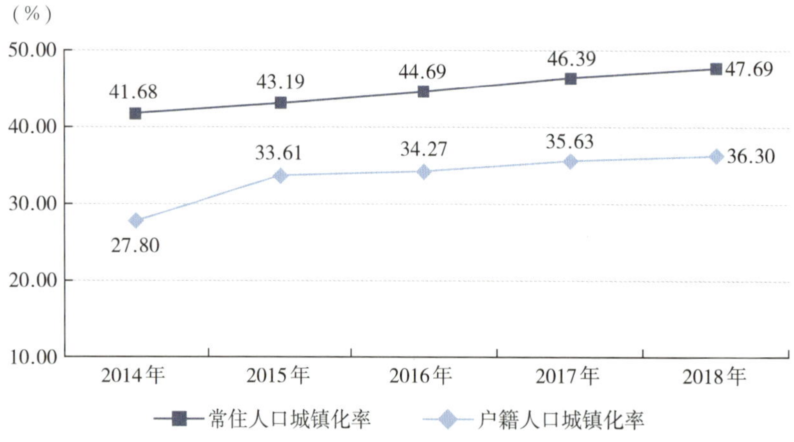

图1 甘肃省城镇化率变化情况（2014—2018年）

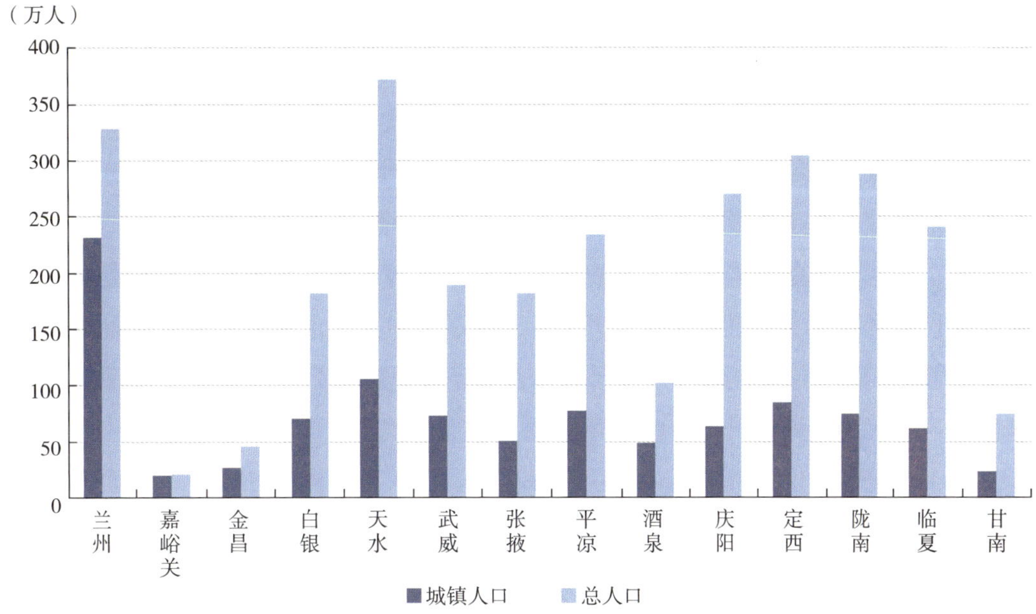

图2 甘肃省各市州城镇户籍人口情况（2018年）

（一）加快推进农业转移人口市民化

一是调整完善户口迁移政策。重点从全面放开建制镇和小城市落户限制、有序放开中等城市落户限制、合理确定兰州市落户条件、放宽大中专毕业生在中小城镇落户条件、放宽引进人才落户条件、放宽退役士兵和转业士官落户条件6个方面进一步降低城市落户门槛，简化落户手续，引导有能力在城镇稳定就业和生活的农业转移人口举家进城落户。兰州市全面实行稳定就业和稳定住所“两稳定”准入条件，取消住房面积、投资规模及“三投靠”婚龄年限等限制，将人才落户条件放宽至中专以上学历或相应专业技术职称，截至2018年底，兰州市当年新增城镇人口54791人，户籍人口城镇化率较2017年提高1.15个百分点，其中大专以上学历户籍人口占比达24.7%；全面实现全省统一集中制发IC卡式居住证和统一制证管理，居住证申领门槛不高于国家标准，享受的各项城镇基本公共及办事便利不低于国家标准，截至2018年底，全省共制发居住证66.5万张。

二是深入落实“人地钱”挂钩配套政策。紧盯“人、地、钱”三个关键环节，严格落实城镇建设用地增加规模与吸纳农业转移人口落户数量挂钩政策，制定《甘肃省全面建立城镇建设用地增加规模同吸纳农业转移人口落户数量挂钩机制的实施细则》，2018年全省下达新增建设用地计划指标7540公顷；将农业转移人口落户数量作为安排市州财政转移支付重点参考因素，完善健全农业转移人口市民化奖励机制，2018年下达全省农业转移人口市民化奖励资金5.24亿元，由市县统筹用于义务教育、基本医疗、基本养老、就业服务等基本公共服务。

三是加快推进城镇基本公共服务全覆盖。坚持“两为主、两纳入”原则，将进城务工随迁子女义务教育全部纳入城市教育发展规划和财政保障范围，加大教育资源调整布局力度，确保农民工随迁子女享受平等接受教育的权利，实现在流入地就近入学；按计划全面完成城乡居民基本医疗保险制度整合工作，全省14个市州建成统一的城乡居民基本医疗、养老保障制度，进城落户农民完全纳入保障范围，全省城乡居民基本医疗保险和养老保险参保率分别达到97%、98.2%；修订完善《甘肃省城市居民最低生活保障办法》，明确户籍状况作为纳入城市低保的首要条件，将符合落户地最低生活保障条件的进城落户农民纳入城市最低生活保障范围，与当地城镇居民同等享有最低生活保障权利，基本实现符合低保条件的困难群众应保尽保；深入推进棚户区改造，全面完成2018年度全省棚户区改造任务，实施改造23.22万套，开工率达到100%（见表1）。

表1　甘肃省城镇基本公共服务情况（2015—2018年）

城镇基本公共服务	基本养老保险参保率（%）	九年义务教育巩固率（%）	劳动年龄人口平均受教育年限（年）	城镇新增就业人数（万人）	城镇棚户区住房改造（万套）
2015年	96	93	9.25	43.7	11.62
2016年	97	94	9.38	43.75	13.07
2017年	97	95	9.5	43.78	16.62
2018年	98.2	—	—	43.13	23.32

四是加大农业转移人口就业扶持力度。完善就业失业登记管理制度，强化转移人口职业技能培训，明确将农村转移就业劳动者纳入享受职业培训补贴人员范围，多渠道推进农村劳动力转移就业。2018年全省职业技能培训41.7万人，建档立卡农村劳动力转移就业37.2万人，城镇新增就业43.13万人、占全年计划的107.8%，输转城乡富余劳动力522.3万人、占全年计划的104.5%。

五是开展户籍制度改革政策督察。围绕解决农业转移人口最为关心的户口、教育、就业、医疗、养老、住房、社保、土地等方面实际问题，组织全省14个市州和发展改革、公安、教育、人社等15个省直有关部门开展户籍制度改革配套政策执行情况自查和督察工作，研究形成《甘肃省推动1亿非户籍人口在城市落户方案自查报告》《全省户籍制度改革配套政策有关情况的报告》《全省户籍制度改革工作督察报告》，分别报送国家发展改革委和省委省政府。

（二）优化完善城镇化布局和形态

一是积极推进城市群发展。深入实施兰州—西宁城市群和关中平原城市群发展规划，制定兰州—西宁城市群、关中平原城市群发展规划实施方案，提出三年行动计划，着力推进纳入城市群规划的兰州中川国际机场三期扩建工程、中兰客专、天平铁路南延线、兰州至张掖三四线高速铁路、白龙江引水工程、陇东电力外送工程等87项重大工程项目建设，推进构建与陕西、青海等省际合作机制。以城市群发展为牵引，努力推动形成全省“一群两带多组团”城镇化布局。

二是加快建设兰白都市圈和兰州区域中心城市。强化“丝绸之路经济带”战略通道及沟通西南、西北交通枢纽地位，加快推进兰白都市圈建设。以提升兰州区域中心城市功能、提高兰州新区建设发展水平、推进白银资源枯竭型城市转型发展为重点，依托兰渝、包兰、成兰、陇海、兰新等陆地通道和中川枢纽为支点的空中通道，大力发展通道经济、物流经济、口岸经济，稳步提高城际互联水平，推动石油化工、有色冶金等传统优势产业转型升级，做大做强高端装备制造、新材料、生物医药等主导产业，着力增强和提升兰白都市圈聚集、支撑、辐射、引领作用。兰州白银国家自主创新示范区获批建设，兰白科技创新改革试验区累积新建创新平台250个、培育和引进502个创新团队、认定272家省级科技创新型企业；兰州国际陆港空港加快建设，兰州国际港务区获批汽车整车进口指定口岸；兰州市纳入全国跨境电子商务综合试验区和全国流通领域现代供应链体系建设试点城市；兰州新区建成运营西北地区最大的跨境电商监管平台和国际互联网数据专用通道，综合保税区进口贸易额累计突破100亿元。

专栏1

兰白都市圈

核心区包括兰州市主城区、兰州新区和白银市主城区；辐射区包括兰州市红古区、榆中县、皋兰县、永登县，白银市平川区、靖远县，定西市安定区、临洮县，临夏州临夏市、永靖县；共有15个县（市、区）和82个建制镇。

三是加快培育壮大中小城市。坚持中小城市发展与培育产业、促进就业、集聚人口相结合，加快培育发展各具特色的中小城市。敦煌市依托优质旅游资源，以丝绸之路（敦煌）国际文化博览会、丝绸之路国际旅游节为载体，加快建设国际文化旅游名城；陇西县成功举办首届中国（甘肃）中医药产业博览会，甘肃中药材交易中心上线运行，“中国药都”影响力进一步提升；临夏市“城中村”改造打造“八坊十三巷”文旅新地标、酒泉市发展戈壁生态农业、张掖市创建全国小微企业双创示范城市等工作，获得国务院第五次大督查通报表扬。规范有序推进“撤县建市”“撤县建区”“撤乡改镇”工作，平凉市华亭县完成撤县设市，2018年全省实现70个乡改镇，建制镇达到886个，占全省乡镇总数比例达到72.1%。

四是规范引导特色小镇高质量发展。认真贯彻落实国家发展改革委关于规范纠偏特色小镇创建工作的要求，立足全省实际，研究制定《关于规范推进特色小镇和特色小城镇建设的实施意见》；会同国家开发银行甘肃分行实地调研特色小镇建设情况，积极配合国家发展改革委组织各市州开展特色小镇典型案例推荐工作；召开特色小镇融资座谈会，积极搭建政银对接服务平台，引导开发性金融机构支持特色小镇高质量发展；紧密结合特色小镇内涵实质和创建标准，组织全省各市州对各地区特色小镇项目全面进行拉网式排查统计，严格淘汰不实小镇、风险小镇和问题小镇，规范有序推进全省特色小镇创建工作。

（三）切实提升城市发展质量

一是着力构建绿色生态产业体系。围绕绿色发展崛起，研究制定《甘肃省推进绿色生态产业发展规划》和“十大生态产业专项行动计划”，重点培育发展节能环保、清洁生产、清洁能源、循环农业等十大绿色生态产业，谋划构建以兰白地区为重点的中部绿色生态产业示范区和河西走廊、陇东南绿色生态产业经济带，确定265个、总投资8200多亿元的绿色生态产业重点项目（2018年确定重大带动性项目34项，子项目139个，总投资1600亿元），2018年十大类生态产业增加值实现1511.3亿元，占全省生产总值的18.3%，比上年增长6.7%。

专栏 2

甘肃省十大绿色生态产业

1．加快培育节能环保产业。围绕低碳节能、污染防治、资源综合利用等重点领域，推广应用先进节能环保技术和装备，创新管理模式，提高集成配套和综合服务能力，逐步形成涵盖技术研发、装备制造、产品应用和节能环保服务一体化的节能环保产业体系。

2. 着力提升清洁生产产业。积极推进建立绿色工业园区、绿色示范工厂，推广普及绿色产品。按照企业循环式生产、园区循环式发展、产业循环式组合的要求，依托现有高新技术开发区、经济技术开发区、工业园等各类园区，推进工业企业向园区聚集发展，集中有效处理园区内污废，降低工业生产过程中的资源能源消耗和污染物产生量，建设绿色工业园区。

3. 持续优化清洁能源产业。以构建清洁低碳、安全高效的能源体系为目标，提高清洁能源的生产和利用比例。围绕国家新能源综合示范区建设，坚持集中与分散开发并重，消纳和外送并举，优先存量、优化增量，合理控制风、光电开发节奏，促进风光电、生物质能等多种可再生能源互补融合发展，构建清洁低碳安全高效的能源体系。

4. 大力发展循环农业。加大农业供给侧结构性改革力度，大力推动农业循环经济发展，加快促进农业农村发展由过度依赖资源消耗、主要满足量的需求，向追求绿色生态可持续、更加注重满足质的需求转变。

5. 发展壮大中医中药产业。发挥全省生态多样性和中药材种质资源丰富的优势，坚持生态保护和资源开发并重，以建设国家中医药产业发展综合试验区为契机，建立中药种质资源保护体系，加强中药材人工驯养、人工繁育，推进优势产区道地药材标准化种植，建设中药材规范化生产基地。

6. 做大做强文化旅游产业。发挥全省历史文化厚重、旅游资源富集的优势，打造“交响丝路·如意甘肃”旅游品牌，推动特色优秀传统文化传承发展。

7. 巩固拓展通道物流产业。依托兰渝、陇海、兰新、包兰、青藏线等国家铁路在全省形成的交通枢纽优势和物流节点功能，构建“一中心四枢纽五节点”现代物流产业布局，推动全省高铁经济带、兰州空港临空经济发展，重塑甘肃的通道枢纽和物流优势。

8. 积极培育数据信息产业。建设“丝绸之路经济带信息港”，整合信息资源，形成以甘肃为支点，服务西北，面向中西亚、南亚及部分中东欧国家的信息通信枢纽和信息产业基地，实现“共建丝路信息港、共享陆海大数据”。

9. 协同推进军民融合产业。深入挖掘全省军工产业基础优势，进一步完善经济与国防建设需求对接机制，加强军地人才融合，积极推进军民资源互通共享和相互支撑、有效转化。

10. 优化升级先进制造产业。围绕实施“中国制造2025”甘肃行动纲要和“互联网+协同制造”，推动智能制造在制造业领域的应用，大力发展新材料、智能制造、集成电路等先进制造产业。

二是加快建设绿色低碳城市。加强城镇空间开发利用管制，合理确定城镇发展规模，推动城市紧凑发展，统筹规划布局生产、生活、生态空间，强化生态体系建设，积极推进绿色低碳城市建设。加大以兰州市为重点的城市大气污染综合整治力度，加大重要水系、重点流域水污染防治，强化城镇水源地建设与饮用水源地保护，加快实施重大生态保护治理规划和重点工程。2018年全省二氧化硫、氮氧化物、化学需氧量、氨氮分别比2015年下降7.74%、7.68%、7.49%、7.40%，超额完成《甘肃省污染防治攻坚方案》确定的目标任务（分别优于国家约束性指标0.14、0.88、0.49、0.8个百分点），地级城市空气质量平均优良天数比例达到91.2%；全面建立省市县乡村五级河长制，全省18条黑臭水体完成整治17条；地表水国家考核断面水质优良比例为94.7%、劣Ⅴ类水体断面比例为0，地级城市集中式饮用水水源地水质达标比例为100%；深入开展全域无垃圾专项治理行动，兰州、甘南等5个试点市州垃圾分类处理体系逐步建立；金昌、兰州、敦煌国家低碳城市试点和白银、庆阳国家气候适应型城市建设试点扎实推进，庆阳市海绵城市建设项目全面启动实施，兰州市、崆峒区列为首批国家资源循环利用基地。

（四）促进城乡融合发展

一是持续改善基础设施条件。加强省际出口通道连接和与周边省区区际联通，实施县级节点、重要交通枢纽、物流节点城市互联互通工程，重点推进电、路等基础设施城乡联网。加快村庄道路、电网改造、村庄亮化、广播电视、互联网等项目建设，2018年全省新改建农村公路10835公里，实现贫困地区自然村动力电全覆盖、98%以上行政村开通光纤宽带；因地制宜采用集中供水、分散供水和城镇供水管网向农村延伸等方式，解决农村人口饮水安全问题，2018年全省建成农村饮水安全巩固提升集中供水工程839处、分散工程9029处，受益人口382万人，农村自来水普及率达到88%；着力推进农村危房改造，全年完成农村危房改造7.9万户，新改建农村卫生户厕39万户；印发实施《甘肃省农村人居环境整治三年行动实施方案》，大力开展“美丽乡村”建设，建成“美丽乡村”示范村697个、乡村旅游示范村100个，全年实现乡村旅游收入165亿元。

二是推进城镇基本公共服务向农村延伸。按照保障基本、循序渐进的原则，积极推进城镇基本公共服务向农村延伸，进一步扩大社会保障覆盖面。2018年全省学前教育三年毛入园率达到92%、九年义务教育巩固率达到96%、高中阶段教育毛入学率达到94%，劳动年龄人口平均受教育年限提高到9.5年；开展精准扶贫劳动力培训41.5万人、开发乡村公益性岗位3.7万个、兴办扶贫车间754个，吸纳就业4.92万人；98%贫困村建起村卫生室，城乡居民基本医疗保险省级财政补助人均达到124元，重特大疾病医疗救助覆盖全省城乡贫困群众，农村特困救助供养省级补助提标工作全面完成；

建成1242个行政村农民体育健身工程；嘉峪关市被列为全国居家和社区养老服务试点地区。

三是促进城乡产业融合发展。以产业园区、开发园区为平台，加快培育特色产业体系，促进产业集聚发展，带动县域经济发展，城乡统筹、产城融合初见成效，全省66个开发区纳入《中国开发区审核公告目录（2018版）》；榆中、临夏产城融合示范区加快建设；研究制定《甘肃省乡村振兴战略实施规划》和“牛羊菜果薯药”六大特色产业精准扶贫三年行动方案；发挥农产品深加工龙头企业和农业专业合作社带动作用，引进北京德青源、陕西海升、广药集团、福建圣农等大型龙头企业291家，全省累计达到1781家，新建农民专业合作社2862个，“庄浪模式”获全国脱贫攻坚组织创新奖，消除3549个贫困村集体经济“空壳村”。扎实推进农村“三变”改革，制定印发《关于农村资源变资产、资金变股金、农民变股民的指导意见》，开展榆中、临泽等6县区省级“三变”改革试点，全省93.13万户农民参与改革，获得入股分红6.21亿元。

（五）深化体制改革与机制创新

一是完善城市基础设施项目融资制度。健全举债机制、规范融资服务、防范债务风险，制定出台《甘肃省防范化解政府债务风险实施方案》，在国家批准的举债限额内，鼓励财政部门依法依规发行政府债券，重点支持城市基础设施建设等项目建设，2018年全省累计发行地方政府债券604.21亿元，其中新增债券434亿元；研究出台《甘肃省关于出让国有资源资产和资产证券化等多种方式补充基础设施建设项目资本金工作的实施方案》，采取国有土地使用权出让、国有资源竞争出让、盘活有效存量资产、资产证券化等多种方式，补充项目资本金，提高资源利用效率，有效弥补城乡基础设施建设短板；积极鼓励和吸引社会资本参与城市基础设施投资建设和运营，引进民营资本参与城镇连片集中开发建设，设立政府引导基金，有效撬动社会资本，拓宽城镇建设投融资渠道。截至2018年12月底，全省PPP项目动态储备库储备项目达413个（总投资4423亿元），拟吸引社会投资1771亿元，已签约62个（总投资875亿元），完成审批、核准、备案等前期工作项目229个，开工项目54个。张掖市和榆中县入选全国推广PPP成效明显市县，受到国务院通报表扬。

二是健全城镇住房保障制度。贯彻落实省委省政府《关于加快培育和发展住房租赁市场的实施意见》《关于进一步加强城市规划建设管理工作的实施意见》等文件，采取实物保障或发放住房租赁补贴等形式，努力解决城市中低收入住房困难家庭、新就业大中专院校毕业学生、外地来甘工作、进城务工以及进城落户农民等群体的住房困难；不断扩大住房公积金制度覆盖范围，兰州、嘉峪关、天水、武威、陇南、平凉等地探索推进新市民自愿缴存住房公积金，鼓励农民工缴存住房公积金。

三是深化城乡土地制度改革。积极推进城乡建设用地增减挂钩节余指标跨省域调剂，将国家下达的增减挂钩跨省交易指标1.88万亩分解到35个深度贫困县，累计批复甘南、临夏等9个市州32个增减挂钩实施方案，完成拆旧复垦任务1万余亩；完善农村承包地“三权分置”制度，完成全省农村土地承包经营确权工作，确权登记面积22435.23万亩；探索建立县乡村联动的农村产权流转交易市场体系，对规定的七类农村产权品种进行有序流转交易，全省土地流转面积达到1310万亩、流转率为26.8%；稳步推进农村集体产权制度改革，进一步明晰农村集体产权归属，农村集体资产股份量化到农户，组建股份合作社。定西市陇西县作为全国积极发展农民股份合作赋予农民对集体资产股份权能改革试点，全面完成农村集体资产清产核资工作，界定农村集体经济组织成员身份40.6万人，占摸底人口96.65%。

二、存在的主要问题和突出短板

（一）农业转移人口进城落户意愿不强

取消农业户口与非农业户口性质划分后，农村户口比城市户口吸引力更大、含金量更高，特别是随着全省脱贫攻坚工作的不断推进，农村实施危房改造、道路硬化、农村人居环境综合整治等工程，农村生活居住环境和基本公共服务设施得到全面提升，即使在当前城镇落户基本“零门槛”政策条件下，大部分农业转移人口进城落户意愿仍然不强，“城市挣钱、农村养老”思想较为普遍，特别是城中村、城郊村农业人口即使在城镇购房，工作、居住、生活在城镇，也不愿意落户城镇，甚至出现为获取土地流转收入，进城落户农民又重新将户口迁回农村、农村学生考入大学后不迁户口或毕业后又将户口迁回原籍的现象。

（二）中高学历青年人才外流严重

甘肃属人口净流出省份，尤其是近年来受周边经济较发达城市全面放宽城镇落户条件影响，全省中小城市人口外迁趋势明显，庆阳市截至2018年12月底，当年累计迁往外省人口20708人，其中迁往西安、咸阳两市人口达到13069人。2017年和2018年，全省迁往省外人口分别为14.66万人和17.76万人，省外迁入人口仅为4.58万人和4.17万人，迁出迁入相差10.08万人和13.59万人，且迁出人口以中高学历人才、青壮年劳动力及甘肃生源高校毕业生为主，全省城镇户籍人口结构失衡，少子化、老龄化现象日趋严重。

（三）进城落户农民“三权”有偿退出机制有待建立

目前，农民的土地除项目建设征地拆迁能够获得补偿退出外，土地承包经营权、宅基地使用权、集体收益分配权“三权”主动有偿退出还缺乏有效政策保障机制和补偿办法，进城落户农民的房屋、土地、权益等财产的资产性价值还不能实现自愿有偿退出，大量进城务工农民在农村的土地撂荒、房屋空置，造成了极大的资源浪费。

（四）落实相关配套政策资金缺口大

随着城镇化加快推进，全省各市州在城镇基础设施建设、医疗保险、教育就业等方面面临较大的资金压力，特别是随着近几年全省经济增长持续放缓，市州财政保障资金短缺问题日益突出。以全省财政收入最好的兰州市为例，2018年市本级财政预算支出183.11亿元，“三保”支出占85%以上，同时还要确保创新社会治理等重大项目开展，近几年新增的57万转移人口需要财政提供保障，资金缺口较大。

（五）城镇综合承载能力和产业支撑带动能力不足

全省除兰州市为大城市以外，其余市州均为中小城市，经济总量小、发展水平低，城镇基础设施普遍水平差、欠账多，基本公共服务短板明显，城镇综合承载能力弱，与农业转移人口市民化需求存在较大差距。同时，全省资源型、高耗能产业仍占较大比重，现代服务业发展较慢，县域内以特色农产品加工为主的产业发展规模小、层次低、链条延伸短，缺乏大型龙头企业，产业支撑带动转移人口就近就地就业、落户能力较弱。以庆阳市宁县为例，全县户籍人口56.14万人，其中长期在外务工人口近29万人（占比52%），而城镇落户人口仅为12.43万人，户籍人口城镇化率仅为22.14%。

三、2019年工作计划

（一）加大财政资金支持力度，着力提升城镇基础设施水平

加大省级预算内资金向城镇化发展水平较低地区的基础设施建设项目倾斜力度，健全完善与农业转移人口市民化相挂钩的省级财政保障体系。进一步拓宽融资渠道，建立多元化可持续的投融资机制，加强对金融机构的引导，对城镇基础设施、公共服务设施和产业发展等领域，在政策性金融贷款、开发性金融支持、地方债发行等方面给予倾斜支持。重点围绕城市城镇间快速通道、连接线等交通基础设施和学校、医院等公共服务设施，全面提升城镇基础设施发展水平和基本公共服务能力，有效增强城镇吸附力、承载力和辐射力。

（二）围绕加快城市群发展，不断优化城镇发展布局

以城市群发展为抓手，持续优化城市规模结构。加快实施兰州—西宁城市群和关中平原城市群发展规划，着力增强兰白都市圈辐射带动能力，全力推进兰州新区发展，积极创建临空经济示范区。努力促进大中小城市和小城镇协调联动发展，做强定西、

临夏、天水、平凉、庆阳等重要节点城市。有序推动榆中生态创新城规划建设，全面启动大敦煌文化旅游经济圈建设。有效发挥联系城乡的节点作用，加强小城镇和美丽乡村建设，促进城乡相互融合、协同发展。规范推进特色小镇高质量发展，紧贴内涵实质、结合省情实际，研究制定宽进严定、动态调整、有进有出的省级特色小镇创建标准和实施方案，指导县市区因地制宜开展本地区特色小镇创建工作；积极推动榆中、皋兰、秦安、甘谷等有潜力、有条件的县有序设市，继续做好撤乡改镇工作。

（三）加快推进国家新型城镇化综合试点，进一步放大试点地区示范带动作用

重点围绕建立健全城乡融合发展体制机制和政策体系，继续做好金昌市、敦煌市、高台县、陇西县、会宁县、麦积区、华池县国家新型城镇化综合试点工作。进一步总结推广金昌市推进农业转移人口市民化典型经验和河西堡镇与河西堡化工循环经济产业园“区政合一”的管理模式，充分发挥试点地区的示范带动作用。

（四）以做强优势产业为抓手，积极发展县域经济

强化政策引导，发挥县域交通区位、资源禀赋、产业基础等优势，以开发园区、工业集中区、特色小镇建设为载体，夯实县域经济发展基础，推动马铃薯、草食畜、高原夏菜、优质林果、现代制种、中药材等特色优势产业集聚发展，形成一批有区域特色和影响力的县域产业集群；加快推进以戈壁生态农业、循环农业为代表的现代农业发展，积极发展产业示范园、田园综合体、农村电商等新业态，培育农村经济增长点；着力提高农业产业化发展水平，实施农业标准化示范区建设，构建系统完整的农产品加工、冷链、仓储、物流、销售体系；推动农村一二三产业融合发展，大力发展乡村旅游、健康养老等服务业，支持和鼓励农民就业创业，拓宽增收渠道。

（五）实施乡村振兴战略，深入推进城乡融合发展

坚持城镇与乡村统筹协调发展，落实《甘肃省乡村振兴战略实施规划（2018—2022年）》，指导各地编制地方规划或方案、着力构建优势产业体系、绿色生态体系、乡村治理体系，加快推进农业农村现代化；统筹城乡基础设施布局，促进城乡基本公共服务均等化、一体化，加大力度补齐农村学龄前教育、医疗卫生、饮水安全、危房改造等短板；坚持就业优先战略和更加积极的就业政策，实施新型职业农民培育工程，统筹做好重点群体就业工作；加快实施改造农村人居环境整治三年行动、全域无垃圾三年专项整治行动和村庄清洁行动，推进农村“厕所革命”和“千村示范、万村整治”工程建设；健全乡村治理体系，繁荣发展乡村文化，促进乡村移风易俗。

（六）深化农村土地制度改革，建立健全“三权”有偿退出机制

围绕破解农民“进城落户”后顾之忧和瓶颈制约，深化农村土地“三权分置”改

革，研究制定土地二轮承包到期后再延长30年的具体办法，探索土地承包关系长久不变实现形式，推进农村土地承包经营权流转和有偿退出；总结推广农村“三变”试点改革经验，引导农民有偿退出闲置宅基地，研究放活农村宅基地使用权，探索推进符合条件的农村集体经营性建设用地直接入市，加快集体经营性资产股份合作制改革步伐，逐步推动农村各类产权在更大范围有偿交易和流转，提升集体产权交易价格。

（七）研究完善政策体系，强化监测监督

针对城镇户口含金量不足、农业人口落户意愿不强、中高学历青年人才外流严重等难点、痛点问题，实施留人引人战略，加强调查研究、做好顶层设计、科学谋划决策，尽快制定出台相关政策措施。强化非户籍人口在城市落户的组织领导，建立健全常住人口城镇化率和户籍人口城镇化率统计指标，准确快捷反映指标变动状况，将非户籍人口在城市落户情况和相关配套政策实施情况纳入重大政策措施落实情况跟踪审计范围，促进各项政策措施落地见效。

青海省2018年推进新型城镇化建设总结报告

青海省发展改革委

一、2018年新型城镇化建设进展情况和主要经验

青海省以人的城镇化为核心，以城镇带动战略为引领，以构建现代化区域协调发展格局为目标，积极行动、改革探索，纵深推进户籍制度改革，统筹转移人口公共服务、就业、住房等方面政策措施，积极发展地方特色产业，加快培育新兴城市和特色小（城）镇，新型城镇化建设取得积极进展。截至2018年底，全省户籍人口城镇化率达40.92%，常住人口城镇化率达54.47%（见图1）。

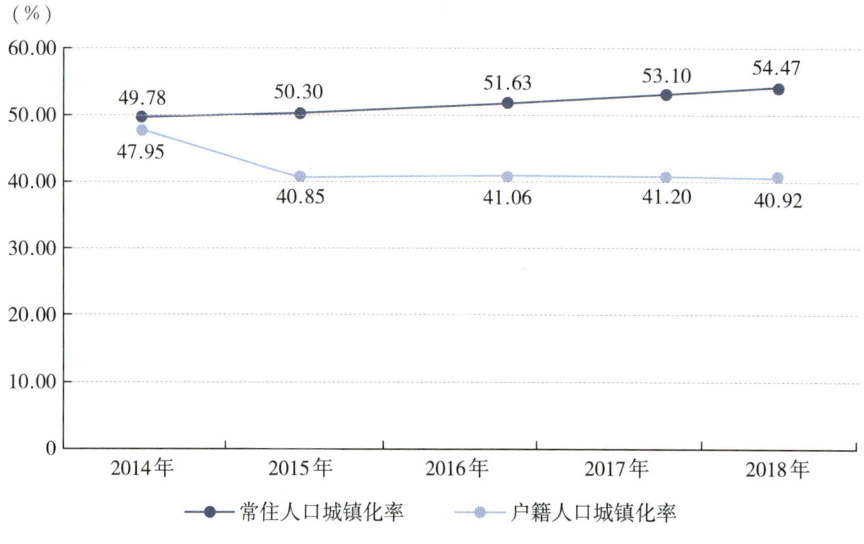

图1　青海省城镇化率变化情况

（一）加快农牧业转移人口市民化

不断降低落户门槛，创新管理机制，完善政策体系，合理引导农牧业人口有序向城镇转移，户籍制度改革工作取得了阶段性明显成效，西宁市成为全国落户门槛最低

的省会城市之一，全省一半以上人口过上城镇生活；社会保障和公共服务提质扩面，基本建立了农牧业转移人口市民化成本分担机制。一是户籍制度改革政策体系基本健全，在数轮次户籍制度改革政策调整基础上，进一步加快居住证制度全面推行，全覆盖、分梯次、有区别的差别化落户政策继续深入实施，优先解决了一批进城时间长、就业能力强、能够适应城市产业转型升级和市场竞争环境的非户籍人口落户。二是公共就业创业服务体系进一步完善，通过“转移就业脱贫行动计划”、职业技能培训、转移输出、自主创业等措施，城镇新增就业6.25万人，农牧区富余劳动力转移就业113.9万人次。三是脱贫攻坚取得重要成果，12个贫困县摘帽，526个贫困村退出，17.6万贫困人口脱贫，贫困发生率下降到2.5%，易地扶贫搬迁任务提前两年完成。四是随迁子女平等享有受教育权利得到保障，中小学布局调整和标准化建设项目全面完成，对全省6个民族自治州所有学生和西宁、海东两市贫困家庭学生实施15年免费教育、义务教育“两免一补”等政策，集中实施的教育项目相继建成。五是住房保障渠道有效拓宽，符合城镇住房保障条件的转户农牧民家庭全部纳入城镇住房保障范围和公共租赁住房配售对象，城镇常住人口保障性住房覆盖率达到28.5%。六是基本医疗卫生条件持续改善，流动人口基本公共服务的可及性明显提高，将流动人口纳入城镇化基本公共卫生计生服务范围，已实现基本公共卫生服务城乡全覆盖。七是社会保障覆盖面有效扩大，实现城镇职工和城乡居民养老保险制度顺畅衔接，妥善解决了被征地农民老年后的生活保障问题；进一步提升了基本医保管理和经办服务效率，城乡居民基本医疗保险参保率达95%以上。八是推进机制进一步健全，将计划生育等与基本公共服务相关的6类支出需求，改为按常住人口测算，并制定实施《省对下均衡性转移支付办法》《关于实施支持农牧转移人口市民化若干财政政策的意见》等政策。

（二）优化城镇化布局和形态

按照改革的思路、创新的办法，打破行政区划的束缚，深入实施区域协调发展战略，结合兰西城市群规划建设，统筹兼顾、突出重点，推进形成新型城镇化发展新局面。一是城镇体系格局不断优化。顺应城镇化发展空间演变规律和人口转移趋势，西宁中心城市辐射带动能力持续增强，海东城市功能加快完善，格尔木、德令哈、玉树等区域性城市不断壮大，新兴城市培育、美丽城镇建设、特色小镇打造等工作稳妥有序推进，初步形成以西宁为中心、中小城市和州府县城为骨干、小城镇为基础的城镇体系。二是兰西城市群建设开局良好，国务院批复同意《兰州—西宁城市群发展规划》，国家发展改革委、住房城乡建设部联合印发《兰州—西宁城市群发展规划》，甘肃、青海两省将着眼国家安全，立足西北内陆，面向中亚西亚，把兰州—西宁城市群培育发展成为支撑国土安全和生态安全格局、维护西北地区繁荣稳定的重要城市群。

青海省构建了兰西城市群建设青海实施方案、甘青两省合作工作备忘录、三年行动计划、都市圈建设协调推进机制、主要城市合作发展机制等兰西城市群青海“1+N”实施体系。三是行政区划调整统筹推进，海西“三行委”行政区划调整取得突破性进展，茫崖、冷湖合并撤行委设茫崖市获国务院批准，全省城市数量达到6个，城镇数量达到145个，城市县城建成区面积达到385.4平方公里；完成青海省8个县撤县设市第三方评估，共和、同仁等撤县设市和湟中撤县设区工作加快启动。四是规范有序推进特色小（城）镇建设。严格按《国家发展改革委　国土资源部　环境保护部　住房城乡建设部关于规范推进特色小镇和特色小城镇建设的若干意见》（发改规划〔2017〕2084号）、《国家发展改革委办公厅关于建立特色小镇和特色小城镇高质量发展机制的通知》（发改办规划〔2018〕1041号）的要求，制定印发了《全省特色小镇和特色小城镇创建工作实施意见》（青政办〔2018〕136号），坚持实事求是、量力而行、控制数量、提高质量，计划从2019年起开展青海省特色小镇和特色小城镇创建工作。

（三）提高城市发展质量

全省产业结构不断优化，创业创新环境持续优化，城镇生态环境显著改善，城镇基础设施持续加强，支撑保障能力进一步提升，城市规划建设管理水平不断提高，供给侧结构性改革初见成效。一是强化产业就业支撑，根据资源禀赋和比较优势，依托现有产业基础，培育发展各具特色的城镇产业体系，高原现代生态农牧业加快发展，工业转型升级迈出实质性步伐，产城融合发展水平逐年提升，服务业发展水平明显提高，城乡市场体系不断完善。二是改善创业创新环境，加快大众创新创业支撑服务体系建设，加大政策支持力度，充分利用国家高新区、经济开发区、农业科技园区等科技创新平台，加强创新创业资金保障。三是高效节约利用资源，全省地表水环境质量整体良好，平均水质为Ⅲ类，集中式饮用水水源地水质保持优良，国家重点生态功能区生态环境质量保持稳定，耕地保护共同责任和长效机制得到有效落实。四是加强基础设施建设，加快铁路、公路、民航等交通网络建设，基本形成连接大中小城市和小城镇的综合交通运输体系；在进一步满足城镇发展对能源需求基础上，“绿电9日”全清洁能源供电刷新世界纪录，领跑国家新能源发展；防灾减灾救灾工作各项能力显著提高，重点县市雨水情监测站网建设稳步推进，山洪灾害预警监测能力逐步提高，城镇重要支流及中小河流治理工程相继实施；高速宽带网络等信息通信基础设施加快覆盖城乡。五是增强城镇承载能力，提升和完善中心城区功能，统筹规划地上地下空间开发，严格规范新城新区建设，统筹推进城镇道路、燃气、热力、新能源公交、环境整治和绿化亮化等市政设施建设，西宁、海东等地下综合管廊城市试点和海绵城市建设取得新进展，城镇住房体系和社会服务能力建设显著加强。六是努力提升城镇品质，着力打造西宁绿色发展样板城市、启动创建国家森林城市，建设绿色城区、绿色城镇；格尔木市、贵德县、共和县智慧城市试点建设全方位推进；以河湟文化发掘和历史文化名城保护为重点的人文城市建设迈出新步伐；推进河南、祁连等县市“多规合一”试点以及城乡规划督察、城镇管理现代化等工作取得新成效，有力促进全省城镇建设管理水平不断提升。

（四）推动城乡融合发展

青海省委省政府印发《关于推动乡村振兴战略的实施意见》并全面实施，《乡村振兴战略规划（2018—2022年）》已经出台，全省城乡规划、产业发展、基础设施、公共服务、就业社保和社会管理等一体化建设深入推进，城乡经济结构持续优化，城市群和新农村建设成效显著，城乡居民生活持续改善。一是破除城市内部二元结构，通过实施新一批棚户区改造、旧城改造、保障房、危旧房改造、新农村建设等项目，在保障农牧民权益基础上，逐步将在城市居住的农牧业人口纳入城镇基本公用服务保障范畴。二是加快农牧业现代化进程，全省围绕“三区一带”农牧业发展格局，以特色农牧产业为抓手，因地制宜，分类指导，加快产业结构调整步伐，农牧业综合生产能力再上新台阶，新型经营主体培育取得新进展，一二三产业融合发展实现新突破。三是建设社会主义新农村，接力实施每年安排建设的300个高原美丽乡村，自2014年开始的第一期共1500个高原美丽乡村全部建成，全省36%的村庄旧貌换新颜。四是推进城乡规划一体化，加强城乡建设规划与新型城镇化规划的衔接，全省城市建设用地控制性详细规划覆盖率达85%，村镇规划覆盖率达75.2%。五是推进城乡基础设施一体化，推进城乡水网、路网、电网等基础设施和基本公共服务一体化建设，全面推动行政村通宽带网络，建制村直接通邮率达到40.29%，快递乡镇覆盖率为24%。六是推进城乡基本公共服务一体化，“两基”目标全面实现，社会保险体系基本建成并覆盖城乡，城乡劳动力技能培训计划全面实施，率先在全国建立城乡居民和城镇职工大病统筹制度，省到村五级公共文化服务网络覆盖率提高到95%，广播电视综合人口覆盖率达到98%。

（五）深化城镇化制度改革

相继推出的一系列城镇化重大改革举措，在人口、土地、资金、金融市场和生态环保等重要领域和关键环节制度改革取得新进展。一是人口管理方面，基本建立了城乡统一的户口登记制度以及与之相适应的教育、农牧、卫生计生、就业、社保、住房、土地及人口统计制度；在居住证制度全面落地基础上，向居住证持有人提供公共服务的范围不断扩大。二是土地管理方面，城镇建设用地增加规模同吸纳农业转移人口落户数量挂钩机制进一步健全，城乡建设用地布局不断优化；完成农村集体建设用地使用权和宅基地使用权确权登记发证和22个市县农用地分等定级与估价，调整更新后的征地补偿标准不断深化落实。三是资金保障方面，通过财政转移支付同农牧业转移人口市民化挂钩机制，有效增强了人口流入地的财政保障能力；加强了省级转移支付分配与吸纳农业人口支出需求联动机制，加大了对农业人口输入县级转移支付力度；坚决落实营改增、公共基础设施建设项目、公共租赁住房建设和运营、个人所得税扣除专项附加项目等一揽子减税政策，有力支持了服务业和三次产业融合发展。四是金融市场培育方面，鼓励金融机构积极参与融资专项规划编制，扩大专项建设基金支持新型城镇化建设的覆盖面；广泛聚集和吸引社会资金参与城市基础设施项目投资建设和运营，引进民营资本参与城镇连片集中开发建设，政府引导基金有效撬动社会资本投入；积极引入全国性股份制银行入驻青海，为城镇化建设提供新动能。五是生态环境保护方面，积极争取国家扩大国家重点生态功能区转移支付范围，全省共有40个县（市、区）纳入重点生态功能区转移支付范围；认真落实草原生态保护补助奖励政策，开展草原生态补奖资金与保护责任、保护效果挂钩试点，在全国率先建立草原生态保护补奖绩效考核管理机制。

二、主要问题和突出短板

（一）城镇化格局尚需进一步优化

目前，青海省只有1个大城市、5个小城市，全省城市密度仅为0.08个/万平方公里，其中海东市、格尔木市为Ⅰ型小城市，德令哈市、玉树市、茫崖市为Ⅱ型小城市（见表1）。从城市的地域分布看，东部地区2个，柴达木地区3个，三江源地区仅1个，环青海湖地区无设市城市，且东部的2个城市与柴达木地区、三江源地区的城市之间相距600—1300公里，城市空间布局松散，难以形成“大中小城市、小城镇协调发展、互促共进”的新型城镇化发展格局，城市聚集、带动作用无法有效发挥，城市之间相互促进、协调发展能力不强。从全国看，青海省的地级市数量全国最少，和新疆并列倒数第一，县级市数量仅多于西藏和宁夏、全国倒数第三，城市发育水平低、区域性中心城市较少、体系不完善，一定程度上制约着青海省新型城镇化进程和经济社会发展。

表1 青海省城市规模体系

规模		数量	城市名称
大城市	Ⅱ型大城市	1	西宁市
小城市	Ⅰ型小城市	2	海东市、格尔木市
	Ⅱ型小城市	3	德令哈市、玉树市、茫崖市

（二）城镇综合承载力仍需进一步提高

青海省绝大部分城镇发展起步晚、底子薄，特别是藏区城镇，基础设施和公共服务配套建设标准和服务水平都比较低，不能满足群众日益增长的基础设施服务和公共服务需求。加之气候、交通条件差、产业基础薄弱，无法形成一定的经济规模和合理的产业结构，对人口集聚的吸引力较低，不少建制镇除行政功能外，与行政村差别不大。同时，受经济下行影响，青海省各类企业新增就业岗位能力不足，高校毕业生就业人数持续增加，就业供求结构矛盾突出，就业压力依然较大。城镇实际综合承载能力远不能满足城镇化发展的需求。

（三）产业支撑能力亟待进一步增强

青海省总体上处于工业化中前期发展阶段，受资源禀赋、科技水平、产业基础等因素影响，产业存在层次低、企业规模小、产业链短、产品技术含量低、产业园区布局不合理、产业发展速度和效益不高等问题，产业结构同质化发展现象严重，资源配置效率不高，缺乏主导和骨干支撑，以行政管理为主的产业发展模式尚未得到根本改变，远未形成错位互补发展格局，产业核心竞争力较弱，创新发展能力不足，统筹产业项目布局落地的引导力不强，且资源型、高耗能产业在特色工业中仍占较大比重，现代服务业比重仍然不高，无法有效支撑新型城镇化建设。

（四）土地供应难题急需深度破解

青海省属全国地广人稀的省份，受区域自然环境和经济社会条件的制约，全省随着地势升高而人口显著递减，即呈现地形“东低西高”，人口“东稠西稀”的特点，人口分布极不平衡，西宁和海东两市自然条件相对优越，面积仅占全省的2.95%，却集中了全省63%以上的人口，其余6个民族自治州面积占全省的97.05%，而人口仅占全省的37%。据统计数据，全省现状人均城镇建设用地不超过100平方米有6个市县，在100—150平方米有4个市县，其余市县均超过150平方米。依照《关于建立城镇建设用地增加规模同吸纳农业转移人口落户数量挂钩机制的实施意见》（国土资发〔2016〕123号）文件关于“超过150平方米的城镇，按照人均50平方米标准安排”的规定，青海省绝大部分市县将难以保障“十三五”期间生态游牧民和其他常住人口等进城落户人员的用地需求。

（五）城镇化建设资金缺口严重

随着城镇化建设的不断推进，公共服务提质扩面、基础设施建设提档增速需求大幅增长，各类资金需求均快速增长。青海省经济发展水平较低，经济结构单一，造血能力弱，各级财政压力大幅增加，项目建设的地方配套资金落实难度大。而国家大力推广的PPP模式，因可借鉴经验少、审批周期和项目有效转化周期长、投资主体少、项目收益低等因素，现阶段难以广泛推广开展，政府类项目融资难度持续加大。同时，金融机构融资门槛高，抵押担保条件苛刻，新设立的项目公司、中小微企业较难达到信贷准入门槛，得到金融机构融资支持的额度有限，导致金融资源集中流入大中城市、大企业、大项目，县城和小城镇金融资源相对缺乏，资金供给不均衡。

三、2019年新型城镇化建设的工作考虑

青海省将召开城镇化工作大会，将加快农业转移人口市民化、聚焦构建区域协调发展新格局、优化全省城镇布局体系、全面提升城镇发展品质、夯实基础设施支撑等方面，构建一套实施体系，编制若干重大区域和专项规划，筹划实施一批重大工程项目，制定相关政策保障体系，全面落实好城镇带动战略，进一步加快推进全省新型城镇化建设。

（一）持续推进农牧业转移人口市民化

一是进一步深化户籍制度改革，确保城市新老居民在住房保障、医保、养老等方面同城同待遇，维护好进城落户农牧民土地承包权、宅基地使用权、集体收益分配权，统筹推进省内和外地来青非户籍人口在城镇落户。二是建立城乡一体化、均等化的就业制度，完善相关配套政策，加强职业技能和城市生活技能培训，提升进城农牧民素质和融入城市生活能力；真正让户籍上已经是“城里人”“镇里人”的农牧民和即将转入城镇的农牧民有业可就。三是大力加强县城及县以下建制镇配套基础设施建设，深入推进保障性安居工程建设，加速改造棚户区，扩大城镇容量，建立完善农牧民进城购房和租房财政补贴政策，为进入城镇打工或居住的农牧民创造更好生产生活条件。四是进一步推进省会城市和区域中心城市公共服务均等化，不断提升社会服务和管理水平，加快落实转户进城及持居住证在城镇居住的农牧业转移人口享受所在城镇基本公共服务；大力推进农牧业转移人口“员工融入企业、子女融入学校、家庭融入社区、群体融入社会”的四融合工程，促使进城农牧民实现真正意义上的城镇化。

（二）构建区域协调发展新格局

一是强力推进兰西城市群青海部分建设，建立兰西城市群发展协调机制，推进大中小城市网络化建设，提高城市群发展质量。支持西宁扩容提质、打造宜居宜业“大西宁”，支持海东加快完善城市功能、打造城乡统筹和农业现代化“新海东”，积极促进西宁海东一体化发展，着力构建西宁海东都市圈。二是统筹中西部和青南地区城镇发展，重点提升柴达木地区新型城镇化质量，全面推动格尔木全省副中心城市建设，加快构建开放型经济体系；坚持生态保护和城镇化协同发展，进一步优化城镇发展结

构，促进环湖城镇圈特色化发展；充分凸显青南地区的生态保护和地位，形成区域城市和一批重点镇组成的青南生态型城镇化地区。三是推进乡村振兴和农业农村现代化，在城乡融合发展中创造“现代田园”，打造田园综合体建设新示范、农牧业供给侧结构性改革新平台。引导特色小镇和小城镇健康发展，促进产城人文融合，培育打造一批以特色产业为核心的特色小镇。四是优化工业生产力布局，调整优化区域产业分工，明确定位，形成以园区经济为主体，县域经济为补充，各具优势、错位发展的生产力布局。引领生产方式向绿色、柔性、智能、精细转变，形成生态文明引领、资源高效利用、产业相互融合的循环型工业体系。

（三）优化全省城镇体系布局

一是培育新生中小城市，着力将共和、同仁、贵德、海晏、玛沁等具有先行优势的5个县积极培育成新兴城市；稳妥推进门源、民和、互助3个民族自治县规划、建设、管理向城市体制转变，适时撤县设市；推动湟中撤县设区；着力推进省内符合条件地区撤县设区、撤乡建镇。二是创建特色小（城）镇，按照“一个个规划、一个个建设、建一个成一个”的要求，发挥创建专项奖补资金的支持作用，重点在沿湟水河、沿黄河的区域形成若干特色小镇群落，合理布局柴达木、环湖、三江源地区特色小镇；推动农牧区产业发展与特色小镇相结合，培育一批“农字号”特色小镇。三是打造高原特色美丽城镇，完善制定符合青海实际的美丽城镇建设标准，新布局建设一批美丽城镇，建立完备的美丽城镇规划建设长效机制。四是稳妥实施城市新区建设，建设有温度的综合性新城，加快西宁多巴新城、海东河湟新区、格尔木北五片区、共和青海湖新区等城市新区建设发展；推进城镇棚户区改造。

（四）着力增强城市发展实力

一是提升城市开放水平，加快外贸出口基地建设，加速口岸建设，培育千万美元潜力企业和出口自主品牌；积极推进对外经贸合作、投资建设、劳务合作和人文交流等多方面合作，加强国际营销网络建设，持续打造“青海精品之窗”；引进和输出“一带一路”国家重点投资项目。加强与周边成渝、关中平原等城市群主要城市在经济产业、文化旅游、商贸物流等方面的合作。二是推进创新型城市建设，依托城市教育集聚区、大学城、孵化园等双创基地，建立创新创业重大平台，深入实施科技企业创业与培育工程、高新技术企业倍增工程，建设创新产业示范带，深化军民融合协同创新，完善技术转移服务体系。三是进一步加快园区产业转型升级发展，理顺各类产业园区管理体制机制，构建国家、省、市（州）、县四级园区梯次发展新格局，不断提升园区科技创新能力，促进产业提档升级，推进青海省城镇化以产促城，以城兴产，产城融合发展。四是促进城镇文旅融合发展，加快落实省委省政府《关于加快全域旅游发展的实施意见》，加快形成统筹规划、合理布局、整体营销、服务提升的全域旅游体系。优化旅游要素配置效率，推动旅游与其他产业融合发展，大力发展自然生态游、民俗文化游、高原健体康养游等新业态。

（五）全面提升城镇发展品质

一是坚决打赢污染防治攻坚战，落实好坚决打好污染防治攻坚战实施意见，打好蓝天、碧水和净土保卫战，加强城镇生活垃圾处理设施建设，扎实开展“绿色细胞工程”，探索推进先进的城市资源循环利用模式。二是加强“人文城市”“公交城市”建设，加强城市设计，注重优化建筑布局，塑造富有特色与活力的城镇风貌，保护历史文化名城名镇名村和风景名胜资源，推动传统文化元素融入现代城市建设。推进西宁市轨道交通、综合交通枢纽、停车场等建设，优化城区公共汽车站点布局，扩大城市公交覆盖，提高公交机动化出行分担率，加强自行车车道、人行道等慢行系统及充电设施建设。三是加快生态宜居城市建设，推进西宁市国家生态园林城市、海东市国家级森林城市创建工作；大力推进西宁、格尔木国家级和祁连、天峻、门源第一批省级“城市双修”试点城市；加快城镇既有建筑绿色节能宜居改造，加强城市绿化建设；深入推进绿化示范镇村创建活动；加快推进西宁、海北历史遗留铬渣治理、重点行业企业用地土壤污染防治等工程。四是支持城市夜间经济发展，高起点规划建设一批富有特色的夜间经济集聚城镇，合理延伸城镇昼间经济形态，加快提升夜间经济活力和规模，不断满足人民日益增长的美好生活需要。

（六）夯实基础设施支撑

一是加快完善城镇化综合交通网络体系，完善集铁路、公路、民航、城轨于一体的综合交通体系，将西宁打造成丝绸之路经济带上的综合交通枢纽，将格尔木打造成我国西部重要的区域交通枢纽。二是推进城镇“六水联动”工程，提高城镇供水能力，全面推行“河长制”“湖长制”，实施供水、兴水、净水、亮水、治水、节水“六水联动”全域水生态项目建设。三是强化城镇能源保障，打造全国最大的水、光、风、核互补清洁能源基地，加快推动创建清洁能源示范省；制定落实青海省清洁能源取暖实施方案，推进重点城镇“煤改气”；加快推进青海到河南特高压外送通道、抓紧启动第二条外送通道前期工作；逐步将天然气管网延伸到城镇边缘地区；推进电力市场建设，优化电能替代价格机制。四是实施城镇安全保障工程，全力打造平安青海建设“升级版”，以人防、消防、公安、司法、抢险救灾等领域为重点，进一步提升城市重大公共安全应急处理能力。五是加快推进城镇信息化，全面深化“光网青海”建设，推动新一代信息技术与城市治理和公共服务深度融合，推动城市管理数字化、精细化、智慧化，建设智能高效宜居新型城市。

（七）健全新型城镇化工作推进机制

一是强化协调推进机制，强化落实《青海省人民政府关于深入推进青海省新型城镇化建设的实施意见》，建立部门间、地区间联动协调机制，更好发挥政府作用，完善跨区域重大基础设施建设、产业布局、新区建设、撤县建市等城镇化协调推进机制，引导社会公共资源合理配置。二是进一步完善落实财政政策，根据农业转移人口市民化情况动态调整机制，加大财政对农业转移人口落户较多地区和中小城镇的资金奖励力度，推进试点城市加快建立进城落户农牧民的农村（牧区）“三权”维护和自愿有偿退出机制。三是健全土地利用机制，重点采取提前交易部分增减挂钩指标、积极争取易地扶贫搬迁、新农村建设等专项资金、探索农户贷款模式等多方式，开展好城乡建设用地增减挂钩；建立城镇低效用地再开发激励机制，因地制宜推进低丘缓坡地开发，促进土地集约利用。四是完善投融资机制，继续鼓励开发性金融机构、政策性银行和商业银行创新信贷模式和产品；发挥民间投资的作用，探索基础设施等实物资产证券化，鼓励股权众筹、风险投资、天使投资等发展；大力发展普惠金融，加强对城镇化建设的重点领域和薄弱环节的金融支持；进一步构建多层次的金融支持体系，完善城乡金融机构网点布局，鼓励保险公司参与新型城镇化建设，强化金融服务城镇经济的能力；不断强化社会信用体系建设和金融生态环境建设。

宁夏回族自治区2018年推进新型城镇化建设总结报告

宁夏回族自治区发展改革委

一、主要做法和成效

2018年，自治区按照高质量发展要求，围绕自治区新型城镇化“十三五”规划和加快推进新型城镇化建设行动方案目标任务，以促进人的城镇化为核心，充分发挥空间规划的引领作用，优化城镇空间布局和形态，有序推进农业转移人口市民化，促进城镇建设由规模扩张向质量提升转变，积极稳妥推进新型城镇化有序发展。截至2018年末，宁夏常住人口城镇化率为58.9%，户籍人口城镇化率为44.96%（见图1）。

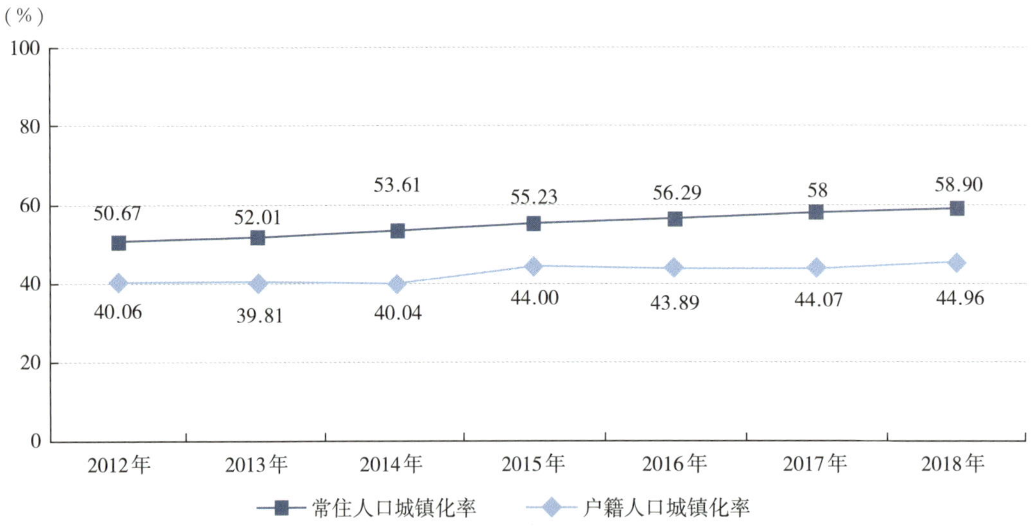

图1　宁夏2012—2018年城镇化率变化情况

（一）深化户籍制度改革，加快农业转移人口市民化

一是全面放开落户、落实居住证制度。积极贯彻落实《国务院办公厅关于印发推

动1亿非户籍人口在城市落户方案的通知》要求，调整户籍管理制度，全面放开全区户籍迁移政策，积极引导农业人口在城镇落户，大力引进人才在区内落户。扎实推进居住证业务办理和制发，制定全区居住证办理细则和居住证制发工作流程，在已建成运行的宁夏流动人口综合服务管理信息平台基础上，建设居住证制证管理系统，目前已完成数据对接，进入制证前的调试运行阶段，进一步修正完善后向全区推广。

二是全面落实“人地钱”挂钩政策。印发《自治区财政农业转移人口市民化奖励资金管理办法》，根据各市县农业转移人口进城落户数量及提供基本公共服务情况，综合考虑转移人口流动、人均基本公共服务支出水平、市县财力状况、工作考评等因素，加大对吸纳农业转移人口较多、提供基本公共服务支出成本较高、财力相对困难市县的支持力度，2018年，全额分配中央财政下达宁夏农业转移人口市民化奖励资金1.79亿元。落实《宁夏回族自治区城镇建设用地增加规模同吸纳农业转移人口落户数量挂钩机制实施细则》，科学合理使用新增建设用地计划，优先安排吸纳进城落户人口较多镇的用地，对符合城乡建设用地增减挂钩政策的，鼓励通过实施增减挂钩项目满足进城落户人口用地需求，切实提高土地利用质量和效益。2018年，下达市、县（区）新增建设用地计划4.1767万亩，占全区计划指标的81.9%。

三是不断提高农业转移人口保障水平。加大旧城改造力度，推动商品房、保障房“两房”融合，把符合条件的进城务工人员全部纳入公共租赁住房保障范围；符合经济适用住房、限价商品房购买条件的，与城镇户籍居民享有同等购买资格；对缴纳住房公积金的进城务工人员，通过住房公积金贷款给予购房支持，促进进城农民有序融入城镇。开展农民工和农民购房贷款贴息补助试点工作。在全国率先推行住房保障档案星级管理标准化工作。印发《关于建立城乡居民基本养老保险待遇确定和基础养老金正常调整机制的实施意见》，建立基础养老金正常调整机制、个人缴费档次标准调整机制，截至2018年底，全区历年来积累的21.1万名被征地农民100%参保，90.9%的被征地农民参加职工养老保险。印发《自治区教育厅关于进一步做好普通中小学招生入学工作的通知》，全面落实“两为主、两纳入”政策，建立以居住证为主要依据的随迁子女入学办法，有力促进随迁子女与本地初中毕业生享受同等待遇，做到“应入尽入、应免尽免”。目前，全区各地级市进城务工人员随迁子女符合报考、招生条件的，在本地接受完义务教育后都能在当地参加中考。

四是全力促进就业培训和创业扶持。自治区人力社会资源保障厅、财政厅、扶贫办印发《关于进一步推进就业扶贫工作若干意见》，积极推进就业机会平等，消除城乡、行业、身份、性别、户籍等影响平等就业的限制，城乡劳动者平等享有各项就业创业政策，形成了较为完备的支持创业就业的政策体系。加强就业信息和失业动态监测，开展职业供求分析，探索建立失业预警机制和失业调控机制，建立覆盖全区的就业信息监测平台。大力提升公共就业服务信息化水平，按照“互联网+人社”工作要求，建成省级集中模式的宁夏公共招聘网，实现全区各市县公共就业服务机构人力资源市场信息数据共享。落实《宁夏回族自治区创业担保贷款管理办法》，将返乡创业的农民工、建档立卡贫困人口和农村自主创业农民纳入创业担保贷款政策支持范围。截至2018年11月底，全区农村劳动力转移就业77.85万人，实现工资收入84.73亿元，人均工资收入10884元，同比分别增长3.4%、12.3%和8.6%。为创业农民发放创业担保贷款3874笔、34162.4万元。

（二）优化城镇化布局和结构，全面提升城市品质

一是大力推进银川都市圈建设。按照“一带三区”空间规划，制定落实《银川都市圈建设实施方案》，推动银川、石嘴山、吴忠和宁东一体化发展，2018年，都市圈交通基础设施项目完成投资126.7亿元，开工建设银西高铁、银川国际航空港、都市圈西线城乡供水水源替代等一批重点工程。积极组织申报银川国家铁路一类口岸。都市圈所有乡镇和95%的行政村实现4G网络覆盖，城市建成区全面落实光纤到户。推动工业联动发展，积极探索组建能源化工、现代纺织等原材料产业联盟。建设贺兰山东麓、黄河金岸、东部环线3条旅游风景道。编制《宁夏葡萄酒企业（酒庄）发展布局规划》，完善准入门槛和政策制度体系，加快推进镇北堡葡萄文化旅游、玉泉营葡萄产业等特色小镇建设和贺兰山东麓葡萄酒庄基础设施连通工程，推动葡萄酒产业聚集融合发展。推进贺兰山保护区生态修复治理，通过阶段验收166处，完成任务总量的98.2%。编制完成《宁夏“互联网+教育”建设实施方案》，累计建成77所教育信息化应用示范学校。推进区院合作远程医疗政策试点信息化建设，纵向建立“国家—自治区—市—县（区）—乡（镇）”五级远程医疗服务体系，横向对接解放军总医院等30家国家级医疗单位，医疗信息资源覆盖都市圈大部分医院。

二是加快培育中小城市和特色小镇（参见表1）。大胆探索有利于经济发达镇加快发展的体制机制，自治区党委办公厅、人民政府办公厅出台《关于推进经济发达镇行政管理体制改革的实施意见》，以扩大经济社会管理权限、完善基层功能为重点，探索建立简约精干的组织结构、务实高效的用编用人制度和适应经济发达镇实际的财政管理模式。2018年，全区开工建设一批美丽小城镇，完成固定资产投资3.4亿元。学习借鉴浙江、贵州等特色村镇建设经验，大力培育发展特色村镇，全年开工培育建设一批特色小镇，完成固定资产投资23亿元。强化督查考核，制定特色小镇考评办法和细则，创建准入退出机制，有力提升特色小镇建设水平。

表1 宁夏回族自治区城镇规模结构

城镇类别	规模标准（万人）	数量	城市名称
大城市	>100	1	银川市
中等城市	50—100	0	—
Ⅰ型小城市	20—50	3	石嘴山市、吴忠市、固原市
Ⅱ型小城市	10—20	4	中卫市、中宁县、青铜峡市、平罗县
	5—10	7	盐池县、贺兰县、同心县、西吉县、海原县、永宁县、灵武市
	2—5	4	隆德县、彭阳县、红寺堡区、泾源县
县城以下其他建制镇	—	78	—

三是提升城市功能和品质。开展“城市双修”专项规划，明确工作目标和任务，将“城市双修”工作细化为具体工程项目，鼓励和支持银川市、中卫市开展“城市双修”试点。银川市2018年共实施17个大项、30个单项绿化工程，总投资8.59亿元，年度总投资7.24亿元。以推进城镇内涵式发展为重点，科学推进城市地下综合管廊建设，全区共开工建设地下综合管廊62.26公里，累计形成廊体59.15公里；银川市出台《城市地下综合管廊有偿使用费参考收费标准（试行）》。加快固原市海绵城市建设，建成项目101个，累计完成投资20亿元。按照“300米见绿、500米成园”要求，结合旧城改造、园林城市创建推动小微公园、街头绿地等绿色空间建设，全区城市人均公园绿地面积达到17.74平方米，城市建成区绿地率达到37.3%。全面推广银川市、中卫市城市步行和自行车交通系统示范项目建设经验，在新改扩建城市主次干道时设置自行车道和步行道，有效推进绿色出行。积极推进城市黑臭水体整治，五个地级市建成区13条黑臭水体已全部完成整治。完成全区36座城镇污水处理厂一级A标准提标改造，督导各地完成20蒸吨及以下供热燃煤锅炉清零，银川市“东热西送”项目实现供暖。积极开展银川市“全国生活垃圾强制分类试点城市”建设，项目覆盖2个片区、52个居民小区、35万人口，生活垃圾回收利用率达到18%。开展石嘴山市、固原市、中卫市节水城市创建，组织全区供水规范化管理现场考核，2018年全区城镇公共供水管网漏损率平均控制在10.5%以下，再生水回用率平均达到23%。

四是进一步提高城市管理水平。深化城市管理体制改革，在全国率先完成省级城市管理综合执法机构设置。积极推进智慧城市建设，加强精细化管理、人性化服务，银川、石嘴山、吴忠、中卫市以及永宁县、大武口区按照国家智慧城市试点要求，依托数字化城管平台推进智慧城市建设，取得阶段性成果。银川市探索形成政府购买服务、社会资本投入、专业公司运营的智慧城市建设模式。强化城市公共安全管理，落实住房城乡建设领域公共安全保障五年行动计划，开展市政基础设施安全专项排查整改，加大城市地下空间作业、供气供水供热、公园、风景名胜区、排水防涝等公共安全隐患排查治理和重大危险源监控工作。

（三）强化全区“一盘棋”理念，加快推动城乡融合发展

一是做好城乡融合顶层设计。开展空间规划改革试点，制定宁夏回族自治区空间规划，划定生态保护红线、永久基本农田、城镇开发边界3条控制线，制定统筹城乡的基础设施、公共服务设施规划，推动城乡融合发展。贯彻落实自治区《关于加快特色小镇建设的若干意见》，引进国内外高层次设计单位开展规划编制，对特色小镇发展科学准确定位，高质量策划储备产业等发展项目。

二是推动城乡产业融合发展和激发资源资产要素活力。创新运用直接补贴、贷款担保、风险补偿、贷款贴息、实物租赁、产业基金、农业保险七种方式支持特色产业发展，建立多元化农业投入机制。积极培育壮大龙头企业，产前、产中、产后全程构建，生产、加工、流通有效衔接，延伸产业链，提升价值链。目前，全区主要农产品加工转化率达到64%，各类特色农业品牌达到317个，“三品一标”农产品达到676个，“宁夏贺兰山东麓葡萄酒”“中宁枸杞”区域品牌价值分别达到271.44亿元和172.88亿元（参见图2、图3）。全区休闲农业营业收入达17.8亿元，实现农产品加工业总产值580亿元，全区农产品加工值与农业总产值比达到1.8：1。将农村闲置宅基地盘活利用与扶持新型农业经营主体发展相结合，由家庭农场、专业大户等新型农业经营主体充分利用村庄规划范围外的零星闲置宅基地和房屋建设农业生产设施，解决经营主体规模化生产经营用地不足的问题，助推农业产业发展。

图2　西夏王葡萄酒厂

图3 贺兰山东麓葡萄种植基地

三是推动基础设施和公共服务向农村延伸。加快构建“三环四纵六横”高速公路网，完善宁夏与周边省区快速运输通道，实现全区所有县城通高速公路。2018年，争取交通运输部农村公路车购税补助资金13.84亿元，全区共完成新改建农村公路1600余公里，实现所有建制村通硬化路的目标；全年新增通客车建制村10个，全区建制村通客车率达到99.7%。积极争取国家车购税资金1.87亿元支持两个红色旅游公路项目建设，推动“交通+旅游”融合发展。在全区全面推行县乡村卫生一体化管理，建立以县级医疗机构为龙头、乡镇卫生院为枢纽、村卫生室为基础的县乡村医疗卫生一体化管理机制，全区基层医疗卫生服务和综合管理能力显著提升。推进农村人居环境综合整治，印发《宁夏农村人居环境整治三年行动实施方案》，2018年，全区农村人居环境整治改造完成农村污水处理及改造厕所3.29万户，率先开展农村卫生厕所普查评估工作，建立农村卫生厕所信息管理系统，完成建卡103万户（参见图4）。

图4 陈袁滩镇滨河新村

（四）积极创新工作制度，深化重点领域改革

一是完善城乡土地制度。印发《自治区农村宅基地和房屋一体登记实施方案和指导意见》，制定农村宅基地和房屋“房地一体”确权登记技术细则。进一步加大农村宅基地和房屋统一确权登记颁证力度，召开房地一体确权登记现场会，交流经验做法。全年完成确权调查符合登记发证总数的81%。深入推进平罗县农村土地制度改革三项试点，积极探索“超占有偿使用、新增有偿取得、转让政府补贴、审批县域统筹”管理制度，探索建立“以地养老”等退出模式。

二是改革城市管理体制。出台《推行行政执法全过程记录制度实施方案》《宁夏回族自治区城市管理综合执法人员着装管理规定》《城市管理执法人员十条禁令》等政策，组织开展“强基础、转作风、树形象”三年专项行动，重点从职能划转、队伍建设、制度保障抓起，有序推进任务落实。目前27个市、县（区）和宁东管委会已全部完成城市管理体制改革方案制定、机构设置、权责清单制定、装备配发、人员培训等任务，住建、环保、工商、交通、水务和食品药品监管等各部门行政处罚权正在过渡集中行使。5个地级市、10个县完成了城市管理数字化平台建设。全区共配备执法车辆689辆，执法记录仪1601套，对3000名一线人员进行了培训，执法人员持证上岗率达到80%。

三是健全城镇化投融资机制。出台《关于促进民间投资发展若干政策措施的意见》，全面推行市场准入负面清单制度，减少政府对微观经济干预，为扩大民间投资营造良好环境。设立自治区政府投资基金，发挥政府投资基金的杠杆引导作用，积极引入社会资本，在创新驱动和产业转型升级、创新创业、基础设施和公共服务、中小企业等领域设立母基金或直投基金，对相关领域民间投资给予扶持。建立并坚持政府和社会资本合作项目公示制度，2018年，全区共有42个项目按PPP模式开工建设，投资总额518亿元，其中宁东地下水资源综合利用等9个PPP项目被评为国家PPP示范项目。中卫市印发实施《践行亲清新型政商关系的实施意见》，重点加强与民营企业沟通协商、服务引导、真诚交往，建立政府与民企网上互动平台和政企对接恳谈制度、听证制度、新闻发言人制度，建立健全政府与商会组织、民营企业的沟通协商机制。

四是深化新型城镇化综合试点。将试点与推进全区城镇化工作有机衔接，制定《2018年全区新型城镇化工作要点》《自治区推进新型城镇化考核办法》，下达第三批城镇化试点奖补资金600万元，统筹实施一批城镇化重点项目。固原市第一批城镇化试点任务基本完成并通过国家发展改革委评估，“利用邮储银行小额贷款进行金融扶贫，建立致富带头人、合作社和农户等多方利益联结和风险缓释机制”作为典型经验在全国推广。平罗县、宁东镇第二批试点于2018年12月初通过国家发展改革委评估

（参见图5），平罗县农村产权自愿有偿退出转让机制、智慧宁东多系统一平台运用等举措得到专家组一致肯定，相关经验将在全区推广。银川市、盐池县、红果子镇第三批试点任务有序推进，在城乡融合发展、产城融合建设、创新体制机制等方面探索出了一些好方法、好经验（见表2）。

表2　国家新型城镇化综合试点经验总结

批次	试点地区	试 点 经 验
第一批	固原市	利用邮储银行小额贷款进行金融扶贫，对各辖区扶贫部门与金融机构联合筛选的农户提供5万元以下扶贫信用贷款，并建立致富带头人、合作社和农户等多方利益联结和风险缓释机制。
第二批	平罗县	深化农村土地制度三项改革，建立“超占有偿使用、新增有偿取得、转让政府补贴、审批县域统筹”宅基地管理新模式。
	宁东镇	建设宁东基地应急指挥中心、IT服务中心、“96123”市民呼叫中心、网约车平台，实现了多系统一平台运用展示和“7×24小时”市民呼叫一站式咨询服务功能。
第三批	银川市	明确“两带两轴、三心多组团”总体空间格局，确定生态空间846.4平方公里，农业空间534.89平方公里，城镇空间420.89平方公里，从规划层面明确城市未来发展的形态，促进城乡二元结构突破，绘就城乡发展“一张蓝图”。
	盐池县	创新融资担保模式，成立盐池滩羊产业集团公司，向国家政策性银行批量贷款，再分别支持各龙头企业、新型经营主体和养殖大户，推进滩羊全产业链发展。
	红果子镇	实行3万亩种植区域基地化管理，建成绿色、优质、高产、高效、安全、生态的品牌蔬菜产品生产基地，实施绿色产品有机食品认证和地理标志产品保护。

图5　宁东能源化工基地

二、存在问题和困难

（一）户籍城镇化水平低，城镇化质量有待提升

截至2018年底，全区户籍城镇化率低于常住人口城镇化率约14个百分点。有相当一部分进城常住人口未落户，还不能充分享受社会公共服务保障，城镇人口“二元化”现象比较突出。在新型城镇化政策鼓励下，农民进城购房意愿较强，但受农村土地、惠农政策等因素影响，落户积极性不高。

（二）产业支撑不足，城镇聚集能力较弱

产业与城镇融合、协调发展不够，产业整体规模小，依靠产业吸纳人口进城作用不突出。银川都市圈、沿黄城市带产业布局同质化问题比较明显。中南部城镇产业聚集能力弱，县域经济发展不充分，县城对周边村镇辐射带动作用不明显。

（三）基础设施较为薄弱，城镇特色不够明显

城镇基础设施建设相对滞后，市政公用设施不完善，县城以下建制镇基础设施水平偏低，影响城镇综合承载力进一步提升。城镇特色不突出，风格不鲜明，历史风貌保护和文脉延续不够。

（四）交通网络不完善，城镇功能联系不紧密

宁夏处于全国主要铁路运输网络边缘，是全国为数不多未开通高铁的省区之一，尚未形成体系完善的快速立体交通网络。城际交通形式单一，缺乏快速轨道交通系统。城镇公共交通体系不健全，公交分担率较低。

三、2019年重点工作计划

（一）进一步健全保障措施，加快农业转移人口市民化

按照《国务院办公厅关于印发推动1亿非户籍人口在城市落户方案的通知》相关要求，及时调整相关政策，解决群众进城落户的后顾之忧。全面完成居住满三年的“十二五”劳务移民的户籍迁转工作，确保劳务移民有序稳妥落户城镇。进一步调整户籍迁移政策，确保农业人口进城落户“零门槛”。加快推进全区卡式居住证全覆盖，总结银川市卡式居住证试点经验，进一步完善制发工作流程，在全区推广应用，切实保障流动人口合理、合法享受宁夏社会基本公共服务待遇。持续推进全民参保计划，织密扎牢全覆盖、保基本、可持续的社会保障网。深化医保付费方式改革，稳步推进异地就医费用直接结算，建立基础养老金正常调整机制，努力扩大社会保险覆盖范围。全面完成被征地农民参保任务，做好进城落户农民参保登记和转移接续工作。进一步

修订完善义务教育阶段招生政策，落实进城务工随迁子女入学相关政策，保障就学公平，享受同城待遇。进一步完善“人地钱”挂钩机制，落实与转移农业人口相关的土地承包经营权、宅基地使用权、集体收益分配权脱钩政策，调动农业转移人口进城落户积极性，切实提高新型城镇化质量。以解决新市民住房问题为主要出发点，补齐租赁住房短板。

（二）加快绿色智慧城市建设，全面提升城市品质

节约集约利用土地、水和能源等资源，促进资源循环利用。建立绿色城市建设的政策和技术支撑，开展绿色社区、绿色建筑创建行动，加快新能源汽车推广应用，改善步行、自行车出行条件，推动绿色出行。淘汰城市建成区不能达标的35蒸吨/以下燃煤锅炉。加强扬尘污染防控，强化移动源污染防治。完善废旧商品回收体系和垃圾分类处理系统，加强城市固体废弃物循环利用和无害化处置。持续开展生态修复城市修补，增强城市宜居性。积极探索智慧城市建设新模式，充分运用物联网、云计算、大数据、人工智能等现代技术，促进城市基础设施智能化、公共服务便捷化、社会治理精细化。发掘城市文化资源，强化文化传承创新，进一步加大历史文化名城名镇名城、传统村落、历史建筑保护力度，积极稳妥推进城市更新改造，保护和弘扬传统优秀文化，延续城市历史文脉，保存城市文化记忆。实施城市品质提升三年行动，按照先民生后提升原则，推进老旧小区改造，逐步完善社区及周边区域综合服务设施，打造15分钟城市居民活动圈。

（三）完善体制机制，促进城乡融合

落实空间规划，坚持一张蓝图干到底。严守耕地、城镇开发边界和生态保护红线，优化城镇、产业用地布局。积极推动银川都市圈建设，推动都市圈基础设施互联互通，打造宁夏经济的核心增长极和新型城镇化的核心引领区。高质量建设沿黄城市带，提升国家级和自治区级高新区、经开区、农业科技园区和各类创新载体带动创新、引领转型能力。进一步增强县域中心城市综合承载力，依托优势资源发展特色产业，壮大县域经济，带动周边农村就近城镇化。推进农村集体组织以出租、合作等方式盘活利用集体建设用地。鼓励社会资本投向农村建设，引导更多人才、技术、资金等要素投向农业农村。全面落实乡村振兴战略，优化乡村生产生活生态空间，引导城镇基础设施和公共服务设施向农村延伸，推动水电路气等基础设施城乡联网、共建共享，建成覆盖城乡居民的社会保障体系，统筹推进城乡义务教育一体化改革。

（四）深入实施生态立区战略，建设美丽新宁夏

把生态文明建设和生态环境保护摆在更加突出的位置，着力构建以生态立区为引领的生态文明体制和发展方式。建立健全绿色低碳循环发展的经济体系，促进人民生

活方式向绿色消费和低碳生活方式转变。以打赢蓝天保卫战为重点，确保实现第二步污染治理目标，深入实施打赢蓝天保卫战三年行动计划。以保护好黄河母亲河为根本，全面打响新时代黄河保卫战，狠抓黄河支流治理，坚持治、管、疏相结合，确保实现水质持续好转。依法完成饮用水水源地一级保护区内违法建筑清理、关闭、搬迁，切实保障城乡居民饮水安全。以守住土壤环境安全为底线，坚决打好净土保卫战。以加强生态环境综合监管为保障，推进生态系统保护和修复，着力构建宁夏“三屏一带五区”生态安全格局。

（五）进一步深化城镇化改革，推动城镇化高质量发展

一是全面落实“人地钱”挂钩机制，继续完善省级财政转移支付规模、结构动态调整机制，加大对农业转移人口落户较多地区的资金奖励力度，全面提升城镇化发展效益。分类推进国家新型城镇化综合试点，深入总结第一批、第二批试点经验，加快成熟经验在全区的复制推广。有序推进第三批试点，力争在城乡融合发展等领域有所突破，创造经验。二是加快城市执法体制改革，按照国家改革要求，向市县下移执法重心，加强基层执法力量，加快职能划转。重点推进市县住建领域行政处罚权集中行使、5部门16项处罚权划转等重难点改革内容。充分借鉴先进省区数字化城市管理平台建设模式，建设综合性城市管理数据库，推动形成“用数据说话、用数据决策、用数据创新”的城市管理模式。开展城市管理立法调研，推进《城市管理执法条例》立法工作。

新疆维吾尔自治区2018年推进新型城镇化建设总结报告

新疆维吾尔自治区发展改革委

2018年，新疆维吾尔自治区坚持稳中求进工作总基调，贯彻新发展理念，落实高质量发展要求，按照自治区党委“1+3+3+改革开放”工作部署，突出以人的城镇化为核心，优化空间布局，完善基础设施，推动城乡融合，健全体制机制，新型城镇化建设取得新进展。

一、2018年新型城镇化建设重点任务推进情况

（一）加快农业转移人口市民化

城市落户条件全面放开。乌鲁木齐市、克拉玛依市取消常住年限限制。全面放开中小城镇落户限制，稳步推进南疆农业人口落户城镇，构建“嵌入式”多民族居住模式。制定《自治区财政农业转移人口市民化奖励资金管理办法》，引导非户籍人口落户城镇。2018年，常住人口城镇化率达到50.91%，比2017年增长1.53个百分点（见图1）。

基本公共服务不断强化。全面推行居住证制度，推出流动人口自助登记“一站式”办理业务，累计发放居住证313.52万张。随迁子女平等接受义务教育长效机制逐步建立，实现随迁子女与所在城市义务教育阶段学生享受同等政策待遇，2018年全区随迁子女55.14万人，较2017年增加1.5万人。全民参保计划加快实施，截至2018年底，全区五项社会保险参保4078.41万人次，比上年增加382.55万人次。社会救助保障制度不断完善。提高全区保障对象救助标准和平均补助水平，将22个深度贫困县兜底脱贫对象全部纳入低保范围；筹集医疗救助资金19.91亿元，累计救助186.86万人次。住房租赁市场建设稳步推进，乌鲁木齐市住房租赁监管服务系统上线启动，住房租赁试点工作有序开展。

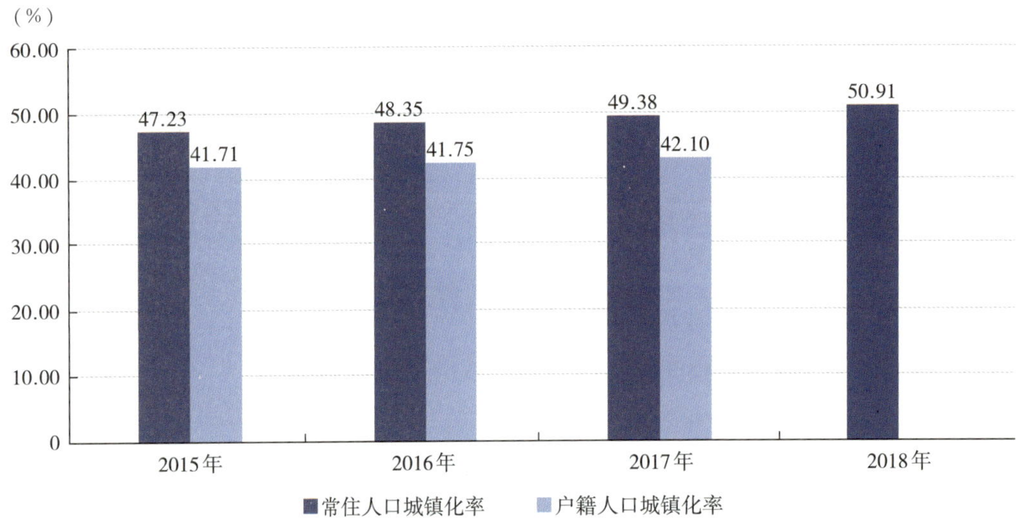

图 1　新疆 2015—2018 年城镇化率变化情况

注：2018年户籍人口城镇化率尚未统计。

就业培训力度不断加大。以深度贫困村为重点开展创业培训，全区共培训农村劳动力42.98万人（次），完成全年目标任务的143.27%。实施“现代职业教育质量提升计划”，2018年投入2.56亿元支持12所高等职业学校、40所中等职业学校开展实训基地建设，职业学校实训条件有效改善。抓好职业教育专业体系建设，新疆马产业职业教育联盟等5家单位被确定为全国第三批现代学徒制试点单位。深入开展南疆四地州财政补助新建农民合作社轮训。

（二）加强城市（镇）规划建设

城乡规划体系日益健全。编制完成《新疆天山北坡城市群发展规划（2018—2035年）》，批准实施《奎独乌区域城镇协调发展规划》，全区初步形成“一圈三带”的空间格局和“一主三副、多心多点”的中心城市等级体系（见图2）。完成10个地州城镇体系规划、24个城市、68个县城、785个乡（镇）总体规划和8839个村庄（行政村）规划编制工作，基本实现城乡规划全覆盖。

城市基础设施不断完善。建成G3012线喀什至疏勒、G30吐鲁番至小草湖，全区高速公路突破4800公里，105个县市区中有72个县市通高速（一级）公路、103个县市通二级以上公路。农村公路乡镇通达、通畅率达100%、99.9%，建制村通达、通畅率达99.74%、99.23%。加快市政基础设施建设，实现县市城镇生活污水处理全覆盖，城镇污水处理率约91%（其中，城市污水处理率约92%，县城污水处理率约88%）。地级以上城市建成区实现污水全收集、全处理，污泥无害化处置率达到100%。

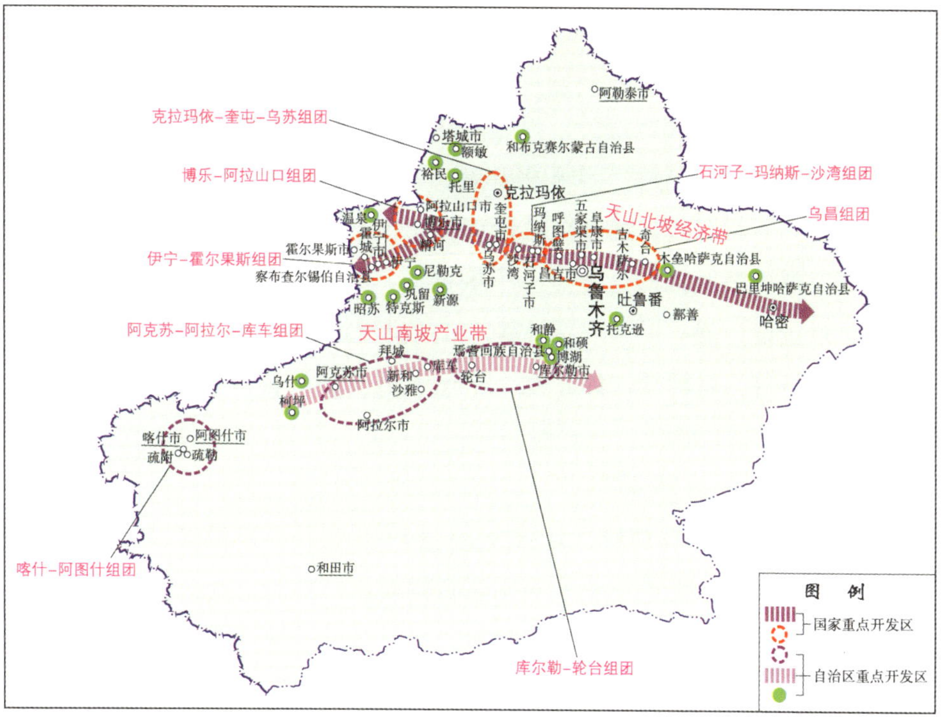

图 2　新疆城镇化战略示意图

中小城市和特色小镇建设规范发展。进一步优化行政区域设置，推动县改市、新设市工作。落实国家建立特色小镇和特色小城镇高质量发展机制，挖掘典型特色小镇和小城镇典型案例，积极搭建特色小镇融资渠道，做好特色小镇融资服务工作。全面开展特色小镇排查摸底，规范推进特色小镇建设。

（三）推进城市高质量发展

城市空间布局不断优化。牢固树立生态环保理念，依法划定全区生态保护红线，建立健全永久基本农田长效机制与制度。土地利用管理不断加强，重点支持基础设施建设、保障新型城镇化和产业发展用地、优先安排深度贫困地区脱贫攻坚用地。“城市双修”试点工作进展顺利，乌鲁木齐市被列为全国第三批“城市双修”试点城市，全区实施双修项目160余项，总投资99.6亿元。城市地下综合管廊建设稳步推进，截至2018年底，乌鲁木齐市累计形成廊体30.2公里。物流基础设施建设步伐加快，完成阿拉山口综合保税区多式联运物流园区、霍尔果斯口岸国际物流园建设。

绿色人文城市成效突出。加大城市黑臭水体整治力度，乌鲁木齐市完成城市建成区黑臭水体整治，克拉玛依等城市建立城市建成区黑臭水体排查长效机制。海绵城市建设加快推进，全区各城市已建成并达到海绵城市建设要求的面积约24平方公里，正在开展建设的面积约16平方公里。建筑节能改造推广落实，全区节能建筑面积累计达到3.25亿平方米，绿色建筑面积446万平方米，既有建筑节能改造累计达到1.05亿平方米。清洁能源供暖全面推开。全区电供暖面积约1311万平方米，其中，集中式电供暖面积550万平方米。确定乌鲁木齐市、克拉玛依市、吐鲁番市、博乐市和阜康市5个城市为生活垃圾强制分类城市，城市生活垃圾分类工作积极开展。

城市治理水平不断提高。推进全区设市城市卫星遥感动态监测，实现对全区所有设市城市规划卫星遥感监测的全覆盖。积极推动“互联网+政务服务”建设，完善新疆数据资源体系建设，建立以政府网站为主的政府网上服务体系。启动乌鲁木齐、奎屯、克拉玛依、昌吉、石河子、库尔勒、伊宁、五家渠、富蕴和喀纳斯风景区数字化等10个智慧城市（景区）建设。

（四）推进城乡融合发展

城乡产业融合发展进程加快。印发实施《新疆维吾尔自治区乡村振兴战略规划（2018—2022年）》《关于促进农业产业化联合体发展的指导意见》，昌吉市等5个县市创建为全国农村一二三产业融合发展先导区。优化农业产业发展环境，自治区级以上农业产业化重点龙头企业达到500家，农业产业化经营组织1.3万个，农产品加工业总产值突破1960亿元。吐鲁番市、库尔勒市被农业农村部评为首批中国特色农产品优势区，奎屯市被确定为全国供应链试点城市，新疆果业集团等5家企业被确定为全国供应链试点企业。引导全区乡村旅游规模集聚发展，建成乡村旅游模范村27个、特色景观旅游名镇（村）19处、少数民族特色村寨22处、历史文化名城11个、历史文化名镇4个、传统历史文化村落17个。

推进城乡一体化发展。完善乡村道路设施，完成农村公路建设里程13606公里，新增通硬化路建制村180个，累计完成重要县乡道改造里程600公里、县乡道公路安全生命防护工程13030公里。全力支持中石油、中石化在疆天然气企业开足马力生产，天然气增产增供工作稳步推进，调峰能力积极落实。贫困地区宽带网络覆盖面进一步拓宽，全区行政村通宽带率98%，贫困村通宽带率95%。实施消除城镇“大班额”计划，已基本消除66人及以上超大班额，城乡义务教育协调发展医疗养老保障体系不断完善，严格落实企业职工基本养老保险、机关事业养老保险、退役军人养老保险、城乡居民养老保险、城镇职工基本医疗保险关系转移接续工作，对所有新疆籍城乡居民免费健康体检。

加快农村人居环境整治。农村垃圾治理有序推进，积极探索秸秆多元化利用，2018年新建规模化大型沼气工程7处，年处理畜禽粪污10万吨。农村改造厕所工作成效明显。全区农村卫生厕所普及率达到28.7%，全区国家卫生乡镇（县城）达到26个。农村生活污水治理深入实施，将农村水环境治理纳入河湖长制管理，推进禁养区规模养殖场关停搬迁工作。全区禁养区面积19.19万平方公里，关闭搬迁禁养区内规模养殖场（户）995个。城乡卫生整洁行动积极开展。南疆四地州积极开展庭院闲置土地整治，引导农民主动参与人居环境整治和发展庭院经济建设美丽家园。

（五）健全完善体制机制

农村土地制度改革不断深化。稳步推进确权登记颁证工作。截至2018年底，全区农村土地承包经营权确权登记颁证工作实际测量耕地面积3513.93万亩，完成任务总面积的98.65%。加快推进城乡建设用地增减挂钩工作，建立增减挂钩项目实施规划管理平台，累计审议通过项目126个，节余指标26279亩（其中：高标准农田14567亩），超额完成国家下达的18000亩任务。

城镇化投融资机制日益完善。积极支持社会资本尤其是民营资本参与新型城镇化PPP项目，截至2018年底，新疆纳入全国PPP综合信息平台管理库农村基础设施和公共服务设施建设领域项目47个，总投资338.2亿元。库尔勒市国家重大市政工程领域PPP创新工作受到国务院表彰。

行政管理体制改革深入推进。成立自治区深入推进经济发达镇行政管理体制改革领导小组，印发实施《关于开展经济发达镇行政管理体制改革试点工作的实施意见》，伊犁州霍城县清水河镇和乌苏市哈图布呼镇行政管理体制改革试点工作稳步开展。

新型城镇化综合试点扎实开展。持续推进伊宁市等5个城市（镇）国家新型城镇化综合试点，配合国家开展第二批国家新型城镇化综合试点地区阶段性成果第三方评估。

专栏 1

国家新型城镇化综合试点名单

第一批：伊犁州伊宁市

第二批：昌吉州昌吉市榆树沟镇

第三批：巴音郭楞州库尔勒市、吐鲁番市鄯善县鲁克沁镇、阿勒泰地区布尔津县冲乎尔镇

二、存在的主要问题

一是户籍制度改革任务艰巨。户籍制度改革涉及社会保障、计划生育、义务教育、土地制度、兵役和安置等多个职能部门，逐步消除各种不平等待遇难度较大。二是城市承载能力有限。新疆城市特别是小城市和小城镇经济发展相对滞后，教育、卫生、医疗、住房等公共服务资源相对紧缺，承载能力有限。三是城镇化发展步伐较慢。住房租赁市场建设缓慢，相关配套政策落实难度大。在吸纳外来人口（包括人才引进等）进城落户居住缺乏优惠政策，产业集聚吸纳就业能力较弱。

三、2019年推进新型城镇化重点任务

（一）坚持以人为本，推进农业转移人口市民化

推动户籍制度改革配套政策的出台和落实，统筹推进非户籍人口在城市落户，逐步剥离附加在居民户口上的不平等利益分配。围绕建立各民族相互嵌入式社会结构和社区环境，着力推动重点群体落户。全面落实居住证制度，提高服务管理水平。健全城镇基本公共服务，重点落实好随迁子女入学政策；加大对薄弱学校和乡村学校的扶持力度，促进义务教育学校标准化建设和均衡发展。实施全民参保计划，推进未参保人员在户籍地社区或农村兜底参加城乡居民基本保险，2019年继续提高新疆城乡居民基本医疗保险财政补助标准。加大住房租赁试点工作力度，加快住房租赁市场建设工作进程。开展农村劳动力就业技能培训，以深度贫困村为重点，培训农民创业骨干1000人。

（二）加强规划建设，推动城市高质量发展

编制实施《乌鲁木齐国际陆港区建设总体规划》。进一步完善城市城镇供水、供热、污水垃圾处理等基础设施，实施乌鲁木齐市、阿勒泰地区、塔城地区弃风、弃光伏电供暖项目试点，推进乌鲁木齐、克拉玛依、吐鲁番、阜康、博乐等生活垃圾分类试点城市建设。加强城镇保障性住房建设，积极吸引民间资本参与棚户区改造。加强绿色城市建设，深入开展“城市双修”试点工作。积极推进既有居住建筑和公共建筑节能改造，开展超低能耗、被动式建筑试点示范工作。

（三）坚持城乡融合，统筹城乡协调发展

加快城乡产业融合发展，引导纺织服装等劳动密集型产业向下游产业发展，大力发展电子产品组装业，促进产业带动就业。加快培育家庭农场、农民合作社、农业产业化龙头企业、农业社会化服务组织等新型农业经营主体，开展农民合作社示范社创

建，加强农民合作社人才培训。加快农村人居环境整治。全面做好农村安居工程和农村危房改造，力争2019年底完成新疆所有农村4类重点对象农村安居房建设任务，基本完成全区抗震设防Ⅶ度以上县市的农村危房拆除工作。全面做好农村生活垃圾专项治理，促进农村面貌得到改善。

（四）健全完善机制，促进城镇化健康发展

继续深化农村土地制度改革，加强对各地2018年中央财政农业生产发展支持农村集体资产清产核资项目实施情况的督查。完善城镇化投融资机制，强化“三个责任”，科学合理推进项目建设，积极防范地方债务风险。持续落实好中央和自治区PPP项目奖补政策，优先支持符合条件的农村基础设施和公共服务设施建设领域项目，积极引导金融机构支持新型城镇化建设。继续推进国家新型城镇化试点工作，在健全农业转移人口市民化机制、探索农民权益自愿有偿退出机制、健全新型城镇化建设投融资机制、建立健全高质量发展机制、建立健全城乡融合发展体制机制等方面加大探索力度，实现重点突破。

新疆生产建设兵团2018年推进新型城镇化建设总结报告

新疆生产建设兵团发展改革委

一、新型城镇化建设进展情况

（一）加快农业转移人口市民化

全面放宽城市落户条件。全面取消落户限制，有落户意愿的中国公民，均可落户兵团，实现了到兵团落户“零门槛”。根据《国务院办公厅关于印发推动1亿非户籍人口在城市落户方案的通知》（国办发〔2016〕72号），参照自治区《关于印发新疆维吾尔自治区贯彻落实国务院推动1亿非户籍人口在城市落户的实施方案的通知》（新政办发〔2018〕20号），结合兵团实际，制定印发《新疆生产建设兵团贯彻落实国务院推动1亿非户籍人口在城市落户的实施意见》（新兵办发〔2018〕19号），制定了全面放开县级市市区、建制镇的落户限制和到南疆各师落户“零门槛”的政策，强力推进农村转移人口落户工作。集中摸排并积极解决无户口人员落户问题，2018年集中解决无户口人员落户1210人。

强化常住人口基本公共服务。全面推行居住证管理制度，实现暂住人口居住证全覆盖，2018年，兵团共制发居住证9.38万张。开通兵团内异地居民身份证受理业务，各师均建立居民身份证挂失申报和丢失招领窗口。统一按照“两为主、两纳入”原则，以居住证为主要依据，切实简化农业转移人口子女入学证明手续，全面实施城乡义务教育“两免一补”政策，将农业转移人口随迁子女接受义务教育纳入资助体系，将控辍保学工作列入各级党委考核内容，扩大校外教育资源，在城市、团（镇）共建成校外活动场所36个。加强医疗卫生服务体系建设，拨付资金1.73亿元，支持医院、妇幼保健院、中心血站、疾控中心项目建设。建立兵团集中式人口数据中心，全员人口信息入库率、完整率、准确率均达到95%以上。规范实施兵团全员人口统筹管理信息系统

（“金人”工程），实现与国家和31个省市计划生育业务信息互联互通。继续实施全面参保登记计划，职工基本养老、基本医疗、失业、工伤、生育保险参保人数均完成年度计划目标。扎实推进医疗保险精准扶贫，确保贫困人员参加基本养老、基本医疗保险和大病保险。在2018年惠民工程中实施城镇建设惠民工程，改善和满足职工群众住房需求。拨付租赁补贴资金0.54亿元，解决3万户城镇低收入住房保障家庭住房困难，推动租购并举住房制度改革。

深化土地财政政策。根据师市集聚人口任务目标完成情况，分档建立奖励或惩罚办法，支持师团增加集聚人口实力，推动新型城镇化建设。分解下达了2018年新增建设占用农用地和耕地指标，对保障性安居工程和兵团级以上批准的单独选址项目用地计划指标由兵团直供保障，单报单批，组织各师市编制2018年度土地供应计划，全年共使用土地利用计划4289.4883公顷，指导各师完成土地供应1167宗4829.8467公顷，其中供应住宅用地94宗369.7773公顷，切实保障了进城落户人口住宅用地等各类新型城镇化建设用地需求。

强化就业培训服务。2018年，兵团累计开展各类职业技能培训10.56万人（次）。拨付就业资金8.5亿元，推动城乡均等公共就业服务体系不断完善。组织180名少数民族贫困劳动力到广东省东莞市企业就业。投入专项资金1.2亿元支持兵团职业院校基础设施建设，支持校企合作共建9个实训基地，改善教学实训条件。制定印发《兵团贯彻落实〈国务院办公厅关于深化产教融合的若干意见〉的实施意见》，职业教育现代学徒制全国试点单位增至3个，第一师阿拉尔职业技术学校顺利通过教育部第一批现代学徒制试点项目检查验收，校企双主体育人机制进一步完善。

（二）加强城市（镇）规划建设

加强城市规划衔接实施。参与《新疆天山北坡城市群发展规划（2018—2035年）》编制，积极争取将六师、七师、八师、十一师、十二师及全部团场，五家渠市、石河子市纳入规划范围，融入国家和新疆新型城镇化发展格局。进一步完善兵团城镇规划，印发《关于进一步认真做好城镇规划编制和有关管理工作的通知》，安排各师认真做好城市设计和城市风貌管控工作、全面开展规划期至2035年的城镇总体规划编制工作、全面完成连队居住区规划编制。

加强公共设施建设。加快垦区干线公路升级改造，2018年重点规划建设了51个新改建公路项目，规划建设一批重点城市连接公路项目，优化了城市与团场之间进出城道路网络布局。积极开展了图木舒克铁路专用线、阿克苏—阿拉尔支线铁路项目。图木舒克机场投入运营，阿拉尔民用机场项目加快推进，129团、168团等两个通用机场升级改造完成，兵团35个新建及改扩建通用机场纳入《新疆通用航空机场布局规划

（2018—2035年）（修改稿）》。实现所有团场和有通车条件的连队通班车，基本满足职工群众均等化出行服务需求。

推进设市建镇工作。有序规范推进师设市、团建镇工作，《兵团管理的城市设立建制镇工作实施方案》已经兵团党委常委会审议通过。一师阿拉尔市永宁镇挂牌成立，兵团管理的城市达到9个、建制镇11个（见表1）。完成七师拟设胡杨河市申报工作，待国务院审批，完成11个拟设镇、3个拟设街道办事处的正式申报，待兵团审批，完成三师图木舒克市4个团场行政区划调整方案自治区审议工作，待报国务院审批。

表1　新疆生产建设兵团城镇体系

城市名称	设立时间	行政区域面积（平方公里）	下辖建制镇
一师阿拉尔市	2004-01-19	6937	金银川镇
			沙河镇
			双城镇
			永宁镇
二师铁门关市	2012-12-29	563	博古其镇
			双丰镇
三师图木舒克市	2004-01-19	2003	草湖镇
四师可克达拉市	2015-03-18	1735	—
五师双河市	2014-02-26	1727	—
六师五家渠市	2004-01-19	740	梧桐镇
			蔡家湖镇
八师石河子市	1976-01	460	北泉镇
			石河子镇
十师北屯市	2011-11-28	911	—
十四师昆玉市	2016-01-20	1654	—

规范发展特色小镇。积极做好特色小镇和特色小城镇典型申报工作。按照国家要求开展纠偏淘汰工作，对兵团特色小镇建设培育情况进行认真排查。

（三）提高城市发展质量

提升城市经济质量。成功引进中港电子、湖南引达建材公司、山东泓达生物科技公司等一批企业和项目落户园区，项目向园区集中，提高兵团城镇产业聚集度。兵地联合印发《协调推进兵地产业发展和园区建设的指导意见》，促进兵地产业融合发展和工业园区共建。筹措安排产业发展专项资金30亿元，支持园区基础设施建设，提升城市产业承载力，促进产城融合发展。推动兵团产业结构调整，以产业发展带动就业，吸引农业转移人口在兵团城镇集聚发展。建立了十二师华美远大、八师天富远大、十一师德坤建材和北新建材等4个装配式工业化产业基地，因地制宜发展装配式混凝土结构和钢结构建筑，促进建筑产业转型升级。积极开展银企对接活动，推广建设银行"助保贷"业务，积极帮助企业争取融资机构资金支持。

优化城市空间布局。科学划定兵团生态保护红线，目前兵团生态保护红线总面积为1.36万平方千米，已全部纳入新疆生态保护红线划定方案。选取一师阿拉尔市沙水处开展生态保护红线勘界定标试点工作。全力推进棚户区改造，棚户区改造开工2万户的任务基本完成（见图1）。先后向8个师两批下达了5200户建设任务、1.56亿元中央财政补助资金，支持解决建档立卡贫困户等重点对象住房安全问题，加快连队抗震安居房建设。持续稳步实施"兵团丝绸之路国际多式联运""兵团大宗物资国际多式联运"等示范工程，现已形成串联新疆，东连内地，西出中亚的兵团公、铁、海多式联运物流服务网络。开通示范线路10条，累计完成运量8777TEU（标准箱）。完成三葛庄国际内陆港、第四师物流集团伊力特物流园（原规划外）两个国家货运枢纽（物流园区）规划的部局审查，三葛庄国际内陆港已经开工建设。

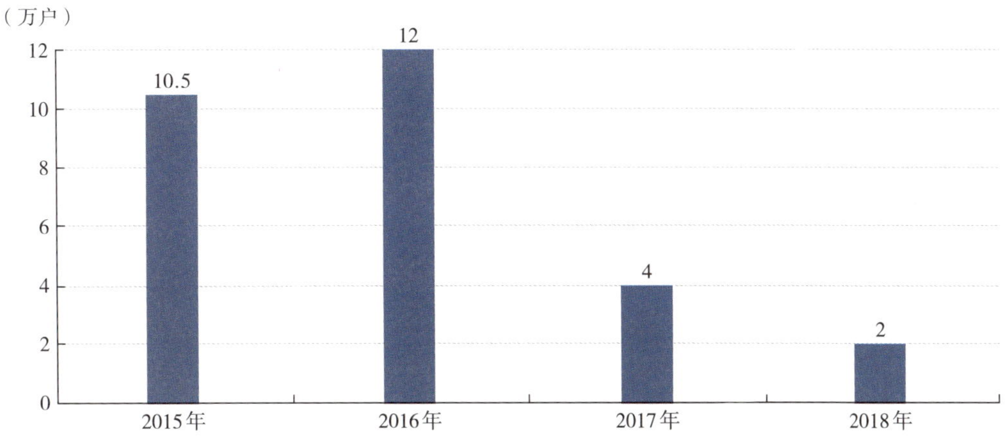

图1 兵团历年棚户区改造情况

建设绿色人文城市。建立兵团工业集聚区水环境管理档案信息库，积极推进兵团32个省级及以上工业集聚区配套建设污水集中处理设施工作，积极督办八一水库、猛进水库及蘑菇湖水库等重点湖泊流域污染治理工程建设进度，八一水库外源控制工程已开工建设，完成蘑菇湖水库双泉集干排16公里，西干排8公里的清淤、清废工作。

编制印发《兵团打赢蓝天保卫战三年行动计划（2018—2020年）》，五家渠和石河子市均已制定发布了环境空气质量达标规划，并完成所有30万千瓦以上燃煤火电机组超低排放改造，石河子市、五家渠市分别完成60套、37套空气质量网格化监测地面微型站建设，2018年，五家渠市和石河子市空气质量优良天数比例分别达到70.6%、72.2%，较上年同期分别增加7天、20天。启动首批25个团场89个连队居住区整治示范。

推进城市治理现代化。印发《兵团党委、兵团关于深入推进城镇管理执法体制改革 改进城镇管理工作的实施意见》，稳步启动兵团城镇管理执法体制改革。开展城市和团场城镇水利（务）体制改革，推动师域城镇市政公用行业和资源整合，培育和引进专业经营企业，提升市政公用事业管理社会化、市场化。推进兵团信息网络基础设施建设，兵团各师市和团镇光网覆盖率达100%，连队光网覆盖率94%。对未通宽带的边境团场连队、贫困连队建档立卡。开展图木舒克市综合地质调查及土壤地球化学调查工作，完成新疆兵团南疆驻地地质灾害风险评估项目报告及图件编制。组织参加中国智慧城市国际博览会，学习内地智慧城市建设经验，为做好兵团智慧城市建设提供借鉴。

（四）加快推动城乡融合发展

推进城乡产业融合发展。一师阿拉尔市成功获批创建2018年国家现代农业产业园，十师188团、十四师224团获批创建农业产业强镇。继续加强“一团一品”示范建设工作，四师可克达拉市73团4连（哈沙科大米）等4家团场经农业农村部认定为第八批全国“一村一品”示范村镇。2018年，计划投入1700万元支持乡村旅游点的基础设施建设，安排国家资金960万元完善359旅屯垦纪念馆基础设施建设。四师65团薰衣草牧游园、70团伊珠葡萄生态采摘园、二师21团大漠知青风情园被列为全国100个休闲农业和乡村旅游精品景点线路，四师71团7连、73团8连荣获2018年中国美丽休闲乡村荣誉称号，十二师104团天鹅之乡入选全国“首届中国农民丰收节100个特色村庄”。2018年前海集团和西部银力获批递补为国家级农业产业化重点龙头企业，兵团级以上农业产业化重点龙头企业可超过130家，带动种植面积约1200万亩，带动团场和地方农户近80万户。

清除要素下乡障碍。研究制定《兵团农业职工小额农户贷款共同守则》，要求驻疆18家金融机构对团场职工的身份地实施无抵押、无担保贷款，原则上执行基准利率，缓解了团场职工特别是南疆职工担保能力不足、贷款难等问题。研究保障性住房产权问题，指导各师在四个深度贫困团场全面建立重点对象住房安全兜底保障制度。印发《关于实行建设用地“增存挂钩”机制的通知》，将2018年度处置任务分解下达到各师市，同时提出通过规范清理撤回用地批文、鼓励转让和合法开发形式盘活闲置土地等处置措施。截至2018年底，各师市处置闲置土地207.3235公顷，处置批而未供土地

1161.3534公顷。

推动公共资源向团场连队延伸。2018年落实11100万元中央投资解决南疆四个师18万人饮水问题，已完成投资6414万元。拨付资金0.15亿元，支持14个师140个连队环境基础设施建设。加强对团场城镇供水、供热行业的监管和指导。实行连队职工社保费由团场社保经办机构征缴。截至2018年底，兵团贫困人员基本养老保险、基本医疗保险参保率均达到100%。积极推进兵团医疗救助与城乡居民大病保险有效衔接，全年下达医疗救助资金8480万元，救助12.2万人次困难群众。拨付资金9179万元，支持10个师团养老院和13个社区老年人日间照料中心建设，以及12个养老机构设备购置。积极推动5团10连厕所粪污与生活污水分流排放试点项目，拨付资金1000万元，支持50个团场公共水冲式卫生厕所建设。

（五）深化城镇化制度改革

深化城乡土地制度改革。出台《贯彻落实〈中共中央、国务院关于加强耕地保护和改进占补平衡的意见〉的实施意见》，加强耕地数量、质量、生态“三位一体”保护。印发了《贯彻落实国土资源部关于改进管理方式切实落实耕地占补平衡的通知》，切实落实耕地占补平衡算大账，实现数量和质量双平衡。跟踪各师市欠缴出让金、批而未供和闲置土地处置进度，根据自然资源部上半年土地供应及供后开发利用监测监管通报，兵团各项指标位于全国前列，闲置土地绝对量全国最少。结合实际及时开展城镇权籍调查，一师、三师全面开展了权籍调查工作；二师开展了全部团场的城镇地籍调查工作；七师、九师完成了补充权籍调查工作；五师、十师和十二师、十三师、十四师完成了部分单位的权籍调查工作，其他师市尚未开展。

健全城镇化投融资机制。先后推进中国银行、建设银行、交通银行在兵团辖区新设机构和网点8个，协调人民银行先后成立一师阿拉尔市、二师铁门关市、三师图木舒克市和十四师昆玉市金融服务站，完善了区域征信管理与服务，加强风险监测水平，坚决守住不发生系统性风险的底线。建立兵团金融统计制度，将兵团辖区基础设施、公共服务、产业发展、信贷支持等统计制度纳入兵团金融统计制度内，组织实施在疆银行业金融机构进行激励考核评价。

推进行政管理体制改革。积极推进兵团机关机构和职责融合整合，规范机构设置，理顺权责关系，完善体制机制。对部分合署办公、挂牌机构进行相应调整。大力推进团场综合配套改革，努力落实“四清、四分、三实名、一民主”的各项改革举措，加强33个已设立财政局的团场财政工作，将一般团场财政所与团场核算中心分设，进一步调整完善团场财政机构设置和编制配备。进一步压减团场事业编制数，核定总数6951名，比改革前期减少了1117名。印发《关于规范团场党政工作机构领导职数通知》，进一步明确和加强团场党政工作机构领导职数管理。总结先行试点第六师成功的经验，在全兵团推广。全兵团357个团场社区已完成“两委”选举工作，团场社区改革的成效逐步显现。

积极推进改革试点。组织开展了阿拉尔市、石河子市北泉镇、五家渠市3个国家级新型城镇化综合试点，铁门关市、双河市、五家渠市芳草湖农场、石河子市4个兵团级新型城镇化综合试点阶段性总结评估工作，全面总结试点成果经验，提炼可复制可推广的典型经验在兵团范围内有序推开。

专栏 1

国家级新型城镇化综合试点经验

阿拉尔市：大力推进“师市合一”“团镇合一”管理体制，师市党政机关和直属企事业单位实现合署办公。积极探索发展“飞地经济”和总部经济，提升代管团场综合实力。

石河子市北泉镇：建立行政管理创新和行政成本降低的设市模式——“场镇合一”，从根本上解决团场行政管理职能缺失的问题，使场镇综合实力明显增强。

五家渠市：加快建立城乡统一的户籍制度，逐步取消了“二元结构”与户籍挂钩的医疗、教育、社保等差别的公共服务配套制度，有序推进符合条件的农业转移人口在城镇落户。

专栏 2

兵团级新型城镇化综合试点经验

铁门关市：从土地空间的三规错位问题入手，建设测绘数据与计算机管理系统的城市数据库，为三规融合提供基础保障。

双河市：以推进PPP项目、政府购买服务、建立专项建设基金和引入民间资本为主要抓手，构建多元化可持续投融资机制，筛选出了一批符合条件的PPP项目进行储备推介。

五家渠市芳草湖农场：加强国民经济社会发展规划、城镇总体规划及中心连队居住区规划衔接，形成一张蓝图，初步实现了建设项目选址一目了然，促进了节约集约用地。

石河子市：全面推进城镇化土地集约利用，在严控土地增量、挖潜土地存量、提升耕地质量、优化土地利用结构、完善土地市场机制、推进连队功能转换、加快旧城区改造等方面形成了可推广复制的节地经验。

二、存在的主要问题和突出短板

（一）产业对城镇发展支撑作用不足

产业结构不合理，尤其是团场一产比例过大，二三产业发展缓慢，企业普遍存在生产成本上升、市场需求不足、创新能力不强和融资难融资贵等问题，城镇发展缺乏有效产业支撑，城镇集聚人口效应还有待加强。南北疆师市经济发展不平衡，南疆基础设施薄弱，产业层次较低。园区基础设施建设还存有不少短板，部分产业园区远离城镇，周边商贸、交通等公共设施和生活设施建设相对滞后，招商引资条件差，对城镇发展和人口聚集带动作用不强。

（二）城镇基础设施建设和公共服务水平需要加强

综合交通运输网络覆盖仍然不足，铁路、高速公路、支线机场等基础设施建设滞后。重点城镇间战略通道不完善，南疆地区的骨干公路布局以国省道为主，网络化程度偏低，运行可靠性较差。兵团在南疆的枢纽站场发展水平仍然较低，客运站场布局不完善，服务质量和效率亟待提高，新建团场和部分营连不通客车。货运站场设施建设滞后，现代化物流园区严重不足，物流配送水平低，成为兵团在南疆发展的短板。公共服务体系标准化、均等化建设相对滞后，城市的教育、卫生、文化、养老等公共服务资源相对紧缺，防灾救灾能力有待进一步提高。金融服务体系有待健全，各金融机构偏好对中小企业固定资产或土地抵押，制约中小企业发展，融资渠道单一，无法满足城镇化建设融资需求，金融监管能力有待提升。

（三）行政职能有待进一步健全完善

管理方式有待转变，由企业管理向政府行政管理的角色转变有待进一步加快，依法行政、宏观调控、市场监管、社会管理和公共服务理念有待进一步增强。承接授权没有完全到位，城市管理执法主体尚未完全建立，执法权尚未完全承接到位，如部分师市城区派出所尚未取得公安部、兵团公安局批准，户政业务暂时无法开展。人员编制不足，承接自治区行政授权后审批和执法工作量增加，部分师市、部门面临无编可用的窘境。城镇管理力量薄弱，执法体系不健全。师市各团场虽然建立城镇管理机构，但人员较少，无执法权，发现违法现象多以劝导方式进行，无法及时、全面处理违法行为。

（四）人才、资金要素短缺影响兵团城镇化进程

由于兵团地处偏远且经济社会发展水平与内地有差距，吸引人才困难，尤其是懂经营、会管理城市的专业人才严重缺乏。受政策和工作环境的影响，加之工作、生活等方面对人才的关爱不够，留才工作存在困难。对现有城市管理人员的培训投入不足，对优秀人才的培养选拔缺乏有效机制，培育本土人才困难。城镇建设资金主要来源仍然是依靠国家资金和师市、团场自筹，大部分团场无财政，随着城镇建成区规模扩大，城镇管理运行成本不断增加，部分团场财务负担沉重。

三、2019 年新型城镇化建设的思路

认真贯彻落实中央关于兵团深化改革和向南发展的战略部署，坚持稳中求进工作总基调，紧紧围绕总目标发挥兵团特殊作用，统筹推进兵团新型城镇化高质量发展，建设与地方城镇功能互补、具有兵团特色、发挥兵团特殊作用的城镇体系，努力实现在新的起点上取得新突破。

（一）加快健全和转变“政”的职能

积极承接行使好自治区授予的行政职能和行政执法权，以政企、政资、政事、政社四分开为主线，构建简洁高效的团场管理体制。完善兵师团三级行政部门的机构和编制，明确职能职责，提高履职能力。完善权力清单和责任清单制度，明确责任主体和权力运行流程，完善行政权力运行监督机制，进一步理顺政府与市场、政府与社会的关系，充分发挥市场在资源配置中的决定性作用。深入实施“放管服”改革，扎实推进服务型政府建设，积极打造“宽进、快办、严管、便民、公开”的行政审批服务模式，不断提高审批的“上网率”和“集中率”，推进依法行政，推动兵团城镇治理体系和治理能力现代化。

（二）着力强化产业对城镇发展的支撑作用

大力培育农业产业化龙头企业，因地制宜加快观光旅游农业的发展。强化企业技术改造，南疆师市着重提升劳动密集型产业产品质量、增加产品品种、延伸产业链；北疆师市着重强化创新引领，支持纺织、农产品精深加工、农机装备等行业进行智能

化改造。积极发展城镇商贸服务业。编制《兵团南疆工业发展规划》，积极争取国家、自治区、兵团对南疆发展工业的差别化政策。引导援疆省市优势企业、重大产业投资项目向兵团城镇转移，重视吸纳当地劳动力就业。加大工业园区基础设施建设力度，尽快完善园区污水处理设施，完善园区供气（汽）、电力双回路管网等基础设施建设，改善投资环境，提高园区产业承载力。做好招商引资工作，积极对接内地知名企业集团，做好工业招商引资项目跟踪服务。

（三）抓好城镇基础设施和公共服务设施建设

加快兵团公路、铁路、航空交通枢纽基础设施建设，重点推进阿拉尔机场、通用航空机场、阿拉尔—阿克苏支线铁路、图木舒克—恰尔巴格铁路专用线等重大交通基础设施建设。加强项目储备，提早开展重大项目前期工作，开工一批支撑兵团向南发展的新型城镇化建设工程。加快推动商贸物流中心建设，对兵团现有的物流体系和资源进行有效整合，优化物流布局。创新城镇投融资模式，加大鼓励社会资本参与城镇基础设施项目投资、建设和运营。提升信息基础设施供给能力，实现光纤宽带网络在城镇、工业园区、交通沿线、团场和条件较好连队的全覆盖。加大兵、师以及城市、垦区重点城镇教育、文化、卫生、养老等公共服务资源的优化整合和统筹力度，积极推进各类公共服务向边境团场、边远团场和少数民族聚居团场延伸覆盖。开放市政公用市场，鼓励民间资本参与供气、供热、污水垃圾处理等领域的投资和经营，提高市政公共服务水平。

（四）积极破解人才和资金难题

充分利用“双一万”和“西部计划”志愿者、特岗教师、“三支一扶”计划，吸引更多高校人才到兵团工作。制定和完善有利于人口集聚的产业发展、就业安置、住房保障、子女入学、社会保险等方面的政策措施，留住现有人才。继续组织实施“兵团高技能人才振兴计划”等，培育本地人才。破解城镇化建设资金难题，积极争取城镇基础设施中央预算内资金支持，完善城镇基本公共服务设施。全面优化营商环境，深化“放管服”改革，培植城市税源。加强金融普惠性服务，搭建金融机构与团场重大项目融资对接服务平台，大力引进金融机构，拓宽融资渠道，帮助企业实现直接融资。

大连市2018年推进新型城镇化建设总结报告

大连市发展改革委

一、2018年工作情况

2018年，大连市按照《国家新型城镇化规划（2014—2020年）》相关要求，贯彻落实国家发展改革委《关于实施2018年推进新型城镇化建设重点任务的通知》（发改规划〔2018〕406号），结合大连实际，制定出台了《大连市2018年加快推进新型城镇化建设实施意见》。一年来，全市以重实干、强执行、抓落实的精神，保持定力，积极作为，新型城镇化工作取得新进展。2018年大连市户籍人口城镇化率达到69.2%（见图1）。

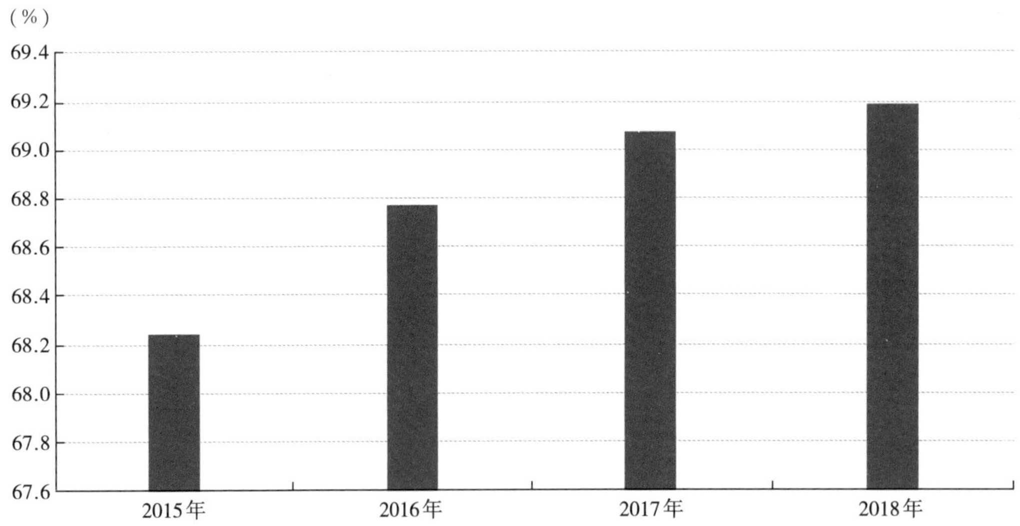

图1 2015年以来大连市户籍人口城镇化率变化情况

（一）农业转移人口市民化稳步推进

进一步放宽重点群体落户条件。充分考虑大连市经济发展大方向的需求以及城市产业和资源的承受能力，以“引来人、留住人”为目的，坚持积极稳妥、有序放开的原则，以合法稳定住所和合法稳定职业为准入基本条件，对户籍政策进行调整和完善，起草了《大连市户籍管理若干规定》，调整完善了人才落户政策，并进一步放宽长期居住生活在大连市的重点群体落户条件。该规定已于2019年1月18日印发，并自2019年2月1日起施行。

强化常住人口基本公共服务。依据国务院《居住证暂行条例》，修订出台了《大连市居住证暂行办法》（第146号政府令），并于2018年1月1日起正式施行。新修订的《大连市居住证暂行办法》在原有11项优惠政策基础上又增加了流动人口可以享受公共文化体育服务；按照相关政策申请保障性住房，缴存、提取和使用住房公积金；依法参加居住地社区组织和有关社会事务管理；随迁子女可以参加高中阶段教育，参加中考、高考；按照有关规定申请办理积分落户等5项内容，拓展了基本公共服务覆盖面，延伸了基本服务便利，使流动人口权益得到进一步提升。截至2018年底，为符合条件的约43.8万人办理了居住证。

落实支持农业转移人口市民化财政政策。贯彻落实国家、辽宁省关于支持农业转移人口市民化若干财政政策文件精神，按照《大连市人民政府关于支持农业转移人口市民化若干财政政策的实施意见》和《大连市财政局关于印发〈市财政农业转移人口市民化奖励资金管理办法〉的通知》要求，2018年安排农业转移人口市民化奖补资金4200万元，比2017年增加1900万元，调动了区市县政府推动农业转移人口市民化的积极性。

（二）城镇布局功能体系不断优化

主城区核心功能不断增强。航运中心能级不断提高，东北亚矿石分拨中心、商品车分拨中心以及国际邮轮母港建设取得积极进展，国内首船期货原油在大连港交割，国内首笔铁矿石期货保税业务在大连港落地，商品车年吞吐量增长16.2%，创历史新高。物流中心功能不断强化，国家多式联运示范工程重点项目基本完工，瓦房店跨境电商物流产业园、铁成物流园入选国家优秀物流园区。大连广告产业园区晋升国家级广告产业园区。金融中心建设扎实推进，引进金融及融资类机构109家，金融业实现增加值占GDP比重9.4%。大连商品交易所实现铁矿石期货国际化，继续保持全球最大农产品期货市场地位。创新创业创投中心建设加快推进。自创区建设取得新进展。高新技术企业突破1200家，技术合同交易额170亿元，万人有效发明专利拥有量达18.5件；重大创新平台加快建设，全市拥有市级以上创新平台967家。科技创新能力显著提升，建设6个海外创新中心和面向东北亚的国际双创园，国家技术转移东部中心大连分中心及3个专利运营中心落户，700项科技成果在大连市转化。加强科技创新创业孵化载体建设，市级以上科技企业孵化器达43家，备案众创空间64家。

新市区带动作用显著增强。金普新区引领作用不断增强。开放经济新体制试点试验受到国家肯定。大连自贸区建设实现新突破，复制推广自贸区创新经验173项，完成总体方案建设任务的90%，出台支持政策措施225项，形成创新事项171项，创新案例63个。中日（大连）经济合作园区规划建设工作正式启动。自主创新示范区建设成效显著，新区多项创新指标在国家级新区中排名前列。小窑湾国际商务区加速建设，累计引进融资租赁企业260余家。普兰店区综合功能不断提升，经济发展加快。通过经济转型和结构调整，大力发展以生产性和生活性服务业为主的城市经济，"大众创业、万众创新"积极兴起，城市新商圈加快形成。基础设施和公共服务城乡一体化发展水平不断提高，城市综合承载能力不断提高。

县域地区发展活力逐步增强。县域地区基础设施和公共服务设施进一步完善，综合承载能力进一步提高。出台《大连市推进县域经济发展三年行动计划（2018—2020年）配套措施》，县域经济发展水平稳步提高。瓦房店市在全国"百强县"排名中继续位居东北首位，大冶轴成为大连首家通过国家"两化"融合贯标评定的民营企业，瓦房店轴承产业集群被中国机械联合会授予辽宁省唯一的"机械工业引领高质量创新发展产业集聚区"荣誉称号。恒力2000万吨/年炼化一体化项目投料开车。庄河市食品精深加工产业集群快速发展，现有水产品加工企业100余家，其中外贸出口企业80余家，年加工能力突破60万吨，富谷渔业成为首批创建国家农村产业融合发展示范园。长海县现代海洋牧场建设扎实推进，"长海海参"地理标志证明商标产品加入"中国追溯"，并荣获全国休闲农业和乡村旅游示范县称号。

中心镇建设加快推进（参见图2）。中心镇基础设施和公共服务体系日趋完善，中心镇综合承载能力进一步提高，辐射带动作用不断增强。中心镇"多规合一"规划编制基本完成。目前，复州城、老虎屯、青堆、步云山、獐子岛等5个中心镇已完成规划编制工作，并印发实施。安波、莲山等2个中心镇已完成规划编制工作，并通过政府常务会议审议。主城区与中心镇对口帮扶工作稳步推进。

专栏 1

大连市中心镇名单

普兰店区皮杨、安波、莲山，瓦房店市太平湾、复州城、老虎屯，庄河市大郑、青堆、步云山，长海县广鹿、獐子岛。

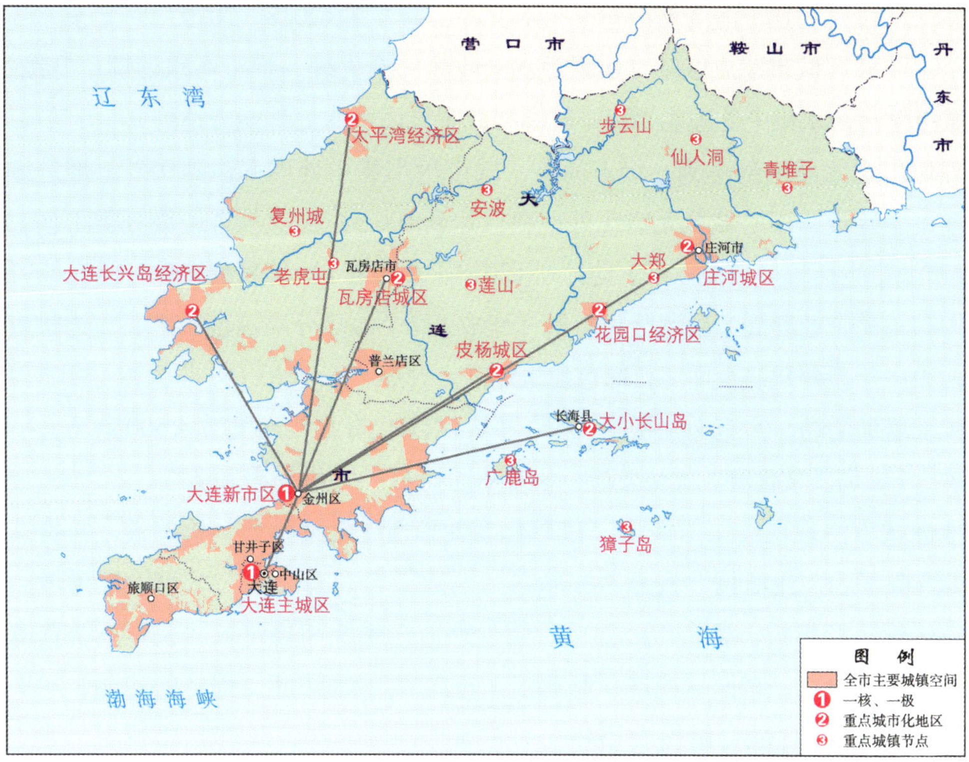

图 2 大连市城镇体系布局示意图

特色小（城）镇创建工作积极推进。编制出台《大连市产业特色小镇规划（2018—2020 年）》；组织开展第二批产业特色小镇申报和评审工作，并公布大连市第二批产业特色小镇创建名单，部分特色小镇入选辽宁省第一批产业特色小镇创建名单。加大对产业特色小镇资金支持，下达市财力投资计划 500 万元用于支持 5 个产业特色小镇规划编制。积极推进大连市特色乡镇建设，强化顶层设计，组织编制《大连市特色乡镇战略性发展规划》；研究制定特色乡镇扶持政策，起草了《大连市特色乡镇奖励资金管理办法》。

（三）城市发展质量不断提高

优化城市空间布局。深入落实区域协调发展战略，完善城镇体系、优化城市空间布局，组织修编《大连市城镇体系规划》。积极推进棚户区改造，2018 年棚改开工 2204 套，货币化安置比例 100%。出台《关于促进我市房地产市场平稳健康发展的通知》，商品房去库存效果明显，全市房地产去库存任务基本完成。大连北站综合交通枢纽开工建设，庄河市综合交通枢纽已建设完工。中铁铁龙食品冷链物流园等一批具有公共服务属性的货运枢纽（物流园区）加快推进。被交通运输部授予“公交都市”建设示范城市称号。

建设绿色人文城市。海绵城市建设加快推进，出台《大连市海绵城市规划建设管理暂行办法》和《大连市海绵城市建设三年发展工作方案（2018—2020）》。黑臭水体整治任务全部完成。城市建成区基本实现污水全收集、全处理。推进污水处理厂升级扩建，提高城市生活污水集中处理能力和排放标准，主城区污水处理能力达到108万吨/日，污水处理厂出水水质全部达到一级A标准，城市污水集中处理率达到95%。推进城市垃圾处理设施建设，中心城区无害化处理率已达到100%。加快推进垃圾分类工作，印发《大连市城市生活垃圾分类三年滚动计划（2018—2020年）》等系列文件，已有4097个公共机构和相关企业开展了强制分类，累计建成377个垃圾分类示范小区。大力推进绿色建筑，2018年新建建筑全面实行绿色建筑标准。开展“薪火相传”非遗传习所进校园进课堂传承培训活动。实施文化惠民工程，举办“文化有约”惠民活动500余场，“五进”公益演出172场。文化产业加快发展，华录集团再进“文化企业30强”。

推进城市治理现代化。实施“信息化专业监管+全民城管”新模式，并将这一平台与12345平台、民心网、民意网相联系，畅通了公众有序参与城市治理渠道。完成了智慧城管系统维护，整合市公安局所属视频监控系统和自建城建视频系统资源，基本实现指挥可视化。按照居民区、商业区（公共区）、海边和工地区的功能，对中心城区208平方公里的区域，细化成1345个日常管理网格，配备网格员1889名，建立了网格员微信管理群、城管队伍微信管理群，形成了较为完整的城市精细化管理体系。进一步压缩居民区、商业区（公共区）类网格内出现事件的办结时限，形成完整的“大连标准”，将管理效率提升至国家规范标准的3至5倍。

（四）城乡融合发展水平逐步提高

清除要素下乡各种障碍。完成农村闲置农房和宅基地调查，为盘活资产做好准备。引导银行稳妥推进农村承包土地经营权农民住房财产权抵押贷款及林权抵押贷款试点。引导金融机构向县域和乡镇延伸，持续改善农村资金支付和结算条件，实现了55个乡镇物理网点全覆盖，501个行政村电子机具全覆盖。支持银行创新金融产品和服务，2018年累计支持专业种养殖大户542户，投放贷款金额19783万元。组织开展新型职业农民培育，2018年，培育新型职业农民1300人，比2017年增加300人。挂牌成立了大连市农村综合产权交易中心。

推进城乡产业融合发展。大力推进农村一二三产业融合发展，出台《关于推进农业产业化联合体发展的实施意见》，开展农业产业化联合体建设试点，建成6个农业产业化联合体。组织开展农业产业强镇示范创建工作，瓦房店市复州城镇被农业农村部批准为农业产业强镇示范创建单位。开展农村一二三产业融合发展先导区创建工作，瓦房店市、庄河市、金普新区炮台街道纳入首批国家一二三产业融合发展先导区创建单位。积极推进“一村一品”发展，瓦房店市得利寺镇和驼山乡被认定为第八批全国

“一村一品”示范村镇。农产品加工业发展扎实推进，农业园区建设稳步提高，瓦房店市三台乡现代农业产业园被评为辽宁省首批现代农业产业园。

推动公共资源向农村延伸。实施农村人居环境整治三年行动，建成生活污水集中收集处理系统11套，行政村生活垃圾处理体系覆盖率达到85%。扎实推进“四好农村路”建设，建成通屯油路411公里，大中修农村公路550公里。开工建设3项农村饮水安全工程，解决6346户农村居民饮用水问题。改善农村办学条件，实施农村中小学“暖校舍”工程，改造校舍面积16.6万平方米。推进基层医疗卫生服务体系建设，2018年大连市新建和改建政府办标准化社区卫生服务中心11所，新建标准化村卫生室41个。加强农村综合文化服务中心建设。加强农村健身设施建设，为10个街道（乡镇）健身中心、50个社区（行政村）健身活动室、30个低收入村配套健身设施。

（五）深化城镇化制度改革

深化城乡土地制度改革。加强大连市耕地保护工作，出台《关于加强耕地保护和改进占补平衡的实施意见》。按照国家和省里有关规定，鼓励原国有土地使用权人进行改造开发，鼓励市场主体参与改造开发。稳步推进房地一体的农村集体建设用地和宅基地使用权确权不动产登记工作。积极探索推进“三权分置”改革。基本完成承包地确权登记颁证工作，建立土地承包信息系统平台。健全农村集体产权制度，出台《大连市农村集体产权制度改革工作实施方案》，基本完成村级集体资产清产核资工作和55个省级农村集体产权制度改革工作。

健全城镇化投融资机制。完善投融资机制，出台《大连市深化投融资体制改革实施方案》，推动建立完善适应市场经济要求的新型投融资体制机制。积极推进城镇化金融创新，拓展城镇化建设投融资渠道，加大对城镇化基础设施项目的支持力度。2018年，国家开发银行发放重大基础设施PPP项目贷款65.78亿元，中国银行支持PPP、BOT、TOT等项目批复金额68.58亿元。

借鉴试点地区先进经验。转发国家发展改革委关于印发第一批试点经验的通知，组织相关部门学习借鉴先进地区好的经验和做法，加快推进大连市新型城镇化建设。

二、存在的问题

在总结成绩的同时，也要清晰认识到一些发展中存在的问题和不足。一是农业转移人口落户积极性不高，虽然出台了《大连市户籍管理若干规定》，进一步降低了落户门槛，但是农民进城落户的积极性依然不高；二是产业对新型城镇化拉动作用减弱，受国内外复杂严峻经济形势影响，大连市产业发展速度相对减缓，产业发展对新型城镇化的支撑作用有所减弱；三是城乡一体化有待深入推进，城乡之间、区域之间在公共服务和基础设施建设等方面离真正实现一体化还有一定差距。

三、2019年工作安排

2019年，大连市将深入贯彻落实习近平总书记在辽宁考察时和在深入推进东北振兴座谈会上的讲话精神，围绕国家关于推进新型城镇化建设的工作部署，坚持以人的城镇化为核心，加快推进大连市新型城镇化高质量发展（见图3）。

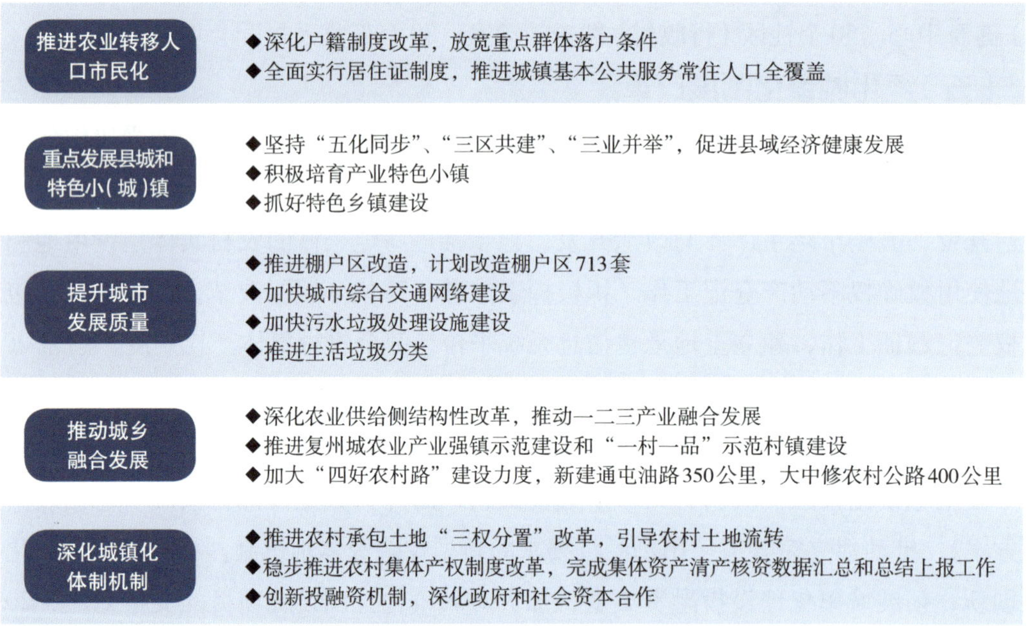

图3　大连市2019年新型城镇化工作安排

（一）加快推进农业转移人口市民化

制定出台《大连户籍管理若干规定实施细则》，全面施行《大连户籍管理若干规定》，进一步放宽重点群体落户条件，加快推进农业转移人口市民化。全面施行《大连市居住证暂行办法》，推进城镇基本公共服务和便利常住人口全覆盖，切实保障流动人口合法权益。深入落实“两为主、两纳入”，推动随迁人员子女平等接受教育并融入城市。深入开展流动人口健康教育和促进行动，培育流动人口健康促进场所和健康家庭。开展流动人口社会融合促进工作。完善住房保障制度，将符合规定条件的农民工纳入住房保障范围。深入开展“春风行动”“就业扶贫行动日”等就业扶贫系列帮扶活动，积极落实来大连就业建档立卡贫困劳动力的补贴政策。开展职业培训公开课、“送培训到乡村”和农村远程教育培训，提高农村劳动力技能水平和就业能力，促进其实现稳定就业。

（二）重点发展县城和特色小（城）镇

贯彻落实县域经济发展实施意见和三年行动计划，坚持新型工业化、农业现代化、新型城镇化、智慧化、绿色化“五化同步”，工业产业园区、农产品深加工集聚区、服务业集聚区“三区共建”，现代农业、农产品加工业、服务业“三业并举”，通过培育优势产业和特色经济，在县域地区开展“飞地经济”，促进县域经济健康发展。积极培育产业特色小镇，组织编制第一批、第二批产业特色小镇创建发展规划，并做好市财力资金支持工作，开展大连市第三批产业特色小镇培育申报工作。抓好特色乡镇建设工作。编制完成《大连市特色乡镇战略性发展规划》，开展2019年市级特色乡镇培育申报工作。按照特色乡镇建设规划，对已培育的7个特色乡镇和计划培育的特色乡镇开展调研指导。

（三）全面提升城市发展质量

积极做好生态保护红线划定后期工作，着手研究制定生态保护红线管理办法，研究制定红线勘界定标工作方案。积极推进棚户区改造，计划改造棚户区713套。加快城市综合交通网络建设，推进地铁4号线和5号线、金普城际铁路、大连北站综合交通枢纽等重点工程建设。加快停车场建设和智慧化管理；推进老旧住宅下水管网维修；加大城镇生活污水集中处理设施建设及提标改造力度，积极推进配套管网建设；加大生活垃圾处理设施建设，完善垃圾收转运体系；继续推进生活垃圾分类工作，提高分类设施覆盖范围。

（四）加快推动城乡融合发展

深化农业供给侧结构性改革，推动一二三产业融合发展，发展农产品精深加工，推进复州城农业产业强镇示范建设，出台《大连市农业产业化联合体认定暂行办法》，推进“一村一品”示范村镇建设。开展农村创业就业促进行动，计划培训创业创新人才600人。开展新型职业农民培育和青年农场主培育，培育一批农业实用人才。推动公共资源向农村延伸，加大“四好农村路”建设力度，新建通屯油路350公里，大中修农村公路400公里。加大农村环境综合整治力度，持续推进农村生活垃圾分类减量。鼓励金融机构向涉农地区下沉服务重心，提升金融机构行政村覆盖率，引导金融机构把更多金融资源配置到农村经济社会发展的重点领域和薄弱环节。引导金融机构探索研发有特色的“三农”金融产品和服务，提升对涉农企业和农户的金融服务水平。

（五）深化城镇化体制机制

加强耕地保护，严格落实占补平衡。继续加大批而未供和闲置土地处置力度，积极盘活存量用地。扎实推进农村承包土地“三权分置”改革，有序规范引导农村土地流转。稳步推进农村集体产权制度改革，完成集体资产清产核资数据汇总和总结上报工作，稳步推进农村集体股份合作制改革工作。创新投融资机制，深化政府和社会资本合作，为新型城镇化建设提供多渠道的、可持续的融资方式。完善城镇住房保障制度，加快建立多主体供给、租购并举的住房制度，促进房地产市场平稳健康发展。

青岛市2018年推进新型城镇化建设总结报告

青岛市发展改革委

一、2018年工作进展情况

按照国家、省新型城镇化建设部署，青岛市先后出台了《关于加快推进农业转移人口市民化的意见》《加快推进新型城镇化建设行动实施方案（2018—2020年）》《2018年青岛市新型城镇化工作要点》等文件。一年来，全市上下加大工作力度，统筹协调，各项工作扎实开展，新型城镇化工作成效显著。2018年全市常住人口达到939.48万人，常住人口城镇化率达到73.67%，相比2017年增长1.1个百分点，户籍人口城镇化率达到61.95%，相比2017年增长0.9个百分点（见图1）。

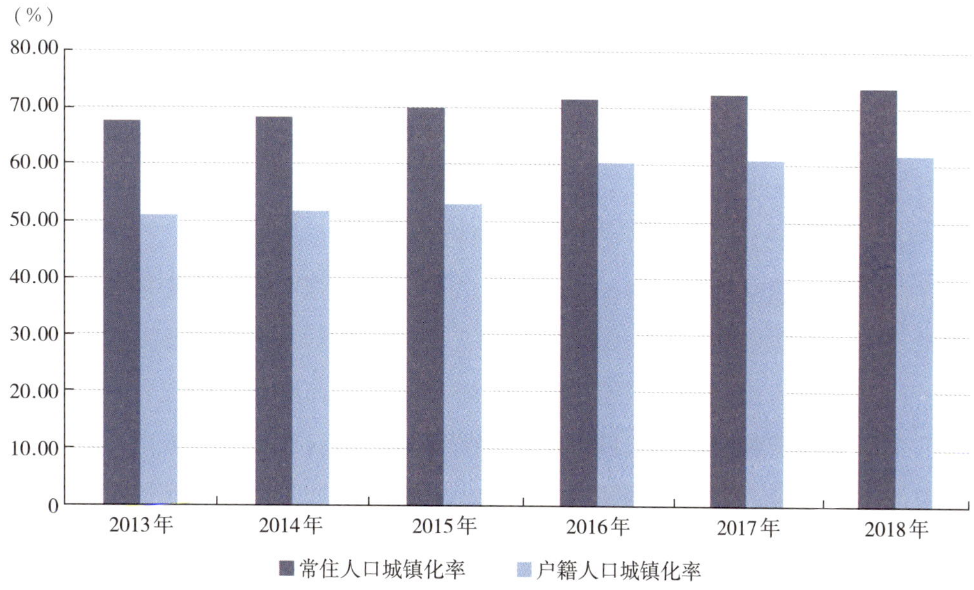

图1 青岛市城镇化率变化情况

（一）农业转移人口市民化稳步推进

一是积极引导农业转移人口落户城镇。出台《〈青岛市积分落户办法〉实施细则》等文件，适当降低政策“门槛”，明确分区域、分类别、差别化落户政策，进一步放宽重点群体落户条件，强化积分落户兜底功能，简化积分落户程序，建立起人口不同区域间落户、转户衔接机制。2018年有3003人获得落户资格。全面推进居住证制度建设，1.6万人通过放宽条件取得了居住证。

二是推进城镇基本公共服务覆盖常住人口。以提高农业转移人口获得感和幸福感，增强融入感和归属感为基点，围绕医疗、教育、住房等五大基本公共服务，全面实施“五大公共服务均等化体系”工程，完善就业、医疗保险、财政等政策体系，明确管理实施办法，不断扩大教育、医疗、住房保障等城镇基本公共服务覆盖面。努力提供全纳包容的全民教育，保障农业转移人口随迁子女的受教育权利，小学、初中新接收4.8万名新市民子女入学。在全国率先实施“全人全责”长期护理保险制度，1.8万名失智失能人员享受护理保险待遇；深入实施全民补充医疗保险制度。将符合条件的外来务工人员全部纳入城镇住房保障体系，面向农业转移人口等群体组织实施配租房源2万余套，有效缓解了住房困难问题；开展就业培训，实施技能帮扶万人工程，全年培训劳动者1.01万人；推进就业与社会保障精准扶贫，农村贫困人口100%享受就业培训帮扶和养老医疗兜底保障。

三是推进城中村城边村原有居民市民化和农村就地城镇化。统筹推进城中村改造、集体资产改制、村改居和社会保障均等化，促进原有居民融入城市。持续打造棚改“青岛模式”，2018年启动棚户区改造41248套（户），为1.7万户（2016—2018年累计为4.4万户）已入住居民办理了不动产权证，累计盘活固定资产约1000亿元。推进城中村集体经济组织产权改革，在已经完成改造的城中村城边村，其中80%实施了村改居，34.8%完成了集体资产改制。小城镇镇区、特色小镇与农村新型社区作为就地城镇化载体的作用逐步有效发挥，按照一镇一特色的要求，加强产业、生态体系建设，形成了具有青岛本地特色的建设发展模式。

四是“三挂钩”机制不断健全。推进农业转移人口与财政转移支付挂钩，有效调动了各区市政府推进农业转移人口市民化的积极性。将农业转移进城落户人口所需城镇建设用地增加规模，纳入土地利用总体规划总量管控和年度土地利用计划管理，对吸纳农业转移人口较多的城镇，加大用地支持力度。积极承接省级下放的黄岛、即墨、胶州农用地转用和土地征收审批权，批复新增建设用地近1.3万亩。

（二）城镇体系不断优化

一是新型城镇化格局逐步形成。全市已经构建起“中心城区—次中心城市—小城镇—农村新型社区”的以“一轴三带”为框架的多中心、海湾型大都市空间布局体系，城镇空间布局进一步优化，实现资源要素聚集整合，全面构建新型城镇化总体发展格局（见图2）。

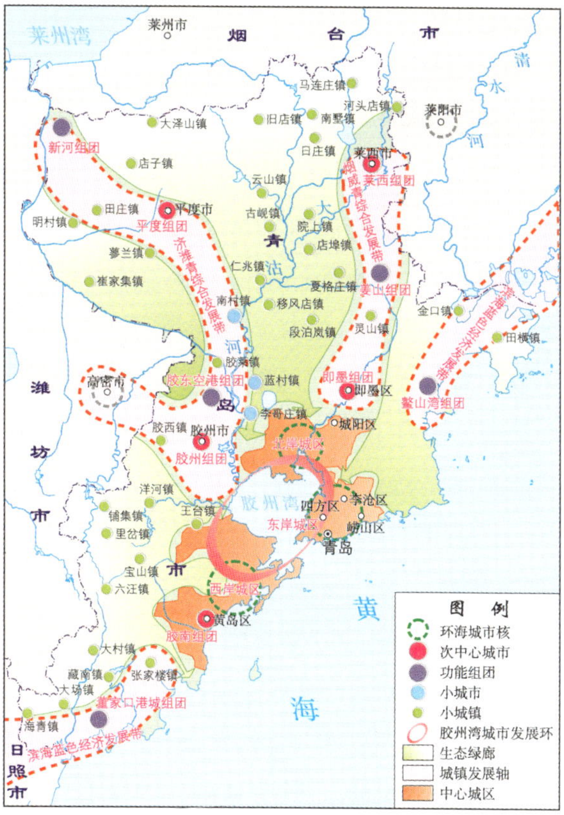

图2　青岛市新型城镇化形态格局

二是构建全域空间规划体系。建立空间性规划合规审查制度，印发了《青岛市“多规合一”空间性专项规划合规审查暂行办法》，强化专项规划的相互衔接和融合，持续推进多规合一。完成覆盖海陆全域的资源环境承载能力和国土空间开发适宜性基础双评价被确定为全国试评价示范案例。完成空间规划初步成果，初划“三区三线”，初步构建了国土空间保护修复与开发利用格局。

三是各级城镇稳步发展。各级城镇功能定位明确，不断促进错位互补式发展。中心城区三城联动，各具特色、功能互补、相互依托。加强老城保护更新，创立“青岛模式”。聚焦新旧动能转换，盘活优化存量空间，推动老城更新复兴。推进万国建筑博览区规划建设，对13片历史街区进行深化细化设计，采用微改造“绣花”功夫实施精细管控，指导街区更新保护和活化利用。推进城市设计试点，让市民“望得见山、看得见水”，完成《青岛市中心城区总体城市设计》，塑造自然、传统与现代相得益彰的城市特色。加快推进县域驻地和董家口港城、蓝色硅谷新城建设，即墨、胶州、平度、莱西建成区平均人口43万人，初具中等城市形态。县域服务经济扩量升级，即墨“商贸+物流+电商”模式成效明显，平度、莱西全域旅游破题起势。小城镇与特色小镇稳步推进，特色小镇建设初见成效。

（三）新旧动能转换与科技创新能力稳步提升

一是着力推进新旧动能转换重大工程。坚持提质增效、转型升级、动能转换实现新突破，经济转型升级成效显著，聚焦“转调创”、发力“蓝高新”，加快实施“腾笼换鸟、凤凰涅槃”行动，不断打造青岛经济升级版。发布实施意见和规划，确定优先发展“956”重点产业集群。设立55支新旧动能转换基金，推进970个项目建设。抓好400个工业转型升级项目，两个投资百亿级集成电路项目加快推进，一汽大众、北汽新能源汽车项目加快建设。海尔工业互联网平台、海信智能家居成为国家级示范平台。成为首批5G试点城市。

二是增强自主创新能力。坚持梯次培育，高新技术企业超过2700家，国家科技型中小企业1812家，分别占全省的30%、25%左右。杰华生物成为全省首家独角兽企业。高技术产业增加值增长7%左右。坚持集聚建设，国家重点实验室达到9家，省级以上企业技术中心、工程（技术）研究中心分别达到193家、166家。海洋科学与技术试点国家实验室深海观测技术实现突破。中国科学院海洋大科学研究中心、国家高速列车技术创新中心加快建设。坚持成果导向，有效发明专利拥有量增长20.5%，有效注册商标增长31.9%。技术交易额增长23%。14个项目获国家科学技术奖。坚持招才引智，新增人才21.9万人，其中，新增聘任院士4人，新增国家级、省级、市级各类人才工程人选453人，人才总量达到193万人。

（四）海洋强国和国际城市等重大战略稳步实施

一是深入落实海洋强国战略。大力发展海洋经济，国际海洋名城加快建设。海洋生产总值增长15%左右，占全市生产总值26.5%左右。海洋化工、海洋工程建筑业增加值均增长20%以上。港口新增集装箱航线13条，货物和集装箱吞吐量分别达到5.4亿吨、1931.5万标箱。印发实施《大力发展海洋经济加快建设国际海洋名城行动方案》，重点推进海洋船舶与设备制造等10大产业，提升海洋科技创新等4大领域能力，加强园区、企业等5大支撑保障，海洋经济对GDP的贡献率逐年增加，已经成为全市经济发展的“强心剂”和“助推器”，以海洋生物医药、海洋新材料、海水利用、海洋科研教育和海洋金融服务业等为主的新兴海洋产业全年增加值同比增长12%。

二是深入实施国际城市战略。国际城市战略做法获国务院通报表扬。开展“千企招商大走访”，共促成新增签约项目797个，国际贸易总额实现1270亿美元，增长

10%；中国—上合组织地方经贸合作示范区总体建设方案上报国务院。深度融入共建“一带一路”，对沿线国家地区投资额、进出口额达到6.8亿美元、2590亿元，占全市的26%、48.7%。新增3个国际友城、20个国际经济合作伙伴城市。成功举办上海合作组织峰会，同步实施城市环境提升，极大提升了青岛市在国内外的知名度、美誉度和影响力，为推动青岛率先走在前列注入了强大动力，开启了全面建设现代化国际大都市新的征程。

三是深入落实军民融合发展战略。积极探索军民平台融合、领域融合、区域融合发展模式，加快建立海军、海洋、海防融合发展机制。军民融合项目加快推进，哈工程船舶科技园17个项目加快建设。成功举办首届军民融合科技创新成果展、全国标准化军民融合年会。

（五）城镇承载能力稳步增强

一是稳步推进交通设施建设。胶东国际机场进展顺利，配套交通体系建设全面启动。济青高铁、青连铁路、董家口疏港铁路开通运营，济青高速改扩建、新机场高速一期等工程加快推进，潍莱高铁全面开工建设。加快构筑以高速公路、国道和省道为干线，农村公路为补充的市域交通网络体系。加快推进城市轨道交通设施建设，累计建成3号线、2号线一期东段、11号线、13号线，共计4条线路，运营里程172公里，轨道交通骨干线路网络初步搭建。落实公共交通引领城市发展理念，以建设人民满意交通为目标，加快公交都市创建，推动城市公共交通统筹发展、均衡发展、普惠发展，加快确立公共交通在城市交通体系中的主体地位。完善道路规划，疏通城市“筋骨脉络”。优化快速路布局，提升主干道连通性，完善支路系统，提高街区路网密度，构建健康城市交通循环系统。加快停车设施建设，完成92处停车场，建设改造新增公共停车场泊位12779个。推动全市智能停车一体化平台建设，累计接入停车场224处、泊位8.58万个，引导开放共享车位近万个。

二是增强市政基础设施承载。完成张村河水质净化厂建设、世园会水质净化厂配套泵站及压力管道建设，西海岸新区静脉产业园垃圾综合处理项目、莱西市垃圾综合处理项目正在积极推进。新建燃气管网268公里，新增燃气用户11.38万户；新增城市集中供热配套项目400万平方米。新改建公厕303座。

三是完善公共服务设施配套。推动城乡基本公共服务均等化，提升城市宜居性，建设市民美好家园。提高公服设施精细化水平，惠及市民生活。在试行基础上正式发布《青岛市市区公共服务设施配套标准及规划导则》《青岛市城乡规划管理技术规定》，提升公共服务标准和水平，优化教育、医疗、文化、养老等公服设施布局，促进“15分钟”社区生活圈及滨海、山地活动圈建设。加快推进重点公共服务项目建设，市民健康中心、老年活动中心、社会福利院等31个民生领域的市级重点公共服务项目按计划推进。

四是新型城镇建设大力推进。推进地下开发综合利用。坚持空间布局与发展功能相统一、资源开发与环境保护相协调，促进地下停车、地下商业和地下交通项目多层级的深度融合，向人防工程、地下道路、轨道交通、市政、综合管廊等多个领域拓展，提高城市综合承载能力。加快“双试点”（海绵城市和地下综合管廊建设试点）城市，累计完成海绵城市面积125平方公里，建成试点区地下管廊廊体48公里，入廊市政管线累计达到232公里。全面建设李村河全流域生态景观河，实现污水处理能力和出水水质提升，成功入选全国城市黑臭水体治理示范城市，获得中央6亿元的补助资金。

（六）城乡发展不断融合，乡村振兴稳步实施

一是推进城乡产业融合发展。调整优化农业产业布局，构建三次产业深度融合发展的现代农业产业体系，推动农业提质增效、高质量发展。做强精深加工农业，实施农产品加工业转型升级行动，1000余家企业通过BRC等出口质量体系认证，农产品年出口额稳定在50亿美元，连续多年位居于全国城市第一位。做大“新六产”，开发农业多种功能，全市建成现代农业园区937个，农业适度规模经营比重达到67%，带动9万多农民就近就业创业，乡村旅游接待游客1800多万人次、收入超过140亿元，培育年交易额1000万元以上农业电商企业49家，年交易额58亿元。

二是加快实施乡村振兴战略。坚持全域统筹、科学规划，大力推进美丽乡村建设，让全体农民共享改革发展成果。汇集各方智慧，编制完成乡村振兴战略规划，确定“三带展开、三区保护、百村示范、千村提升”的总体布局。制定支持20个镇街乡村振兴行动计划，提出33条措施，年内安排2000万元支持64个村庄建设。编制完成《青岛市大沽河保护控制线规划》，发布试行《青岛市特色镇和美丽乡村规划技术导则》，督导四区三市完成县域乡村建设规划，加快推进村庄规划编制，以“村庄群”为突破点，提高村庄规划覆盖率。以美丽乡村“十百千”示范创建为载体，一张蓝图绘到底，新建集聚类农村新型示范社区10个、新建美丽乡村示范村100个，达标村1000个，省级美丽乡村达标村达到63.7%。20个乡村振兴工作队深入基层开展工作。

三是推进公共资源向农村延伸。推进为民服务社区化。以全市1049个农村新型社区服务中心为平台，统筹政府、社会、市场资源，新升级标准化服务中心181个，推动干部入驻、服务下沉、运转有序，全市农村社区服务中心使用率100%、运转规范实现全覆盖。

四是改善农村人居环境。出台加强农村基础设施建设改善农村人居环境的实施意见等文件，7个区市47个镇（街道）、1413个村庄（社区）开展了农村生活垃圾分类试

点。围绕洁净美丽、生态宜居，组织全市开展“洁净乡村”农村环境综合整治提升行动。积极推进农村清洁取暖建设工作，超额完成省政府下达的4.6万户目标任务。

（七）体制机制改革深化，重点领域改革不断深化

一是深化农村土地制度改革。试点农村土地“三权分置”改革，全市4646个村庄完成确权登记颁证，近百万户农民吃上发展生产的“定心丸”。积极开展土地经营权入股农业产业化经营，以农业规模化带动农民增收，全市农村土地流转面积达到283万亩，农业生产托管面积达到615万亩，综合托管率为63%。积极培育新型经营主体，完善农户与新型经营主体利益联结机制，引导小农户步入农业现代化轨道，全市农民专业合作社发展到1.2万多家，百亩以上家庭农场和种植大户6500多家。培育农民合作社、家庭农场等新型经营主体1.4万余家，农业组织化水平、土地规模化经营率分别达到48.6%和62%，分别高出全国13个和20个百分点。有序推进农村承包土地经营权抵押贷款，平度市作为全国农村承包土地经营权抵押贷款试点，有序推进改革工作，全市“四权”抵押贷款累计达到4.5亿元，审慎推进农民专业合作社信用互助业务试点工作，发展互助社14家，有效解决了农民融资难题。探索农民合法权益自愿有偿退出，西海岸新区在林家庄村开展试点，目前已有128户自愿退出承包经营权，累计退出家庭承包地191.91亩。

二是加强城镇化试点建设。国家发展改革委下发了《关于印发第一批国家新型城镇化综合试点经验的通知》，青岛共有6项工作入选，是第一批62个试点地区中形成可复制、可推广经验最多的城市。平度改革试点打造“新样板”，完成国家中小城市综合改革试点，全面实施“政、产、人、地、钱”五大特色、26项重点改革，为全国中小城市改革提供“平度样本”，“农创平度”、行政审批局等试点经验获国家充分认可。通过创新镇街管理体制，推进扩权强镇，探索“大部门制”，推行“互联网+”的审批方式等，精简机构，提高了行政管理效率，激发了中小城市和小城镇发展活力。扩权强镇的行政管理创新模式，在小城市试点镇组织开展改革试点工作，依法赋予相应的县级行政审批、监督服务等管理权限，探索镇级综合执法新模式，四市一区平均下放180多项审批权限到小城市试点镇。

二、存在的主要问题

一是农业转移人口落户意愿不强。根据抽样调查数据，外来务工人员落户意愿63%左右，而本地农业转移人口的落户意愿仅为36%左右。主要原因在于基本公共服务逐步覆盖常住人口，农业转移人口及随迁子女不需落户即可享受教育、医疗等公共

服务，同时农村的各种红利持续释放，农村的土地流转、集体收益分配等也提高了农村土地收益的预期，使得进城落户的动力不足。

二是次中心城市、小城镇等城镇节点对人口的吸纳能力较弱。中心城区吸纳能力较强，青岛市的农业转移人口在中心城区的分布规模占到全市农业转移人口总体规划模比例约70%，是农业转移人口的主要承载空间。次中心城市由于产业发展不足，就业吸纳能力较弱，对农业转移人口的承载能力较弱，未能充分发挥作为人口市民化重点集聚区和载体的作用；小城镇、特色小镇和农村新型社区对本地城镇化的支撑不足。

三、2019年重点工作

2019年，深入落实习近平总书记视察山东、视察青岛重要讲话、重要指示批示精神，坚持新发展理念，坚持推动高质量发展，紧紧围绕突出创新引领、实现“三个更加”目标要求，落实“一三三五”工作思路，坚持以人民为中心的发展思想，努力使人民群众获得感、幸福感、安全感更加充实、更有保障、更可持续，全面推进新型城镇化工作取得新突破，加快建设成为开放、现代、活力、时尚的国际大都市。

（一）加快推进农业转移人口市民化

一是进一步明晰本地特色的人口市民化模式。采取“分类推进、布局统筹、载体强化、时序控制”策略，统筹推进城镇外来务工人员、城中村城边村原有居民和农村就地转移就业人口，在各级城镇落户定居，推进基本公共服务均等化。实施分类分区、差异引导的农业转移人口策略，实行“中心城区优化提升、外围组团引领集聚、小城镇合理增量、乡村减量提质”的发展模式。

二是进一步深入推进户籍制度改革。积极引导农村籍学生、新生代农民工等重点群体有序落户；鼓励逐步扩大居住证持有人在就业扶持、住房保障、社会救助等方面享受的福利和便利范围，提高服务标准。

三是增强公共服务水平。按照保障基本、循序渐进的原则，积极向农业转移人口提供城镇基本公共服务，稳步推进义务教育、就业服务、基本养老、基本医疗卫生、住房保障等城镇基本公共服务覆盖全部常住人口。保障符合条件的随迁子女平等接受义务教育；探索将符合条件的农业转移人口纳入城镇住房保障体系和住房公积金制度，采取公共租赁住房等多种形式改善农业转移人口居住条件，有效扩大保障性住房供给规模和住房保障范围，加大对重点群体、引进人才的精准保障力度。

（二）进一步优化城镇体系

一是高起点做好规划。持续推进“多规合一”，加快《青岛市国土空间总体规划

(2019—2035年)》编制。发挥城乡规划综合管控和前瞻引领作用，维护规划的严肃性和权威性，切实做到“一张蓝图干到底”。深化总体城市设计，引导优化公共空间、街道景观、建筑立面，塑造城市特色，提升城市魅力。优化历史街区规划，促进老城区有机更新，传承历史文脉。

二是加强次中心城市发展。按照建设现代化中等城市的要求，科学规划城镇空间布局，有序推进新城区建设与旧城区改造，完善城镇基础设施和公共服务设施配套，提升城镇规划建设管理水平。按照注重创新发展、合理确定发展规模、提升城镇化发展质量的原则，将次中心城市培育成为青岛市城镇化战略格局的次级节点和重要功能区、吸纳转移人口的重点集聚区，建设成为产业先进、人才集聚能力强、功能完善、生态宜居、各具特色的现代化中等城市组团。

三是加快小城镇和特色小镇发展。按照因地制宜、突出重点、分类指导的原则，突出一镇一特色，引导差异化发展，通过规划引导、市场运作，培育成为特色强镇和文化名镇。加强小城镇基础设施和公共服务设施建设，发展成为服务农村、带动周边的综合性小城镇，培育成为农业转移人口就地城镇化的重要补充。围绕主导或优势产业，挖掘培育特色优势，打造产业特色鲜明、人文气息浓厚、生态环境优美、生产生活融合的特色小镇，成为经济转型升级的新抓手、城镇化发展的新平台。

四是扎实推进乡村振兴战略。坚持农业农村优先发展，推动乡村产业、人才、文化、生态、组织全面振兴，为打造乡村振兴齐鲁样板作出青岛贡献。推动农业全面升级。促进农村一二三产业融合发展，培育市级以上龙头企业300家以上，打造农副产品加工、批发两个千亿级产业集群和乡村旅游、农村电商两个百亿级产业集群。开展国家农村产业融合示范园、国家农村产业融合示范县和海洋牧场建设试点，建立乡村振兴重大项目库。

(三)进一步提升城市品质

一是加强对外合作。发挥新亚欧大陆桥经济走廊主要节点城市和海上合作战略支点优势，面向上合组织国家、对接日韩、拓展欧亚、辐射亚太，创建“一带一路”地方经贸合作示范城市。深化与国际友城、国际经济合作伙伴城市的交流合作。加快建设青岛都市圈，强化与周边城市的融合发展，深化与沿黄海、环渤海城市的交流合作。

二是深入实施国际城市战略。落实“国际化+”行动计划，全面推进企业、市场、产业、园区、城市国际化建设。规划建设国际化学校、医院、社区，完善涉外综合服务体系，推进街名路牌、公共标牌和建筑物等外文标识规范化，营造友好便捷的国际人居环境。增开国际航线。办好跨国公司领导人青岛峰会、博鳌亚洲论坛全球健康论坛大会等活动，提升国际影响力。

三是加快建设国际海洋名城。立足海洋优势和特色，坚持科技兴海、产业强海、生态护海。巩固提升传统优势，建设海洋科教名城。加快中船重工海洋装备研究院、国家海洋设备质量检验中心等项目建设，打造具有国际影响力的海洋科技创新策源地。大力发展海洋经济，建设海洋产业名城。加大海洋生态环境保护力度，建设绿色可持续的海洋生态环境。深入开展“蓝色海湾”整治行动，建设国家级海洋生态文明示范区。建设一流海洋港口，打造国际航运名城，建设航运大数据综合信息平台，完善国际航运交易、贸易、金融服务功能，建设国际航运中心。

（四）进一步完善城市功能

一是加强基础设施投资。加快机场、港口、高铁、公路等城市间交通和地铁、市政道路、环卫设施等城市内基础设施建设进度。实现胶东机场转场，加快机场高速公路等配套路网建设。推进潍莱高铁建设。加快地铁1号、4号、8号线建设，实现2号线一期全线贯通，力争开工6号线等新线路。不断优化市政道路设计，加大关键节点设施建设力度。推进智慧城市建设，加大工业互联网、物联网等新型基础设施投资力度，加快5G商用步伐。

二是加快重点功能区建设。推动开发区、高新区和保税港区体制放活、环境做优、产业做强、管理创新，打造高质量发展新引擎。完善功能区基础设施、生活设施配套，提升园区承载力，加快产城融合发展。引导产业项目向功能区定向集聚，实现特色化、高端化、规模化发展。西海岸新区在服务落实国家重大战略中先行先试，当好改革开放的示范区、创新发展的排头兵、加快发展的驱动器。中国—上合组织地方经贸合作示范区开展好面向上合组织国家的物流、贸易、加工制造方面的深度合作，推动核心区实现突破性进展。蓝谷加快高技术产业项目建设，争创以海洋为特色的国家级高新区。促进军民融合发展，建设军民融合创新示范区。强化示范带动，创新体制机制，推动国防建设与经济社会融合发展，加快形成可复制可推广的经验。加大基础设施、创新平台统筹和共建共用力度，加快“军转民”“民参军”步伐，打造军地协同创新体系。

三是强化农业农村建设。扎实推进农村人居环境整治，实施美丽乡村“十百千”工程，新创建10个农村新型示范社区、100个美丽乡村示范村和1000个达标提升村。加快农村“七改”“四好农村路”建设，促进农村基础设施提档升级。加强村庄规划设计，塑造有特色、高品质的村庄风貌。以建制镇为重点，推进污水处理设施建设。推进乡村振兴实用人才培育工程，实施农村归雁计划，支持高校毕业生、退役军人等返乡就业创业。完善农村文化设施，优化文化产品供给。提高农村社区服务中心规范管理水平，建设“乡村30分钟公共服务圈”。

（五）提高保障和改善民生水平

一是增加就业和居民收入。把稳就业摆在突出位置，落实就业优先战略和积极就业政策，争取实现城镇新增就业30万人以上。

二是加快建设更加公平更高质量的教育公共服务体系。推进学前教育公益普惠发展，新建、改扩建标准化幼儿园60所。加大居住区配套中小学建设力度，进一步解决普通中小学大班额问题。

三是发展卫生健康和体育事业。坚持以促健康、转模式、强基层为着力点，推动以治病为中心向以人民健康为中心转变，为人民群众提供全方位全周期健康服务。深化医药卫生体制改革，构建优质高效医疗卫生服务体系。

四是提高社会保障水平。深入推进全民参保计划。统筹调整离退休人员养老金、工伤人员伤残津贴标准。健全“全人全责”长期护理保险制度。实施全民补充医疗保险制度。

五是完善住房市场体系和保障体系。制定全市住房发展规划。按照国家统一部署搞好“一城一策”试点，加快建立促进房地产市场平稳健康发展长效机制。

（六）深化体制机制改革创新

一是推进政府职能转变。按照“担当作为、狠抓落实”的各项要求，推动各项工作落地落实。加快政府机构改革，提高政府工作效能和服务水平。努力营造高效的政务环境。聚焦“少、快、好”，持续深化“放管服”改革。积极扩大县域经济社会管理权限。深入推进“一次办好”改革，全面推行“一窗受理”和“马上办、网上办、就近办、一次办”。

二是推进财税和地方金融改革。深化财政事权和支出责任划分改革。推进预算绩效管理改革、政府采购制度改革、政府购买服务改革和涉农资金整合。全面落实国家更大力度的减税降费政策。深化投融资体制改革。鼓励投资基金以股权、债权、夹层投资等方式灵活多样地为项目和企业提供融资服务。推动财富管理综合改革试验区创新政策落地实施，在跨境财富管理、服务实体经济方面取得新成果。

三是推进改革试点突破。积极争取并全力做好国家、省赋予的改革试点任务。精准对接发展所需、基层所盼、民心所向，加快健康中国示范市试点、平度国家中小城市综合改革试点、全国农村产业融合发展试点、土地二级市场试点、“亩产效益”资源市场化配置试点等112项改革进程，不断完善体制机制，增强经济和社会发展活力。

宁波市2018年推进新型城镇化建设总结报告

宁波市发展改革委

一、2018年度工作进展情况

2018年，宁波市紧紧围绕国家发展改革委确定的年度新型城镇化建设重点任务，积极有效地推进新型城镇化建设，取得了显著成效，年末全市常住和户籍人口城镇化率分别达到72.9%和59.7%，同比分别提高0.5个和4.3个百分点（见图1）。

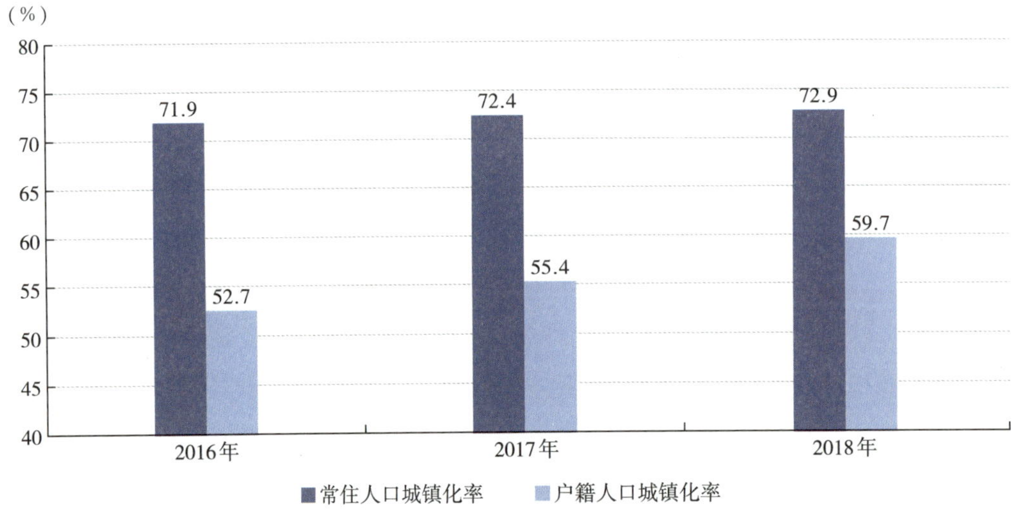

图1　宁波城镇化率变化情况

（一）户口迁移政策持续完善

紧紧围绕“促进农业转移人口有序实现市民化”这一首要任务，根据《省政府办公厅关于调整完善户口迁移政策的通知》，准确把握顶层设计和末端执行的问题，形成宁波市户口迁移实施细则，2018年2月5日印发《宁波市区户口迁移政策实施细则（试行）》，3月1日正式实施，宁海、象山、余姚、慈溪等县市亦在6月底前陆续出台了本地户口迁移政策。新政的实施显著增强了宁波对年轻外来劳动力和人才落户的吸引力，全年全市共落户85589人，同比上升23.3%，市区落户门槛总体已降至副省级城市较低水平，户籍和常住人口城镇化率差距大幅缩小。

（二）新型居住证制度全面落实

根据2016年印发的《关于推行新型居住证制度的通知》精神，在全市开始推行新型居住证制度。一是抓好居住证的申领和发放。按照"全员登记、依规领证、凭证服务、量化供给"要求，市、县两级先后出台具体实施细则。截至2018年11月底，全市已累计制证93.7万张，制证率32.4%。二是拓展居住证功能应用。除按规定享有6项基本公共服务和7项便利外，积极拓展居住证的卡载功能。三是发布基本公共服务清单。根据宁波市基本公共服务清单梳理出面向流动人口的82项基本公共服务事项，认真梳理本地流动人口基本公共服务事项，报市级汇总后对外公布。四是落实流动人口积分落户政策。根据2017年下发的《宁波市流动人口量化积分申评办法（暂行）》，市六区实施积分落户，各地先后出台本区流动人口积分落户实施办法，明确积分落户条件和分值，公布落户指标。

专栏1

宁波新型居住证应用功能

6项基本公共服务：义务教育、基本公共就业服务、基本公共卫生服务和计划生育服务、公共文化体育服务、法律援助和其他法律服务。

7项便利：办理出入境证件、换领换补居民身份证、机动车登记、申请机动车驾驶证、报名参加职业资格考试和申请授予职业资格、办理生育服务登记和其他计划生育证明材料。

5项卡载功能拓展：行政管理（积分申评、义务教育等服务）、公共服务（图书馆免费借阅图书、公交优惠、法律援助等）、金融服务（银行信用贷款）、商业应用（部分旅游景点免费、影院购票优惠、部分商家优惠）、企业管理（公寓楼门禁、实现部分企业使用居住证智能门禁管理）。

（三）公共服务覆盖面持续扩大

通过改革全面释放推动经济社会转型发展的人口红利，基本公共服务进一步扩大。

按照保障基本、循序渐进原则，积极推动城镇基本公共服务覆盖所有常住人口，不断扩大教育、就业、医疗、养老、住房保障等城镇基本服务范围，对落户城镇的农民，逐步实现享有与当地城镇居民同等权益。目前，宁波市42项具体配套政策已全部出台或继续执行原政策，宁波户籍人口交通事故已实现“同命同价”赔偿，户籍人员养老和医疗保险参保率达95.96%和99.41%，工伤保险基本实现职业人群全覆盖，均居全省前列。城乡居民养老补助对象和医保全额免缴对象实现100%参保。健全特困人员救助供养制度，完善医疗救助、临时救助、价格补贴等机制，最低生活保障标准较上年提高10%以上，在最低生活保障、失业保险、养老保险、城乡医保、社会养老服务、优抚对象生活保障以及退役士兵一次经济补助等方面已经实现“城乡一体、标准一致”。

（四）城乡社会事业加快发展

实施民生实事项目征集初定暂行办法，民生实事项目全面完成。教育现代化水平持续提升，义务教育段标准化学校占比达97.9%，所有区县（市）率先通过省教育基本现代化评估验收，北京航空航天大学、大连理工大学等名校研究（生）院成功引进，宁波大学梅山校区、效实中学东部校区建成投用，浙江大学宁波“五位一体”校区建设实质性启动。健康宁波建设全面推进，出台健康宁波行动计划和十大专项行动方案，组建城市医联体6个，重点人群家庭医生签约人数108.2万人，市第一医院异地建设（一期）等项目开工建设，市奥体中心基本建成。养老服务体系不断健全，各类居家养老服务中心（站）2985个，养老机构医养结合覆盖率94%，养老床位70387张。文化事业加快发展，推动新一轮文明城市创建，市图书馆新馆建成投用，宁波文创港、象山影视基地等项目稳步推进。平安建设不断加强，安全事故起数、死亡人数分别下降53.1%和27.6%，获得浙江省“平安金鼎”。

（五）生态文明建设稳步推进

强化能耗“双控”，实施绿色低碳经济发展38条举措，国家环境污染第三方治理试点如期完成，市资源循环利用基地获国家批复，经济技术开发区循环化改革试点通过国家验收，梅山近零碳排放示范工程、分布式发电市场化交易试点等工作有序推进。新增国家级绿色工厂7家、绿色设计产品22项，数量领跑全省。全年万元地区生产总值能耗、二氧化碳排放量、用水量分别下降5%、4%和2.3%。实施蓝天保卫、治水提升、治土攻坚专项行动，城区空气质量优良率87.7%，提高2.5个百分点；城区PM2.5年均浓度33微克/立方米，下降10.8%，首次达到国家空气质量二级标准；地表水Ⅰ—Ⅲ类水质比例80%、地表水功能区水质达标率86.3%，分别提高8.7个和6.3个百分点；化学需氧量、二氧化硫、氨氮、氮氧化物等污染物排放量分别下降4%、3.5%、2.5%和3.5%，圆满完成年初目标。

（六）农村确权工作全面突破

以“三权到人户”为起点，全面开展农村产权确权登记颁证工作，建立健全土地、房屋产权登记制度，实现对集体资产的长久化、定量化享有。一是全面完成农村承包地确权登记颁证工作。全市1845个应确权村已经全部完成测绘和审核公示，涉及面积167.8万亩，涉及农户69.7万户，其中测绘完成率100%，合同签订率99.4%，权证发放率97%，数据库全部通过省质检，所有区县市通过综合检查验收，确权工作全面完成。二是开展农村宅基地使用权确权登记发证。下发《宁波市农村宅基地及住房确权登记发证工作实施方案》，有序推进农村房地统一登记工作，对符合登记条件的宅基地使用权、村集体建设用地使用权基本做到土地证应发尽发，全市13个有农房登记任务的区县（市）全面完成48个标段的招标工作，已有39个标段陆续进场开展工作，农房发证138367本。三是推进村社股份合作制改革。做好股改扫尾攻坚，全市累计完成股份合作制村2809个，占总村社数的99.6%。进一步推进股权权能改革，推进江北、鄞州等地的股权质押贷款工作，累计已有1619户农户获得股权质押贷款，贷款总额2.5亿元。四是有序推进农村产权流转交易。出台《关于建立健全城乡统一的农村产权流转交易市场的指导意见》，已构建起县、镇、村三级农村产权流转交易网络体系。2014年以来，全市农村产权交易平台累计交易数已达2011宗，累计交易额172758.17万元。

（七）宁波都市区建设协同推进

会同舟山、台州二市联合编制完成《宁波都市区建设方案（2018—2022年）》（初稿），待进一步修改完善后按程序报批印发实施。共同争取宁波都市区空间范围扩容，甬舟台全域纳入宁波都市区范围，宁波市区、慈溪市、余姚市、象山县，舟山市区、台州市区、纳入宁波都市区核心区范围（见图2），已在《浙江省大都市区建设行动计划》中明确并通过省政府常务会议、省委常委会议审议。城市间高层互访加强，市党政代表团分别赴舟山和台州考察交流，共商在长三角地区更高质量一体化发展背景下宁波都市区城市携手打造发展共同体的具体事宜，研究深化城际交流合作的新路径、新机制。

专栏 2

农村宅基地“三权分置”的象山探索

一是允许合作建房。宅基地资格权人申请与返乡下乡创业人员合作建房，可通过签订协议等方式使用、经营宅基地，建房时需由农村集体经济组织成员和宅基地使用人共同申请，占地面积和建筑面积按农村个人建房审批标准执行。

二是允许跨镇建房。宅基地资格权人可通过申请跨乡镇建房、农房置换（拆迁安置）和参与农房司法拍卖等方式实现跨镇建房，但原有住房须先行拆除，并将原宅基地无偿交还村集体经济组织。

三是允许非农重建。非村集体经济组织成员通过农房世居、析产、继承取得的合法房屋需要发展产业的，经村集体审核、报乡镇政府（街道办事处）同意后可实施改建或拆后重建。

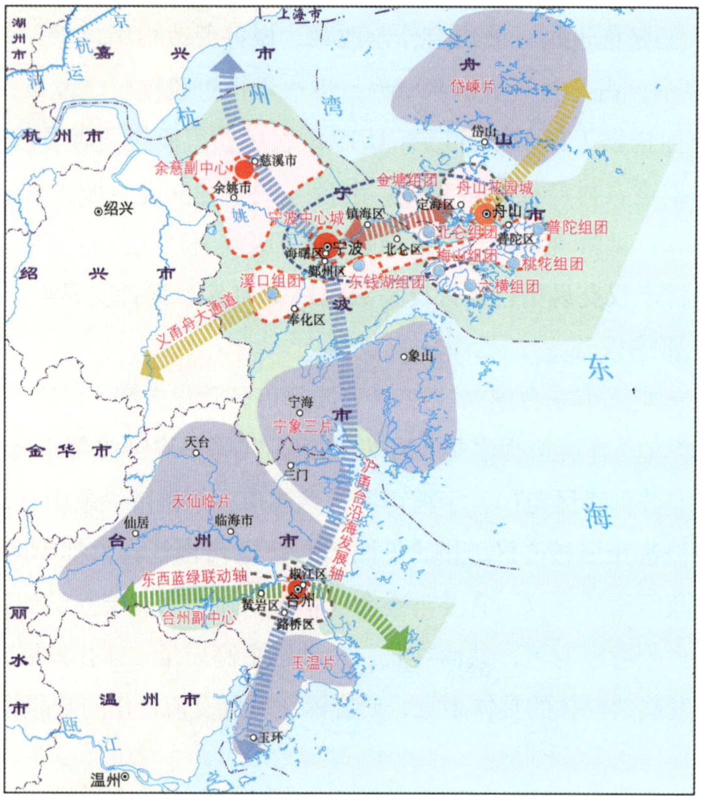

图 2　宁波都市区布局框架图

（八）特色小镇创建量质齐升

鄞州现代电车、余姚机器人智谷、慈溪息壤和宁海森林温泉等4个小镇成功入围第四批省级创建类名单，奉化时光文旅小镇入围培育类，省级创建类小镇数量达到15个，培育类3个，创建总量由全省第四位上升至第二位。从培育质量上看，创新主体和要素加快集聚，前三季度市级以上小镇新入驻创业投资企业超6000家，引进“新四军”创业人员3700余名。特色产业投入产出稳步增长，前三季度省级特色小镇共完成固定资产投资104.03亿元，其中特色产业投资占比80.31%；规模以上工业企业新产品产值148.35亿元，同比增长63.60%。前两批市级特色小镇共完成固定资产投资74.09亿元，其中特色产业投资占比62.25%，规模以上工业企业总产值88.80亿元，同比增长89.9%。

（九）卫星城市培育成效显著

加快奉化新城区建设速度和品质，采取“政府主导、企业运营、合作共赢”的市场化运作方式，通过引入战略合作者，积极探索整体运营开发建设模式，为区域经济社会发展提供综合解决方案。充分发挥考核的激励鞭策作用，按照高质量发展新要求调整优化卫星城中心镇考核办法和指标，拉开考核结果等次，分类分档落实扶持政策，对各镇（8家卫星城、13家中心镇）在发展增速、转型升级、公共服务、体制创新和工作推进等维度，实施发展绩效综合评价，形成考核排名。全市9家省级小城市参加省里考核实现全部达标，其中良好及以上6家。根据市城区区划调整实际和鄞州区、姜山镇建设发展现实需要，新增姜山镇开展市卫星城市试点，在城镇规划建设、产业提质、城乡融合、生态建设、改革创新等领域积极探索卫星城中心镇建设体制机制创新。

专栏3

奉化区引入“城市运营商”加快新城区建设

（中央组织部、国家发展改革委、中央党校新型城镇化市长培训班典型案例）

（一）强化整体开发，加快重构城市空间新格局

1．围绕转型示范整体开发。创新引入社会资本——中交城投公司合作开发总投资435.5亿元的中交未来城项目，着力打造以智慧密集型服务业为主导、高附加值先进制造业为支撑的转型示范区。转型示范区由投资公司整体开发，一方面有效减轻地方政府债务负担，另一方面通过公益性与经营性项目的统筹平衡有利于加快城区建设品质和速度。

2．围绕旧城改造整体开发。改变过去依靠政府向银行融资进行旧区改造的单一模式，引入社会力量参与旧城整体改造。奉化区政府与上海珠江投资集团有限公司达成“旧区改造项目合作框架协议”，由上海珠江集团在3—6年内主导完成旧区改造及“美丽城区”的开发、建设和运营，奉化区政府提供征迁机制和征迁工作人员等要素保障。

3．围绕轻轨站点整体开发。以宁奉轻轨为主轴，实施沿线站点TOD、XOD

开发，确保宁南贸易物流园区、东部门户区、金海站等城市功能区块早出形象。以金海路站点开发为例，探索实施政府投资平台与投资人“联合开发—超额收益分享”运作模式，并首次采用土地一级开发、投融资、EPC总承包三者一体的联合开发招标模式，通过一次招标选出综合实力较强的房地产上市公司和建设单位组成的联合体。该做法不仅平衡了宁奉城际铁路工程的建设资金，还有利于完善站点周边的城市功能。

（二）创新合作方式，加快构建城市开发新模式

1. 政策创新、试点开发。积极探索产城融合新机制，不断优化产业政策和投资环境。例如，转型示范区内2017年实施项目兼顾企业投资和政府投资项目特性，严格履行基本建设程序，先行先试，由投资公司按法定流程自主招采完成招标工作。协调促成了“中交智慧城市基地170亩MO地块”试行有条件分割出让，加快了项目推进速度。

2. 整合资源、深度开发。为确保区域建设发展的一贯性，积极拓展与战略合作公司上下游业务领域的深度合作。例如，与中国交建签署保险金融创新合作框架，在转型示范区设立一家服务“一带一路”建设的财产保险公司，意向投资额30亿元。又如，与中国交建融租租赁有限公司进行业务对接，双方进一步整合资源，扩大融资渠道。

3. 市场运作、专业开发。充分运用市场化的机制和手段，发挥投资公司的产业优势和资源优势，提升城市建设品质。例如，中交城投引入国内外顶尖团队参与新城区建设，“滨江生态公园”项目面向全球进行公开招标，4家国际一流企业AECOM、ATKINS、HOPE翰博设计和SED新西林景观国际入围。

（十）财政支持保障力度持续加大

按照《财政部关于印发〈中央财政农业转移人口市民化奖励资金管理办法〉的通知》（财预〔2016〕162号）和《宁波市农业转移人口市民化奖励资金管理办法》（甬财政发〔2017〕1059号）的要求，全年下达各区县（市）农业转移人口奖励资金2.88亿元（其中市财政配套资金1.5亿元），充分发挥了奖励资金在推进农业转移人口市民化中的重要作用。

二、存在主要问题

（一）农业转移人口落户意愿仍然不强

在前期调研和积分落户实施中发现，流动人口落户的意愿不是很强。一方面是对

落户政策了解不够，另一方面是担心老家的土地被收回及在宁波落户后生活成本较高。此外，部分地区也担心本地公共资源不足，因而把积分落户条件提高。

（二）各领域政策衔接有待加强

已出台的政策之间衔接性、互补性、后续性明显不足。农村“三权”确权后续、细化配套政策尚未跟上；市区城乡社保缴费与补贴发放、农村房屋认证权、社会抚养费征收等政策权限未能及时调整导致实际操作困难；现行的宅基地政策与当前的户籍政策有断崖式的落差。户籍制度改革之后，宁波市从2016年9月30日起不再区分农业和非农业户口性质，但宅基地政策没有进行相应的调整。宅基地审批依然以农业户口作为必要条件之一。

（三）全社会基本公共服务压力较大

户改实施后，社会保障、住房保障等部分公共服务资源需求以及流动人口随迁子女入读本地学校、享受公办教育的需求增加明显，地方财政压力较大（见图3）。特别是宁波市中小学校学位数量的供需矛盾激化，目前宁波市中小学包括外来务工人员子女学校接收能力已经饱和，个别区县（市）处于超负荷状态。实施二胎政策所带来的生源增量和省教育现代化建设标准要求各地控制班额，对落户地的教育供给带来暂时性压力。

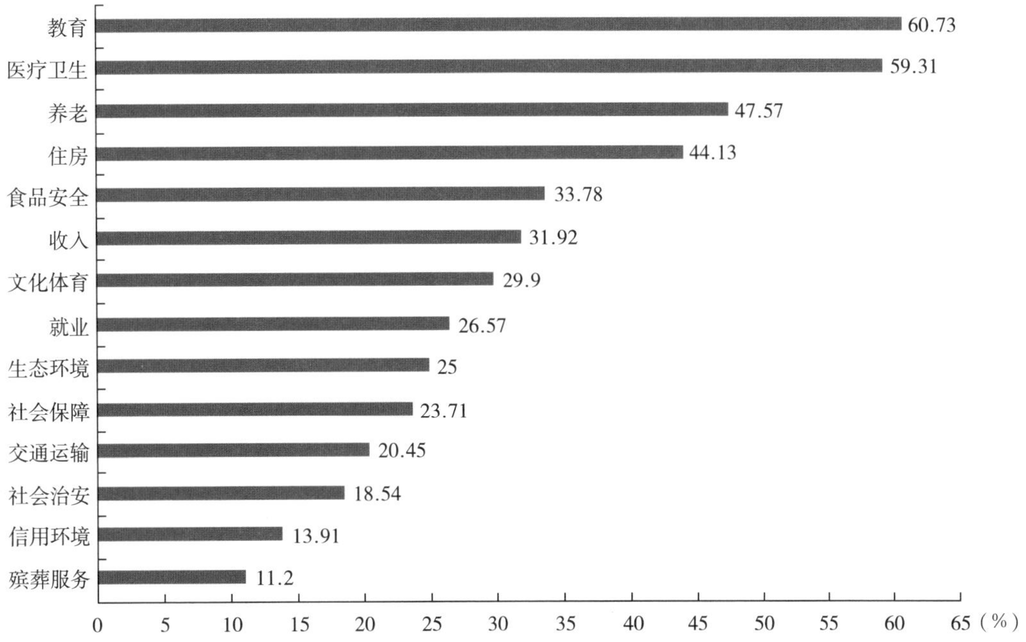

图3　宁波公众最期望得到进一步改善的公共服务

三、2019年度工作思路

（一）进一步完善农业转移人口市民化政策体系

结合“最多跑一次”持续优化落户政策，重点就优化人口居留、放宽人才落户、调整积分落户政策等方面进行专题研究，适时提出优化方案。全面梳理户改过程中反应较为集中的“三权”确权、积分落户、公共服务供给以及需要上级完善顶层设计的领域，出台指导性强、操作性强的政策意见；同时进一步强化部门协作，增强各项政策间的一致性、系统性和互补性。促进常住人口基本公共服务均等化，建立和完善以居住证为主要依据的义务教育入学保障制度，妥善做好外来务工人员随迁子女入学工作；启动实施新一轮社会保障和公共就业基层服务能力提升计划，全面落实城乡一体的失业保险政策，全面做好外来务工人员失业保险参保和待遇享受工作。继续做进一步加强就业服务，完善促进流动人口就业创业政策，拓宽就业创业渠道，畅通技能人才职业发展通道，切实保障流动人口就业创业。

（二）进一步推动城乡融合发展

贯彻落实国家、省重大战略部署，促进区域协调发展和乡村振兴，推动新增长极增长带加快成长。出台乡村振兴战略规划，全力推进十大城郊美丽乡村综合体等重点工程，争创城乡融合发展先行示范区。进一步深化农业供给侧结构性改革，促进农村一二三产业融合发展，推进绿色都市农业示范区建设，健全新型农业经营体系。大力培育发展乡村旅游、民宿经济、电商经济、文创经济等新经济新业态。完善农业生产经营体系，加快新型农业经营主体和各类专业合作组织培育，培育一批“农创客”、“新农人”和农业领域标兵，推进“品牌农业+互联网”，加快土地流转，吸引资本、人才、科技等要素流入汇集。完善农业社会化服务体系，推进小农户与现代农业相衔接。科学构建多元筹资、可持续发展的农村投融资机制，不断创新推广适合农村的金融产品，加大涉农信贷投放，实现涉农贷款持续增长。完善城乡小额贷款保证保险运营机制，稳步发展涉农保险，深化农村互助保险改革试点。建设绿色都市农业示范区，力争创建省级现代农业园区2个，完成省下达的高标准农田建设任务。深化小城镇整治，实施农村垃圾、污水、厕所“三大革命”。高质量推进美丽宜居示范村和美丽城镇建设，创建180个以上A级景区村庄。

（三）进一步提升城市发展质量

坚持以人民为中心，加大社会领域补短板、强弱项、提质量力度，不断增强群众获得感、幸福感、安全感。一是完善社会保障体系。户籍居民养老保险参保率提高到96%以上，医疗保险参保率稳定在98%以上，推进工伤保险职业人群全覆盖。建立低保标准与居民消费支出联动机制，落实特困人员救助供养等民生兜底政策。二是加快社会事业发展。全力抓好民生实事项目谋划实施。加大城中村和老旧小区改造提升力度。深化人口战略规划和政策研究，促进人口、产业与城市良性循环。出台《宁波教育现代化2035行动纲要》，启动产教融合试点。三是推进健康宁波建设。扎实做好医药卫生体制改革、县域医共体建设、家庭医生签约服务等工作，启动实施“医学高峰”计划，推进全民健身工程，做实市第二医院和国科大合作项目，加快市第一医院异地建设、李惠利医院扩建等项目建设，争创全国卫生城市“五连冠”。四是推进平安宁波建设。统筹抓好食品药品安全、社会治安、防灾减灾、安全生产等各项工作，全面创建国家安全发展示范城市。五是深入推进宁波都市区建设。加快编制《宁波都市区建设行动计划》，推动甬舟台三市全方位、宽领域、深层次合作。推动落实《宁波市人民政府　台州市人民政府战略合作框架协议》，共建舟山江海联运服务中心，加快建设舟山大陆引水三期工程、清溪水库等重点项目建设。

（四）进一步探索创新体制机制

对照高质量发展新要求，进一步探索创新新型城镇化建设机制。一是推进涉农领域深化改革。加快土地制度改革，完善资本、人才、科技、土地等要素支持农业农村优先发展的政策机制；深化农村产权制度改革，创新村级集体经济发展方式，深化“三位一体”农合联改革，推进林权制度改革试点等。继续深入推进农村土地承包经营制度改革，完善深化村经济合作社股份制改革，探索推广农村宅基地“三权分置”改革经验。二是健全城镇化投融资机制。强化新型城镇化财政资金和政府投资引导，提高资金使用效率。推动地方国企提高收益上缴比例，用于新型城镇化建设。充分发挥开发性金融综合优势，积极引入区域外资金支持宁波新型城镇化基础设施建设。鼓励金融机构加强与城镇化项目规划和运营机构的合作。完善PPP模式，推出2019年PPP项目库，推动PPP投资基金参与新型城镇化项目运作。三是深化卫星城市和中心镇体制机制创新。结合各卫星城市和中心镇发展实际需要，重点围绕投融资体制、特色产业发展、社会治理和公共服务供给机制等领域，探索研究发展瓶颈问题，深化专项改革。引导各地在“一城两镇”内大胆探索、改革创新、提炼总结，协调解决好姜山镇卫星城市试点中碰到的问题困难。四是探索推进乡镇街道管理体制机制改革。结合党政机构改革总体部署，开展乡镇街道管理体制、组织架构、财政体制等领域改革研究，进一步研究优化乡镇功能定位和发展方向，持续深化“基层治理四平台”建设，稳步推进“最多跑一次”改革向基层延伸，加快推进基层治理体系和治理能力现代化。五是引导特色小镇健康发展。落实《关于规范推进特色小镇和特色小城镇建设的若干意见》，强化监督检查评估和规范纠偏，支持一批特色小镇高质量发展。调整优化指标体系，加大创建质量考评力度，引导小镇建设方向，重点突出科技创新、投资总量及结构、产出成效等指标。

厦门市2018年推进新型城镇化建设总结报告

厦门市发展改革委

一、进展情况

按照国家发展改革委《关于实施2018年推进新型城镇化建设重点任务的通知》要求，厦门市细化年度工作任务抓落实，制定2018年新型城镇化工作要点，提出六个方面31项工作任务。围绕全面抓好以人为核心的新型城镇化，实施户籍、人才、产业、公共服务等配套政策，有序推进农业转移人口市民化；全面抓好城市发展质量提升，实现从跨岛发展到厦漳泉同城化和闽西南五市区域协同发展；全面抓好城乡统筹发展，健全城乡发展一体化体制机制，促进产城融合、城乡融合发展，走出了一条厦门特色新型城镇化道路。

（一）有序推进农业转移人口市民化

1.城镇化水平

2018年厦门户籍人口城镇化率（85.7%）与常住人口城镇化率（89.1%）差距比2014年缩小4.0个百分点，完成国务院《推动1亿非户籍人口在城市落户方案》的要求（见表1）。

表1 2014—2018年厦门户籍人口城镇化率与常住人口城镇化率

年度	户籍总人数（万人）	户籍人口城镇化率（%）	常住人口数（万人）	常住人口城镇化率（%）
2014	203	81.4	381	88.8
2015	211	77.9[①]	386	88.9
2016	221	84.7	392	89.0

① 因省公安厅调整城乡分类标准、统计时限等统计口径影响，2015年户籍人口城镇化率较前一年数据有较大变化。

续表

年度	户籍总人数（万人）	户籍人口城镇化率（%）	常住人口数（万人）	常住人口城镇化率（%）
2017	230	85.2	401	89.1
2018	241	85.7	411	89.1

数据来源：户籍人口城镇化率由厦门市公安局提供；常住人口城镇化率由厦门市统计局提供。

2.放宽城市落户限制

一是深化户籍制度改革，完善户籍迁移政策。放宽重点群体落户限制，即放宽普通高校毕业生、技术工人、留学归国人员落户限制。放宽在厦门市居住就业的外来务工人员落户条件，人口结构得到优化。二是实施居住证制度，覆盖全部未落户城镇常住人口，保障居住证持有者在本市享有义务教育、基本公共就业服务、基本公共卫生服务和计划生育服务、公共文化体育服务以及国家规定的其他基本公共服务等。截至2018年底，全市共登记流动人口314.8万人，办理居住证172.5万余人，占全市登记流动人口数的54.8%。通过i厦门网上办理居住证56.5万余人，占全市办理居住证人数的32.8%。

专栏 1

完善户籍迁移制度

为贯彻落实国家相关文件精神，推动农业转移人口和其他常住人口等非户籍人口在厦门市落户，厦门市政府制定完善户籍迁移政策的有关措施，针对重点群体、外来务工人员放宽落户限制。具体包括：

(1) 普通高校本科及以上学历毕业生、所学专业符合厦门市产业发展规划的普通高校专科学历毕业生、取得人力资源行政部门核发的中级工及以上职业资格证书的人员、取得国（境）外学历学位证书或者高等教育文凭且经中国留学服务中心认证的留学归国人员，与厦门市用人单位依法签订劳动（聘用）合同或者依法持有营业执照，可以按规定将户口迁入厦门市。

(2) 外来务工人员持有厦门市居住证（暂住证）连续满5周年、在厦门市办理就业登记手续并参加厦门市社会养老保险连续满5周年且在本市拥有《厦门市土地房屋权证》（房屋用途为住宅，所有权份额所占比例不得低于51%）的房产，可将户口迁入厦门市。

3.保障进城落户农民基本公共服务同城待遇

一是保障进城落户农民子女平等享有接受义务教育的权利。义务教育实行积分入学，全面落实在流入地参加升学考试政策和接受中等职业教育免学费政策。优质资源实现跨岛布局，农村学校和城市学校实行统一配置标准，全市教师实行同城同薪，区域内教师招聘实现统招统配。2018年新增幼儿园学位7500个，新增义务教育学位2万个，其中80%布局岛外。二是保障进城落户人员平等享有基本医疗保险、城镇养老保险、低保等政策待遇。城乡居民社会保障标准实行全市统一，实现基本公共卫生服务城乡全覆盖。扩大医疗资源供给，建成投用弘爱医院、弘爱康复医院，建成厦门大学附属翔安医院、眼科中心新址、市第三医院扩建工程等一批重点医疗项目。2018年新增医疗床位数4000张。推进全民参保计划，截至2018年底，基本养老、工伤、失业保险参保人数达295.88万人、225.20万人和224.50万人，分别增长8.07%、6.56%、6.35%。

4.将进城落户农民纳入厦门市住房保障体系

建设以保障性租赁房、保障性商品房和公共租赁住房为体系的租购并举的住房制度。一是加强保障性住房供给。2018年新开工各类保障性住房2.8万套。对照2020年“新建各类保障性住房10万套”建设目标，目前已完成6.92万套。二是推动集体建设用地租赁住房试点。目前厦门市已供农村集体预留发展用地用于建设租赁住房项目有31宗、土地面积121公顷、建筑面积约184万平方米。现有14家国有住房租赁企业和17家民营住房租赁企业，全市机构化运作的各类租赁住房近8万套（间）。三是推进城镇棚户区改造。2018年完成省住建厅下达的3900套棚户区改造项目开工任务。

专栏 2

建立健全多层次的住房保障体系

完善以市场为主满足多层次需求、以政府为主提供基本保障的住房供应体系，努力满足不同群体的住房需求。2006年开始厦门市在全国率先提出并大力推进保障性住房建设，2017年开始推动利用集体建设用地建设租赁住房试点工作。目前已形成配租方式的保障性租赁房、公共租赁房和配售方式的保障性商品房三种类型，满足了不同群体的住房需求。截至2018年底，全市共受理各类保障性住房申请88849户，完成实际配租配售62550户。在政策实施过程中，厦门市定期在收入、资产等方面对保障性住房的申请条件进行调整，更多的住房困难群体被纳入保障范围，目前还有4个批次的保障性租赁房和1批保障性商品房正在配租配售中，可惠及近1万户住房困难家庭。

5.提升新市民融入城市能力

开展新型城镇化职业技能教育培训、乡村振兴带头人等特色培训，提升就业和再创业能力，新型职业农民培训超过5000人。做好被征地农民和海域退养渔民转产就业，构建“基于大数据基础的精准就业帮扶系统”平台。

6.探索“人地钱”挂钩机制

一是建立市对区均衡性转移支付稳定增长机制，按照各区标准收入、基本公共服务标准支出等因素对均衡性转移支付资金进行分配，向财力相对困难、人口导入较多的区倾斜。2018年安排对区均衡性转移支付资金10.7亿元，较2017年增长5.9%。二是统筹安排基础设施、社会民生事业项目、农村建设等用地，优先保障新城、新的开发片区等未来人口增长重点片区的项目用地。

7.深化土地制度改革

在全省率先完成农村土地确权颁证登记和集体资产清产核资工作。落实农村土地“三权分置”，建设农村土地流转服务平台15个，基本覆盖主要涉农镇（街），促进经营权有序流转。采取措施突破耕地质量占补平衡瓶颈，通过异地购买指标，满足重点项目需求。

8.健全城镇化投融资机制

引导金融机构加大信贷支持、债券融资服务、创新设立城镇化金融产品。积极培育村镇银行，同安农银村镇银行和翔安民生村镇银行平稳运行。厦门农商银行推出“老无忧”社保贷款、“金包银”、“金包金”、农村青年、妇女创业贷款和小额担保贷款等贷款业务。

（二）以跨岛发展为龙头全面提升城市发展质量

1.着力提升中心城市承载力

打造岛内外联动一体化发展格局。岛内做“减法”，严控建设规模，降低开发强度和建设密度，提升功能品质，打造高档商圈、旅游会展、总部经济、研发中心、文化创意等高端服务业集聚区；岛外做“加法”，高起点、高标准、高层次、高水平规划建设岛外新城，谋划重大产业园区布局，重点发展电子、机械等高端制造业和现代服务业。2017年岛外地区生产总值占全市比重48%，规模以上工业增加值占全市比重71%。“新城+基地”建设提质提效，扎实有力推进产城融合（见图1），2018年岛外固定资产投资增长13%左右，总量占全市比重75%以上。超过七成的规模以上工业增加值、固定资产投资均来自岛外。

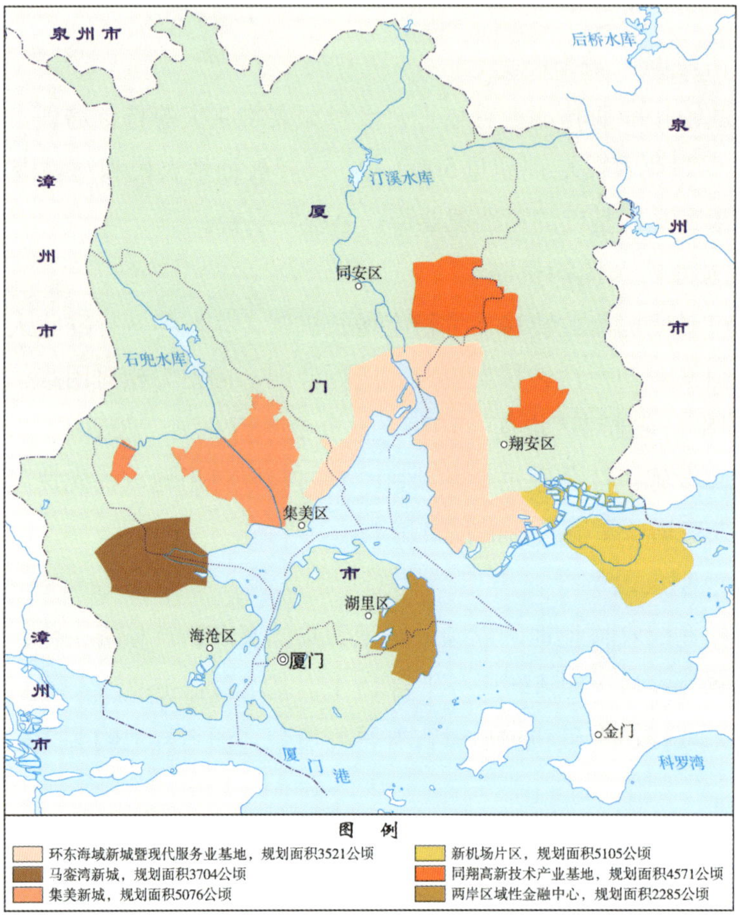

图1　厦门市推进产城融合的“新城+基地”模式

2.着力提升城市规划建设水平

根据资源环境承载力要求框定总量、限定容量，通过“多规合一”统筹生产、生活、生态布局，划定981平方公里生态控制线，占全市面积的57.7%。城市生态保护、绿色发展理念深入人心，生态文明示范区建设多项成果获得国家和省的认可，其中打造具有厦门特色的生态系统价值核算的“沿海样板”、生态文明建设目标评价考核工作被中央改革办高度肯定。生态修复、城市修补有序推进，空气质量优良率在全国169个重点城市排名第2位。建设海绵城市试点区，完成海绵城市建设面积29.11平方公里。

建设地下综合管廊60公里以上，地下综合管廊试点绩效在全国首批试点城市中实现“三连冠”。提高城市防灾设防标准，提升城市防灾治理水平。

专栏 3

“多规合一”四个“一”工作经验

厦门市率先开展“多规合一”实践，利用信息化手段建立统一的空间规划体系和空间治理体系，探索形成了四个“一”的工作机制，即一张蓝图、一个平台、一张表、一套制度，有力推动经济发展管理体系转变，实现统筹发展。具体包括：

一张蓝图：整合“一张蓝图”，以《美丽厦门战略规划》提出的城市理想空间形态为指引，统筹整合各个规划，衔接基础数据、用地分类标准和用地边界，统一各类图纸坐标系，形成覆盖全市域城乡的“一张蓝图”。

一个平台：基于“一张蓝图”，厦门市搭建了全市统一的空间信息管理协同平台。实现建设项目、规划、国土资源管理信息，以及环保、海洋、林业、水利、交通、教育、医疗、农业等部门规划信息资源的共享共用。

一张表：推行“一表式”受理审批，变过去串联式审批为并联式审批，由被动式服务转变为主动式服务，由“1对N”转变为“N对1”，由多环节多层次转变为扁平化高效率。

一套制度：创建一套机制，解决改革中带有根本性、全局性、长期性的问题，把做好顶层设计与先行先试、开拓创新有机结合起来；杜绝体外循环，梳理规范前置审批和中介服务，做到全流程、全覆盖；从事前审批向事中、事后监管转变，从“严进、松管、轻罚”向“宽进、严管、重罚”转变。

3.着力推进城市有机更新

加快实施第二轮城市改造提升工程，完成市政道路、绿化提升和立面整治等项目36个，老旧小区改造“厦门模式”向全国15个试点城市推广。因地制宜推进城中村改造，启动岛内东部片区、湖里七大片区旧村改造。2018年重点推进何厝、岭兜、高林等片区改造。结合“双创”试点，推进思明龙山工业区、湖里老工业区、湖里火炬园及龙头山枋湖片区等老旧厂房改造，打造具有各类主题特色的创新创业集聚区，使老旧厂房重新发挥效益。

4.着力加快城市综合交通网络建设

“两环八射”快速路系统外环全线贯通，实现岛内外核心区域半小时通达（见图2）。第二西通道、机场快速路、第二东通道等城市快速路加快建设。地铁1号线开通运营，2、3、4、6号线加快推进。2017年路网密度8.45公里/平方公里，在住房城乡建设部《中国主要城市道路网密度监测报告》监测的36个城市中排名第2，达到国家要求。公共交通机动化出行比例达到44%，新能源、清洁能源车辆比例达到50%。

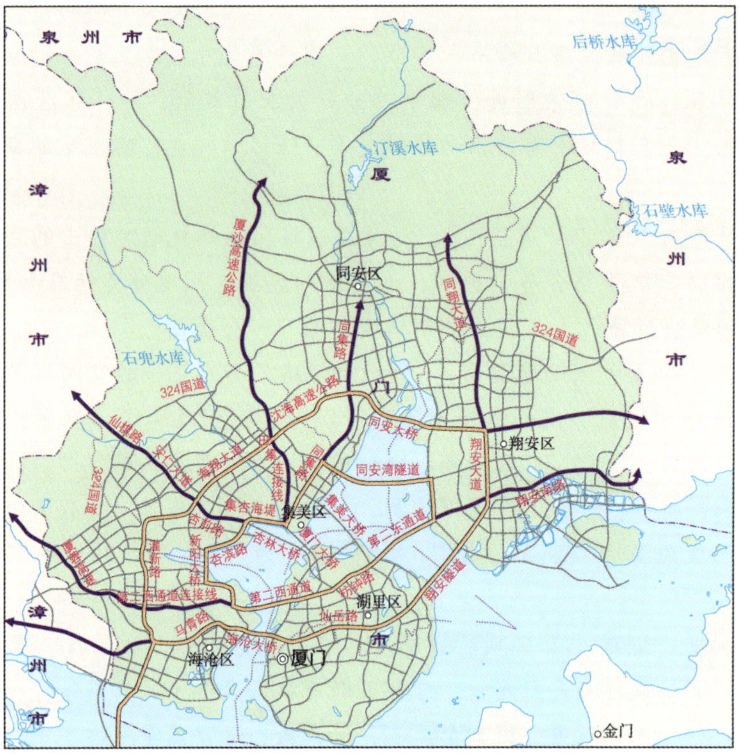

图2 厦门市“两环八射”快速路网

5.着力改善城乡人居环境建设

实施完成“三线四片”及重要道路、节点、门户、客厅“四重”范围内的绿化恢复和提升，以及道路园林绿化改造提升工作。全市拥有公园130个，人均公园绿地面积为13.07平方米，城市建成区绿地率为39.03%，绿化覆盖率为42.93%。全市城镇和农村污水收集处理率为95.76%，垃圾无害化处理率达到100%。开展垃圾分类，垃圾分类知晓率达90%以上，参与率达80%以上，在全国46个垃圾分类重点城市工作情况通报中位居第一。垃圾分类“五全工作法”成为“厦门经验”。

6.着力提升城市治理智能化水平

推进城市治理精细化、智能化，荣获2018中国城市治理智慧化综合奖，市民卡APP入围“首届数字中国峰会最佳实践成果30强”，交通出行、医疗健康、政务服务、生活服务等领域智慧便利。气象自动观测、海上船舶AIS、公交站点、微型消防站、基础大排查、信用等10类公共安全要素数据功能拓展。城市光纤到户覆盖率达到100%，移动互联网用户渗透率达到100%。实现WiFi网络全城覆盖，内主干道及三线四片重点区域4G覆盖率达到99%。

（三）构建中心城市带动闽西南五市协同发展的格局

1.着力打造厦漳泉大都市圈

发挥区域中心城市带动作用，推动都市圈内重大基础设施、产业转型、生态环保、公共服务、联动开放与两岸融合等方面统筹考量、综合布局。厦沙高速、福厦高铁、厦漳泉城际铁路R1线等一批项目加快实施；厦漳泉城际R1线明确三市协同推进工作机制，目前已委托设计单位开展项目预可研；厦门泉州（安溪）经济合作区、长泰枋洋水利枢纽、厦漳泉城市联盟路、厦门能源材料与石墨烯产业协同中心等项目进展顺利；签订厦漳泉大气污染、厦漳泉龙九龙江流域生态环境联防联控联治工作备忘录，区域生态环保、流域整治实现协同共管；公共服务共建共享、旅游服务一体化全面推进。

专栏4

厦漳泉都市圈和闽西南协同发展区建设

厦漳泉都市圈：由厦门、漳州、泉州三地市组成，地处闽南，是海西城市群中的核心片区。2015年，福建省委、省政府印发实施《厦漳泉大都市区同城化发展总体规划》，规划实施28个重大项目（事项）。取得的成效包括：完善区域路网，全面打通“断头路”，实现区域“1小时交通圈”；开通公交线路，实现区域公共交通支付一卡通；毗邻区布局建设甲级医院，成立厦漳泉儿科医联体；取消固话区间费，实现区域通话资费同城化等。

闽西南协同发展区：由厦门、漳州、泉州、三明和龙岩五地市组成，通过平等协商结成的区域协作共同体。2018年，福建省委、省政府作出以厦漳泉都市圈为引擎，带动闽西南协同发展区加快发展的重要部署。强化统筹规划，《闽西南协同发展区发展规划》即将由省政府印发实施，组织开展15个重点领域的专项规划编制和重大专项研究。分领域开展合作对接：加快铁路及区域轨道网建设，完善协同区道路网络布局，促进区域综合交通运输一体化；围绕优势产业集群建立产业投资项目库，协同区内合作共建7个产业园区；建立厦漳泉区域大气污染和厦漳泉龙九龙江流域生态环境、三明龙岩汀江和沙溪流域生态环境三项联防联控联治工作协调机制；建立闽西南不同学科医联体；开展系列旅游联合营销；携手推进军民融合示范区创建等。

2.牵头推进闽西南协同发展区建设

一是加快交通互联互通，打造形成厦门市域“半小时交通圈”和厦漳泉龙区域“1小时交通圈”。二是推进产业协作，合作共建厦门泉州（安溪）经济合作区、厦龙山海协作经济区、武平高技术产业园、海投（长泰）科技创业园、云霄回乡创业园、诏安金都工业集中区、集美（清流）产业园等7个产业园区。三是抓规划对接。配合省联席办（省发展改革委），在重大基础设施布局、产业转型升级、生态环境保护、公共服务共建共享、联动开放与两岸融合等方面编制发展规划。统筹协调各市对口部门，加快研究编制厦漳泉沿海城镇发展带空间规划、城际铁路R1线走廊带及站点空间控制规划等15个重点领域的专项规划编制和重大专项研究。四是抓项目带动。完善项目滚动推进机制，实施闽西南协同发展区第一批重大（重点）项目22个，建立重大重点项目台账及市领导挂钩机制，总投资3349.51亿元；健全项目策划生成机制，初步筛选基础设施、产业协作、公共服务等领域跨地市协作项目75个、总投资1810亿元，其中厦门20个、总投资670亿元。五是建立健全协同发展体制机制，建立联席会议—实体化驻厦办公的协同发展区办公室—牵头部门—19组对口部门四级工作机制。

（四）统筹推进城乡融合发展

1.实施乡村振兴发展战略

成立实施乡村振兴战略领导小组及办公室，设立11个专项小组。编制《厦门市乡村振兴战略规划（2018—2022年）》和村庄布局规划，确定编制乡村振兴规划行政村98个。策划生成项目988个、总投资1074亿元，军营村、青礁村等20个乡村纳入市级乡村振兴试点。调整优化村庄用地布局，镇级土地利用总体规划预留不超过5%的规划建设用地指标，用于农村设施、乡村旅游设施等建设。

专栏 5

市级乡村振兴试点村

集美区：灌口镇田头村、双岭村，后溪镇溪西村的山尾自然村；

海沧区：海沧街道青礁村，东孚街道洪塘村、过坂村、贞岱村；

同安区：莲花镇军营村、白交祠村，汀溪镇顶村村、古坑村，五显镇三秀山村，西柯镇丙洲村，竹坝片区；

翔安区：新圩镇面前埔村，新店镇澳头村、大宅村，内厝镇锄山村，大嶝街道田墘村，大帽山寨仔尾等片区。

2.带动农村一二三产业融合发展

推动农产品加工业、休闲农业与乡村旅游、农村电商等新业态发展。44家农业产业化龙头企业实现营收550亿元，增长12%。全市7家龙头企业进入国家2018年农业产业化龙头企业500强排行榜，数量居全省第一。进一步做好国家级农村产业融合试点区示范工作，农民专业合作社、家庭农场、农业龙头企业等新型经营主体不断壮大，全市拥有农民专业合作社1955家，家庭农场437家。

3.加快建设美丽乡村

30个美丽乡村、8个农村人居环境示范村建设全面推进，7个村庄入选省级美丽乡村示范村，白交祠村、马塘村入选中国美丽休闲乡村，军营村入选“前六批全国一村一品示范村镇监测合格名单”（参见图3—图5）。开展农村人居环境整治三年行动，实现流域内生活污水治理全覆盖。加快推进146个行政村的农村生活垃圾治理。推动翔安大帽山、青礁院前社等乡村旅游发展，全市共有全国农业与乡村旅游示范点7个、全省休闲农业示范点12个、全省休闲农业示范镇3个、中国最美休闲乡村4个。

图3　中国美丽休闲乡村——白交祠村

图4　中国美丽休闲乡村——马塘村

图5　全国一村一品示范村——军营村

专栏 6

省级美丽乡村示范村

集美区：灌口镇东辉村加墩社；
海沧区：海沧街道海沧村龙庙社、海沧村后垵社；
同安区：五显镇三秀山村、汀溪镇造水村三甲自然村；
翔安区：新店镇大宅社区后宅自然村、新圩镇乌山村前山自然村。

4.打造新型特色小镇

推动省级特色小镇建设。2018年厦门市9个省市级特色小镇共完成投资31.7亿元，其中3个省级特色小镇共完成投资14.5亿元，6个市级特色小镇共完成投资17.2亿元。

二、2019年重点工作

以促进人的城镇化为核心、提高城市发展质量为导向，推进农业转移人口市民化，配套完善新型城镇化的各项制度，落实厦门市新型城镇化的各项指标体系，打造新型城镇化系统推进的工作体系。

（一）积极推进农业转移人口市民化

一是落实国家关于“全面放宽城市落户条件”有关要求，提升居住证办理便利化。二是强化常住人口基本公共服务供给。推动各区实施学前教育行动计划，增加普惠性学前教育资源供给；解决随迁子女就学问题，进一步实施农村义务教育提升计划；加快推进基层综合性公共文化服务中心建设，推进公共图书馆和文化馆总分馆制改革；加强新型城镇化职业技能教育培训，实施新型职业农民培育工程，完善精准就业帮扶平台，以20个试点村为抓手，树立一批带农致富的乡村带头人先进典型。三是落实财政资金奖励政策，建立健全财政转移支付与农业转移人口市民化挂钩机制。

（二）提升城市发展质量

一是提升中心城市辐射力带动力，提高城市经济质量，按照“多规合一”要求进一步优化城市空间布局。二是提升城市发展科学化精细化智能化水平，完善现代化基础设施，加快推进5G技术商用，建设智慧城市，在城市规划管理、医疗卫生、社会治安、交通出行、政策服务等领域打造一批应用示范项目。三是推动闽西南协同发展区建设，建立健全区域协作机制，融入“一带一路”建设、长江经济带和粤港澳大湾区等重大发展战略。

（三）推动城乡融合发展

一是加快基础设施向乡村延伸、资源要素向乡村流动，持续完善农村供水供电、道路通讯等基础设施和教育医疗、健康养老等公共服务设施。二是推动乡村振兴战略规划落地实施，深入实施12个三年行动计划，加快实施25个农业产业化项目，推动农业全面升级、农村全面进步、农民全面发展。三是加快建设美丽宜居乡村，抓好8个市级重点示范村、12个市级示范村建设，完善村庄规划、建设和管护机制。抓好农村环境整治，全面提升农村人居环境质量。

（四）深化城镇化制度改革

一是深化农村产权制度改革，2019年10月底前完成农村集体产权制度改革工作。二是完善土地利用制度，进一步促进农村土地经营权有序流转，促进农业发展适度规模经营。三是完善城镇住房制度，加快推进租赁住房土地供应，在产业新城、文创园区周边配建租赁公寓等；引导各区农村预留发展用地参与利用集体土地建设租赁住房项目；鼓励国有企业与村（居）集体合作，利用集体发展用地建设租赁住房项目；推动保障性住房项目按计划落地。四是做好新型城镇化建设项目用地服务保障，优先安排城镇化项目新增建设用地指标，支持休闲农业和乡村旅游产业发展用地。

（五）健全城镇化融资机制

一是加大金融机构对城镇化重点领域支持，通过政银企对接会，以银招商等形式，加强金融支持力度。二是创新城镇化信贷产品，完善信贷工作机制。不断完善农村金融服务体系建设，支持农业担保公司创新服务“三农”的融资担保产品。三是继续落实在厦保险资金运用动态监测制度，拓宽资金运用途径，提升保险资金服务新型城镇化建设水平。

（六）加强新型城镇化指标跟踪落实

落实《国家新型城镇化规划（2014—2020年）》提出的新型城镇化指标体系，强化统筹，加强指标统计考评，围绕指标深化细化城镇化目标任务，形成系统化的工作抓手。

深圳市2018年推进新型城镇化建设总结报告

深圳市发展改革委

一、2018年工作情况总结

2018年以来，深圳市认真贯彻落实国家、省有关推进新型城镇化建设相关文件精神，准确把握新型城镇化工作新形势、新任务和新要求，深入推进农业转移人口市民化、优化城市空间布局、深化城镇化制度改革等各项工作任务，并取得积极进展。

（一）加快农业转移人口市民化

1.推进户籍制度改革

认真落实《国务院关于进一步推进户籍制度改革的意见》要求，按照《深圳市人民政府关于进一步加强和完善人口服务管理的若干意见》《深圳市贯彻落实〈国务院关于进一步推进户籍制度改革的意见〉工作方案》部署，坚持学历型人才和技能型人才并重，降低人才迁户门槛。严格执行《深圳市积分入户办法（试行）》，完善积分入户政策。实施更加人性化的投靠迁户政策。将夫妻分居随迁政策的分居时间由满3年放宽至满2年，取消老人投靠入户政策多子女投靠人入户"就小不就大、就近不就远"的条件限制。新政实施以来，深圳市迁户数量快速增长，户籍规模加速扩容，至2018年末，全市在册户籍人口达到500.73万人，较2015年增长131.54万人。"十三五"时期年均增长43.8万人，是"十二五"时期年均增长18万人的2.4倍（见图1）。

2.推动特区居住证制度落地实施

严格遵循《深圳经济特区居住证条例》，建立市居住证持有人基本公共服务政策制定工作联席会议制度。拓展居住证信息系统功能，将居住证信息数据与市财政、交通运输、住房建设、公安交警、邮政等多部门共享，与人社、教育等部门系统对接，实现业务一站申请，网上自动流转审核，全程无纸化办理。坚持做好"深圳居住证"微信公众号阵地宣传，通过"深圳公安"新浪微博平台开展居住证在线互动问答活动等方式，持续开展普法宣传。以居住证为载体向非户籍常住人口提供基本公共服务及办事便利，持

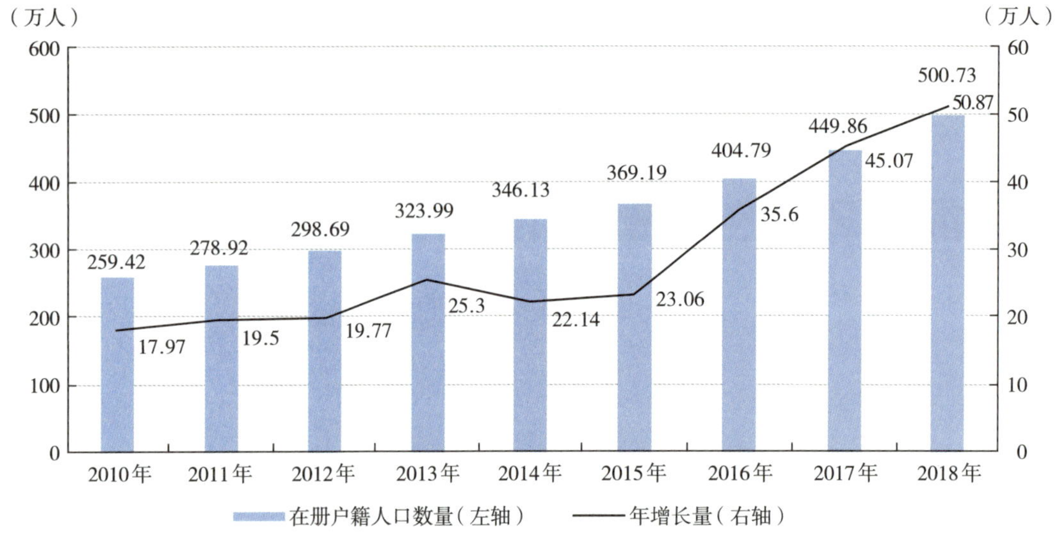

图1　深圳市近年来在册户籍人口增长情况

有居住证可享有免费义务教育、基本公共就业服务、职工基本养老保险等61项公共服务。自2015年6月1日正式实施《深圳经济特区居住证条例》以来，截至2018年末，全市累计办理居住证436.56万张，其中有效居住证共计314.98万张（见图2）。

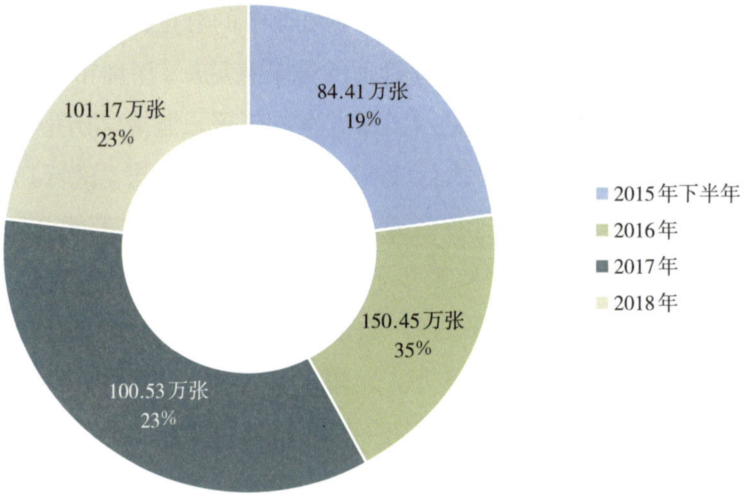

图2　深圳市近年来居住证办证情况

3.优化提升基本公共服务供给

一是在义务教育方面，全市公办学校55%以上的学位用于安排来深务工人员随迁子女就读，全市非户籍学生受益规模超过50万人。二是在公共卫生方面，对所有常住人口均免费提供居民健康档案、预防接种、传染病防治、儿童保健、孕产妇保健、老年人保健等服务。三是在住房保障方面，住房公积金缴存、贷款政策不区分非户籍职工与户籍职工，异地务工人员所在单位属于符合深圳市产业转型升级发展方向的重点企业或列入本市人才安居重点企事业单位名录的，可向政府部门申请租住或购买定向房源作为人才公寓出租给员工居住。四是在民政、公共文化体育方面，对所有人口实行基本殡葬服务免费，免费开放公共文化及体育场馆，免费提供全民健身服务。

专栏 1

深圳市“十三五”时期教育事业重大工程

高等教育：加快中山大学·深圳校区建设。完成香港中文大学（深圳）一期、深圳北理莫斯科大学新校区、深圳大学西丽校区、南方科技大学校园（二期）和哈尔滨工业大学（深圳）等高校新改扩建。推进深圳吉大昆士兰大学、深圳国际太空科技学院、深圳墨尔本生命健康工程学院、湖南大学罗切斯特设计学院（深圳）等特色学院建设。

职业教育：规划建设深圳技术大学，完成深圳职业技术学院综合楼建设、深圳信息职业技术学院教学实训设备购置、深圳第二高级技工学校迁址改造。规划建设一所国际化特色职业学院。

基础教育：完成深圳第八、第九、第十、第十一、第十二高级中学和深圳中学泥岗校区、南山外国语学校高中部、罗湖外国语学校高中部、龙华中学、观澜中学、翠园中学等新改扩建工程，规划建设第十三、第十四、第十五高级中学。完成115所义务教育学校新改扩建。

专栏 2

深圳市“十三五”时期医疗卫生事业重大工程

建成中山大学附属第七医院、萨米国际医疗中心（深圳）、深圳大学附属医院、平湖医院、健宁医院、吉华医院、新华医院、市中医院光明院区、大鹏人民医院、第二儿童医院、口腔医院以及急救、血液、医学信息三中心等项目。

加快南方医科大学深圳医院、中国医学科学院肿瘤医院深圳医院、香港大学深圳医院、市人民医院、市第二人民医院、市第三人民医院、市孙逸仙心血管医院、市眼科医院、市妇幼保健院等医院的改扩建，推进沙井片区综合医院、市医学科学研究院和质子重离子治疗中心等项目建设。

规划建设医学临床技能模拟培训中心和市人口健康信息化工程等项目。

专栏 3

深圳市“十三五”时期文体事业重大工程

文体基础设施：加快建设深圳文化馆新馆、深圳美术馆新馆、深圳博物馆自然馆、深圳红树林湿地博物馆、深圳科技馆、深圳图书馆调剂书库、深圳影视动漫互动体验馆、宝安广播电视发射中心迁址新建工程、广东国家数字出版基地深圳福田园区、深圳书城（龙岗城、龙华城、光明城、湾区城和大鹏城）、深圳青少年足球训练基地等项目。

特色文化品牌：继续办好深圳读书月、深圳晚八点、社科普及周、创意十二月等品牌文化活动，培育更多本土文化品牌。

4.完善农民工就业服务和社会保障

在农民工就业服务领域，进一步健全劳动者平等就业制度，加强异地务工人员技能培训，根据企业员工岗位需求开展培训，基本实现公共就业服务均等化。非深户在职员工参加技能培训，享受专项职业培训和技能鉴定补贴，其中职业培训补贴非户籍员工超过80万人。在农民工社会保障领域，推动基本医疗保险制度覆盖全市用人单位的职工。21家基层定点医疗机构接入跨省异地就医平台，17家公立医院实现“新农合”微信支付上线，实现跨省异地就医结算，减轻外来务工人员在深看病经济压力。

5.加大财政政策支持力度

一是全面加大对原特区外的财力支持和倾斜力度，市区财力比例由第四轮市区财政体制的6∶4调整为第五轮的5∶5，市级财力中政府投资计划投向原特区外的比例超过80%。二是合理分配农业人口市民化奖励资金，促进基本公共服务常住人口全覆盖。

建立健全财力保障同常住人口相挂钩的机制，将基本公共服务的事权、支出责任和财力下放给区级，全力促进基本公共服务均等化。科学分配并统筹使用农业转移人口市民化奖励资金，最大限度发挥资金效益。三是加大教育转移支付力度，2018年市本级向各区下放教育费附加和地方教育附加合计75亿元，且适当向原特区外倾斜，其中龙岗、宝安两区分配资金分别为22%和17%。

（二）优化城市空间布局

1.积极推进特区一体化和东进战略

2018年1月15日，国务院正式批复同意撤销深圳经济特区管理线，标志着原特区内外二元发展形态正式走进历史。加大特区一体化攻坚力度，有序实施特区一体化攻坚行动计划（2017—2020年），原特区内外法规政策、规划布局、基础设施、城市管理、环境保护和基本公共服务等“六个一体化”全面上新台阶。继续实施东进战略，以解决东部薄弱地区发展问题为突破口，大力推动交通先行、产业提升、城市更新，破解“西密东疏”的不均衡格局，带动提升特区一体化整体质量和水平。全年重点推进了268个特区一体化项目，其中市级政府投资计划投向原特区外的比例占80%以上，布局在原特区外的重点片区、重大项目占全市70%以上。

2.加强区域融合发展顶层设计

编制实施《深圳市新型城镇化发展规划（2015—2020年）》，明确推进新型城镇化的总体目标、重大任务、空间布局与实施路径。在《深圳市城市总体规划2017—2035年》初步成果基础上，先行先试组织编制国土空间规划，前瞻科学谋划城市战略定位和发展目标，划定生态保护红线、永久基本农田、城镇开发边界，优化空间结构布局。深入推进城市更新，完成《深圳市城市更新单元规划编制技术规定》修订工作，研究编制《深圳市城中村（旧村）总体规划纲要（2017—2025）》。

3.提升城市建设管理水平

高质量、高标准推进重点区域开发建设，完成深圳湾超级总部基地、大空港新城等17个重点片区规划建设（见图3），全年投资超过2000亿元。万科、恒大集团、中国电子、大疆等多家知名企业入驻重点片区，打造成为城市新客厅和区域经济新的增长极，带动周边区域经济快速发展。推进城市公共安全管理全覆盖，深入推进“织网工程”，开展“雪亮工程建设”，新建和改造提升一千多座公厕，基本完成600个城中村全面综合治理工作。开展城市公共安全风险治理，实施安全生产八大专项整治行动，重点整治道路交通、建筑施工、地下管线、电气火灾、电单车等突出安全隐患，安全生产事故起数和死亡人数实现双下降。进一步增强防灾减灾和应急救援能力，积极推进应急管理机构、应急值守平台和应急指挥平台建设管理。持续深化房地产市场调控。

出台“三价合一”和“新四条”系列政策，加快建立房地产长效机制，多措并举促进房地产市场平稳健康发展。

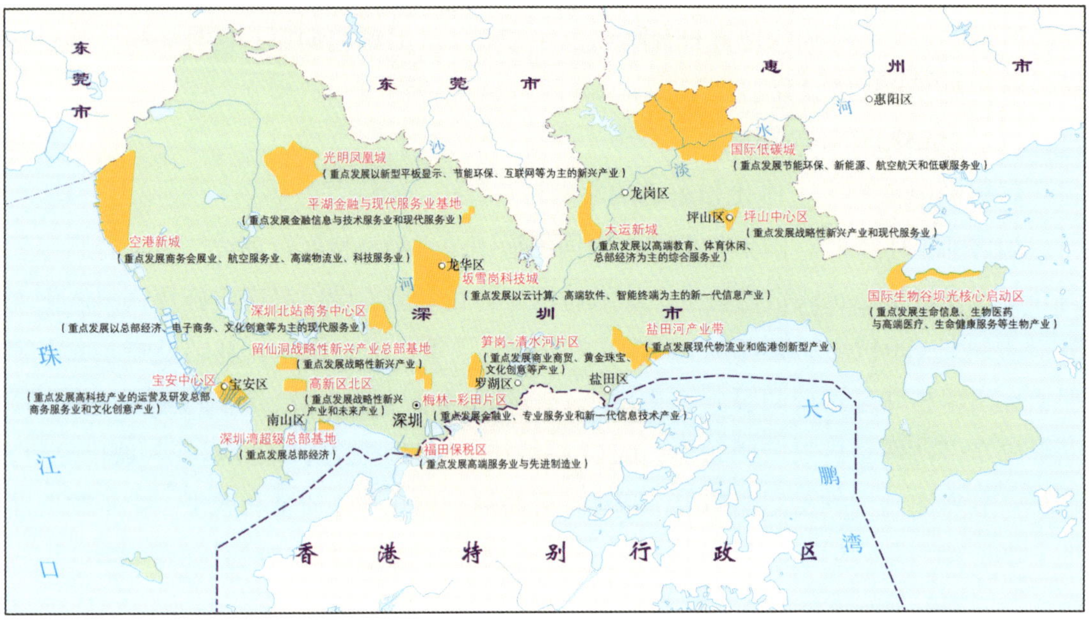

图 3 深圳市 17 个重点区域布局图

4.建设完善城市基础设施

二线关口综合改善工程全面启动，拆除16个二线关口的车检通道与联检大楼。交通基础建设不断提速，轨道交通在建里程达275公里，四期5条线路全面开工。道路交通设施品质明显提升，外环高速等加快推进，石岩外环路等建成通车。优化调整公交线路145条，公交分担率达60%，获评国家公交都市建设示范城市。完善全市水务一体化管理，公明供水调蓄工程投入运营，新建污水管网2353公里，基本补齐历史缺口。完成小区正本清源改造5520个，新改扩建水质净化厂5座。建立一体化能源及信息保障体系，坪山华电分布式能源等项目建设正有序推进。

5.推动特色小镇开发建设

发挥特色小镇作为创新创业发展平台和新型城镇化重要载体作用，持续推进深圳市特色小镇培育创建工作，着力加快龙华大浪时尚小镇等一批省级特色小镇开发建设，不断提升特色小镇建设品质和发展水平。目前，龙华大浪时尚小镇、龙岗南湾云创小镇、龙岗坂田创投小镇和龙华观澜文化艺术小镇获批省级特色小镇。其中，龙华大浪时尚小镇以女装为代表的时尚创意产业年产值超过400亿元，入驻时尚企业458家，总部企业11家，上市企业3家，拥有超过100个自有品牌，其中中国驰名商标6个。

（三）深化城镇化制度改革

1.深化行政管理体制改革

一是深化机构改革。印发实施《深圳市机构改革方案》，深化行政执法体制改革，统筹配置行政执法职能和执法资源，合理划分市、区执法事权。继续完善市场监管、生态环境保护、文化市场、交通运输等领域综合执法。二是持续精简行政职权事项。完成省“强市放权”下放两批共192项行政职权事项的承接工作，配合省开展下放事权实施效果评估，分三批梳理取消深圳相关事项29项。三是深化街道行政管理体制改革。积极优化街道党政机构和职能配置，大力构建简约高效的基层管理体制，继续推行大部门制，整合机构编制资源，合理确定街道党政机构设置形式和数额。

2.加快龙岗国家产城融合示范区建设

编制实施《深圳市龙岗产城融合示范区建设行动计划》，明确产城融合工作重点，有序推进国家产城融合示范区建设。一是实体经济实现高质量发展。加快建立以先进制造业和现代服务业为核心的现代产业体系，成功引入瓦谢尔计算生物研究院、科比尔卡创新药物开发研究院、切哈诺沃精准和再生医学研究院等3个诺贝尔奖科学家实验室，建成中法（深圳）联合创新中心。二是城市功能日趋改善。率先编制分区规划，优化产城融合空间布局。持续优化城市公共服务配置，深圳北理莫斯科大学主体工程全面封顶，新增公共文体设施面积约12万平方米，探索“医养结合”新型养老路径。三是基础设施建设水平不断提升。加快建设轨道10、14、16号线，坂银通道等项目顺利推进。智慧城市建设全面提速，建成全国首个区级智慧中心，获评“2018中国领军智慧城区奖”。四是全力提升城市生态环境品质。深入开展“深圳蓝”可持续行动，大力实施治水提质行动，新建改建各类公园34个，197个城中村综合治理稳步推进（参见图4）。

图4　改造前后的深圳市布吉关

3.积极推进光明区国家新型城镇化综合试点

2018年5月，国务院同意深圳市设立光明行政区。以成立行政区为契机，持续推进国家新型城镇化综合试点工作（见图5）。一是有序推进外来人口市民化。高层次人才引进力度加大，新区人口户籍结构持续优化，引进各类人才3311人。二是完善农业转移人口基本公共服务体系。义务教育保障能力持续加强，公共文体供给质量稳步提升，医疗卫生水平不断提高，公共交通基础设施持续完善。三是建立多元化可持续的新型城镇化投融资体制。海绵城市PPP试点项目成功入选财政部第四批PPP示范项目库。四是大力推进行政管理体制创新。全面推行审批服务“马上办、网上办、一次办”，在全市各区中率先实现区大厅政务事项“一窗式”服务。五是健全城市生态文明建设体制机制。国家绿色生态示范城区建设加快推进，国家级循环化改造示范园区建设持续推进。新增绿色建筑项目10个，新增海绵城市面积6.23平方公里。六是建立健全新型城镇化标准体系。以优秀成绩通过广东省新型城镇化标准化试点交叉自查评估和终期评估。七是深化推进土地制度改革。深入推进地籍调查工作，全力推进现场指界、地籍测量等外业工作。

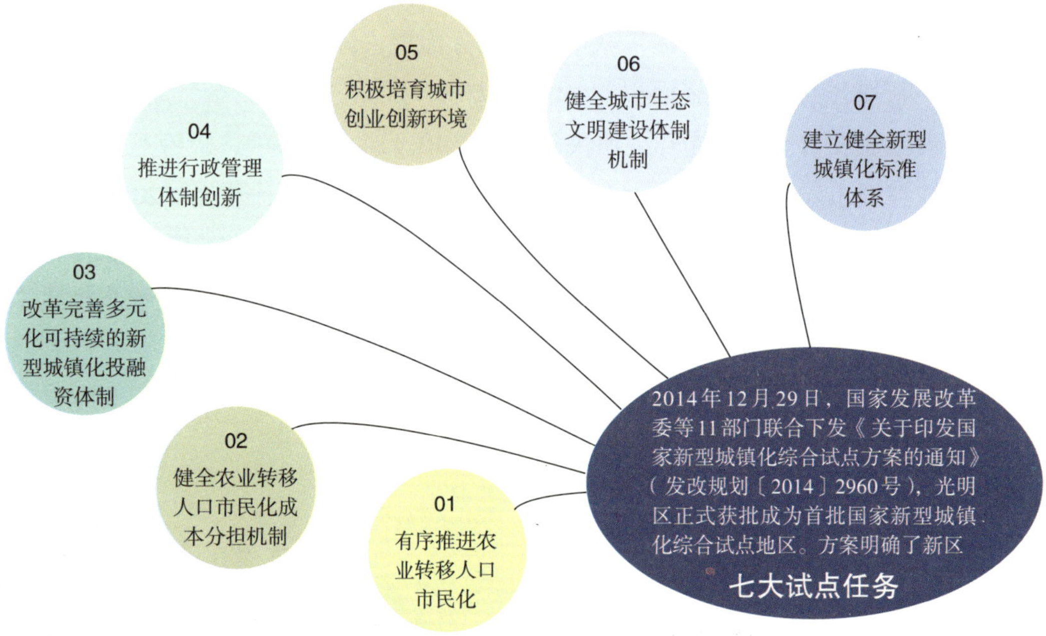

图5　深圳市光明区新型城镇化七大试点任务

二、2019年重点工作

（一）继续推进深圳市户籍制度改革

结合深圳市户籍政策执行情况，优化调整相关政策执行方式和实施机制，秉持共享发展理念，不断深化与户籍制度改革相关的各领域配套改革。

（二）继续优化城市功能布局

继续推进国土空间规划编制工作，主动融入全省“一核一带一区”城市发展新格局，深入实施“东进、西协、南联、北拓、中优”城市发展战略，制定实施方案和行动计划，推动全市域高质量一体化，着力促进城市均衡发展。以城市功能提升为导向，深入推进城市更新和土地整备，推动轨道交通沿线区域TOD开发，促进土地集约利用。

（三）不断提升基本公共服务供给能力

全面落实国务院“十三五”推进基本公共服务均等化规划及国家《关于建立健全基本公共服务标准体系的指导意见》，推进教科文卫体基本公共服务标准体系建设，以标准化手段优化资源配置、规范服务流程、提升服务质量，推动常住非户籍人口享受户籍居民同等待遇。

（四）大力推动基础设施一体化建设

高标准一体化综合交通体系，大力推进干线道路规划建设，持续推进轨道三期四期建设。配合推进珠江三角洲水资源配置工程及深圳境内配套工程建设，加大新能源汽车推广应用力度，深入推进国家低碳试点城市建设。进一步提高燃气管网覆盖率，推动管道天然气改造。推动智慧城市和数字政府建设，提升光纤入户率和重要公益性公共场所免费无线宽带覆盖率。

（五）持续提升城市安全保障水平

对标国际先进城市，提升特区城市管理标准。开展城中村综合治理，切实扭转部分片区“脏乱差”。深入开展安全生产大排查大整治行动，着力提升原特区外部分薄弱地区的安全生产保障水平。深入推进平安深圳建设，提升警务工作精细化、信息化、规范化水平。加强消防、道路交通、危化品、地质灾害等安全治理，增强防灾减灾和应急救援能力。

（六）全面推进生态环境保护

深入开展生态环境保护攻坚行动，用最严格的制度守护好绿水青山。进一步提升大气环境质量，加快国际低碳城建设，加快推进光明、坪山低碳生态示范城区和循环化改造示范试点园区建设。推进建设海绵城市，统筹城市治水。加大水生态修复，推进河流黑臭水体综合治理。制定实施自然岸线控制和海洋生态红线管理规定，打造美丽海湾海岸带。

（七）持续高标准推进重点片区开发建设

全面优化和提升重点区域规划设计方案，推动落实重点区域质量型开发建设指引导则，加强规划编制、规划管理、土地出让、项目建设与导则的充分衔接，引导各重点区域实现特色化、精细化、高标准的开发建设。

（八）深化街道行政管理体制改革

落实《深圳市机构改革方案》，深入推进基层政权建设和审批服务便民化改革。继续推进强区放权改革，进一步下放经济社会管理事项，深入推进审批服务便民化改革，强化基层政府社会管理和公共服务职能，推动机构编制资源向基层一线倾斜。

三

部门报告

教育部2018年度新型城镇化工作报告

一、2018年工作总结

（一）保障随迁子女平等享有受教育权利

一是完善全国中小学生学籍信息管理系统（以下简称“学籍系统”），为学生学籍转接提供便捷服务。学籍系统提供了在线转学功能，在学校和区县分别设置了学籍管理员处理环节和负责人核办环节，代替了纸质材料的盖章审批，每个环节都规定办理时限，将整个转学过程限定在40个工作日内，自2014年至2018年10月，学籍系统共完成省内转学2334万例，完成跨省转学477万例。

二是完善进城务工人员随迁子女接受义务教育政策。印发《教育部办公厅关于做好2018年普通中小学招生入学工作的通知》，要求各地加快建立以居住证为主要依据的义务教育随迁子女入学政策，切实简化入学流程和证明要求，合理确定入学条件，确保符合条件的应入尽入，不得随意提高入学门槛。2018年4月，教育部召开了全国普通中小学招生入学工作会，要求各地高度重视并努力解决好随迁子女就学难问题。2018年，全国共有进城务工人员义务教育阶段随迁子女1424万人，其中79.37%进入公办学校就读，另有5.04%享受政府购买民办学校学位服务，随迁子女“两免一补”资金和生均公用教育经费基准定额资金实现可携带。

三是完善随迁子女在流入地升学考试政策。2016年9月，教育部印发《关于进一步推进高中阶段学校考试招生制度改革的指导意见》，进一步落实和完善进城务工人员随迁子女在当地参加高中阶段学校考试招生的政策措施，保障随迁子女更好地接受高中阶段教育。指导各地因地制宜做好中考改革实施意见的制定工作，为进城落户农民工子女接受高中阶段教育提供更多的机会。目前，全国已有26个省份出台了中考改革实施意见，各项改革措施有序推进。

四是扩大普惠性学前教育资源。2018年，中央财政下达支持学前教育发展专项资金149亿元，支持各地在农村和城乡接合部新建、改扩建公办幼儿园，扶持普惠性民办幼儿园。推动各地以县为单位编制实施第三期学前教育行动计划。支持地方公办民办并举、多种形式扩大普惠性学前教育资源。支持各地健全学前教育成本分担机制，提升保育教育质量。支持各地资助普惠性幼儿园家庭经济困难幼儿、孤儿和残疾儿童接受学前教育，确保建档立卡等家庭经济困难幼儿优先获得资助（参见图1）。

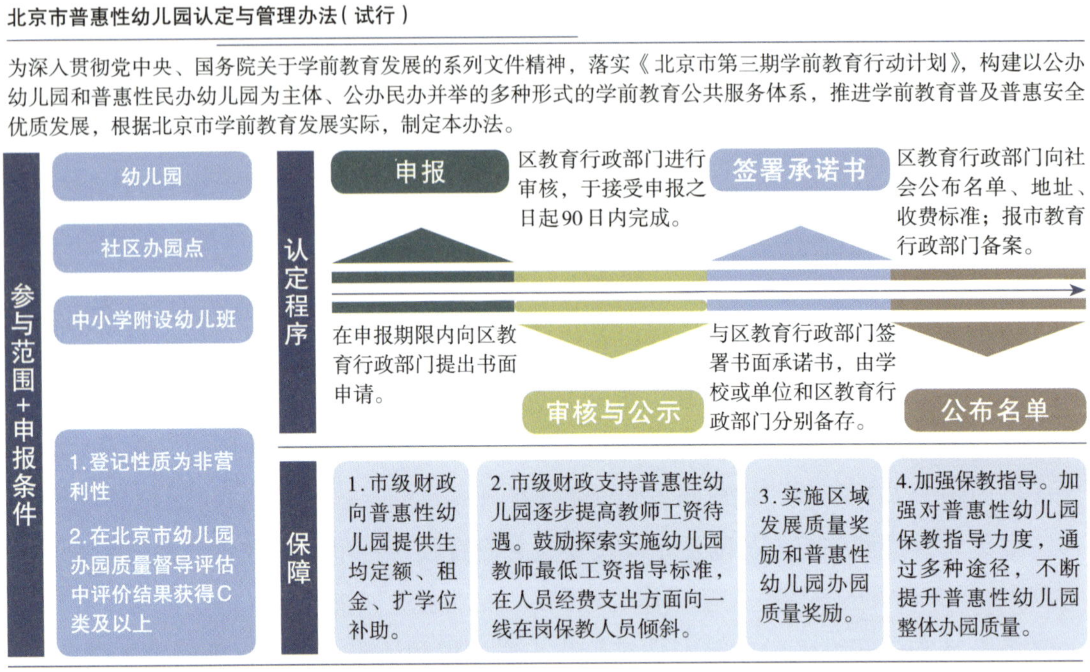

图1 《北京市普惠性幼儿园认定与管理办法（试行）》图解

资料来源：北京市教育委员会《北京市普惠性幼儿园认定与管理办法（试行）》2019-01-31。

（二）保障农业转移人口教育

一是广泛开展面向农民等群体的职业技能培训。完成面向农民等群体的各级各类岗位证书培训1500万人次，鼓励职业院校争取新型职业农民培育工程专项经费支持，实施现代化青年农场主、林场主培训和新型农业经营主体带头人轮训等培养计划。继续实施农民工学历与能力提升行动计划——“求学圆梦行动”，计划到2020年，资助150万名农民工接受学历继续教育。实施职教雨露计划，教育行政部门负责统筹协调职业院校，选择适当专业，单列招生计划，针对建档立卡贫困家庭子女招生，帮助他们至少掌握一项实用技能。

二是深入推进职业教育东西协作行动计划。推动职业院校面向未升学初高中毕业生、农村转移劳动力、失业人员、残疾人等群体，广泛开展劳务输出、乡村旅游、生态护林等职业技能培训。比如，大力实施《职业教育东西协作行动计划滇西实施方案（2017—2020年）》，推动云南有关高校、云南开放大学共同合作创建滇西青年创业学院，指导云南开放大学培养培训村干部。

三是促进毕业生就业创业。超过90%的中等职业学校农村户籍毕业生在城镇就业。有近300万高职新生为家庭第一代大学生，高职毕业生半年后就业率超过90%。支持地方免费培养农村高职（专科）医学生，2018年新增37个医学类专业点，专业布点向中西部倾斜。职业教育切实帮助农村青年学子获得就业技能和稳定工作，有力推动新型城镇化建设。

（三）推动城乡义务教育一体化发展

一是扎实推进义务教育均衡发展督导评估工作。按照《县域义务教育均衡发展督导评估暂行办法》规定的程序，持续开展义务教育均衡发展督导评估工作。2018年，组织对18个省（区、市）338个申报县进行了实地督导检查。对已通过认定的2379个县进行达标评估和年度发展变化评估。对于主要指标出现滑坡的县，督促各地积极整改，巩固提高水平；并约谈了未达标的市县政府分管负责人和教育行政部门主要负责人，以及所在省教育行政部门分管负责人，督促整改到位。截至2018年底，全国累计2717个县通过督导检查，占比92.7%。16个省（区、市）整体通过认定。

二是推动城乡教师交流。深入落实由教育部联合财政部、人力资源和社会保障部印发的《关于推进县（区）域内义务教育学校校长教师交流轮岗的意见》，指导各地合理确定交流轮岗的人员范围、创新方式方法、建立健全激励保障机制，明确要求各地要在编制核定、岗位设置、职务（职称）晋升、聘用管理、业绩考核、培养培训、评优表彰等方面制定优惠政策，保障工作顺利开展。鼓励支持各地从本地实际情况出发，大胆探索教师队伍管理新机制，推进“县（区）管校聘”管理改革。深入推动义务教育学校校长教师交流轮岗政策普及。开展义务教育教师队伍“县（区）管校聘”管理改革示范区建设，突破交流轮岗的制度瓶颈。安徽、福建等省份各县（市、区）已全面启动交流轮岗工作，先行试点县（区）已逐步进入常态化。

（四）优先发展农村教育事业

一是全面加强乡村小规模学校和乡镇寄宿制学校建设。2018年4月，国务院办公厅印发了《关于全面加强乡村小规模学校和乡镇寄宿制学校建设的指导意见》，对办好两类学校作出全面部署，在统筹布局规划、改善办学条件、加强师资建设、强化经费保障、提高育人水平等方面提出了具体举措。特别强调通过多种途径加强乡村学校教师队伍建设，利用“互联网+教育”方式，帮助两类学校开足开齐开好国家课程，提高乡村学校教育水平。

图2　农村义务教育学生营养改善计划

二是全面改善贫困地区义务教育薄弱学校基本办学条件。贯彻落实《关于进一步加强全面改善贫困地区义务教育薄弱学校基本办学条件中期有关工作的通知》要求，推动各地聚焦贫困地区狠抓落实，做好全面改薄工作。2018年，中央财政安排专项补助资金363亿元，截至2018年底，全国共新建、改扩建校舍面积2.05亿平方米，购置价值996亿元设施设备，分别占五年规划任务的98%和96%；有30.96万所义务教育学校（含教学点）办学条件达到20条底线要求，占义务教育学校总数的99.8%。

三是深入开展农村义务教育学生营养改善计划（参见图2）。2018年中央财政安排营养膳食补助资金201亿元。全国共有29个省1636个县实施了营养改善计划，覆盖学校13.8万所，受益学生3700多万人。

二、存在的主要问题

城镇教育资源紧张。在当前新型城镇化深入发展的关键时期，人口流动、户籍制度改革、计划生育政策调整等诸多因素导致城镇学龄人口迅速增加。2017年，在城镇就读的义务教育学生比例已达到76.5%，比常住人口城镇化率58.5%高18个百分点。而我国目前城乡教育资源还不够均衡，一些重点大城市流入人口较多，社会基础服务压力较大，面临着学校建设用地、学位资源、教师资源紧缺的困境，“城镇挤”问题突出。随迁子女接受义务教育后升学考试政策有待进一步完善。由于城市资源承载能力有限，个别特大城市随迁子女接受义务教育后仅能在当地报考职业教育学校，教育需求没有得到充分满足，因此进城落户农民工子女在流入地参加中考的政策还有待各地进一步完善。

三、2019年工作考虑

2019年，教育部将以习近平新时代中国特色社会主义思想为指导，深入学习贯彻落实党的十九大和十九届二中、三中全会精神，深入实施《国家新型城镇化规划（2014—2020年）》，重点做好以下工作。

（一）切实保障随迁子女接受义务教育权利

积极推动各地以流入地人民政府为主、以公办学校为主接收包括进城落户农民工子女在内的随迁子女入学，将随迁子女教育纳入城镇发展规划和财政保障范围，切实保障随迁子女平等接受义务教育。大力推动城乡教育资源特别是重点大城市的教育资源均衡发展，逐步化解大班额问题。做好学籍系统二期建设，尽快上线“跨省转学统一平台”，进一步缩短跨省转学办理时间，为转学学生提供更好的服务。

（二）完善随迁子女接受义务教育后升学考试政策

结合推进中考改革工作，进一步指导各地完善随迁子女在流入地接受义务教育后升学考试政策，并加强监管和督查，切实保障符合条件的随迁子女能够在流入地参加升学考试。指导各地结合实际，进一步完善随迁子女在流入地参加高考的政策，积极稳妥推进随迁子女在当地参加高考工作。

（三）保障农业转移人口职业教育培训

推动职业院校学校开放资源，大力发展非学历继续教育，深入实施农民工“求学圆梦行动”。启动“学历证书+若干职业技能等级证书（1+X）”证书制度试点工作，面向在校学生和全体社会成员开展职业培训。推动落实职业教育东西协作行动计划，落实好东西职业院校协作全覆盖行动、东西协作中职招生兜底行动、职业院校参与东西劳务协作等三大任务。

（四）加快发展农村教育事业

继续实施农村义务教育学生营养改善计划。健全工作机制，指导试点地区加强食品安全和资金安全监管，提高食堂供餐比例，完善保障体系和运行机制。深化“县管校聘”改革，推进县域内义务教育学校校长教师交流轮岗工作。督促各地做好“全面改薄”收尾工作，加强采购设备质量管理，确保到2019年底所有义务教育学校都达到基本办学条件20条底线要求（见图3）。进一步完善城乡统一、重在农村的义务教育经费保障机制，推动城乡义务教育一体化发展。按计划推进县域义务教育基本均衡发展督导评估工作，启动县域义务教育优质均衡发展督导评估工作。

（五）加强资金投入管理

督促、指导各地统筹好中央资金和地方自有财力，调整优化教育经费支出结构，切实提高教育资源配置效率和使用效益，不断改善基本办学条件，解决好新型城镇化进程中义务教育发展面临的突出问题。

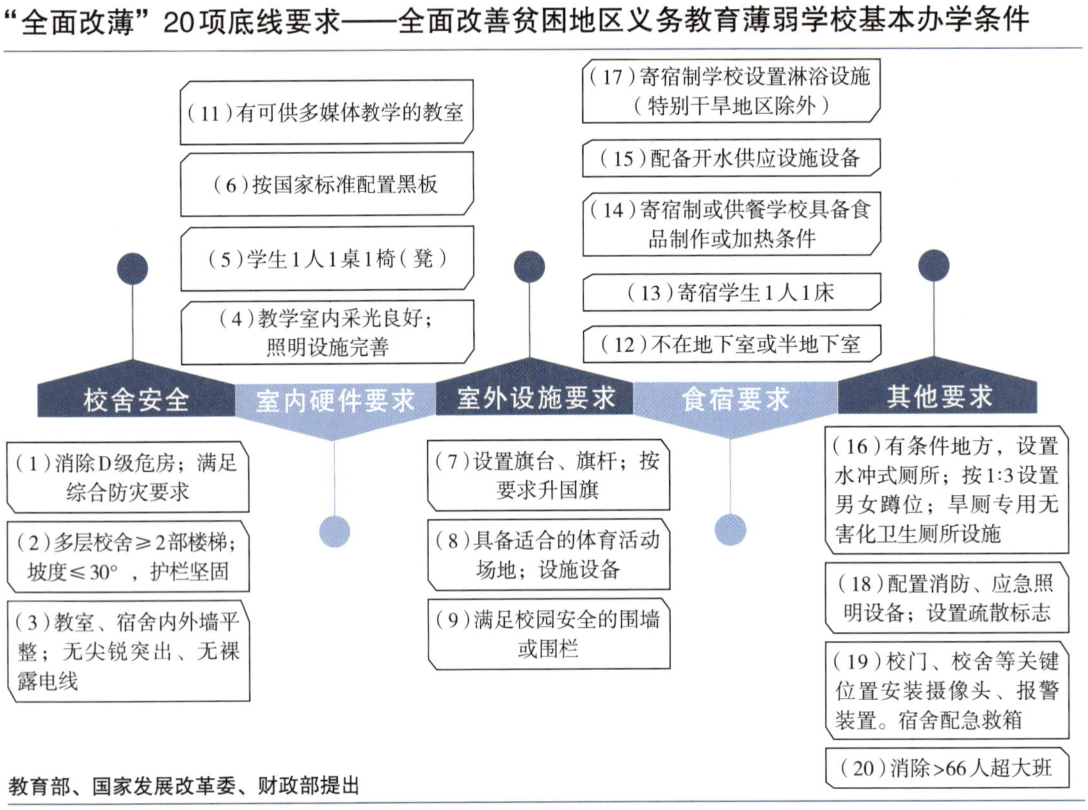

图3 "全面改薄"20项底线要求

资料来源：教育部、国家发展改革委、财政部《"全面改薄"20项底线要求》2014-07-30。

公安部2018年度新型城镇化工作报告

一、关于户籍制度改革工作

2018年，公安部认真贯彻落实习近平总书记关于深入推进户籍制度改革、推进以人为核心的新型城镇化建设的重要指示精神，充分发挥牵头部门作用，加强改革顶层设计，强化改革督查落实，不断增强工作针对性、实效性，全力推动户籍制度改革和居住证制度双落地。一是加强组织领导。公安部先后召开全国公安厅局长会、全国公安厅局长座谈会和全国公安机关贯彻实施港澳台居民居住证申领发放电视电话会议，就加快推进户籍制度改革工作进行研究部署。赵克志部长多次就推进户籍制度改革工作作出批示，对加快户籍制度改革落地步伐、深入推进农业转移人口市民化工作提出明确具体要求。二是强化政策研究。配合中组部、人力资源社会保障部研究人才引进相关政策，积极主动研究服务区域协调发展战略、乡村振兴战略，以及支持雄安新区加快改革开放、海南全面深化改革开放等涉及户籍制度改革的具体政策措施。三是加强政策指导。积极指导督促各地认真贯彻落实中央有关文件精神，紧密结合实际，坚持因地制宜、因城施策，加快推进户籍制度改革，进一步放宽农业转移人口进城落户条件，特别是全面放开放宽重点群体落户限制，让农业转移人口进城之路更顺畅。与此同时，公安部还组织对10个省区市开展户籍制度改革专项督查，进一步摸清情况、找准问题，推动中央户籍制度改革各项政策措施落到实处。四是推动问题整改。做好国务院督查组迎检工作，重点对督查组反馈的积分落户政策存在问题进行深入剖析，组织14个超大、特大城市参加座谈会共同研究，提出下一步改进措施，并以公安部名义向有关地方人民政府发函，推动问题整改。五是认真开展中期评估。按照《国务院办公厅关于印发推动1亿非户籍人口在城市落户方案的通知》（国办发〔2016〕72号）要求，公安部在认真组织各地区各部门全面梳理回顾相关工作情况的基础上，系统总结了2014年以来户籍制度改革成效，深入分析了当前推进户籍制度改革面临的突出问题，研究提出了当前和今后一个时期加快推进户籍制度改革的工作思路和具体政策措施，并形成《户籍制度改革中期评估情况报告》（公部〔2018〕26号）上报国务院，李克强总理等中央领导同志先后作出重要批示。六是全力推动居住证制度落地。指导各地认真贯彻落实《居住证暂行条例》，截至2018年底，全国共发放居住证7800万张，以居住证为载体、与居住年限等条件相挂钩的基本公共服务提供机制进一步健全完善，为广大流动人口实现由“漂”转“稳”提供了有力保证（参见图1、图2）。

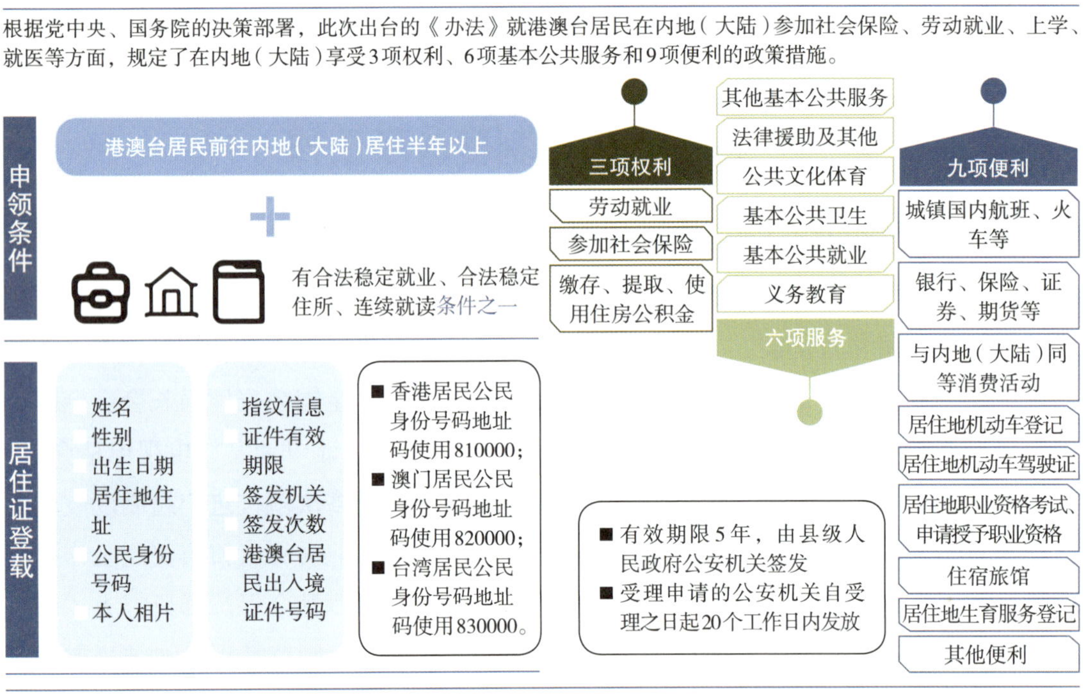

图1　港澳台居民居住证简介

资源来源：国务院办公厅，《港澳台居民居住证申领发放办法》2018-08-06。

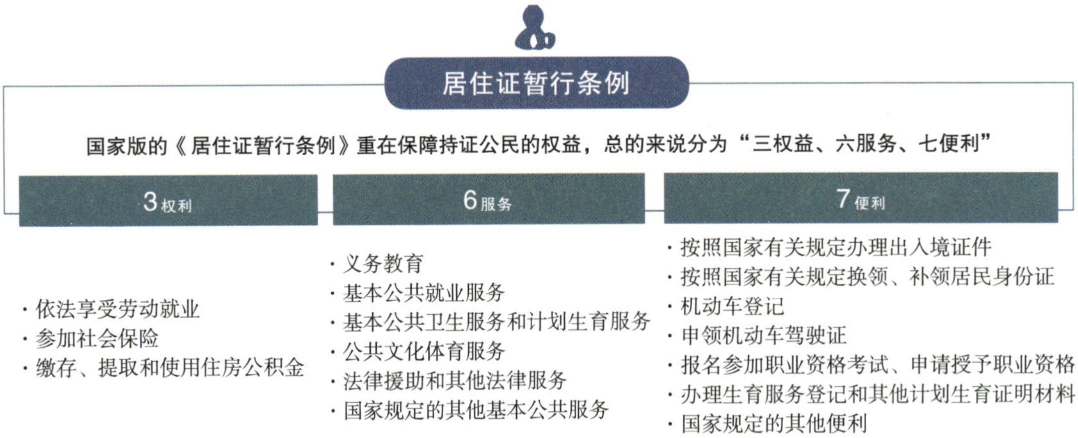

图2　《居住证暂行条例》图解

各地区认真落实中央政策要求，进一步调整完善户口迁移政策，积极回应社会关切和群众期待。中西部地区除省会（首府）城市外，基本实现了落户零门槛。东部地区普遍降低了落户门槛，部分大城市取消或降低了参加城镇社会保险年限的要求。北京、上海、广州、深圳等超大城市建立完善了公开透明的积分落户制度，广州市还专门为护理、殡仪服务、民办教育、公交驾驶、消防、环卫、保安等特殊艰苦行业人员下达积分入户指标。2018年，全国共实现农业转移人口进城落户1390万人。

2019年，公安部将紧紧围绕推进实施新型城镇化战略，继续深入推动户籍制度改革，不断调整完善户口迁移政策，指导各地切实做好农村升学和参军进入城镇的人口、在城镇就业居住5年以上和举家迁徙的农业转移人口以及新生代农民工落户工作，同时，进一步推动居住证制度落地，稳步推进城镇基本公共服务常住人口全覆盖，全面提高农业转移人口市民化质量和效果。

二、关于交通管理工作

2018年，公安部积极会同住房城乡建设部、交通运输部等部门，大力实施城市道路交通文明畅通提升行动计划，指导各地深入推进依法治理提升工程、交通组织提升工程、交通建设优化工程、交通结构优化工程和交通文明提升工程等五大工程，推动加强和改进道路交通管理工作。一是推动优化城市路网结构。推动加大次干路、支路、街坊路建设、改造力度，完善快速路、主干路、次干路和支路级配，打通“断头路”“瓶颈路”，提高城市路网通达性。二是落实公交优先发展政策。推动加大公共交通优先发展力度，大力推进公交专用道和公交优先信号设置，优化公交线网布局，保障公交运行速度和准点率。加强公交专用道通行管理，依托交通技术监控设备，依法严厉查处违法占用公交专用道行驶行为，全力保障公交车辆优先通行。2018年，共查处违法占用公交专用道通行672.8万起，公交专用道总里程已达1万多公里。三是完善非机动车和步行交通系统。加强非机动车和步行交通系统建设，完善配套交通管理设施。公平、科学、合理分配路权，保障行人和非机动车通行权益。严格按照标准规范设置安全岛、行人驻足区等第二次过街安全设施和过街天桥、地下通道等立体设施，确保行人过街安全。四是推进交通管理设施规范化。指导各地持续推进城市道路交通信号灯配时智能化和交通标志标线标准化工作，定期开展道路交通管理设施排查整改。引入社会专业力量，推动交通管理设施设计、建设、运行、维护的专业化。五是推动破解停车难。指导各地创新城市停车治理机制，加快停车基础设施建设，积极应用智慧停车系统(参见图3)，整顿城市停车秩序，改善停车环境。六是优化城市货运通行管控政策。下发《关于进一步规范和优化城市配送车辆通行管理的通知》，要求各地结合实施高效配送、绿色配送工程，优化城市配送车辆通行管控，科学设定禁限行时段、路段，完善配送车辆通行审批制度，合理规划设置商业区、居住区等重点区域停靠设施。

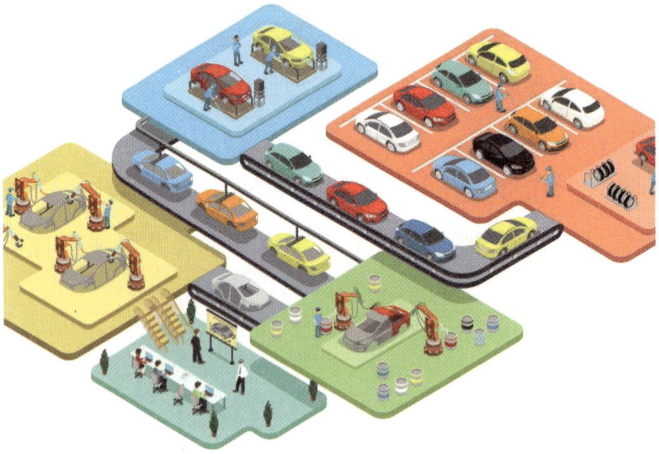

图 3　智慧停车系统

2019年，公安部将会同有关部门对提升行动计划实施情况进行测评，推动各地深入实施提升行动计划，构建级配合理的城市路网系统，优先发展公共交通，完善非机动车和行人交通系统。

财政部2018年度新型城镇化工作报告

一、落实支持农业转移人口市民化财政政策

（一）加大农业转移人口市民化财政支持力度

根据国务院《关于实施支持农业转移人口市民化若干财政政策的通知》（国发〔2016〕44号），2016年起，中央财政建立健全农业转移人口市民化奖励机制，在均衡性转移支付下专门设立农业转移人口市民化奖励资金。奖励资金主要根据农业转移人口实际进城落户人数以及地方提供基本公共服务情况测算分配，并向吸纳农业转移人口较多、城镇化进程较快地区倾斜。2018年，中央财政进一步加大了对农业转移人口市民化的支持力度，下达奖励资金300亿元，比上年增加100亿元。

下一步，中央财政将进一步完善农业转移人口市民化成本分担机制，加大转移支付同农业转移人口市民化挂钩力度，推动农业转移人口市民化和新型城镇化。

（二）推进整合城乡居民基本医疗保险制度及城乡居民医保异地就医直接结算

一是继续加大对城乡居民医保支持力度。2018年，各级财政对城乡居民医保的补助标准从2017年的每人每年450元提高到490元，个人缴费相应提高到220元。在2017年补助基数的基础上，对提标的部分，中央财政继续对西部、中部地区分别补助80%、60%，对东部地区按一定比例给予补助。2018年中央财政通过转移支付共下达城乡居民医保补助资金2724.69亿元。中央财政安排的城乡居民医保补助资金坚持城乡统一补助标准，由地方结合农村人口市民化进度统筹使用。二是继续支持实施城乡居民大病保险。对城乡参保居民因患大病发生的合规高额医疗费用给予补偿，实际补偿比例不低于50%，进一步提高大病保障能力。2018年城乡居民医保人均新增财政补助中的一半（人均20元）用于大病保险。三是支持扩大跨省异地就医直接结算范围。配合国家医保局下发了《关于切实做好当前跨省异地就医住院费用直接结算工作的通知》（医保发〔2018〕6号），要求各地进一步扩大定点医疗机构覆盖范围，加快实现外出农民工和外

来就业创业人员全覆盖，认真落实就医地管理责任，继续推进“一站式”结算。四是强化基本医保、大病保险和医疗救助等制度的衔接。2018年，财政部继续配合相关部门指导各地落实《关于进一步加强医疗救助与城乡居民大病保险有效衔接的通知》（民发〔2017〕12号）等文件要求，加强相关政策在保障对象、支付政策、经办服务和监督管理等方面的衔接，规范工作流程，充分发挥医疗救助在基本医疗保障体系中的托底作用。

下一步，财政部将继续配合医保局等部门，继续加大投入力度，指导督促地方加快工作进展，切实提高医疗保障水平。同时，立足现有制度体系，强化基本医保、大病保险和医疗救助等制度的衔接，充分发挥协同互补作用，形成保障合力。

（三）落实农民工职业技能提升计划、农民工等人员返乡创业培训计划，制定推行终身职业技能培训政策

2018年，按照党中央、国务院对就业工作的统筹部署，配合有关部门推动实施更加积极的就业政策。一是参与起草《国务院关于推行终身职业技能培训制度的意见》（国发〔2018〕11号），进一步深化人力资源供给侧结构性改革，推行终身职业技能培训制度，就终身职业技能培训制度的对象范围、主要内容、行动计划、重点项目等方面做出了进一步细化和明确。二是参与起草《国务院关于做好当前和今后一个时期促进就业工作的若干意见》（国发〔2018〕39号），会同人力资源社会保障部印发《关于进一步加大就业扶贫政策支持力度着力提高劳务组织化程度的通知》（人社部发〔2018〕46号），进一步加大对农民工等重点群体的就业创业扶持力度。2018年，中央财政共安排就业补助资金预算477.3亿元，用于支持各地贯彻落实各项就业创业扶持政策。

下一步，财政部将继续会同有关部门，切实推动落实包括农民工等人员职业技能提升培训、返乡创业培训在内的各项促进就业创业工作。

（四）推动加强住房保障，建立多主体供给、多渠道保障、租购并举的住房制度

一是支持保障性安居工程建设。2018年，中央财政安排城镇保障性安居工程专项资金1278亿元，用于支持各地城市棚户区改造、公租房配套基础设施建设、发放租赁补贴等（参见图1）。二是推动建立多主体供给、多渠道保障、租购并举的住房制度。根据党中央、国务院关于住房和房地产工作部署，配合住房城乡建设部研究提出促进房地产市场平稳健康发展长效机制的方案及相关政策工具箱，涉及财税、金融、住房保障、住房租赁等方面措施，已经2018年10月11日中共中央政治局常委会会议和国务院第27次常务会议审议通过。三是配合住房城乡建设部落实国务院关于推进城镇化

建设若干意见等文件精神，推进扩大住房公积金缴存面，将农业转移人口纳入覆盖范围，鼓励个体工商户和自由职业者缴存。

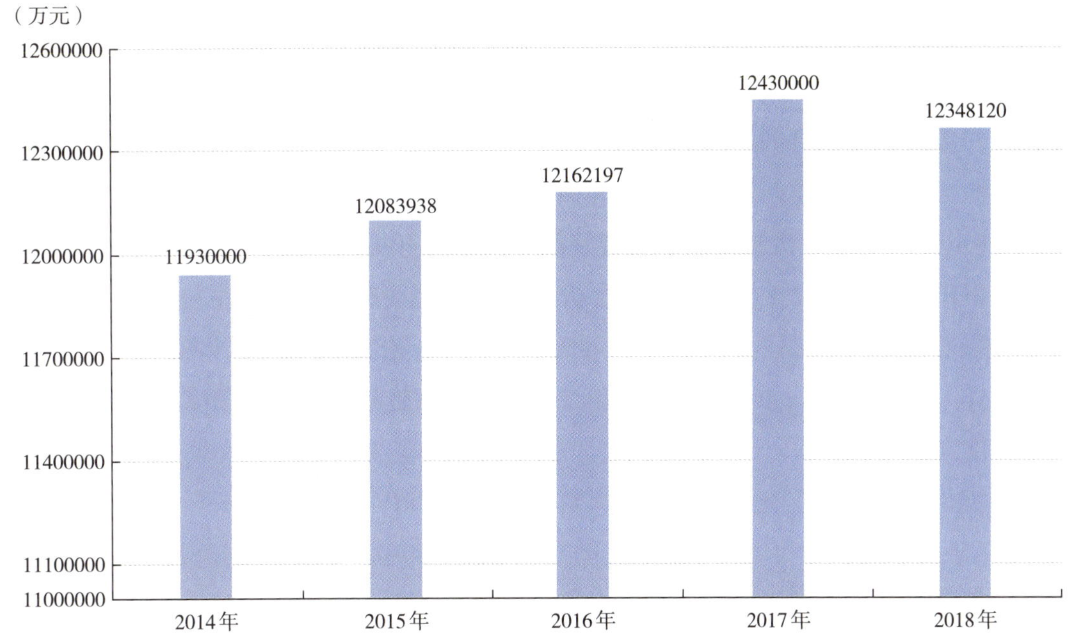

图 1　2014—2018 年审议通过城镇保障性安居工程专项资金

资料来源：中华人民共和国财政部。

下一步，财政部将根据党中央、国务院部署，贯彻落实国务院关于推进城镇化建设若干意见，坚持以人民为中心的思想，加大对低收入住房困难家庭保障力度，将符合条件的新就业无房职工、外来务工人员和青年医生、青年教师等纳入保障范围，对外来务工人员较多的环卫、公交等行业的住房困难群体实施分类保障。加快建立多主体供给、多渠道保障、租购并举的住房制度，让广大人民早日实现安居宜居。

二、支持提升城市发展质量

（一）大力支持海绵城市、地下综合管廊建设

为落实党中央国务院有关决策部署，2015年和2016年，财政部会同住房城乡建设部等部门，通过竞争性方式遴选确定了两个批次25个地下综合管廊试点城市和30个海绵城市建设试点城市。按照既定工作部署，2018年中央财政继续支持实施海绵城市、地下综合管廊试点工作，拨付第二批试点城市补助资金136亿元，并会同住房城乡建

设部等部门加强对试点城市的指导、督促，推动加快完成试点任务，启动实施试点绩效评价。截至2018年底，试点工作已到期，有效推动了城市生态空间建设，提升了城市宜居性、承载力，达到了预期效果。

（二）规范有序推广运用PPP模式

2018年，财政部认真贯彻落实党中央、国务院决策部署，坚持“防风险”与“促发展”并重，规范有序推广运用政府和社会资本合作（PPP）模式，积极引导社会资本共同参与城镇化建设。一是集中开展项目库清理工作，统一新项目入库标准，建立“能进能出”的常态化机制，加大监督整改和信息公开力度，遏制泛化滥用PPP现象。二是加强PPP项目财政支出责任统计分析，建立风险动态监测预警系统，守住财政承受能力的“红线”。三是配合推进PPP条例起草工作，研究起草《关于推进政府和社会资本合作（PPP）规范发展的实施意见》，强化规范实施PPP的制度保障。四是联合18个部委推出第四批396个PPP示范项目，会同发展改革委推选国务院表扬激励的27个2017年度推广PPP工作有力市县，加大对规范开展PPP工作的正向激励。五是在国家PPP示范项目评选、中央财政PPP以奖代补资金分配和中国PPP基金投资过程中，对民营企业参与的项目予以优先支持，努力提升民营资本参与度。六是联合文化旅游部印发文化、旅游领域推广PPP的意见，加强政策支持引导，重点推进基本公共服务均等化和基础设施补短板领域项目实施。

截至2018年11月末，全国PPP综合信息平台项目管理库项目共计8558个、投资额12.9万亿元。其中，已签约项目4505个、投资额6.9万亿元；已开工项目2131个、投资额3.0万亿元，覆盖交通运输、市政工程、环境保护、水利、农业、医疗卫生、养老、旅游、文化、体育等19个公共服务领域，有力推动了城镇化进程加速和治理能力提升。

下一步，财政部将认真贯彻落实党中央、国务院决策部署，进一步健全制度体系，加大政策引导，优化发展环境，规范有序推进PPP工作，鼓励民营资本参与，支持基础设施补短板和基本公共服务均等化等重点领域项目实施，切实发挥PPP模式在优化资源配置、激发市场活力、促进公共服务提质增效等方面的积极作用，助力打好“三大”攻坚战。

三、推动城乡融合发展

（一）支持农村教育事业发展

2018年，按照中央有关决策部署，中央财政安排城乡义务教育经费保障机制资金

1191亿元，巩固城乡统一、重在农村的义务教育经费保障机制，推动城乡义务教育一体化发展；安排农村义务教育薄弱学校改造补助资金360.5亿元，支持地方全面改善贫困地区义务教育薄弱学校基本办学条件，加强乡村小规模学校和乡镇寄宿制学校建设等。

下一步，中央财政将继续巩固城乡义务教育经费保障机制，加强乡村小规模学校和乡镇寄宿制学校建设。

（二）大力支持乡村振兴

一是继续开展扶持村集体经济发展试点。2018年，中央财政安排资金56亿元继续支持地方开展扶持发展村集体经济试点，试点范围由上年的23个省份扩大到28个省份和4个计划单列市。各试点省份充分利用农村集体产权制度改革、农村土地制度改革等成果，加大扶持和指导力度，立足实际，在集体经济发展中探索建立党组织领导机制、法人治理机制、经营运行机制、收益分配机制、监督管理机制，进一步强化农村基层党组织的核心领导地位，建立健全治理结构，探索农村集体所有制有效实现形式和符合市场经济要求的运行机制，完善内外部监督制度。试点成效显著，有力助推了扶贫攻坚，推动了农村产业发展，促进了农民增收，增强了基层党组织的凝聚力和为农民群众办事服务的能力，得到了地方党委、政府和基层干部群众的普遍认可和欢迎。为贯彻落实中央有关决策部署，财政部会同中央组织部和农业农村部联合印发了《关于坚持和加强农村基层党组织领导　扶持壮大村级集体经济的通知》（中组发〔2018〕18号），围绕建立健全村党组织领导机制，强化农村基层党组织的核心领导作用，充分发挥农村基层党组织的政治功能、组织优势，把党员、群众组织起来，引领农民走共同富裕之路，推动新时代乡村全面振兴。

二是启动实施产业兴村强县示范行动。中央财政安排资金30亿元，采取以奖代补方式，支持全国254个乡镇启动示范行动，聚合政策、资金、要素等资源，建设一批乡土经济活跃、乡村产业特色明显的农业产业强镇。示范行动支持各地重点以镇为平台，深化农村一二三产业融合发展，通过延伸产业链、提升价值链、完善利益链，加快建成一批产业兴旺、经济繁荣、绿色美丽、宜业宜居的农业强镇。同时，中央财政还安排资金通过以奖代补、先建后补等方式，重点支持新型农业经营主体建设农产品产地初加工设施。

三是推进现代农业产业园创建工作。中央财政安排11.97亿元，以“姓农、务农、为农和兴农”为创办宗旨，推进规模化种养基地建设，促进一二三产业融合发展，支持各地创建21个产业特色鲜明、经济效益显著、示范带动有力的现代产业园。

四是支持培育新型职业农民。中央财政安排20亿元，深入实施新型职业农民培育工程，重点对新型农业经营主体带头人、现代青年农场主等开展培育，着力培养更多爱农业、懂技术、善经营的新型职业农民。财政部在前期试点基础上，进一步扩大了农村实用人才培训试点范围，通过政府购买服务方式支持农民专业合作社等各类市场主体参与开展新型职业农民培训工作。

下一步，财政部将继续深入贯彻落实党中央、国务院的部署，结合工作实际和任务要求，坚持工业反哺农业、城市支持农村，健全城乡发展一体化体制机制，积极推进新型城镇化与乡村振兴协同发展，促进城乡生产要素双向流动，推进一二三产业融合发展。

民政部2018年度新型城镇化工作报告

一、2018年工作总结

2018年以来，按照国家发展改革委《关于实施2018年推进新型城镇化建设重点任务的通知》相关要求，民政部主要开展了以下工作。

（一）加快培育新生中小城市

一是稳妥有序增设中小城市。落实党中央、国务院决策部署，督促指导省级民政部门及拟设市地方有序推进设市工作，进一步提高设市审核工作科学化规范化水平，加强设市舆情应对和后续评估指导。按照《设立县级市标准》《设立县级市申报审核程序》，严格审核报批设立河北滦州、山西怀仁、黑龙江漠河、江苏海安、安徽潜山、山东邹平、湖北京山、广西荔浦、贵州兴仁、云南水富、陕西彬州、甘肃华亭、青海茫崖等13个县级市。二是扎实开展城市市辖区优化设置工作。严格审核报批山西大同和长治、山东济南、湖南株洲、江西鹰潭、四川宜宾、云南曲靖等7个地方部分市辖区调整以及设立广东深圳光明区。三是研究修改《设立市辖区标准》《设立市辖区申报审核办法》。在深入调查研究、广泛征求意见、反复修改完善基础上，形成《设立市辖区标准（修改稿）》《设立市辖区申报审核办法（修改稿）》。四是探索非县级政府驻地特大镇设市。会同国家发展改革委，结合国家新型城镇化综合试点，对非县级政府驻地特大镇设立县级市问题进行深入研究，指导有关地方依照相关标准和程序，审慎研究拟订设市方案，积极稳妥审核设市事项。

（二）强化常住人口基本公共服务

加强殡葬服务。认真贯彻落实《“十三五”社会服务兜底工程实施方案》中关于殡葬基础设施建设要求，大力推进殡仪馆、公益性安放设施等殡葬基础设施建设。会同有关部门出台《关于进一步推动殡葬改革促进殡葬事业发展的指导意见》，要求各地制定基本殡葬服务清单，坚持基本殡葬服务公益性，为城乡困难群众以减免费用或补贴方式提供基本殡葬服务。

（三）做好城乡融合发展顶层设计

一是加强农村社区服务体系建设。指导各地贯彻落实《中共中央　国务院关于加强和完善城乡社区治理的意见》和《城乡社区服务体系建设规划（2016—2020年）》，加快农村社区综合服务设施建设，推进农村社区服务信息化，促进城乡基本公共服务均等化。截至2018年底，已有27个省（区、市）和新疆生产建设兵团出台加强和完善城乡社区治理实施意见，24个省（区、市）和新疆生产建设兵团出台社区服务体系建设“十三五”规划。二是扩大农村社区公共服务供给。贯彻落实《中共中央　国务院关于实施乡村振兴战略的意见》和《乡村振兴战略规划（2018—2022年）》，推进乡村便民服务体系建设，研究制定关于增强村级综合服务功能的指导意见，推动政府基本公共服务向农村延伸。三是提高农村社区服务质量。研究农村社区标准体系建设政策思路，委托中国标准化研究院编制《农村社区服务基本要求》，委托中国建筑设计标准研究院编制《农村社区服务设施建设标准》，研究制定加强农村社区标准化体系建设的政策思路，提升农村社区服务的标准化和科学化水平。

（四）推动公共资源向农村延伸

一是充分发挥村民委员会职能作用。贯彻落实《中华人民共和国村民委员会组织法》，指导村委会积极承担本村生产服务和协调工作，引导村民合理利用自然资源，保护和改善生态环境，扎实推进农村人居环境整治工作。二是发挥村规民约约束引导作用。指导各地贯彻落实民政部等7部门联合印发的《关于做好村规民约和居民公约工作的指导意见》，引导农民积极参与公共事务，践行社会主义核心价值观，激发村民关心、支持、投身农村人居环境整治（见图1）。

（五）推进行政管理体制改革

一是指导地方开展设镇（街道）标准制定工作。了解掌握各地乡镇行政区划调整工作开展情况，指导和推动各省（区、市）民政部门加快推进设镇（街道）标准制定工作，为镇和街道的设立审批提供有效制度规范。指导各省（区、市）民政部门结合各地发展实际和人口流动趋势有序开展乡镇街道精简优化调整工作。二是探索开发区与行政区融合发展体制机制。配合国家发展改革委开展开发区向城市综合功能区转型试点，研究将条件成熟、需求迫切的开发区与行政区整合机构职能、合署办公，推进开发区转设为城镇行政区，探索开发区与行政区融合发展体制机制。

（六）放大试点地区改革平台作用

一是加强全国农村社区治理实验区建设，指导各实验区围绕建立健全农村社区公共服务供给机制、构建农村社区治理机制等农村社区治理中带有全局意义的普遍问题和涉及体制机制的难点问题开展探索创新，扩大农村公共服务功能，完善农村社区治理（参见图1）。二是配合国家发展改革委做好国家新型城镇化综合试点相关工作，深入研究、扎实论证、积极支持有关试点地方稳妥有序优化行政区划设置。

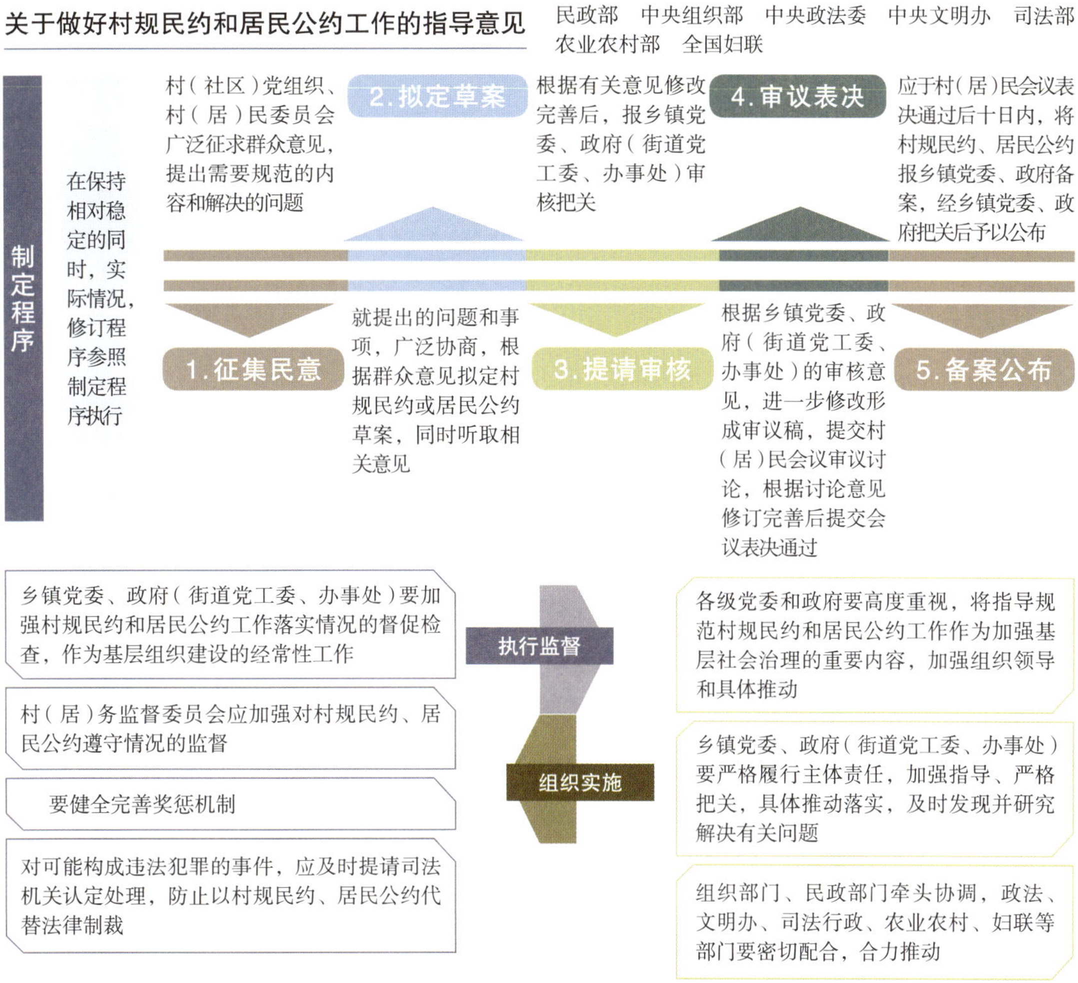

图1 《关于做好村规民约和居民公约工作的指导意见》图解

资源来源：中华人民共和国民政部，《民政部 中央组织部 中央政法委 中央文明办 司法部 农业农村部 全国妇联关于做好村规民约和居民公约工作的指导意见》2018-12-26。

二、主要问题

（一）需要进一步推进新生中小城市培育

行政区划设置在为城镇化发展提供载体和支撑的同时，仍然存在中西部地区城市数量少、部分城市市辖区规模结构不合理、城市空间布局待优化、城镇体系等级结构不完善、有些城市辐射带动和引领作用未能充分发挥等问题，解决这些问题需要进一步推进新生中小城市培育。

（二）城乡公共服务均等化建设尚不完善

统筹城乡公共服务体系一体化建设机制尚未建立，农村社区公共服务建设与城市相比还有较大差距。

（三）殡葬设施建设仍需加强

受体制机制、传统观念、风俗习惯等影响，殡葬管理与服务仍面临一些地方对殡葬工作重视不够，各级财政对殡葬公共服务投入不足，殡葬设施建设滞后等问题与困难。

三、2019年重点任务

为贯彻落实党的十九大关于“以城市群为主体构建大中小城市和小城镇协调发展的城镇格局”的要求以及《国家新型城镇化规划（2014—2020年）》和“十三五”规划纲要相关规定，就2019年新型城镇化重点工作，提出以下工作考虑：

（一）加快培育发展新生中小城市

以增加数量、提升质量为方向，稳妥有序增设中小城市，加大对新设中小城市建设的指导和支持，引导产业项目在中小城市布局，完善市政基础设施和公共服务设施，推动优质公共服务资源向中小城市配置，提升中小城市发展质量，增强中小城市对产业和人口的吸纳承载能力。加快研究制定《市辖区设置标准》及《市辖区设置审核办法》，优化城市市辖区规模结构，增强设区市辐射带动作用。推动各省（区、市）民政部门研究制定设镇、设街道标准，指导各地规范开展乡镇行政区划调整工作。稳妥推进特大镇设市，支持符合条件的非县级政府驻地特大镇优化行政区划设置。

（二）推进乡镇政府服务能力建设和城乡社区治理

进一步贯彻落实《中共中央　国务院关于实施乡村振兴战略的意见》《乡村振兴战略规划（2018—2022年）》《中共中央　国务院关于加强和完善城乡社区治理的意见》《中共中央办公厅　国务院办公厅关于加强乡镇政府服务能力建设的意见》《城乡社区服务体系建设规划（2016—2020年）》，持续推进乡村治理体系建设。推动出台《关于增强村级综合服务功能的指导意见》，着力完善村级公共服务功能，提升村级综合服务能力。研究起草《“互联网+社区服务”行动计划》，努力构建线上线下一体的社区服务信息平台，积极推动政务服务向农村基层延伸。实施乡镇政府服务能力建设第三方评估，开展涉及乡镇、街道的相关调研。继续推进全国街道服务管理创新实验区建设，指导全国农村社区治理试验区工作，总结推广经验做法，形成示范成果。

（三）做好兜底保障工作

指导各地稳步推进低保制度城乡统筹发展，将符合条件的进城落户农民等群体纳入低保范围，做到应保尽保。全面落实特困人员救助供养制度，将符合条件的困难群众纳入特困人员救助供养范围，实现应救尽救，应养尽养，不断提高救助供养水平。进一步加强和改进临时救助工作，加大资金投入力度，稳步提高救助水平，全面落实“分级审批”、“先行救助”等政策规定，增强救助时效性，充分发挥临时救助制度效能，及时解决困难群众遭遇的突发性、紧迫性、临时性基本生活困难。

（四）健全完善殡葬管理与服务

认真贯彻落实中央领导同志重要批示精神，完善殡葬工作法规制度，继续加强殡葬设施建设，推进生态文明殡葬，推动各地广泛落实惠民殡葬政策。

人力资源和社会保障部2018年度新型城镇化工作报告

一、2018年工作总结

（一）农民工就业服务

2018年，人力资源和社会保障部坚决贯彻落实党中央、国务院决策部署，多措并举促进农民工就业创业，积极配合做好新型城镇化建设工作。一是落实完善就业创业政策。坚持就业优先战略和积极的就业政策，加强就业政策宣传，加大资金保障力度，及时研究解决政策落实中新情况、新问题，全面推动各项就业创业扶持政策落地生效。二是支持返乡创业。加强创业服务和创业培训，提升农民工创业意识和创业能力，提供创业孵化、创业指导、金融支持等“一条龙”创业服务。三是加大农民工职业技能提升力度。继续组织实施农民工职业技能提升计划“春潮行动”和农民工等人员返乡创业培训五年行动计划分类开展就业技能培训、岗位技能提升培训和创业培训，对符合条件人员落实职业培训补贴、职业技能鉴定补贴、失业保险参保职工技能提升补贴等（见图1）。四是加强公共就业服务。研究出台全方位公共就业服务指导意见，健全覆盖城乡的公共就业服务体系，推动就业服务资源向农村地区辐射，推进标准化、智慧化、便民化就业服务，为农民工就业创业提供便利。继续做好“春风行动”、民营企业招聘周等就业专项活动，促进人岗对接。五是全力推进就业扶贫。落实就业扶贫政策，加强组织发动，提供精准化就业服务，努力促进贫困劳动力通过扶贫车间、返乡创业带动、有组织劳务输出和公益性岗位安置四个渠道就业，努力提高劳务组织化程度。

《关于实施农民工等人员返乡创业培训五年行动计划（2016—2020年）的通知》

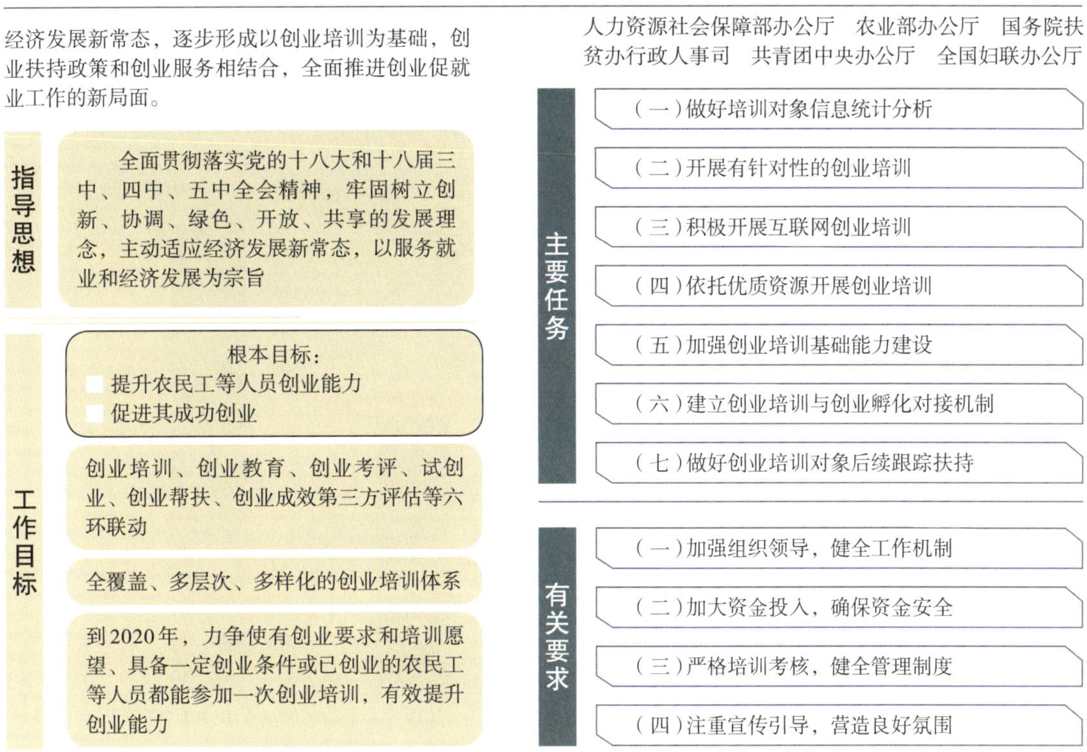

图1　农民工等人员返乡创业培训五年行动计划（2016—2020年）

资源来源：中华人民共和国人力资源和社会保障部，《关于实施农民工等人员返乡创业培训五年行动计划（2016—2020年）的通知》2016-06-13。

（二）完善农村社会保障体系

2018年，城乡居民养老保险工作成效显著。一是完善制度进展顺利。2018年3月，人力资源社会保障部与财政部联合印发《关于建立城乡居民基本养老保险待遇确定和基础养老金正常调整机制的指导意见》（人社部发〔2018〕21号），明确建立城乡居民养老保险待遇确定和基础养老金正常调整机制，指导地方建立丧葬补助金制度，提高缴费档次标准和缴费补贴水平。到2018年底，全国共有14个省（区、市）出台了实施意见。二是参保人数持续增长（见图2）。到2018年11月底，城乡居民养老保险参保人数达52149万人，较上年底增加894万人；领取待遇15812万人，较上年底增加214万人。三是待遇水平不断提高。2018年1月1日起，中央统一提高全国城乡居民养老保险基础养老金最低标准，从每人每月70元提高到88元。22个省份在此基础上进一步提高了省级基础养老金标准，30个省份基础养老金标准超过100元。2018年1—11月，全国城乡居民养老保险月人均待遇水平达148元，较上年底增加23元。四是经办服务不断改善。2018年，人力资源社会保障部取消了养老保险待遇领取集中资格认证，推动构建以信息比对为主的认证服务新模式。同时，指导各地开展“最多跑一次”“一网通办”“一窗通办”等服务，为群众提供更加优质便捷的经办服务。

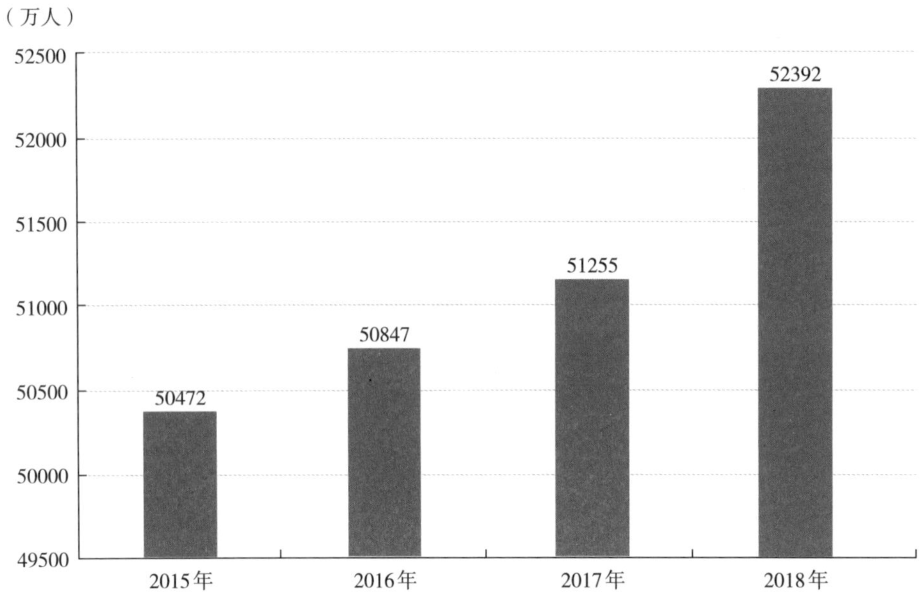

图2　2015—2018年城乡居民养老保险参保人数

二、2019年重点工作

一是坚持就业优先战略和中央“稳就业”工作要求，以抓好国务院促进就业文件和全方位公共就业服务指导意见的落实为重点，加强农民工就业服务，促进农民工多渠道就业创业，更好地支持新型城镇化建设。二是以服务就业的经济发展为宗旨，积极适应农民工就业创业新形势，结合建立终身职业技能培训制度，指导各地加强农民工职业培训工作统筹规划，完善体制机制，发动优质资源，加大技能培训力度。三是持续推进城乡居民养老保险参保扩面工作，指导各地建立城乡居民养老保险待遇和基础养老金正常调整机制，修订完善城乡居民养老保险经办规程，不断提高城乡居民养老保障水平，进一步完善社会保障体系。

自然资源部2018年度新型城镇化工作报告

一、2018年工作情况

（一）统筹划定落实三条控制线

积极推进生态保护红线划定。配合生态环境部，对山西等16个省份生态保护红线划定方案进行审核。按照国务院领导指示要求，自然资源部正在会同有关部门制定生态保护红线评估工作方案，拟通过评估提出生态保护红线调整优化的意见建议。

研究起草统筹划定落实三条控制线的文件。研究起草《关于在国土空间规划中统筹划定落实三条控制线的指导意见》，明确工作目标、划定原则、协调规则和保障措施等内容。目前，文件已经中央改革办同意后正式上报国务院。

深入研究制定相关标准和管理办法。按照建立国土空间规划体系并监督实施的要求，研究起草《城镇开发边界划定指南（试行）》和《生态保护红线管理办法》，部署研究统筹划定海洋空间保护开发控制线的政策和标准。

（二）加快推进新时期国土空间规划编制实施

加强新时期国土空间规划体系顶层设计。按照关于建立国土空间规划体系并监督实施的总体要求，研究起草《国务院关于开展全国国土空间规划纲要编制工作的通知》（代拟稿）、《关于做好省级国土空间规划编制的指导意见》、《关于开展市县国土空间总体规划编制工作的指导意见》和《关于开展都市圈国土空间规划编制的指导意见》等文件，全面指导新时期国土空间规划编制，优化城乡空间结构布局。

推进区域空间规划编制试点示范。联合国家发展改革委、工信部、公安部等部门以及长江经济带11省（市），共同开展长江经济带国土空间规划编制工作，形成《关于长江经济带国土空间规划的调研报告》和《长江经济带国土空间规划》提纲。开展珠三角一体化发展试点示范，将广州市列为首个市级国土空间规划编制试点市。

加强村庄规划编制促进乡村振兴。研究制定《自然资源部关于加强村庄规划促进乡村振兴的指导意见》，推动整合原村庄规划、村庄建设规划、村土地利用规划、土地整治规划等乡村规划，编制符合乡村发展实际、农民发展意愿、乡村振兴要求的“多规合一”的村庄规划。

（三）持续推进城乡土地制度改革创新

积极开展农村土地制度改革三项试点。有序推进土地征收制度改革，在缩小征地范围、规范征地程序、合理提高补偿标准、建立多元保障机制等方面进行试点探索。截至2018年末，33个试点县（市、区）按新办法实施征地1521宗、19万亩。积极推进农村集体经营性建设用地入市，指导各地推进房地一体化农村集体建设用地和宅基地权籍调查，支撑登记发证，已入市地块11183宗，面积10.6万亩，总价款约290亿元。探索宅基地“三权分置”，形成《宅基地制度改革试点工作总结报告》，明确宅基地“三权分置”改革方向和重点。截至2018年末，试点地区共腾退零星、闲置的宅基地约18万户、11.8万亩，办理农房抵押贷款7.4万宗、161亿元，有力支撑了《土地管理法》修改。

深化集体建设用地建设租赁住房试点。会同住房和城乡建设部印发《关于沈阳等11个城市利用集体建设用地建设租赁住房试点实施方案意见的函》和《关于福州等5个城市利用集体建设用地建设租赁住房试点实施方案意见的函》，完成沈阳等16个城市试点方案批复。跟踪调研督导试点开展，召开经验交流会，了解第一批试点城市推进情况，指导第二批试点城市先行开展调查摸底、立项研究等。

加快批而未供和闲置土地处置（见图1）。明确政府原因导致的闲置土地处置程序和标准，包括“净地”供应有关规定，以及协议收回闲置土地使用权的程序和补偿金额确定原则等。明确各省处置闲置土地及消化批而未供土地的目标，2018年全国闲置

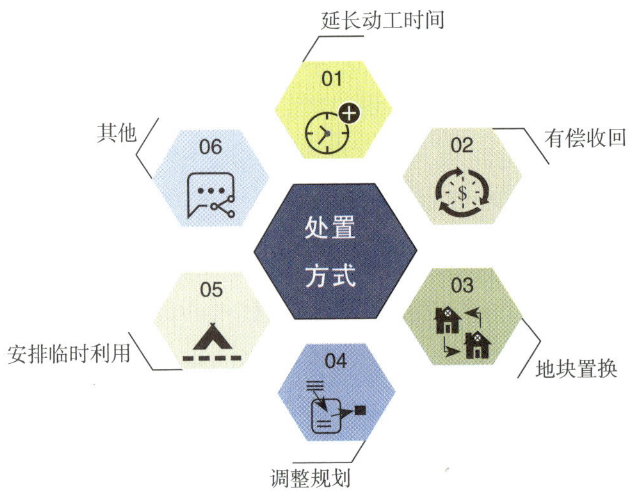

图1 政府处置闲置土地的主要方式

土地处置任务完成5.72万公顷，处置率为37.9%；批而未供土地消化处置23.35万公顷，处置率为23.2%，均高于2018年15%的处置任务要求。

深入推进落实“人地挂钩”政策。在2018年全国土地利用年度计划分解测算中，将农业转移人口数量、闲置土地面积作为新增建设用地计划分解测算的重要因素，单列保障性安居工程用地，充分保障农业转移人口落户用地需求。组织开展“人地挂钩”机制实施评估，全面掌握各地“人地挂钩”机制落实情况，确保政策落地。

建立城乡建设用地增减挂钩节余指标跨省调剂机制。2018年3月，国务院办公厅印发《城乡建设用地增减挂钩节余指标跨省域调剂管理办法》，明确“三区三州”及其他深度贫困县增减挂钩节余指标由国家统筹跨省域调剂使用。2018年节余指标跨省域调剂任务已完成，其中8个主要帮扶省份调入指标任务15.05万亩，19个深度贫困地区所在省份调出指标任务19.43万亩，贫困地区可获得脱贫攻坚资金约600亿元。

（四）加大土地综合整治和生态保护修复力度

积极推进土地综合整治。积极落实《乡村振兴战略规划（2018—2022年）》和《全国土地整治规划（2016—2020年）》任务部署，研究新形势下土地综合整治对提升耕地保护和节约集约用地水平，助推城乡融合发展的具体思路。支持浙江省实施全域土地综合整治与生态修复，研究起草关于推进农村土地综合整治促进生态文明建设的意见。

开展土地整治重大工程。联合财政部下发《关于进一步做好中央支持土地整治重大工程有关工作的通知》，中央财政新下达补助资金40.5亿元，支持四川、新疆生产建设兵团、江西、云南、贵州、广西等6省（区）实施土地整治重大工程，继续下达甘肃、延安重大工程支持续建资金4.59亿元、11.62亿元。

推进生态保护修复工程试点。联合财政部、生态环境部开展第三批山水林田湖草生态保护修复工程试点，中央财政下达奖补资金140亿元，支持内蒙古等14个省（区、市）实施生态保护修复工程试点。

二、2019年工作打算

（一）全面部署推进国土空间规划编制

全面落实《关于建立国土空间规划体系并监督实施的若干意见》，推进“多规合一”，实现主体功能区规划、土地利用规划、城乡规划等有机融合，按照新时代生态文明建设和高质量发展的要求，部署推进各级国土空间规划编制，整体谋划新时期国土空间开发保护格局。一是在全面开展评估基础上，提出三条控制线调整优化的意见建议，修订完善相关技术标准体系，立足资源禀赋和环境承载能力，在国土空间规划中科学合理划定生态保护红线、永久基本农田、城镇开发边界及海洋空间保护开发等控制线，制定相应管控办法。充分衔接区域协调发展、新型城镇化、乡村振兴等战略，优化调整主体功能区战略格局，形成新时期国土空间战略布局。二是分级分类建立国土空间规划体系，全面推进国家、省、市、县、乡镇五级国土空间规划编制，市县以下编制详细规划，城镇开发边界外因地制宜编制村庄规划。积极推动长江经济带、京津冀、长三角等重点区域城市群、都市圈空间规划编制。三是加快推进国土空间基础信息平台和国土空间规划监测评估预警管理系统建设，为国土空间尤其是城市空间的精细化治理提供智能化手段。

（二）健全以主体功能区配套政策为核心的国土空间政策体系

围绕推动城乡和区域公共服务均等化，会同相关部门，加快完善主体功能区政策制度，建立健全国土空间政策体系。一是强化政策制度的系统性、协同性，完善财政、投资、自然资源、生态环境、水资源配置等差异化政策，健全生态补偿、绩效考核、监督问责等配套制度。二是更加注重发挥市场作用，完善自然资源和生态产品的价格形成和市场化交易机制，建立健全自然资源资产产权制度、有偿使用制度、环境损害赔偿制度。统筹考虑生态产品价值、生态保护红线、生态保护成效等因素，完善财政转移支付制度，探索扩大生态补偿和生态产品价值实现机制试点范围，建立健全多元化生态补偿制度。三是与区域发展政策相衔接，加强京津冀、长江经济带、粤港澳大湾区等重点区域主体功能区政策支撑，强化贫困地区、资源枯竭型城市、收缩城市等的政策扶持。四是强化自然资源配套政策支撑保障，整合国土、海洋、林草等政策，制定统筹陆地海洋、地上地下的主体功能区自然资源配套政策。探索将人地挂钩、增减挂钩、增存挂钩等政策与主体功能区有机结合，发挥新增用地计划导向作用。

（三）深入推进城乡土地制度改革

一是创新土地利用政策，优化批而未供土地及闲置土地处置方式，因地制宜推进城镇低效用地再开发。坚持最严格的耕地保护制度和节约集约用地制度，严格控制非农建设占用永久基本农田，做好跨省域补充耕地国家统筹申请审核工作，助推脱贫攻坚和乡村振兴。二是继续推进农村土地制度改革三项试点。2018年12月12日，中央全面深化改革委员会批准将农村土地制度改革三项试点延期至2019年底。2018年12月29日，第十三届全国人大常委会第七次会议决定将试点法律调整实施的期限延长至2019年12月31日。研究出台指导地方继续加快农村房地一体的宅基地和集体建设用地确权登记办证的指导意见，深入推进宅基地制度改革试点。深化利用农村集体经营性建设用地建设租赁住房试点，配合做好农民住房财产权抵押贷款试点工作。三是配合全国人大常委会法工委做好《土地管理法》修法工作，力争早日颁布实施，为完善城乡土地制度提供法制保障。

（四）着力推进土地综合整治和生态保护修复

一是制定出台《关于推进农村土地综合整治促进生态文明建设的意见》，在全国部署开展农村土地综合整治示范村镇建设试点。二是加强山水林田湖草生态保护修复工程跟踪指导，建立完善标准体系，研究制定《山水林田湖草生态保护修复工程工作指南》等规范标准。三是创新项目实施模式，拓宽群众参与渠道，加快研究金融资本支持综合整治和生态修复的政策意见，推动形成多元投入、多方参与的工作格局。

住房城乡建设部2018年度新型城镇化工作报告

一、重点任务落实情况

（一）关于开展城市品质提升三年行动

为贯彻落实党中央、国务院决策部署，住房城乡建设部深入开展城市品质提升专题研究，会同14个部门向国务院报送了《关于报请印发城市品质提升三年行动计划的请示》（以下简称《行动计划》）。

目前，《行动计划》所确定的7项重点任务都有不同程度的进展：在有序推进老旧小区改造方面，试点工作进展顺利，截至2018年底，15个试点城市老旧小区改造工作进展顺利，96.4%的试点小区已开工，77.5%已基本完成改造工作（参见图1）。在推进生活垃圾分类处理方面，正在以46个试点城市为重要抓手，加速推动工作全面开展。在展现特色历史文化风貌方面，历史文化街区划定和历史建筑确定工作已基本完成，历史建筑保护利用工作取得阶段性成效。在专项整治城市户外广告设施和招牌标识方面，对34个城市开展了专题调研，形成了工作方案，启动了相关标准规范的修订工作。提高便民服务管理水平方面，截至2018年12月，全国地级以上城市（不含地州盟）数字化平台建成率为74.5%，县（市）建成率为40%。在拓展社区宜居功能空间和开展人行道净化、自行车专用道建设方面，已形成相关工作计划，开展了相关政策研究。

图1　广东省某老旧小区改造前后对比图

（二）关于将符合条件的常住人口纳入公租房保障范围

一是督促各地加大对符合条件的城镇户籍住房困难家庭的保障力度。截至2018年底，约1672万低收入住房困难家庭得到公租房保障，基本实现应保尽保，1388万中等偏下收入住房困难群众享受公租房保障，住房条件得到有效改善。

二是督促各地合理设置准入门槛，将更多新就业无房职工和在城镇稳定就业的外来务工人员纳入公租房保障范围，让他们享受与当地户籍家庭同等的公租房保障待遇。截至2018年底，393万新就业无房职工、817万稳定就业外来务工人员享受公租房保障。

（三）关于全面实施城市群规划

认真落实习近平总书记“要把解决房地产问题同推进新型城镇化、促进大中小城市协调发展结合起来”的重要指示，在江苏省的南京、镇江、扬州市和广东省的广州、佛山、清远、肇庆市两个城市群开展试点，指导江苏、广东省制定试点工作方案，统筹规划城镇空间和设施布局，加强基础设施互联互通，提高中心城市周边城市的教育、医疗等基本公共服务水平，推动大中小城市协调发展，引导人口和住房需求合理分布。

（四）关于稳步开展都市圈建设

在城市道路交通方面，一是将优先发展公共交通、推进城市轨道交通建设，优化路网级配结构、加强停车设施建设，加强步行和自行车道建设等要求，纳入了正在编制的《交通强国建设纲要》，推动城市交通拥堵缓解。二是督促各地贯彻落实《国务院办公厅关于进一步加强城市轨道交通规划建设管理的意见》（国办发〔2018〕52号），完成了上海、重庆、济南、杭州、武汉市等城市轨道交通建设规划审核工作。三是指导有关单位开展主题为“绿色出行，多一分安全”的“922绿色出行”宣传活动（见图2），通过向相关城市发出倡议书、开展媒体宣传等多种形式，积极倡导绿色出行。

图2 绿色出行

（五）关于引导特色小镇

贯彻落实《关于规范推进特色小镇和特色小城镇建设的若干意见》（简称《若干意见》），督促各地区重点检查403个特色小城镇对标新发展理念和《若干意见》文件精神，采取有效措施对照整改，合理控制建设数量和规模，实行宽进严定、动态淘汰的创建达标制度。对403个特色小城镇进行全面排查，完成调查数据分析，对7个省开展实地调研。

(六)关于优化城市空间布局

一是老旧小区改造、建设城市人行道，都已纳入《行动计划》7项重点任务中。

二是在创建生态园林城市方面，指导各地因地制宜加大生态园林绿化建设力度，拓展城市绿色空间，优化城市绿地系统布局，完善园林绿地服务百姓的功能。2018年，指导江苏省南京市等12个城市申报创建国家生态园林城市、河北省晋州市等54个城市申报创建国家园林城市、山西省垣曲县等73个县城申报创建国家园林县城、浙江省周巷镇等13个镇申报创建国家园林城镇。

三是在加强排涝管网方面，指导督促60个“补短板”重点城市，按照国务院城市排水防涝“补短板”三年行动部署，加快推进易涝点整治。截至2018年底，60个“补短板”重点城市的1116个易涝点，已有980个开工整治。

四是在地下综合管廊建设方面，指导各地依据规划，因地制宜推进地下综合管廊建设。2018年，全国新开工建设管廊项目248个，总长度788公里，形成廊体749公里。截至2018年底，全国累计在建综合管廊项目1290个，总长度4871公里，累计形成廊体2800多公里。

五是推进生态修复城市修补工作。要求58个试点城市以项目为抓手，集中力量补足城市短板，深入推进完善城市重要基础设施、重大民生工程，突出完善城市公共服务设施，增加公共空间，修复生态环境，保护城市历史文化，改造背街小巷等工作，优先实施与百姓关系最密切、影响最深远的项目，取得了经济、社会、生态等方面的最大效益。

六是开展多项国家标准的修订工作。在原有框架基础上优化调整《城市公共服务设施规划标准》(原名《城市公共服务设施规划规范》)内容，明确了公共服务设施的基本内容及其设置规定、选址布局与建设用地控制指标，目前正在公开征求意见。修订完成并公布实施了《城市居住区规划设计标准》(GB 50180—2018)，调整居住区分级控制方式与规模，全面梳理并优化了配套设施和配建绿地的控制指标和设置规定，为科学制定居住区规划、打造城市生活圈提供了技术依据。修订完成《城乡用地分类与规划建设用地标准》，目前已完成送审稿。

(七)关于建设绿色人文城市

在实施国家节水行动方面，一是配合国家发展改革委编制国家节水行动实施方案。二是会同国家发展改革委修订印发《关于印发〈国家节水型城市申报与考核办法〉和

〈国家节水型城市考核标准〉的通知》(建城〔2018〕25号)。三是组织开展“实施国家节水行动　让节水成为习惯”为主题的第27个全国城市节约用水宣传周系列活动。四是印发《关于进一步加强城市供水管网漏损控制的通知》，要求各地有针对性地查找问题，制定措施。五是组织城镇供水管网漏损控制推进会、城镇节水培训会，通报各地城镇供水管网漏损控制工作进展，并邀请专家就新时代城镇节水工作要求、国家节水型城市建设、供水管网分区计量管理、管网漏损控制等进行培训。

在全面建设海绵城市方面，加强对30个试点城市的指导，全面总结试点经验。截至2018年底，全国已有465个城市编制实施海绵城市建设专项规划。

在整治城市黑臭水体方面，经国务院同意，住房城乡建设部与生态环境部共同印发《城市黑臭水体治理攻坚战行动方案》，并进行培训宣贯。组织对长江经济带重点城市开展暗访、专项督导，与生态环境部共同对长江经济带地级及以上城市开展黑臭水体专项行动，查找问题、督促整改。截至2018年底，长江经济带地级及以上城市建成区928个黑臭水体已开工926个。

在推进城市污水处理提质增效方面，一是会同有关部门研究起草《城镇污水处理提质增效三年行动方案(2019—2021年)》，指导各地从设施建设补短板和建立长效机制两方面入手，有序推进污水处理提质增效工作。二是指导各地落实《全国城市市政基础设施建设“十三五”规划》，加强城镇污水处理、配套管网、污泥处理处置等设施建设与改造。三是印发《关于开展城市生活污水集中收集率指标试统计的通知》，引导各地重视污水收集管网建设改造及运行维护。四是依据《城镇污水处理工作考核暂行办法》(建城〔2017〕143号)，对全国城镇污水处理设施建设运行情况进行考核通报。

在稳步推进北方地区冬季清洁取暖方面，一是召开北方采暖地区今冬明春城镇供热采暖工作电视电话会议，全面部署了2018—2019年采暖期城镇供暖保障和清洁供暖等各项工作。二是编制《农村管道天然气工程技术导则》，对“煤改气”工程等清洁供暖用气质量安全有关工作提出具体要求。三是印发《关于建立城镇燃气供热运行情况周报制度的通知》，建立完善城镇燃气、供暖运行情况周报和重大突发事件报告制度。四是组织专家赴河北、山西、山东、河南等地，实地调研城镇清洁供暖具体推进情况。

在资源循环利用基地建设方面，会同国家发展改革委印发《关于推进资源循环利用基地建设的通知》(发改办环资〔2018〕502号)，并配合国家发展改革委委托第三方机构组织专家对备选单位建设方案进行评估，原则同意成都市长安静脉产业园等50家单位的基地建设方案。

在推进生活垃圾分类立法方面，一是指导地方做好开展立法工作。目前，对生活垃圾分类，已有14个城市出台了地方性法规或规章，28个城市纳入了立法计划或形成草案,3个城市启动法规修订工作。二是配合完成全国人大常委会固废法执法检查工作，参加立法规划项目征求意见座谈会，向全国人大环资委法案室报告生活垃圾立法有关情况。三是配合修订《中华人民共和国固体废物污染环境防治法》。

在强化历史文化名城名镇名村保护方面，2018年，国务院公布河北省蔚县为国家历史文化名城。住房城乡建设部会同国家文物局完成全国历史文化名城名镇名村保护工作评估检查，召开了保护评估检查大会。完成《住房城乡建设部等部门关于切实加强历史文化名城名镇名村保护工作的报告》并报国务院。印发了《关于学习贯彻习近平总书记广东考察时重要讲话精神进一步加强历史文化保护工作的通知》。

（八）关于市县整合形成数字化城市管理平台

截至2018年12月，全国地级以上城市（不含地州盟）数字化平台建成率为74.5%，县（市）建成率为40%，尚未建成的市县存在因人口规模和经济发展水平差异导致的建成率不平衡问题。

（九）关于鼓励社会各界投身乡村建设

开展引导和支持设计下乡工作。为贯彻党中央、国务院关于引导设计下乡提升乡村规划建设水平的工作部署，印发《关于引导和支持设计下乡工作的通知》（建村〔2018〕88号），组织规划师、建筑师、景观师等深入农村，提高农房设计和村庄规划建设水平。

（十）关于推动公共资源向农村延伸

积极推进农村生活垃圾治理。组织第三方机构完成了安徽省、江西省、重庆市的现场检查，即将通过中央部门组织的验收；目前已有北京、天津、上海、江苏、山东、广西、海南、四川等8个省（区、市）通过验收。持续推动农村生活垃圾分类和资源化利用百县示范，在调研总结示范县经验基础上出版《农村生活垃圾分类和资源化利用简明读本》。目前，示范县（市、区）60%的乡镇、38%的行政村启动了垃圾分类工作。

二、2019年重点工作

（一）推动城市品质提升并抓好落实

推动出台《城市品质提升行动计划》并抓好落实。推进城市交通网络体系规划编制和实施，加强城市轨道交通线网规划和指导。扎实推进城市排水防涝设施补短板工作，指导各地因地制宜开展地下综合管廊建设。持续推进节水型城市建设，推进实施《海绵城市建设评价标准》、落实《城市黑臭水体治理攻坚战实施方案》。督促各地推进城镇清洁供暖，组织开展城镇清洁供暖评估考核工作。

（二）全面实施城市群规划

结合房地产长效机制建设，加大对江苏、广东省及有关城市的指导力度，加强城市间的政策统筹协调，促进房地产市场平稳健康发展。

（三）将符合条件的常住人口纳入公租房保障范围

2019年住房城乡建设部将指导和督促各地继续做好城镇中等偏下及以下收入住房困难家庭的住房保障工作，加大对新就业无房职工、在城镇稳定就业外来务工人员的保障力度，助推新型城镇化建设。

（四）提高城市发展质量

一是继续推广生态修复城市修补试点经验，引导全国城市开展城市修补和有机更新。二是抓好各项国家标准的贯彻落实。三是贯彻“适用、经济、绿色、美观”的建筑方针，系统治理“贪大、媚洋、求怪”等建筑乱象，鼓励建筑设计传承创新，彰显中国建筑文化特色。四是以地级以上城市为重点，分类指导，推动地方加快数字化城市管理平台建设。

（五）加快推动城乡融合发展

一是加强县城提升改造，强化小城镇建设指导。研究补足县城、小城镇基础设施和公共服务短板的政策措施。指导各地推进县城和小城镇建设，提高县城、小城镇基础设施和公共服务设施的覆盖面和承载力。开展小城镇建设试点，指导各地统筹县城、小城镇和中心村公共服务设施布局，不断增强小城镇服务镇区居民和周边农村的能力。二是加大力度引导和支持设计下乡。调研各地设计下乡工作进展情况，督促指导各地完善引导支持设计人员和机构下乡的政策措施。搭建并运行全国设计下乡网上服务平台，收集、整理、发布设计下乡服务供需信息并跟踪、评价。三是继续对实现农村生活垃圾治理目标的省份进行逐省验收。指导各地建立健全农村生活垃圾受运处置体系，重点督促贫困地区补足设施短板。

交通运输部2018年度新型城镇化工作报告

一、2018年开展的各项工作

（一）关于支持城市群建设

贯彻落实相关规划。一是联合国家发展改革委开展了《“十三五”现代综合交通运输体系发展规划》中期评估，城市群城际交通建设总体进展顺利，特别是轨道交通建设顺利，长三角、珠三角城市群已基本建成城际交通网，“轨道上的京津冀”正在加快形成。二是联合国家发展改革委，在各地报送材料的基础上，总结梳理了《城镇化地区综合交通网规划》实施以来的进展情况和存在的问题，并结合新的形势进一步部署推进规划实施，着力建设以轨道交通和高速公路为骨架、有效衔接大中小城市的城市群快速交通网。

服务重大国家战略。一是继续发挥京津冀暨雄安新区交通建设领导小组的体制机制作用，印发了《京津冀交通一体化暨雄安新区综合交通运输体系建设三年行动计划（2018—2020年）》《京津冀交通一体化暨雄安新区综合交通运输体系建设2018年工作要点》，统筹做好重大交通基础设施项目的规划实施。二是研究成立了推进长三角地区交通运输更高质量一体化发展领导小组，支持长三角城市群建设。

（二）关于支持城市发展

深入开展“公交都市”创建。一是组织开展了2018年度“公交都市”调研督导工作，邀请部分全国人大代表赴16个“公交都市”创建城市实地督导。二是加快推动公交智能化示范应用工程建设。全面推进城市交通一卡通互联互通，推广普及闪付、虚拟卡支付、手机支付等非现金支付方式。三是倡导实施公交卡阶梯优惠票价、优惠换乘、累计折扣票价等多种形式的优惠政策，提升人民群众公交出行体验。四是加强“公交都市”建设后评估，研究建立“公交都市”建设示范城市动态评估机制，指导和督促有关城市持续推动公共交通优先发展。截至2018年底，已经有14个城市完成“公交都市”创建工作，网络化公交供给能力全面升级，公交出行结构加速优化，城市出行水平持续提升。公共交通在支撑和引领城市发展、满足人民群众出行需求、缓解城市交通拥堵等方面发挥了越来越重要的作用。

支持城市交通建设。一是完成了《"十三五"综合客运枢纽和货运枢纽（物流园区）建设方案》的中期评估，进一步加大了对《"十三五"现代综合交通运输体系发展规划》确定的全国性综合交通枢纽城市的支持力度。截至2018年底，安排专项资金支持建设了8个综合客运枢纽、21个货运枢纽（物流园区），示范引导各地完善城市综合交通枢纽的规划布局和功能优化。二是继续贯彻落实《关于加强干线公路与城市道路有效衔接的指导意见》，在《公路"十三五"发展规划》中期评估中进一步加强城乡交通统筹协调发展，着力提高城镇化地区公路的通行能力，提升城市群联通效率。

（三）支持城乡融合发展

推动城乡交通一体化工作。一是指导各地落实《关于稳步推进城乡交通运输一体化 提升公共服务水平的指导意见》，加快开展第一批城乡交通运输一体化示范县创建。截至2018年底，创建工作总体进展顺利，涌现出舒城县全域公交、平定县"互联网+供销社"、竹山县交通运输脱贫攻坚、穆棱市交邮融合等典型发展模式。二是研究起草《城乡交通运输一体化发展水平评价指标体系和评价标准（征求意见稿）》，目前已征求完各省级交通运输主管部门意见。

大力推进农村公路建设。一是印发《农村公路服务乡村振兴三年行动计划（2018—2020年）》《交通运输部关于服务和支撑乡村振兴战略实施的指导意见》《抵边自然村通硬化路建设实施方案（2018—2025年）》《关于促进国有林场林区道路持续健康发展的实施意见》等相关政策意见，大力度推动农村公路等交通基础设施向农村延伸。二是重点推进西部地区乡镇和建制村通硬化路建设，开展乡镇和建制村"畅返不畅"整治，有序推进较大人口规模撤并建制村、云南"直过民族"自然村等自然村通硬化路建设。三是推动农村公路尽量向进村入户倾斜，推进窄路基路面农村公路加宽改造，加强农村公路安全生命防护工程建设和危桥改造，提升农村公路安全水平。四是继续推进贫困地区建设资源路、旅游路、产业园区路，打造"特色致富路"，推进乡村运输服务站（点）建设，完善县乡村三级物流体系建设，推进城乡交通运输一体化。2018年，交通运输部共安排资金1149亿元支持全国农村公路建设，比2017年增长20%。据初步统计，2018年全年完成新改建农村公路31.8万公里，全国农村公路总里程达到405万公里，乡镇和建制村通硬化路率已分别达到99.64%和99.47%。

二、2019年工作思路

2019年，交通运输部将着眼交通强国建设，继续实施好《国家新型城镇化规划（2014—2020年）》，拟重点做好以下工作。

（一）继续大力推进农村公路建设

预计全年完成新改建农村公路20万公里，实现具备条件的乡镇、建制村通硬化路。加快资源路、旅游路和产业路建设，持续改善农村地区交通条件。

（二）继续推进城乡交通一体化工作

制定印发《城乡交通运输一体化发展水平评价指标体系和评价标准》。尽快赴第一批城乡交通一体化示范创建县开展督导调研，同时部署开展第二批城乡交通运输一体化示范县创建评选工作。

（三）贯彻落实公交优先战略，继续推进“公交都市”创建工作

出台《城市公共交通管理条例》。加强工作调度，开展部分“公交都市”创建城市的验收工作。组织完成绿色出行宣传月和公交出行宣传周活动，进一步推动各地发展公共交通等绿色出行方式。

（四）以京津冀、长三角、珠三角等城市群为重点，服务国家重大战略

继续发挥好京津冀暨雄安新区交通建设领导小组、推进长三角地区交通运输更高质量一体化发展领导小组等议事协调机构的作用，部署开展一批重大交通基础设施项目建设，着力提升一体化运输服务品质，高质量推动城市群交通一体化发展，更好地服务国家重大战略实施。

农业农村部2018年度新型城镇化工作报告

一、加快推进新型城镇化建设行动方案实施情况

按照国家发展改革委《关于实施2018年推进新型城镇化建设重点任务的通知》的部署要求，2018年以来农业农村部切实维护进城农民土地承包权和集体收益分配权，基本完成土地承包经营权确权登记颁证，稳步推进农村集体产权制度改革，大力发展休闲农业和乡村旅游，推动全面划定永久基本农田，配合开展新型城镇化试点。目前，各项任务进展顺利，取得明显成效。

（一）深化农村土地制度改革

进一步加大承包地确权登记颁证工作力度。截至2018年底，全国农村承包地确权登记颁证工作基本完成，31个省（区、市）、2800多个县（市、区）和开发区开展了此项工作，涉及3.4万个乡镇、55万个行政村，确权面积超过二轮家庭承包地（账面）面积。通过确权登记颁证，摸清了承包地底数，基本解决了承包地块面积不准等历史遗留问题，稳定了土地承包关系，让承包农户吃上了“定心丸”，促进了承包地流转，为推动土地适度规模经营和发展新型经营主体打下坚实基础。确权推动了土地经营权抵押融资，截至2018年6月底，全国试点地区农村承包土地经营权抵押贷款余额达到390亿元。确权使农民群众感受到自己的承包地权益更有保障，打消了他们进城的顾虑，推动了城镇化进程。

（二）稳步推进农村集体产权制度改革

全面部署农村集体资产清产核资。加快全国农村集体资产监督管理平台建设，开发全国农村集体资产清产核资管理系统，规范清产核资数据报送。目前，已有24个省、265个地市、2782个县成立清产核资工作机构，165.3万个组、37.7万个村、5891个乡镇完成清产核资工作。扩大农村集体产权制度改革试点。确定吉林、江苏、山东3个省开展整省试点，河北石家庄市等50个地市开展整市试点，天津市武清区等150个县开展整县试点，目前中央试点单位共涉及约1000个县，约占全国总数的1/3。组织

开展农村集体经济组织登记赋码。联合人民银行、市场监管总局印发《关于开展农村集体经济组织登记赋码工作的通知》，明确县级农业农村管理部门负责向本辖区集体经济组织发放登记证书，并赋统一社会信用代码。

（三）探索新型农业经营主体培育工程建设

组织制定新型主体培育工程建设工作方案，起草规划初稿，明确提升新型农业经营主体能力的方向和着力点，提出有针对性的建设领域和建设内容。起草《关于促进小农户和现代农业发展有机衔接的意见》，形成送审稿上报中央深改委。文件已由中央深改委书面审议通过，即将印发。

（四）巩固划定永久基本农田

为巩固永久基本农田划定成果，确保永久基本农田农地农用，2018年自然资源部和农业农村部制定了《关于加强和改进永久基本农田保护工作的通知》，农业农村部将继续协调自然资源部，加强永久基本农田建设与保护，采取工程、化学、生物、农艺等措施，开展土壤培肥改良、退化耕地综合治理等，有效提升综合生产能力；健全耕地质量调查监测评价制度，定期对包括永久基本农田在内的耕地进行监测和评价。

（五）构建农村一二三产业融合发展体系，发展休闲农业和乡村旅游

制定印发《农业部关于实施农村一二三产业融合发展推进行动的通知》，指导各地有序推进产业融合发展。落实项目资金，会同财政部安排中央财政资金30亿元，实施产业兴村强县项目，引导产业强镇补主体、补装备、补技术、补服务。加强示范引导，将153个县（市、区）列入农村一二三产业融合发展先导区创建名单。培育融合主体，培训融合项目经营主体和农村能人，形成龙头企业牵头、新型经营主体跟进、广大小农户参与的融合共同体。印发《农业农村部关于开展休闲农业和乡村旅游升级行动的通知》，会同国家发展改革委等13个部门印发《促进乡村旅游发展提质升级行动方案（2018年—2020年）》（见图1），会同文旅部等16个部门印发《关于促进乡村旅游可持续发展的指导意见》。以“春观花”“夏纳凉”“秋采摘”“冬农趣”为主题推介150个功能完备、特色突出的美丽休闲乡村。设立“中国农民丰收节”，举办首届中国农民丰收节系列活动（见图2），向全社会推介100个精品景点线路。推出系列主题活动，启动“中国休闲农业”微信公众号。加强农业文化遗产保护，完成第三、第四批中国重要农业文化遗产整理，编辑出版《中国重要农业文化遗产（第二册）》，部署第五批中国重要农业文化遗产发掘工作。

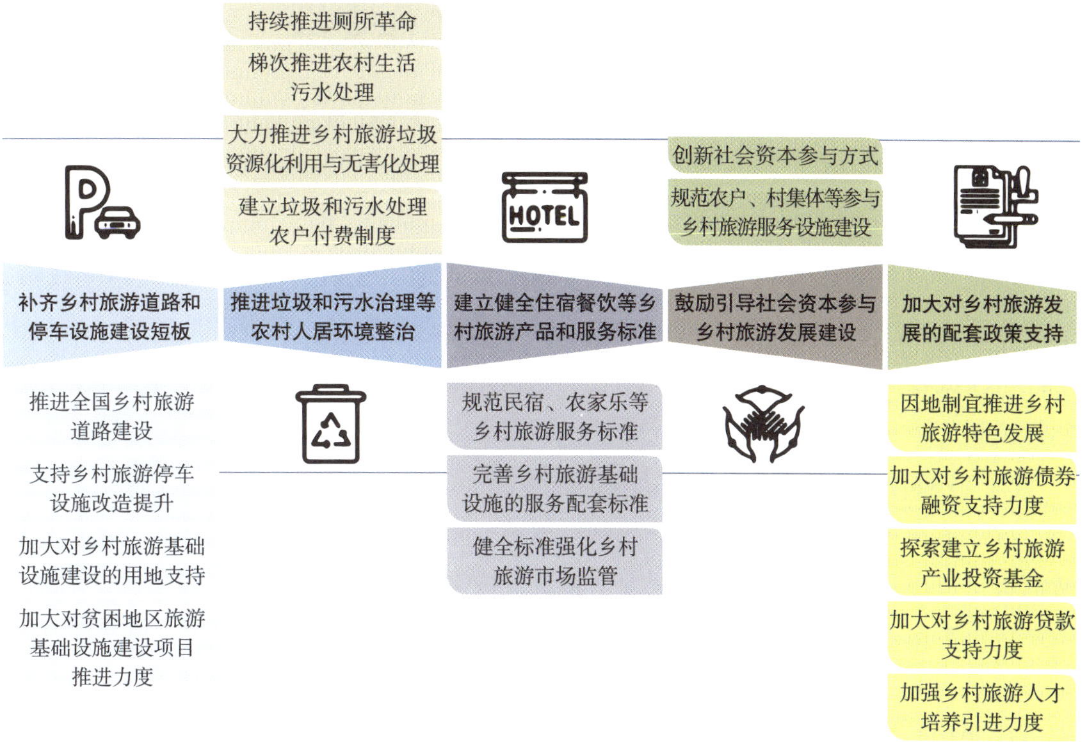

图 1　《促进乡村旅游发展提质升级行动方案（2018 年—2020 年）》图解

（六）推动人居环境改善

推动农村“厕所革命”，会同卫生健康委等7个部门印发《关于推进农村“厕所革命”专项行动的指导意见》。实施村庄清洁行动，会同国家发展改革委等17个部门印发《农村人居环境整治村庄清洁行动方案》。聚焦农村生活垃圾治理，会同住房城乡建设部、生态环境部、水利部印发《关于做好非正规垃圾堆放点排查和整治工作的通知》，重点整治垃圾山、垃圾围村、垃圾围坝、工业污染“上山下乡”，基本完成农村地区非正规垃圾堆放点整治（参见图3）。

图 2　首届中国农民丰收节

图 3　农村垃圾收集点

二、2019年重点工作安排

2019年，农业农村部将继续按照中央部署要求，加快推进新型城镇化建设，重点做好以下几方面工作。

（一）完善农村承包地“三权”分置制度

贯彻新修订的《农村土地承包法》，落实承包地“三权”分置和长久不变政策。加快放活土地经营权，做好土地经营权流转规范管理和服务。督促各地按照《农村土地经营权流转交易市场运行规范（试行）》要求，健全土地经营权流转市场，规范市场运行机制。

（二）深化农村集体产权制度改革

继续推动各地深化农村集体产权制度改革，重点做好规范农村集体资产清产核资数据报送流程和验收标准，指导地方全面清查核实各类资产，确保2019年底基本完成清产核资工作，形成全国农村集体经济总账，完成全国清产核资总报告。再选择10个左右省份、30个左右地市整建制开展试点。做好新成立集体经济组织登记赋码工作，力争到2019年底70%以上完成改革的组织领到“身份证”。

（三）大力培育融合主体，加快发展休闲农业和乡村旅游

发展壮大农民合作社，培育农民合作社联合社，探索发展公司化合作社，引导家庭农场与农民合作社联合抱团发展。继续深入实施休闲农业和乡村旅游精品工程，支持各地建设一批设施完备、功能多样的休闲观光园区、乡村民宿、农耕体验、康养基地等，培育一批“一村一景”“一村一韵”美丽休闲乡村，培育一批休闲旅游精品品牌。

（四）全面改善农村人居环境

围绕农村厕所、生活垃圾污水等农村人居环境整治重点任务，召开工作推进现场会，总结推广各地好经验好做法，加大农村人居环境整治工作指导力度。贯彻落实《关于推进农村“厕所革命”专项行动的指导意见》，研究制定具体实施方案，明确2018—2020年工作目标、主要任务、责任分工等。

（五）协助推动公共资源向农村延伸

以高标准农田建设为抓手，协调推进山水林田湖草系统治理。认真贯彻落实中央关于农田建设决策部署，切实履行好农田水利建设重要职责，确保2019年新增高标准农田8000万亩，把高效节水灌溉纳入高标准农田建设内容统筹实施，新增高效节水灌溉面积2000万亩以上。

四

专题报告

支持特色小镇健康有序发展专题报告

特色小镇是新生事物，地方率先探索，中央高度关注。定位决定前进的方向，找准特色小镇的功能定位，是促进特色小镇健康有序发展的基本前提。这需要立足国情、遵循规律、把握趋势，需要从特色小镇的概念内涵出发，围绕新时代实施新型城镇化战略和乡村振兴战略的两大背景，科学界定其功能定位和历史作用。总体上看，特色小镇是在几平方公里土地上集聚特色产业、生产生活生态空间相融合、不同于行政建制镇和产业园区的创新创业平台，其主要内涵是产业特而强、功能聚而合、形态小而美、机制新而活。"非镇非区"的基本特征，决定了特色小镇不是现行城镇体系的独立组成部分；也正因为摆脱了行政等级和行政框架的束缚，使其可以有机嵌入各类城市和建制镇中，在推进新型城镇化建设和乡村振兴中担负起特殊角色。

特色小镇主要有以下几种功能。一是推进新型城镇化建设的新空间。很多特色小镇布局于城市郊区或产业园区，虽不是农业转移人口市民化的主战场，但却形成了承载农业转移人口进城就业、承接大城市中心城区人口功能疏解的新平台。二是推动城乡融合发展的新支点。很多特色小镇处于城乡中间节点，成为城市人才、资本、技术等要素和企业下乡的载体，一定程度上促进了城乡要素交互配置和产业融合发展，形成了打通城乡融合发展最后一公里的有效抓手。三是践行经济高质量发展的新平台。特色小镇凭借新而活的体制机制，以及相对较低的土地、住房、劳动力等成本，更容易在一个小空间内集聚要素和特色产业，有利于激发新经济发展活力，或带动传统产业转型升级，培育形成供给侧小镇经济。

一、特色小镇发展基本情况

2016年以来，各地区按照党中央、国务院要求精神，学习借鉴浙江经验，紧密结合本地实际，积极推进特色小镇建设。很多地区建立起多部门协同推进机制，明确了创建培育特色小镇的工作目标和政策举措，统筹强化规范纠偏和典型引路。很多地区创新建设理念、路径和方式，不固守一种模式，推动特色小镇多样化发展。很多地区不断探索政府与市场的作用边界，注重在发挥好政府制定规划政策、搭建发展平台、提供公共服务、强化空间监管作用的同时，积极鼓励各类市场主体、各类资金参与。总体上看，特色小镇建设取得了一定进展、积累了有益经验、发挥了积极作用，正涌现出一批产业特色鲜明、要素集聚、宜业宜居、富有活力的特色小镇。

与此同时，各地区在推进特色小镇建设过程中，也出现了一些乱象乃至变形走样的问题。一是数量过多、概念不清。有关部门命名了一些特色小镇；很多地方政府也公布了特色小镇创建培育名单，其中有省级创建名单，也有市县区级创建名单；政府创建名单外市场主体也自行命名了一些特色小镇。其中，一些是错用概念的行政建制镇、滥用概念的虚假小镇、缺失投资主体且没有动工建设的虚拟小镇，引发了概念混淆、认识混乱和大量负面舆论。二是质量不高、特色不显。一些地区在缺乏制造业比较优势的情况下，盲目追逐文旅、农业、康养等特色小镇，产生同质化竞争。一些特色小镇对产业论证不到位，产业特色不鲜明、层次低、规模小、链条短、技术弱，没有形成集聚效应。一些地区以发展特色小镇之名、行房地产开发之实。这既会导致资源浪费，更会导致特色小镇发展后劲不足。

在特色小镇建设过程中，主流媒体发挥了积极作用，既充分挖掘好样板好案例，又客观理性报道新情况新问题，为特色小镇健康发展营造良好氛围。但也有些媒体存在理解偏差和报道失实的问题，如个别媒体的评论把普通项目和行政建制镇发展问题套在特色小镇头上，未经充分调查论证就随意下结论，等等。特色小镇从浙江向全国推广只有3年时间，除浙江已建成一些成熟特色小镇外，其他地区尤其是中西部地区特色小镇总体处于创建培育阶段，在探索中不可避免会产生一些发展中的问题、成长中的烦恼。对此要有足够的历史耐心，不能以浙江最成熟特色小镇的标准来衡量创建培育阶段的特色小镇。既不能发现成绩，就一哄而上宣传；也不能发现问题，就一棍子打死；更不能理解偏差、报道失实，造成市场信号混乱。

针对特色小镇发展过程中存在的问题，国家发展改革委等有关部门进行了持续跟踪和广泛实地调研。在此基础上，2017年国家发展改革委会同原国土资源部、原环境保护部、住房城乡建设部印发《关于规范推进特色小镇和特色小城镇建设的若干意见》，提出了16条规范管理措施，要求各方面认真查摆问题、切实加以整改；2018年又印发《关于建立特色小镇和特色小城镇高质量发展机制的通知》，提出了12条规范管理措施，要求各方面严格遵循发展规律、严控房地产化倾向、严防政府债务风险。2018年下半年，国家发展改革委还组织各地区各有关部门进行了拉网式排查，针对还没有整改到位的问题进一步深化规范纠偏，推动各地区各有关部门淘汰了一批行政建制镇、虚假小镇、虚拟小镇，整改了一批特色不显、质量不高的问题小镇。淘汰整改作为规范纠偏的一种新尝试，根本目的是为了发挥警示作用，避免特色小镇建设出现乱象。

如果说上述文件是纠偏性文件，那么2016年国家发展改革委印发的《关于加快美丽特色小（城）镇建设的指导意见》，则是引导特色小镇有序发展的方向性文件。在这个文件中，提出了特色小镇建设要坚持创新探索、防止穿新鞋走老路，坚持因地制宜、防止一哄而上，坚持产业建镇、防止千镇一面，坚持以人为本、防止形象工程，坚持市场主导、防止政府大包大揽，并从分类施策、突出特色、创新创业、完善功能、提升质量、绿色引领、主体多元、城乡联动、创新机制9个方面提出了发展路径。全面贯彻落实好上述3个文件的要求，是确保特色小镇健康有序发展的关键。

下一步，国家发展改革委还将会同自然资源部、住房城乡建设部、农业农村部、商务部、文化和旅游部、体育总局、林业草原局等有关部门，从正反两个方面入手，支持特色小镇规范健康有序发展。从反的方面看，主要是健全规范纠偏机制，逐年开展监测评估，淘汰错用概念的行政建制镇、滥用概念的虚假小镇、缺失投资主体的虚拟小镇，整改特色不显、质量不高的问题小镇；组织制定特色小镇标准体系，适时健全支持特色小镇有序发展的体制机制和政策措施；引导省级发展改革委牵头组织特色小镇和小城镇相关部门协调推进，避免政出多门、产生乱象。从正的方面看，主要是建立典型引路机制，坚持特色兴镇、产业建镇，坚持政府引导、企业主体、市场化运作，逐年挖掘精品特色小镇，总结推广典型经验，发挥示范引领作用；完善政银企对接服务平台，为符合高质量发展要求的特色小镇提供政策性商业性贷款支持，为打造更多精品特色小镇提供制度土壤，努力走出一条产业特色鲜明、要素集聚、宜业宜居、富有活力的特色小镇高质量发展之路。

二、特色小镇规范纠偏情况

（一）各地区特色小镇规范纠偏情况

2018年，按照国家发展改革委等部门要求，各地区淘汰整改了385个问题小镇（见表1）。其中，在省级特色小镇创建培育名单中淘汰整改70个，暂时保留996个，命名了7个已建成的特色小镇；在市县区级特色小镇创建培育名单中淘汰整改174个；在政府创建名单外市场主体自行命名特色小镇中淘汰141个。

表1　各地区确定的特色小镇创建和淘汰整改数量（截至2018年12月31日）

省、区、市	纳入省级创建培育名单的特色小镇			纳入市县区级创建培育名单的特色小镇		政府创建名单外市场主体自行命名的特色小镇	
	省级命名数量	省级创建（含培育）保留数量	省级淘汰（含整改）数量	市县区级创建（含培育）保留数量	市县区级淘汰（含整改）数量	保留数量	淘汰数量
北京	0	1	0	—	0	—	0
天津	0	21	1	—	20	—	0
河北	0	82	41	—	0	—	0
山西	0	0	0	—	0	—	0
内蒙古	0	0	0	—	0	—	0
辽宁	0	10	1	—	0	—	0
吉林	0	0	0	—	0	—	0
黑龙江	0	6	0	—	0	—	0
上海	0	0	0	—	0	—	0
江苏	0	56	0	—	0	—	0
浙江	7	168	19	—	19	—	0
安徽	0	25	0	—	0	—	3
福建	0	55	0	—	32	—	16
江西	0	25	1	—	1	—	1
山东	0	125	0	—	0	—	0
河南	0	15	0	—	5	—	0
湖北	0	20	0	—	0	—	2
湖南	0	1	0	—	3	—	24
广东	0	90	0	—	4	—	0
广西	0	45	0	—	0	—	0
海南	0	99	1	—	1	—	1
重庆	0	42	0	—	1	—	0
四川	0	0	0	—	0	—	0
贵州	0	0	0	—	0	—	0

续表

省、区、市	纳入省级创建培育名单的特色小镇			纳入市县区级创建培育名单的特色小镇		政府创建名单外市场主体自行命名的特色小镇	
	省级命名数量	省级创建（含培育）保留数量	省级淘汰（含整改）数量	市县区级创建（含培育）保留数量	市县区级淘汰（含整改）数量	保留数量	淘汰数量
云南	0	99	6	—	0	—	0
西藏	0	0	0	—	0	—	0
陕西	0	0	0	—	68	—	92
甘肃	0	11	0	—	20	—	0
青海	0	0	0	—	0	—	0
宁夏	0	0	0	—	0	—	0
新疆	0	0	0	—	0	—	0
新疆兵团	0	0	0	—	0	—	2
合计	7	996	70	—	174	—	141

（二）有关部门特色小镇规范纠偏情况

截至2018年12月31日，3个国务院有关部门公布了特色小镇名单。规范纠偏情况如下：一是2016年10月、2017年8月，住房城乡建设部先后分两批将403个行政建制镇命名为“全国特色小镇”。根据国家发展改革委等部门于2017年12月印发的《关于规范推进特色小镇和特色小城镇建设的若干意见》，403个“全国特色小镇”正式更名为全国特色小城镇，住房城乡建设部正在开展监测评估。二是2017年8月，国家体育总局印发《关于公布第一批运动休闲特色小镇试点项目名单的通知》，公布了96个全国运动休闲特色小镇。根据国家发展改革委等部门于2017年12月印发的《关于规范推进特色小镇和特色小城镇建设的若干意见》、2018年8月印发的《关于建立特色小镇和特色小城镇高质量发展机制的通知》，体育总局在对96个小镇进行测评的基础上，于2018年12月印发《关于运动休闲特色小镇试点项目取消试点资格和警示整改的通知》，淘汰3个、整改31个，暂时保留62个（见表2）。三是2018年8月，国家林草局印发《关于公布首批国家森林小镇建设试点名单的通知》，公布了50个国家森林小镇建设试点。

表2　国家体育总局确定的全国运动休闲特色小镇淘汰整改名单（截至2018年12月31日）

省份	整改类小镇	淘汰类小镇
北京	海淀区苏家坨镇运动休闲特色小镇	
	门头沟区清水镇运动休闲特色小镇	
河北	承德市丰宁满族自治县运动休闲特色小镇	
	保定市高碑店市中新健康城•京南体育特色小镇	
山西	大同市南郊区御河运动休闲特色小镇	
	晋中市榆社县云竹镇运动休闲特色小镇	
吉林	延边州安图县明月镇九龙社区运动休闲小镇	
	梅河口市进化镇中医药健康旅游特色小镇	
江苏	徐州市贾汪区大泉街道体育健康特色小镇	
	苏州市太仓市天镜湖电竞小镇	
浙江	杭州市淳安县石林港湾运动小镇	
	金华市经开区苏孟乡汽车运动休闲特色小镇	
安徽	六安市金安区悠然南山运动休闲特色小镇	六安市金寨县天堂寨大象传统运动养生小镇
福建	泉州市安溪县龙门镇运动休闲特色小镇	
	漳州市长泰县林墩乐动谷体育特色小镇	
山东	青岛市即墨区温泉田横运动休闲特色小镇	
河南	郑州市新郑市龙西体育小镇	
	驻马店市确山县老乐山北泉运动休闲特色小镇	
湖北	孝感市孝昌县小悟乡运动休闲特色小镇	
湖南	长沙市浏阳市沙市镇湖湘第一休闲体育小镇	
	常德市安乡县体育运动休闲特色小镇	
广东	佛山市高明区东洲鹿鸣体育特色小镇	
	梅州市五华县横陂镇运动休闲特色小镇	
广西	防城港市防城区“皇帝岭—欢乐海”滨海体育小镇	
	北海市银海区海上新丝路体育小镇	

续表

省份	整改类小镇	淘汰类小镇
重庆	渝北区际华园体育温泉小镇	
	南川区太平场镇运动休闲特色小镇	
四川	内江市市中区永安镇尚腾新村运动休闲特色小镇	
贵州		遵义市正安县中观镇户外体育运动休闲特色小镇
云南	迪庆州香格里拉市建塘体育休闲小镇	
陕西		宝鸡市金台区运动休闲特色小镇
宁夏	银川市西夏区苏峪口滑雪场小镇	
新疆	乌鲁木齐市乌鲁木齐县水西沟镇体育运动休闲小镇	
合计	31个	3个

三、特色小镇典型引路情况

2016年以来，各地区特色小镇建设取得了一定进展、积累了有益经验，正涌现出一批产业特色鲜明、要素集聚、宜业宜居、富有活力的特色小镇。针对其中一些模式先进、成效突出、经验普适的特色小镇，提炼其特色产业发展、产镇人文融合、机制政策创新等经验，形成了“第一轮全国特色小镇典型经验”：一是浙江德清地理信息小镇、杭州梦想小镇、福建宁德锂电新能源小镇等在打造新兴产业集聚发展新引擎上的经验；二是浙江诸暨袜业小镇、广东深圳大浪时尚小镇、吉林长春红旗智能小镇等在探索传统产业转型升级新路径上的经验；三是江苏苏州苏绣小镇在开拓农业转移人口市民化新空间上的经验；四是江西大余丫山小镇和安徽合肥三瓜公社小镇在构筑城乡融合发展新支点上的经验；五是天津西青杨柳青文旅小镇在搭建传统文化传承保护新平台上的经验，相关内容以案例的形式附后。

案例1：浙江德清地理信息小镇典型经验

浙江省湖州市德清县地理信息小镇是信息服务类小镇（见图1）。以发展地理信息产业为核心，入驻地理信息企业240家左右，完成特色产业投资42亿元，年缴纳税收8亿元，发明专利拥有量280项。小镇规划用地面积5500亩，其中建设用地2000亩，已建成区域用地面积4500亩。

图1 浙江德清地理信息小镇

1.主要运行模式

（1）政府搭建平台。小镇建设初期，政府邀请了国际著名咨询公司罗兰•贝格做战略咨询、新加坡CPG集团负责编制控制性详规、南方设计公司完善小镇规划。政府负责道路等公共设施建设，并采取政府垫资代建的方式，帮助企业建设产业用房，为企业搭好“凤巢”后，再由企业以综合成本价购房，为企业分担建房压力。（2）企业积极参与。随着小镇基础设施及酒店、餐饮、娱乐等配套设施的不断完善，地理信息行业龙头企业纷纷入镇，南方测绘和国遥等行业领军企业、中科院遥感所和武汉大学等科研院所陆续入驻，共同打造地理信息产业的集聚发展示范区、科技创新先行区、服务体验区、文化展示区和新镇区。

2.特色产业发展

（1）集聚地理信息产业。重点引进卫星导航与位置服务、地理信息软件研发、装备制造等领域的大项目和高层次人才，优化对企业的各项服务，吸引了地理信息相关企业240多家，共同打造地理信息“达沃斯”小镇。（2）凝聚技术创新力量。建成地理信息科技成果交易市场，吸引了中航通飞研究院浙江分院、浙大遥感与GIS研究中心、中科院遥感所德清研究院等入驻，建成省级重点实验室中科院微波目标特性测量与遥感实验室。建立从苗圃、孵化器、加速器到产业平台“四维一体”的科技创业孵化链，建成国内首家国家级地理信息众创空间“地信梦工场”，并在北京、杭州成立异地孵化分中心，承接孵化优质项目20多个。开展与测绘地理信息学会、地理信息产业协会、卫星导航定位协会等的合作，多次举办地理信息产品技术发布展示会，推介产品示范应用。

3.宜业宜居宜游

(1) 生产空间。累计投资50多亿元进行基础设施建设，投入使用了52幢产业大楼，提升核心区综合配套设施建设。(2) 文旅空间。建设了3.5万平方米的德清国际会议中心、3.5万平方米的展览馆、7000平方米的小镇客厅、330亩的凤栖湖，以及2000亩的树阵、花海等旅游景点，成功创建了国家AAA级旅游景区。(3) 生活空间。建设了2000套人才公寓，为入驻企业员工子女建设了幼儿园。引进诺富特酒店、亚朵酒店、机器人餐厅、电影院、酒吧、咖啡吧等商业项目，实现小镇首个商业综合体——德清海洋城投入使用。开通了小镇途经市中心、直通德清高铁站的公交车，方便企业员工日常出行。

4.特色文化内涵

(1) 举办联合国地理信息大会。举办了以“同绘空间蓝图、共建美好世界”为主题的首届联合国世界地理信息大会，近百个国家和地区1000名左右的行业专家、企业代表参展参会。这是经联合国执行局决定、由联合国各成员国参加的国际盛会，是联合国主办的规模最大、级别最高、内容最丰富的地理信息大会，也是测绘地理信息领域在我国举办的层次最高、覆盖面最广的重大国际多边活动。(2) 挖掘地理信息文化。建成全国首个地理信息专业展馆（小镇客厅），在挖掘清代德清籍著名地理学家等中外地理信息历史文化的同时，深入挖掘其高科技特性，衍生出地理信息高科技体验游。由20多家园区企业全程参与升级改造的设计建设，并提供所有展品与体验设备，吸引近3万人次参观。

5.机制政策创新

(1) 政府扶持。出台《地理信息产业发展的若干政策意见》《扶持地理信息产业专项资金管理办法》，每年列支专项资金2000万元，打造具有竞争力的政策洼地，助推企业发展。(2) 试点先行。先后承接国家知识产权试点、企业投资项目审批承诺制改革试点、“标准地”和企业投资“一窗服务”试点等，取得初步成果，成功出让全国首块“标准地”，以“店小二”精神提供“菜单式”服务，深入推进“最多跑一次”改革。在浙江省率先实施EPC工程总承包模式，推进小镇配套设施和产业项目建设。(3) 党建助力。坚持小镇发展与党建工作一起谋划，在小镇内建立“地信红盟”党建品牌。

6.有益经验

(1) 走出一条政府前期主导、企业参与的发展之路。政府负责小镇前期的规划建设管理运行等工作，建设完善基础设施，垫资代建或与企业联建产业大楼，再由企业以综合成本价购房入驻，解决企业买地建设的诸多烦恼。随着52幢产业大楼和2000套人才公寓的投入使用以及其他建设的不断推进，小镇正在加快实现由政府主导向企业主导、市场化运作的转变。(2) 注重产业、文化、旅游和社区“四位一体”。小镇的国家AAA级旅游景区独特内涵成为重要吸引力，文艺汇演、小镇青年节、小镇长跑等成为特色文化品牌活动，高科技特性体验游也成为跨界融合发展的重要内容，成为科普、体验高科技的好去处，构成了产城人文融合发展的新型魅力空间。

案例2：浙江诸暨袜艺小镇典型经验

浙江省绍兴市诸暨市袜艺小镇是时尚产业类小镇（见图2）。以发展袜艺产业为核心，入驻企业520家左右，吸纳就业2.2万人，完成特色产业投资43亿元，年缴纳税收3.3亿元，发明专利拥有量40项。小镇规划用地面积4400亩，其中建设用地面积1800亩；已建成区域用地面积3400亩，其中建设用地面积890亩。

图2　浙江诸暨袜艺小镇

1.主要运行模式

紧扣“袜艺”题，通过与诸暨市发展规划、空间规划、大唐袜业发展规划等有机衔接，突出产业、文化、旅游“三位一体”，生产、生活、生态“三生融合”，工业化、信息化、城镇化“三化驱动”。(1) 坚持政府引导与企业主体相结合。确定了一批产业代表性强又有空间资源的企业，作为小镇投资建设主体。(2) 坚持以点带面与整体推进相结合。搭建袜业智库、电商园区、两创企业集聚区等产业平台，建设袜艺主题广场、袜艺文化体验馆、滨水休闲文化长廊等旅游景区，集聚企业、人才和公共服务功能。(3) 坚持项目建设与环境整治相结合。把小镇基础设施建设融入小城镇环境综合整治、精品村建设、五星达标AAA级争创等政府重点工作中，综合施策、精益求精。

2.特色产业发展

自2015年创建以来，以打造供给侧小镇经济新模式为目标，大力推进有效投资，累计实现规上工业产值130亿元，形成了“四个+个”的发展模式。(1)“创意+意”。组建“组建”式。高校合作联盟，运行世界袜业设计中心，举办“大唐杯”袜艺设计大赛，推动大唐袜业公司产品实现时尚化、功能化、国际化。(2)“创新+新”。切实发挥袜业创新服务综合体的主引擎作用，推动“织翻缝检”智能一体袜机、3D彩色打印机、全自动袜子包装机等投放市场，促进超细旦无染色纺锦纶、任意裁剪的防脱丝氨纶等推广应用。(3)“互联网+联”。设立淘宝大学，运营电商园区，建成大数据中心，推进卡拉美拉、童袜王国等线上定制工坊项目，与浙江中邮物流公司达成电商现代供应链项目合作，成为绍兴市首个“中国淘宝镇”。(4)“资本+本”。创新投融资模式，完成股改企业14家、新三板挂牌2家、省股交中心成长板挂牌8家、创业板挂牌9家，帮助企业拓宽了融资渠道。在袜子产量3年减少12亿双的背景下，各项经济指标不降反升，高新技术产值年均增长30%以上，新产品产值年均增长20%以上。

3.宜业宜居宜游

(1)生活空间。重点规划“智造硅谷、时尚市集、众创空间”造大区域，推进“美丽示范街、小镇客厅、镇容镇貌改造、入镇口改造、生态河道治理、公共服务设施改造”等6大工程，开发面积完成率和绿化率分别达到76%和43%，特色Ⅵ系统基本实现全覆盖。(2)生态空间。编制“三纵三横”旅游景区规划，将大唐袜业城、诸暨城市三环线旅游景观带、冠山溪滨水休闲文化长廊等景观串点成线，构筑休闲购物游、创业创新游等4大旅游线路，2017年小镇顺利通过国家AAA级旅游景区评定验收。3年来，累计接待考察调研团组1242批1.5万人次，接待游客158万人次左右。

4.特色文化内涵

(1)发展“文化+化”形态。深挖大唐文化，通过“文化+产业”“文化+旅游”“文化+社区”等多种形态，把袜子的时尚元素融入小镇景观，打造全球唯一的以袜子为图腾的特色小镇。比如，融入唐小艺、唐小乐卡通形象，把旧厂房改造成为袜艺主题广场，把旧袜机、废锅炉变成特色装饰品。(2)挖掘文化历史脉络。打造大唐袜艺文化体验馆，展示大唐袜业文化历史及未来趋势，将四千多年来袜子的演变通过多维馆藏与“场景故事”的艺术形式展现出来，将书法、诗词和影像、视觉、声音、装置等现代艺术碰撞，大胆跨界探索袜子蕴藏的独特文化内涵和现代美学价值。

5.机制政策创新

牢牢扭住“最多跑一次”改革这个“牛鼻子”，持续优化政务环境，不断提升企业和群众的改革获得感和满意度。(1)降低企业成本。通过建成天津股权交易所诸暨运营中心、设立鸿泰嘉富基金公司、推进袜艺小镇综合配套PPP项目等，降低小镇运营成本和企业交易成本。(2)鼓励民营经济。结合自身产业优势，在诸暨市工业经济30条的基础上，专门出台大唐镇工业经济发展系列政策，2016、2017和2018年三年累计奖励企业3000多万元，非国有投资达到45亿元，占投资总额比例达到85%。创新外来流动人口管理方式，打造智能化劳动力市场，加速人才集聚。

6.有益经验

(1) 找准定位、精准发力。围绕一个艺术的“艺”字，持续推进小镇产业结构转型和动力转换，突出智能装备制造、新型原材料研发、创意设计、品牌营销等环节，加快向“微笑曲线”两端延伸。谋划以“唐文化”和“袜文化”为特色的设计思路，统筹推进一批融合产业和文化景观的项目。(2) 彰显特色、精致建设。紧扣“袜艺”主题，坚持政府主导与市场主体相结合、以点带面与整体推进相结合、项目建设与环境整治相结合。(3) 紧扣主线、精确转型。紧扣打造供给侧小镇经济新模式这条主线，围绕新旧动能转换，以袜业创新服务综合体建设为新引擎，致力“创意+意意创新+新意互联网+联网资本+本网人才+才”。

案例3：浙江杭州梦想小镇典型经验

浙江省杭州市余杭区梦想小镇是信息服务类小镇（见图3)。以发展创新创意产业为核心，入驻企业3900家左右，完成特色产业投资31亿元，年缴纳税收4亿元，发明专利拥有量30项。小镇规划用地面积4500亩，其中建设用地1000亩；已建成区域用地面积1440亩，其中建设用地1440亩。

图3 浙江杭州梦想小镇

1.主要运行模式

(1) 建设便利创业社区。顺应大众创业、万众创新的时代浪潮，小镇锁定互联网创业和天使基金两大产业门类，确定了“资智融合”的发展路径。看准方向后，小镇边建设、边谋划、边招商，全速推进。互联网村、天使村、创业集市及创业大街建成投用，万兆进区域、千兆进楼宇、百兆到桌面、WiFi全覆盖的网络基础设施建成，居住和商业等配套同步推进，一个低成本、全要素、开放式、便利化的创业社区基本建成。(2) 打造创业生态系统。在此基础上，小镇积极创新服务，通过引进新型创业服务机构、建立天使引导基金、组建创业贷风险池、开发云服务平台等途径，不断完善政策体系和服务链条，着力打造最富激情的创业生态系统。遵循互联网思维和互联网精神，秉承产城融合、资智对接，有核无边、辐射带动，政府主推、市场主体，共生共荣、共享共治理念，着力构建一个自然生态、历史文化、现代科技交相辉映，办公创业空间、职住生活配套空间、精神文化空间一应俱全的众创空间，让创业者们在这里追梦、造梦、圆梦。

2.特色产业发展

(1) 明确产业定位。小镇产业定位是互联网和金融两大类，按照政府谋划、市场导向、整体设计、分步实施的思路推进收尾。互联网产业以培育集聚互联网创业企业为重点，鼓励大学生创办电子商务、软件设计、集成电路、信息服务、大数据、云计算、网络安全、动漫设计等企业。金融产业旨在培育以科技金融为重点的现代科技服务业，重点发展天使基金、私募金融、互联网金融，构建覆盖企业各个不同发展阶段的金融服务体系。(2) 积极招才引智。小镇累计引进上海苏河汇、北京36氪、深圳紫金港创客等知名孵化器以及500Startups、Plug&Play等2家美国硅谷平台落户，集聚创业项目1500余个、创业人才1.5万名，形成了一支以阿里系、浙大系、海归系、浙商系为代表的创业“新四军”队伍。136个项目获得百万元以上融资，融资总额达94亿元。

3.宜业宜居宜游

(1) 打造宜居宜游生态空间。小镇内的古街有880多年历史，保留了章太炎故居、四无粮仓等文保单位以及一大批古建筑，生态环境良好、自然景观质朴，但多年来陷于保护和开发的两难境地。特色小镇和众创空间的提出，为古街提供了除纯旅游开发、工业化带动或房地产驱动之外的另一条城镇化路径，即以信息化为动力、以人的城市化为根本的新型城镇化之路。为此，梦想小镇紧紧围绕人的需求，确立了“三生融合、四宜兼具”(先生态、再生活、后生产，宜居、宜业、宜文、宜游) 的开发理念。在开发中充分保护自然生态和历史遗存，对文化底蕴进行深入挖掘，对存量空间按照互联网办公要求进行改造提升，从而推动文化、旅游、产业功能的有机叠加、共生共融，让创业者进则坐拥城市配套、创业无忧，出则尽享田园气息、回归自然，造就一方在出世和入世之间自由徜徉的理想家园，成为田园城市的新典范。(2) 打造形态完备创业社区。兼顾创业者工作、生活、商务需求，统筹布局各功能区块，引进各类配套项目，为创业者量身打造宜居宜业、高效便捷的创业创新生态圈。重点搭建社交平台，通过创业咖啡、论坛沙龙等形式，着力引导创业者从分割隔离的办公楼走向极速分享的大社区，促进信息交流和思维碰撞。公交线路得到加密和延伸，杭州萧山国际机场海创园航站楼正式启用，小镇内部及周边公共配套不断完善。众多不同定位的特色创业餐厅建成运行，创意茶馆、创客健身馆、银行网点投入使用。“YOU+公寓”正式开业并深受创客欢迎。

4.特色文化风貌

全面塑造互联网特色文化。小镇相继举办中国（杭州）财富管理论坛、中国青年互联网创业大赛、中国互联网品牌盛典、中国研究生电子设计大赛等活动1080余场、参与人数16.6万人次，吸引了中央电视台、德国电视一台、西班牙国家电视台、日本NHK电视台、人民日报等媒体密集报道，品牌形象和创业氛围不断提升。

5.政策机制创新

（1）强化“店小二”意识。进一步实施“互联网+政务服务”，通过信息化手段使服务更加畅通、更加便捷。加快引进中介服务机构、科技服务机构，推广政府购买服务方式，整合市场资源做好企业服务。同时探索创新，加强对园区运营主体的引导和培育工作，使其成为园区自我管理、自我服务的自治主体，形成一批“经济村”，构筑起“政府—科创园区—中小企业”服务方式。（2）开发公共技术平台。引进科技文献查询系统和世界专利信息服务平台，集中购买服务器和基础软件，向阿里购买云服务，面向创客免费开放。与浙江大学开展全方位战略合作，会商浙大实验室和技术平台全面开放，重点合作共建健康医疗公共技术平台。（3）整合利用市场资源。积极引进财务、法务、人力资源、知识产权、商标代理等各类中介服务机构，组成“服务超市”，同时面向初创企业发放“创新券”，支持企业购买中介服务。在省市区扶持下，利用好5000万元天使梦想基金、1亿元天使引导基金、2亿元创业引导基金、2亿元创业贷风险池、20亿元信息产业基金，通过政府基金运作强化资智对接，并有效撬动社会资本。目前，天使梦想基金已为250家初创企业注入资金。

6.有益经验

（1）构筑全景式孵化链条。按照有核无边、辐射带动的思路，以小镇为点、以周边区域为面，积极打通小镇与周边区域之间在空间、配套、产业、政策、招商方面的隔膜，构筑起全景式展现的“孵化—加速—产业化”接力式产业链条和企业迁徙图。（2）多维度促进项目产业化。将小镇孵化出来的项目，积极推介到周边科技园和存量空间中加速和产业化，小镇腾退出来的空间继续不断引入新项目孵化，形成滚动开发的产业良性发展路径。现周边15个产业园正在申报小镇拓展区，期望在小镇的品牌和政策支撑下向新型孵化器加速器转型，手游村、电商村、健康产业村、物联网村已初步成型。如“遥望网络”是小镇第一个孵化成功的项目，孵化成功后搬入未来科技城内的绿岸科技园进行产业化，目前遥望中国手游基地一期1.8万平方米已投入使用，30

余家手游合作伙伴已入驻，初步形成了手游产业集聚中心。

案例4：江苏苏州苏绣小镇典型经验

江苏省苏州市高新区苏绣小镇是先进制造类小镇（见图4）。以发展苏绣产业为核心，入驻企业120家左右，吸纳就业近1万人，完成特色产业投资7亿元，年缴纳税收0.7亿元，年接待游客人数100万人次。小镇规划用地面积5700亩，其中建设用地面积1100亩；已建成区域用地面积3800亩，其中建设用地面积360亩。

图4　江苏苏州苏绣小镇

1.主要运行模式

（1）区级统筹规划。高新区管委会强化组织领导和规划协调，确保苏绣小镇的开发建设融入于片区规划。引入南方设计院，依托其专业能力与实践经验，按照“非镇非区”模式进行规划设计。（2）企业主体建设。由苏州西部文化旅游发展公司与苏高新集团共同出资成立的苏州苏绣小镇发展有限公司，作为小镇项目投资运营主体，负责项目的融资、开发和运营事宜。（3）政府组织保障。地方政府做好社会动员，提供组织保障，强化引导扶持，为特色文化传承、特色产业聚集及特色企业发展提供政策支撑。（4）多方运营管理。小镇整体运营引入第三方主体，借助其资源资产优势，打造小镇高水平运营服务平台。积极吸纳各类企业、大师工作坊等，为产业注入活力和特色。

2.特色产业发展

苏绣小镇所在地镇湖是苏绣的发源地，具有2200多年的刺绣文化历史，在发展苏绣产业上，拥有载体、结构、特色、人才四方面的独特优势。（1）集聚效应明显。建有“中国刺绣艺术馆”“绣品街”“绣馆街”等刺绣文化空间，为苏绣产业化奠定了坚实基础。“绣品街”429家商户中的376家为绣庄和刺绣工作室，9000多人从事刺绣设计、创作、生产、销售、配套工作。(2) 产业结构合理。小镇围绕苏绣工艺，集聚了丝线、木架、装裱包装等上下游产业。依托苏绣创新平台，引进了研发、培训、体验等主题的刺绣工作室，实现苏绣全产业链协同发展。立足丰富旅游资源，融合苏绣文化与传统工艺，实现苏绣文旅跨界融合。(3) 特色优势显著。小镇苏绣文化符号意义凸显，近80件苏绣艺术品作为国礼赠送给国外友人，近90件苏绣艺术品被世界各地博物馆或名人收藏。其中，《侍女蹴鞠图》成为习近平主席代表中国向国际奥委会赠送的国礼。小镇内企业高度重视知识产权，拥有刺绣发明专利15项。(4) 人才队伍汇聚。小镇汇聚了由2位中国工艺美术大师、2位国家级非遗（苏绣）传承人、3位首批“大国非遗工匠”、14位省级工艺美术大师、8位省级工艺美术名人、74名高级工艺美术师构成的苏绣传承人队伍。

3.宜业宜居宜游

(1) 基础设施完善。完善主干路网、水电气网络等公共配套设施，形成以轨道交通为主体、新能源汽车和公共自行车等为补充的多层次绿色低碳交通体系。(2) 功能配套齐全。小镇15分钟社区生活圈内，幼儿园、卫生院、社区服务中心等已投入使用。正在建设的镇湖商业中心，将为居民提供完善商业配套。(3) 生态资源丰富。小镇坐拥国家AAAA级旅游景区——太湖国家湿地公园、中国刺绣艺术馆景区，紧邻太湖生态游憩带，周边拥有太湖一号房车露营公园、杵山生态公园等休闲旅游载体。

4.特色文化内涵

(1) 苏派建筑底蕴深厚。小镇以苏派建筑为主，以“中国刺绣艺术馆”“绣品街”“绣馆街”为主要代表，突出江南文化特点。其中，“中国刺绣艺术馆”是国内规模最大的专业性刺绣展馆，为苏绣文化的展示、传播、交流提供了良好载体。(2) 节庆品牌特色彰显。小镇特色文化节庆品牌——“中国刺绣文化艺术节”，至今已举办十一届，成为小镇刺绣文化对外展示的重要窗口。(3) 非遗文化交流频繁。年均参加国内知名文创展会近十场，并作为非遗项目亮相欧美各国，与恭王府开展非遗研究合作，成为清华美院、苏州大学等院校的创作和教育实践基地。(4) 文化传播成效显著。小镇拍摄近10部宣传片，社会反响良好。诸多影视剧把苏绣引入剧情并在小镇取景，彰显苏绣独特魅力。

5.机制政策创新

(1) 构建多元合作机制。发挥规划引领作用，构建企业主体、政府引导、市场化运作的开发建设格局，推动小镇建设提质增效。(2) 践行共享发展理念。小镇实施富民合作社模式，搭建增收平台，实现政企社共享发展。(3) 强化产业政策对接。小镇积极争取产业政策支持，享受到高新区促进文化产业跨越发展、打造产业新平台、文化产业发展资金、人才开发资金等政策。(4) 完善非遗传承体系。小镇以传承发展苏绣非遗文化、培养苏绣人才为目标，引入专业教育机构，完善人才培养机制。比如，与苏州工艺美院合作创办织绣类专业教育。

6.有益经验

(1) 发展定位明晰。小镇立足特色产业的长远发展，围绕传统、再生、未来3个核心，在实现苏绣产业高端集聚和融合发展的同时，打造宜人的生活环境和可持续发展的生态环境。(2) 特色元素突出。小镇以文化特色为引领，推动软硬件环境打造与苏绣产业特色相匹配，保持苏绣特色的唯一性。在载体建设中融入苏派建筑风格特点，保持小镇风貌统一。(3) 机制凝聚合力。小镇开发模式最大限度地发挥了政府、国企、民企等各方优势，吸引小镇内企业、大师工作坊、个体工商户积极参与。(4) 立足以人为本。小镇注重人才培养，实现匠人聚集，积极发挥大师引领作用，为青年刺绣艺术家提供宣传展示的机会，积极引进相关人才。

案例5：广东深圳大浪时尚小镇典型经验

广东省深圳市龙华区大浪时尚小镇是新型纺织类小镇（见图5）。以发展时尚产业为核心，入驻企业420家左右，吸纳就业数万人，完成特色产业投资2亿元，年缴纳税收4亿元，发明专利拥有量350项。小镇规划用地面积4800亩，其中建设用地面积3500亩；已建成区域用地面积4500亩，其中建设用地面积3300亩。

图5　广东深圳大浪时尚小镇

1.主要运行模式

(1) 科学制定规划。以特色小镇发展目标和总体规划为依据，通过政府引导、企业主导、多方合作，共建小镇“促进平台”。(2) 强化政策支撑。制定项目行动计划和创新灵活的优惠政策，通过综合整治、土地整备、城市更新和文化引领等方式，加快建成特色鲜明的时尚小镇。

2.特色产业发展

(1) 释放规模经济效应。小镇拥有华兴、梵思诺、艺之卉、卡尔丹顿、奔霓诗、浩盛隆等11家总部企业，100多家服装鞋帽等时尚品牌企业。各龙头服装企业集产品设计、品牌经营与生产销售于一体，初具规模经济效应。已形成品牌化、规模化、集聚化发展态势，成为集产、学、研、商、行业协会管理于一体的现代制造业基地和绿色制造示范基地。(2) 提升自主创新水平。小镇服装产业已从低技术含量、低附加值、出口加工型向高技术含量、高附加值、自有品牌型模式转变。ERP系统、CAD、三维设计、RFID技术等高新技术，在企业营销、生产管理、研发设计、生产监控、市场推广等环节得到有效运用，75%以上的服装企业将销售额的5%的服装企作为研发设计经费。服装企业创新能力在全国遥遥领先，卡尔丹顿打造出国内首款石墨烯智能服饰，梵思诺开发出纳米智能发热服，泰莲娜建成中国首家智能时装店，实现了服装产业、现代科技和潮流时尚三者有机融合。

3.宜业宜居宜游

小镇“半山半城、灵秀文润”。北靠九龙山、南望羊台山、东接茜坑水库、北临石凹水库，省级绿道达8.5公里，绿化覆盖率达44%。依托优质生态资源，以山水环绕的自然生态格局为基础，规划“一核两组团”的山水小镇空间格局，搭建蓝绿交织的生态框架，植入创意旅游元素，发展九龙山郊野创意公园、大浪河等景观节点，打造龙华绿色第三极。

4.特色文化内涵

(1) 改造原有古村落。借助时尚公共服务平台和滨水中心项目，提升石凹村开发价值，在片区打造创意工坊社区、活力主街、特色口袋公园和“兴趣点”。以挖掘下岭排村原乡文化为着力点，通过界面整治和功能置换等手段，打造古村漫道。通过增加步行设施、增加植物配置等方式，改造后山花街，为比邻的大浪市民公园打造一个美丽的南入口。(2) 推动城市更新。以市场化方式，开展康发科技工业园、下岭排旧工业区等7个旧村旧工业区的城市更新。实施了产业研发办公中心、文化活动中心、品牌休闲商铺等商业高端项目，构建以峡谷风貌为主题的室外步行商业街，增设滨水河岸亲水平台、水上舞台等多样化空间体验，打造亲水、复合的社区活力中心。

5.机制政策创新

(1) 建立组织管理机制。成立小镇建设工作领导小组，总体谋划小镇开发建设。设置领导小组办公室，负责小镇的设计和协调。各有关职能部门积极配合，及早谋划小镇关键节点，推进高起点规划建设。重大事项由区政府总体把握。(2) 全面优化营商环境。

在解决交通问题上，深圳市加快25号地铁线的修建，龙华区加快有轨电车T3延长线的修建，小镇加快与巴士集团的合作，推动小镇专巴运行，极大改善了小镇交通。在解决居住问题上，加快人才安置房、人才公寓建设，为小镇发展留住人才。在推出惠企政策上，龙华区出台了《关于大浪时尚小镇产业发展资金扶持的若干措施》，受理企业补贴资金的申请，大大缓解了企业资金成本压力，助力企业提升品牌培育能力、行业竞争力和经济效益。

6.有益经验

（1）高水平建设小镇。围绕人、产业、生态、文化的深度融合，形成多张文化名片，建成产城融合、设施健全、环境优美的时尚城区，形成现代化、国际化、创新型时尚硅谷，将小镇打造为宜居宜业之城。（2）搭建公共服务平台。成立以园区企业为主的时尚文化创意协会，聘请中国时装设计界著名人士担任协会主要职位，使小镇行业影响力持续增强。创建时尚企业孵化器，提供工商注册、税务登记、人才引进、对外合作等全方位专业服务。

案例6：吉林长春红旗智能小镇典型经验

吉林省长春市经济技术开发区红旗绿色智能小镇是先进制造类小镇（见图6）。以发展汽车产业为核心，入驻企业80家左右，吸纳就业3万人，完成特色产业投资70亿元，年缴纳税收10亿元，发明专利拥有量120项。小镇规划用地面积6000亩，其中建设用地面积4400亩；已建成区域用地面积近3800亩。

图6　吉林长春红旗智能小镇

1.主要运行模式

（1）实行政企共建模式。坚持政府引导、企业主体、市场化运作，由一汽集团、汽车经济技术开发区、长春城市发展控股集团三方联合组建长春市长盛开发运营服务有限公司，作为小镇投资建设运营主体，以业主身份筹集资金、规划建设、运营管理。(2) 推行产城融合发展。引入教育培训、移动出行和智能网联等内容，最终形成特色鲜明、立志民族品牌复兴、产镇融合的绿色智能小镇。

2.特色产业发展

(1) 壮大红旗汽车产业。依托民族汽车工业第一品牌——红旗，以汽车制造业为核心，拓展研发设计、个性化定制等高端服务，为红旗品牌注入新动力。小镇不仅包含全方位展示红旗汽车制造工艺的智能化工厂，也有红旗民用车、红旗特种车定制中心等生产部门，2018年产销量完成3万辆，预计2020年将突破10万辆。(2) 拉长汽车产业链。聚焦汽车核心配套产业链，大力发展智能制造、新材料应用、节能环保等相关产业。(3) 展现汽车未来方向。在小镇中规划建设创新引领区，汇集新能源、智能网络、无人驾驶、研发设计等功能。建立红旗研发总院、红旗造型设计院、红旗新能源开发院等研发机构，形成研发集群，打造独立自主的研发生产转换平台。

3.宜业宜居宜游

(1) 打造小镇客厅。在红旗生产制造基地中，以红旗LOGO为设计元素，为来访者和参观游客提供停车、餐饮、观光等高端服务。(2) 建设文旅设施。规划建设红旗博物馆、汽车展览馆、红旗穿梭体验中心、汽车博览馆等主题馆，建设各类玩具车、卡丁车、汽车历史文化街区等文旅项目。拥有东北三省知名的汽车文化主题公园，围绕公园建设成熟的商业服务配套设施、五星级酒店及高档居住小区。(3) 规划参观线路。一条是面向旅游人群的公众参观路线，游人沿路线可观赏厂区内的工业风情。另一条是面向高端定制贵宾的路线，客户在欣赏小镇工业场景的同时，可进入观光工厂，亲身感受高端车型诞生的全过程。

4.特色文化内涵

(1) 汽车历史文化底蕴厚重。红旗历史博物馆、开放式红旗生产线、历史特色街区等展区，将60年的红旗品牌、60年的汽车文化积淀进行展览和传承。(2) 汽车文化旅游特色鲜明。汽车历史文化街区、红旗博物馆、解放博物馆、汽车文化博物馆、历史厂门、1958大道、十里汽车文化长街、红旗观光工厂、汽车文化主题公园等汽车文化旅游景观，让游客切身感受汽车的发展史和未来，让每一代红旗人重拾历史、再造辉煌。

5.机制政策创新

(1) 省市政策支持。吉林省政府出台了《关于支持中国一汽集团有限公司改革发展的意见》，长春市政府与一汽集团签署了《战略发展框架协议》，共同推动实施红旗品牌振兴战略，在产业规划、土地预留、人才吸引、要素保障等方面支持小镇项目建设。(2) 建立工作机制。吉林省政府与一汽集团共同建立政企联席会议制度，适时召开工作会议，研究解决一汽集团发展和小镇建设的困难，确定小镇建设重大事项，加快推进小镇建设。

6.有益经验

(1) 借力东北振兴、突出规划先行。充分利用全球产业升级的“天时”、长春老工业基地的“地利”、一汽不遗余力振兴红旗的“人和”，以汽车产业为支柱产业，全力做好小镇概念规划、汽车产业规划、文旅发展规划。(2) 明确产业定位、突出产业集聚。立足本地区比较优势，坚持红旗产业立镇，全面优化营商环境，将长足的发展潜力变为现实红利，吸引一批一流相关行业、一流企业品牌入驻，做大做强汽车及零部件支柱产业，在小镇践行供给侧结构性改革和经济高质量发展。(3) 立足转型升级、突出龙头引领。以中国制造2025为契机，通过龙头带动引领打造首位产业集群，以红旗品牌转型升级带动红旗汽车产业从零散到集聚，乃至带动国产品牌从低层次竞争到高质量发展的蜕变历程。

案例7：江西大余丫山小镇典型经验

江西省赣州市大余县丫山小镇是休闲体育类小镇（见图7）。以发展生态旅游产业为核心，入驻企业17家，吸纳就业600人，完成特色产业投资9亿元，年接待游客人数760万人次。小镇规划用地面积9600亩，其中建设用地面积2200亩；已建成区域用地面积4900亩，其中建设用地面积1200亩。

图7 江西大余丫山小镇

1.主要运行模式

坚持政府引导、企业主导、市场化运作模式。发挥章源生态旅游有限公司的龙头牵引作用，采取合作合建、利益共享方式，先后引入丫山颐养善居发展公司、丫山艾哆乡村事业发展公司、众乐体育发展公司、仁龙旅游开发公司、新动力大余体育发展公司、赣南养一生农业公司等16家投资企业。各经营主体发挥自身优势，不断汇入产业资本要素，形成了产权明晰、符合市场规律、具备可持续特征的特色小镇商业运营模式，实现了社会资本进得来、留得住、能受益。

2.特色产业发展

(1) 运动竞技产业。建成了国家体育产业示范项目——新动力汽车越野基地、全国第一个1公里环形自行车泵道等国内一流的运动竞技场地，先后举办了全国山地马拉松等国家级、省级、市级共31类300余次高水准运动赛事，参与人员超过200万人次。(2) 探险拓展产业。打造了悍马博物馆、森林拓展训练基地、空中看丫山、房车营地等一批探险拓展基地，成功举办了首届全国百部房车露营大会。(3) 康乐游戏产业。打造了亚洲第三大轮胎主题乐园、A哆森林、万米悬空玻璃栈道、溜索、打水寨、网红桥等康乐游戏基地，吸引了大批全国各地的游客来休闲度假。(4) 健身健美产业。建设了130公里环山健康骑行步道、16公里登山道、游泳馆、拳击中心、竹林球场等健身健美场地，成功承办了江西省群众登山健身大会。(5) 养生保健产业。与北京同仁堂合作发展健康理疗产业，建设了国际生态康养度假中心等20多个康养项目，大力发展康复疗养、健康维护、旅居养老、“候鸟”养老等业态。

3.宜业宜居宜游

小镇先后被评为江西首个AAAAA级乡村旅游点、江西省十大新旅游景区、中国最美休闲乡村、中国乡村旅游模范村、中国传统文化养生基地、国家森林公园、省级重点风景名胜区、国家全民健身户外活动基地、2016中国美丽休闲乡村、中国乡村旅游创客示范基地等。(1) 提升生态宜居水平。小镇负氧离子含量平均值达19万/立方厘米，PM2.5个位数值的天数每年在300天以上。公共文化服务设施建筑面积达5600平方米。15分钟社区生活圈覆盖率达100%，建成区域WiFi覆盖率达90%。(2) 全力发展乡村旅游。按照天蓝、地绿、水净、乡魂、乐游、宜居的目标，突出生态秀美、人文醇厚的文化特征，盘活乡村的青山绿水等自然资源，建设了A哆乡村、水上乐园、乡村旅游观赏园、龙山瀑布群等乡村旅游项目56个。

4.特色文化内涵

(1) 禅宗文化基地。以“灵岩古刹、灵秀丫山”为主题，完善寺庙建筑、竹林庭院、素食餐饮等项目，展现“寺院禅”“自然禅”“生活禅”的悠远意境。(2) 播音主持基地。依托国家广电总局对口支援，在丫山建立播音主持实践锻炼基地，邀请海霞、陈亮、张悦等央视主播授课。(3) 书画艺术基地。建设牡丹画院暨赵军牡丹艺术馆，打造中国著名书画大师创作平台。(4) 理学心学基地。建有"安国书院"，让人闲暇之余，体悟周程理学、阳明心学的真谛。(5) 速度赛马基地。游客在万亩花卉苗木中体验速度与激情。(6) 军事体育基地。建有丛林真人CS项目。游客穿上迷彩服，在"枪林弹雨"中感受强军梦想。

5.机制政策创新

(1) 坚持组织引领。成立了以县委书记为指挥长、县长为副指挥长的特色小镇建设指挥部，从各部门抽调20余人开展大兵团作战，全力负责特色小镇建设。(2) 做好规划引领。突出运动休闲主题，做好各类规划编制，制定特色小镇概念策划、空间规划、项目计划、资金筹划"四划叠加"的综合性方案。(3) 强化政策支持。出台《大余丫山片区特色小镇建设工作方案》《大余县全民健身实施计划（2016—2020年）》等9个政策文件，支持特色小镇建设。(4) 创新经营模式。健全景区与村集体、合作社、员工、群众的联结模式，实现利益捆绑一体化，调动多元创业主体能动性。

6.有益经验

(1)"体育+生态"。依托丫山93%的森林覆盖率这一得天独厚的生态优势，在开发建设过程中注重保护乡村风貌、本地特色，注重生态保护、绿色优先，使项目建设融于山水间、保持原生态。(2)"体育+旅游"。建设了丫山国家级全民健身户外基地、大余丫山新动力越野文化基地等体育旅游项目，打造体育旅游综合体。举办了首届全国百部房车露营大会等高水准运动赛事，产生了可观的社会效益和经济效益。(3)"体育+文化"。充分挖掘大余深厚的历史文化元素，打造了禅宗文化基地、播音主持基地、书画艺术基地、理学心学基地、山地运动文化基地。(4)"体育+康养"。致力于打造全国知名的养生养心养老示范基地，建设了国际生态康养度假中心等多个康养项目。(5)"体育+扶贫"。采取"小镇+党组织+基地+旅游合作社+贫困户"的模式，帮助贫困户在土地流转、建设施工、景区岗位、农家旅馆等方面获得收入，努力让农民拥有变成租金、股金、薪金的"三金"农民。

案例8：天津西青杨柳青文旅小镇典型经验

天津市西青区杨柳青文旅特色小镇是文旅产业类小镇（见图8）。以发展民俗文化产业为核心，入驻企业及商户1100余家，吸纳就业4000人，完成特色产业投资21亿元，年接待游客226万人次。小镇已建成区域用地面积4000亩，其中建设用地面积3800亩。

图 8　天津西青杨柳青文旅小镇

1. 主要运行模式

(1) 区级统筹规划。西青区政府强化组织领导，采取一系列措施确保特色小镇开发建设与区总体规划、产业升级方向相协调。引入国际化设计团队和文创领域的精英，依托其专业能力与实践经验，按照“非镇非区”模式进行规划设计，确保产业的精准落位和用地可持续性开发。(2) 企业主体建设。小镇核心区由国有平台公司投资建设，其他功能区引入知名文旅开发公司进行专业化市场化的融资、开发、运营事宜，为确保小镇顺利建设提供保障。(3) 政府组织保障。区镇两级政府做好社会动员，提供组织保障，强化引导扶持，为特色文化传承、特色产业聚集及特色企业发展提供政策支撑。(4) 多方运营管理。利用古镇旅游管理、太德励拓传媒、李宁非凡体育等第三方主体，借助其资源资产优势打造小镇高水平运营服务平台。积极吸纳各类文旅企业、大师工作坊、文化创意街区等，为产业升级注入活力和特色。

2. 特色产业发展

小镇是中国四大木版年画产地之首。杨柳青木版年画具有380多年的发展史，享誉国内外，拥有集聚效应明显、产业结构合理、特色优势显著、人才队伍汇聚等四个方面的独特优势。(1) 集聚效应明显。小镇内建有年画博物馆、民俗文化馆、明清街等传播年画的文化空间，为年画产业化奠定了坚实基础。千余家商户中有近百家年画工作坊，从事杨柳青年画的设计、创作、生产、销售、配套工作的人员达到2000余人。(2) 产业结构合理。小镇围绕年画技法工艺和流程特点，集聚了木印、水印、石印、胶印等上下游产业；依托年画创新平台，引进了研发、培训、体验等主题年画工作室；成立了“莲年有余”文创社，开发年画主题衍生产品千余种；结合文旅项目实现年画全产业链协同发展，开发丰富旅游资源，实现年画文旅跨界融合。(3) 特色优势显著。小镇年画的文化符号传播意义凸显。在改革开放40周年之际，中央电视台、人民日报、经济日报、光明日报、文汇报、新华网、北方网等多家主流媒体相继报道了以杨柳青年画文化为主的古镇文化，受到了社会各界的高度关注。用中国传统文化与世界奥运结合的理念创作的整套杨柳青木版年画作品《百福》《百禄》《百寿》《百喜》，永久性收藏在瑞士洛桑的国际奥林匹克博物馆内。(4) 人才队伍汇聚。小镇拥有3位国家级非遗传承人、5位市级非遗传承人、34名高级工艺美术师和上百名画师组成的杨柳青年画传承人队伍，为小镇特色文化代代相传作出了巨大贡献。

3.宜业宜居宜游

(1) 基础设施完善。完善主干路网、水电气网络等公共配套设施，形成以公共交通为主体、新能源汽车和共享单车等为补充的多层次绿色低碳交通体系。(2) 社会和谐稳定。强化社会保障工作，持续开展技能培训、扶持创业讲座、工艺展演、年画文化进校园等活动。(3) 功能配套齐全。小镇构建了15分钟共享圈、10分钟生活圈、5分钟社区圈三级生活圈层网络，方便当地居民和外地游客的使用。正在规划建设的文化中心、运河南商业广场等项目，将为居民和游客提供更加完善的配套服务。(4) 生态资源丰富。子牙河、南运河穿镇而过，自然水系纵横交错，地表水极为丰富，享有“北方水乡”的美誉。这些优越的生态条件都为特色小镇建设提供了良好的环境支撑。

4.特色文化内涵

(1) 明清民居风格独特。小镇核心景区以明清建筑为主，以石家大院和明清街为主要代表，突出古建民居的文化特点。其中，石家大院至今已有140年的历史，其建筑结构独特、砖木石雕精美，曾有“天津第一家”“华北第一宅”之称，成为小镇对外形象的展示平台。始建于清代同治年间的安家大院，系杨柳青赶大营第一人安文忠的宅邸，再现了当年名宅华彩；始建于明代万历四年（公元1576年）的文昌阁，是中国北方现存历史最久的阁楼式建筑；始建于清代嘉庆十一年（1803年）的普亮宝塔，至今承载了杨柳青传奇人物于成功（于五爷）的传说故事；始建于明末清初的关帝庙历史悠久，传承了老百姓对关公忠孝仁义的崇敬之情。(2) 节庆品牌特色彰显。小镇特色文化节庆品牌——“杨柳青国际木版年画节”已连续举办3届，“杨柳青民俗文化旅游节”已连续举办15届，杨柳青元宵灯节已连续举办24届，“三天灯节”累计吸引

700余万游人前来观赏，成为小镇民俗文化对外展示的重要平台。(3) 非遗文化交流频繁。2006年5月20日，杨柳青木版年画经国务院批准列入首批国家级非物质文化遗产名录，并列美术类第一名。年均参加国内知名文创展会十余场，并作为非遗项目亮相世界各地。2018年12月，教育部确定天津大学为杨柳青年画中华优秀传统文化传承基地。

5.机制政策创新

(1) 构建多元合作机制。发挥规划引领作用，构建政府引导、企业主体、市场化运作的开发建设格局，推动小镇建设提质增效。(2) 践行共享发展理念。坚持以人民为中心的发展理念，搭建小镇增收平台，保证群众共享小镇发展成果。(3) 强化产业政策对接。积极争取产业政策支持，促进文旅产业跨越式发展，打造产业新平台。(4) 完善非遗传承体系。以传承发展非遗文化、培养年画人才为目标，引入“传帮带”的发展架构，完善人才培养机制。

6.有益经验

(1) 发展定位明晰。小镇“非镇非区”，是一个创新发展平台。立足特色产业的长远发展，围绕传统、再生、未来三个核心，在实现文旅产业高端集聚和融合发展的同时，打造宜人的生活环境和可持续发展的生态环境，实现生产、生活、生态“三生融合”。(2) 特色元素突出。小镇以文化特色为引领，推动软硬件环境打造与年画产业特色相匹配，保持年画特色的唯一性。在载体建设中融入明清建筑风格特点，保持小镇风貌统一。以年画产业为主导，植入文化、生活、生态，充分激发年画产业的创新创业活力。(3) 机制凝聚合力。小镇开发模式最大限度地发挥了政府、国企、民企等各方优势，吸引各类企业、大师工作坊、个体工商户积极参与，为小镇产业发展注入活力。(4) 立足以人为本。小镇建设坚持以人为本，在产业上注重人才培养，实现匠人聚集，积极发挥大师引领作用，为老一辈和新一辈年画艺术家提供宣传展示的机会。为居民提供优良的生活配套和生态环境，提升民生幸福感。

案例9：福建宁德锂电新能源小镇典型经验

福建省宁德市东侨经济开发区宁德锂电新能源小镇是先进制造类小镇（见图9）。以发展锂电新能源产业为核心，入驻企业40家左右，吸纳就业4万人，累计完成特色产业投资额210亿元，年缴纳税收27亿元，发明专利拥有量217项。小镇规划用地面积5800亩，其中建设用地面积4300亩，已建成区域用地面积3500亩。

图 9　福建宁德锂电新能源小镇

1.主要运行模式

坚持政府引导，企业为主，建立多元化的投融资机制，主动对接金融机构，引进信誉好、实力强的战略投资者参与小镇建设，研究引进社会资本进行整体打包开发。

2.特色产业发展

以锂电产业为主导，通过产业链招商、以商招商、精准招商等形式，推动新能源产业规模化、集群化，着力打造高端储能电池产业基地，重点加快延伸宁德新能源锂离子电池产业链，突破轻便、安全、大容量动力电池和强储能技术瓶颈，引进电动汽车生产制造企业，推进客车、工程机械、环保等专用汽车新能源化。打造世界一流锂电新能源产业研发创新先导区、国家锂电新能源产业聚集示范区、福建省双创孵化基地。

3.宜业宜居宜游

以产业旅游为核心，以赤鉴湖和外接海域水上配套项目为载体，以棉桃山、碑石山、高顶面山为拓展，完善路网设施和赤鉴湖公园，推进小镇旅客服务中心、标识标牌系统、环卫设施、宾客休闲设施、内部游步道路、新能源游船游艇渔人码头、滨水风情广场等项目建设，打造国家AAA级旅游景区，构建宜居、宜业、宜游的锂电新能源特色小镇。

4.特色文化内涵

以锂电文化为核心，规划建设新能源4DVR体验馆、双创中心、体验大道、无人驾驶体验专用道，新能源游船、游艇等，建设绿色电动小镇，叠加天生丽质的赤鉴湖，打造独具特色的锂电新能源特色文化小镇。

5.机制政策创新

(1)成立协调指挥部。由市里厅级领导挂帅，市区两级共同抽调强力骨干组成常设工作小组，长期驻点项目一线，专门协调解决公司各类问题。(2)安排产业空间。在土地资源极度匮乏情况下，优先安排土地、清理标准厂房近10万平方米，用于锂电产业发展。(3)加强资金支持。通过成立新能源产业发展资金、申报中央、省、市各类资金、税收返还、奖励扶持等方式为产业提供各类补助资金逾15亿元，2018年上半年落实新能源产业各类资金近4亿元。(4)强化人才保障。优化人才发展的生活环境、工作环境，制定人才优惠政策，吸引更多的人才参与小镇建设。截至2018年底，小镇引进国家“千人计划”2人、省引才“百人计划”11人、省工科类青年专业人才1086人。

6.有益经验

(1)坚持规划先行。先后多次组织人员深入调研，与省市发改、规划、国土等部门及开发区相关企业沟通，形成《宁德锂电新能源小镇创建规划》并上报宁德市政府审批，使小镇建设有规可循，为小镇项目顺利实施提供坚实的基础。(2)完善配套设施。完善配套基础设施，加快路网、学校、商业及服务设施建设，为项目落地投产、生产、生活提供良好便利的环境，小镇累计完成政府投资约14亿元，其中2018年1—8月完成投资2.3亿元，占年计划的90%。小镇内已落户产业链项目8个，投产项目5个，产业累计完成固定资产投资200多亿元。

案例10：安徽合肥三瓜公社小镇典型经验

安徽省合肥市巢湖经济开发区三瓜公社小镇是商贸文旅类小镇(见图10)。以发展电商产业为核心，入驻企业90家左右，吸纳就业2000人，完成特色产业投资2亿元，

图10 安徽合肥三瓜公社小镇

年接待游客人数600万人次。小镇规划用地面积5700亩，其中建设用地面积800亩；已建成区域用地面积2300亩，其中建设用地面积200亩。

1.主要运行模式

(1) 科学合理定位。小镇结合项目自身资源和特点，以农业为基、电商为魂、旅游为辅，以电子商务为驱动，以农旅融合为切入点，以“互联网+三农”“互联网+农村一二三产融合发展”为路径，把农村建设得更像农村，打造就地就近吸纳农村劳动力就业的大市场。(2) 政府做好推介。依托政府资源、政府支持和媒体资源，借力专业品牌管理机构，为有潜力的小镇内企业提供品牌整合推广服务等。(3) 强化金融支撑。小镇主导企业联合安徽巢湖经开区管委会，为入驻的每家企业优先提供小额担保贷款10万元。联合多家金融机构和创业基金，为入驻企业提供各种融资服务。(4) 企业提供培训。小镇主导企业成立“半汤乡学院”“电商培训中心”，已完成电商培训班45期，共培训5000人次，培育企业30余家，直接用工300人，带动就业2000余人。并开通服务青年创业的网络信息化平台，提供创业咨询、创业培训、创业服务和创业辅导等信息。

2.特色产业发展

(1) 建设电商基地。引进电商总部，开发当地农特产品，整合包装名优特产资源，建立统一的电商分装库和物流中心，打造“安徽电商第一镇”，并开辟出冷泉鱼、温泉鸡、茶、山泉花生等30多个电商产业基地，打造“互联网示范村”。(2) 集聚电商企业。小镇入驻的电商创业企业中，行业内知名企业5家、成长期企业（工商注册6年以内）6家、初始创业的小微企业（工商注册2年以内）40家。开设线上店铺28个，包括三瓜公社天猫旗舰店1个、淘宝企业店2个、京东专营店1个等，自建平台1个、APP1个，电商团队11支。

3.宜业宜居宜游

(1) 完善公用设施。小镇加大对村庄道路设施的整改力度，埋设好污水管线、做好绿化整洁、建好无线网络覆盖体系。此外，小镇区位优势明显，距高速口车程10分钟、距高铁站车程15分钟，便利居民和游客出行。(2) 做优旅游体验。小镇位于安徽省第一个国家级旅游度假区——巢湖半汤温泉养生度假区的核心区，紧邻巢湖国家级风景名胜区、国家AAAA级景区郁金香高地，拥有中国四大古温泉之首的半汤温泉，为居民和游客提供优质的服务体验。

4.特色文化内涵

(1) 彰显农耕文化。将小镇山地水系打造为旅游景点，围绕两枣农场、四季瓜果、五谷农业等，打造出休闲农业带、观光农业带、体验农业带三大农业带，所有农作物的种植都围绕可观赏、可体验来选择。深入挖掘6000年农耕民俗文化，恢复酒坊、茶坊等40多个手工艺作坊，让游客在体验中感受并传承农耕文化。打造让人们“望得见青山、看得见绿水、记得住乡愁”并且有产业保障的小镇，让乡村成为“未来中国人的奢侈品”。(2) 展现历史文化。小镇所在地是古人类的发源地、古文化的发祥地，是6000年前有巢氏文化和古巢国的核心地带，也是李克农、张治中、冯玉祥等数十位共和国将军和抗战爱国将领的诞生地。周边有三国时期曹操练兵的操兵塘、关公试刀的试刀山，以及商贾云集的宋代十里长岗、伍子胥过昭关等遗迹。

5.有益经验

(1) 把农村建设得更像农村。小镇在空心的贫困村进行乡村修复，不拆房子不砍树，保持村庄肌理、保护原有农田，对荒地、山地、林地进行复垦，对水系进行修复。将村庄和田野打造成诗意栖居、宜游宜业的家园乐园，让村庄、河流、田野、山林每一处每一点都成为可游玩可体验的点，吸引更多的游客来休闲体验，把农旅特色小镇的根深深扎在土地上。(2) 电子商务带动乡村振兴。通过电子商务打开当地农特产品大市场，带动农民加入合作社，进行优质特色农产品生产加工，实现“互联网+三农”，实现农民增收致富。吸引年轻人返乡创业、新农人入乡创业，激活了乡村市场、盘活了乡村资源，让田野再次焕发出生命力。

广东省农业转移人口市民化专题报告

广东省发展改革委

一、主要工作情况

促进有能力在城镇稳定就业和生活的农业转移人口举家进城落户，是党中央、国务院作出的重大决策部署。广东省委、省政府紧紧围绕目标任务，深化户籍制度改革，加快完善财政、土地、社保、教育等配套政策，有序有力推进农业转移人口市民化工作。

（一）进一步拓宽落户通道，降低城市落户门槛

一是全面放开放宽重点群体落户限制。进一步细化8类重点落户群体，广东省在认真比对现行落户条件的基础上，进一步放宽有关落户条件；各市对高校毕业生、技术工人、职业院校毕业生和留学归国人员均全面放开落户条件，对农村籍高校学生实行来去自由政策。据统计，2018年底广东省户籍人口为9502万人，年内全省非户籍人口落户城镇163万人，户籍人口城镇化率46.94%，比2017年增长了1.1个百分点，常住人口城镇化率70.7%，比2017年增长了0.8个百分点，常住户籍人口城镇化率差较2017年下降0.25个百分点。二是调整完善超大城市和特大城市落户政策。广州市构建“以引进人才为入户主体，积分制入户和政策性入户为有效补充”的全方位落户政策体系，设立176个公共集体户，共解决2.4万人的落户地址问题；深圳市落户条件是全国所有超大城市中要求最低的，将纯学历型人才入户条件降至大专，将技术技能型人才入户条件降到“中专+中级职称”，将技能型人才入户条件降至紧缺工种高级工，2018年共落户50.87万人，同比上升11.31%。东莞市从2018年10月15日起正式实行“两个五年入户”[①]政策，2018年户籍人口增长18万人，同比增长78.2%。佛山市出台《佛山市新市民积分制服务管理办法》，进一步放低落户条件。三是调整完善大中城市落户政

① 东莞“两个五年”指参加城镇社会保险满5年，且办理居住证满5年，就能落户东莞。

策。广东省城区常住人口在300万以下的城市均已取消积分落户方式。省内大中城市租赁房屋均可入户，且没有投资纳税的要求。除广州、深圳外，省内大城市的落户条件中，对参加城镇社会保险的年限要求不得超过5年，其他城市不得超过3年。肇庆、云浮市已实现“零门槛”入户目标。

（二）加大对农业转移人口市民化的财政支持力度，全面实施“人钱”挂钩机制

一是建立农业转移人口市民化动态调整和奖励机制。深入实施《关于支持农业转移人口市民化若干财政政策的通知》《广东省农业转移人口市民化奖励资金管理办法》，建立了省以下农业转移人口市民化奖励机制，资金分配根据农业转移人口实际进城落户数、财政困难程度等因素动态调整。2018年省财政（含中央资金）下达市民化奖励资金22.64亿元，比2017年增加3.88亿元。二是建立财政性建设资金补助机制。对吸纳农业转移人口较多城市的基础设施建设投资进行补助。省财政在分配一般性转移支付资金时，充分考虑农业转移人口因素，原则上将常住人口作为一项重要的计算因素，或使用与常住人口挂钩的人均财力（支出）水平等因素，使资金分配向常住人口密集的地区倾斜，缓解市县农业转移人口市民化支出压力。省财政积极推动住房保障公共服务均等化，在省住房保障相关资金安排时将各地公租房建设及投入使用套数、租赁补贴户数作为资金分配的重要因素。三是完善城市基础设施项目融资制度。通过发行地方政府债券方式为全省筹集建设资金，2017年新增债券额度940.8亿元。2016年至2018年，每年安排8000万元专项资金用于城市基础设施建设。印发《广东省PPP项目库审核规程（试行）》，纳入省PPP项目库管理的项目覆盖交通运输、市政设施、环境保护、教育等各类公共服务领域，截至2018年底共有160个项目签约落地，总投资额2204亿元，30个财政部PPP示范项目，总投资额431亿元，已全部签约落地，落地率100%。

（三）建立城镇建设用地增加规模与吸纳农业转移人口落户数量挂钩机制

一是全面建立并实施“人地”挂钩机制。实施《关于建立城镇建设用地增加规模同吸纳农业转移人口落户数量挂钩机制的实施意见》，落实差别化进城落户人口城镇新增建设用地标准。全省城镇建设用地计划指标中，2018年安排5000亩专项用于吸纳农业转移人口新增建设用地。二是建立健全城镇低效用地再开发激励约束机制。印发《广东省土地利用年度计划管理办法》，并配套出台《广东省土地利用年度计划执行情况计划指标奖励办法》《广东省重大产业项目计划指标奖励办法》等文件，明确要求各地获得的奖励指标优先保障农业转移人口进城落户用地需求。三是全力推进农村建设

用地拆旧复垦和城镇“三旧”改造项目。实施《广东省全面推进拆旧复垦促进美丽乡村建设工作方案（试行）》，建立起珠三角9市范围内出让商业、娱乐和商品住宅等经营性用地与全省农村建设用地拆旧复垦指标挂钩制度。2018年全省立项拆旧复垦项目共14661亩，已验收备案项目1524.34亩，下达珠三角地区复垦周转指标3.36万亩。通过深化“放管服”改革，强化激励倒逼机制等措施大力推进“三旧”改造。2018年全省投入“三旧”改造资金2048.75亿元，完成改造项目1053个，面积6.8万亩；节地面积2.4万亩，节地率达35.19%。

（四）建立进城落户农民“三权”维护和自愿有偿退出机制

一是基本完成农村承包地确权工作。截至2018年底，广东省农村承包地确权登记颁证工作已基本完成，全省共确权到户承包地面积3420.88万亩，占承包地总面积的97.16%；颁发承包经营权证书1066.79万本，颁证率97.21%；128个确权单位的数据库成果全部通过农业农村部初检，20个地级以上市（不含深圳）全部通过市级验收和省级抽查。二是稳步推进农村集体产权制度改革。截至2018年底，农村集体资产清查核实工作基本完成，清理账面资产4383.62亿元，量化集体资产总额3918.95亿元，占全省资产总额的70%，确认成员身份958.38万人，颁发股权证395万本。三是大力推进农村产权流转管理平台建设，建立健全农村产权流转市场体系。截至2018年底，全省（不含深圳）共建有农村产权流转管理服务平台市级12个、县级133个、镇级1372个；全省承包地流转面积占家庭承包耕地面积37.41%；农村土地经营权抵押贷款国家试点顺利完成，试点单位累计发放农地抵押贷款2937笔、总金额51.15亿元。

（五）进城落户人员完全纳入城镇住房保障体系

一是加快完善城镇住房保障体系。深入实施《广东省城镇住房保障办法》等文件，明确在城镇稳定就业的外来务工人员可以申请保障性住房，降低新就业无房职工和在城镇稳定就业的外来务工人员的公租房申请门槛。二是住房保障实行实物保障与租赁补贴相结合的方式，支持符合条件的进城落户农民承租市场住房。据不完全统计，全省通过市场提供房源、政府发放租赁补贴方式纳入住房保障范畴的异地务工人员超过24.1万户、80多万人。广州、佛山开展集体建设用地建设租赁住房试点取得较大进展，深圳探索住房制度改革，得到住房城乡建设部的高度认可，住房保障加快覆盖全部常住人口。三是落实放宽住房公积金提取条件，全面接入全国住房公积金转移接续平台。全省各地住房公积金管理中心全面同步上线全国转移接续平台，职工名下住房公积金全部实现省内互认和全国转移接续。

（六）落实进城落户人员参加城镇基本医疗保险政策

一是进城落户农民在农村参加的基本医疗保险可规范接入城镇基本医疗保险。加快完善流动就业人员医保关系转移接续办法，并成立了新型农村合作医疗异地就医工作领导小组，统筹异地就医结报工作。二是完善并落实医保关系转移接续办法和异地就医结算办法。严格执行《社会保险法》及相关政策规定，制定并实施灵活就业人员及其子女参保机制，确保落户农民的参保权益。全面实现省内省外异地就医直接结算，2018年广东省跨省上线医疗机构数量居全国第一。

（七）落实进城落户人员参加城镇养老保险等政策

一是加快落实基本养老保险关系转移接续政策。全面推动符合条件的进城落户农民参加当地城乡居民养老保险或城镇职工养老保险，整合新农保和城居保两项制度，建立全省统一的城乡居民基本养老保险制度。二是建立健全覆盖城乡的综合救助体系，确保进城落户农民与当地城镇居民同等享有最低生活保障的权利。广东省已实现全省城乡低保标准、低保收入困难家庭认定标准一体化，实现低保标准与扶贫标准对接，不断扩大救助对象覆盖面，把非户籍困难人员纳入救助范围。从2018年1月起，低保标准提高到950元，城镇“三无”人员、福利机构供养人员供养标准提高到1721元。

（八）保障进城落户人员随迁子女平等享有教育权利

一是保障进城落户农民子女受教育与城镇居民同城同待遇，积极探索制定随迁子女入学办法。出台《广东省推动义务教育优质均衡发展行动方案》，统筹做好教育资源配置，努力保障所有适龄儿童入学机会均等；建立以居住证为主要依据的随迁子女政策，广东省现有义务教育在校随迁子女约446.09万人，占全省义务教育在校生35%，其中入读公办学校的占55%。二是推进全省中小学学籍系统建设。实施《关于中小学生学籍管理的实施细则（试行）》，建立全省中小学学籍管理备案制度，全面推进中小学学籍管理工作，并开放省外学籍查询，简化转学学籍证明手续，为进城落户农民子女转学升学提供便利。

（九）推进居住证制度覆盖全部未落户城镇常住人口

修订实施《广东省流动人口服务管理条例》，进一步巩固完善居住证持有人享有的基本公共服务，加快推进居住证制度常住人口全覆盖。持有广东省居住证的流动人口除享有省定义务教育等5项基本公共服务及6项政府部门便利服务外，还享有所在市人民政府确定的其他公共服务，比如广州市享有23项，深圳市享有61项。2018年全省共发放居住证375万张、签注居住证577万张。积极开展港澳台居民居住证受理制发工作，自2018年9月1日国务院《港澳台居民居住证申领发放办法》实施以来，广东省共受理港澳台居民居住证88829张（其中香港61027张，澳门15370张，台湾12432张），制发证87866张，受理制证量位居全国第一。

二、存在主要问题

（一）农村籍流动人口入户意愿不强

随着非户籍人口可通过以居住证为载体享受越来越多的基本公共服务以及农村土地确权不断推进，农村户口可享受土地承包经营权、宅基地使用权、集体收益分配权，大部分农村居民面对城市高房价、高生活成本，都不大愿意进城落户，呈现“流而不入”的态势。

（二）城乡教育事业发展仍不均衡

广东省外来流动人口多，经济发达地区基础教育公办学位供给矛盾比较突出，不断增加的随迁子女入学需求与公共教育资源供给之间的矛盾突出，优质教育资源分布不平衡，城乡之间、新老城区之间、学校之间的教育差异突出。受限于土地规划建设、公办学校教师编制等多方面因素，城乡教育事业发展空间有待进一步提升。

（三）农村土地管理制度改革有待突破

农村土地承包权、宅基地使用权、集体收益分配权等合法权益资本化和退出通道不畅；农村集体经营性建设用地入市的实施主体、入市交易规则、入市的集体决策程序、入市与规划关系等问题有待进一步解决；宅基地所有权、资格权、使用权“三权分置”的载体、形式、外延界定以及历史遗留问题处置等有待进一步明确。

三、下一步工作重点

下一步，广东省将继续落实国家和省推进新型城镇化建设工作部署，以优化公共服务供给为重点，提升农业转移人口市民化质量，落实国务院关于1亿非户籍人口在城市落户方案，重点抓好以下工作。

（一）持续加大对农业转移人口市民化的财政支持力度，加快实现基本公共服务常住人口全覆盖

一是积极向财政部争取增加广东省新增债券额度，保障包括城市基础设施建设在内的重点项目合理融资需求。在分配均衡性转移支付、县级基本财力保障机制奖补资金、教育、医疗、社保等各项民生资金时，争取财政部支持，充分考虑农业转移人口因素，按常住人口100%全口径测算各地支出需求。二是完善升级财政转移支付体制。围绕“兜底线、补短板”，加强转移支付的保基本功能，提高市县“保工资、保运转、保基本民生”的财力保障水平。三是增强市辖区和新区吸纳农业转移人口市民化成本分担机制。通过市场化手段扩大基本公共服务有效供给。完善投融资机制，推广运用

PPP模式，吸引社会资本参与。

（二）不断深入推进农村土地制度改革，探索农村“三权”合法权益资本化

完善农村宅基地管理和农房建设管理政策措施，鼓励农村集体经济组织整合集体土地等资源性资产和闲置农房，巩固提升农村承包地确权成果，稳妥推进农村承包土地的经营权依法向金融机构融资担保、入股从事农业产业化经营。加快推进农村集体产权制度改革，完善农村集体资产股份权能，创新集体经济组织运行管理机制，支持各地因地制宜，探索发展壮大农村集体经济的有效形式。结合美丽乡村建设和脱贫攻坚总体目标，探索城乡融合发展新路径，探索推进城乡建设用地增减挂钩节余指标跨县、跨市使用，进一步提高城镇化带动农村发展能力。

（三）不断加强新市民融入城市的服务供给，提高转移人口融入城市新生活的能力

以创建现代职业教育综合改革试点省为统领，不断提高农民工职业技能培训质量。结合居住区统筹建设一批集商业服务、教育、医疗、文化娱乐、体育、养老、行政管理、社会福利等公共服务设施于一体、独立占地的“社区服务中心”，形成满足不同人群需要的社区“15分钟生活圈”。鼓励和引导新市民积极参与社区活动，逐步转变生活方式，提升市民群众的获得感和幸福感。

重庆市农业转移人口市民化专题报告

重庆市发展改革委

近年来，按照党中央和国务院的决策部署，重庆市始终坚持“人力资源是第一资源”的理念，坚持以推动户籍制度改革为抓手，加大财政、土地等领域关键环节配套改革力度，积极推动有能力有意愿在城镇稳定就业和务工的农业转移人口落户城镇，农业转移人口市民化取得积极成效。截至2018年底，全市户籍人口城镇化率达到48.7%，常住人口城镇化率达到65.3%。

一、启动户籍制度改革，探索农业转移人口市民化路径

按照《国务院关于推进重庆市统筹城乡改革和发展的若干意见》（国发〔2009〕3号）要求，重庆将农民工问题作为统筹城乡改革发展的突破口，于2010年8月启动了以农民工为主体的户籍制度改革。其路径可概括为：以实现城乡户籍制度一体化为目标，以农民自愿和在城市就业为前提，以保障转户居民利益为核心，以政策的配套衔接为支撑，统筹规划、综合配套、稳妥推进。

（一）政策设计

改革推进中，始终围绕农民工及其家属市民化进行政策设计，优先解决存量，以存量带动增量。对进城务工时间较长、工作较为稳定并适应城市生活的农民工特别是新生代农民工，鼓励本人及其家属进城落户，允许其继续保留在农村的宅基地、承包地和林地以及按市场化方式处置后获得收益的权利，并享有就业、社保、住房、教育、医疗等城市相同待遇。改革推进中，按照“三分”的思路展开。分阶段推进、分群体实施、分区域布局。

一是分阶段推进。第一阶段：集中解决本市存量的300多万符合条件的进城农民工及新生代落户和户籍遗留问题；第二阶段：着力建立完善土地、住房、社保、就业、教育、卫生支撑保障机制，构建形成合理流动、权益公平、城乡一体的制度体系；第三阶段：创新人口管理制度，统一城乡户口登记，建立以人为本、科学高效的新型户籍制度。

二是分群体实施。把存量的338万多人，分成符合条件的农民工及新生代、各类历史遗留问题两个大类七个群体（第一类为农民工及新生代，包括主城区、区县城务工经商人员、农村籍大中专学生、农村退役士兵；第二类为历史遗留户籍问题，包括已用地未转非、大中型水利水电工程建设失地农民、城中村居民、农村集中供养的“五保”对象），明确各个群体的落户条件和程序，有针对性地解决实际问题（见表1）。

表1 重庆市存量群体集中转户人员分布情况 （单位：万人）

范围	合计	农民工	大中专学生	退役士兵	用地未转非	大中型水库失地未转	城中村	五保户
全市	338.84	225.64	66.7	1.8	32.9	4.9	0.9	6
主城区	131.87	99.05	30	0.2	0.7	0.02	0.9	1
远郊区县	206.97	126.59	36.7	1.6	32.2	4.88	0	5

三是分区域布局。以“适度放宽主城、进一步放开区县城、全面放开小城镇”为原则，科学设置落户条件，避免落户人群过分集中在主城，合理城镇人口布局。

（二）关键环节

改革中注意把握五个关键环节。

一是坚持就业前提自愿进城落户。只要在主城区工作5年以上、区县城工作3年以上就可在合法稳定住所迁移入户。进城落户充分尊重农民工意愿，其农村的土地承包经营权和宅基地使用权是否退出、怎样退出，完全由进城落户居民自主决定。

二是坚持城镇待遇一步到位。农民一旦落户进城，就可以平等得到城市居民应有的全部福利待遇。就业方面，将进城落户居民纳入城镇就业服务体系，分类开展就业培训，予以创业扶持。住房方面，进城落户居民购买普通商品房同等享受相关税费减免或纳入公租房保障。养老、医疗方面，严格按城镇职工标准，由用工单位依法足额缴纳社会保险费用。教育方面，随迁子女享受城市义务教育，就近免费入学，平等接受各阶段教育。

三是保留进城落户居民在农村的相关权益。坚持按照自愿依法有偿原则，允许进城落户农民工处置宅基地和承包地。农村居民进城落户后，在退出土地前，可以继续享受与土地相关的征地补偿收益权等各项待遇。同时在规定期内与农民身份相关的各项待遇予以保留。

四是保障自愿退地者的相关权益。进城落户居民可以自愿退出农村土地。对自愿退出的宅基地，复垦成为耕地并形成“地票”，通过农村土地交易所进行交易（见图1），净收益的85%归农民所有，15%归集体经济组织所有。对自愿退出的承包地，或流转给亲戚朋友，或流转给经营大户、专业合作组织，确保不闲置、不撂荒。

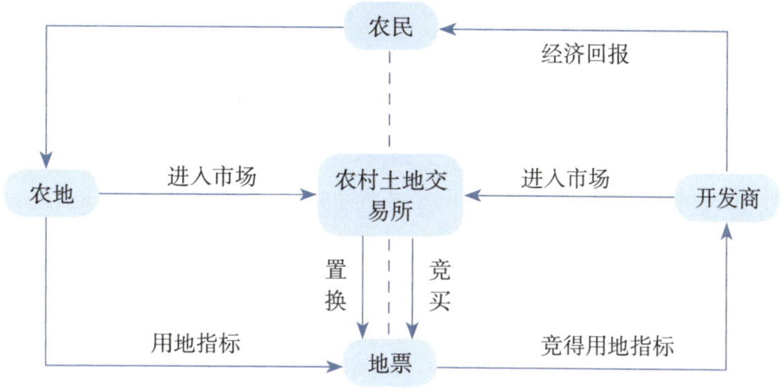

图1　重庆市地票流转示意图

五是合理分担改革成本。改革成本大体由政府、用工企业、社会三方面各承担1/3，大部分成本并不需要一次性即期支付，是一个长周期平衡过程。政府主要承担城市扩张过程中基础设施和公共服务的投入；用工企业依法承担落户农民工参加城镇职工养老保险和医疗保险的新增缴费部分；农民工承担个人缴费部分；房地产商等社会主体承担退出宅基地所需成本，通过地票交易市场化机制实现平衡，改革成本总体可控。

二、强化相关领域配套改革，构建农业转移人口市民化制度框架

2014年7月，《国务院关于进一步推进户籍制度改革的意见》（国发〔2014〕25号）印发。为抓好中央决策部署落实，市政府印发了《关于进一步推进户籍制度改革的实施意见》（渝府发〔2015〕54号），进一步深化户籍制度改革。改革坚持以人民为中心的发展理念，以促进人的城镇化为核心、以提高城镇化质量为导向，进一步调整完善进城落户政策、健全工作机制、统筹资源配置、优化公共服务，着力促进农业转移人口市民化。

（一）立足重点群体，进一步放宽落户准入

制定实施《关于进一步推进户籍制度改革的实施意见》《重庆市户口迁移登记实施办法》《关于推动非户籍人口在城市落户的通知》，坚持以保障就业为前提，统筹市内外落户政策，按照主体功能区划，立足城市各片区资源环境禀赋、产业发展实际情况，差别化设置务工年限，进一步放宽落户限制。总体上不设指标控制，不积分排队，市内市外转移务工人员落户同权、租购房屋同权，只要就业达到一定年限（最高5年，

最低无年限要求）即可直接申请办理落户。同时，取消大中专毕业生、高职院校毕业生以及引进的专家、学者、留学回国人员、具有初级以上专业技术职称（含技能等级）人员等重点人群落户门槛。根据“大众创业、万众创新”的需求，对投资创业人员落户取消投资金额、纳税额度限制。

（二）创新人口管理，夯实新型户籍制度基础

按照建立城乡统一、以人为本、科学高效、规范有序的新型户籍制度要求，扎实推进人口管理创新各项工作，不断提升服务管理效能。一是系统推进统一城乡户口登记。取消农业户口与非农业户口性质区分，统一登记为居民户口。在此基础上，全面梳理与原户口性质挂钩的福利政策共计33项，积极稳妥推动“脱钩”。截至目前，退役士兵一次性补助、义务兵家庭优待金、特困人员供养标准、个人身份参加城镇职工保险、职业培训补贴、生育政策等26余项政策已“脱钩”。二是全面实施居住证管理制度。开展常住人口公共服务与便利摸底调查，研究出台《重庆市居住证实施办法》，并以306号市政府令颁布，在教育、社保、民政、卫生计生、住房等方面，赋予持证人享有社会共治、社保共享、教育均等、便利同等、救助同权等类别共计38项权利事项，并建立了动态增长提供机制。三是优化户口管理与服务。对接国家人口基础信息库，整合相关市级部门社会公共信息资源，建成全市自然人信息数据库。开展跨省户口迁移信息网上流转备案，实现信息化监管。

（三）强化政策配套，切实维护农业转移人口权益

针对农村权益、城镇基本公共服务，以及城乡要素流动和提升城镇吸纳人口承载能力等重点问题和关键环节，以“出得了村、进得了城、能融入社区”为导向，继续优化配套政策，提高农业转移人口市民化质量。明细城乡权益清单。既允许保留与土地相关的权益，也允许保留与身份相关的权益。对进城落户农民工退出的宅基地可通过“地票”制度实现财产收益。按照“城镇基本公共服务一步到位”的思路，继续推动进城落户居民在就业、养老、医疗、教育、购买住房税费减免、公租房保障等方面的政策待遇。就业方面，将进城落户居民纳入城镇就业服务体系，分类开展就业培训，予以创业扶持。养老、医疗方面，严格按城镇职工标准，由用工单位依法足额缴纳社会保险费用。教育方面，进城落户居民子女平等接受各阶段教育。住房方面，进城落户居民购买普通商品房同等享受相关税费减免或纳入公租房保障。凡年满18岁、有稳定工作和收入来源并符合住房困难条件者，均可申请公租房。

（四）优化制度安排，促进人口与要素资源协调发展

着力发挥财政、土地等资源对引导人口布局的作用，实施差别化引导，推动人口有序转移。一是完善人口有序转移机制。建立劳动力转移对口联系、定向招工激励、

公共政策激励、工作协调等六大机制，优化土地要素配置等14个支撑措施，建立健全人口输入地与输出地的联动机制。通过区域优势资源互补，以市场化运作方式开展项目协作，促进了进城落户人口总量平稳增长、落户区域合理分布。二是建立财政转移支付与农业转移人口市民化挂钩机制。出台《重庆市人民政府办公厅关于改革和完善市对区县转移支付制度的意见》（渝府发〔2016〕10号）。对人口集聚地以常住人口作为测算基础，并充分考虑其因承接转移人口在公共服务领域所增加的成本；对人口输出地则以户籍人口作为测算基础，确保人口输出地转移支付规模不减、保障更优；将城镇化率变动情况作为激励因素纳入转移支付测算，激励区县推进人口梯度转移。三是建立“人地挂钩”规划计划管理机制。出台“人地挂钩”实施细则，以区县年度吸纳转移人口落户数量为依据之一，差异化配置城镇建设用地规划空间指标。

三、重庆市农业转移人口市民化成效和启示

截至2018年底，全市已累计进城落户500万人，户籍人口城镇化达到48.7%，常住人口城镇化率达到65.5%（见图2）。进城落户总量、年龄、区域分布基本合理，较好地满足城镇化及产业发展需要。同时在优化制度设计、维护进城农民合法权益、推动城乡基本公共服务均等化、推动一体化要素市场发展、促进社会公平等方面取得明显成效。

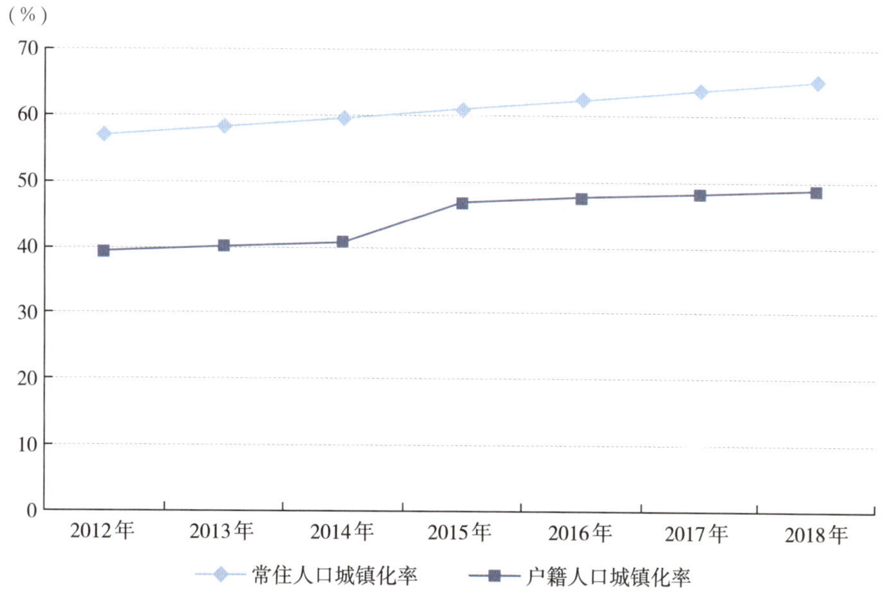

图2 重庆市城镇化率变化情况

（一）以保障和改善民生作为改革出发点

重庆在推动农业转移人口市民化的政策设计和工作推进过程中，始终将其作为一项重要的民生工作，十分注重维护户改居民的合法权益，着力解决农民工等其他转移人口最迫切需要解决的现实利益问题。允许进城落户农民继续保留农村承包土地、继续享受与土地和农民身份相关的政策待遇、一步到位纳入城市养老、住房、就业、医疗、教育等保障、设立退地农转城人员养老保险等，均从解决民生角度进行政策设计，真正做到为群众着想，因此得到了广大群众的积极支持和拥护（参见图3）。

图3　户改居民排队办理户口

（二）以群众自愿作为改革推进的基本前提

依法自愿是重庆市推进户籍制度改革所遵循的核心理念，也贯穿了农业转移人口市民化各个环节。主要体现在落户自愿、退地自愿、参保自愿。落户自愿，即由农民工自己决定进城落户的时间和方式。退地自愿，即农村居民进城落户后，对原有的宅基地、承包地和林地，可以自行选择处置方式，不得强制退出。进城落户居民或自行管理和使用上述土地，或流转给企业、大户，或自愿退出，获得一定的收益。在这个过程中，主要发挥市场的作用，包括价格的确定和土地的流向。参保自愿，即转户居民可以按照自身实际情况和有关政策规定选择参加城镇企业职工养老、医疗保险或城乡居民养老、医疗保险。

（三）以农民工作为农业转移人口市民化的突破口

重庆将在城市长期务工经商的农民工，特别是新生代农民工作为农业转移人口市民化的突破口（参见图4）。这部分群体已经具备在城市稳定生活的条件，也具备在城市稳定生活的意愿，允许其落户城镇，顺应民心。特别是新生代，有非常强烈的进入城镇的愿望，接受新生事物能力强，适应城市生活很快，更容易市民化，引导这部分人群进入城市，也有利于补充城市的新鲜劳动力，使城市保持不断的生机与活力，体现了城市化健康发展的要求，是顺时应势之举。

图4　农民工：市民化的突破口

（四）坚持与产业发展联动夯实市民化基础

始终秉承“以产业为基础，以就业为前提，以保障权益为根本”的理念，坚持进城务工人员及其家属作为农业人口落户的主要群体，一方面通过产业发展充分挖潜就业岗位，夯实农业转移人口转户进城的基础，另一方面通过畅通落户通道，充分保障进城落户人口权益，推动有意愿的农业转移人口落户进城，也为产业发展提供宝贵的人力资源支撑，实现产业发展与农业转移人口市民化的良性互动、工业化和城镇化的相互促进。在具体路径上，立足主城、区县城、小城镇以及全市各大片区城市发展、资源禀赋、产业发展的需要，突出重点、因地制宜，合理布局产业，差别化设置落户条件，引导人口合理分布。

（五）强化制度安排和政策配套衔接

在农业转移人口市民化进程中坚持总体设计，强调政策配套，在实践过程中不断完善相关政策，并实现各项配套政策的有效衔接。截至2018年底，重庆市已出台了83个相关政策文件。这套政策体系，既有对上位文件的地方配套，也有重庆市个性化的一些制度安排；既有户口迁移、土地处置、社会保障、劳动就业、财力保障等一系列具体配套实施办法，也有与同期推动的地票制度改革、公租房改革、“人地钱”挂钩等重大改革事项的衔接，集聚了农业转移人口市民化整体动能。

辽宁省培育发展现代化都市圈专题报告

辽宁省发展改革委

一、辽宁省都市圈培育发展现状

（一）基本概况

辽宁省以沈阳为中心，在半径百公里范围内形成了覆盖沈阳、鞍山、抚顺、本溪、营口、阜新、辽阳、铁岭8个省辖市的沈阳都市圈。8市区域面积7.5万平方公里，2017年常住人口2432.3万人，占全省的56%，常住人口城镇化率达到65%，经济总量占全省60%以上，占东北地区30%以上。沈阳都市圈集聚人口多、创新能力强、产业基础好，对全省经济社会发展具有举足轻重作用，是东北老工业基地全面振兴的核心区和带动促进东北振兴的引擎。

2010年，以上8市组成的沈阳经济区被国务院确定为国家新型工业化综合配套改革试验区，正式上升为国家战略。

（二）主要工作

2012年，习近平总书记来辽宁视察期间，提出“沈阳经济区要着力培育连接、聚合、扩散能力，加快推进同周边城镇及产业园区的同城化、一体化发展，打造新型工业化示范区和具有较强竞争力、影响力的城市群”。2018年，在东北振兴座谈会上，习近平总书记又提出“加快推进沈阳经济区一体化发展，培育发展现代化都市圈”。李克强总理也十分关注沈阳经济区改革发展，多次作出重要批示。按照党中央、国务院的决策部署，辽宁省积极推进沈阳经济区同城化一体化、沈阳都市圈培育和发展，主要开展了以下工作：

加强组织领导，健全协调机制。省委、省政府成立了由省长任组长的沈阳经济区工作领导小组，办公室设在省发展改革委。区域内各市、县、区也相继成立了专门机构，进一步加强党委和政府的领导。同时，推进完善省直部门间会商机制、区域间合作机制以及沈阳经济区办公室系统协调机制等，建立了沈阳经济区书记市长联席会议制度，定期协商解决区域改革发展中的重大问题。

重点推进交通一体化。以沈阳为中心，联通铁岭、抚顺、本溪、辽阳及沈阳下辖区县全长400公里的辽宁中部环线高速公路全线建成通车，与沈阳绕城高速公路一同形成了沈阳都市圈内外双高速公路环线体系。沈丹客运专线、京沈高铁（沈阳至承德段）、沈四高速改扩建工程的开通，进一步便利了沈阳与本溪、阜新、铁岭等市的人员与货物流动。推进城际连接带建设，重点完成了沈本产业大道、沈彰开发大道、沈阜开发大道、沈西工业走廊出海通道等项目。沈阳、抚顺之间已实现公交化运营。

重点推进公共服务一体化。大力推进教育一体化协议的落实，沈阳经济区内11所优质普通高中实现跨市招生；正式启动职业教育数字化教学资源库和虚拟仿真实训基地建设，可覆盖区域内90%以上的职业院校。积极推进建立省、市、县三级远程会诊网络架构，鞍山市、抚顺市、营口市、辽阳市已安装了远程会诊和急救指挥调度系统客户端，使患者享受到了省级专家的医疗服务。搭建了经济区就业服务信息平台，正式启动了医疗保险“一卡通”异地即时结算试点。积极推进实施经济区环境同治工程，就沈抚间、鞍辽间环境同治提出系统明确的工作方案，在全国率先创建区域生态循环共生示范区。

重点推进资源共享一体化。以沈阳为龙头，联合鞍山、抚顺、本溪、辽阳4市共同促进科技创新一体化，共建东北亚有影响力的科技创新中心。2018年，沈阳市科技条件平台开放共享的仪器设备1714台（套），服务项目1831项，先后为区域内400余家中小微企业提供了科技服务。搭建金融股权投资平台，吸收8城市股权投资企业入会；促进金融资源跨域流动，营口银行、阜新银行在铁岭开展信贷业务。允许区域内企业冠名“沈阳经济区”，允许落户抚顺沈抚新城的外来企业冠名“沈阳”。沈阳经济区实现进出口商品报检签证一体化、通关便利一体化、检测工作一体化和服务标准一体化。组织开展“银行个人业务收费同城化”工作，中国农业银行等3家银行取消了8城市间系统内个人结算收费项目。在沈阳、抚顺、铁岭、本溪4市共享“024”区号，每年可为市民节省通信费用约9亿元。开展了“发行智能旅游卡”“组织千万市民公益游”“成立旅游企业联盟”“筹建智慧旅游平台”“开通旅游直通车”等多项“促发展、惠百姓”工作。

大力推进沈抚新区建设。2016年，辽宁省提出“加快沈抚新区建设发展”战略。按照规划，将沈阳69平方公里、抚顺102平方公里划为沈抚新区，享有省级经济管理权限。2017年，省政府批复了《沈抚新区总体规划（2017—2040）》，省委批准了《沈抚新区三年滚动计划（2018—2020）》，沈抚新区与辽宁沿海经济带、沈阳经济区、突破辽西北、县域经济发展一起，并列为辽宁“五大区域发展战略”。2018年，国务院正式批复《沈抚改革创新示范区建设方案》，沈抚新区正式开启了以改革创新引领全面开放、推动全面振兴的高质量发展新征程。沈抚新区按照“四统一”（统一规划、统一布局、统一政策、统一管理）的发展原则，采取“政府主导、市场运作，省市共建、以省为主”的建设模式，着力构建“四特”（机制特活、环境特好、政策特惠、服务特优）的发展环境。重点发展大健康、大数据、人工智能与智能制造、中国磁谷和高端能源装备五大特色产业，确立了打造“国家级东北创新发展示范区”和“东北亚经济合作区”的新区定位。

二、辽宁省加快培育发展现代都市圈的计划举措

（一）全力打造以沈阳为龙头的东北创新中心

研究建设东北亚科技创新中心，推动组建沈阳材料科学国家研究中心、国家机器人技术创新中心，扎实推进科技创新中心建设，使沈阳成为东北科学技术策源地、新兴产业增长极、创新人才集聚区、开放合作枢纽地和改革创新示范区。

（二）全力打造以沈阳为龙头的区域金融中心

协同鞍山、抚顺、本溪、辽阳4市建立健全金融合作机制，引进和设立银行、证券、保险、金融租赁等各类持牌金融机构。创新发展政府引导基金、私募股权投资基金、融资性担保等新型金融业态。提高辽宁股权交易中心、沈阳联合产权所功能，增强服务能力，搭建沈阳经济区融资信息服务共享平台，增强金融服务实体经济的能力。

（三）全力打造以沈阳为龙头的东北人才中心

实施“盛京人才”发展战略，落实“24+9”条人才政策措施，加快实施“引、育、用”人才战略和“盛京优才英才”集聚培育计划。优化人才发展环境，开通高层次人才异地就医绿色通道，享受优先诊疗服务。引进的高层次人才子女可在沈阳经济区就学。

（四）全力打造以沈阳为龙头的东北亚物流中心

高质量建设沈阳港，构建“国际知名陆港”“国际化高端港口生态圈”和“自由贸易港”，成为沈阳振兴发展的新引擎。以建设沈阳港为龙头，联动鞍山、抚顺、本溪、辽阳4市的区域重要城市物流节点，构建“6（辽宁6港）+1（沈阳港）+N（东北亚主要城市物流节点）”发展格局，全面推进沈阳东北亚物流枢纽中心城市建设。

（五）全力推动沈阳经济区与沿海经济带、突破辽西北战略以及“一带一路”等国家相关重大战略融合互动

研究加强区域发展战略在规划衔接统筹、相互促进、产业分工布局等方面协调互动。在环渤海“一核两翼”格局下，通过与沿海经济带互动发展。推动沈阳经济区更好地融入环渤海经济圈。推动沈阳经济区与长江经济带和粤港澳大湾区在经贸交流、项目洽谈、产业互补、招商引资等重点领域开展对接。研究谋划辽宁在面向东北亚和“一带一路”大格局下，有效进入更大的开放空间。

福建省培育发展现代化都市圈专题报告

福建省发展改革委

都市圈是各类创新和高端要素的聚集地、创造和承载就业的主要平台、区域发展的重要增长极。2009年国务院支持福建省加快建设海峡西岸经济区以来，福建积极推进福莆宁岚、厦漳泉都市圈同城化建设，带动海峡西岸城市群发展。2018年省委、省政府进一步提出要以福州都市区、厦漳泉都市区为引擎，加快推进闽东北、闽西南协同发展区建设，在新起点上进一步形成双轮驱动、南北互动、协调推进、统筹发展的良好格局。近年来两大都市圈从基础设施建设、产业合作、基本公共服务、生态环境保护修复等方面深入合作对接，推进同城化建设，取得了积极成效。

一、都市圈同城化建设基本情况

（一）强化规划引领

2015年起福建省委、省政府先后印发实施《福建省中长期铁路网规划》《海峡西岸城际铁路建设规划》《加快构建福州大都市区推进福莆宁同城化工作方案》《厦漳泉大都市区同城化发展总体规划》《厦漳泉大都市区综合交通一体化规划》《厦漳泉通信资费同城化工作方案》等，以福州、厦门为核心，构建福建省多层次、便捷化的交通运输体系，搭建同城化发展总体框架，明确同城化建设主要目标和重点任务。福莆宁岚都市圈努力构建"基础设施共建共享、产业发展分工协作、公共服务共用共管"的同城化发展新格局。厦漳泉都市圈三市同步开展综合交通、制造业、现代物流、旅游、信息化及通讯、城市空间与市政、基本公共服务、生态环境保护、临空产业发展、人才发展等配套专项规划编制，贯彻落实同城化总体规划要求，推进同城化工作（参见图1、图2）。

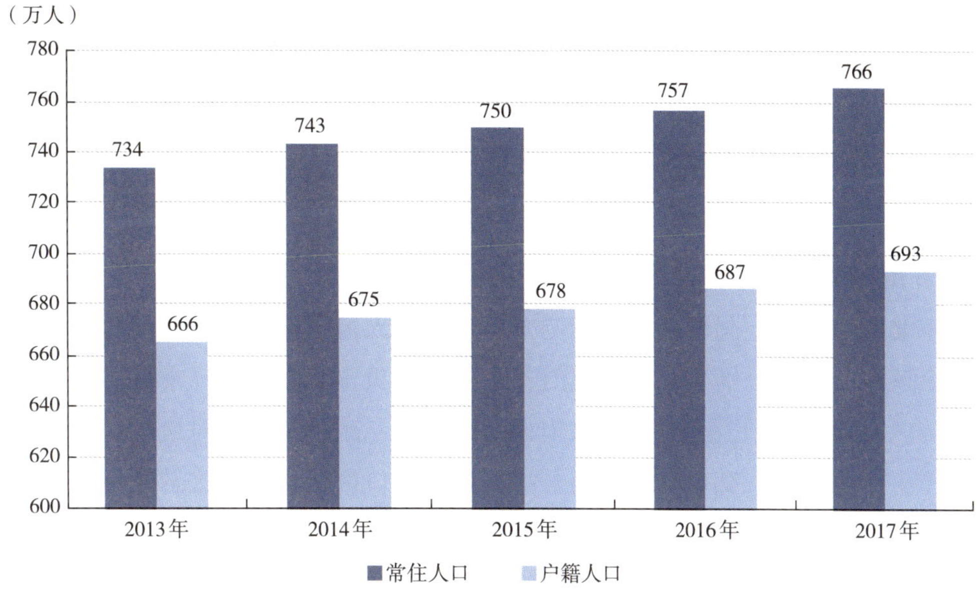

图 1　福州人口增长（2013—2017 年）

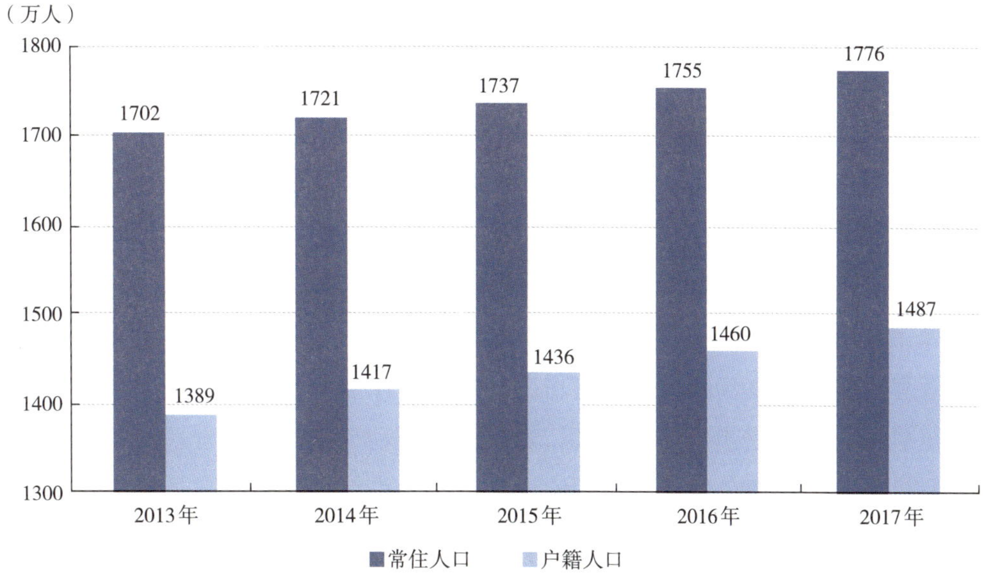

图 2　厦漳泉人口增长（2013—2017 年）

（二）建立健全工作机制

构建多层次工作协调推进机制，推动同城化规划落地实施。一是成立同城化党政联席会议，统筹同城化总体规划实施、专项规划编制、政策制定等，建立健全“规划对接、基础设施对接、产业对接、机制对接”的工作模式。二是建立同城化工作领导小组办公室和部门协调机制，福莆宁岚、厦漳泉都市圈分别成立了相应的工作机构，建立了常态化对接工作机制和进展情况定期报送制度。组织细化工作计划，定期跟踪重大项目（事项）实施进展情况，及时研究并协调解决存在的问题，签订科技、知识产权、人才同城化建设、文化产业、区域旅游等多项同城化合作协议，推进落实具体事项。三是注重项目带动，建立同城化建设项目清单，按照“五个一批”项目推进机制，定期调度协调推进。

2018年福建省委部署推进两大协同发展区建设部署后，福州市、厦门市分别牵头从闽东北四市一区、闽西南五市抽调十余名工作人员组建闽东北、闽西南协同发展区联席会议办公室，分别驻福州、厦门集中办公，负责联席会议日常事务。同时，建立了宣传、交通、规划、工业和信息化、山海协作、旅游等部门对接机制，重点开展经济协作、产业合作、交通基础设施、山海协作对口帮扶、文化旅游圈建设、生态环境协作保护、民生社会事业协作等领域合作，分领域推进都市圈同城化、协同发展区工作。

（三）推进重大基础设施互联互通

高起点建设快速、便捷、高效、安全的综合立体交通网络，推动基础设施与产业布局、城镇结构的协同，同城化1小时交通圈初步形成，有力支撑同城化建设（参见图3）。一是快速发展轨道交通，福厦动车全面投入运营，福厦客专、福平铁路、兴泉铁路等开工建设，建成运营福州地铁1号线、厦门地铁1号线，福州地铁2号线即将试运行。推进福莆宁城际铁路F2、F3线、厦漳泉城际轨道R1线前期工作，厦门城市轨道6号线漳州延伸段加快开工，快速轨道交通骨架网络逐步成形。二是全面提速公路建设，福泉高速扩建、沈海复线、莆炎高速、福州绕城高速、长平高速、厦蓉高速扩容、泉厦漳城市联盟路等道路建设加快推进，平潭跨海大桥、厦漳跨海大桥等同城化重大项目陆续建成投用并逐步降低通行费用。三是稳步推进机场建设，福州积极打造海丝门户枢纽机场，完成福州机场一期第二轮扩能，推动二期扩建工程，推进福州机场轨道交通及机场第二高速公路建设，探索设立福州空港综合保税区，加快发展临空经济区。厦门市加快推进新机场前期工作，以翔安空港中心建设为核心推进厦泉对接。加快泉州直连厦门新机场的科院大道建设。四是优化整合港口资源，完成福州港与宁德港、莆田港与泉州港、厦门港与漳州港一体化整合，形成福莆宁岚“四湾联动”、厦门湾“环两湾辖九区”格局，同时完善福州港、莆田港、厦门港陆运海运网路，推进疏港铁路专用线建设，加强港口支线与后方公铁路主通道的衔接，全面增强港口的内陆腹地辐射能力。2017年，厦门港集装箱吞吐量超过千万标箱、福州港集装箱吞吐量超300万标箱，均位列全国港口20强。

图3　都市圈交通基础设施

专栏 1

福建都市区城际轨道交通项目

福莆宁都市区：建设福州—长乐机场城际铁路（F1）、莆田—福州长乐机场城际铁路（F2）、宁德—福州长乐机场城际铁路（F3）

厦漳泉都市区：建设泉州—厦门—漳州城际铁路（R1）、漳州—厦门城际铁路（R3）

（四）推进产业发展融合互补

以山海协作、扶贫开发为契机，以山海协作园区为载体，推动区域协同创新和产业合理分工、有序转移承接，联手培育优势产业集群，壮大产业实力。福莆宁岚都市圈按照优势互补、互利共赢的原则，开展产业深度合作，推动福州纺织化纤、机械制造、电子信息以及数字经济产业和宁德新能源产业、莆田临港产业、平潭航运物流产业等加强协作、集聚发展；推进福州闽侯青口汽车城与上海汽车宁德基地合作，推动汽车产业协同发展；协作共建永泰智慧信息产业园等山海协作产业园；联合推出“旅游一票通”，持票前往三市一区36家重点旅游景区可享受票面价格5折起的指定优惠。厦漳泉都市圈实施《厦漳泉大都市区制造业融合发展规划》，促进产业融合、错位集约发展；厦门与泉州开展跨界增长区域对接合作，共建厦门泉州（安溪）经济合作区；厦门与漳州开展新一轮山海协作，建设海投（长泰）科技创业园等山海协作产业园；依托漳州古雷石化园区，积极承接厦漳泉都市圈石化产业项目，加快石化全产业链发展；加快厦门金龙汽车漳州龙海新能源产业基地建设，协同提升汽车产业发展水平；编制实施厦漳泉大都市区旅游图，推出同城化旅游线路，抱团旅游联合营销，三地赴省外联合推介海丝、闽南文化，打造“闽南金三角”旅游目的地。

专栏 2

两大都市圈山海协作共建产业园区

柘荣（涵江）经济开发区、周宁（仓山）工业园区、永泰（鼓楼）智慧信息产业园、寿宁（马尾）山海共建产业园、霞浦（晋安）经济开发区、海投（长泰）科技创业园、翔安云霄产业园、诏安（同安）山海协作产业园、厦泉（安溪）经济合作区。

（五）推进基本公共服务均等化

围绕促进公共服务共建共享、增强基本公共服务保障能力，加快建立基本公共服务跨城乡跨区域流转衔接制度，促进公共服务质量提升、均衡发展（参见图4）。一是提高科研教育发展质量和共享水平，完成福州中科院海西研究院、中科院海西研究院莆田中心、中科院新技术孵化和转化基地（宁德）等一批研发平台建设，启动厦门—泉州科技创新走廊规划前期研究，通过共建一批重大科技创新平台，建设海西区域性研发中心和自主创新高地。创办厦门大学漳州嘉庚学院，建设厦门双十中学漳州分校、厦门外国语学院石狮分校等，泉州安溪与厦门签订教师共建协议，通过跟岗听课、借课上班等方式提升师资教学能力和管理水平，推进区域优质教育资源共享。二是推进医疗卫生合作机制建设，加快医疗信息化建设，实施医学影像和医学检查报告互认制度，实现都市圈内医疗信息“一卡通”、异地就医费用即时结算。福州率先试点新农合跨市异地即时结算，并与宁德探索开展城乡居民医保省内跨地市即时结算。厦漳泉20家医疗单位依托复旦大学附属儿科医院，成立厦漳泉儿科医联体，打造区域性儿科医疗中心。三是共同应对突发公共卫生事件，福莆宁岚建立突发公共卫生事件协同处置机制，构筑相互支援的应急救援体系。厦漳泉区域建设“同城化应急管理平台”，推进区域突发公共卫生事件和重大传染病联防联控。四是着力构建统一市场，都市圈联合举办用工招聘活动、发布人力资源供求信息、打造诚信用工品牌、实施“互联网+”就业服务。福州创新了“摇工作”平台，并无偿提供其他地市使用。厦漳泉都市圈2011年开通厦漳泉人力资源网，实现同城化人才信息共享；2015年率先实现通讯资费同城化；开通厦门至漳州角美、厦门同安至泉州安溪等跨地市公交线路7条，基本实现区域公共交通支付一卡通。五是持续加强警务协作，福莆宁岚都市圈运用人工智能、大数据、云计算等科技手段，共建警务信息共享平台，实现动态环境下跨区域打防控一体化，2017年以来福莆宁岚协作破案195起。

图4 公共服务设施

（六）推进生态环境联防联治

坚持绿水青山就是金山银山、发展和保护相统一，优化生态安全格局，强化生态保护与修复，建立跨界污染联防联控机制，共同维护区域生态环境安全（参见图5、图6）。一是推进“清新水域”工程，加快推进闽江流域山水林田湖草生态保护修复工作；完善闽江流域、九龙江流域生态补偿机制，落实“河长制”“湖长制”，持续深入推进闽江、敖江、大樟溪等流域水环境综合整治和生态功能区建设，推进平潭及闽江口水资源配置（一闸三线）工程，完成九龙江北溪截污治理工程。建立闽江、敖江、九龙江交接断面水质、水量监测和信息通报机制，建立区域陆源入海污染物联防联控机制，共同推进罗源湾、闽江口、福清湾、厦门湾海域环境治理。完善都市圈海洋联合执法机制，福莆宁岚开展“海盾”“碧海”等专项执法行动、厦漳泉沿海城市联合开展海洋“蓝剑”专项行动。二是推进“洁净蓝天”工程，逐步建立完善颗粒物、臭氧等空气质量监测网络，提高都市圈空气质量预测预报能力，推进跨界环境违法联合查处。三是推进“清洁土壤”工程，启动土壤污染治理和修复试点，加强危、废物管理，强化重金属污染防治。四是推进林区联防联控。建立林区联防制度、联防公约，每年轮流举办护林防火联防委员会工作会。

图 5 美丽的榕城和厦门鼓浪屿

图 6 共守良好生态

二、都市圈建设存在的问题

（一）中心城市的首位度偏低

都市圈内中心城市人口和经济规模逐年扩大、城市综合服务功能不断完善，但依然存在经济总量不够大、创新资源和能力不足等问题。福莆宁岚都市圈中心城市福州土地面积1.2万平方公里，GDP7750亿元；厦漳泉都市圈中心城市厦门土地面积0.16万平方公里，GDP4780亿元；城市首位度较低，辐射带动能力有待增强。区域发展不协调仍然存在，都市圈内沿海和山区、县（市）区之间发展不平衡。

（二）产业协作水平不够高

目前考核体制还是以行政单元为主，都市圈内各县（市区）都有招商引资、发展经济的任务，在产业发展上竞争多于合作，核心城市与周边城市产业联系不紧密，城市间产业存在低效重构现象，未形成合理产业分工及完整产业链条，影响了厦漳泉都市圈同城化的发展后劲。

（三）公共服务设施共建共享效应不明显

经过持续多年的建设，目前都市圈的高铁、高速、国省干道等重大基础设施已经实现互联互通。但受行政区划和财政支出的影响，医疗、教育、养老等基本公共服务设施建设还是以地级市为单元，基本公共服务资源共享、要素互动存在体制机制障碍，规模效应、互补效应难以发挥。

（四）生态环保联防联治机制有待健全

大都市城市发展受资源环境约束日益明显，建设用地供需矛盾突出、水资源紧缺、耕地保护压力增大等。福建省近年来以生态文明试验区建设为契机，积极探索生态公益林赎买、流域生态补偿等，取得一定成效，但生态联防联治还需进一步优化强化。比如，流域上游为了保持良好水质，花费巨大财力清退流域沿岸大量企业和养殖场，流域下游给予上游的生态补偿难以覆盖上游的生态环境保护支出，上游地区生态环境保护和民生保障的压力较大。

三、下一步工作思路

一是进一步推进都市圈基础设施互联互通、产业创新协同、公共服务共建共享、生态环境共治共保，扎实推进实施一批具有示范带动效应的重大项目，以项目建设带动都市圈同城化发展。

二是着力提升中心城市辐射带动能力，强化中心城市和周边中小城市、城镇的交通设施互联互通、公共服务共建共享、创新资源高效配置，完善中心城市和中小城市的功能分工。以改善民生为导向，优化城市基础设施和公共服务设施建设，有效破解“城市病”，提高基本公共服务供给质量和水平，增强居民幸福感。推进绿色城市、智慧城市、人文城市建设。

三是引导都市圈内各中小城市发挥自身优势和产业特色，主动对接、找准定位、配套服务，在都市圈同城化区域的辐射带动中壮大自身、拓展空间、提供支撑，形成错位发展、合理分工的发展格局。

山东省推进城乡融合发展专题报告

山东省城镇化工作领导小组办公室

党的十九大报告提出实施乡村振兴战略，建立健全城乡融合发展体制机制和政策体系。近年来，山东省深入贯彻落实国家城乡融合发展一系列精神部署，始终把推进城乡融合发展作为经济社会发展的重要抓手，加快城乡一体化进程，不断促进城乡经济、社会、文明、生态等领域深度融合，全省城乡面貌焕然一新，城乡居民的获得感、安全感和幸福感持续攀升。同时，山东省又是人口大省、农业大省，东中西部之间、城乡之间发展的不平衡、不充分问题仍比较突出，成为制约城乡融合发展的重要因素。

一、城乡融合发展现状特征

（一）居民收入同步提升，城乡收入和消费差异仍较明显

近十年来，随着山东省经济快速发展，城乡居民人均可支配收入均呈逐年增长的态势。表1显示，从2007年至2017年10年间，全省城镇居民人均可支配收入由14265元增加到36789元，增长了1.58倍，农村居民人均纯收入由4985元增加到15118元，增长了2.03倍。从城乡居民收入差异度看，山东省城乡居民人均可支配收入比呈现先增后减特点，城乡收入差距先是逐年增大，在2009年达到峰值，随后又持续减小，尽管如此，城乡收入比仍保持在2.4以上，城乡收入差距仍然显著。仅从数据值看，目前农村居民的收入只相当于城镇居民2007—2008年的水平，从这个意义上说，农村要落后近10年。

通过对比2007—2017年全省城乡居民人均消费支出有关数据可见山东省城镇居民人均消费支出和农村居民人均消费支出都在逐年增长，城乡居民人均消费支出比总体也呈现出先增后减的变化态势，近年来虽然有所减少，但其比值却仍在2.2以上，二者差距较为显著（见表2）。

表1 2007—2017年城乡居民人均可支配收入

年份	城镇居民人均可支配收入（元）	农村居民人均纯收入（元）	城乡居民人均可支配收入比
2007	14265	4985	2.86
2008	16305	5641	2.89
2009	17811	6119	2.91
2010	19946	6990	2.85
2011	22792	8342	2.73
2012	25755	9446	2.73
2013	26882	10620	2.53
2014	29222	11809	2.47
2015	31545	12849	2.46
2016	34012	13954	2.44
2017	36789	15118	2.43

数据来源：历年山东省统计年鉴。

表2 2007—2017年城乡居民人均消费支出

年份	城镇居民人均消费支出（元）	农村居民人均消费支出（元）	城乡居民人均消费支出比
2007	9667	3622	2.67
2008	11007	4077	2.70
2009	12013	4417	2.72
2010	13118	4807	2.73
2011	14561	5901	2.47
2012	15778	6776	2.33
2013	16646	6877	2.42
2014	18323	7962	2.30
2015	19854	8748	2.27
2016	21495	9519	2.26
2017	23072	10342	2.23

数据来源：历年山东省统计年鉴。

（二）城乡经济结构持续优化，区域发展差距较为突出

2017年，山东省经济总量再上新台阶，全省实现地区生产总值72678.2亿元，同比增长7.4%。其中，第一产业增加值4876.7亿元，增长3.5%；第二产业增加值32925.2亿元，增长6.3%；第三产业增加值34876.3亿元，增长9.1%。三次产业构优化调整为6.7：45.3：48.0，其中第三产业比重同比提高1.3个百分点，“三二一”的产业结构进一步稳固。

但从第三产业发展来看，地区间非均衡发展现象突出。以2017年第三产业增加值比重为例（见图1），济南第三产业增加值比重最高，达到60.3%，比最低的东营（33.7%）高出近一倍，济南、青岛、临沂、威海、泰安、潍坊等6个地市第三产业比重超过45%，聊城、菏泽、莱芜、东营4市还不到40%，差距非常明显。

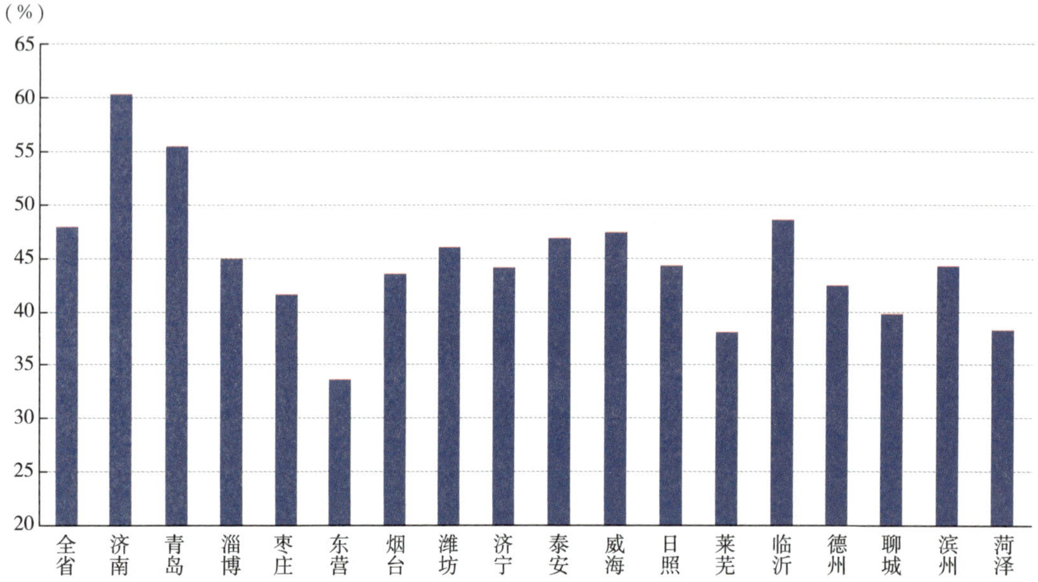

图1　2017年各市第三产业增加值比重示意图

从全省角度看，第三产业发展在经济发展中占据最重要地位，因此第三产业差异基本可以反映出各地经济发展的不均衡。济南市是省会，发展自然较快，城乡融合程度相对较高，青岛、烟台、威海等沿海地区由于资源禀赋突出、发展基础好等因素，城镇化发展水平较高，综合实力较为雄厚。而省内部分中西部城市仍然处于由农业大市向工业强市的转变之中，工业主要以资源加工和劳动密集型的传统产业为主，第三产业比重低，高新技术产业发展慢、总量小、占比低，经济发展相对滞后。

（三）城乡设施互联互通水平不断提高，农村基础设施欠账较多

近年来，山东省着力健全城乡基础设施网络，编制实施了《山东省城镇化地区设

施向农村延伸导则》，扎实推进城乡基础设施互联互通，促进城镇基础设施向农村延伸覆盖。深入推进“户集、村收、镇运、县处理”的城乡环卫一体化新模式，全省132个县（市、区）全部通过城乡环卫一体化全覆盖认定和国家10部委农村生活垃圾治理全覆盖验收认定，城乡垃圾处理走在全国前列。加强农村地区污水处理设施建设，累计建设乡镇污水处理设施项目1134个，82%的建制镇建有污水处理设施。所有乡镇和99.83%的行政村实现通客车，快递、金融、信息、商贸等生活设施加快布局。

同时，城乡在基础设施建设水平上存在较大差距，从表3数据看，城市居民人均日生活用水量是乡村居民的2倍多，在燃气普及率和污水处理率上城乡相差近10个百分点，绿化覆盖率上城乡相差20个百分点，山东省部分农村地区，特别是偏远地区，已有的基础设施功能陈旧老化，不仅达不到等级化、系统化、现代化的要求，连抗御自然灾害的能力都较弱，基础设施欠账较为严重，仍然需要进一步加大投入力度。

表3　全省城乡基础设施建设情况对比

指　　标	城　　市	村　　镇
人均日生活用水量（升）	132.84	62.11
供水普及率（%）	99.78	96.88
燃气普及率（%）	99.51	89.24
污水处理率（%）	96.21	87.74
人均道路面积（平方米）	24.65	38.19
人均公园绿地面积（平方米）	17.91	14.71
绿化覆盖率（%）	42.26	22.17
绿地率（%）	37.78	19.75
生活垃圾无害化处理率（%）	100	99.12

数据来源：2016年中国城乡统计年鉴。

（四）城乡基本公共服务均等化扎实推进，农村地区公共服务存在短板

近年来，山东省以城乡公共服务均等化为目标，将公共服务建设的重点不断向农村地区倾斜，促进了城乡公共服务均等化进程。省里建立完善了城乡统一的居民基本养老保险制度，基础养老金最低标准由每人每月75元（2014年）提高到118元。着力提高城乡医疗保险待遇水平，城乡居民实行统一的医保起付标准、支付比例和最高支付限额，基本医保政府补助标准由每人每年320元（2014年）提高到490元。推进县域医

疗服务能力提升工程，促进优质医疗资源向基层延伸，全省人均基本公共卫生服务经费补助标准提高到50元，服务内容增加至12类49项。加快推进文化、养老设施建设，全省乡镇（街道）综合性文化服务中心覆盖率达到99%以上，行政村（社区）文化大院（活动室）覆盖率超过95%，建设城市社区老年人日间照料中心4439处、农村幸福院1.1万处，各类养老服务机构和设施10590个，各类养老床位64.9万张，城乡公共服务供给能力不断增强。

另外，受历史因素、人才流动等因素制约，农村地区教育、医疗、文化等基本公共服务质量和水平，与城市相比还存着很大差距。目前仍有20万义务教育阶段农村留守儿童无法享受与城镇同质的义务教育，小城镇教育、医疗、就业培训等优质公共服务资源严重缺乏，全省42家三甲医院90%以上集中在城市市区，每年流失的教师数量在1万人以上。

表4数据显示，2017年山东省城镇居民年均医疗保健支出1781元，而农村居民仅为1129元，城市是农村的1.58倍，城镇居民年均教育文化娱乐支出为2622元，是农村居民的2.3倍，这从侧面反映出农村公共服务资源的缺乏。另外，山东省医疗救助体系尚不完善，低收入群体看病就医的支付能力很弱，农村地区因病致贫、因病返贫等现象仍不时发生，成为农村公共服务欠缺的突出表现。

表4　2017年城乡居民人均消费支出及增长速度

指　　标	城镇居民		农村居民	
	指标值（元）	比上年增长（%）	指标值（元）	比上年增长（%）
消费支出	23072	7.3	10342	8.6
食品烟酒	6180	4.2	2960	4.5
衣着	2034	2.8	585	1.5
居住	4895	9.4	1974	11.7
生活用品及服务	1736	10.1	690	14.2
交通通信	3284	9.4	1710	10.7
教育文化娱乐	2622	9.3	1141	12.6
医疗保健	1781	10.6	1129	9.9
其他用品和服务	540	2.5	152	−0.7

数据来源：2017年山东省国民经济和社会发展统计公报。

（五）农业规模经营成效显著，农村产权制度改革面临诸多挑战

山东省持续深化农村综合改革，加快农业规模经营，提高农业现代化水平。全省仅用3年时间就基本完成了对全省二轮承包耕地的确权登记颁证，有效稳定了农村的基本经营制度，维护了农民群众的财产权益。在提前完成确权颁证基础上，积极探索并推广土地流转、托管服务模式，土地经营规模化率超过40%，农业机械化率达到81%，居全国前列。积极推进农村三产融合，引导支持新主体、新业态、新产业发展，积极培育农业“新六产”，2015年以来，连续两年承担原农业部一二三产业融合试点任务，在16个县（市、区）和40个经营主体开展一二三产业融合试点，全省休闲农业、农庄营业收入超过240亿元，农产品电子商务交易突破400亿元。加快农村土地“三权分置”改革，促进新型农业经营主体健康发展和农业适度规模经营，有效探索丰富了“三权分置”实现形式。目前，全省土地流转面积3266.2万亩，占家庭承包土地面积的35.4%，工商部门登记注册的家庭农场达6万家，农民专业合作社达19.8万家，各类社会化服务组织达21万多家。强化土地经营权流转平台建设，在乡镇设立土地流转服务中心的基础上，以县为重点建设农村综合产权交易市场（中心），目前全省县级农村综合产权交易中心达到130个，乡镇级农村产权交易市场1365个，基本实现了涉农县区全覆盖。

与全面深化改革的顶层设计和实施乡村振兴战略的重大部署相比，山东省农村产权制度改革仍然较为滞后，也面临着诸多挑战。比如，农村产权管理制度不完善，交易流转不够规范，农村集体建设用地土地基准价评估体系不健全，农村集体建设用地价值实有化缺乏标准依据等等。从城乡要素流动看，城市人才、科技、资金等要素下乡存在障碍，农村土地等资源资产难以激活，一定程度上削弱了农民进城积极性。

（六）城乡融合的制度建设起步较早，部门间政策协调性有待加强

早在2013年，山东省印发《居民社会养老保险实施意见》，将新型农村社会养老保险和城镇居民社会养老保险合并实施，建立了城乡统筹一体化的居民社会养老保险制度，在全国率先建立起省、市、县三级完整的居民养老保险制度体系；2014年整合了全省城镇居民基本医疗保险和新型农村合作医疗，建立起全省统一、城乡一体的居民基本医疗保险制度，城乡医疗保险待遇水平逐年提升。2017年以来，围绕城乡融合，山东省又陆续出台了《山东省推进基本公共服务均等化“十三五”规划》《统筹推进县域内城乡义务教育一体化改革发展的实施意见》《山东省创建全国医养结合示范省工作方案》《山东省“两权”抵押贷款试点实施方案》《山东省农村集体产权制度改革试点方案》《开展农村宅基地“三权分置”试点促进乡村振兴的实施意见》等政策文件，推进优质公共服务向农村延伸覆盖，促进城乡基本公共服务均等化，深化农村

产权制度改革，促进城乡要素流动，为城乡融合发展奠定了重要的政策基础。围绕中央加快农业转移人口市民化部署，山东省提出同步推进城镇外来务工人员、城中村城边村原有居民、农村地区就地转移人口“三个市民化”的发展策略，山东省委、省政府印发了《加快推进农业转移人口市民化的实施意见》，在全国率先编制实施了《山东省农业转移人口市民化发展规划》，指导17个设区市和城镇化试点县（市）编制实施规划，实现了市民化规划全省全覆盖。

但是，受长期城乡二元体制影响，劳动力、土地、资金等要素存在着彼此独立的城乡两个市场，社会公共资源长期按照行政层级分配，呈“倒金字塔”形，农村基层享有的公共资源和服务明显少于城市；另外，现有政策多以部门为主体制定，部门间的协调配合不够密切，导致部分公共政策的衔接程度不够高，城镇、乡村政策仍然相对独立，城乡融合的政策体系仍处于起步阶段。

二、推进城乡融合发展的思路对策

顺应城乡融合发展趋势，坚持以工补农、以城带乡，实施新型城镇化和乡村振兴双轮驱动战略，以完善产权制度和要素市场化配置为重点，建立健全城乡融合发展体制机制和政策体系，推动城乡要素配置合理化、产业发展融合化、基础设施联通化、公共服务均等化，加快形成工农互促、城乡互补、全面融合、共同繁荣的新型工农城乡关系，提高新型城镇化发展质量水平，实现城乡经济社会高质量发展。

（一）加强城乡规划管控

一是推进“多规融合”。按照“多规合一”要求，科学编制市县空间规划，实现土地利用规划、城乡规划等的有机融合。在镇级层面将土地利用规划、城乡规划等有效衔接，加强乡镇地区产业发展、城镇建设、土地利用、生态保护等的有机统一。综合考虑村庄演变规律、集聚特点和现状分布，因地制宜编制村庄规划，强化村庄建设、农业发展、乡村旅游、水网水系、公共项目的空间协调，构筑城乡多规融合体系。二是制定差异化规划落实方案。在不同地区、不同领域、不同阶段采用差别化的规划安排，支持区县政府在城乡规划落实中探索差异化的实施方案，针对城镇化地区、半城镇化地区、纯农村地区等的不同发展特点，出台针对性较强的规划方案。三是促进城乡规划和生态环境协调发展。在编制实施规划进程中协调好环境和人口之间的关系，在全面掌握资源储存量和环境承载力的前提下，科学预测人口流动、增长趋势、老龄化等因素影响，统筹制定合理有序的开发建设和开采利用计划。

（二）促进城乡产业融合

一是优化城乡产业布局。以农业产业化和农村土地流转为着力点，强化各类产业的城乡联动，培育产业链，促进产业集群发展。发挥市场配置资源作用，引导农村生产要素合理向城市产业流动。发挥特色小镇城乡要素融合的载体作用，打造集聚特色产业的创新创业生态圈。二是积极发展农业“新六产”。推动城乡要素跨界配置和产业有机融合，以农业产业为基础，实施产业兴村强县行动，加快发展现代产业园区、农产品精深加工、“线上+线下”、农村休闲旅游养老等模式，推进产业链的纵向延伸和横向整合，促进产业链相加、价值链相乘、供应链相通，着力构建农业与二三产业交叉融合的现代产业体系，打造农村经济发展“升级版”。三是优化资本下乡环境。探索县级财政支持城乡产业融合机制，成立城乡产业融合发展基金，鼓励有条件的农业企业资本市场融资，拓宽产业融合资金渠道。建设公开、公正、公平的市场营商环境，提高城乡市场经营和管理透明度，稳定市场主体预期。完善融资贷款和配套设施建设补助等政策，鼓励工商资本投资适合产业化规模化集约化经营的农业领域。

（三）加快城乡设施互联互通

一是提高小城镇基础设施档次和水平。立足小城镇连接城乡的桥梁纽带定位，按照统一规划、适度超前、统筹兼顾、确保重点的要求，加大小城镇基础设施投入，完善与城乡融合发展目标相适应的路网、水网、电网，加强供气、供热、通信、排水、污水和垃圾处理等基础设施建设，形成适应人口就地就近集聚、功能完备高效的小城镇基础设施体系。二是推动城镇设施向农村延伸。把公共基础设施建设的重点放在农村，加快实施《山东省城镇化地区设施向农村延伸导则》，完善连接镇村的基础设施、生产设施和公共服务设施，扩大镇村连接范围，促进城乡基础设施互联互通，确保更多村庄享有城镇设施网络。三是改善农村人居环境。深入开展农村人居环境整治三年行动，加快推进农村“七改”，提升农村污水垃圾治理水平。实施美丽村居建设“四一三”行动，打造齐鲁乡村特色风貌区带，彰显“鲁派民居”新范式。

（四）推进城乡基本公共服务均等化

一是推进城乡教育均等化。优先发展农村教育事业，全面加强乡村小规模学校和乡镇寄宿制学校建设，提高农村幼儿园建设管理水平。加强城乡教育一体化管理，通过城乡优质师资双向交流，带动提高农村义务教育师资水平。二是推进优质医疗卫生资源向基层延伸。加大公共财政支持力度，持续改善乡镇卫生院、农村社区和村庄卫生室硬件设施和技术水准。巩固城市医院托管乡镇卫生院、乡镇卫生院托管村卫生所的医疗卫生体制改革，促进城乡医疗卫生人才交流、设备共享、技术互动。三是提高农村养老文化水平。积极发展农村地区医养结合，打造农村区域性养老服务中心，组织开展互助服务和居家关爱服务，加快农村幸福院、社区日间照料中心建设。大力实施文化惠民工程，完善县、乡、村三级文化设施网络，加快建设基层综合性文化服务中心。开展多种形式的文化下乡活动，培育农村文化队伍，繁荣发展农村文化事业，活跃农民精神文化生活。

（五）创新城乡融合体制机制

一是建立健全城乡统一市场。培育壮大城乡经济网络和市场体系，发挥城市对周边农村经济发展的辐射带动作用，加深城乡经济渗透融合度，促进城乡间商品、资金、劳动力和信息技术合理有序流动。二是加快农村土地制度改革。探索农村承包土地的经营权依法向金融机构融资担保、入股从事农业产业化经营。加快农村宅基地“三权分置”探索，鼓励农村集体经济组织及其成员盘活利用闲置宅基地和闲置房屋。在符合规划和尊重农民意愿前提下，允许县级政府优化村庄用地布局，有效利用乡村零星分散存量建设用地。探索对增量宅基地实行集约有奖、对存量宅基地实行退出有偿。三是统筹城乡金融资源配置。加强乡村信用环境建设，优化农村金融环境，推动农村信用社和农商行回归本源、向农村延伸设置。推动农村金融组织创新，发展村镇银行等面向“三农”的中小型金融机构。四是激励城市人才下乡。制定财政、金融、社会保障等激励政策，吸引各类城市人才返乡下乡创业。鼓励原籍普通高校和职业院校毕业生、外出农民工及经商人员回乡创业兴业，充分发挥创业带动就业的倍增效应，提高农村地区非农就业水平。

成都市推进城乡融合发展专题报告

成都市发展改革委

近年来，成都市围绕全国统筹城乡综合配套改革试验区、第二批全国农村改革试验区建设，加快建立健全城乡融合发展的体制机制和政策体系，取得了明显成效。特别是党的十九大提出实施乡村振兴战略以来，成都市按照产业兴旺、生态宜居、乡风文明、治理有效、生活富裕的总要求，持续深化重点领域和关键环节改革，全方位推动乡村产业、人才、文化、生态和组织振兴，探索具有成都特色的城乡融合发展之路。

一、健全全域一体规划管理机制

坚持“先策划、后规划，不设计、不建设”的理念，以精准规划引领城乡融合发展，建立城市规划与农村规划有机衔接、多规合一的机制，对全域范围内空间布局、产业发展、资源环境保护、基础设施和公共服务设施配置进行统筹规划，形成城乡一体、多规协调、统筹布局、覆盖全域的科学规划体系。在全国率先创建了乡村规划师制度，分区域向乡镇派驻乡村规划师，协助镇（乡）人民政府编制镇（乡）村规划，协助区（市）县规划部门对镇（乡）村规划区范围内项目的选址、方案进行审查、审批，协助进行规划督察，通过不断推行并完善乡村规划师制度，有效推动了优秀规划资源下乡，全市共招聘乡村规划师460余人次，基本实现全域满覆盖。成立城乡规划督察和规划执法监督机构，建立全市“统一规划、属地管理、分级审查、强化监督”的城乡规划管理和监督体系，有效推动规划刚性执行。

二、健全城乡要素市场化配置机制

推进农村土地、人才、金融制度创新。深化土地制度改革，完善承包地“三权分置”，探索土地股份合作的有效模式，加快推动农业产业规模化集约化发展；推进宅基地“三权分置”，充分利用和盘活宅基地资源，促进乡村民宿、康养、文创等新产业新业态发展；深入推进集体经营性建设用地入市试点，探索形成了战旗村“就地入市+乡村旅游”、青杠树村“整理入市+田园综合体”等一批示范项目，有效促进了集体建设用地的开发利用。建立健全乡村人才培育集聚体制机制，制定出台“成都市人才新政十二条”，搭建人才创新创业孵化平台，加强各类专业人才和高端人才引进培育，目前，已吸引规划、设计、创意、金融等3.5万余名专业人才到农村创新创业，培育新型职业农民10万人以上。深化农村金融服务综合改革，建立“农贷通”金融综合服务体系，上线以来实现成功放款5980笔，金额46.34亿元，放款率为67%；健全产权流转服务体系，成都农交所累计实现各类农村产权交易16384宗，交易额达865.78亿元；完善农村金融产品创新体系，探索开展经济林木（果）权、农业生产设施所有权等近20种农村产权抵（质）押贷款，累计发放各类农村产权抵（质）押贷款194.1亿元。

三、健全产业跨界融合发展机制

构建农商文旅体融合发展的多元化经营体系，大力推动“农业+商贸”“农业+文创”“农业+旅游”“农业+体育”“农业+康养”“农业+会展”，加快发展农产品深加工、农业文创、乡村旅游、农村电商等新产业新业态，推动农业由单一生产功能向复合功能延伸拓展，促进乡村产业相互融合、多元发展。着力推进现代农业功能区规划建设，持续抓好332万亩粮食生产功能区和重要农产品生产保护区、300万亩特色农产品优势区的保护、建设和提升。深入推进农村土地适度规模经营，探索形成了以“土地股份合作+农业职业经理人+社会化服务”为主要内容的“农业共营制”，全市土地适度规模经营率达65.3%。创新设立农村土地流转履约保证保险、蔬菜（生猪）价格指数保险和柑橘冻害气象指数保险等12个地方特色险种，开办政策性农业保险22种，农业保险深度和密度在中西部处于领先水平。

四、健全城乡一体生态保护机制

坚持全域旅游理念，深化生态价值转化机制改革，依托农业生态本底优势，深入挖掘农业景色观赏、文化创意、生态保育和生活保障等方面的价值，实现农业生态价值最大化。加强农村面貌和人居环境整治，深入实施农村人居环境综合整治三年行动计划，着力抓好农村生活垃圾和污水处理，全面推动农村厕所改造。健全“政府主导、市场主体、商业化逻辑”天府绿道建设机制，加快构建以“一轴两山三环七带”为主体骨架的天府绿道网络体系，通过绿道串产业、串景区、串林盘、串社区，营造多功能叠加的高品质生活场景和新经济消费场景。强化川西林盘保护，开展以“整田、护林、理水、改院”为重点的川西林盘保护修复，启动100个川西林盘保护修复，系统打造一批形态优美、特色鲜明、魅力独具的川西林盘。编制了《成都市特色镇（街区）规划建设技术导则》《成都市特色镇（街区）创建评定指标体系》，启动8个特色镇试点示范建设和49个特色镇培育创建，每个区（市）县建成1个以上特色镇起步区或示范段，共完成投资211亿元。

五、健全城乡文化融合发展机制

深化乡村公民道德建设，完善公民道德评价和激励机制，深入开展“文明之星”“道德之星”等评选活动，充分发挥先进典型的示范引领作用。积极开展“三美”“四好”示范村建设，推动文明村（镇）、文明院落、文明家庭等群众性精神文明创建，“三美”“四好”示范村占比达41%。积极开展“文化入村”活动，依托重要传统节日和重大纪念日，组织开展形式多样的民俗文化活动和纪念活动，弘扬优秀传统文化，丰富农民群众节日文化生活。深入挖掘具有地方特色的天府文化，充分利用农闲、赶集、节庆等时机，开展天府文化展示会、天府记忆文艺汇演等活动。强化文体设施建设，不断完善村综合文化活动室、农家书屋、科普网络书屋、体育健身设施，进一步推动了农村文化发展。加强农村文化队伍建设，建立健全城乡文艺结对机制，常态化开展文艺表演、家风传承、全民阅读等群众性文化活动，让公共文化服务惠及乡村每个角落。

六、健全城乡社区发展治理机制

坚持党建引领，深化以党组织为核心、自治为基础、法治为根本、德治为支撑的“一核三治、共建共享”新型城乡社区治理机制，加快建设高品质和谐宜居生活社区。探索构建“两级政府、三级管理”、扁平高效的城乡管理组织架构，推进乡镇（街道）转职能、转方式，统筹社区发展、组织公共服务、实施综合管理、优化营商环境、维护社区平安等职能，促进职能下移、重心下沉。夯实和谐宜居底色，把转理念、转职能、转方式、转机制、转形态贯穿社区发展治理的全过程，大力实施老旧城区改造、背街小巷整治、特色街区创建、社区服务提升、平安社区创建“五大行动”。推进城乡社区发展治理经费保障激励机制改革，建立社区保障和激励资金“双轨并行”机制，市县两级财政按“25万元+4000元/百人”的标准为农村社区拨付社区专项保障资金和建立社区专项激励资金，实现社区“有钱办事”。

七、健全城乡一体民生保障机制

有序推进城乡社会保障制度并轨，率先构建起涵盖养老、医疗、就业、住房、社会救助各个方面的城乡一体社会保障体系。持续深化“区域教育联盟”建设，完善城市优质学校与农村学校的对口帮扶制度，推进“全域成都”教育高位均衡、优质发展。健全农村医疗卫生机构规范化机制，强化农村基层疾病防控体系建设，全面推进乡村医生（家庭医生）签约服务，全市共组建家庭医生团队2195支。建立全市统一的城镇职工基本养老保险制度和城乡居民基本养老保险制度，两种制度实现全面衔接、自由转移接续，全市农村居民参保登记率和入库率均达100%。整合并轨基本医保制度，实现医疗保险关系在城乡间、地区间顺畅转移接续，城乡居民基本医疗保险参保820.59万人，参保覆盖率达98%。全面开展农村教育、文化、卫生等公共设施标准化建设和提档升级，基本实现优质公共资源城乡满覆盖。

附 表